D1701080

SCHRIFTEN ZUR LANDESKUNDE SIEBENBÜRGENS

ERGÄNZUNGSREIHE ZUM SIEBENBÜRGISCHEN ARCHIV

HERAUSGEGEBEN VOM
ARBEITSKREIS FÜR SIEBENBÜRGISCHE LANDESKUNDE E. V.
HEIDELBERG

Band 7/III

JOSEPH TRAUSCH, FRIEDRICH SCHULLER
HERMANN A. HIENZ

SCHRIFTSTELLER-LEXIKON DER SIEBENBÜRGER DEUTSCHEN

Unveränderter Nachdruck der Ausgaben
1868, 1870, 1871, 1902

Mit einer Einführung herausgegeben
und fortgeführt von
HERMANN A. HIENZ

1983
BÖHLAU VERLAG KÖLN WIEN

SCHRIFTSTELLER-LEXIKON DER SIEBENBÜRGER DEUTSCHEN

Band III

von

JOSEPH TRAUSCH

Unveränderter Nachdruck der unter dem Titel

*Schriftsteller-Lexikon
oder
biographisch-literärische
Denk-Blätter
der
Siebenbürger Deutschen*

1871 in Kronstadt erschienenen Ausgabe

1983
BÖHLAU VERLAG KÖLN WIEN

CIP-Kurztitelaufnahme der Deutschen Bibliothek

Trausch, Joseph:
Schriftsteller-Lexikon der Siebenbürger Deutschen / Joseph Trausch. Friedrich Schuller. Hermann A. Hienz. — Unveränd. Nachdr. / mit e. Einführung hrsg. u. fortgef. von Hermann A. Hienz. —
Köln, Wien: Böhlau
(Schriften zur Landeskunde Siebenbürgens; Bd. 7)
ISBN 3-412-03883-0
NE: Hienz, Hermann A. [Bearb.]; HST; GT

Bd. 3. — Unveränd. Nachdr. d. unter d.Titel Schriftsteller-Lexikon oder biographisch-literärische Denk-Blätter der Siebenbürger Deutschen erschienenen Ausg. (Bd. 3) Kronstadt 1871.—1983.

Copyright © 1983 by Böhlau Verlag GmbH & Cie, Köln
Alle Rechte vorbehalten

Ohne schriftliche Genehmigung des Verlages ist es nicht gestattet, das Werk unter Verwendung mechanischer, elektronischer und anderer Systeme in irgendeiner Weise zu verarbeiten und zu verbreiten. Insbesondere vorbehalten sind die Rechte der Vervielfältigung — auch von Teilen des Werkes — auf photomechanischem oder ähnlichem Wege, der tontechnischen Wiedergabe, des Vortrags, der Funk- und Fernsehsendung, der Speicherung in Datenverarbeitungsanlagen, der Übersetzung und der literarischen oder anderweitigen Bearbeitung.

Printed in Germany
Satz: Satz und Grafik Helmut Labs, Köln
Druck und Bindung: Proff GmbH & Co. KG, Bad Honnef
ISBN 3-412-03883-0

Schriftsteller-Lexikon

oder

biographisch-literärische

Denk-Blätter

der

Siebenbürger Deutschen

von

Joseph Trausch,

k. Finanz-Rath in Pension, Ritter des k. k. Franz-Joseph-Ordens, Correspondent der k. k. geologischen Reichs-Anstalt, Ehren-Mitglied des siebenbürgischen Vereins für Naturwissenschaften in Hermannstadt, Curator des Kronstädter ev. Kirchen-Bezirkes A. B. und ehem. Vorsteher des Vereins für siebenbürgische Landeskunde.

III. Band.

Kronstadt.
Druck und Verlag von Johann Gött & Sohn Heinrich.
1871.

Tr. ## Neidel Christoph,

der zweite Sohn des Kronstädter Senators Paul Neidel ¹) (gest. 24. Febr. 1719), geb. in Kronstadt am 7. Nov. 1688, studirte in Kronstadt und 1711 an der Hochschule zu Jena, sowie 1712 ꝛc. an jener zu Halle und wurde im Jahre 1720 Sekretär bei dem Kronstädter Magistrat, nachdem er bereits 1717 in die Zahl der Mitglieder des äußeren Rathes aufgenommen worden war. Am 23. November 1725 zum Rathsverwandten befördert, wurde er am 9. November 1735 verfassungsmäßig zum Kronstädter Stadthannen erwählt und verwaltete dieses beschwerliche Amt in den Jahren 1736, 1738, 1741 und 1742 bis an sein am 23. Juli 1742 erfolgtes Lebensende. Er hinterließ in Handschrift ein

Tagebuch über die ämtlichen Verhandlungen des Kronstädter Raths und zum Theil der sächsischen Nationsuniversität und verschiedener siebenbürgischer Landtäge von den Jahren 1727—1732.

---

¹) Paul Neidel's älterer Sohn gleichen Namens starb als Stadtpfarrer in Kronstadt am 23. August 1735 und noch vor ihnen beiden der kinderlose dritte Sohn, Johann. Diese nun erloschene Familie stammte aus Nürnberg und zählte im 18 Jahrhundert zu den angesehensten in Kronstadt, wo das Andenken des im 16. Jahrhundert dahin eingewanderten Stammvaters, des Rothgießers Paul Neidel durch eine von demselben gegossene und durch die kais. Truppen am 5. August 1716 den Türken bei Peterwardein abgenommene Kanone erneuert wurde, welche die Inschrift führte: „Zur Zeit Lukas Hirscher 1583. Goßen durch Paul Neykel mit Delphinen." (S. Grundverfassungen der Sachsen in Siebenbürgen. S. 148.) Von ebendemselben Stammvater und dessen Sohn in Kronstadt gegoßene Glocken haben sich noch in der Umgegend erhalten, z. B. vom Jahre 1607 in Déés, und vom Jahre 1643 in Dálya-Udvarhelyer Stuhls u. a. m. S. „A Székelyföld Leirása, Irta Orbán Balázs" III. 1. S. 181 und 178.

4. 846 S. — dessen Fortsetzung S. 847—997 (die Jahre 1733 und 1734 enthaltend) mit L. J. Marienburg's Handschriften in das ungarische Nationalmuseum zu Pest gelangt ist.

Sehr verdienstlich wäre die Herausgabe dieses mit vieler Genauigkeit geführten, und an interessanter Darstellung die meisten bekannten Tagebücher älterer Landsleute überragenden Tagebuches.

Tr. **Neidel Paul,**

Sohn des am 24. Februar 1719 verstorbenen Kronstädter Senators gleiches Namens und der Agnetha Berger geb. Draudt, wurde geboren in Kronstadt am 29. Mai 1674, studirte in Kronstadt und an der Akademie zu Wittenberg 1694 ꝛc.

Nach seiner Heimkehr wurde er 1706 Lector, und den 5. April 1707 Rektor des Kronstädter Gymnasiums, darauf den 6. Juli 1712 Prediger an der Stadtkirche, und 1713 am 26. April durch einstimmige Wahl der Stadtkirchen-Gemeinde Stadtpfarrer in Kronstadt, in welcher Eigenschaft er am 23. August 1735 starb, nachdem er vom 24. April 1725 bis 24. April 1735 auch das Dekanat des Burzenländer Capitels rühmlich bekleidet hatte.

1. Oratio de Decani partibus 1726.
2. Jurisdictio Capituli Barcensis, ut morientem aliis, nobis vero vivam 1727.
3. Pastor Barcensis 1. Consistorialis, 2. Capitularis, 3. Parochialis 1728.
4. De visitatione ecclesiastica 1729.
5. Jubilaeum Aug. Confess. saeculare Eccl. Barcens. Capitulari celebrandum 1730.
6. De religionis christianae orthodoxae per et post Aug. Conf. restitutae commodis 1731.
7. Fata Ecclesiarum septem Septiburgi nostri in Transsilvania et septimae potissimum in iis Corona 1632. (Vgl. über diese Rede den Art. Leybecker in den Denkbl. II. 355.)

Alle 7 in Handschrift vollinhaltlich in dem dritten Bande der Collectaneorum Lucae Colbii, welcher die Annales ecclesiasticos vom Jahre 1701—1740 enthält, und in dem Burzenländer Capitular-Archiv aufbewahrt wird.

Tr.   **Nekesch Andreas,**

ein Hermannstädter, studirte an der Universität zu Wittenberg 1685. Seine ferneren Erlebnisse nebst Todesjahr sind mir unbekannt.
1. Disp. Eccur prae se ferat aliud, aliud animo destinet Deus Opt. Max. praeside M. Marco Fronio. (S. Denkblätter I. 352.)
2. Disputatio theologica ex Joh. XX. v. 31 de fine scripturae sacrae, praeside Joh. Deutschmann. A. 1687. de 30. Sept. Wittebergae typis Joannis Wilckii. 4. 28 Seiten.

Sciv.   **Nera Daniel,**

ein Mährer, und königlicher gekrönter Dichter; aber wie die belorberten Dichter gemeiniglich zu sein pflegen, ein sehr mittelmäßiger. Er lebte in der letzten Hälfte des verflossenen Jahrhunderts zu Hermannstadt, wo seine Muse sehr geschwätzig war. Daß er verehelicht gewesen, seine Gattin aber verlassen habe, sagt uns ein Frankensteinisches Epigram:

De Daniele Nera, Poet. Laur. Regio, deserente conjugem.
Omnia quod liceant Pictoribus atque Poetis,
Hoc in conjugio Nera Poeta probat.

1. Tessera Amoris & obsequii, Viro ter Reverendo, Clarissimo, Excellentissimo, D. D. Michaeli Pancratio, olim celeberrima in Rostochiensi Universitate J. V. Doctori, ibidemque Eloquentiae et Historiarum; uti et paulo post Eperiensis Evangelici Status Regni Hungariae, ac denique Cibiniensis Lycaei Professori meritissimo, post Neocomiensi, modo vero Inclytae Regiaequae Septiurbis in Regno Transylvaniae Mediessanae Pastori primario, Patrono colendissimo, Patri reverendissimo, amantissimo, reverentialiter filialiterque felicissimae ipso die inaugurationis Mediessini persoluta. Cibinii 1670 per Steph. Jüngling. in 4.
2. Verschiedene Gedichte, die im Favor Aonius erga Val. Frank, Hermannstadt 1679, und im Roseto Frankiano, vorkommen.

Tr.   **Neugeboren Daniel Georg,**

geboren am 21. September 1759 in Hermannstadt. Sein Vater war Heinrich Neugeboren, ein Gürtler aus Quedlinburg im Königreich Preußen gebürtig, seine Mutter Anna Maria, geborene Angermayer aus Hermannstadt. Nachdem er auf dem Hermannstädter Gymnasium sich zu den höheren Schulen vorbereitet hatte, verließ er dasselbe im April 1778 [1]) und begab sich nach Bellovár in Kroatien zum k. k. Obristlieutenant v. Csernel, als Erzieher dessen Sohnes. Im April des Jahres 1782 bezog Neugeboren die Universität Leipzig und verließ diese Universität, zum höheren Schuldienste wohlvorbereitet, im Frühjahr 1784, um seine Dienste dem Schulunterricht in seiner Vaterstadt zu widmen. Daselbst diente er mit Eifer und wahrer Berufstreue als Lehrer, Conrektor und Rektor des Hermannstädter Gymnasiums bis er am 29. August 1799 zum Pfarrer in Reißmarkt und am 20. Oktober 1805 zum Stabtpfarrer in Mühlbach berufen wurde. Nach dem Tode seines weisen Lehrers und Freundes Jos. Aur. Müller wurde Neugeboren von der versammelten evangelischen Synode am 17. Dezember 1806 zum Superintendenten der A. C. B. und einiger reformirten Glaubensgenossen im Großfürstenthum Siebenbürgen gewählt, und nach der damaligen Kirchenverfassung zugleich Oberseelsorger der Birthälmer evangelischen Gemeinde.

Nach mehrjähriger, unter immerwährender, ohne Schonung seines geschwächten Körpers, angewendeter ämtlicher Thätigkeit, mit Geduld ertragenen und den Seinigen nicht geklagten Leiden, starb er unter heftigen Schmerzen in Birthälm am 11. Februar 1822 an den Folgen einer Brustwassersucht.

Aus seiner mit Elisabeth, Tochter des Friedrich Laube, Hermannstädter Handlungs-Societäts-Mitgliedes, am 20. Nov. 1786 geschlossenen Ehe hinterließ Neugeboren sechs Söhne, von denen des ältesten Karl und des jüngsten Ludwig auch in diesen Blättern Erwähnung geschieht.

Neugeboren erfreute sich des besonderen Wohlwollens des Freiherrn Samuel v. Bruckenthal und befand sich nebst Edern häufig in der Nähe desselben. Er legte den Katalog über die schöne Bibliothek und Münzensammlung desselben zu Hermannstadt an, den er aber nicht zu Stande brachte, und sowie er in dieser Zeit den großen Umfang seiner wissenschaftlichen Kenntnisse also erweiterte, daß er in der Folge die Zierde der sächsischen Geistlichkeit wurde, — ebenso gelangte er zu einer bedeutenden Gewandtheit im Umgang mit höheren Personen. Nicht minder erwarb

---

[1]) In der Hermannstädter Schul-Matrikel sagt sein damaliger Rector von ihm: „Nulli laudi impar!"

er sich die gründlichsten Kenntnisse der Kirchen- und Schulanstalten und Verhältnisse, besonders der Sachsen in Siebenbürgen, zu deren Hebung er alles Mögliche anwendete. So geschah es, daß zur Zeit der politischen und ökonomischen Regulation der sächsischen Nation, der Superintendent Müller im Jahre 1800 den damaligen Reißmärker Pfarrer Neugeboren nach Birthälm berief und durch ihn den **Plan zur Organisation der evangelischen Konsistorien** ausarbeiten ließ, welcher im Dezember 1800 vom Ober-Konsistorium und der sächsischen Universität im Beisein Neugeborn's verhandelt und zur höchsten k. Bestätigung eingeschickt wurde. Diese erfolgte mittelst k. Dekret vom 20. Februar 1807 [1]) und es erfreuten sich seither die Augsburger Confessions Verwandten in Siebenbürgen gleichmäßiger, gehörig geregelter Konsistorial-Einrichtungen. Im ferneren Verfolg übergab Neugeboren als Superintendent im Jahre 1813 dem Ober-Konsistorium einen Entwurf zu **Instruktionen für die Domestikal- und Orts-Konsistorien** [2]); desgleichen im Jahr 1817 die **Kirchenvisitations-Ordnung** [3]) und **Visitations-Artikel** [4]), mit Benützung des vom Superintendenten Haner früher ausgearbeiteten Auszugs der vom Jahre 1557—1763 errichteten dießfälligen Artikel und mit Rücksicht auf die neueren Verordnungen, zeitgemäß von ihm verfaßt. Auch diese wurden, nach vorheriger Prüfung mit wenigen Aenderungen vom Ober-Konsistorium angenommen und zur Befolgung im Druck hinausgegeben. Nach dem im nemlichen Jahre 1817 durch Neugeboren zufolge eingeholten Berichten über den Kandidationsgebrauch in den Domestikal-Konsistorialkreisen, entworfenen Gutachten stellte eine vom Ober-

---

1) S. dieses h. Hofdekret und die allerh. genehmigte Vorschrift für die Konsistorien in Heysers Kirchenverfassung der A. C. V. in Siebenbürgen. Wien 1836. S. 147—164 und die Vorschrift für sich auch in den Siebenbürger Provinzialblättern III. 89—111. Vgl. den Auszug in den Grundverfassungen 2. Ausg. S. 210—219 und Handbuch der ev. Landeskirche Wien 857 S. 62—75.
2) Heyser a. a. O. S 165—169 und 170—181. Handbuch S. 77, 88
3) Ebend. S. 182—204. Handbuch S. 119—136.
4 Ebend. S 205—246. Handbuch S. 89—119. In den Recensionen des Heyser'schen Werkes spricht sich die übereinstimmende Meinung über die Vorzüglichkeit der siebenbürgisch-sächsischen Kirchen-Verfassung aus, — und noch nach einigen Jahrzehenden wurden (wie Anton Kurz, aus der Frankfurter Oberpostamts-Zeitung, in dem Siebenbürger Wochenblatte vom Jahre 1845 Nr. 19, Seite 83 meldet) bei einer im Königreich Sachsen beabsichtigten neuen evang. Kirchenverfassung, die siebenbürgisch-sächsische Kirchen-Verfassung zum Muster aufgestellt und als Beispiel angeführt.

Consistorium ernannte Commission ein neues und allgemeines Pfarrers-Kandidations- und Wahl-Normativ¹) zusammen, welches, nach geschehener Berathung, vom Ober-Konsistorium festgesetzt und, anfangs einstweilig, nach erfolgter höchster Genehmigung vom 4. September 1818 aber auch definitiv, zur Darnachrichtung vorgeschrieben und am 21. Febr. 1819 im Druck herausgegeben wurde. Endlich unterlegte Neugeboren im März 1821 dem Ober-Konsisterium einen von ihm verfaßten Plan zur gleichförmigen Einrichtung der evangelischen Dorfschulen²), welcher nicht nur mit dem verdienten Beifall aufgenommen und gutgeheißen, sondern auch allen evang. Konsistorien zur Einführung unterm 26. Juni 1823 mitgetheilt wurde. Den versprochenen Plan zu Bürger- und Mädchen-, sowie lateinischen und Gymnasial-Schulen auszuarbeiten, wurde Neugeboren selber durch den Tod verhindert. Das Ober-Konsistorium sah sich daher genöthigt, nach kommissionel festgesetzten Grundsätzen, von den evangelischen Stadtpfarrern und Rektoren Pläne hiezu zu verlangen. Nach deren Prüfung durch eine gemischte Kommission aber, wurde vom Hermannstädter Dechanten Johann Georg Schuller im Jahre 1823 der neue Plan für die lateinischen und Gymnasial-Schulen zusammengestellt, 1832 dessen Einführung a. h. genehmigt und dazu 1833 einige Verbesserungen nachgetragen. — Dagegen ist der „Plan „zur Errichtung einer Bürgerschule in der sächsischen Nation, als „Zusatz zu dem bestehenden allgemeinen Schulplan", nebst einem „Plan.

---

¹) Heyser a. a. O. S. 247—263. Handbuch S. 189—151. An Stelle dieses Normativ wurde im Jahre 1837 eine „Rektificirte und mittelst h. Hofdekret vom 20. April 1837 bestätigte Kandidations- und Wahlnorm gedruckt und vorgeschrieben, an welcher jedoch das Ober-Konsistorium im Jahr 1846 Aenderungen zu machen für zeit- und zweckgemäß erachtete und dazu bevor die Bemerkungen der Dom. Konsistorien und die nochmalige a. h. Bestätigung einholte. Heut zu Tage ist die §. 202 u sq. der provisorischen Bestimmungen für die Vertretung und Verwaltung der evangelischen Landeskirche A. B. in Siebenbürgen vom Jahre 1862 vorgeschrieben, Pfarrerskandidations- und Wahlnorm maßgebend.

²) Dieser Plan hat den Titel: „Vorschlag zu besserer Einrichtung der sächsischen Dorfschulen." Mscpt.

Derselbe handelt a) Von der Bestellung des Schulmeisters; b) Bestimmung der Gegenstände des Schul-Unterrichtes zuvörderst für die Kinder, dann auch für die der fernern Ausbildung und Vorbereitung für das Seminarium und Gymnasium bedürftigen Gehilfen; c) Abtheilung der Lehrkurse und Stundenvertheilung des Unterrichtes; d) Hilfsmittel des Schulunterrichtes; e) Schulordnung.

„zur Einrichtung der Mädchen-Schulen in der sächsischen Nation", (und zwar der erstere mit Benützung des Planes der schon lange vorher bestandenen Kronstädter Bürgerschule), durch eine gemischte Kommission unter dem Vorsitz des Superintendenten Johann Bergleiter im Jahre 1836 entworfen, vom Ober-Konsistorium bestätigt, allen Domestikal-Konsistorien zur Einführung mitgetheilt, und nach der mittelst Hofdekret vom 14. Juni 1837 erfolgten a. h. Genehmigung, auch durch den Druck allgemein bekannt gemacht worden.

Schließlich wird bemerkt, daß Neugeboren durch verschiedene General-Kirchen- und Schulen-Visitationen zur Abstellung vieler örtlicher Mängel auf das thätigste wirkte, bei Gymnasialprüfungen seinen ausgebreiteten, besonders philologischen, Kenntnissen allgemeine Anerkennung, besonders der prüfenden, durch ihn aber mitgeprüften, Lehrer erwarb, — zur gleichförmigen Einrichtung der Pfarrers-Kaubibationsbehörden im Kronstädter und Bistritzer Distrikt, in welchen früher eine Verschiedenheit von andern sächsischen Kreisen bestand, am meisten beitrug, — und während seiner Superintendential-Amtsführung (1819) für alle sächsische Parochien, anstatt der Privatsiegel der Pfarrer, in der Hauptsache gleichförmige Amtssiegel einführte.

Die Schriften D. G. Neugeborens:

1. Joannis Com. de Betlen Commentarii de rebus Transilvanicis proximis ab obitu Grabrielis Betlenii 34 annis gestis. Editio nova. Viennae typis Josephi Nobilis de Kurzböck. 1778. 8. Pars I. 132 und II. 1780, 244 Seiten nebst alph. Index über beide Theile 10 S.

Diese neue Auflage stattete Neugeboren mit einer aus Bellovár vom 1. Juni 1779 datirten Vorrede über des Verfassers Lebensgeschichte und die Ausgaben dieses Buchs, dann Noten zum Text und genealogischen Tafeln aus, und eignete solche dem Hermannstädter Rektor Jac. Aurelius Müller zu. Quartal-Schr. V. 295.

2. De gente Bathorea Commentarius, quo ad quaestionem ab illustri Societate. Jablonoviana propositam respondit Dan. Georg Neugeboren Saxo Transsilvanus. Lipsiae 1783. 4. 35 Seiten mit 1 Tabelle: „Gentis Bathoreae Genealogia familiae de Pogan ex Archivo Kolos Monostorensi anno 1669 communicata." Eine Preisschrift. Ed. altera Cibinii 1829. 4. p. VII. 41 et Tabella genealogica. (Ist auch im 1. Bande der Novorum Actorum Jablonovianorum abgedruckt. Vgl. Zeitschrift von Ungarn. III. S. 41.) Vortreffliche Zusätze findet man in Eber's Adversariis ad Hist. Transs. S. 386—402.

3. Johann Theodor v. Hermann, Gubernial=Sekretär, geb. zu Kronstadt den 26. Juli 1743, starb den 8. Juni 1790. Sein Andenken feierten seine Freunde mit den Gliedern des Lesekabinets zu Hermannstadt den 30. Juni. Gedr. bei Hochmeister. 8. 20 S.

Enthält S. 3—4 eine Grabschrift lateinisch von J. E. Eber, S. 5—16 die Vorlesung von Neugeboren und S. 17—20 das „Lied von den Freunden des Seligen gesungen am Tage seiner Todes=„feier im Lesekabinet zu Hermannstadt den 30. Juni 1790", ebenfalls von Neugeboren.

4. Eine lateinische Ode auf Leopold II. in der Brochüre: „Todesfeyer „für weiland Seine Majestät Leopold II., begangen in der evangel. „großen Pfarrkirche in Hermannstadt, den 15. und 16. Mai 1792. „Hermannstadt bei Barth." 8. 40 Seiten.

Diese Brochüre enthält: a) Eine deutsche Rede von Mich. Planz, Pfarrer in Rothberg, S. 3—16. b) Eine lateinische Lobrede von Joh. Müller, Pfarrer in Großscheuern, S. 25—32. c) Neugeboren's latein. Gedicht, S. 33—40 und d) Ein deutsches Gedicht von Georg Gunesch, Hermannstädter Konrektor, S. 17—24. Quartal=Schr. III. 171. 172.

5. Donatus latino-germanicus oder Erste Anleitung zu der grammatikalischen Kenntniß der Deutschen und der lateinischen Sprache. Zum Gebrauch der untersten Klassen des Hermannstädter evangelischen Gymnasiums. Hermannstadt, gedruckt und zu finden bei Petrus Barth, k. k. privil. Dicasterialbuchdrucker 1795. 8. VIII. 200 S.

Im Vorbericht auf VIII. Seiten ertheilt Neugeboren den Lehrern die Anweisung zu der bei dem Unterrichte zu befolgenden Methode, dann folgt S. 1—38 die Anleitung zu den ersten grammatikalischen Begriffen und Uebungen in der deutschen Sprache; S. 39—48 ein Anhang: Von der deutschen Orthographie; S. 49—178 Anfangsgründe der lateinischen Sprache; S. 179—187 Regeln und Muster der lateinischen Wortfügung; und S. 188—200 Vorrath der nöthigsten lateinischen Wörter mit ihren deutschen Bedeutungen, nach der Verwandtschaft der Begriffe geordnet.

Dieses als nützlich bewährte Schulbuch ist in der Folge wieder neu aufgelegt worden.

Als Rektor des Hermannstädter Gymnasiums arbeitete Neugeboren mit Joh. Georg Schuller (der 1830 als Pfarrer in Großscheuern starb) an einer größeren lateinischen Grammatik, als Fortsetzung des Donat. Diese Arbeit ist jedoch nicht im Druck erschienen.

6. Ad orationem de Studiis eorum, qui ad munera Doctorum publicorum in Gymnasiis Transilvanicis adspirant, et ad Disputationem, qua methodi sinuum inveniendorum universalis Dissertatione adnexa expositae, thesiumque subjunctarum veritatem D. Jo. Binder, Prof. P. O. de 9. Novemb. (1797) defendet, invitat Gymn. Cibin A. C. Rector. Cibinii typis Hochmeist. 8. 4 S. Quartal-Schr. V. 73 und Denkblätter I. 148.

7. Gebet nach den Bedürfnissen der gegenwärtigen Zeitumstände zum Gebrauch der evangelischen Kirchen in Siebenbürgen auf a. h. Befehl verordnet. Hermannstadt bei Joh. Barth (Oktober) 1830. 8. 8 S. (Ist ein Gebet um Frieden.)

8. Kurzer Unterricht von der im Jahr 1517 durch Dr. Martin Luther unternommenen Reformation und der daduch gestifteten evangelischen Kirche. (Hermannstadt bei Barth, 1817.) 8. 11 S. Auch in dem Buche: „Einiges aus Dr. Mart. Luther's Leben, nebst einem „kurzen Unterrichte ꝛc. wie oben. Mit Luthers Bildniß. Wien bei „Heubner, 1820. 8. 47 Seiten, von S. 37—47 nicht minder in der: „Sammlung einiger Reformations-Jubelpredigten von Jakob „Glatz. Wien 1818. 8. S. 34—44 enthalten".

Dieser kurze Unterricht wurde zufolge Ober-Konsistorialverordnung der evangelischen Gemeinden A. C. in Siebenbürgen am 3. Secularfeste der Reformation (im Jahre 1817) von den Kanzeln vorgelesen, und folgendes Gebet gehalten.

9. Gebet nach der Predigt zu sprechen am Tage der 100jährigen Feier des Festes der durch Dr. M. Luther im Jahre 1517 begonnenen Kirchenreformation. (Hermannstadt bei Barth, 1817.) 8. 5 S., nebst Kollekten zur Sekularfeier, 3 Seiten.

Die hiezu gehörige, gleichfalls durch Neugeboren entworfene Verordnung des Ober-Konsistoriums vom 16. Dezember 1817 ist in Folio ebendaselbst auf 2 S. unterm Titel gedruckt: „Anordnung „der hundertjährigen Feier der von Dr. M. Luther im Jahre „1517 den 31. Oktober begonnenen Kirchen-Reformation." Dieselbe ist auch in: Jakob Glatz's Nachrichten über die Feier des dritten Jubelfestes der Reformation in den österreichischen Staaten. 1817. Wien 1818. 8. S. 241—243 aufgenommen. Auch ist in diesem Buch die Beschreibung der Feier des dritten Jubelfestes der Reformation in Siebenbürgen Seite 237—249 (wie solche zu Birthälm, Kronstadt und Klausenburg bei den A. C. und zu Klausenburg bei den H. C. insbesondere stattfand) nebst einem Auszug der diesfälligen Anordnung des reformirten Ober-Koosistoriums Klausenburg 16. November 1817 (S. 246—248) anzutreffen.

10. a) Ueber die Lage und die Hindernisse der Schriftstellerei in Siebenbürgen. In der Siebenb. Quartalschrift I. 1—27.

b) Uebersicht der neuesten Literatur. Ebendas. I. 82—109 und 209 bis 242.

c) Auszug aus b'Anville's Abhandlung von den Völkern, welche heut zu Tage das Trajanische Dacien bewohnen. Ebendas. I. 283—312.

11. „Nachtrag zu der (Eterischen) Erörterung einer alten Goldmünze im „Intelligenzblatte zu Nr. 32 des Siebenbürger Boten". Im Siebenbürgischen Intelligenzblatt vom Jahr 1803, Seite 207—209.

12. Elegia obitum Josephi II. deplorans. Mscpt.

13. Beleuchtung der von dem Burzenländer Kapitel vorgelegten Abhandlung über das von demselben für seine Dechanten angesprochene Ordinationsrecht. Mscpt. Fol. 23 S.

(Dem Burzenläuder Kapitel im Juli 1814 zugeschickt. Vgl. die Artikel Theodor Lange und Marienburg Denkbl. II. 334—394.)

14. Diss. de Toris Saxonum in Transsilvania. Handschr.

15. Zur Zeit als Eder seine Commentatio de initiis juribusque primaevis Saxonum schrieb, machte sich Neugeboren anheischig, gleichsam als den zweiten Theil zu diesem Werk einen vollständigen Commentar über das Andreanische Privilegium der Sachsen auszuarbeiten, wie Eder selbst a. a. O. S. 45 und 177, ohne jedoch Neugeboren zu benennen, berichtet (S. Schlözer's krit. Samml. 522). Auch erwartete man während seinem Leben von ihm einen Catalogue raisonné der Freih. Sam. Bruckenthalischen Münzen-Sammlung zu Hermannstadt. Allein beide Arbeiten unterblieben seiner häufigen amtlichen Geschäfte wegen zum Schaden der vaterländischen Literatur gänzlich. Endlich betheiligte sich Neugeboren mit J. A. Müller und Joh. Filtsch an der Herausgabe des neuen Hermannstädter Gesangbuchs, (Denkbl. I. 320 und 455), in welchem die Gebete von D. G. Neugeboren herrühren.

Neugeboren Heinrich
Tr.

Sohn des Kronstädter Magistratualfiskals Friedrich Neugeboren, geboren in Kronstadt am 26. September 1832, stubirte in Kronstadt und vom Jahre 1852—1855 in Berlin und Wien und dient nun als Professor am evangel. Gymnasium seiner Vaterstadt.

1. Versuch eines Leitfadens für die Vorlesungen der Logik in der dritten Klasse des Obergymnasiums. Kronstadt 1857. Gebr. und im Verlag bei J. Gött. 8. IX. 82 S., f. auch den Artikel Sam. Schiel, Programm des evangelischen Gymnasiums in Kronstadt 1857.
2. Vierteljahresschrift für die Seelenlehre. Herausgegeben v. Heinrich Neugeboren und Ludwig Korobi. 1. Jahrg. Kronstadt 1859. Druck und Verlag von Joh. Gött. 8. 272 S. 2. Jahrg. Ebend. 1860. 256 S. 3. Jahrg. Ebend. 1861. 204 S.
3. Kronstädter Miscellen. Mitgetheilt von Heinrich Neugeboren. Buchdruckerei von J. Gött und Sohn. Kronstadt 1869. 8-o 31 S.

Separat-Abdruck aus der Kronstädter Zeitung Nr. 54 ic. bis 87 vom Jahre 1869.

Neugeboren Johann Ludwig,
Tr.

der jüngste Sohn des Superintendenten Daniel Georg Neugeboren, wurde geboren in Mühlbach am 2. August 1806, stubirte am Gymnasium zu Hermannstadt und sofort 1828—1831 an der protestantisch-theologischen Lehranstalt in Wien. Nach der Rückkehr in sein Vaterland wurde er Lector des Hermannstädter Gymnasiums 1834 und nachdem er 1836 pro loco disserirt hatte, zum Spitalsprediger befördert am 3. November 1840. Seit beiläufig 1836 besorgte Neugeboren auch die Geschäfte eines Bibliothekars und Besorgers des B. Samuel Bruckenthal'schen Museums zu Hermannstadt mit rühmlichem Fleiße und Eifer. Mittelst Diplom vom 2. Jänner 1858 wurde Neugeboren von der k. belgischen Akademie für Archäologie in Antwerpen zum Ehrenmitgliede ernannt. Endlich wurde er als Hermannstädter Stadtprediger zum Pfarrer in Freck erwählt am 22. Oktober 1862, und war vom Jahre 1861 bis 1865 Vorstands-Stellvertreter des Vereins für siebenbürgische Landeskunde.

1. Lehrbuch der Naturgeschichte als Leitfaden bei Vorlesungen an Gymnasien, mit besonderer Berücksichtigung Siebenbürgens

ausgearbeitet. 1. Heft. Allgem. Einleitung und Mineralogie. Hermannstadt 1839. Im Verlage des evangelischen Gymnasiums. Gedruckt bei Georg v. Closius.

Der Herausgeber bespricht in der Vorrede das Bedürfniß eines solchen Lehrbuchs mit Rücksicht auf Siebenbürgen und seine Tendenz, in diesem Buche den Gymnasialschüler auf die in diesem Lande reichlich vorkommenden Naturprodukte aufmerksam zu machen und bei ihm die Lust anzuregen, durch eigene Nachforschungen die Kenntniß der vaterländischen Naturgeschichte zu erweitern, wobei er zugleich dankend dem Beistand eines in naturhistorischer Hinsicht Siebenbürgens vielerfahrenen Freundes (Michael Bielz) erwähnt, welcher ihm hilfreich durch Rath und That zur Seite gestanden sei.

Die Fortsetzung des begonnen 2. Heftes überließ der Herausgeber dem Professor Michael Fuß, welcher bei Herausgabe aller 3 Hefte im Jahre 1845 aus dem Titel des 1. Heftes die Worte: „mit besonderer Berücksichtigung Siebenbürgens ausgearbeitet", nebst Neugeboren's Vorrede zu beseitigen und das Druckjahr 1840 anzusetzen für gut befand.

2. Die Gemäldegalerie des freiherrlichen v. Bruckenthalischen Museums in Hermannstadt. Hermannstadt 1844. 8. II. 150 S. nebst Zusätzen und Verbesserungen S. 151—152.

Die in Hormahr's Archiv für Geschichte, Statistik rc. 1826 und 1827 erschienene Beschreibung der italienischen und niederländischen Schule dieser Gemäldegalerie ist hier ergänzt und mit der britten Abtheilung, d. i. der sehr zahlreichen deutschen Schule, vermehrt, nach Angaben der Maler: Martin Stock, Franz Neuhauser und Theodor Glatz, nebst einer in der Einleitung enthaltenen allgemeinen Beschreibung der Bruckenthalischen Bibliothek und Mineraliensammlung enthalten.

Schief beurtheilt vom Professor Trost in den Oesterr. Blättern für Literatur und Kunst. 1845. Nr. 90. S. 697—698.

3. Die Hauptkirche der evangelischen Glaubensgenossen A. C. in Hermannstadt. Eine Festgabe zur feierlichen Wiedereröffnung des baulich hergestellten Gotteshauses am ersten Pfingstfeste 1852 nach zweijähriger Unterbrechung des Gottesdienstes. Verfaßt von J. L. Neugeboren, Montagprediger an der Hauptkirche. Der Reinertrag ist dem Kirchenfonde gewidmet. Hermannstadt. Gedruckt bei S. Filtsch, 1855. 8. 16 S.

4. Die Foraminiferen aus der Ordnung der Stichostegier von Ober-Lapugy in Siebenbürgen. Mit 5 Tafeln. Aus dem XII. Bande der Denkschriften der mathematisch-naturwissenschaftlichen Klasse der Wissenschaft besonders abgedruckt. Wien, aus der k. k. Hof- und Staatsdruckerei 1856. 4. 44 S.

Tr. **Neugeboren Karl,**

geboren in Hermannstadt 1789 den 1. April, k. Tabular- und Gubernial-Kanzellist, dann Accessist bei dem sächsischen National-Komitat, darauf Aktuar der Hermannstädter Stadt-Kommunität und endlich Magistratsrath und Kreisinspektor im Hermannstädter Stuhl. Als interimaler Hermannstädter Stuhlsrichter wurde er nach der 1849er Revolution zum Referenten bei der k. k. Oberlandesgerichts-Kommission in Hermannstadt zugezogen und im Jahre 1854 als Oberlandesgerichts-Rath pensionirt. Er starb am 6. November 1861 in Leschkirch, wohin er im nemlichen Jahre mit seiner von da gebürtigen Gattin übersiedelt war.

1. Andreas Báthori, Kardinal und Fürst von Siebenbürgen. Ein Beitrag zu der Siebenb. Geschichte. Nach alten Quellen und besonders der ungedruckten Geschichte des gleichzeitigen Geschichtsschreibers Steph. Szamosközi bearbeitet. In der Zeitschrift Transsilvania. Hermannstadt 1833 ff. (welche Neugeboren in Gesellschaft Benigni's redigirte). I. 1—66 und 121—235. II. 1—29.

2. Ueber den Geburtsort des Dichters, Redners und Staatsmannes Jakob Piso, Probst des h. Johann von Fünfkirchen. Ebendas. II. 93—96.

3. Siebenbürgisch-sächsische National-Pyramide zur Feier der Ernennung des Hochwohlgeb. Hrn. Joh. Tartler k. siebenbürgischen Gubernial-Rath und Ritter des h. k. Leopoldordens zum Grafen der Sachsen, entworfen und gestiftet von dem Hochw. Hrn. Dan. Georg Neugeboren, Superintendenten der A. C. B. in Siebenbürgen, beschrieben durch dessen Sohn J. Neugeboren der L. Hermannstädter Centumviral-Kommunität Mitglied und Aktuarius. Im k. k. privil. lithographischen Institute in Hermannstadt 1824. 4. 52 S.

4. Handbuch der Geschichte Siebenbürgens. Hermannstadt 1836. 8. XVI. 349 S.

5. Index diplomaticus Regni Hungariae publicus seu Series Diplomatum Decretorum, Legum, Literarumque typis divulgatorum, Historiam Regni Hungariae, Legesque ac Jura et Praerogativa cum Regni Hungariae et incorporatarum Provinciarum, tum Personarum publicarum et privatarum tangentium. Auctore C. Neugeboren. Mſpt. in Fol.

Tomus I. complectens Periodum Regum Hungariae e stirpe Arpadiana ab anno 1000 usque 1300.

Tomus II. complectens Periodum Regum Hungariae stirpis mixtae, et quidem ab anno 1301 usque ad annum 1437.

Tomus III. complectens Periodum Regum Hungariae stirpis mixta ab anno 1438—1526.

Im Jahre 1844 beſtimmte der Ausſchuß des Vereins für Siebenbürgiſche Landeskunde einen Preis von ſechszig Gulden Silbergeld für die zweckmäßigſte Ausarbeitung von Regiſtern über die bereits vollſtändig, oder auch nur theilweiſe herausgegebenen, Siebenbürgen betreffenden Urkunden, bis zum Jahre 1300. (Vereins - Protokoll S. 82.) Neugeboren ſchickte den, nach der Aufgabe eingerichteten, erſten Theil ſeiner vorgenannten Arbeit ein und erhielt den Preis; — gedruckt, und den drei Heften des dritten Bandes des Landeskunde-Vereins-Archivs angehängt unter dem Titel:

„Tentamen Indicis diplomatici publici M. Principatus Transsilvaniae Periodi Regum Hungariae Stirpis Arpadianae ab anno 1000 usque ad annum 1300. Exhibens Seriem Diplomatum rempublicam privatamque Regni Transsilvaniae et Transsilvanorum praecise tangentium, typis vulgatorum. Auctore C. N. Senatore Cibin, 84 S. *)

Tr. **Neuhauſer Franz,**

k. k. Profeſſor der Zeichen- und Baukunſt an der Haupt-Normalſchule in Hermannſtadt, Beſitzer der goldenen Civil-Ehrenmedaille, ſtarb in Hermannſtadt den 22. Auguſt 1836, alt 73 Jahre, nachdem er durch 52 Jahre in ſeinem Amte viele vorzügliche Schüler gebildet und ſich auch ſonſt, beſonders im Fache der Landſchaftsmalerei, wie auch in der Reſtauration alter Gemälde (beſonders der B. Bruckenthalſchen) als geſchickter Künſtler bewährt hatte.

---

*) Vollſtändiger in Teutſch und Firnhabers Urkundenbuche zur Geſch. Siebenbürgens S XIII—LXXXIV.

Laut dem Buche: „Die Gemälde-Galerie des Freiherrlich Brukenthalischen Museums in Hermannstadt 1844. S. 148" befindet sich von seiner Hand in dieser Galerie:

„Ein Cactus speciosus grandiflorus mit einer schönen Blüthe und einer Blüthenknospe. Auf Leinwand".

Ebendaselbst laut S. 137 existiren von Franz Neuhauser dem Aelteren folgende Gemälde:

„Die Flucht nach Aegypten, Miniaturmalerei. Auf dem Gemälbchen steht der Name des Meisters und die Jahreszahl 1779. Auf Pergament."

S. 150. „Das Bildniß des Malers Raphael Mengs. Der Künstler vor einer Staffelei. Miniatur. Halbe Figur. Auf Pergament."

Vom jüngern Franz Neuhauser aber hat man:
1. Lehre vom Licht und Schatten, verbunden mit den nothwendigsten Grundregeln zur freien Handzeichnung. Ein Lehrbuch für angehende Zeichner, mit erläuternden Figuren auf 10 lithographischen Blättern von F. N. Hermannstadt, 1821. Im Verlage bei W. H. Thierry, Buchhändler. 8. 40 Seiten.

(Ein Handbuch für die Schüler der Hermannstädter Zeichenschule und solche, denen mathematische Lehrvorträge unverständlich sind).

2. Anfangsgründe der Zeichenkunst, entworfen und lithographirt von Franz Neuhauser. Hermannstadt und Kronstadt bei W. H. Thierry ohne Jahr. In längl. Querfolio 21 Blätter (1823).
3. Anleitung zur Thierzeichnung nach den besten Meistern. Hermannstadt und Kronstadt, bei W. H. Thierry. 3. Heft in klein Querfolio 1822 bis 1823. (Enthalten 60 Blätter).
4. Blumenbuch für die Jugend. Hermannstadt 1823. Fol. 2 Hefte.

Tr. **Neunachbar Paul,**

ein Kronstädter, studirte in Kronstadt 1649, dann in Wittenberg 1653 und in Leipzig 1655, wurde Rector am Gymnasium seiner Vaterstadt im J. 1660 und starb am 16. September 1667.
1. Disp. de Liberalitate et Magnificentia Ethica, praeside Josia Christoph. Neandro. Witeb. 1654. 4.
2. Disp. Politica de Officio Magistratus circa Religionem et Reipublicae defensionem, praeside Michaele Wendelero. Ib. 1656 d. 28. Apr. 4. 19 S.

Tr. Neustädter Martin,

geboren in Kronstadt 28. August 1773, studirte in den Schulen seiner Vaterstadt, und, nach im J. 1704 abgelegtem Examen, auf der Universität Jena. Er hatte mit besonderer Vorliebe den eigentlich theologischen (nicht wie die meisten andern, den philologischen) Wissenschaften obgelegen, und wurde nach seiner Rückkehr in Kronstadt Adjunkt 1796, Collega 1798, Lector am Gymnasium 1803, Stadtprediger 1810 und Pfarrer in Rosenau 1818, wo er am 16. December 1844 mit Tod abging.

1. Rede bei dem feierlichen Leichenbegängnisse der weiland Fr. Rectorin Johanna Agnetha geb. Teutsch verehelichte Fabricius, gehalten in der ev. Pfarrkirche in Kronstadt am 16. December 1834 (Hermstdt. bei Hochmeister). 8. 16 S.
2. Rede bei dem feierlichen Leichenbegängnisse der weiland Wohlgebornen und Tugendsamen Frau Fr. Agnetha geb. Hedwig, Ehegemahlin des Kronstädter ev. Hrn. Stadtpfarrers Johann Teutsch, gehalten in der ev. Pfarrkirche zu Kronstadt am 18. Januar 1818. Kronstadt 8. 16 S.

Tr. Neustädter Michael,*)

geboren in Schäßburg am 7. September 1736, studirte in seiner Vaterstadt 10 Jahre hindurch, ferner am Collegium zu Maros-Vásárhely, und ein Jahr lang in Wien, wo er der Arzneiwissenschaft oblag. Zur Fortsetzung des medizinischen Studiums bezog er die Akademie zu Erlangen, vollendete seinen Curs in Straßburg, kehrte nach Erlangen zurück, erwarb hier den Doktorgrad, und hielt 6 Monate lang jungen Medizinern Privat-Vorlesungen. Nach seiner Rückkehr in das Vaterland praktizirte er als Arzt in Hermannstadt. Den Ruf zum Kreisarzte nach Fogarasch, den er im J. 1770 und bald darauf nach Mühlbach erhielt, nahm er nicht an, wohl aber im J. 1774 die Ernennung zum ersten Stadtphysikus in Hermannstadt. Im Jahre 1784 ernannte ihn Kaiser Joseph II. zum Landes-Proto-Medicus, und er erhielt im J. 1792 den Titel eines k. Sanitäts-Rathes. Eine rühmliche Thätigkeit entwickelte er im J. 1786 bei Verhinderung der Verbreitung der Pest in Rosenau an der Gränze der Walachei und zeichnete sich vor vielen Andern durch Hintansetzung jeder

---

*) Siebenb. Provinzialbl. II. 161—166.

Bequemlichkeit bei Behandlung der Kranken und besondere Menschenfreundlichkeit aus, bis er am 5. Juni 1806 sein Leben in Hermannstadt beschloß.

Seine Schriften sind:
1. Triga casuum medico-chirurgicorum. Praes. D. Henrico Friedr. Delio Prof. publ. pro gradu Doctris 1762 Erlangae m. December aere. I. D. M. Camerarii Acad. Typogr. 4. 24 S. (Die Fälle sind: 1. Sphacelus penis egregiusque in eo corticis Peruvani usus. 2. Haemorhagia enormis in tibiae vulnere sanata. 3. Fistula ani completa cum lenta febre curata).

Dem damaligen siebenb. Gubernialrath und Provinzialkanzler Sam. Freiherrn v. Bruckenthal zugeeignet.

2. Die Pest im Burzenlande 1786. Nebst einigen vorangeschickten Bemerkungen. Hermannstadt bei Martin Hochmeister, k. k. priv. Dikasterial-Buchdrucker und Buchhändler 1793. 8. XVI 121 S. und 2 Krankentabellen.

Dem sächs. Nations-Comes Michael Freiherrn v. Bruckenthal gewidmet.

3. Ueber die Kuhpocken-Impfung. Ein paar Worte zur Beherzigung für alle Familienväter in Siebenbürgen. Hermannstadt bei Martin Hochmeister 1803 8. 50 S.

Mit hofkriegsräthlicher Verordnung vom 13. Nov. 1803 erging der Befehl an alle General-Commando's der Monarchie die Verbreitung dieses Unterrichts sogleich zu veranlassen und dem k. k. Hofkriegsrath Bericht zu erstatten.

Das Werkchen selbst wurde auf Befehl der Landesregierung sowohl in ungarischer Sprache im Lande verbreitet, als auch in die walachische Sprache übersetzt und diese bei J. Barth in Hermannstadt gedruckte Uebersetzung (8. 63 S.) unter Gub.-Z 6318/804 in das ganze Land zur Vertheilung ausgeschickt.

4. Kuhpocken-Katechismus oder Anweisung über die Art, die Kuhpocken einzuimpfen. Hermannstadt bei Hochmeister 1801. Wurde auch dem für das Jahr 1802 bei Hochmeister in Hermannstadt gedruckten Siebenbürgischen Geschichts- und Wirthschaftskalender 4. beigedruckt auf 5 S.

(Diese Anweisung ist nach Art des Beckerischen Noth- und Hilfs-Büchleins aus den besten, die Kuhpocken-Impfung betreffenden Schriften unter Neustädters Aufsicht in Fragen und Antworten abgefaßt worden.)

5. Consignatio specifica omnium Plantarum, quae in Magno hocce Principtu (Transsilvaniae) sponte sua crescunt. In der zu Klausenburg im J. 1795 in Fol. gebruckten: Opinio Deputationis regnicolaris systematicae in Cameralibus et Comercialibus ordinatae etc., ohne Seitenzahlen auf den Bögen q. u. r. abgedruckt auf 6 Seiten. Auf der 6. Seite folgt: Herbae autem sequentes hucadusque ab exteris oris ad nos translatae vel advectae in patria quoque nostra Transsilvania in sufficiente quantitate reperiuntur, wovon 8 Arten, und auf der 7. Seite: Herbae sequentes in Offlcionalibus hortis coli et curari debent, wovon 24 Arten angeführt sind.

Im §. 4 der 1. Section der erwähnten Opinion oder S. 3 wird berichtet, daß Neustädter in Folge Auftrags des Gubernialpräses dieses Verzeichniß verfaßt und aus dem Lerchenfeldischen Herbarium vivum vervollständigt habe. Auch sei Neustädtern aufgetragen worden, die siebend. Apotheker bei der Apotheken-Visitation zur Anschaffung der einheimischen Pflanzen anzuhalten.

Die Namen der Pflanzen im Verzeichniß sind in 4 Sprachen angegeben: 1. der lateinischen offiziellen, 2. der deutschen, 3. der ungarischen und 4. der walachischen.

6. Vier Abhandlungen in der siebenbürgischen Quartalschrift und zwar:
 a) III. 179—193. Ueber den Gebrauch des Borßöker Sauerbrunnens und dessen heilsame Wirkungen im Bluthusten.
 b) III. 332—341. Ueber den Homorober Sauerbrunnen, nebst einigen Vorsichtsregeln beim Gebrauch der Brunnen-Curen überhaupt.
 c) IV. 170—180. Beitrag zu clinischen Beobachtungen in Siebenbürgen.
 d) IV. 226—246. Fortsetzung.
 e) V. 25—32. Chemische Untersuchung des Mineralwassers zu Kis-Széf.

Tr. **Nösner** (auch Schwarz genannt) **Simon**,

geboren zu Weidenbach im Kronstädter Distrikt, nach des Rektors in Kronstadt Paul Roths Ausdruck: ein wunderlicher Kopf, der an mehreren Orten Rektors-, dann in Rosenau bei Kronstadt Predigers-Dienste versah, und endlich als Pfarrer in Heldsdorf gestorben ist.

Nachdem er sich nemlich zu Homrob und Kreutz eine Zeitlang aufgehalten, wurde er 1586 Rektor zu Bartholomä bei Kronstadt, 1589 in Weidenbach, 1590 in Rosenau, 1591 Prediger in Rosenau, 1595 Martius-Bergprediger, 1597 Stadtprediger, welch letzteren Dienst er aber 1599, weil er 2 Jahre lang von der Colik geplagt und bettlägerig war, resigniren mußte. Im J. 1601 wurde er wieder Bergprediger in Kronstadt und erhielt im nemlichen Jahr den 28. März den Beruf zur Nußbächer Pfarre, den er jedoch ablehnte, dagegen nach 2 Tagen die Rothbacher Pfarre annahm. 1604 wurde er als Prediger zu Bartholomä angestellt, nachdem er über ein Jahr lang ohne Pfarre gewesen, endlich das Jahr darauf zum Pfarrer in Helbsdorf erwählt, wo er den 12. April 1619 starb.

Er hinterließ ,eine Chronologie von Siebenbürgen vom Jahre 744 bis 16. Februar 1619, welche den Titel führt:

Res actae quaedam in partibus Hungariae et Transylvaniae, consignatae a Simone Nösnero, Pastore Ecclesiae Heltvinensis. Das in der Kronstädter Bibliothek befindliche Original hat 70 Seiten in 4. Die Sprache, in der der Pfarrer schreibt, ist bald deutsch, bald lateinisch, und oft gemischt z. B. „1598 d. 22. November hora ma-„tutina inter 3 et 4 ist ein schrecklicher terrae motus zweimal auf-„einander gewesen." Aus seiner Schrift geht hervor, daß er ein eifriger Anhänger des Fürsten Gabriel Bathori, von dessen Herzensgüte er eine widernatürlich hohe Meinung hegte, und ein leidenschaftlicher Widersacher der Patrioten war, bie es nicht mit Bathori hielten. Die Ungunst seiner geistlichen und weltlichen Vorgesetzten in Kronstadt, die er sich durch seine Unbeständigkeit, unruhigen Geist und seine bäurischen Sitten zuzog, scheint ohne Zweifel die Ursache so verkehrter Gemüthsstimmung gewesen zu sein. — Aus eigener Erfahrung hat Nösner vom J. 1570 an geschrieben, und von diesem Jahre an bis zum J. 1619 sind seine Aufzeichnungen veröffentlicht worden in den: Deutschen Fundgruben zur Geschichte Siebenbürgens. Neue Folge, herausgegeben von Trauschenfels. Kronstadt 1860. S. 59—80, nebst einem Vorworte von Anton Kurz S. 57—58.

Tr. **Obert Franz,**

geboren in Taterloch in der Kokelburger Gespanschaft, wo sein Vater Pfarrer war, am 6. Januar 1828, studirte an der Universität zu Leipzig, und wurde als Lehrer an den Mediascher Schulen, im Mai 1860 zum Pfarrer der ev. Gemeinde Schaal, und 1869 9. Februar zum Pfarrer in Wurmloch gewählt.

1. Deutsches Lesebuch. Mit besonderer Rücksicht auf die siebenb.-sächs. Volks- und Elementarschulen bearbeitet von Franz Obert, Gymnasiallehrer in Mediasch. 1. Theil. Hermannstadt 1859. Druck und Verlag von S. Filtsch. 8. VIII. 240 S. — 4. Aufl. Ebendas. 1868. 8. 208 S.

Dem confessionellen und vaterländischen Element hat der Verfasser besondere Rücksicht zum Besten der Volksschule widmen zu müssen geglaubt. Inhalt und Anordnung des Buches sind der Art, daß das Oberconsistorium dasselbe am 15. Dec. 1858 mit besonderer Befriedigung entgegennahm und allen Presbyterien zur Einführung in den Volksschulen empfahl, indem es einem tiefgefühlten Bedürfnisse abhelfe, da es bei der sorgfältig getroffenen Auswahl der Lesestücke auch das confessionelle und vaterländische Element berücksichtige und dadurch die Gefühle für die Kirche und die Heimat nähre und kräftige. S. die Anzeige der 3. Aufl. im 3. Jahrg. des Obert'schen Schul- und Kirchen-Boten. 1868. S. 62—63.

2. Deutsches Lesebuch von Franz Obert, Pfarrer in Schaal. Zweiter Theil. Lesebuch für die Oberclassen siebenb.-sächs. Volks- und Bürgerschulen. Hermannstadt 1861. Druck und Verlag von Th. Steinhaußen. Gr. 8. 383 S. — 2. verm. und verb. Aufl. Hermannstadt 1865. Ebendas. 8. VI. 359 S.

Das Buch enthält in methodischer Anordnung neben einer reichen Zahl von Sprach- und Sach-Musterstücken, die in den verbreitetsten deutschen Lesebüchern für Volks- und Bürgerschulen heimisch sind, eine Reihe Originalaufsätze, namentlich aus den Gebieten der siebenb. Heimatskunde, der Geschichte und des wirthschaftlichen Lebens Siebenbürgens; und ist zugleich darauf eingerichtet, den Schüler mit nützlichen Kenntnissen für seinen künftigen Beruf in den Kreisen des Landbaues oder des Gewerbsbetriebes auszustatten, und ihm einen Einblick in die Stellung und Aufgabe seines Volkes und seiner Kirche zu geben, und ihn zum Gemeinsinn zu erziehen.

Auch diesen zweiten Theil empfahl das Consistorium der ev. Landeskirche A. B. den Bezirks-Consistorien und Pfarrgemeinden zum Gebrauch in allen entsprechenden Classen, indem es denselben zur Einführung in den Elementar-, Volks- und Bürgerschulen, sowie in den

unteren Abtheilungen der Realschulen für zulässig erklärte (Landes-Consist.-Erlaß vom 13. Mai 1862 Z. 126).
3) Schulwandkarte von Siebenbürgen von Franz Obert, Lehrer am Obergymnasium in Mediasch. In 4. lithogr. Blättern (Gebirge mit Tondruck). Gezeichnet von Hermann Maber. Mit Begleitworten, enthaltend eine kurze Heimatkunde des Landes. 24 S. Gotha, J. Perthes 1861.

Dazu absonderlich: Begleitworte zur Schulwandkarte von Siebenbürgen von Fr. Obert. Gotha J. Perthes. 8. 24 S. (1860).
4. Bericht über die erste Hauptversammlung des ev. Hauptvereins der Gustav-Adolf-Stiftung für Siebenbürgen, abgehalten in Mediasch am 5. u. 6. August 1862. Im Auftrage dieser Hauptversammlung veröffentlicht von Fr. Obert, Pfarrer in Schaal. Kronstadt 1863. Gedruckt bei Joh. Gött. 12. 56 S.
4. Schul- und Kirchenbote für das Sachsenland. Herausgeber und Redacteur Fr. Obert. 1. Jahrg. Hermannstadt, Druck und Verlag von S. Filtsch. 1866. 8. II. 258 S. 2. Jahrg. Ebendas. 1867. II. 352 S. 8. 3. Jahrg. Ebendas. 1868. II. 364 S. 4. Jahrg. Ebendas. 1869. II. 312 S. 5. Jahrg. Ebendas. 1870. IV. 334 S.
6. Vortrag, gehalten zu Worms in der VII. Hauptversammlung des ev. Vereins der Gustav-Adolf-Stiftung am 28. August 1867 vom Abgeordneten des siebenb. Hauptvereins Fr. Obert, Pf. in Schaal. (Der Ertrag ist für die Gemeinde Jakobsdorf, Bistritzer Kirchenbezirks bestimmt). Hermannstadt Buchdruckerei S. Filtsch 1867. gr. 8. 12 S.

Separatabdruck aus des Verfassers Schul- und Kirchenbote für das Sachsenland 1867. S. 267—277.
7. Vaterlandskunde für die siebenb.-sächs. Volksschulen. Im Anschluß an das Unentbehrlichste aus der Heimats- und Himmelskunde bearbeitet. Hermannstadt Druck und Verlag von S. Filtschs Buchdruckerei (W. Krafft) 1870, kl. 8. 80 S.
8. Mittheilungen aus der Lehrer-Zusammenkunft in Wurmloch. Dargeboten im Auftrage der Versammlung von den Berichterstattern: M. Walesch, Prediger in Deutsch-Tekes; Eugen Capesius, Prediger in Großschenk; M. Helch, Rektor in Probsdorf; M. Hehbl, Rektor in Agnetheln. Hermannstadt S. Filtschs Buchdruckerei (W. Krafft). 1870. 8. 110 S.

Dem Superintendenten Dr. G. D. Teutsch zugeeignet.

Franz Obert ließ in dem Mai=, Juni= und Augusthefte des Jahrg. 1869 des Schul= und Kirchenboten die Einladung an Lehrer ergehen, auf acht Tage nach seinem Pfarr= und Wohnorte Wurmloch zu kommen, um an einem Fortbildungscurse Theil zu nehmen, in welchem zunächst die Behandlung von drei Hauptlehrstoffen der Volks= schule; „Sprachunterricht, Rechnen, Heimats= und Vaterlandskunde" in praktischer Weise vorgeführt, und dann in eingehender Besprechung erörtert werden sollte. Zu dieser Versammlung fanden sich aus allen Bezirken der ev. Landeskirche A. B. Siebenbürgens — mit Ausnahme des Hermannstädter und Bistritzer Bezirkes — 58 Lehrer ein, welche vom 19. bis 26. September 1869 die gestellte Aufgabe in würdiger Eintracht zu lösen sich bemühten, und durch die vor= genannten vier Mitglieder das Protokoll ihrer Verhandlungen nebst einem Anhange, ihre Tischgespräche und einige Urtheile der siebenb. deut= schen Zeitungen über den Fortbildungskurs enthaltend, im Druck ver= öffentlichten. Ich zähle die vorstehenden aus der Feder Mehrerer her= vorgegangenen Mittheilungen Franz Oberts, als ihres Veranlassers, Schriften zu. [1])

Tr. **Oberth Johann,**

geboren zu Mediasch im Jahre 1823 den 26. Juni, machte nach Vollen= dung des Gymnasialkurses zu Mediasch seine akademischen Studien vom Jahre 1842 bis 1846 an der protestantisch=theologischen Facultät in Wien und an der Universität in Jena. Vom Jahre 1846 bis 1850 lebte er durch einige Zeit als Lehrer an der Salzmann'schen Erziehungsanstalt in Schnepfenthal bei Gotha, dann als Hauslehrer in einer angesehenen Fa= milie Norddeutschlands (Osterode am Harz), folgte im Jahre 1850 dem Rufe als Lehrer an das Gymnasium seiner Vaterstadt, wo er am 26. Juni 1855 vom Lehrkörper, dem damals das Wahlrecht noch zustand, zum Conrektor, und am 3. December 1867 vom ev. Presbyterium zum Rector erwählt wurde.

Er ertheilte am Gymnasium meistens lateinischen, griechischen und deutschen Sprachunterricht, am Seminar aber durch viele Jahre pädago= gischen Unterricht, den er mit praktischen Uebungen der Seminarschüler verband.

---

[1]) Ueber den vom 18. bis 25. Sept 1870 in Wurmloch abgehaltenen Volks= schullehrer=Fortbildungskurs s. den Bericht in dem Schul= und Kirchenboten vom Jahre 1870 S. 311 fg.

Seine Schriften sind:
1. Die neuhochdeutsche Schriftsprache und die deutschen Volksmundarten. In dem Mediascher Gymn.-Programm vom J. 1855/6 (S. Denkbl. I. 168 Nr. 3.)
2. Dritter Jahresbericht des ev. Hauptvereins der Gustav-Adolf-Stiftung für Siebenbürgen auf das Verwaltungsjahr 1863/4. Im Auftrage des Hauptvorstandes zusammengestellt von Joh. Oberth, Gymnasial-Conrektor in Mediasch, Schriftführer des siebenb. Hauptvereins. Hermannstadt Buchdruckerei S. Filtsch 1864. 8. 38 S.
3. Sechster Jahresbericht des ev. Hauptvereins der Gustav-Adolf-Stiftung für Siebenbürgen über das Verwaltungsjahr 1866/7. Im Auftrage des Hauptvereins-Vorstandes zusammengestellt von Joh. Oberth, Gymn.-Conrektor in Mediasch und Schriftführer des siebenb. Hauptvereins. Hermannstadt Buchdruckerei S. Filtsch. 1868. 8. 36 S.
4. Siebenter Jahresbericht ꝛc. 1867/8. Ebendas. S. Filtsch Buchdruckerei (W. Krafft) 1869. 8. 31 S.
5. Programm des ev. Gymnasiums A. B. zu Mediasch und der damit verbundenen Lehranstalten für das Schuljahr 1867/8. Veröffentlicht vom Direktor des Gymnasiums Joh. Oberth. Hermannstadt Buchdruckerei des Josef Drotleff. 1868. 8. 81 S.
    Inhalt: 1. Gabriel Bethlen. Vom Gymnasiallehrer Fr. Karl Heinrich S. 5—52. — 2. Schulnachrichten vom Direktor S. 53—81.
6. Programm des ev. Gymnasiums A. B. zu Mediasch und der damit verbundenen Lehranstalten für das Schuljahr 1868/9. Veröffentlicht vom Direktor des Gymnasiums Joh. Oberth. Hermannstadt Buchdruckerei des Jos. Trotleff 1869. 8. 59 S.
    Inhalt: 1. Fünf Schulreden vom Direktor S. 7—32. — 2. Schulnachrichten. Von demselben S. 33—59.

Die fünf Schulreden handeln: 1. Von der rechten Verwendung der Schulferien. 2. Was, wie und wann soll der studirende Jüngling in seinen schulfreien Stunden lesen? 3. Wodurch ist die gedeihliche Wirksamkeit und Blüthe öffentlicher Schulen bedingt? 4. Zur Vorbereitung auf das heilige Abendmahl. Anspruch an die Schüler des Obergymnasiums und Seminariums. 5. Ueber die Pflege der Poesie.

In der von M. Malmer im J. 1862 herausgegebenen „Evangelischen Kirchen- und Schulzeitung" (Denkbl. II. 385) veröffentlichte er die von ihm für den Mediascher Schullehrerverein verfaßten Aufsätze: 1. Ueber den Religionsunterricht in der Volksschule (Nro. 4). 2. Welche Nebenbeschäftigungen sind dem Schullehrer für seine Mußestunden besonders zu empfehlen? (Nr. 18). 3. Ueber den deutschen Sprachunterricht in der Volksschule (Nr. 21—22). 4. Ueber den Rechenunterricht in der Volksschule (Nr. 23). 5. Ueber den geographischen, geschichtlichen und naturkundlichen Unterricht in der Volksschule (Nr. 42).

Von der Constituirung des Gustav-Adolf-Hauptvereins für Siebenbürgen im J. 1861 an bis zum September 1868 war Oberth Schriftführer desselben und verfaßte dessen oben erw. 2., 3. und 4. angeführten 1863/4er, 1866/7er und 1867/8er Jahresberichte.

Zur Förderung des materiellen Wohles seiner Vaterstadt betrieb Oberth im J. 1861 die Gründung des Mediascher Spar- und Vorschußvereins, welcher seither unausgesetzt unter seiner Leitung stehend, im April 1862 seine folgenreiche Wirksamkeit begann und in kurzer Zeit einen ungeahnten Aufschwung nahm. Endlich bekleidet Oberth seit dem Jahre 1865 das Amt als Curator der Mediascher evangelischen Gemeinde.

7. Programm des ev. Gymnasiums A. B. zu Mediasch rc. für das Schuljahr 1869/70. Hermannstadt, Buchdruckerei Th. Steinhaußen 1870. 8. 89 S.

Inhalt: 1. Die Erbgrafen der zwei Stühle. Vom Gymnasial-Lehrer Dr. Rud. Theil (S. 3—63). — 2. Schulnachrichten vom Director (S. 64—89).

Seiv. **Ohrendi Johann,**

Stadtpfarrer zu Mühlbach und Dechant des Kapitels. Er war ein Sohn des folgenden Ohrendi, erhielt das Schulrectorat zu Hermannstadt den 15. August 1748, welches er drei Jahre verwaltete und darauf Diakonus ward. 1652 beriefen ihn die Reußmärkter zum Pfarrer; 1653 den 11. Hornung die Gemeinde Urwegen und 1680 die Mühlbächer, woselbst er gestorben ist.

Als Rektor zu Hermannstadt gab er zum Gebrauche seiner Zuhörer heraus:

1. Conradi Dieterici Epitomes Praeceptorum Rhetoricae, in usum Classicorum inferiorum, ex institutionibus Rhetoricis collecta. Cibinii, excud. Marcus Pistorius. 1648 in 8. 48 S. Wieder Ebendas. 1671.

2. Casparis Bartholini, Praecepta Logicae Peripateticae — nunc vero demum in usum juventutis edita. — Cibinii, 1648, in 8. 72 S.

3. M. Joannis Stierii Epitome Metaphisicae, ex variis probatisque authoribus in usum scholasticae juventutis collecta, recusa vero Cibinii per Marcum Pistorium, 1649, in 8. 80 S. Mit einer Zueignungsschrift an die Pfarrer des Kapitels und den Hermannstädter Rath.

Seiv. **Ohrendi Simon,**

Pfarrer zu Stolzenburg. Sein Geburtsort war Mergeln (Marienthal) im Großschenker Stuhle. Er suchte aber sein Glück in Hermannstadt, woselbst er zuletzt Archidiakonus ward. 1624 erhielt er den Beruf nach Kleinscheuern, und 1633 nach Stolzenburg, welcher Gemeinde er den ersten des Christmonats vorgestellt wurde. Hier beschloß er sein Leben 1641 den 3. Juli in einem Alter von 58 Jahren. Als Klosterprediger zu Hermannstadt machte er bekannt:

ΥΠΑΛΛΑΓΜΑ Censurae Protestantium Concionatorum Ecclesiarum Saxo-Transylvanicarum, de Articulis Fidei, in Synodo Mediensi, anno salutis partae, 1615, Mense Majo celebrata, conditis ac adprobatis, sub praesidio Ven. et Clariss. Viri, Dni, Zachar. Weyrauch, Superintendentis Eccl. Saxonicae breviter Protestantium errores enormes ostendens. An. 1617, scriptum a Sim. Ohrendio, Mariaevallensi, t. t. Ministro Monasticae Ecclesiae Cibin. (Mscr.)

Die Zueignungsschrift an den Thom. Borban, Pfarrer zu Stolzenburg und Senior des Kapitels, ist den 21. des Juni 1619 unterschrieben. Allein 1624 eignete es der Verfasser mit etwas veränderter Aufschrift: ϋπαλλαγμα Censurae Concionatorum quorundam Protestantium — dem Hermannstädter Königsrichter Kollmann Gotzmeister zu.

Tr. **Olert Friedrich d. ä.,**

ein Hermannstädter, studirte an der Universität in Jena 1805 ꝛc., wurde als Prediger in Hermannstadt zum Pfarrer nach Hammersdorf berufen, 1817 11. April, und starb daselbst am 25. Mai 1821.

1. De animae immortalitate Diss. philosophico-theologica, d. 18. Maji 1808 defensa. Cibinii typis Joh. Barth. 8. 30 S.

2. Standrede am Sarge der weil. Hochgebornen Frau Sophia Susanna geborne Freiin von Bruckenthal, vermählten Gräfin Kuhn; gehalten ben 8. März 1814 von Friedr. Olert, Prediger bei der großen ev. Pfarrkirche zu Hermannstadt. Hermannstabt bei Barth. 8. 10 S.

Tr. **Olert Friedrich d. j.,**

aus Hermannstadt, Sohn des im Jahre 1821 verstorbenen Hammersdorfer Pfarrers gleichen Namens, studirte zu Hermannstadt und Wien, ward Regimentsarzt bei Prinz Eugen von Savohen-Dragonern und dann k. k. Feldarzt bei dem sächsischen oder 23. k. k. Jägerbataillon; nachdem er im J. 1844 zum Dr. der Medizin und Chirurgie, sowie zum Magister der Augenheilkunst und Geburtshilfe an der k. k. medizinisch-chirurgischen Josephs-Akademie in Wien befördert worden war, dient er gegenwärtig als k. k. Regimentsarzt in dem slavonisch-syrmischen k. k. Militär-Gränz-Instr.-Regmt. Nr. 9.

Die vorzüglichen Methoden, den Stein aus der Blase zu entfernen. Inaugural-Dissertation von Friedrich Olert, Doktor der Medizin und Chirurgie, Magister der Augenheilkunde und Geburtshilfe und k. k. Oberfeldarzt. Wien, gedruckt bei Joh. Nep. Friedrich 1844. 8. 44 S.

Vom Verfasser seinen Wohlthätern (unter welchen er vorzüglich seinen Pathen, den im April 1849 zu Hermannstadt verstorbenen Operateur Friedrich Arz meinte) gewidmet.

Seiv. **Oltard Andreas,**

Stadtpfarrer zu Hermannstadt und zu verschiedenen Malen Dechant des Kapitels. Im Jahre 1611 den 13. Dezember ward er zu Heltau, woselbst sein Vater Joh. Oltard, damals den Hirtenstab führte, geboren. Die Anfangsgründe der Wissenschaften lernte er auf der Hermannstädter Schule, und nachdem er sich unter den Rektoren: Michael Mallendorf, Petrus Rihelius und Christian Volbert, deren er mit Ruhm gedenkt, für höhere Schulen vorbereitet hatte, trat er den 17. November 1632 seine akademische Reise an. Traurige Zeiten! da Deutschland ein blutiger Schauplatz des dreißigjährigen Krieges war. Dieserwegen reiste Oltard durch Polen. Den 3. Dezember kam er zu Krakau an, zu Danzig den 9. Februar 1633, und den 21. desselben Monats zu Königsberg. Allein nicht unterstützt mit den nöthigen Geldern, sah er sich bald genöthigt, diesen Ort zu verlassen. Er reiste also 1634 traurig und bekümmert, abermals nach Danzig. Hier fand er das Glück, in das Woltringische Haus, als Hauslehrer aufgenommen zu werden, dabei er denn seine freien Stunden den Wissenschaften weihte. Nach zwei Jahren verließ er 1636 dieses wohlthätige Haus und kehrte in sein Vaterland zurück, wo er den 14. Juli zu Hermannstadt anlangte.

Hier fehlte es ihm an unterstützenden Freunden nicht. Den 14. Jänner 1637 erhielt er das Schulrektorat, welchen Dienst er mit einer öffentlichen Rede: de oculo vidente, aure audiente a Domino, Prov. XX. 12. antrat. Insonderheit wurden seine rednerischen Talente bewundert. Er hatte auch ein so lebhaftes Gefühl davon, daß er uns selber sagt:[1]) Wegen großen Mangels an geschickten Predigern sei er von einem löblichen Magistrate und dem Stadtpfarrer 1638 zum Donnerstagsprediger berufen worden. In diesen Diensten, die er den 5. August antrat, blieb er bis in das folgende Jahr, da er den 26. Mai das Archidiakonat erhielt. Nachgehends berief ihn die Gemeinde zu Omlasch, er nahm aber ten Beruf nicht an und so ward er 1641 den 7. März Pfarrer zu Großau. Endlich, als Petrus Rihellus zu Hermannstadt gestorben war, sah er sich den 22. Nov. 1648 zum Stadtpfarrer erwählt. „Hier, schreibt er: erstaunte „ich ganz, was sollte ich thun? wohin mich wenden? Die Herrlichkeiten „eines Hermannstädter Stadtpfarrers hatte ich noch bei meines seligen „Vaters Zeiten gar zu wohl kennen gelernt. Noch waren die tragischen „Begebenheiten des Rihelius bei dem bürgerlichen Tumulte, eine Handlung „ohne Beispiel! nicht ohne Seufzer immer vor meinen Augen. Hierzu „kam noch" — Vielleicht war es doch nicht so ernstlich gemeint! Er nahm den Beruf an, hielt den 20. Dezember seine Eingrüßungsrede und als er die Pfarrerswohnung beziehen wollte, schrieb er an die Thüre:

Christus adest praesens, mecum qui migrat in aedes,
Spectra, sagae, lemures, daemones hinc fugite.[2])

Denn man glaubte, dieses Haus wäre jetzt ein rechter Tummelplatz von Hexen, Gespenstern und Poltergeistern. Welche Zeiten! Fast täglich

---

[1]) Ueberhaupt muß ich anmerken, daß ich diese Nachrichten von Oltarden bis zu seiner Stadtpfarrerswürde aus seinen eigenhändigen habe, die er noch umständlicher in der Matric. Rector. Cibin. 1649 erzählt.

[2]) S. die Pfarrkirche der A. C. V in Hermannstadt von Samuel Möckesch. S. 45 46. Tr.

rauchten Scheiterhaufen und dennoch hörte man von nichts mehr, als von Hexen und Bezauberungen. Der Königsrichter Andreas Teutsch[1]), ein Weiser und Menschenfreund, schaffte die Hexenprozesse ab, und seitdem sind diese Unholden verschwunden, wie ein Gespenst, dem der Philosoph in die Augen sieht. Weil Oltard gelebt, geehrt, ja bewundert ward, so war auch seine Amtsführung nicht so voller Verdrießlichkeiten, als die seines Vorfahren, das Ende aber kläglich. Die grausame Pest, welche auf die Rákoczische Belagerung in Hermannstabt 1660 folgte, die Hoffnung so vieler Geschlechter vernichtete und Kirchen und Schulen ihrer Lehrer beraubte, ergoß sich auch auf das Oltardische Haus. Nicht nur seine beiden Söhne wurden ein Schlachtopfer derselben; sondern auch er selbst den 6. Oktober im fünfzigsten Jahre seines Alters. Sein Wahlspruch war: Crede, dic, fac, fer.

Crede animo, dic ore, tuum fac officium re,
Quod jubet et dominus, fer patienter onus.

Und zu seinem Gedächtnisse hinterließ er seine Büchersammlung der Schulbibliothek. Wir haben von ihm:

1. Concio solennis et extraordinaria, complectens initia et progressum reformationis primae Ecclesiarum Saxonicarum in sede Cibiniensi in Transylvania constitutarum, elaborata, et habita Cibinii, an. 1650, ipsa Dominica Jubilate, quae erat dies 8. Maji, dum ibidem visitationem Ecclesiarum Saxonicarum ordiretur et auspicaretur, B. C. Deo, Rever. et Clariss. Vir, Dn. Christianus Barthius, Pastor Birthalbensis, Episcopus et Superintendens earundem, ab Andrea Oltardo, Pastore Cibin. nec non ejusdem Capituli Decano. Cibinii Transylvaniae, Imprim. Marcus Pistorius. A. 1650 in 4. XVI. 62 S.

Die Hauptabsicht des Verfassers hiebei ist, zu erweisen: Die protestantische Glaubenslehre sei nicht nur zuerst in Hermannstadt bekannt, sondern auch schon 1529 vollkommen eingeführt worden. Also vier Jahre eher, als Johann Honterus von Basel nach Kronstadt zurück gekommen, welches 1533 um das Fest der heil. Margarethe geschehen ist. Daß die Reformation zu Hermannstadt unter der Amtsführung des Plebans Mathias Ramaschi vollendet worden, hat wohl seine Richtigkeit; allein Oltard verkauft seinen Lesern Rauch, wenn er ihn zum Nachfolger des Mathias Kollomans macht.

---

[1]) s. Teutsch.

Denn dieser starb 1521, am Tage des heil. Augustins;[1]) auf ihn folgte im Plebanate: Petrus Huet (Pileus), Doktor der freien Künste und des geistlichen Rechts, Protonotarius Apostolikus, Probst zum heil. Sigismund von Ofen, Kanonikus zu Warbein, k. Sekretär und Rath, wie auch 1523 Dechant des Hermannstädter Kapitels. Dieser war ein strenger Eiferer für die väterliche Religion und that alles Mögliche, die Ausbreitung der ev. Lehre zu verhindern. Wie denn alle Urkunden, die Oltard in seiner Predigt bekannt machte, unter diese seine Amtsführung gehören. Auf Hueten folgte 1530, Petrus Woll, bisheriger Generaldechant und Pleban zu Reichesdorf, der bis 1536 den Hirtenstab führte und gleichen Planen folgte. Nun erst, den 17. Mai 1536, ward Ramaschi, von Broos gebürtig und daselbst Pleban, zur Stadtpfarrerswürde nach Hermannstadt berufen, welche er zehn Jahre bekleidete und 1546 starb. Das Capitular-Archiv gibt uns von allem diesem hinlängliche Beweise. Wie unbekannt muß also Oltard darin gewesen sein oder sein wollen. Doch theilt er uns verschiedene schätzbare Urkunden mit, insonderheit die merkwürdige Klagschrift, welche der Dechant Petrus Thonhauser und Huet 1526 an den Erzbischof zu Gran, Ladislaus Saltani, überschickten. Schade nur, daß sie Oltard durch Randglossen hat erläutern wollen! denn diese sind manchmal unrichtig und chronologische Irrthümer. Parizpápai hat diese gar dem Texte einverleibt und dadurch auch Hauern in seiner Hist. Eccles. Transylv. wie auch Schmeizeln, de statu Eccles. Luth. in Transylv. verführt, uns die seltene Urkunde ganz verdorben bekannt zu machen.

Weil Oltards Predigt wenig bekannt ist,[2]) und der damalige Zustand der Kirche zu Hermannstadt durch die bemerkte Klagschrift[3]) sehr viel Licht erhält, so will ich diese Klagschrift hier nach der Oltardischen Ausgabe Liebhabern der Kirchengeschichte mittheilen:

---

[1]) Oltard schreibt den 8. August und Martin Felmer den 5. August, vielleicht beide, weil sie das alte Verzeichniß der Plebanen im Missale von 1594 nur mit flüchtigen Augen angesehen und den Namen des Heiligen für den Namen des Monats gehalten haben. Daselbst steht: Magister Mathias Collomanni obiit die 5. Augustini: 1521, folglich den 28. August, alten Styls.

[2]) Die Recension der Oltardischen Predigt von Seivert s. im Ungr. Magazin IV. 158—160.   Tr.

[3]) Diese Thonhäuser und Huetische Klagschrift an den Graner Erzbischof Salkaupi vom J. 1526 findet man auch in Pray's Hierarchia Regni Hung. V.

— 32 —

In Civitate Cibiniensi, ubi fundamentum est Lutheranae Haeresis, in domo Magistri Joannis Csukas¹), facta est quaedam schola per quendam scholasticum. ubi canitur symbolum Nicaenum germanica lingua, et aliae cautilenae, Missam et divina officia concernentia, uxor et vernulae, pueri et tota familia canunt, et nituntur Missam facere germanicam.

In domo ejusdem fovetur unus apostata, qui fuit Ordinis Praedicatorum, nomine Georgius, qui dicit se absolutum ab habitu et Religione, tamen hactenus non exhibuit absolutionem praedictam, quam prae se ferebat. Iste irrequisito Pastore Plebano, in Ecclesiis filialibus praedicat, seducens populum ab obedientia, a jejuniis et praeceptis ecclesiasticis, dicendo illa, quae placent populo, volens se ingerere ad officium praedicaturae, et pecunias non accipere, ita ut possit plebem seducere. Is missus est per Ambrosium Silesitam, quondam Praedicatorem Cibiniensem, ex partibus illis, ubi degit Lutherus, ut populum retrahat ab obedientia Romanae Ecclesiae, et suorum Praelatorum Ecclesiasticorum.

Idem Apostata manifeste gloriatur, se accepisso mandatum a Domino Magnifico, Judice Regio,²) ut Cibinii maneat, donec ipse de Buda redeat, cum tamen Magistratus totius civitatis decreto suo, ad petitionem Dominorum Capitularium, jusserit, ut civitate exeat, ipse vero nil curavit, et dixit animo improperante: et si crepent Plebanus et Decanus,³) ac etiam Domini Senatores, ad despectum eorum, ego Cibinii manebo, timenda est seditio in brevi.

227—235, in Benkő's Milkovia II. 455—464. Katona's Hist. critica R. Hung. XIX. 639—645. Ungrisches Magazin IV. Bd. S. 187—195, und sowohl lateinisch als mit ungrischer Uebersetzung in Tolnai István's Kalausz S. 569—581 (letzteres laut Budai's Magyar-Ország Historiája Pesten 1833. II. C. 67'. Tr.

1) Johann Hecht war ein Rathsherr aus einem alten verbienten Geschlechte.

2) Dieses war Marfus Pemflinger, der aus Ungarn nach Siebenbürgen kam und 1521 Graf der Sächslschen Nation und Königsrichter zu Hermannstadt war, damals aber auf dem Reichstage zu Ofen sich befand.

3) Dechant war selbiger Zeit Petrus Thonhauser, Pleban zu Großscheuern und Pleban zu Hermannstadt, Pileus (Huet). Georgius verließ zwar auf denselben Befehl das Hechtische Haus, hielt sich aber im Pemflingerischen für so sicher, daß er die Stadt nicht räumen wollte.

Adveniunt plerique istius pessimae sectae Lutheranae homines, Professores, Clerici et Laici, in Civitatem Cibiniensem. Nam ibidem foventur et diliguntur; extra civitatem vero nullibi per totam Transylvaniam admittuntur, illi propter despectum Praelatorum Ecclesiasticorum, ibidem honeste a Cibiniensibus tractantur.

Senatus Cibiniensis sollicitat apud Plebanum, ut hujusmodi Praedicatores, aut Pseudopraedicatores ad praedicandum admittantur, et cum non possit eis resistere Dominus Plebanus, necesse habet eos admittere. Ita isti Prophetae et mali Praedicatores populum in errorem ducunt.

Idem apostata in conviviis mercatorum et civium informat, et manifeste Evangelium fuisse absconditum plusquam 400 annos. Sacerdotes dicit, nullam veritatem praedicasse; christianos esse liberos libertate evangelica, non esse obnoxios inventionibus humanis, et statutis Patrum; etiam propter hujusmodi sacrilegas doctrinas, ipsi Lutherani in praedicto Cibinio venerantur a mercatoribus fere omnibus, velut idolum, et tamen trahuntur cum intimo affectu ad convivia etiam ad altercationem usque, cum quo isto, vel isto cive debeant cibum capere; ex qua officiositate ipsi cornua coeperunt erigere.

Item, destructa est fere Jurisdictio Ecclesiastica. Nam paucissimi illam experiuntur. Quandoquidem omnes propemodnm rigore jussionum et minis ultimi supplicii inferendi forum declinant, dicentes: se habere judices seculares; se nolle coram sacerdotibus litigare, et in causis mere spiritualibus, ut sunt matrimoniales, et inter Clericum et Laicum. Fundamentum istius disturbii, quis sit, orator dicet.[1]

Item, oratorem praesentem, Magistratus constituit privare beneficio suae plebaniae, sua duntaxat authoritate fruiturus. Apostatas tolerant, artificia mechanica eos addiscere permittunt, etiam apostatis in sacris ordinibus, vel sub Diaconatu existentibus, et in eis magnam habent complacentiam. Resonant, cantilenam solitum in die Nativitatis Domini, et totius ejusdem solennitatis laudem in maximam jucunditatem decantari, Lutherani mali homines, Cibinienses transmutarunt in linguam germanicam, in non modicum scandalum Sacerdotum, immiscentes scurrilia verba, cum tamen illud canticum, sit

---

[1] Petrus Hutter (Pileator), der seine verlorne Pfarre Bungart (Baumgarten) nun bei dem Erzbischofe suchte. Davon im Folgenden Mehreres.

a principio justo et devote in praeconium recentis Pueri, nati Filii Omnipotentis Dei contextum.

In Ecclesiam beatae Elisabeth in Civitate Cibiniensi, est quidam Monachus Griseus,[1]) indoctus et fere idiota, similiter Silesita, qui in omnibus suis sermonibus debachatur in statum ecclesiastici ordinis, lutheranizans. Hic fovetur ab ipsis negotiatoribus velut lucem propinans, cum tamen fere omnes suae praedicationes tenebrae sint et erroneae, nil nisi venenum luthericum prae se ferentes.

Vocamur ad praelium in Turcas, et mandatur nobis sub poenis in congregationibus Regni Transylvaniensis descriptis,[2]) hoc est:

---

[1]) Johann Surbaster, der zuerst vor dem Elisabeththore bei dem heiligen Kreuze predigte. Von diesem Kreuze f. das Ungr. Magaz II. Bd. S. 285

[2]) Den dritten Feiertag des Osterfestes 1526, erhielt nämlich der Dechant von dem siebenbürgischen Woywoden, Johann von Zapolya, folgende tröstliche Zuschrift aus Mühlbach:

Honorabilis Domine, Amice nobis honorande! Qualia pericula huic Regno immineant, ubi Caesar ipse Turcorum aperte Regnum hoc aggredi proposuit, vobis constare non dubitamus. Haec enim fama per homines nostros dietim nobis veraciter affertur. Ut igitur tantae moli resisti possit, statuimus in Diaeta Enyediensi, Dominis Nobilibus Regni, et Saxonibus ipsis indicta, ut universi et singuli, tam saeculares, quam etiam Viri ecclesiastici arma ferre valentes, per singula capita in bello interesse debeant, demtis illis, qui juxta contenta Articulorum pro cura animarum domi manere debebunt, puta ad duas Possessiones in toto Regno Presbyter unus manebit. Caeteri vero omnes una vobiscum in ipso bello interesse debebunt. Non dubitamus etiam Dominum Reverendissimum, Praelatum vestrum, vos superinde ammonuisse. Dato tamen casu, si etiam per Dominum Praelatum vestrum nondum deinde fuissetis ammoniti, nihilominus tamen ubi periculum omnibus commune sit, scimus et Dominationibus vestris hanc patriam charam esse; propterea hortamur vos et rogamus, et nihilominus in persona Domini nostri Gratiosissimi Regis, vobis committimus, quatenus sub poena in Articulis Enyedii superinde confectis, cum universis et singulis Plebanis et Clericis sub Decanatu vestro ubique existentibus, ita vosmet ipsos ad bellum apraeparatos tenere debeatis; ut cum per litteras nostras requisiti fueritis, in continenti momento, et ad diem et locum per nos praefixum, cum praescriptis Plebanis et Clericis Viris convenire possitis. Nam qui diem et locum praefixum neglexerint, poena in praemissis Articulis et Constitutionibus superinde confectis, exemptione personarum absque ulla, severiter puniri faciemus, secus itaque poena sub praemissa ne feceritis. Ex Zazsebes, tertio die Festi Resurrectionis Domini. Anno ejusdem 1526.

Joannes Comes Scepusiensis,
Waywoda Transylvaniensis.

sub poena capitis et omnium bonorum, videlicet belligerare debeamus, contra libertatem ecclesiasticam, non curantes facere hujusmodi constitutiones contra Clericos, cum tamen ipso facto sententiam excommunicationis incurrant, sicque multae animae ibunt in perditionem ex pastorum negligentia, petunt humiles Capitulares Reverendissimae Dominationis vestrae, salutare et acceleratum remedium.

Thesaurarius [1]) et alii Regni Aulici, in Curiis Plebanorum descendunt, victum ibidem tam pro se, quam pro jumentis, distrahunt consumunt, vi etiam rapiunt, Clericis dicas imponunt, eosque miserabiliter vexant, minantur etiam bonorum spoliationem. Excommunicatio vero, omnino apud nos exstincta est, et pro nihilo reputatur.

Plebanus Cibiniensis [2]) non auderet sub vitae suae privatione aliquem renunciare excommunicatum. Decanum Capituli Cibiniensis, [3]) hoc est, Vicarium Reverendissimae Dominationis vestrae, quidam negotiator Cibiniensis, uno aut altero equite in campo fecit circumveniri, angustari, terreri, et molestis verbis non tantum verberatum, equites ipsum reliquerunt.

Ecclesiam quandam Parochialem in parvo Horreo, Dominus Magnificus [4]) fecit violari, fores ejusdem violenter demoliendo, nulla

---

Balb erfolgten mehrere Befehle, welche die sächsische Geistlichkeit in die äußerste Verlegenheit setzten. Da es in einem derselben hieß: quod Dominus Reverendissimus Joannes Gozthoni, Dominus vester, vos belligerationi commiserit, und die Hermannstädter und Burzenländer Decanate nicht unter der Gerichtsbarkeit der Weißenburger Bischöfe stehen, so war dieses eine Sache für sie. Das ganze Kapitel widersprach und protestirte feierlich dawider, weil sie nur unter der Gerichtsbarkeit des Erzbischofes von Gran stünden. (Quia Reverendissimus Strigoniensis, noster Tutor et patronus existit. Protoc. Cap.) Doch die unglückliche Schlacht bei Mohatsch entriß sie allen diesen Schrecken und Verlegenheit.

[1]) Nicolaus de Gerend, hic Thesaurarius fuit. Oltards Randglosse.

[2]) Hier fügt Paris Papai bei: Reverendus Mathias Ramaschl. Dieses aber ist nur Oltards Randglosse, die jedoch falsch ist.

[3]) Papai setzt hinzu Petrum Thonhauser, Pastorem Horrei Majoris. Auch dieses ist nur Oltards Randglosse. Thonhauser wagte es, einen Hermannstädter Kaufmann, als einen besondern Freund der Reformation, mit dem Banne zu bestrafen. Allein, dieser bestellte bei dem „alten Berg" einige Stadtreiter, auf den Dechanten zu lauern, und wie dieser ganz sicher von Hermannstadt nach Großscheuern, seiner Plebanie, zurückkehrte, empfingen sie ihn so, daß er herzlich froh ward, ihrer los zu werden, und hütete sich wohl, bald wieder nach Hermannstadt zu kommen.

[4]) Paris Zusatz: D. Regius Judex Marcus Pemfflinger, ist wieder die bloße

Reverendissimae Dominationis vestrae Vicarii Decani habita authoritate. Nam adeo invaluit ista pestis Lutherana, ut etiam in civitate, ubi Lutherus degit (testibus de his partibus venientibus, et nobis referentibus), magis saevire non possint.

Cibinienses seducunt populum in villis circumcirca, et in sedibus Saxonicalibus, inficiendo eosdem dicta haeresi perfida, ita, ut et rustici insultent Pastoribus eorum. Ceremonias illos sacro sanctas in Festo Palmarum, et magnae sextae Feriae omnino despiciunt, et benedictiones comessibilium die Paschatis nihili facientes.

Villam unam Christianam, nomine Bongarth, cives Cibinienses devastarunt, et Saxonibus mandarunt, ut dictam Villam exirent, et ita indirecte Plebanum Plebania sua spoliaverunt, qui propediem cogetur stipem mendicare.[1])

Oblegia consueta in quatuor festivitatibus anni Sacerdotibus non dant; sed nec pullos gallinaceos decimales; imo quando Domini Capellani Cibinienses de more antiquo, alias laudabiliter observato, vadunt pro dictis pullis colligendis, probris eos afficiunt, et verba stulta evomunt.

Die sanctissima Corporis Christi, et per totam octavam prout ordinavit S. Mater Ecclesia, Plebanus Cibiniensis facit solennes pro-

---

Randgloffe. Wann und warum biefer merkwürdige Vorfall geschehen, habe ich bisher noch nicht entdecken können.

[1]) Paris setzt wieder die Randgloffe hinzu: Mathias Armbruster Consul Cibiniensis cum suis subditis, Petrum Pileatorem, Pastorem Bongarthensem, vi ejecerat, et clientem suum Georgium de Olzona, in locum ejus suffecerat. Um das Jahr 1520 mußten auf Veranstaltung des Königsrichters, Johann von Lulai, die bisherigen Einwohner Bungart räumen, und ein sächsisches Pflanzvolk aus dem benachbarten Hammersdorf kam an deren Stelle. Lulai starb den 12. April 1521; darauf der Vicekönigsrichter Andreas, ein Arzt und Stadtphysikus zu Hermannstadt, sich der neuen Einwohner besonders annahm, die ganz zerstörte Kirche wieder aufbauen ließ, und auf Verlangen des Stadtplebans, Mathias Kolomann, den Presbyter Petrus Hutter zum Pleban einführte. Als aber Mathias Armbruster nach Paul Menzers Tode 1522 das Konsulat erhielt, sah er diese Einsetzung des Hutters als einen Eingriff in das Patronatsrecht des Hermannstädter Rathes an, und weil derselbe auch vieler Nachlässigkeit in seiner Amtsführung überwiesen wurde, und mit seiner Köchin in zu genauer Vertraulichkeit lebte, so entsetzte man ihn seines Plebandienstes, den darauf Georg, von Alzen gebürtig, erhielt. Dieses geschah 1523.

Daß die Religion hieran keinen Theil gehabt, wie Kinder in seinen Comitibus Saxon. Sect V. §. 3, und andere meinen, erhellt aus den Protokollen des Kapitels

cessiones cum Corpore Christi, mane in summa Missa, et sero in vesperis. Tunc pridem nonnulli Cibenienses blasphemiam magnam perpetraverunt, et cives aliqui dixerunt: Sacerdotes nostri credunt Deum factum esse coecum, ex quo tot luminaria incendunt. Alii dixerunt: Sacerdotes nostri arbitrantur Deum esse puerum, qui velit instar puerorum duci et portari in brachiis vetularum, circumcirca per Civitatem. Concludentes esse stultitiam, et Sacerdotum fraudulentorum deceptionem.

Detrahunt sanctissimae beatae Mariae virgini, exequias mortuorum explodentes, horas canonicas esse stultam temporis contritionem, volentes sanctimoniales et alias personas religiosas a servitio divino retrahere, dicentes: Christum docuisse nos tantum orare: Pater noster, qui es etc.

Et nunc in domo Magnifici [1]) manet Apostata, quia de domo Domini Magistri Joannis Csukás ejectus est.

Reverendissime Archipraesul, his molestiis fatigati, oramus per viscera misericordiae Dei nostri, succurrat nobis patrocinio Dominatio vestra, qui etiam nimiis attriti injuriis hiscere vix valemus, seu hiare. Quandoquidem, si modo Reverenda Dominatio vestra authoritatem suam silentio praetergressa fuerit, postea super Reverendissimam Dominationem vestram, et super nos indignos Capellanos fulminabitur illud verbum: Facti sumus opprobrium hominum, et abjectio plebis. [2])

Tr. 2. Graf Joseph Kemény erhielt im J. 1831 vom Karlsburger Dompropst Franz Xaver Henne eine Handschrift, welche unter dem Titel: „Album Oltardianum," ein Tagebuch der Familie Oltard vom Jahre 1526—1659 enthält.

Den ersten Theil hat Andr. Scheerer [3]), oder Oltard, der Stammvater der Familie, mit dem J. 1526 begonnen und 1552

---

genügsam. Ich merke noch an, daß die vorigen Einwohner dieses Dorfes vielleicht gar keine Christen waren, denn in einem Prozeßakte vom 16. Februar 1521 heißt es: Quae (Possessio) alias Paganorum Sectae subjecta erat et obruta, ac tandem per Dominos Cibinienses christiolis incolis confirmata.

[1]) Nimirum Regii Judicis Cibiniensis, Oltards Nantglosse.

[2]) Mit dieser Oltardischen Ausgabe stimmt die Abschrift des Stadtpfarrers Christian Lupinus, der 1612 gestorben ist, vollkommen überein.

[3]) Colomann Nyirő (Scheerer) war 1568 ein Klausenburger Bürger. S. Kemény's Fundgruben I. 72.

Tr.

beschlossen. Seine Schilderungen sind wahr und treffend. Es leuchtet daraus seine Anhänglichkeit an das Haus Oesterreich und der Umstand hervor, daß er an den Angelegenheiten seiner Nation thätigen Antheil nahm. Weniger geschichtliches Interesse hat die Fortsetzung seines Sohnes Paul von 1552 bis 1576 — im dritten Theil sind vom Sohne des Andreas Scheerer, Namens Martin, von 1576 bis 1591 meistens nur Familienereignisse angezeigt; — dagegen im vierten Theile durch Martins Sohn, Johann Oltard, manche interessante Begebenheiten vom J. 1591—1629 erzählt. Endlich hat Johanns Sohn, Andreas Oltard, vom J. 1630—1659 in seinen beigefügten Nachrichten, außer derjenigen vom letzten Jahre, sich beinahe auf die Geburts- und Sterbfälle in seiner Familie beschränkt.

Die Abschrift, welche Graf Joseph Kemény von diesem Album genommen hat, wozu der Herr Graf ein Vorwort und eine Geschlechtstafel der Familie Oltard verfaßte, ist (ohne die Geschlechtstafel) in den deutschen Fundgruben zur Geschichte Siebenbürgens, Neue Folge, herausgegeben von Trauschenfels, Kronstadt 1860 S. 1—49 veröffentlicht worden.

Seiv. Oltard Johann d. ä.,

der Vater des vorhergehenden und gleichfalls Stadtpfarrer zu Hermannstadt. Er stammte aus einem Geschlechte, dessen Name sonst Scheerer war (Rasoris), unfehlbar, weil einer derselben ein Barbier gewesen ist. Deßwegen halte ich auch den Namen Oltard für den rechten Geschlechtsnamen. Paulus Rasoris, ein Patrizier von Hermannstadt, starb als Vorsteher der Münzkammer 1576 den 2. August und hinterließ vier Söhne: Markus, Martin, Antonius und Lukas;[1] davon insonderheit der älteste 1534 geboren, wegen seiner besondern Schicksale merkwürdig ist. Sein Vater sandte ihn nach Wien, er ward aber auf dieser Reise von den Türken gefangen genommen, und da er deutsch, lateinisch und ungarisch redete, kaufte ihn Rustanes, Kaiser Soleymans Eidam. Mit

---

[1] Diese drei letztern weihten sich dem geistlichen Stande. Antonius ließ sich zu Wittenberg von dem kurfürstlich-sächsischen Superintendenten, Polykarp Lyser ordiniren, als er 1577 den Beruf zum Predigeramte nach Hermannstadt erhalten hatte; und starb den 19. Januar 1580. Lukas, wurde Pfarrer zu Heltsdorf, woselbst er 1581 den 12. Okt. die Welt verließ

diesem durchreiste er fast den ganzen Orient, lernte die türkische, persische und arabische Sprache und bekannte sich, doch gezwungen, zu Mohamets Glaubenslehre, dabei er den Namen Hibazet (von Gott gegeben) erhielt. Nachdem Rustanes Pascha zu Ofen geworden, diente er demselben als Schreiber, hernach als Sekretär und endlich als Kanzler. Hierauf nahm ihn Kaiser Soleyman als Sekretär in seine Dienste und gebrauchte ihn zu verschiedenen Staatsangelegenheiten. Als er ihn zu dem Pascha in Fillek schickte, gab ihn dieser dem Michael Scharkoschi zur Geisel; ward aber wider gegebene Treue an den Georg Bebek ausgeliefert; doch, als dieser gefangen wurde, erhielt Hibazet seine Freiheit wieder. Nachgehends befand er sich bei der Soleymanischen Gesandtschaft in Wien. Hier hatte er abermals das Unglück in Verhaft zu kommen, ward aber endlich wieder zurückgeschickt. Im Jahre 1566 begleitete er den Soleyman nach Ungarn und war bei der Unterredung mit dem Prinzen Johann Siegmund von Zápolya der Dolmetsch. Unter diesem Feldzuge fiel er in Verdacht des Hochverrathes, ward deßwegen gefangen gesetzt und soll nach des Istvánfi Bericht[1]) nachgehends in einem Sacke im Meere ersäuft

---

[1]) S. Istvánfi Hist. rerum Ung. Coloniae 1684 pag. 419, 420, 455, 462, 469. — Chronicon Fuchs, I. 57—58. Hammers Gesch. des Osmanischen Reichs. Neue Ausg II. 284. 308 und Grellmanns statist. Aufklärungen III. 212, 213. — Eines anderen (ungenannten) Sachsen als Renegaten gedenkt das Chronicon Fuchs, I. 270, zum Jahre 1613. — Außer diesen beiden aber sind mir noch vorgekommen: Marcus Brekner aus Kronstadt unter dem Namen Amhath Spahi s. Denkbl. I. 106, 107. — Chronicon Fuchs, I. 83, 84, 87. — Hammers Gesch. des Osmanischen Reichs Neue Ausg II. 434, 454. — Gustav Fritsch aus Bistritz unter dem Namen Iskender Bey, Obrist in türkischen Diensten, der im J 1868 Klausenburg und Bistritz besuchte (s. Hermannstädter Zeitung vom 16. Okt. 1868 Nr. 247. S. 1085). — Joseph (?) Jeckely aus Kronstadt, ein jüngerer Halbbruder des im Jahre 1836 verstorbenen Rectificationscommissärs Friedr. Jeckely, wanderte als Handwerksbursche in seiner Jugend aus und ließ nichts mehr von sich hören, bis sein Halbbruder nach langer Zeit endlich erfuhr, daß er als Pascha in Widdin (oder Philippopel) lebe. Als der Kronstädter Apotheker Langendorf, unter dem Namen eines Arztes eine Reise in die Türkei machte (S. Denkbl. II. 409), traf er den Renegaten Jeckely daselbst an, der die Absicht Langendorfs, von diesen unerkannt, nämlich im Auftrag der Regierung zu kundschaften, errieth, ihn sächsisch anredete und den Bestürzten nicht zu verrathen versprach. Vielmehr bewirthete Jeckely einen Tag hindurch seinen Landsmann aufs Beste und versah ihn mit einem eigenen Passe zur Weiterreise, indem er ihm zugleich die Reiseroute angab, auf welcher Langendorf mit dem vom Jeckely erhaltenen Passe glücklich und ungefährdet wieder in die Heimath gelangte. (Diese Nachricht habe ich von Friedr. Jeckely's Wittwe und Söhnen, welche deren Glaub-

worden sein. Mit seinem Vater unterhielt Hibazet so viel als möglich einen Briefwechsel, ließ auch denselben einmal nach Ofen kommen, empfing ihn mit einem Strome von Thränen, zeigte ihm eine kleine Bibel, die er beständig bei sich führte und betheuerte, daß er noch in seinem Herzen ein aufrichtiger Christ wäre. Hierauf beschenkte er ihn reichlich und ließ ihn mit Wehmuth und Thränen von sich.

Martin Oltard, Paul Scheerers zweiter Sohn, starb als Stadtpfarrer zu Mediasch 1591 den 27. April. Dieser ist der Vater unsers Johann Oltard, der den 17. Juli 1576 zu Großprobstdorf, woselbst sein Vater damals Pfarrer war, geboren wurde. Seine Gelehrsamkeit, insonderheit aber seine erobernde Beredsamkeit erwarb ihm eine Beförderung nach der andern. Im Jahre 1602 den 24. September erhielt er das Diakonat zu Hermannstadt: 1606 die Pfarre Rothberg und bald darauf, den 27. August, die zu Heltau. Von hier ward er nach dem Tode des Johann Funks 1617 den 6. Januar nach Hermannstadt berufen. Verwaltete er nun gleich sein Amt mit pflichtmäßiger Treue: so fehlte es ihm doch nicht an lästernden Feinden. Ein gewisser Dipsa, Lektor bei der Schule, hatte Frechheit genug, ihn durch öffentliche Schriften und Pasquille aufzufordern und des Crypto-Kalvinismus zu beschuldigen. Allein diese Beschuldigungen schadeten Niemanden mehr als ihrem Urheber, indem Dipsa von dem Scharfrichter zur Stadt hinausgeführt und auf ewig verwiesen wurde. Oltard starb als Dechant des Kapitels den 9. Mai¹) 1630 im 55. seiner Lebensjahre, vielgeliebt und von allen Rechtschaffenen

---

würdigkeit auf Ehre betheuerten. In Langendorfs Selbstbiographie aber habe ich hierüber keine bestimmte Nachricht gefunden. Dagegen gedenkt Langendorf eines Arztes des Gouverneurs von Rumelien, Mechmet Haggi Utstai, Pascha's von Philipopel, Namens Johann Beretsohn, welcher ein zu Konstantinopel geborner Deutscher und Sohn eines daselbst angestellt gewesenen k. k. Legations-Secretärs gewesen sein soll. Dieser Arzt empfing Langendorf im Sept. 1796 zu Philipopel aufs Freundschaftlichste, war damals 56 bis 60 Jahre alt, katholischer Religion und lebte in der dritten Ehe mit einer Armenierin. Derselbe versicherte Langendorf, daß er ihn seit dem Jahre 1773, wo er oft in dessen Hause gewesen sei, kenne, und gab ihm Wahrzeichen und häusliche Verhältnisse an, welche ihn überzeugten, daß Beretsohn Wahrheit sprach. Demnach kann Beretsohn nicht eine und dieselbe Person mit dem Renegaten Jeckely gewesen sein. Tr.

¹) Johann Oltard starb nicht am 9. Mai, sondern am 6. August 1630 laut der alten Hermannstädter Kirchenmatrikel S. 52 in Kurz's ältesten deutschen Sprachdenkmälern der Sachsen in Siebenbürgen S. 10. Tr.

beklagt. Ueber dem Eingange der Sakristei in der Parochialkirche liest man noch seine Grabschrift, die er sich selber verfertigt hat. Hier ist sie:

> Ille ego materna quondam polutus ab alvo,
> Qui prodii Oltardo de genitore atus.
> Heu mihi! quid praeter foedae contagia culpae
> Adduxi, in quibus est vita peracta mihi?
> Infans sollicitae genitricis ab ubere pendens,
> Noxia tunc etiam nil nisi Culpa fui.
> Sic puer ingenuis cum traderer artibus, unam
> Tum quoque, quam subii, praestita Culpa mihi est.
> Accedens tandem juveni maturior aetas,
> Haec etiam in Culpa tota peracta mihi est.
> Traditus hinc puerum mores formare venustis
> Artibus; hic etiam nil nisi Culpa fui.
> Tum fidei jussus mysteria pandere sacrae,
> Culpam unam potui commeruisse miser!
> Innocuae exemplar reliquis me tradere vitae
> Par fuerat, sed et hic, nil nisi Culpa subest.
> Heu mihi! quid dicam? aut quorsum mea crimina celem?
> Tota mihi in Culpa est vita peracta semel.
> Hinc domino tenear meritas si pendere poenas;
> Jam fuerit prosus perdita vita mihi.
> Christe! luis nostram, purus qui crimine Culpam,
> Da veniam noxae, te precor usque meae.
> Ne subeam justas scelerum de vindice poenas;
> Culpa sed ut mea sit sanguine lota tuo,
> Sic mihi laeticiae, suaves sub pectore motus
> Prosilient, tumuli cum subeunda specus,
> Spiritus hinc superas laetus conscendet ad arces,
> Hunc dederit summum cum mea lingua sonum:
> In Culpam natus veni, vana omnia vidi,
> Per Christum vici, transeo, munde, vale!
> Improbe munde, vale! nodosa valeto podagra!
> Amplius est tecum nil mihi, quaere alios.

Oltard hat viele kleine Gedichte auf die merkwürdigen Begebenheiten und Personen seiner Zeiten hinterlassen; besonders war er in chronostischen glücklich. Als er sich 1603 zum Ehestande entschlossen hatte, schrieb er:

Quam mihi cunque parat thalamo sociare jugali,
Flectat ad hanc sensus, et mea corda Deus.
Quam mihi cunque negat thalamo sociare jugali,
Vertat ab hac sensus et mea corda Deus!

Außer benselben hat er auch Fuchsens Chronicon, oder Annales Rerum Hungaro-Transylvanicarum, vermehrt und bis auf das Jahr seines Todes fortgesetzt. (S. den Art. Trausch.)

Seiv. **Oltard Johann d. j.**,

der zweite Sohn Johann Oltards (des Vorhergehenden), vertheidigte unter dem Adjunkten Nikolaus Benedikt Pascha zu Wittenberg, die Streitschrift: Exercitatio ontologica de Qualitate. Wittebergae 1647. 4. 40 S., und starb als Pfarrer zu Großau und Syndikus des Hermannstädter Capitels im J. 1660. Er hinterließ einen Sohn gleichen Namens, welcher Pfarrer zu Großscheuern ward, und 1704 den 24. Mai als der letzte des Oltardischen Namens gestorben ist.

Tr. **Orendi Johann,**

geboren in Sächsisch-Reen am 24. Nov. 1783, wo sein aus Schäßburg gebürtiger Vater den 11. Dezember 1795 als Mädchenlehrer starb. Er studirte in Schäßburg vom J. 1799—1804, wo er vorzügliche Fortschritte in der Musik machte. Im J. 1805 bezog er die höhere ev. Schulanstalt zu Preßburg, wurde 1806 zum Schulrektor nach Sächsisch-Reen, 1807 zum dasigen zweiten Prediger, 1808 zum Pfarrer in Nieder-Eibesch, 1824 aber nach Deutsch-Zepling, und 1829 nach Sächsisch-Reen berufen. Während seinem Pfarramte wurde in S.-Reen 1831 und 1832 die neue große Mädchenschule gebaut und Kirchengesang nebst Kirchenmusik verbessert, der kirchliche Sinn der S.-Reener erhöht, und manche Schenkungen an Kirchen und Schulen gemacht. Er bekleidete die S.-Reener Dechantenwürde vom J. 1829 an im Ganzen durch 7 zweijährige Perioden und starb am 28. April 1853.

In Handschrift befinden sich von ihm folgende, zufolge Aufforderung der ev. Superintendentur verfaßte Arbeiten in dem Superintendential-Archiv:

1. Geschichte des Regener Capitels.
2. Geschichte der ev. Gemeinde in Sächsisch=Regen.
3. Leidensgeschichte von Sächsisch=Regen im J. 1848/49.
    (Aus den Kronstädter Blättern für Geist, Gemüth und Vater=
    landskunde 1853. 2. Bd. S. 41—44).
4. Geschichte des Zehntstreits des ev. Pfarrers mit dem katholischen
    Pleban in Sächsisch=Regen. (Handschrift im Regener Capitular=Archiv).

Tr. **Ostermayer Hieronymus,**

starb im J. 1561 als Organist zu Kronstadt. Seine Nachrichten, beson=
ders vom J. 1527 bis zum Ende, sind um so wichtiger für die Geschichte
von Kronstadt, weil derselbe hauptsächlich die Kronstädter Begebenheiten
jener Zeit als Augenzeuge beschreibt und andere gleichzeitige Annalisten gänz=
lich fehlen. Neuerlich hat Grf. Jos. Kemény dieselben unter dem Titel:
    „Chronik des Hieronymus Ostermayer,"
in seine 1839 zu Klausenburg in 8. gedruckten deutschen Fundgruben der
Geschichte Siebenbürgens S. 9—68 aufgenommen, und Seite 5 in der
Einleitung aus der Randglosse zu einem handschriftlichen Exemplare dieser
Chronik auch folgende Grabschrift mitgetheilt:

„Anno MDLXI
„Ist gestorben H. Hier. Ostermayer,
„Geboren zu Markt Groß=Scheyer,
„War Organist in Stadt allhier,
„Hat nie trunken Wein und Bier,
„War gelehrt, fromb und guth,
„Nun er im Himmel singen thut." [1]

Er hinterließ in der Handschrift:
    Historien vom Jahre 1520—1561.
Hebjesch hat diese Historien fortgesetzt. S. den Artikel Hebjesch.

---

[1] Der Keménysche Abdruck der Ostermayerischen Chronik ist nach der durch
den Kronstädter Rektor Johann Teutsch im J. 1796 für Joseph Benkö besorgten
Abschrift eines gleichzeitigen Exemplars derselben gedruckt worden, in welch' letzterem
aber zwei Blätter, — Begebenheiten zwischen 1510 1541 und vom J. 1551 ent=
haltend, — fehlten, daher auch bei Kemény S. 25 und 45 Lücken im Texte vorkommen.

Tr. **Pankratius (ein Mönch).**

Von diesem Manne habe ich nichts mehr in Erfahrung bringen können, als:
Pancratii Monachi Manuscriptum de ritibus Turcarum et fatis urbis Cibiniensis.

Diese Handschrift erwähnt der Brennbörfer Pfarrer Georg Matthiä mit dem Beifügen, daß solche in der Hermannstädter Schulbibliothek befindlich sei.

Seiv. **Pankratius Michael,**

beider Rechte Doktor und Superintendent der sächsischen Kirchen. Sein Großvater, ein Oesterreicher von Abel, Georg Pankratius, diente unter dem kaiserlichen Feldherrn Georg Basta, im siebenbürgischen Kriege. Allein, von den Annehmlichkeiten des Landes gereizt, legte er die Waffen nieder, und wählte Mühlbach zu seiner Ruhestätte. Hier wurde er der Vater des Martin Pankratius, der 1637 die Pfarre Kelnek erhielt. Dobei aber Schmeitzel[1]) irrt, wenn er behauptet, er habe dieselbe durch besondere Gnade des Fürsten Gabriel erhalten, obgleich die Rechtsgelehrtheit sein Feld gewesen wäre. Bethlen starb ja 1629 und damals war Karl Henneking Kelneker Pfarrer, welcher 1636 den 8. Oktober starb. Sein Nachfolger, Christian Stark, starb den 28. Dezember desselben Jahres, und Johann Bausner, der auf ihn folgte, 1637. Martin Pankratius zeugte mit seiner Gemahlin Eva Wagner von Broos, unsern Pankratius, der 1631 ben 28. Sept. alten Styls geboren ward. Weil sich dieser schon 1644 seiner Eltern durch den Tod beraubt sah, begab er sich auf die Schule zu Heltau, woselbst er von dem Pfarrer Jakob Schnitzler viele Wohlthaten genoß und von dem Rektor, Peter Fabricius, unterrichtet ward. Von hier ging er 1648 nach Klausenburg und das folgende Jahr nach Preßburg, bei welchem Gymnasium er besonders den Rektor Mag. Johann Jakob Helgenmeyer rühmt. Doch auch hier lebte er nicht

---

[1]) De statu Eccl. Luth. in Transylv. S. 87. Qui (Martinus) oratoriis studiis favorem Principis, Gabrielis Bethlenii sibi concilians, praeter spem Kelnicensium antistes factus est, quum Reipublicae addictus esset operam. Meine Nachrichten gründen sich auf die Ke'neker Kirchenmatrikel. Vgl. Provinzialblätter. III. 127.

lange, denn 1650 besuchte er die Akademie zu Thrnau und beschäftigte sich daselbst mit der Weltweisheit und den schönen Wissenschaften. Nach zwei Jahren begab er sich nach Wien, dann nach Nürnberg, und 1653 nach Wittenberg, woselbst er sich auf die Rechtsgelehrtheit legte und besonders an Alexander Post, beider Rechte Doktor, nachmals herzoglich Wolfenbüttelischem Rath, einen großen Gönner fand. Hierauf that er eine gelehrte Reise nach den hohen Schulen zu Leipzig, Jena, Würzburg, Altdorf, Mainz, Ingolstadt und Köln. Nachdem er sich am letztern Orte anderthalb Jahre aufgehalten hatte, berief ihn der landgräflich hessische Erbmarschall Johann v. Riedesel, 1656 zum Lehrmeister seiner Söhne. Die dasige Luft aber war ihm so unerträglich, daß er bald seinen Dienst niederlegen mußte, worauf er noch die Universitäten Gießen, Marburg und Helmstädt besuchte, und 1657 nach Hamburg reiste. Hier übernahm er die Unterweisung der Söhne des Ritters Joachim v. Brockdorf, führte sie auch nach zwei Jahren auf die hohe Schule zu Rostock, woselbst er denn 1661 die Doktorwürde in beiden Rechten [1]) erhielt und darauf öffentliche Vorlesungen über die Geschichtskunde, Beredsamkeit und andere Theile der Wissenschaften hielt. 1663 den 7. Juli vermählte er sich mit Annen Dorotheen Böckel. [2])

Nach 3 Jahren kam Pankratius als öffentlicher Lehrer der Geschichtskunde und bürgerlichen Rechte an das neue Collegium zu Eperies. [3]) Von hier ward er 1668, nachdem Jakob Schnitzler Stadtpfarrer geworden, zum Rektorate des Hermannstädter Gymnasiums berufen. Und so sah er nach einer zwanzigjährigen Entfernung sein geliebtes Vaterland wieder. Den

---

[1]) Pankratius wurde im Jahre 1661 Beisitzer des herzoglichen Collegiums zu Rostock, trieb auch zu Neuschatel an der französischen Gränze und zu Mailand besonders theologische Studien und war Doktor nicht nur der theologischen und juridischen, sondern auch der medizinischen Fakultäten.   Tr.

[2]) Votivi Applausus jugalibus taedis et honori Nobiliss, Ampliss. atque Consultissimi Viri, Dni Michaelis Pancratii, Sabeso Transylv. J. V. D. uti et — Virginis Annae Dorothae Boekeliae, cum hi felicibus auspiciis in celeberrimo Henetorum Roseto A. S 1663, d. 7. Jul. — ab amicis, fautoribus atque patronis. Rostochii in 4

[3]) In dem Eperieser Lektions-Katalog vom 20. Sonntag nach Trinitatis 1667 heißt es: „Nobiliss. et Excell. dominus Michael Pancratius Transilvanus J. V. D. Philosophiam practicam et Geographiam manе; a meridie in historicis evolvet Sleidanum" (Ribini Memorabil. Aug. Conf. in Hung. II. 151. Vgl. Wallaszky Consp. Reipubl. lit. p 247, 253).   Tr.

9. Jänner 1669 ward er feierlich eingeführt, allein der Neid, dem er sich bald ausgesetzt sah, bewog ihn, im Dezember des folgenden Jahres die Pfarre zu Neudorf anzunehmen. Doch blieb er nicht lange daselbst, denn 1671 erwählte man ihn zum Stadtpfarrer in Mediasch,¹) 1697 ward er Generaldechant, und 1686 den 4. November Superintendent. Valentin Frank, Graf der Nation und Königsrichter zu Hermannstadt, befand sich sehr beleidigt, daß ihm weder der Tod des Superintendenten Christian Haas, noch die Wahl des Pankratius gemeldet worden. Allein die geistliche Universität ertheilte ihm die Antwort: sie habe hierin seit Einführung der Superintendentur ein freies Recht gehabt; dabei niemals den Grafen der Nation befragt, ja selbst den Fürsten nicht, obgleich derselbe die höchste bischöfliche Gewalt im Lande hätte.²)

Würdig des spätesten Alters starb Pankratius den 11. Juli 1690 im neun und fünfzigsten Jahre.³) Seine hinterlassenen Schriften sind von großer Seltenheit.

1. Disputatio inauguralis de Juramento perhorrescentiae, praeside Henr. Rudolph. Redecker, J. V. Doct. et Prof. Publ. die 28. Nov. habita, Rostochii, 1661, in 4.⁴)

2) Tractatus Politico-Historico-Juridicus, in Paragraphum: Jus itaque duplex est, Prol. de Jure et divisione Juris: Publici Regni Hungariae, Magistratum et Statuum, tam Ecclesiasticorum, quam saecularium, originem in genere et specie exhibens. Cassoviae, typis Davidis Dürsch. A. MDCLXVIII, in 4.

Mit einer Zuschrift an den Fürsten Michael Apafi. Uebrigens enthält dieses Werkchen von achthalb Bogen 7 Abschnitte, der

I. De Jure Publico Regi Hungariae in genere, uti et de origine ejusdem et objecto.

---

¹) Im Jahre 1677 beställigte ihm Fürst Apafi den von seinen Vorfahren ererbten deutschen Melchsabel, indem er ihm nebst seinen Kindern: Hartwig, Michael, Johann, Eva Julia und Agnetha auch den Siebenbürgischen Adel ertheilte und dabei seinen Bruder Johann Pankratius, Notar und dann Senator in Mühlbach (s. d. Art. Miles S. 428) miteinschloß. Tr,

²) Dav. Hermanni, Annales Eccles.

³) Sein Sohn, Hartwig Pankratius ward 1709, Bürgermeister in Schäßburg.

⁴) Redelers vorgesetztes Programm enthält die bisherigen Lebensumstände des Pankratius.

II. De Origine, Constitutione, Formis et Caussis tam florentis, quam senescentis Regni.

III. De Membrorum Regni divisionibus, et quidditatibus.

IV. De Membrorum, sive Statuum Regni Hungariae Origine in genere, eorumque caussa efficiente.

V. De Origine Statuum et Membrorum Regni Hungariae Ecclesiasticorum in specie, eorumquae caussa efficiente.

VI. De Origine Statuum et Membrorum Regni Hungariae Saecularium in specie, eorumque caussa efficiente.

VII. De caussa materiali et Regni et Statuum, nec non horum tam formali, quam finali.

Tr. Diesen, auch in bem 2. Bande ber Bibliotheca Juris Consultorum Hung. Ign. Stephan. Horvath Posonii 1787—1790. 8. S. 1—156 abgebruckten Traktat hat ber Verf. Pankratius am 6. März 1668 ben Magistraten von Oedenburg und Eperies gewidmet. (Ribini Memorab. II. 155—156.)

3. Exercitatio Politico-Juridica, de Imperio et Juribus Potestatis Imperantium in Capita subditorum, Respondente Christiano Lazitio, Liptoviensi, diebus April. 1668. Cassoviae, Typis Dav. Türsch. in 4. 18 S.

4. Politia Exemplaris. Dieser gebenket Pankratius im vorhergehenben Werkchen: §. 24.

5. Tractatus de Jure Militari.

Schmeizel gebenket besselben, de Statu Eccles. Luth. in Transylv. S. 88. berichtet auch, Pankratius habe zugleich grammatikalische Schriften und 15 Bände von siebenbürgischen Sachen hinterlassen.[1]

---

[1] In bem „Statistischen Jahrbuch ber ev. Landeskirche A.B. in Siebenbürgen" 1. Jahrg. 1863 S. 15—16, wo Dr. G. D. Teutsch den Lebenslauf des Pankratius nach Seivert erzählt, sagt Teutsch weiter: „Von seinen umfassenden kirchenrechtlichen Studien zeugt ber werthvolle Foliobanb in ber Superintendentialbibliothek (1582 S.)," ber fast ganz von seiner eigenen Hand geschrieben, unter Andern bie Privilegien und Synobal-Artikel ber ev. Kirche enthält; lehrreiche Aufschlüsse über bie bamalige Handhabung bes Kirchenrechtes bietet aus seiner Amtsführung bie „Fidelissima Consignatio rerum gestarum, nec non sententiarum, definitionum, decretorum, rescriptorum, dispensationumque episcopalium de die in diem oblatarum ab anno 1686 die 6. Decemb. inceptu per Michaelem Pancratium, Juris utriusque Doctorem, Nobilem Regni Hungariae, natum Saxonem e Sabeso." Sie geht bis 13 Januar 1689."

Ob diese noch irgendwo vollständig vorhanden sind, weiß ich nicht. In der Büchersammlung des Superintendenten Georg Jerem. Haner befinden sich die drei letzten Bände, davon der XIII. 201, der XIV. 69 und der XV. 36 Urkunden und andere zur Siebenbürgischen Geschichte dienende Stücke, enthält. Von dessen eigenen Arbeiten befinden sich darunter:

6. De Decimarum Juribus in Regno Transylvaniae receptis.
7. De Religionis Evangelicae Documentis.
8. Rescripta Decanalia in Casum sequentem directa: An studiosus homicida, inter rixas adversarium suum interficiens, ad Ministerium sacrum promoveri potest?
9. Tractatus de Judicibus, Foro et Progressu Sedium Regni Hungariae spiritualium.

Dieses führt Haner in Adversariis de Scriptoribus rerum Hung. II. 249 aus des Pancratius Tractatus politico-hist. juridic. Sect. VII. §. 27. selbst an.

10. Oratio inauguralis, occasione inaugurationis Collegii Eperiensis dicta cum Pomariana 1667 Bartfae impressa.

(Aus Kleins Nachrichten von ev. Predigern in Ungarn II. 337, 338 in der Note).

11. Votivus Applausus, quem favente Coelo et gestiente terra in Transylvania renascente, et tam quoad libertatem quam Religionem ad aurea secula succrescente, incomparabili Heroi, Principum decori, Seculi hujus splendori et Posterorum Exemplari Illustr. Celsiss. Principi ac D. D. Michaeli Apafi, Divina Gratia Principi Transylvaniae etc. A CIƆIƆCLXV etc. erexit erectumque dedicavit Suae Celsitudinis aeternitatisque tanti Herois devotissimus et subjectissimus Cultor Mich. Pancratius, Sabesiensis Transylvanus J. U. D. et p. t. in Academia Rostochiensi Eloquentiae Prof. Publ. et Historiarum designatus. Fol. 8 S. (Im heroischen Sylbenmaaß).

Tr. **Paul Friedrich,**

Sohn des ehemaligen Predigers an der Kronstädter Martins Bergkirche, Georg Paul († 7. Jänner 1818), geboren in Kronstadt am 27. Nov. 1814, studirte am Kronstädter Gymnasium bis 1834, dann an der Universität in Berlin vom 25. Oktober 1834 bis 3. August 1835.

Nach seiner Heimkehr wurde er als Lehrer am Kronstädter Gymnasium angestellt am 23. November 1842, zum Pfarrer in Wolkendorf am 20. April 1856 und von hier zum Pfarrer in Brenndorf am 4. Dezember 1859 berufen.
Predigt nach dem am 27. August d. J. in Brenndorf stattgefundenen Brande, gehalten in der dasigen Kirche am 11. Sonntage nach Trinitatis über das Sonntags-Evangelium von Fr. P. Ortspfarrer. Der Reinertrag ist zum Besten der Verunglückten bestimmt. Preis eines Exemplars 25 Nkr. Kronstadt 1867. Gedruckt bei Johann Gött und Sohn Heinrich. 8. 16 S.

Tr. **Paulinus Simon,**

von Nußbach, Kronstädter Distrikts, gebürtig, bekleidete die Pfarrersstelle im nämlichen Distrikte zu Brenndorf vom 30. Juli 1626 bis zu seinem am 16. Februar 1628 erfolgten Tode. Was er für Aemter früher bekleidet habe, ist unbekannt. Unter den Lehrern am Kronstädter Gymnasium und Predigern zu Kronstadt und den Vorstädten kömmt sein Name nicht vor.
Eine Historie von dem Báthori Gábor gegeben durch S. P. Nussbacensem, im Ton (Melodie): Kommt her zu mir, spricht 2c. Von Anno 1608 bis 1613 den 28. Okt. 4. 22 Seiten Mscrpt.

Seiv. **Pauschner oder Pausner Sebastian,**

der freien Künste und Arznei Doktor, lebte als ein Mitglied der katholischen Kirche zu Kronstadt und gab 1550 ein deutsches Werk von der Pest zu Hermannstadt in 8. heraus, welches er dem Kronstädter Richter, Johann Schirmer, zueignete. Bob hat auch andere verleitet, wenn er ihn in seinem Ungarischen Athen S. 32 Bauzner (Bausner) nennt. S. Soterius, Transylv. Celebr. Ob sein Geschlecht noch blüht, weiß ich nicht, allein mit dem Bausnerischen ist es gar nicht zu verwechseln.
Tr. Im Ungarischen Magazin 4. Bd. S. 452 und im Jahrgange 1805 der Bretzkischen Beiträge zur Topographie des Königreichs Ungarn S. 94 wird der Titel des Buches und Name des Verfassers (unfehlbar nach Horányi Memoria Hungarorum I. 150) also angeführt:
Steph. Bausneri Libellus de remediis adversus luem pestiferam. Cibinii 1550. 8.

In den k. k. privil. Anzeigen, Wien 1774 Nr. XV. S. 118 wird in einem Aufsatze „Ungarische Alterthümer" und „Wohlfeile Zeiten" betitelt, gesagt: „Im Jahre 1539 schickten die Priester der XXIV königlichen Städte Gregorium Pauschner in ihren Angelegenheiten nach Wien und kauften ihm ein Pferd, auf welchem er dahin geritten ist, für 11 fl. laut Liber seu Registrum fraternitatis Ven. dnorum. 24. Plebanorum regalium in Scepus S. 188: „Duus. Venerab. Martinus de Poprad Parochus vondidit equum undecim flnis. dno. Gregorio Pauschner, qui ad suam Regiam Majestatem, cum aliis Civitatibus proficisci debuit." Aus diesem Geschlechte und somit aus der Zips mag auch unser Sebastian Pauschner (welcher Familienname weder in der neuen, noch, soviel ich bis noch gefunden habe, in der ältern Zeit in Kronstadt vorkömmt), seine Herkunft gehabt haben. — Im sächsischen Nations-Universitäts-Protokoll vom Jahre 1554 (IV. 38), in welchem sein Sohn Eucharion den, dem Vater zugesicherten, aber rückständigen Gehalt in Anspruch nahm, heißt er Paußner, und muß hiernach vor dem Jahre 1554 als Physicus von Hermannstadt gestorben sein.

Tr. **Petri Samuel,**

geboren in Hermannstadt am 3. April 1819, war Gehilfe in den Buchhandlungen der Witwe Thierry in Hermannstadt, Németh's in Kronstadt, dann Wallbaum's zu Bukurest, ferner vom J. 1843 bis 1861 Lehrer der romänischen Sprache am ev. Gymnasium in Hermannstadt.

Im Jahre 1848, während er zu Bukurest als Privatlehrer lebte, gab er daselbst drei Monate hindurch eine deutsche Zeitschrift unter dem Titel „Romania" heraus.

Er starb in dem Alter von 48 Jahren in Wien am 7. September des Jahres 1867 als Agent und Mitarbeiter der in Frankfurt a. M. erscheinenden „Europe".

1. J. A. Baillants kurzgefaßte walachische Sprachlehre zum Gebrauche und zum Selbstunterricht für Deutsche bearbeitet und mit einem Anhang vermehrt von S. Petri, Sprachlehrer in Hermannstadt. Hermannstadt, Verlag der W. H. Thierry'schen Buchhandlung. Druck von Joh. Gött in Kronstadt (1845) 8. 142 S.

2. Romänisch-deutsches und deutsch-romänisches Taschenwörterbuch von S. P., Lehrer der rom. Sprache am ev. Gymnasium in Hermannstadt. 1. Theil (romänisch-deutsch). Hermannstadt, Buchdruckerei der v. Closius'schen Erben 1861 8. (17 Druckbögen 1 fl. 20 kr. ö. W.) S. Hermannstädter Zeitung vom J. 1861 S. 158.

Tr. **Philippi Simon,**

ein aus Sáros¹) gebürtiger Siebenbürger Sachse, vertheidigte im J. 1627 am Gymnasium zu Thorn die Streitsätze: Theses de Processi, ex priore tertii Ethicorum Nicomachoorum libri semisse expressas, praes. Cunrado Grasero, Rectore Gymn. Thorun. d. 7. Jul. Thorun. 1627. 4. 16 S.

Tr. **Phleps Friedrich,**

Sohn des Hermannstädter Stadtpredigers Peter Phleps, geb. in Hermannstadt am 31. März 1798, studirte an der protestantisch-theologischen Fakultät in Wien im J. 1821 ıc., wurde nach seiner Rückkehr in die Vaterstadt öffentlicher Lehrer, darauf Conrector und im J. 1836 nach J. Karl Schullers Austritt, Rector des Hermannstädter Gymnasiums, weiter zum Pfarrersubstituten in Großau am 29. Juli 1847 und endlich zum Dechanten des Hermannstädter Capitels am 5. Jänner 1859 gewählt. Als er von einem Schlagflusse längere Zeit gelähmt war, wurde am 23. Oft. 1870 Martin Malmer zu seinem Substituten erwählt, bevor aber dieser der Großauer Gemeinde präsentirt wurde, endete Phleps sein würdiges Leben bereits am 14. Nov. 1870.

1. De Valachorum origine Diss. Cibinii, typis Sam. Filtsch 1829 8. 31 S.
2. Lateinische Grammatik. Ohne Titelblatt in der Closius'schen Buchdruckerei zu Hermannstadt in 8. gedruckt 1835 auf 160 S. (oder 10 Bogen) und in den Hermannstädter Schulen eingeführt. Enthält S. 1—5 Vorerinnerungen, und S. 5—160 Erster Theil: Formenlehre (Nomen, Pronomen, Verbum) in 61 Capiteln. Die Fortsetzung und Vollendung ist meines Wissens nicht gedruckt worden.

Tr. **Phleps Johann,**

aus Klein-Schelken, studirte an der Wittenberger Universität 1700 ıc. A et Ω Fridericum III. Sapientem, Saxoniae Electorem et Academiae Vitembergensis Fundatorem, Locum ab Ampl. Philosophorum Ordine

---

¹) Ob Sáros im Mediascher oder Großschenker Stuhl? ist mir eben so wenig bekannt, wie Simon Philippi's fernerer Lebenslauf.

benevole sibi concessum vindicaturus M. Herrmanus Beker Lemsalia prope Rigam Livonus et Respondens Joannes Phleps Kissolkino-Transs. ad diem 15. Octbr. A. O. R. 1702 laudibus condecorabunt. Wittemb. prelo Schulziano, Acad. Typogr. 4. 28 S.

Dem Johann Krempes, Lukas Grafius u. A. zugeeignet.

Tr. **Phleps Peter,**

geboren in Michelsberg im J. 1768, studirte an der Universität in Jena 1793 und starb als Stadtprediger in Hermannstadt am 10. Febr. 1808.
1. De Discrimine, quod inter Logicam et diversas Doctrinas philosophicas intercedit Diss. adjuncto Appendice de Sylogismis hypothetico et disjunctivo Ratiocinii vim affectantibus. Cibinii 1802 8. 16 S.
2. Einige Worte am Sarge der Wohlseligen Frau Karolina Just. Hiemesch, gebornen von Straußenburg, gesprochen 1806 den 3. Febr. von P. P. Prediger bei der ev. Pfarrkirche in Hermannstadt. (Hermannstadt) mit Barthischen Schriften. 8. 8 S.

Tr. et Seiv. **Pinxner Andreas,**

eines Uhrmachers Sohn zu Hermannstadt, studirte in seiner Vaterstadt und in Enyed. Von hier begab er sich auf die Universität Wittenberg, sich zu dem Dienste der Kirche zu bereiten. Allein er verschwendete sein väterliches Erbe, und dieses stürzte ihn zuletzt in eine Schwermüthigkeit, deren Wirkung eine sehr gewöhnliche war. Er ging in holländische Dienste und segelte nach Batavia. Nach fünf Jahren kam er in sein Vaterland zurück. Seine weite Reise aber hatte zwar seinen Körper, nicht aber seinen Verstand geheilt. Als er bei dem Königsrichter Frankenstein seine Aufwartung machte, genoß er wenig Ehre. Derselbe befragte ihn wegen einiger Orte, deren er in seiner Reisebeschreibung gedachte. Als Pinxner keine Antwort geben konnte, riß Frankenstein die an ihn, beide Zabanius, Christ. Reichardt, Mich. Spöckfel und Tobias Fleischer gerichtete Zueignungsschrift heraus, und warf ihm das Buch vor die Füsse. Vielleicht bewog eben dieses Pinxnern, sein Vaterland wieder zu verlassen; denn welche schmeichelnde Hoffnung konnte er auf die Zukunft haben? Er ging, wie man sagt, nach der Türkei und starb als ein Jünger Mahomeds. Der berühmte Mag. Cornides besitzt ein Exemplar seiner Apodemie, darin Georg Soterius folgende Nachricht von Pinxner ertheilt: Andreas Pinxner,

Cibinii Transylvanorum, patre Automatario, sive horarum fabro, pio viro, natus, studiis Cibinii et Enyedini dedit operam, inde Wittebergam concessit; sed quum parentis bona abliguriret, in animi deliquium mox incidit, adeoque relictis studiis tandem usque ad Orientis partes, et in Bataviam Javae insulae miles excurrit. Hinc post quinquennium sanus quidem corpore, sed parum mentis compos, rediit in patriam, in quo vario fato usus, tandem quo concesserit, nulli satis constat; nisi, quod quidam ad Turcas eum abivisse, et ubi Mahumedamis sacris initiatus fuisset, periisse retulerint.

Tr. Conscripsit (num propria industria, dubitatur valde et non inique) Apodemiam ex Transs. per Panoniam, Austriam, Moraviam, Bohemiam, Misniam atque Saxoniam a se susceptum? (Prodiit a. 1694 Vitebergae typis Kreusigianis in 12. pag. 100.

NB. Von dem Titel ist zu observiren, daß mehreres wird verheißen, als wirklich prästirt und so beschrieben ꝛc.

Item scripsit etiam sub nomine: Der Dacier, die hitzige Indianerin oder artige und curiöse Beschreibung der Ostindianischen Frauenspersonen ꝛc. Cöln in 12. non vero Lipsiae typis vulgata est, ut male apposuit Reverendus Vir. Soterius in Manuscripto suo.

NB. Das ganze Buch wird wie ein Dialogus ausgeführt, in dem der Führer oder der Redner Probando heißt, der Schüler aber, oder der da antwortet, der Dacier, ein schändliches und lügenhaftes Buch, so nicht werth ist zu lesen.

Et de navigatione sua scripsit quaedam, qui Liber non prodiit.

beiv. 1. Apodemia ex Transsylvania per Pannoniam, Austriam, Moraviam, Bohemiam, Misniam atque Saxoniam suscepta, in qua Urbium status, situs, Ecclesiae facies depinguntur, Inquilinorum juxta, mores et studia, aliaque notabilia, quae ad Prudentiam Civilem et Historiam sacram pertinent, breviter inseruntur, et exhibentur. Wittembergae. 1694. in 12. 200 S.

Prächtige Titel! der Inhalt ist kurz und trocken und selbst in vaterländischen Nachrichten nicht selten unrichtig. Frankenstein starb 1697. Hat ihn nun Pinxner gesprochen, so muß er diese seine Apodemie nach seiner Zurückkunft aus Ostindien herausgegeben haben. Schmeizel meint, Wernsdorf habe dieses Werkchen als ein junger Magister verfertigt, und weil das Meiste aus Kinders Hodoeporicum entlehnt, auch in der Titulatur der Zuschrift gefehlt worden, habe Frankenstein, Pinxnern so verächtlich begegnet. Allein, wie viel hätte ihm Kinder nützen können, der durch Schlesien und Polen nach Wittenberg reiste. Auch glaube ich, Pinzner habe allemal eher ein solches Werkchen schreiben können, als Wernsdorf, der nie eine Reise nach Siebenbürgen gethan hat.

2. Die hitzige Indianerin. Leipzig.

Christian Ziegler, Stadtpfarrer zu Hermannstadt, versicherte mich, Pinzner, ein Uhrmacher, habe nach seiner ostindischen Reise ein Werkchen unter der Aufschrift: die schöne Indianerin, herausgegeben. Welcher Titel der richtige sei, mögen diejenigen bestimmen, die dasselbe gesehen haben. Hitzig und schön widerspricht sich gar nicht, doch scheint mir das erstere mehr, als das letztere den Indianerinnen eigen zu sein. Vielleicht hat auch Pinzner, als ein verborbener Gelehrter, mit der Kunst seines Vaters sein Brod gesucht.[1]

Tr. et Seiv.   **Piso Jakob,**

Doktor der Rechte, apostolischer Protonotär, Domprobst zu St. Johann von Fünfkirchen, Sekretär und Lehrer des Königs von Ungarn Ludwig II., war ein berühmter gekrönter Dichter, Redner und Staatsmann in der ersten Hälfte des 16. Jahrhunderts. Er nennt sich selber einen Siebenbürger.[2]

---

[1] „Hitzige Indianerinnen" werden in Ostindien die Huren genannt, s. Archiv des Vereins für siebenb. Landeskunde N. F. VIII. S. 68.   Tr.

[2] In dem Verse: „A septem castris dicta ubi terra manet" (Denis Buchdruckergesch. S. 513). Piso war aus Mediasch gebürtig, Zeuge des im Mediascher Stadtarchiv aufbewahrten Freiheitsbriefes K. Ludwigs II. vom J. 1517 (gedruckt in der von Benigni und Neugeboren herausgegebenen Zeitschrift Transsylvania II. 94—96), womit den Mediaschern das Recht ertheilt wurde, mit rothem Wachs zu siegeln. Es heißt darin: Ludwig begnadige Mediasch mit dieser Freiheit zum Andenken seines divina quasi sorte erhaltenen Lehrers, der aus einem so angenehmen, bereits zur k. Freistadt erhobenen und zum Haupt der zwei Stühle erwählten Orte entsprossen und darinnen ernährt worden sei.

Piso muß seinen Vater frühzeitig verloren haben, denn aus einem Gedicht an seinen Bruder Stephan Piso sieht man, daß ihr Oheim das Ihrige besorgte, als sie in Rom waren. Daselbst wurde er der innigste Freund des Erasmus, wie man aus dem Briefe sieht, den er ihm im J. 1506 schrieb (Erasmi Epist. 108). Ihr Briefwechsel dauerte fort, Zeuge des Schreibens, in welchem Erasmus ihm im J 1526 für zwei alte Medaillen dankt (Epist. 838), worin er ihn einen Propst nennt. Auch

Wie, wenn Piso aus einem ursprünglich niederländischen Geschlechte, das sich aber in Siebenbürgen niedergelassen hat, abstammte? Ich finde verschiedene gelehrte Niederländer, die diesen Namen führen, und dergleichen Beispiele von nationalisirten Fremden, sind in unserer Geschichte gar nicht selten.

Ob Piso als königlicher Gesandter an den Pabst Julius II. zuerst nach Rom gekommen, oder vorher schon einige Jahre daselbst gelebt, ist mir unbekannt. So viel ist gewiß, daß ihm sein Verstand und Witz eine allgemeine Achtung erwarb. Franz Arsilli, der alle Dichter, die sich damals zu Rom befanden, schildert, singt von unserm Landsmanne:

> Pannonia a forti celebris jam milite tantum
> Exstitit; at binis vatibus aucta modo est.
> Nam Latium Piso sitibundo ita gutture rorem
> Hausit, ut Ausoniis carmine certet avis;
> Nec minor est Jano, patrium qui primus ad Istrum
> Duxit Laurigeras ex Helicone Deas [1]

Mit dem berühmten Erasmus lebte er in der vertrautesten Freundschaft, die auch nach ihrer Trennung gleich warm fortdauerte. Einmal fand er in einem Buchladen zu Rom eine starke Sammlung Erasmischer Briefe in der Handschrift. Er kaufte und überschickte sie einem seiner

---

Ursinus Velius in seinen Epigr. ad diversos (deren eines an Jakob Piso gerichtet ist), zu den Naeniis Sereniss. dominae Mariae Reginae Pannoniorum de obitu Elisabethae, Reginae Danorum, Viennae 1526. 4. schreibt:

> Piso jam longo pridem mihi cognitus usu
> Quorum est hospiti jus mihi dulce viro.

S. Denis Buchdruckergeschichte Wiens S. 512—513 u. 256—257 und ebendas. S. 152-153 den Lobspruch des Bartholomaeus Frankfurter Pannonus, welchen dieser in seinem im J. 1516 in Wien herausgegebenen Werkchen: "Homeri Batrachomyomachia etc. dem greisen Erzieher des jungen K. Ludwig II. „quam tota Pannonia, quia vino careat et abstemius sit, Bornemissa vocat" ertheilt, unter welchem Namen Piso gemeint sein mag Tr.

[1] Franc. Arsilli, Senogalliensis, de Poetis urbanis ad Paulum Jovium Libellus, in dem vortrefflichen Werke: Storia della Letteratura Italiana, di Girolamo Tiraboschi. (Gedruckt in Modena 1779. 4.) Tomo VII. dall' anno MD. all' anno MDC, Part. III. S. 425. — Unter Jano wird Janus Pannonius verstanden und das letzte Distichon ist aus der Grabschrift genommen, die sich Janus Pannonius noch bei Lebzeiten selbst gemacht hatte.

Freunde nach Siena. Erasmus aber, über diesen unvermutheten Vorfall erhitzt, opferte sie sogleich, sehr unverblent! dem Vulkane auf.²)

Pabst Julius bemühte sich, die kriegführenden christlichen Mächte zum Frieden unter sich und zu einem allgemeinen Heereszuge wider den Türken zu bewegen. In dieser Absicht sandte er den Piso auch an den König Siegmund I. nach Polen. Den 6. Jänner 1510 kam er glücklich zu Krakau an, woselbst er dem Könige die Absichten des Pabstes eröffnete und ihn in dessen Namen ersuchte, die Waffen nebst seinem Bruder Wladislaw, König von Ungarn, wider den Kaiser Bajazit zu ergreifen, und in Thrazien einzufallen. Der König verschob die Antwort bis auf den bevorstehenden allgemeinen Reichstag zu Petrikow, woselbst sich die Reichsräthe darüber berathschlagten. Allein Piso erhielt keine gewünschte Antwort. Der König belobte die Bemühungen des Pabstes; allein das verschiedene Interesse der christlichen Höfe ließ in Absicht eines glücklichen Erfolgs wenig Gutes hoffen. Es würde, hieß es, gar zu gefährlich sein, wenn Polen und Ungarn allein die ganze Last eines Türkenkrieges tragen sollte. Gewönne aber gedachter allgemeine Kriegszug einigen Fortgang: so würde der König auch Sorge tragen, daß er unter den christlichen Mächten, die den Pabst hierin unterstützten, nicht der letzte sein möchte. — Piso hatte noch einen andern unangenehmen Zufall. In der Kathedralkirche zu Krakau verdrängte ihn der kaiserl. Abgesandte Vitus v. Fürst, von seinem Sitze, und erklärte sich nachgehends: dem römisch-kaiserlichen Gesandten gebühre der erste Rang, auch wäre Piso kein bevollmächtigter Legat des Pabstes, sondern ein bloßer Gesandter.

Hierauf reiste Piso nach Ungarn, um den König Wladislaw II. noch mehr zum Kriege wider die Türken aufzumuntern und kehrte gegen den Herbst nach Rom zurück. Im Jahre 1514 sandte ihn Leo X., abermals an den königlichen polnischen Hof. Im Juli kam er zu Wilna in Lithauen an, woselbst sich der König mit Zurüstungen wider den Großfürsten von Moskau, Basilius, beschäftigte. Vergebens bemühte sich Piso den König mit dem Großfürsten auszusöhnen und einen Frieden zwischen beiden Prinzen zu stiften. Noch bei seiner Anwesenheit griff König Siegmund die Moscowiten an, und erfocht einen vollkommenen

---

1) Dieses berichtet Erasmus in einem Schreiben von Löwen 1520 den 27. Mai an Beatus Rhenanus. Tom. III. P. I. Fpist. 57. der prächtigen Ausgabe der sämmtlichen Werke des Erasmus zu Leyden 1703 in Fol.

Sieg. Piso beschrieb diese Schlacht in einem Schreiben an seinen Freund, Johann Korizius in Rom. Bei diesem Aufenthalte in Polen erwarb er sich die Liebe der Nation und die Gnade des Königs vollkommen, und erhielt von dem letztern bei seiner Abreise recht königliche Geschenke.¹) Im folgenden 1515. Jahre befand er sich bei der berühmten Zusammenkunft des Königs von Polen mit dem Kaiser Maximilian I. und dem König von Ungarn und Böhmen, Wladislaw II. zu Wien und Preßburg. Joh. v. Danzig, der die ganze Feierlichkeit dieser Zusammenkunft in Versen beschrieben hat,²) gedenket dabei auch des Piso sehr rühmlich:

> Piso etiam nostro vir in aevo. doctus et acer,
> Magnorum nuper qui multa negotia Regum
> Tractabat, quod si stricto pede, sive soluto
> Aggreditur quicquam, nil est exactius —

Er wurde Lehrmeister des jungen Königs Ludwig II., der ihn nicht nur mit der reichen Probstei des heil. Siegmunds belohnte, sondern auch zu den wichtigsten Staatsgeschäften brauchte, wie er denn 1523 eine geheime Gesandtschaft an den König von Polen Siegmund, in böhmischen Angelegenheiten von großer Wichtigkeit verrichtete. Erasmus, der sich seines Piso's nie ohne Vergnügen erinnerte, wünschte dem jungen Könige mehr Glück zu diesem Lehrmeister, als selbst zum Königreiche.³) Piso verlor seinen geliebten König in der traurigen Schlacht bei Mohátsch 1526, und darauf durch die feindliche Wuth alle seine Güter. Dieser Verlust

---

¹) f Janociana. Vol. II S. 218—223
²) Joannis Dantisci, Silva, de Profectione Sereniss. Sigismundi Regis Poloniae — in Hungariam, in dem sehr seltenen Werke: Odeporicon, id est: Itinerarium Reverendiss. Patris et Dni, D. Mathaei, S Angeli Cardinalis, Gurcensis Salzburg. Generalisque Imperii Locumtenentis, quaeque in Conventu Maximiliani Caesaris August Sereniss. que Regum Wladislai, Sigismundi, ac Ludovici, memoratu digna gesta sunt, per Riccardum Bartholinum, Perusinum edita. Viennae 1515 in 4 Auch befindet sich dieses Gedicht in Frehers Scriptt. Rer. German. T. II. S. 634.
³) In einem Briefe an Johann Thurso, Bischof von Breslau. Lovanio 20. April 1519. Porro novum non est, apud Hungaros esse praeclara ingenia, quando Janus ille Pannonius tantum laudis meruit, ut Italia ultro herbam illi porrigat. Jacobi Pisonis, cujus memoriam mihi refricas, tam jucunda est recordatio, quam olim Romae jucunda fuit consuetudo: quid enim illo doctius? aut quid festivius? Ego hunc praeceptorem magis gratulor Sereniss. Regi vestro, quam regnum ipsum. — S. Opera ejus omnia. Tom. III. P. I. Epist. CCCCVII. p. 430.

beschleunigte seinen Tod, der 1527 zu Preßburg erfolgte.¹) Von seinen gelehrten Beschäftigungen sind mir bekannt:

1. Epistola ad Erasmum Roterodamum. Romae 30. Jun. 1509. In dessen sämmtlichen Werken. T. III. P. 1. Epist. CVIII. S. 101, 102.

2. Epistola ad Joannem Coritium, de conflictu Polonorum et Lithuanorum, cum Moscovitis, scripta Vilnae, 1514. Romae in 4. Johann Froben, zu Basel, gab sie 1515, nebst des Jani Damiani Elegia ad Leonem X. Pontificem, de Expeditione in Turcas suscipienda, wieder gleichfalls in 4. heraus. Sie ist auch sowohl vom Alexander Guagnin, dem dritten Bande der Rerum Polonicarum; als auch vom Joh. Pistorius dem Corpus historiae Polonicae, Tom. III. einverleibt worden.

3. Epigramma, auf eben denselben Sieg, befindet sich in folgender Sammlung: Carmina de memorabili cede scismaticorum Moscoviorum, per Sereniss. ac Invictiss. D. Sigismundum, Regem Poloniae, magnum Ducem Litvaniae, Russiae, Prussiae, Sarmatiaeque Europeae Dominum et Haeredem, apud aras Alexandri Magni peract. in 4. ohne Meldung des Ortes und Jahres. Sie enthält: Epistola R. D. Joa. de Lasko, Gneznen. et Primatis Regni Poloniae: Silva Joan. Dantisci: Hymnus Valentini Ekii: Silva Christoph. Suchtenii: Panegyris Bernardi Vapousky: Epistola Andreae Criczki: Epigramma Jacobi Pisonis. Unfehlbar meint Janotzki eben dieses Gedicht und diese Sammlung, wenn er berichtet: Piso habe diesen Sieg auch in einer Elegie besungen, die Johann Laski, Primas von Polen und königlicher Abgesandter bei dem päbstlichen Hofe 1515 zu Rom,

---

¹) Ursinus Velius, schreibt von Gran den 10. December 1527 an den Erasmus: Piso, mense Martio spoliatus bonis omnibus, credo, animi dolore, Posonii diem suum obiit. Erasmi Opp Tom. III. P. II. Epist. 344.
Tr. In welchem Ansehen Jakob Piso auch bei dem König Sigismund von Polen gestanden sei, bezeugen die Empfehlungen des Letzteren vom 17. November 1514 an den König Wladislaus von Ungarn und an den Erzbischof von Gran, wie auch an den Woiwoden von Siebenbürgen, um den König Wladislaus zu bewegen, den Piso mit einer entsprechenden Würde zu bekleiden und ihm den Unterricht des jungen Königs Ludwig II. anzuvertrauen; — sowie der Freiheitsbrief des Königs Sigismund vom 18. Nov. 1514 über die dem Martin Plathner und dessen Gattin, als Wirthen des Piso in Wilna, zugestandene Quartiers- und Handelsfreiheit. S. diese Urkunden in den Actis Tomicianis, Posnaniae 1853. S. 254—256.

mit den Gedichten des Johann v. Danzig, Andr. Cricius, Bernhard Wapowius und anderer Gelehrten, auf diese Niederlage der Moskoviten habe drucken lassen.

4. Jacobi Pisonis, Transylvani, Schedia. Eine kleine Sammlung von Sinngedichten, die sich in der Universitätsbibliothek zu Ofen befindet.

Nach den Sinngedichten Piso's an Ladislaus Zalkani, Erzbischof von Gran, der seinen Tod im J. 1526 bei Mohátsch fand, war dieser ihm ein Mäcen, mit dem er sehr vertraut reden konnte; aber zugleich muß er sich damals nicht in den glücklichsten Umständen befunden habe. Er mochte sie also an ihn geschrieben haben, als Zalkani Erzbischof wurde, welches 1524 geschah.

Piso's Gedichte hat Georg Wernher[1]) geerbt und unter folgendem Titel herausgegeben:

5. Jacobi Pissonis Transylvani, Oratoris et Poëtae excellentis, Schedia[2]) Viennae Austriae. Excudebat Mich. Zimmermann, anno MDLIIII in 4.

In seiner Zueignungsschrift an Franz v. Ujlak, Bischof zu Erlau sagt er von unserem Piso: Transsylvanus fuit origine, honesto loco natus in Italia sic excultus — ut duo summi Pontifices, Julius II. et Leo X., eo in legationibus amplissimis uti, non dubitarint, quin ornatus etiam laurea est a divo Maximiliano Imp. Reversus deinde in patriam, pro Praeceptore attributus fuit Ludovico Regi, cum prius Alexium Thursonem, praeclara gente natum, qui deinde summos in Hungaria Magistratus gessit, feliciter docuisset. — Die Gedichte selbst bestehen meistentheils aus Epigrammen an den Erzbischof Ladislaus Zalkani, Philipp More, Bischof von Fünfkirchen, Ursinus Velius, Siegmund, König von Polen u. a. m., das letzte ist seine eigene Grabschrift:

Christe tuas cecini vivo qui pectore laudes,
Mortuus hic Piso nunc jaceo, et taceo.

6. Piso veranstaltete einen schönen Abdruck eines Gedichtes des Ausonius und Beroalds. Der vollständige Titel desselben ist: Ausonii

---

[1]) Ein Gedicht Wernher's zu Ehren Jakob Piso's f. in dem Buche: Pannoniae luctus etc. Ed. 12. Viennae 1798. S. 12. Tr.

[2]) Eine Ausgabe dieser Schedien des Piso's, ohne Angabe des Druckortes und Jahres, wird erwähnt in Bredetzkys Beiträgen zur Topographie von Ungarn. Wien 1805. IV. 93. — S. ferner Wallaszky's Conspectus etc. S. 166—167.

Peonii, Poetae praeclarissimi, Oratio matutina ad Omnipotentem Deum, heroico carmine deducta, feliciter incipit. Jacobus Piso, Transylvanus, Poeta laureatus, Lectori salutem. Fünf Disticha über die Anbetung Gottes, zu Ende: Viennae tertia Martii 1502. Diesem ist angehängt: Philippi Beroaldi, viri undecunque doctissimi, Carmen elaboratissimum, in memoriam sanctissime Passionis Domini nostri Jesu Christi, quam pientissime conscriptum. Ad Lectorem, ein Distichon. 4.

Seiv. **Piso Stephan,**

des Vorhergehenden Bruder, machte sich gleichfalls durch seine Muße berühmt. Er war ein gekrönter Dichter und Mitglied der siebenbürgischen gelehrten Gesellschaft. (Sodalitatis Septemcastrensis) der berühmte Dichter seiner Zeiten Konrad Celtes, singt von ihm, Libr. II. Amorum, Elog. IX.:

    Hic [1]) Piso est, docto qui scribit carmine versus,
        Editus, et lauro tempora cincta gerens.

Sein vertrauter Freund, Bohuslaus Hessenstein, hat gleichfalls einige Gedichte zu seinem Lobe geschrieben. Von Stephans Schriften aber habe ich bisher noch keine entdecken können.

Tr. Zur Zahl der sieben gelehrten Gesellschaften, welche Konrad Celtes[2]) eigentlich Meissel genannt, mit dem Zunamen Protucius, (er wurde nämlich zu Protuch bei Schweinfurt in Franken geboren im J. 1459, starb aber in Wien am 4. Februar 1508)[3]) zu Stande zu bringen bemüht war, gehörte die Rheinische Gesellschaft, deren Vorsteher Johann Dalberg und die Donaugesellschaft, deren Vorsteher Johann Vitéz, Bischof von Veßprim[4]) waren. Die Namen der Mitglieder der sieben Gesellschaften sind nur zum Theil auf die Nachkommenschaft gekommen, und selbst jene ihrer Vorsteher, — mit Ausnahme der beiden Vorbenann=

---

    1) Nämlich in Siebenbürgen.
    2) De vita et scriptis Conradi Celtis Protucii opus postumum B. Engelberti Klüpfelii ed. J. Casp. Ruef et Carol. Zell. Friburgi Brisgoriae 1827 in 2 Theilen 4. Der dazu bestimmte Appendix mit den Briefen und andern Dokumenten ist nicht gedruckt worden – Wiener Jahrbücher der Literatur vom J. 1829 45 Bd. S. 141—149.
    3) S. Lochers Speculum academicum Viennense. Viennae 1773. Epitaph. VI. und Mosels Gesch. der k. k Hofbibliothek zu Wien. Wien 1835 S. 12.
    4) Budai Ferencz Polgari Lexicona. Pest 1866. S. 417—418.

ten, ganz unbekannt geblieben. Ebensowenig weiß man, wer nach dem Jahre 1503 Dalberg — und nach dem Jahre 1499 dem Vitéz als Gesellschaftsvorsteher nachfolgten. Die Donaugesellschaft wurde in Ofen gebildet, übersiedelte nach Wien, und kam hier durch König Maximilian zu einer bestimmten Haltung. Celtes ließ im Jahre seiner Ankunft in Wien 1497 „Lucii Apulei Platonici et Aristotelici Philosophi Epitoma divinum de mundo seu Cosmographia drucken, und aus der ersten Abtheilung dieses Buches lernt man die Mitglieder dieser Gesellschaft kennen [1])

Die siebenbürgische Gesellschaft unterscheiden von der Donaugesellschaft: Wallaszky im Tentamen S. 77 und im Conspectus S. 117 und 118, Eder in Observationibus criticis ad Hist. Felm. S. 260, G. A. Belnay in Compend. Historiae rei literariae in Hung. Posonii 1811 S. 44—46 und Feßler in der Geschichte der Ungarn, Leipzig 1822. V. 682, wie ich jedoch glaube, unrichtig; denn ich habe, außer den Namen derselben, weder über ihre Selbstständigkeit, noch über irgend welche Erfolge eigener Wirksamkeit [2]) irgendwo eine Nachricht gefunden. Den Namen aber

---

[1]) S. die gelehrte Donaugesellschaft in Wien unter König Maximilian I. Separatabbruck aus der österr. Zeitschrift für Geschichts- und Staatskunde. Wien 1837 S. 7 fg., besonders S. 9—29 die umständlichen Nachrichten von den einzelnen Mitgliedern, welche der Donaugesellschaft im J. 1497 angehörten, enthaltend. Der Freiheitsbrief König Maximilians I. für die Donaugesellschaft wurde zu Bozen in Tyrol erlassen im Jahre 1501 s. Hormayrs Archiv. Wien 1817. S. 292.

Von den ältern Schriften bemerke ich:
a) Wallaszky Tentamen Historiae Litterarum sub Rege Matthia Corvino Hunyad. Lipsiae 1769 S. 68—75, und ebendas. Conspectus Reipublicae litterariae in Hungaria Budae 1808 S. 117 ic.
b) Prohaska's Miscellanen zur böhm. und mähr. Literatur Prag 1784 8. Theil S. 1—67.
c) C. Christ. Andre's Hesperus, Jahrg. 1816 Maiheft S. 32 und 1818 S. 144.
d) Steph. L. Endlichers Abhandlung in Hormayrs Archiv für Geschichte ic. Jahrg. 1821 Nr. 96, 99, 105 und 117; dann 1825 S. 753, 758 und 773:
e) Geschichte des Wiederaufblühens wissenschaftlicher Bildung vornemlich in Deutschland bis zum Anfang der Reformation. Magdeburg 1830 2. Bd. S. 1—146.
f) Encyclopädie von Ersch und Gruber 1830 XXI. Bd. S. 135—140.

Die jüngste Abhandlung ist: „Die frühern Wanderjahre des Konrad Celtes und die Anfänge der von ihm errichteten gelehrten Sodalitäten von Dr. Joseph Aschbach. Wien 1869 8 im 60. Bande der Sitzungsberichte der kais. Akademie der Wissenschaften in Wien, S. 75—150.

[2]) Von beiden, der Donaugesellschaft und siebenbürgischen Gesellschaft, urtheilt Feßler u. a. O.: „Sie standen nicht in geringster fruchtbringender Beziehung auf

führt Celtes selbst in der Reihe der sieben Gesellschaften ausdrücklich in Verbindung mit der Donaugesellschaft: „Septem Castrensis Danubianus coetus" an, [1]) gleichwie er auch die sechs übrigen (nemlich: Dantiscanus Vistelanus, — Pomeranus Codoneus, — Albinus Luneburgensis, — Alpinus Davanus, — Rhenanus Vaugianus, — und Necarauus Harcinianus) nicht mit einfachen Namen bezeichnet, so daß man durch Trennung dieser Namen 14 statt sieben Gesellschaften herausbringen könnte, was doch offenbar gefehlt wäre. — Unrichtig ist ferner die Meinung, daß der goldene Becher, richtiger die Trinkschale, welche jetzt in dem königl. sächsischen Münzkabinet zu Dresden aufbewahrt wird, der siebenbürgischen Gesellschaft gewidmet worden sei. Dieses Trinkgeschirr ließ Augustin Käsenbrot, Bischof von Olmütz und Mitglied der Donaugesellschaft, als er am Hofe des Königs Wladislaus zu Ofen lebte, verfertigen und dem gelehrten Donauverein überreichen. [2])

Was die Person des Stephan Piso betrifft, welchen Seivert ein „Mitglied der siebenbürgischen Gesellschaft (Sodalitas Septem Castrensis)" nennt, ohne hiefür die Quelle anzugeben: so habe ich weder diese Quelle, noch den Namen eines andern Mitgliedes einer siebenb. Gesellschaft erforschen können. Ebenso ist mir unbekannt, wo Stephan Piso gelebt hat, und wo derselbe gestorben ist. Daß er aber im J. 1510 nicht mehr lebte,

---

geistige Nationalcultur, dienten blos den von auswärts eingeladenen und auswärts gebildeten einheimischen Gelehrten zu angenehmem Geistes- und Lebensgenuß, besonders da zu letzterem die Natur in Ungarn ihre Gaben so reichlich aus ihrem Füllhorn fließen ließ. Die daselbst versammelten Gelehrten beschäftigten sich zwar mit Unterredungen über das Wesen der Dinge, über die Weisheit der Alten, über Recht und Wahrheit; aber sie waren nur Mittel zum Zwecke, welcher am langen Schluß der Zusammenkünfte durch muthwillige Scherze und fröhliche Trinkgelage sich ankündigte."

[1]) Wiens Buchdruckergeschichte von Denis Wien 1782. S. 11-12 und Klüpfel a. a. O. II. 65.

[2]) Die Geschichte dieses von den Tataren in Ungarn geraubten und nach längerer Zeit in das Dresdner kön. Münzkabinet gelangten goldenen Trinkgeschirres, nebst Nachrichten über Käsenbrot (Augustinus Olomucensis) und andere Mitglieder der Donaugesellschaft und über diese letztere selbst stehe in „Knolls Mittelpunkten der Geschichtsforschung und Geschichtsschreibung in Böhmen und Mähren. Olmütz 1821. S 62 - 74" und J. G. Böhmii de Augustino Olomucensi et patera ejus aurea — Commentariolus, accedit ejusdem paterae Delineatio a Guil. Ern. Tenzelio. Dresdae et Lipsiae 1758 8. mit der Abbildung der Trinkschale.

bezeugt das Epitaphium, welches ihm sein Freund Bohuslaus Lobkowitz von Hessenstein, welcher am 13. November 1510 starb, gesetzt hat.[1])

Eigene Schriften Stephan Piso's habe auch ich nicht entdecken können.[2])

[1]) In besselben Farrago Poëmatum, Pragae 1570. 8. S. 95. „Epitaphium Stephani Pisonis, familiaris suis;" und S. 116—117 „In tumulum Stephani Pisonis." — Von der Freundschaft Hassensteins und Steph. Piso's zeugt auch der von jenem an diesen aus Modon im Pelopones am 16. April 1491 geschickte Reisebericht, welcher in Voigts Actis literariis Bohemiae et Moraviae etc. Pragae 1775, S. 100—103. Nr. 15 und besselben Brief an ebendenselben aus Venedig vom 11. Aug. 1491 Nr. 16 vondaselbst vorkömmt.

[2]) Ein an Konrad Celtes gerichteter Pisoischer Brief befindet sich zwar in der Wiener k. k. Hofbibliothek in einem schriftlichen Codex Epistolarum C. Celtis mit dem wahrscheinlich von Celtes eigener Hand geschriebenen Titelblatte: „Libri epistolaris pr. (prout?) Carminum Sodalitatum literariarum Ad Conradum Celtem," (welchem Denis eine genaue „Nomenclatura eorum, qui epistolas scripserunt" beigefügt hat); — ob jedoch dieser Brief aus Stephan oder Jakob Piso's Feder hervorgegangen sei? ist ungewiß, indem die den vorausgeschickten Worten: „Clar. Viro Conr. Celti Protucio Poëtae laureato excellentissimo Piso S. d." hinzugefügten zwei Buchstaben S. d. offenbar das gewöhnliche „Salutem dicit" ausdrücken. In dem Verzeichnisse der Namen der Briefschreiber, welches Denis in der Buchdruckergeschichte Wiens S. 22—26 mittheilt, schreibt Denis (S. 24) diesen Brief dem Jakob Piso zu, was auch richtig sein mag, da der Brief aus Ofen, wo sich Jakob Piso aufhielt, (Cursim Budae 11. Sept. 1501) erlassen worden ist. Wenn man aus dem angeführten eigenen Celtes'schen Titel schließen darf, daß alle Schreiber jener Briefe Mitglieder der von Celtes gestifteten gelehrten Gesellschaften waren: so kämen nebst einem oder beiden Piso's der Societas septem castrensis" noch zuzuzählen:

Mag. Valentin Krauß aus Kronstadt, a) bessen aus Kronstadt erlassene zwei Briefe an Celtes, der erstere vom 24. Dezember 1499 S. 104 und der zweite vom 25 Februar 1500 S. 108 des Codex (Denis a. a. O. S. 24) vorkommen, — und

Mich. Styrus ex Judenburg, b) dictus cognomine Transsilvanus, dessen drei Briefe an Celtes, der erstere vom J. 1492 datum ex loco nostri diversorii, der zweite vom J. 1498 ohne Ortsangabe und der dritte ebenfalls ex loco nostri diversorii vom J. 1500 S. 15 . . . und 108 besselben Codex (Denis a. a. O. S. 25) vorkommen. c)

a) M. Val. Krauß war zum Procurator Nationis Hungariae an der Wiener Universität erwählt worden am 14. April 1492 l Locher a. a. O und Kurz Nachlese S. 39.

b) Vermuthlich M. Michael de Schesburk, ebenfalls Procurator Nat. Hung. ebendas. im J. 1477, der in den Jahren 1486—1505 Pfarrer in Heltau war. Locher a. a O. Kurz Nachlese S. 38 und Siebenb. Provinzialblätter III. 7.

c) Sowie, außer den Obgenannten, kein anderer Siebenbürger Sachse, ist unter den Verfassern der Briefe an Celtes, kein Siebenbürger Ungar oder Szekler im Denis'schen Verzeichnisse genannt.

Tr. **Plajer Georg,**

gebürtig von Zeiden, Kronstädter Distrikts, wurde als Student vom Kronstädter Gymnasium zum jüngern Prediger seines Geburtsortes berufen, und bekleidete den Predigerdienst bis er durch hohes Alter entkräftet, demselben nicht mehr genügen konnte und daher auf sein Ansuchen von der Gemeinde eine Pension erhielt.[1]) Er starb am 1. August 1849 in dem Alter von 85 Jahren.

Rechtschreibungslehre nebst einer Anweisung zu Briefen und andern nothwendigen schriftlichen Aufsätzen für Anfänger und Anfängerinnen, insonderheit zum Besten der Dorfsjugend. (Hermannstadt, gedruckt bei Hochmeister) 1819. Auf Kosten des Herausgebers. 8. 77 Seiten.

Tr. **Planz Michael,**

ein Hermannstädter, bezog die Universität zu Leipzig im J. 1702, wurde als Hermannstädter Donnerstagsprediger im J. 1714 zum Pfarrer in Rothberg, und darauf am 11. März 1731 zum Pfarrer in Stolzenburg gewählt. Er starb am 8. Februar 1734.

Dissertatio Theologiae naturalis de lapsu Gentilium circa naturalem Dei notitiam. Praes. M. Henr. Ludov. Wernhero d. 17. Febr. 1703. Lipsiae 4. 24 Seiten.

Tr. **Plecker Friedrich,**

Sohn des Doktors der Medizin Johann Plecker, geb. in Kronstadt am 4. August 1808, starb daselbst am 18. November 1842, nachdem er vom

---

[1]) Ein Sohn Plajers, Namens Johann Plajer, studirte am Kronstädter Gymnasium vom J. 1806 bis 1812, bildete sich in den nachfolgenden Jahren bis 1817 in Wien, besonders als Mitglied des Orchesters in dem Kärnthnerthortheater in der Tonkunst und Compositionslehre weiter aus und lebte dann bis zum 19 Febr. 1861, in welchem er im 71. Lebensjahre starb, als einer der gründlichsten Musiklehrer in Kronstadt. Von ihm sind mehrere Compositionen für das Pianoforte ic. in Druck erschienen.

J. 1836 bis zu seinem Ende das Amt als Stadt- und Distrikts-Physikus bekleidet hatte. Bevor er den Doktorgrad zu Padua im J. 1833 erhielt, wurde er als Wiener akademischer Mediziner nebst andern seiner Kollegen zur Behandlung der Cholerakranken im J. 1831 nach Siebenbürgen entsendet, und versah den Dienst eines Physikus im Leschkircher Stuhl bis zum Erlöschen der Cholera-Epidemie. Auch war er im J. 1838 zum Mitglied der am 24. März desselben Jahres errichteten k. k. Wiener Gesellschaft der Aerzte aufgenommen worden.

    Diss. inaug. medica de dignitate Scientiae medicae. Pro laurea Doctoris Medicinae in Universitate Patavina submissa d. 21. Julii 1833. Patavii 8. 56 S.

Tr. **Plecker Johann,**

Doktor der Medizin, geb. in Kronstadt den 1. April 1780. Er war der dritte Sohn des Kronstädter Arztes Johann Gottlieb Plecker († 1795), studirte, nach im J. 1799 absolvirten Gymnasialstudien in Kronstadt, die Heilkunde an der Universität zu Wien, graduirte zu Innsbruck am 6. Februar 1804, prakticirte nach seiner Heimkunft eine kurze Zeit in Bukurest, dann in Kronstadt, bekleidete hier das Physikat 1809 bis 1814 und machte sich während der kritischen Pestepoche 1813/4 sehr verdient um seine Vaterstadt. Dafür erfuhr er aber bittere Kränkung, da der Hof verwies, daß er nicht in das Pestspital exponirt worden sei, was doch sehr nachtheilig gewesen wäre für die seiner Hilfe dann entblößten Mitbürger außerhalb dem Spital, sowie für die bestellte Lokal-Sanitäts-Commission, bei welcher er unentbehrlich war. Im J. 1828 dagegen ernannte ihn das k. Gubernium zum Präses der in Kronstadt verordneten Sanitäts-Commission, welche bis zum März 1829 dauerte. — 1836 wurde er von der Gesellschaft der Aerzte zu Athen in Griechenland, und 1838 von der k. k. medizinischen Gesellschaft in Wien zum correspondirenden Mitglied aufgenommen. Er starb im Badeorte Zaizon den 3. September 1850, nachdem er in den letzten Lebensjahren wegen eingetretener Körperschwäche der leidenden Menschheit seine Hilfe nicht mehr leisten konnte.

    Geschichte der Pest zu Kronstadt in Siebenbürgen im J. 1828/9 nebst einem Bruchstück über die Pest im Allgemeinen, und einigen Bemerkungen über die Temeser Contumaz und medizinische Gränzpolizei.

Fol. Ausgearbeitet auf Gubernial=Befehl den 30. Juni 1829, 116 S. Mscrpt. Daraus sind veröffentlicht worden:

Bruchstücke über Pest im Allgemeinen mit einiger Beziehung auf die Pest zu Kronstadt in Siebenbürgen während der Jahre 1813 und 1828. (Aus einem ämtlichen Berichte des H. J. F. Plecker, Med. Dr. und ausübenden Arztes zu Kronstadt.) S. 211 bis 221 des 15. Bandes der Medizinischen Jahrbücher des k. k. österr. Staates von Stifft und Raimann, Wien bei K. Gerold, 1834. 8. (Laut Anmerkung der Redaktion wird aus dem erwähnten ämtlichen Berichte vorzüglich das für die Diagnose der Pest Wichtige mitgetheilt).

Tr. **Plecker Johann Gottlieb,**

geboren in Kronstadt am 7. Oktober 1745. Nachdem er bis zum Jahre 1760 die öffentlichen Schulen besucht und 6 Jahre hindurch in der Becker'schen Apotheke zu Kronstadt sich gründliche Kenntnisse in der Botanik und in der Zubereitung der Arzneimittel erworben hatte, reiste er am 27. August 1766 nach Wien, und von da, weil er keine Condition fand, nach Oedenburg, wo er 1½ Jahr in der Strauberischen Apotheke zubrachte. Darauf begab er sich nach Leipzig und ließ sich in der Apotheke des Commercienrathes Link verwenden, bis er nach einem Jahr, dem Wunsche seiner Eltern folgend, am 27. April 1769 in die Zahl der philosophischen und medizinischen Akademiker Leipzigs eintrat. Mit gewissenhaftem Fleiß lag er nun durch drei und ein halbes Jahr dem Studium der Arzneiwissenschaften ob, und erhielt am 4. September 1772 den medizinischen Doktorgrad. Mit seinem jüngeren Bruder Paul Plecker,[1]) der ein Jahr vorher seine rechtswissenschaftlichen Studien in Leipzig begonnen hatte und in Wien fortsetzen wollte, wo sich daher beide trennten, kehrte er sofort über Regensburg in das Vaterland zurück und gelangte am 6. Dez 1772 zu seinen Eltern nach Kronstadt. Hier wurde er als ein thätiger und sehr beliebter praktischer Arzt im Juni 1787 zum zweiten Stadt= und 1790 auch Distrikts=Physikus bestellt und suchte das durch stark vermehrte Praxis ihm zu Theil gewordene Vertrauen durch verdoppelten Eifer zu verdienen. Allein durch seine Anstrengungen wurde er bald das Opfer

---

1) Siebenb. Prov.=Bl. III. 243—254 Blätter für Geist, Gemüth ꝛc. 1840 Nr. 39 S. 316.

seines Berufes. Als er nemlich im August 1795 zur Untersuchung eines auf dem Tömöscher Passe sich vorgekommenen Pestfalles [1]) ausgesendet wurde, zogen ihm seine rastlosen Anstrengungen im öffentlichen Dienste ein Nervenfieber zu, welchem er ohngeachtet der treuesten häuslichen und ärztlichen Pflege nach 21 Tagen unterlag. Er starb am 20. Sept. 1795 und hinterließ seiner Witwe die Sorge für vier unversorgte Söhne und eine Tochter, welch letztere aber den Vater nicht lange überlebte. Seiner Witwe Christina († 7. Jan. 1833), Tochter des ehemaligen Communitäts-Orators Jos. Benkner, wurde von Sr. Maj. Kaiser Franz II. auf die Vorstellung der Landesregierung im Febr. 1796 eine Pension von jährlichen 200 Gulden aus dem Staatsschatze bewilligte.

De Sensibus internis Morborum causis. Praeside Antonio Guilielmo Plazio pro gradu Doctoris disp. J. G. Plecker Corona Trannus. Saxo Medicinae Baccalaureus. Lipsiae ad d. 4. Sept. 1772 in Officina Langenhemia. 4. 60 S.

Tr. ## Plecker Georg,

geboren in Kronstadt im J. 1673 und daselbst als Mitglied des äußern Rathes und Curator des ev. Spitals im J. 1719 gestorben, gab heraus:

Inhalt der Bibel, aus einer Predigt C. Neumanns. Kronstadt 1696. 12. 1 Bogen, und:

Kurzer Bericht von dem Inhalt der Bibel in Frage und Antwort über alle die Bücher, welche im alten Testamente Moses und die Propheten hebräisch, im neuen die Evangelisten und Apostel griechisch geschrieben haben. Genommen aus dem ersten Theile einer Predigt, welche an dem 2. Ostertag 1699 durch Anleitung der Worte Lucas XXIV. 27, gehalten Caspar Neumann, der ev. Kirchen und Schulen in Breslau Inspektor. Kronstadt in Johann Pleckers Verlag. Mit Lucas Seulers M. D. Schriften druckts Nicolaus Müller 1699. Kl. 12. 35 S.

Tr. ## Pöldner Georg,

geboren in Reps im J. 1680, soll bis zum 11. Lebensjahre stumm gewesen sein, da er denn auf einen Stall gestiegen, sich herunter zu steigen

---

[1]) Siebenb. Quartal-Schrift V. 135

— 68 —

gefürchtet und seiner Mutter: Wo gerufen, von der Zeit an aber die Muttersprache gelernt hat. Obwohl er nur auf inländischen Schulen studirt hatte, so wurde er doch als Gelehrter so berühmt, daß er den Namen Latinus erhielt, und daß sich der Superintendent Schunn oft seiner Rathschläge bediente. Während den Kurutzen-Unruhen war er Prediger in Reps und wurde durch den B. Daniel von Barghyas, mit welchem er auf dem Collegium in Udvarhely die innigste Freundschaft gepflogen hatte, geschützt, den 16. Jan. 1709 als Pfarrer in Weißkirch ordinirt, und starb daselbst als vieljähriger Dechant des Kozber Kapitels im J. 1752.

Von ihm hat man im Manuscript:
Privilegia et Acta Synodalia von Anno 1545 bis 1713, welche Sammlung unter dem Namen Volumen Pöldnerianum bekannt und von 1713 bis 1763 durch Mich. Bertleff fortgesetzt worden ist.

Seiv. **Pomarius (Baumgarten) Christian,**

ein Bistritzer, der 1546 und 1547[1]) in Hermannstadt lebte und auf Anordnung des Bürgermeisters Petrus Haller von Hallerstein, das Stadt-Archiv aus dem Staube und der Vergessenheit in Ordnung brachte. 1552 begleitete er den Bürgermeister, Simon Miles, auf den Reichstag nach Preßburg, erwählte aber nachgehends den geistlichen Stand, ward Pfarrer zu Lechnitz im Bistritzer Distrikt und Dechant des Kapitels. Als solcher unterschrieb er[2]) 1561 in seinem und seiner Amtsbrüder Namen das Bekenntniß der sächsischen Kirchen vom heil. Abendmahle[3]) Er heirathete am 13. Febr. 1556 und starb am 28. August 1565. Wir haben von ihm in Handschrift:

1. Repertorium Privilegiorum Inclytae Universitatis Saxonum in Transylvania.[4])

---

[1]) Archiv des Vereins für siebenb. Landeskunde N. F. III. 170.

[2]) Noch im J. 1557 unterschrieb Pomarius auch den Consensus Doctrinae de Sacramentis Christi Pastorum etc. f. Denkbl. I. S. 240 Nr. 3.   Tr.

[3]) S. b. Art. Hibler, Denkbl. II. 80.

[4]) Die Beschreibung der von Pomarius im J 1546 verfaßten Register der damals im sächs. National-Archiv befindlichen Urkunden hat B. Bedeus mitgetheilt in dem Archiv des Vereins N. F. III 196–198.

In der Zueignungsschrift an den Hermannstädter Rath, den 25. Sept. 1546 unterschrieben, redet Pomarius von dem Ursprung der sächsischen Völkerschaft in Siebenbürgen[1]) und beklagt sich über die Finsternisse, welche die alte Geschichte aus Mangel nöthiger Urkunden bedeckten. Sie müssen ihm gewiß groß gewesen sein, da er den Ursprung unserer Sachsen in das 13. Jahrhundert setzt. Nämlich König Bela IV. sei nach den tatarischen Verwüstungen Ungarns und Siebenbürgens mit mächtigen Hilfsvölkern in sein ödes Reich zurückgekehrt und habe den dabei befindlichen Sachsen erlaubt, sich nach ihrem Wohlgefallen in seinen Staaten niederzulassen. Tunc, schreibt er, patres nostri totam circumlustrantes terram, partes montibus et silvis, nemoribus, rivulis et aquarum scaturiginibus natura dotata terminis, pars altera Poloniae, quae nunc Scepusium dicitur altera denique haecce, quam modo Transylvaniam appellamus, elegerunt. Ubi septem antesignani, septem castra constituerunt, unde usque in hodierum diem Septem Castrenses, Saxones dicimus. Daß damals die deutschen Kolonien in Siebenbürgen neue Verstärkungen nöthig gehabt, und auch erhalten haben, glaube ich gern; allein ihren Ursprung hier zu suchen, widerspricht den Zeugnissen eines Augenzeugen dieser tatarischen Verwüstungen, des Rogerius; wie auch den königlichen Andreanischen Urkunden von 1206, 11, 12, 22, 24 und ferner, welche ausdrücklich deutscher Pflanzvölker in Siebenbürgen gedenken.

Tr. 2. De Comitiorum Posoniensium, anno 1552 celebratorum, rudes, brevesque Commentarii.[2])

Diesem Reichstage wohnte Pomarius mit andern sächsischen Deputirten bei.

  Denique Christianus Pomarius additur istis
   Quo non in tota regione Notarius alter
  Doctior et Regni, qui consuluisse rogatus
   De cura melius posset, patriaeque tuendae,

---

[1]) Die Zeit der Einwanderung der Siebenbürger Sachsen betreffend s. Ebers Note zu des Schesäus Ruinae Pannonicae S. 123—124 und man wird billiger urtheilen über die, auch durch Sigler und Albert Huet gehegte, irrige Meinung des Pomarius.   Tr.

[2]) Ueber die Beschlüsse dieses Reichstags s. Szegedi's Rubricae Juris Ungarici II. pag. 97—109.

sagt von ihm Schesäus in den Ruinis Pannonicis edit. J. C. Eder S. 123—124.
3. 1552. Literarum Civitatis Coronensis Digestio. Justinianus Tit. 2. Quod Principi placuit, legis habet vigorem cum lege Regia, quae de ejus imperio lata est populos ei et cum omne Imperium suum et potestatem concessit, quodcunque ergo Imperator per Epistolam constituit vel cognoscens decrevit, vel edito praecepit, Legem esse constat. Mscpt. 22 S. in Folio.

Die Widmung ist an den Kronstädter Magistrat gerichtet und den 4. Jan. 1553 unterschrieben; die Eintheilung ist die nämliche, wie im Repertorio Privilegiorum J. Universitatis Saxonum.
4. Tabella chorographica plagae Bistriciensis.
5. dto.   dto.   Transylvaniae.

Aus zwei Briefen des Ant. Verantius an den Pomarius vom J. 1549 (bei Katona Hist. Crit. Regum Hung. XXI. 825—833) ist ersichtlich, daß Pomarius diese beiden Landkarten verfertigt habe. Verantius fordert ihn auf, solche im Druck herauszugeben und macht den Vorschlag, daß er solchen seine (des Verantius) Beschreibung von Siebenbürgen, der Walachei und Moldau beifügen wolle.
6. Fassionum ac Judiciorum ephemeridarum Liber civitatis Bistriciensis. Mscrpt. Das älteste Stadtprotokoll der Stadt Bistritz, wozu Pomarius die nachfolgende Einleitung schrieb, welche sich jetzt (1852) auf dem ersten Blatte des Eidesformen=Protokolls des Bistritzer Magistrats aufgeklebt befindet: Christianus Pomarius Notarius Bistriciensis Salutem! Amplissimo in orbe isto, mea quidem sententia nulla civitas, nullumque oppidulum esse, ubi memorabile quidpiam, dignumque notatu, temporum varietate successuque, haud committatur. Nullaque est natio, aut gens, pro bonis malisque ingeniis hominum, quae suos moriones, suosque sapientes non habeat; nisi forte quis Scythas immanes, ac ferinis praeditos moribus, a sapientum felicitate prorsus alienos esse quidem velit; populum videlicet parum intelligentem, magis ferocitati quam sapientiae, operam dante. Sed nec illi penitus carent prudentibus viris; vel si multos non habeant, unum tamen Anacharsim, qui solus inter eos Philosophus exstitisse fertur, qui ipsis renmobit. Adeo nullus est mundi angulus, qui suos non habeat sapientes. Ista vero civitas Bistriciensis, non parvo dono numinis, et coelesti quodam influxu, sagaces semper sapientesque habuit viros, probitate scilicet consilioque praepollentes.

Mirari itaque sat non possum, qua causa admissum sit, nihil actorum, aut consiliorum praecedentium, ad nos transisse? Id socordiane, filia scilicet tranquillitatis, aut gravitate operis inspecta, aut simplici taedio, negligentiaque factum? adeo nullas Ephemeridas, Leges, nullaque Statuta, quibus ipsa civitas in ordinem composita, salubrius regi potuisset, conscriptas fuisse? Quamvis non dubito, huic civitati semper fuisse Notarios, viros non mediocriter eruditos, quorum opera, id facile praestari potuisset. Me autem principio in hoc officio notariatus allectum, Senatus subinde commonere consueverat, dicendo haec aut illa, libro civitatis pro aeterna memoria mandabis, ego vero cum diligentissime circumspexissem, cunctaque perquisivissem, non apparebat nisi unus quidam fassionum ac Judiciorum Ephemeridarum liber, etiam num tumultuarie conscriptus, super paucos annos, cui manum apponens, quem in ordinem utcumque redegi; simulacque diligentius omnia lustrassem, dominis respondebam: nullum esse in hoc consistorio librum, qni civitatis nomine inscriberetur, illi consternati admirabantur negligentiam, rogabantque: per me id quod hactenus neglectum fuisset, praestari. Ego autem ingenii mei vires exiguas profitendo, tale quidem onus ab humeris meis declinare conabar, verum autoritate eorum victus, coactus sum acquiescere. Proinde rogatos esse velim omnes hujus civitatis Notarios, ut hanc operam meam qualemcumque, potioribus suis eruditionibus, sicubi dimissum fuerit adjuvent; et praemium pro laboribus suis, a Christo remuneratore in die illo recipiant. Amen.

Dieses, wie in Kronstadt, sogenannte Richtersbuch, pflegte, wie in Kronstadt (Denkbl. I. 374) ebenso in Bistritz, nebst Richterschwert und Stabtsiegel jedem Stabtrichter bei dem Antritte seines Amtes übergeben zu werden.

7. Ein Schreiben des Pomarius aus Klausenburg an den Bistritzer Rath vom 16. Januar 1543, aus welchem unter Andern hervorgeht, daß in diesem Jahre die Kirchenreform in Bistritz bereits Eingang gefunden hatte, bewahrt das dasige Stabtarchiv. S. Wittstocks Beiträge zur Reformationsgeschichte des Nösner Gaues S. 21.

Tr. **Poor (Porus) Johann,**
aus Katzendorf, Repser Stuhls, gebürtig, studirte in Wittenberg 1700 ꝛc., wurde Rektor der Schule in Reps und sofort am 10. Jan. 1713 Prediger daselbst.

J. N. J. Disputatio Theologica de Festi Trinitatis Paradisiaci Proprietatibus ex Genes. III. Sub praesidio Joh. Deutshmann d. 21. Febr. 1701 hora 2 pomeridiana. Wittebergae, stanno Hakiano. 4. 16 S.

Tr. **Porelz Karl,**

Sohn des Michael Porelz, Pfarrers zu Marpod, Leschkircher Stuhls, geb. in Hermannstadt am 15. Oft. 1802, wurde im J. 1833 den 3. Dezember Pfarrer der A. C. V. in Karlsburg, kehrte im November 1836 als Prediger nach Hermannstadt zurück, und erhielt im November des Jahres 1849 den Ruf zum Pfarrer in Bolkatsch, woselbst er bald darauf Dechant des Bolkatscher Kapitels wurde, erschoß sich aber den 14. März 1859.

Dissertatio de tuenda bona valetudine publice defendenda 1833. Lithographirt in Hermannstadt 4. 17 S. Handelt in 60 §. 1. De aëre, 2. de cibo et potu, 3. de motu et quiete, 4. de animi pathematibus, 5. de somno et vigilia. Denique Appendix.

Tr. **Presting Paul,**

Bürger in Hermannstadt, geb. 1643 hinterließ in Handschrift:
Wahrhaftige Beschreibung, was sich in der Siebenbürgischen Hermannstadt unter der Rakozianischen Belagerung zugetragen im Jahr Christi 1659 und angehalten bis anno 1660 im Mai. Mscpt.

Ein Auszug aus diesem Tagebuch, dessen Seivert im Ungarischen Magazin III. 405 erwähnt, ist in der Siebenb. Quartalschrift II. 277—306, jedoch, wie der Einsender am Schlusse bemerkt, nur aus einer schlechten und verwirrten Abschrift, eingerückt worden. Das Ganze hat Grf. Kemény in den Deutschen Fundgruben zur Geschichte Siebenbürgens 2. Bd. S. 143 versprochen, dem 3. Bande dieser Fundgruben einzuverleiben. (Nach ihm ist der Name Presting unrichtig und soll Brölfft heißen. Grf. Keménys Abschrift hat 34 S. in 4.) Aus Graf Keménys Abschrift hat Gött diese Beschreibung in die Blätter für Geist, Gemüth und Vaterlandskunde, Kronstadt 1852. 8. S. 111—309 aufgenommen.

Da ein dritter Band von Keménys Fundgruben nicht erschien, so ging diese „Beschreibung ꝛc." in die Neue Folge der deutschen

Fundgruben über, welche Anton Kurz zusammenstellte und nach dessen Tode Eugen v. Trauschenfels im Auftrage des Vereins für siebenbürgische Landeskunde zu Kronstadt 1860 herausgab, wo die Pröftische Beschreibung mit einem Vorworte von Trauschenfels S. 379—394 vorkömmt.

Tr. **Preidt Georg,**[1]

geboren in Zeiden am 18. April 1726 als der zweite Sohn des dasigen Richters Johann Preidt. Erst vom J. 1740 an besuchte er die Stadtschulen zu Kronstadt, wurde Togat am Gymnasium 1742, nach einem Jahre Student am Groß=Enyeder ref. Collegium, kehrte aber 1745 an das Kronstädter Gymnasium zurück und begab sich im J. 1747 nach Preßburg, wo er am ev. Gymnasium, dann aber nach Jena, wo er an der Universität weiter studirte, endlich nach Kloster Bergen, wo er unter dem Direktor des dasigen Gymnasiums, Abt Steinmetz, öffentlichen Unterricht ertheilte. — Vom J. 1752 bis zu seiner Ernennung zum Rektor des Gymnasiums im J. 1762 diente Preidt als öffentlicher Lehrer an den untern und obern Classen des Kronstädter ev. Gymnasiums, wurde im J. 1768 Stadtprediger, und am 14. Jänner 1771 zum Stadtpfarrer in Kronstadt gewählt. Er erreichte in diesem Beruf das hohe Alter von 81 Jahren, ohne hinter den Fortschritten der neueren Zeit zurückzubleiben, oder in der pünktlichen Erfüllung seiner Berufspflichten zu ermüden. Den Beweis in ersterer Hinsicht gab er durch den in dem Alter von 79 Jahren gemachten Entwurf zu dem — mit Zurathezlehung der damaligen Stadtprediger zu Stande gebrachten — neuen Kronstädter Gesang= und Gebetbuche, in der in der Vorrede ausgesprochenen Absicht, dem gesunden Geschmack und der Geistesbildung des neuen Zeitalters zu genügen. Groß waren die Wirkungen seiner öffentlichen Vorträge auf seine Zuhörer. Das erwies sich besonders bei Gelegenheit, wo er und auf seine Veranstaltung auch die übrigen Pfarrer in Burzenland während dem Türkenkriege die Jünglinge zum freiwilligen Dienste für Fürst und Vaterland von ihren Kanzeln aufriefen. Vierundvierzig muthige Jünglinge meldeten sich sogleich dazu, und Preidt wurde für die unter ihnen hervorgerufene Begeisterung mit dem öffentlichen Ausdruck der allerhöchsten Zufriedenheit und der

---

[1] Siebenb. Provinzialblätter III. 52—62.

goldenen Verdienstmedaille beehrt. Selbst das Dekanat des Burzenländer Kapitels, zu welchem ihn die freie Wahl seiner Amtsbrüder, der Mitglieder dieses Kapitels, wiederholt berief, verwaltete er nicht nur vom 24. April 1789—1795 sondern sogar auch in seinem zunehmenden hohen Alter vom April 1797 bis zum April 1805 mit der gewohnten größten Pünktlichkeit. Am 18. Oktober 1802 hatte Preidt das Glück, im Kreise seiner Familie und Amtsbrüder, sowie vieler Mitglieder der Kronstädter ev. Kirchengemeinde sein 50jähriges Amts= und Ehejubiläum zu feiern.[1]) Endlich aber schon am Rande des Grabes stiftete er sich, außer den vielen während seinem Leben im Stillen geübten, und erst nach seinem Tode, zum Theil bekannt gewordenen Wohlthaten — ein nie verwelkendes An= denken durch ein Vermächtniß von fünftausend Gulden zur Errichtung eines Landschullehrer=Seminariums am Kronstädter ev. Gymnasium[2]), von welchem Kapital er die Hälfte der Interessen für sechs Seminaristen dieses Gymnasiums, und die andere Hälfte zum Gehalte für den Lehrer des Seminariums, der täglich eine theoretische und eine praktische Unterrichts= stunde halten solle, bestimmte

Die ungetheilte Verehrung, welcher sich Preidt während seinem Leben erfreute, folgte ihm auch in das Grab. Er starb am 21. Sept. 1806 und war der letzte Stadtpfarrer, dessen irdische Ueberreste nach herkömm= lichem Gebrauche vor dem Altar der großen Stadtkirche beigesetzt wurden.

Sein einziger männlicher Nachkomme Georg Preidt starb als k. k. Oberst in Pension zu Kronstadt am 7. Juni 1817, und mit diesem Sohne erlosch, da er keinen männlichen Erben, sondern blos zwei Töchter hinter= ließ, auch das Prädikat von Cronenheim, mit welchem der Letztere vom Kaiser Franz I. im Oktober 1814 in den k. k. deutscherbländischen Adel= stand erhoben worden war.

Schriften von G. Preidt:
1. Der gesegnete Einfluß der christlichen Religion in die Glückseligkeit der bürgerlichen Gesellschaft. Bei Gelegenheit der in der ev. Pfarrkirche zu Kronstadt öffentlich verlesenen obrigkeitlichen Ankündigung des auf Allerh. Befehl in dem Großfürstenthum Siebenbürgen vorzunehmen=

---

[1]) L. J. Marienburg, damaliger Rektor des Kronstädter Gymnasiums ver=
öffentlichte die Beschreibung dieser Jubelfeier durch den Druck. S. Denkbl. II. 391.
Nr. 10

[2]) Dück's Geschichte des Kronstädter Gymnasiums S. 104.

den Conscriptionsgeschäfts oder Seelenbeschreibung. In einer Predigt über das Evangelium am 4. Sonntag in der Fasten Joh. VI. 1—15 vorgetragen und auf obrigkeitl. Verlangen zum Druck beförtert. Im J. 1785 im März. Kronstadt. In der Albrichischen Buchdruckerei 1785 4. 24 S. (Beigefügt ist die Mgl. Bekanntmachung vom 3. März 1785).

2. Neue Schulordnung für die Landschulen der Sachsen in dem Burzenländer Distrikt, vom hiesigen L. Consistorio Domestico geprüft und eingeführt anno 1791 im Jänner 28. S. 4.

Diese Schulordnung bestand in den Kronstädter sächsischen Landschulen bis zur Einführung des Neugebornischen Dorfschulen-Plans im J. 1823.

3. Denkmal der Liebe, welches der Frau Anna Katharina geb. v. Seulen, Gemahlin des Herrn Joseph Traugott Schobel, Magistrats-Mitglied, nachdem dieselbe bald nach zurückgelegtem 42. Jahre den 10. April 1769 verschieden und den 12. darauf in hiesiger ev. Pfarrkirche standesmäßig zur Erde bestattet worden war, durch gegenwärtigen Abdruck der bei ihrem volkreichen Leichenbegängniß gehaltenen Leichenpredigt und Abdankungsrede aufgerichtet wurde. Kronstadt 1769. Fol. 22 S.

Enthält: S. 2 Vorbericht, S. 3—11 Leichenrede von dem herrlichen Siege der Gerechten über ihre Feinde von G. Preidt, S. 12—14. Einige Lebensumstände der selig Verstorbenen, wie solche nach hiesigem Gebrauch kürzlich verfaßt und zu Ende der Leichenpredigt abgelesen worden, S. 15—22 Abdankungsrede von Georg Draudt, Rector.

4. Vorschrift, wie es mit den Begräbnißstellen in dem Leichengarten vor dem Klosterthor in Zukunft gehalten werden soll. Kronstadt 1791. Fol. 4 S.

Den von Preidt ausgearbeiteten und vom Kronstädter ev. Consistorium angenommenen, vom Magistrat aber bestätigten und publicirten Vorschlag zu obiger Vorschrift findet man auch in der Siebenb. Quartalschrift IV. 212—223 und theils ebendaselbst S. 224—225, theils II. 230 eine rühmliche Würdigung der dießfälligen Einrichtung des Kronstädter Consistoriums.

5. Entwurf einer Bruderschaftsverordnung für die erwachsene männliche Jugend auf den sächsischen Dörfern des Burzenländischen Distrikts, nach Maßgebung der an verschiedenen Orten bereits vorhandenen dießfälligen Verordnungen in der Absicht verfaßt, daß, in soweit es

— 76 —

sich thun läßt, in dieser Anstalt an jedem Orte wenigstens im Wesentlichen eine Gleichförmigkeit sein möchte.

(Enthält das Wesentlichste der Lebenspflichten, um den sittlichen Charakter des jungen Landvolkes zu bilden und den Gesetzen einer christlichen und vernünftigen Sittenlehre anzuformen, und dadurch auch auf dem Lande Zucht und Ordnung aufrecht zu erhalten. Dieser Entwurf wurde vom Magistrat mit allgemeinem Beifall aufgenommen und 1793 im ganzen Distrikt eingeführt. Herrmann's altes und neues Kronstadt III. 614.)

Diesem Entwurf war die vom Pfarrer Georg Draudt (s. Denkbl. I. 259) noch im Jahre 1774 verfaßte Bruderschaftsordnung vorausgegangen, welcher der Kronstädter Magistrat noch am 4. April 1803 seine Bestätigung beifügen ließ.

Im Jahre 1839 ließ das Domestikal-Consistorium durch den Verfasser dieser Denkblätter, als dem damaligen Schriftführer des Consistoriums nicht nur für die Bruderschaften, sondern auch für die Schwesterschaften in allen Kronstädter sächsischen Distriktsortschaften neue, den veränderten Umständen angemessenen Artikel verfassen, und gab ihnen dieselben zur Befolgung im Druck hinaus, unter folgendem Titel:

„Allgemeine Ordnung für die Bruderschaften und Schwesterschaften auf den sächsischen Dörfern des Burzenländer Distriktes, welche nach Maßgabe der bereits vorhandenen ältern dießfälligen Einrichtungen, sowie der neuern Verordnungen, und des 51. bis 63. §. der 3. Abtheilung der vom H. L. Ober-Consistorium der A. C. Verwandten im J. 1818 vorgeschriebenen Visitations-Artikel verfaßt, vom Kronstädter Domestikal-Consistorium geprüft, und zu gleichförmiger Darnachrichtung sowohl der Orts-Consistorien, als auch der Bruderschaften und rücksichtlich der Schwesterschaften herausgegeben worden ist. Kronstadt 1839. Gedruckt bei J. Gött 4. 11 S.

Nach dem Wunsche der Geistlichen der ungarischen ev. Gemeinden im Kronstädter Distrikt, ließ das Kronstädter Domestikal-Consistorium diese Vorschriften auch in ungarischer Sprache für diese Gemeinden drucken unter nachstehendem Titel:

„A' Legény 's Leány társaságoknak közönséges Rendtartása a' Barcza Vidéki Magyar falukon, melly az Ágostai hitvallást követők Méltóságos Főconsistoriuma által az 1818dik évben kiadott egyházi vizsgálati Szabályok 3-ik része 51—63-ik czikke nyomán készitetvén, a' Brassoi domesticale Consistorium által megvizsgáltatván, a' Legény és Leánytársaságok egyaránti számbavétele végett kiadatott. Brassoban nyomatott Gött János betűivel. 1846 4. 8 S.

6. Sammlung geistlicher Lieder zum Gebrauch bei den öffentlichen und häuslichen Gottesverehrungen der Christen. Kronstadt, gedruckt in der v. Schobelnschen Buchdruckerei von Friedr. Aug. Herfurth 1805. XVIII. 498 S. 8. S. Denkbl. I. 223 Nr. 1 und Note 1.

7. Gebete zum Gebrauch bei den öffentlichen und häuslichen Gottesverehrungen der Christen. Eph. 6, 18. Betet stets in allen Anliegen. mit Bitten und Flehen im Geist. Ebendas. 1806 8. 128 S.

(Als Herausgeber im Verein mit den Kronstädter Predigern.)

Von Nr. 6 und 7 sind in den nachfolgenden Jahren bei den Kronstädter Buchdruckern Johann Gött sowohl, als auch bei Römer und Kamner auch neuere vermehrte Auflagen erschienen.

8. Nachricht von Demjenigen, was sich bei der Gegenwart Jhro Maj. des röm. Kaisers Joseph II. in Kronstadt 1. in der großen Pfarrkirche, 2. im Gymnasium[1]) und 3. bei der zweien Deputirten des Burzenländischen Capitals, Sam. Croner und G. Preibt allergnädigst ertheilten Audienz Merkwürdiges zugetragen hat. (Im J. 1773 den 7. Juni) Beschrieben von G. P. Stadtpf.

(Im Burzenl. Capitels-Protokoll vom J. 1773 S. 41—60.)

Sciv. **Radetz (Radecius) Valentin,**

von Danzig gebürtig, wo sein Vater, Matthäus Radetz, Sekretär war. Wie er nach Siebenbürgen gekommen,[2]) ist mir unbekannt, vielleicht aber

---

1) Unter dem Titel: „Kaiser Joseph II auf dem Kronstädter Gymnasium," gedruckt in den „Blätter für Geist, Gemüth und Vaterlandskunde" vom 3 Aug. 1838. Nr. 81. Dieser Aufsatz enthält einen interessanten Beitrag zur Charakteristik des großen Kaisers. — Höchst anziehend ist auch: „Eine Audienz" des unitarischen Superintendenten Stephan Agh im J. 1773 bei Kaiser Joseph II. „von hohem patriotischen und kirchlichen Interesse" in Geltch's Schul- und Kirchenzeitung. Jahrg. 1852 Nr. 48. S. 337—339.

2) Nach Aler Székely's Unitaria vallás történetei Erdélyben S. 131—135 und 145 wurde Radetz durch Paul Göcs, Pfarrer der Klausenburger ungarischen unitarischen Gemeinde, welcher im J. 1603 — um den Baftaischen Grausamkeiten zu entgehen — Klausenburg verlassen und sich nach Polen begeben hatte, wo er bei

war seine Glaubenslehre die Ursache. Zu Klausenburg ward er Rektor der unitarischen Schule, und nach dem Tode des Matthäus Torotzkai, 1622 Pfarrer und Superintendent. Da er mit der ungarischen Sprache ganz unbekannt war: so wurde seine Amtsführung seiner Kirche sehr nachtheilig, indem durch Vermittelung des reformirten Superintendenten und fürstlich Bethlenischen Hofpredigers Johann Kescherü, an die siebenzig Kirchspiele in den Szekler Stühlen Sepsi, Kezdi und Orbai, sich zu den Reformirten wandten. Rabetz starb den 10. August 1632 und hatte den Paul Csanabi zu seinem Nachfolger.

1. Gesangbüchlein. Klausenburg 1620 in 12. Die geistlichen Gesänge sind hier gänzlich nach dem unitarischen Lehrbegriffe verändert, welches Rabetz selbst in der Zuschrift an den Klausenburger Rath bekennt. Alle Zeugnisse von der Gottheit Jesu und der hochheiligen Dreieinigkeit sind entweder geändert, oder gar weggelassen worden. Z. B. In dem alten Weihnachtsliede: Puer natus in Bethlehem, fehlt die Strophe: cognovit bos et asinus, quod puer erat dominus; so die sechste: Sine serpentis vulnere, de nostro venit sanguine, und die letzte: Laudetur sancta Trinitas, ist also verändert: Laudetur Dei bonitas.

2. Der kleine Katechismus zur Uebung der Kinder in dem christlichen Gottesdienste. Klausenburg 1620 in 12.

Der Verfasser ist der berüchtigte Schmalz, Rabetz aber gab es zum Gebrauche seiner Schule heraus.

3. Funebris Laudatio III. Feminae, Judithae Kornissianae, Sp. Magnif. Dni, Simonis Pechi de Szent-Ersebot, Sereniss. Regis Hung. Principisque Transylvaniae Intimi Consiliarii, et Cancellarii etc.

Rabetz, als damaligem Rektor zu Luklau Schutz und freundliche Aufnahme fand, der sächsischen unitarischen Gemeinde anempfohlen, von ihr zu ihrem Pfarrer gewählt, und übersiedelte mit seiner ganzen Familie im Jahre 1605 nach Klausenburg, wo er noch im Jahre 1606 zum Superintendenten der unitarischen Glaubensgenossen in Siebenbürgen gewählt worden sein soll, und nach dem Tode des Paul Göcs (gest. 4. März 1622) Oberseelenhirt beider unitarischen Gemeinden (der sächsischen und unitarischen) zu Klausenburg wurde. Rabetz starb daselbst am 18. August 1632. S. mehr bei Széfely a. a. O. — Vgl. mit Alexis Jakabs Note zum Tagebuch des Valentin Schäßburger, eines Klausenburger Bürgers (1606—1654) in Erdélyi történelmi Adatok 4. Bd. redig. von Karl Szabo, Klausenburg 1862 S. 100. Note 3.   Tr.

Conjugis — I. Kal. Apr. 1621. Cui adjunctum est Epicedium a Joanne M. Vasolcio, Lectore Scholae Claudiopol. Claudiopoli, typis Heltauis, excudit Joh. R. Makai, an. 1621. in 4. 36 S.

4. Formula administrandi Coenam Dominicam, cum annexa quarundam Quaestionum ad eandem delucidandam spectantium solutione. Item: Praecationes matutinae et vespertinae.[1]) Impressae Claudiopoli, typis Georgii Abrugii, an. 1638 in 8.

In des Sanbius Biblioth. Anti-Trin. wird dieses Werk dem Rabetz zugeschrieben. Es muß aber entweder nach seinem Tode gedruckt worden sein, oder dessen Sohn gleichen Namens und Rathsverwandter zu Klausenburg der Verfasser sein, welcher auch ein handschriftliches Werk: de Trinitate, duabusque in Christo Naturis, lateinisch und ungarisch hinterlassen hat.

Tr. 5. Apologia pro Unitariis in Transylvania. Mscpt.
(Catal. Msptorum Bibl. Szechény. II. 84.)

6. De matrimonio Tractatus. Claudiopoli typis Helthanis excudebat Joannes R. Makai 1621 4. 54 S.

Zum geistlichen Gebrauch bei Trauungen. S. Uj Magyar Muzeum 1860 VIII. 130.

7. Disciplina ecclesiastica. Ebendas. 1626. Eine zweite vermehrte Auflage hat Mich. Almási herausgegeben.

Laut einem Briefe des Klausenburger unitarischen Professors Georg Sylvester vom 11. July 1817 an den damals in Göttingen studirenden Unitarier Kanyaro, den Catalog der unitarischen Superintendenten und damaligen Schuletat der Unitarier enthaltend; abgedruckt in Stäublins und Tzschirners Archiv für alte und neue Kirchengeschichte. Leipzig 1820. IV. Bd. S. 152—160. Von Rabetz namentlich ist daselbst S. 154 die Rede und bei Erwähnung des von Seivert oben erzählten Abfalls vieler Gemeinden die Nachricht, daß, obwohl bei dieser Gelegenheit Rabetz seinen Wohnort wegen der Pest nicht habe verlassen können, die ungarischen Unitarier seit der Zeit sich dennoch vor der Wahl eines fremden Superintendenten gehütet hätten. Vgl. Székely a. a. O. S. 134.

---

[1]) Diese Gebete sind auch in ungarischer Uebersetzung erschienen unter dem Titel: „Reggeli és estvéli könyörgések. Irta Radetius Balint. Kolosvár 1638. 8. Tr.

Tr. ## Rannicher Jakob,

geboren in Hermannstadt am 7. Nov. 1823, studirte am Gymnasium und der Rechtsakademie zu Hermannstadt bis 1846, praktizirte sofort bei der k. Gerichtstafel in Maros-Vásárhely, war vom April 1848 bis zum 11. März 1849 sächsischer Comitial-Accessist, und redigirte die Hermannstädter Zeitungsbeilage „Transsylvania" vom 2. Oktober 1848 bis 9. März 1849, an welchem dieselbe zu erscheinen aufhörte. Er ward 1850 Ministerial-Concepts-Adjunkt bei dem k. k. Cultus- und Unterrichts-Ministerium in Wien, im Febr. 1853 trat er in Verwendung als wirklicher Concipist, und ward im Mai 1856 Secretär bei der k. k. Statthalterei in Hermannstadt. Für sein Verhalten während der Revolution der Jahre 1848 und 1849 erhielt er vermög a. h. Entschließung vom 21. August 1850 das goldene Verdienstkreuz. Nach Auflösung der k. k. Behörden in Siebenbürgen 1861 wählte die ev. Landeskirchenversammlung A. B. Rannicher zum Secretär der Landeskirche. Den 1. Mai 1863 wurde er zum siebenbürgischen Gubernialrath und im Jahre 1867 zum Sektionsrathe des k. ungarischen Ministeriums für Cultus und Unterricht zu Pest ernannt, am 14. Mai 1868 aber zum Ausschußmitgliede des ungarischen historischen Vereins in Pest gewählt, und wohnte dem ungarischen Reichstage seit dem Jahre 1866 als Deputirter der Stadt und des Stuhles Hermannstadt bei. Im J. 1864 erhielt er das Ritterkreuz III. Classe des k. k. Ordens der eisernen Krone.

1. Das Recht der Comeswahl. Versuch einer diplomatischen Geschichte desselben, von J. R. Studirender an der Rechtsakademie der sächsischen Nation zu Hermannstadt. Kronstadt, Druck und Verlag von Joh. Gött 1846. 8. 52 S. (Auch in dem Magazin für Geschichte ꝛc. Siebenbürgens von Anton Kurz, Kronstadt 1846. 2. Bd. S. 131 bis 180 enthalten).

Recensirt in Adolph Schmidts Oesterr. Blättern für Literatur, Kunst ꝛc. Jahrg. 1847 Nr. 219. S. 871—872.

2. Denkblätter an die Installationsfeier Sr. Hochwohlgeboren des Herrn Franz Joseph von Salmen, Königsrichter von Hermannstadt, Graf der sächsischen Nation und wirklicher geh. k. Gubernialrath, zusammengestellt und geschrieben von einem Sachsen. Kronstadt Druck und Verlag von Joh. Gött 1847. 8. 92 S.

3. Die neue Verfassung der ev. Landeskirche A. B. in Siebenbürgen, auf Grundlage amtlicher Quellen dargestellt von J. Rannicher, Mit=

glied des ev. Oberconsistoriums. Hermannstadt 1856. Druck von Th. Steinhaußen. 8. II. 38 S.

(Der Verfasser will in populärer Weise zeigen, worin die neue Verfassung bestehe, wie sie zu Stande gekommen sei, und welchen Werth sie besitze. Im Auszug enthalten in Hornyanßky's protestantischen Jahrbüchern für Oesterreich. Jahrg. 1857 1. Heft S. 5—14.)

Zweite vermehrte Auflage mit einem Anhange, enthaltend die Darstellung des „Entwurfs zu einem Gesetze über die Vertretung und Verwaltung der Kirchenangelegenheiten der Evangelischen beider Bekenntnisse im Königreich Ungarn, der serbischen Woiwodschaft und dem Temescher Banat. Hermannstadt 1857. Druck von Th. Steinhaußen. 8. 79 S.

4. Handbuch des ev. Kirchenrechts mit besonderer Rücksicht auf die ev. Landeskirche A. B. in Siebenbürgen. 1857. Handschr.

Einleitung vollendet am 16. Dezember 1857.

I. Buch. Geschichtl. Grundlegung, Verhältnisse der Kirche zum Staat und der Kirchen zu und nebeneinander.
II. Buch. Quellen des Kirchenrechts.
III. Buch. Verfassung der Kirche.
IV. Buch. Verwaltung der Kirche.
V. Buch. Das kirchliche Leben mit dem Eherecht.
VI. Buch. Das Vermögensrecht der Kirche.

Zufolge Beschluß des Oberconsistoriums vom 15. August 1857 Zahl 715/857, Punkt 7 verfaßt.

Davon erschien:

Erstes Heft, die Einleitung enthaltend. Hermannstadt 1859. Druck und Verlag von Th. Steinhaußen. VIII. 79 S.

5. Das Fürstenhaus Schwarzenberg. Ein Denkmal der Erinnerung an weiland Seine Durchlaucht Karl Fürsten zu Schwarzenberg, Landes-Gouverneur von Siebenbürgen ꝛc., den Mitgliedern des Vereins für siebenb. Landeskunde zu dessen Generalversammlung am 24. August 1858 in Agnethlen gewidmet. Hermannstadt 1858. Druck von Th. Steinhaußen. 8. 58 S., nebst dem Bildniß des Gouverneurs Karl Fürst Schwarzenberg.

Eine Umarbeitung und Fortsetzung der beiden ähnlichen Artikel Rannichers in der Transsylvania vom J. 1856 Nr. 3 und 4. und vom J. 1858 Nr. 27.

6. Denkschrift über die Angelegenheit der Verfassung der ev. Landeskirche A. B. in Siebenbürgen. Vorgetragen in der Versammlung des verstärkten Oberconsistoriums am 13. Dezember 1860. Hermannstadt Buchdruckerei der v. Closius'schen Erbin 1861 gr. 8. I. 67 S.

7. Aemtliche Actenstücke, betreffend die Verhandlungen über die Union Siebenbürgens mit dem Königreiche Ungarn. Hermannstadt 1865. Druck von Th. Steinhaußen 4. III. 186 S. Fortsetzung. Ebendas. 1866. S. 187—288.

7. Sammlung der wichtigeren Staatsakten, Oesterreich, Ungarn und Siebenbürgen betreffend, welche seit dem Manifeste vom 20. Oktober 1860 bis zur Einberufung des siebenb. Landtages erschienen sind. Hermannstadt 1861. Druck und Verlag von Th. Steinhaußen. kl. 8. VI. 174 S. Darauf folgte: 2. Heft: „Die Aktenstücke aus dem Oktober 1861 bis Mai 1862 enthaltend." Ebendas. 1862 V. 100 S. und 3. Heft: „Die Aktenstücke vom Mai 1862 bis zur Eröffnung des siebenb. Landtages enthaltend." Ebendas. 1863. V. 127 S.

Seiv. **Rau Michael,**

von Omlasch unter dem Walde gebürtig, ein geschickter Schulmann und Weltweiser. Studirte zu Königsberg und kam den 1. Oktober 1638 in sein Vaterland zurück. Den 13. Juni 1644, erhielt er das Schulrektorat zu Hermannstadt, in welcher Stellung er seine Schüler fleißig in der Dialektik übte. Allein das folgende Jahr ward er im September nach Girelsau (Insula d. Gerhardi) zum Pfarrer berufen, woselbst er auch gestorben ist. Soterius in Trans. Celebr. macht von ihm bekannt:
Disputationes Philosophicae. N. IX. Mscr.

Tr. **Rauß Kaspar,**

geboren den 24. Juli 1758 in Kronstadt, studirte und genoß das Stipendium in Tübingen 1781 ꝛc., ward darauf Pfarrer zu Feffernitz in Kärnthen 1785, wozu er in Wien vom Superintendenten Fock ordinirt wurde. Von hier wurde er im Jahre 1788 an das Kronstädter Gymnasium als erster Lektor, darauf zum Pfarrer in Sárkány, Fogarascher Distrikts, am 23. November 1790, und endlich nach Neustadt im Burzenland den 10. Febr. 1799 berufen. Er wohnte der auf den 17. Dezember 1806 nach Birthelm angesagten Synode zur Erwählung eines Superintendenten als

Deputirter des Kronstädter Capitels mit dem Honigberger Pfarrer Sam. Tartler bei, entsagte allen Candidationen auf bessere Stationen und Capitulardiensten, und starb in Neustadt an den Folgen eines Schlagflusses den 6. Juli 1826.

Er gab heraus und begleitete mit einer Vorrede (S. 3—8) und Noten:
1. Denkpredigt u. s. w. von Martin Traug. Closius. Wien 1789. (Denkbl. I. 224.)
2. Predigt am Geburtsfest Sr. Maj. des Kaisers, gehalten den 12. Febr. 1809 von Kaspar Rauß, Pfarrer zu Neustadt in Siebenbürgen. Wien, gedruckt bei Mathias Andreas Schmidt, Universitätsbuchdrucker 24 S. 8.

Tr.

Rauß Johann,

geboren zu Kronstadt im J. 1679 war der ältere Sohn des **Martin Rauß**, Prediger an der Martinsbergkirchenfiliale[1]) und der Agnetha gebornen Sigerus. Er studirte am ref. Collegium zu Groß-Enyed, darauf (1695) am Kronstädter Gymnasium, sofort aber, nebst seinem jüngeren Bruder **Lukas Rauß** an der Universität zu Königsberg. Beide Brüder waren so tüchtige Musiker, daß sie eine im Jahre 1706 zu Ehren Friedrich Wilhelms, Königs von Preußen, durch 200 akademische Mitstudirende gegebene musikalische Abendunterhaltung leiten konnten. Nach seiner Rückkehr wurde er im J. 1716 als Stadtcantor in Kronstadt angestellt und

---

[1] **Martin Rauß**, Sohn des Kronstädter Stadthannen **Kaspar Rauß** (gest 15 August 1674), wurde in Kronstadt geboren am 13. Juni 1643, verlor schon in seiner Kindheit durch die Blattern das Augenlicht, das ihm aber durch ein außerordentliches Gedächtniß von der Natur ersetzt wurde. Durch seinen Fleiß erlangte er eine ausgezeichnete Kenntniß in den theologischen Wissenschaften, und wurde als Student — ohne auswärtige Lehranstalten besucht zu haben — 1691 zum Lehrer der Grammatikalschule ernannt, 1694 Prediger an der Johannikirche und 1696 an der Martinsbergkirche Er pflegte sich aus seiner ansehnlichen Bibliothek, wo er selbst jedes Buch gleich zu finden wußte, durch Andere vorlesen zu lassen, seine Kanzelreden zu diktiren, und nach wiederholter Vorlesung seinem Gedächtniß anzueignen, sodann aber seine Predigten mit ungemeinem Beifall und zur Verwunderung der ganzen Gemeinde zu halten. Er starb am 18. April 1712.

S. Schmeizels Entwurf der vornehmsten Begebenheiten ꝛc. Handschrift, zum J. 1712 und daraus: Blätter für Geist, Gemüth ꝛc. 1837 S. 216, wie auch Herrmanns a. u. n. Kronstadt II 210.

überlebte glücklich die Pest, welche in den Jahren 1718 und 1719 viele Bewohner Kronstadts dahinraffte, (Denkblätter I. 23), obwohl er das herbe Los erfuhr, daß auf Verdacht seine Wohnung zuerst gesperrt wurde. Als der öffentliche Gesundheitszustand und der allgemeine Verkehr wieder hergestellt worden war, wurde Rauß im J. 1718 zum Martinsbergprediger, und im nämlichen Jahre zum Prediger an der Bartholomäuskirche, endlich aber 1731 zum Pfarrer nach Wolkendorf berufen, wo er schon am 14. Dezember 1737 vom Schlagfluß gerührt, seine Tage vollendete. Er hinterließ von seiner Gattin Anna Margaretha, Tochter des Reichs=Edelmannes Arnold v. Scheune (sie starb in Sárkány, wo ihr älterer Sohn Pfarrer war, am 15. April 1752) außer einer Tochter, zwei wackere Söhne, von denen der ältere, Johann, als Pfarrer in Zeiden und Capitelsdechant am 25. Oktober 1774, und der am 20. März 1712 in Kronstadt geborene jüngere Martin als Major in k. preußischen Diensten[1]) gestorben sind.

Als Kantor in Kronstadt gab Johann Rauß mit einer Vorrede des Stadtpfarrers Paul Neidel heraus:

Evangelia melodica d. i. Geistliche Lieder und Lobgesänge nach dem Sinne der ordentlichen und Festtags=Evangelien. Kronstadt 1717. Längl. 12. 204 S. Schon 1718 erschien ebendas. die 2. im J., 1725 die 3., 1734 die 4. und 1740 die 5. Auflage, letztere beide mit dem Zusatze zum Titel der drei ersten: „Zur Uebung der Gottseligkeit noch bekannten Melodien mit Fleiß eingerichtet und aufs Neue nachgedruckt, sodann zu einem musikalischen Jahrgang nach neuen Arien gewidmet. Zum viertenmal (fünftenmal) aufgelegt. Kronstadt in der Seullerschen Buchdruckerei druckts Mich. Heltzbörfer (in der Seullerischen Buchhandlung druckts Martinus Fernolend).

Tr. **Rauß Lukas,**

von Kronstadt gebürtig, studirte auf dem Gymnasium daselbst, dann auf der Universität Königsberg, wurde in seiner Vaterstadt Ministerialadjunkt

---

1) S. Friedrich der Große von Chauber. Stuttgart 1834 S. 159, wo der k. preußische Großkanzler v. Buckwitz dem K. Friedrich II. in einem Berichte vom 6. August 1748 die Officiere von Görns und (den inmittelst geadelten) »v. Rauß« als ehrliche und incorruptible Leute, die auch einige Wissenschaften in den Rechten besäßen, zu Justizpräsidenten in Vorschlag bringt.

1723, dann Prediger in der Blumenau 1724 und letztlich Stadtprediger
7. Dezember 1729, als welcher er den 25. März 1734 sein Leben an
einem Schlagfluß in einem Alter von 51 Jahren beschloß. Er war der
zweite Sohn des blinden Predigers Martin Rauß und seinem Bruder
Johann Rauß, sowie an Natur und Beredsamkeit auch an Geschicklich=
keit in der Musik gleich. Sein älterer Sohn, Lukas Rauß, hatte sich
ebenfalls zum theologischen Stande in Kronstadt und von 1743 an in
Jena vorbereitet. Im J. 1749 verließ er Jena mit dem Vorsatze, vor
seiner Heimreise noch verschiedene Gegenden in Deutschland kennen zu ler=
nen. Also reiste er auf den Harzwald, nach Hammeln, über die Weser
hinab bis Amsterdam und Rotterdam, und wurde endlich von den damals
auf dem Rhein hinab nach Amerika auswandernden Deutschen bewogen,
nach Amerika mitzugehen. Im November 1749 gelangte er glücklich nach
Philadelphia, und bequemte sich, als Helfer bei der lutherischen Gemeinde
hier und zu Germantowe Dienste zu nehmen, da ihm Mangel an Geld
die Rückreise unmöglich machte. Verdrüßlichkeiten mit Halleschen Missio=
närs bewogen ihn endlich, den Entschluß zur Heimkehr aufzugeben, und
zu heirathen. Er ging 1757 nach Yorktown, Susquehannaer Reviers in
Pensylvanien und stand bis 1781 etlichen Gemeinden A. C. treulich vor,
in welchem Jahr er seinen Verwandten in Kronstadt die vorerwähnten
Nachrichten von sich gab, und von seiner Familie berichtete, daß ein
15jähriger Sohn und 4 Töchter von ihm am Leben, und der ältere Sohn
Lukas nach harter Kriegsgefangenschaft in seinem Hause zu York den 1.
Febr. 1777 verschieden sei. Er starb zu Yorktown im J. 1788.

Vom Stadtprediger Lukas Rauß hat man:

Das Verlangen einer gläubigen Seele, den H. Jesum zu sehen und bei
Ihm zu sein, bei dem hochbetrübten Begräbniß der weil. Fr. Ka=
tharina geb. Albrichin, des H. Lukas Seuler von Seulen,
Kronstädter Projudicis und M. Dokt. Ehegemahlin, welche 1734 den
11. Febr. Ihr Verlangen erhalten, Ihren Jesum zu sehen. In hie=
siger großen Pfarrkirche aus Pauli Phil. 1. 21. 23. vorgestellt. Kron=
stadt 1734. Fol. 26 S.

Enthält S. 2 des Dechanten Neidel Einladung zur Leichenbestat=
tung an die Capitularen, S. 3—11 Leichenpredigt von Rauß, S.
11 und 12 Trauergedicht vom Stadtprediger Georg Zultner, S.
13—14 Lebenslauf der Verstorbenen, S. 15—18 Das schwarze
Todesfinsterniß zertrennende Tugendlicht zc. oder Abdankungsrede von
Georg Zultner, S. 19—26 Erklärt=Verklärtes Denk= und Ehren=

Mahl bei der hochbeträhnten dunklen Gruft der weil. Fr. Katharina von Seulen, b. i. Leichengedichte von verschiedenen Gymnasiallehrern, von den Enkeln der Verstorbenen und dem Buchdrucker Mich. Heltzdörfer.

Seiv. **Regis Simon,**

vertrieben aus seinem Vaterlande, das mir unbekannt ist, lebte er zu Kronstadt und suchte seinen Unterhalt durch Unterrichtung junger Frauenzimmer. Zu ihrem Gebrauche gab er heraus:
1. Geistreiches Handbüchlein. Kronstadt 1685 in 12. 5 Bogen.
2. Geistreiches Liederbüchlein. Ebendas. 1685 in 12. 5 Bogen.

Seiv. **Von Reicherstorffer [1]) Georg.**

eine merkwürdige Person des 16. Jahrhunderts, von dessen Leben ich aber nur Fragmente habe sammeln können. Nach Schmeizel war er von Bistritz, nach Benkö von Regen. Allein keines von beiden; Reichersdorffer war ein geborner Hermannstädter.[2]) Da aber die ungarische Gewohnheit, einen nach seinem Stammorte zu benennen, auch bei unsern Vätern sehr gebräuchlich war: so mag das Reicherstorfferische Geschlecht wohl von Reichesdorf im Mediascher Stuhle abstammen. Wo er sich der Rechtsgelehrsamkeit befleißigt habe? ist mir unbekannt. Er nennt sich aber einen

---

[1]) Seivert schreibt zwar „Reichersdorf". Da aber dieser Letztere in eigenhändigen Unterschriften sich selbst „Reicherstorffer" und „Reycherstorffer" geschrieben hat, und in gleichzeitigen Urkunden ebenso vorkömmt, so wird auch hier dessen Name so, wie er ihn selbst schrieb, gebraucht. Simigiani Hist. ed. Eder p. 40.   Tr.

[2]) In dem letzten Willen der Klara Tabiaschi, Gemalin des Hermannstädter Königrichters Markus Pemsflinger, vom J. 1523 unterschreibt er sich: „Ego Georgius Reicherstorffer, Cibinianus, Sacra apostolica et imperiali authoritatibus Notarius publicus et Tabellio juratus. **Andreas Reicherstorffer** (Richisdorffer), dessen eine Urkunde von 1521 gedenkt, ist vielleicht sein Vater gewesen. Seiv. Ueber die Unterschrift: „Cibinianus" f. Simigian. l. c. p. 44. **Andreas Richisdorffer** alias Cursor, welcher im J 1521 gegen die Vermählung der Magdalena Hallner mit dem Stadtschreiber Georg Hecht Einsprache that, weil die Braut früher von ihrem Vater seinem Sohne **Nicasius** verlobt worden sei, war allerdings der Vater des Georg Reicherstorffer. S. Schullers G. Reicherstorffer und seine Zeit S. 4.   Tr.

päbstlichen und kaiserlichen Notarius und war in den Jahren 1522 bis 1525 Stadtschreiber zu Hermannstadt. Hierauf ward er 1525 Secretär bei der Königin Maria von Ungarn, trat nach dem Tode des Königs Ludwig II. bei Mohátsch in königl. Ferdinandische Dienste, und machte sein Glück so gut, daß er im J. 1527 königl. Secretär und Rath, endlich aber Thesaurarius in Siebenbürgen ward. Seiner gedenkt Bel in Notit. Hung. novae Tom. I. S. 455, daß er im J. 1537 die Würde eines Rathes bei der königl. ungarischen Kammer bekleidete.

König Ferdinand bediente sich Reicherstorffers in wichtigen Gesandtschaften nach Siebenbürgen und der Moldau. 1528 kam er nach Siebenbürgen und reiste mit seinen Landsleuten, Siegmund Groß und Martin Maurer herum, die Partei des Gegenkönigs Johann v. Zapolya, zu schwächen und die Sachsen in der Treue gegen den König Ferdinand zu befestigen. Sie thaten es mit solchem Eifer, daß sie große Unruhen zu Kronstadt verursachten, ja sogar einige Unbeugsame aus dem Wege räumten,[1] unter Andern den Königsrichter zu Großschenk, Johann Margonbai und Petrus Gräf, Richter zu Tobiasdorf. Allein noch in diesem Jahre mußten Groß und Maurer für ihre erregten Unruhen büßen, indem sie gefänglich eingezogen, und auf Befehl des Königs Johann zu Ofen enthauptet wurden.

Daß Reicherstorffer zweimal als königl. Gesandter nach der Moldau gereist, bezeugen uns seine Verse:

Regia, Legati perfunctus munere, jussa
　　Bis per Moldaviae barbara regna tuli:
Perque Getas vexi patriae mandata Dacosque,
　　Qui modo de silvae nomine nomen habent.

Diese seine Reisen gaben ihm nicht nur Gelegenheit beide Länder genauer kennen zu lernen; sondern auch sie durch eine Beschreibung bekannter zu machen.

Dieses ist Alles, was ich von Reicherstorffers Geschichte habe entdecken können. Eines muß ich doch beifügen, welches mir, der für die vaterländische Geschichte zu früh gestorbene Martin Felmer, mündlich mittheilte.

---

[1] Man s. David Hermanns, Annales Politic. bei diesem Jahre. Der Großschenker Richter, Johann v. Mergeln, (Marienthal, Margonbai), ward den 1. März 1528, auf seiner Reise nach Hermannstadt angefallen, und ihm auf seinem Wagen der Kopf abgeschlagen.

Das ehemalige Lutschische, jetzt Reißenfelsische Haus auf dem großen Marktplatze zu Hermannstadt, hat einen mäßigen Thurm und im Hofe eine Kapelle. Unsere Schriftsteller sind in Absicht der ersten Bestimmung dieses Hauses zweifelhaft und uneins. Der Vater Fasching¹) hält es für die alte Wohnung der Hermannstädter Dechanten, deren einer dasselbe im Kegelspiele aufgesetzt und verloren haben soll. Das Andenken erhalte noch ein steinernes Denkmal an demselben, darauf zwei Hände zu sehen sind, davon eine einen Kegel, die andere aber eine Kugel hält. — Allein vermuthlich hat eben dieses räthselhafte Denkmal eine solche Erzählung veranlaßt. Denn mit welcher Freiheit und Giltigkeit hätte der Dechant ein Haus im Spiele aufsetzen können, das gar nicht sein Eigenthum war. Der ungenannte Verfasser der Thaten des H. Nicetas, Bischof und Apostel des alten Daciens, hält es gleichfalls für das ehemalige Probsthaus, welches nach der Reformation (Petrus) Haller erhalten, im Kegelspiele aber mit Lutschen (nicht Leusch) verloren hat. Dieses ließ sich schon eher hören. Georg Soterius²) sieht es für ein öffentliches Gebäude an, das ehemals für die Könige, bei ihrem Aufenthalte zu Hermannstadt, und zu ihrem Hausgottesdienste bestimmt gewesen. Sehr wahrscheinlich! doch Felmer sagte mir: Reicherstorffer habe es als Thesaurarius bauen lassen, und aus Geldmangel, die königlichen Gefälle dazu angewendet. Den traurigen Folgen dieser Treulosigkeit auszuweichen, hätte er König Ferdinand berichtet: weil für die Glaubensgenossen der katholischen Kirche kein gottesdienstlicher Ort zu Hermannstadt gewesen, habe er eine Kapelle in seinem Hause erbaut, aber aus Noth mit königlichen Geldern. Diese Entschuldigung machte Alles gut. — Woher aber Felmer diese geheime Nachricht geschöpft, habe ich nicht entdecken können.³)

---

¹) In Dacia Nova. S. 69
²) In seinem handschriftlichen Werke: Cibinium.
³) Das obenerwähnte, ehemals Lutschische, dann Reissenfelsische Haus gehört jetzt zu einer von dem im J. 1818 verstorbenen Georg Andr. v Meissenfels (s. die Note zu dem Art. Georg Neußner v Reissenfels) gemachten Stiftung für Hermannstädter Hausarme und Beamtenewitwen. (J. K. Schuller a. a. O S. 269.) Die Tradition, daß ein Hermannstädter Dechant dasselbe im Kegelspiele aufgesetzt und verloren habe, welche auch Benkö in Milkovla I. 99 erwähnt, wird von Anton Kurz in den Kronstädter Blättern für Geist ꝛc. 1845 S. 56 mit Berufung auf das Album Oltardianum für eine Lüge erklärt und die Oltartische Stelle also angeführt: Anno 1593 verkaufen Gabriel und Michael Haller v Hallerstein, beide leibliche Söhne des Petri Haller, alltägigen Königsrichters, das Eckhaus, an welchem der

Tr. Aus einer, aus der Klosterbibliothek zu Ettal in Oberbaiern nach München gebrachten und der königl. Hof- und Staatsbibliothek daselbst einverleibten Originalhandschrift[1]) Reicherstorffers publizirte der Freiherr Johann Christoph v. Aretin in dem im J. 1806 zu München gedruckten VI. St. (Juny S. 629—668) und VIII. (August S. 210—224) der „Beiträge zur Geschichte und Literatur, vorzüglich aus den Schätzen der Münchener National- und Hofbibliothek", einen Theil, welcher den Titel führt: „Acta Legationis Georgii Reicherstorffer Transylvani Secretarii et Oratoris Regii etc. in praesens Diarium congesta sub anno salutis MDXXVII."

Der gelehrte J. Karl Schuller sammelte während seines Aufenthaltes in Wien im Winter des Jahres 1849 aus dem k. k. geheimen Haus-, Hof- und Staatsarchiv schriftliche Denkmale zur Geschichte Siebenbürgens in den Jahren 1527 bis 1536 und benützte dieselben in Verbindung mit den von Aretin veröffentlichten Actis Legationis sowohl, als auch der durch

---

Kegel zu sehen ist (in dem Album selbst heißt es: „das Eckhaus zum Kegel genannt" anstatt den Worten: „an welchem der Kegel zu sehen ist"), und am Frankenhaus gelegen, dem Johann Lulsch und seinem Erben um 1900 fl. Lukas Engyeber, hiesiger Stuhlsrichter und Michael Gundhardt, Rathsherr allhier, nebst noch anderer Zweien sind die Almeschleute gewesen; und haben unter Anderm dieses Vinculum untereinander gemacht, daß, wenn Herr Käufer Johann Lulsch von den Hallerischen oder Postorität wegen dieses Hauses sollte turbirt werden, so sollten sie dem Jubicat 1000 Dukaten verfallen, e contra, wenn die Lulschischen das Haus ohne Vorwissen der Hallerischen Jemandem verkaufen sollten, so sollen die Lulschischen auch 1000 Dukaten dem Hermannstädter Jubicat zur Strafe verfallen. Ist also hieraus klar abzusehen, daß dieses Haus nicht durch ein Kegelspiel, wie spargirt wird, gewonnen sei."
Extat etiam in Albo Oltardiano ad a. 1593.

Kurz fügt bei: diese schon vor 250 Jahren geglaubte Erdichtung hat sich bis auf den heutigen Tag im Munde des Volkes erhalten, und ist nichts als eine Lüge. Betreff dieser Berufung kann indessen nicht unbemerkt gelassen werden, daß in dem Oltardischen Album, welches nach der eigenen Abschrift des Kurz im Jahre 1860 in den deutschen Fundgruben zur Geschichte Siebenbürgens in Druck erschienen ist, Seite 82 der Wortlaut: „und haben unter Andern rc." bis zu Ende gänzlich fehlt, und offenbar von einer spätern Hand dem Oltardischen Texte beigefügt worden ist. Zu geschweigen, daß Felmer auf dessen Mittheilung sich Seivert beruft, nicht gewohnt war, seine geschichtlichen Angaben auf bloße Sagen zu gründen. Tr.

[1]) Der Münchener königl. Hof- und Staatsbibliothekar Föringer berichtigt diese Angabe, daß diese Handschrift nur die nachträglichen Zusätze und Correcturen von Reicherstorffers eigener Hand enthalten S. dessen „Nachtrag zu dem Aufsatze J. K. Schullers, Georg Reicherstorffer rc." in dem 21. Bde. des Archivs für Kunde österr. Geschichtsquellen. S. 410.

den Freiherrn Karl v. Geringer für die Baron Bruckenthalische Bibliothek veranstaltete Abschrift des übrigen Theiles der erwähnten, unten näher bezeichneten, Reicherstorfferischen Handschrift, zu einer Monographie, welche unter dem Titel: „Georg Reicherstorffer und seine Zeit" in dem XXI. Band S. 225—291 des von der kais. Akademie der Wissenschaften herausgegebenen „Archivs für Kunde österr. Geschichtsquellen, Wien 1859 aufgenommen und daraus 8. 69 S. auch besonders abgedruckt worden ist.

Mit Benützung dieser neueröffneten Quelle füge ich den Seivert'schen Nachrichten über Reicherstorffer folgende biographisch-literarische Zusätze und Berichtigungen bei.[1]

Am 27. Juni 1527 reiste Reicherstorffer als Bevollmächtigter des K. Ferdinand über Preßburg, Olmütz, Krakau, Lemberg nach Bakou in der Moldau zu Peter, Woiwoden der Moldau, um mit demselben nach erhaltener Instruktion ein Bündniß abzuschließen. Nachdem dies geschehen, begab er sich mit Lebensgefahr nach Kronstadt, wo er im August 1527 ankam (Sch. 235.) Hier glückte es ihm, die Bevölkerung mit Hilfe ihrer Obrigkeit für K. Ferdinand zu gewinnen, und sofort auch unter den andern Sachsen und mehreren Großen Siebenbürgens Sympathien für seinen Sender zu wecken.[2]

Doch nur nach mehrwöchentlichem Aufenthalte, während welchem er die Hermannstädter und die sächsische Nations-Universität durch Sendschreiben auf die Seite seines Königs zu bringen bemüht war (Sch. 14), entschloß er sich, nach Hermannstadt zu gehen, fand aber den basigen Rath, an dessen Spitze der Königsrichter Markus Pemflinger[3] stand, nicht geneigt, ihn einzulassen, und konnte mit seiner Mannschaft, nur durch die Zustimmung der für K. Ferdinand günstig gesinnten Bürgerschaft, in die Stadt eindringen und die Stadtthore besetzen (Sch. 239). Hier entwickelte

---

[1] Die Berufungen auf Schullers Monographie werden nachfolgend blos mit den Buchstaben Sch. bezeichnet werden.

[2] Eder ad Schesaeum. S. 83. — Dagegen blieb Reicherstorffers Mission an die Szekler ohne den gewünschten Erfolg (Sch. 263.)

[3] Von M. Pemflingers Leben und Verdiensten s. Ung. Magazin III. 129 ec. Archiv des Vereins für siebenb Landeskunde N. F. III. 124 IV. 3. Heft 127 besonders aber das Feuilleton der (Wiener) Neuen freien Presse vom 14. Okt 1869 Nr 181 und das Siebenb. deutsche Wochenblatt Jahrg 1870 Nr. 3, 4 und 5 unter dem Titel: „Zwei Sachsengrafen."

nun R. seine Thätigkeit zu Gunsten seines Senders,[1]) befand sich in gleicher Absicht in der Mitte Novembers in Mediasch (Sch. 243), 1528 ben 5. Januar „am Sonntag vor der heyligen drewer Kheniglag Anno 1528," in Vásárhely[2]) und gleich darauf am „Mittwoch vor Anthoni" (b. i. Einf. 17. Jan.) zu Hermannstadt[3]), sowie bereits im Febr. wieder in Kronstadt, wo er sich zu Ende März 1528 noch aufhielt (Sch. 225). Nach Ostermeyers Bericht soll Reicherstorffers Reisegefährte, Sigmund Groß, den Aufruhr unter den Kronstädtern, wider den Willen des dasigen Rathes, noch im Februar 1528 selbst angestiftet, und nachher mit seinem Anhang die (von Seivert erwähnten) Morde vollbracht haben (Sch. 225). Diese Meldung widerlegt Schuller (Sch. 245), indem er auf Grund des Reicherstorfferischen Gesandtschaftsberichtes erzählt, daß sich die Mörder, unter welchen jedenfalls auch Sigm. Groß gewesen, auf die Kunde von der Ankunft des Woiwoden Péróny in Siebenbürgen und von der Berufung des Landtags nach Agnethlen, nach Kronstadt geflüchtet hätten, und daß Reicherstorffer von Péróny dahin geschickt worden sei, um die aufgeregten Gemüther zu beschwichtigen. Zu Ostern des Jahres 1528 berichtete Stephan Pemflinger, k. Schloßverwalter in Ofen an K. Ferdinand aus Ofen: Er habe von seinem Onkel, Markus Pemflinger aus Siebenbürgen die briefliche Nachricht erhalten, daß Reicherstorffer, anstatt zu nützen, der Sache Sr. Majestät Schaden zugefügt, Aufruhr veranlaßt, und unter andern rechtschaffenen Männern, welche Sr. Majestät ergeben gewesen, den Johann Morgondai und Peter Geréb de Tablas, letztern im Bade habe ermorden lassen.[4]) Ja es würde R. auch die Ermordung des

---

[1]) Daß R. noch im Oktober 1527 (Sch. 243) in Hermannstadt anwesend war, beweiset ein in meinen Händen befindliches, die Berichtigung gewisser Schulden betreffendes Originalschreiben an den Kronstädter Rath: „Aus der Hermanustadt am Dienstag nach Simonis und Judä Anno 1527," unterschrieben: „Georgius Reycherstorffer, k. Majestät Secretarius und Sendtpodt." Es heißt darin unter Andern: „die brew (drei) Nation seyndt gancz eintrechtig mittenander, Gott hab Lob und Ere."

[2]) Nicht im Jahre 1529 denn 1528 steht deutlich in dem Originalschreiben, welches in Müllers „Deutschen Sprachdenkmälern aus Siebenbürgen. S. 180—481, abgedruckt ist, und ebenso bei Müller S. 180, — aber unrichtig ebendas. S. 181.

[3]) Laut Originalschreiben von diesem Datum aus Hermannstadt an den Kronstädter Bürger Johann Benkner, den er ersucht, seinen Schwager Hans Kemmel, der ihm „zu Kronen in seinen Nothdürften, mit Versetzung seines silbernen Geschmeides, 200 fl. fürgestreckt" habe, mit Geldauflagen nicht beschweren zu lassen.

[4]) Dagegen berichtete G. Reicherstorffer selbst an K. Ferdinand (Sch. 242): Es hätten Peter Gerendi und Mich. Burkesch (Bürkösi) mit Bürgern von

Markus Pemflinger und anderer angesehener und Sr. Majestät getreuen Personen in Hermannstadt durch geheimen Aufruhr veranlaßt haben, wenn nicht der Woiwode Peróny noch zur rechten Zeit nach Siebenbürgen gekommen wäre (Sch. 244), welcher im Vereine mit den drei Nationen, Reicherstorffer nebst seinen Mitschuldigen und Dienern zum Tode verurtheilt habe. Am Schluß seines Berichtes bat der Berichterstatter: da Reicherstorffer mit seinen Hauptmitschuldigen landesflüchtig geworden sei, um bei Sr. Majestät Gnade zu erbitten, denselben nicht zu begnadigen.

Weiter berichtete Stephan Pemflinger am 9. Mai 1528 an König Ferdinand: Es sei R. drei bis vier Tage vorher mit fünf Reitern und drei Wägen unterm Vortritt eines Trompeters in Ofen eingezogen (Sch. 246).

Wirklich hatte sich R. — den wir in der vorhergehenden Erzählung zu Ende März 1528 in Kronstadt verließen — um der Gefahr, in welche er mit seinen Begleitern (unter welchen sich Morgonbais und Tabiassys Mörder mitbefanden) gerieth, zu entgehen, nebst diesen bald darauf nach Hermannstadt, und von da am 16. April unter großen Gefahren [1]) nach Ofen geflüchtet, woher er nach kurzem Aufenthalte, nach Prag ging und dem König den Erfolg seiner Sendung berichtete (Sch. 246 und 243).

Hier ergibt sich bezüglich Georg Reichersdorffers eigener Person die zweifache Frage: 1) Ob derselbe wirklich von Peróny und den drei Nationen zum Tode verurtheilt worden sei, und 2) Ob er nach den vorhandenen Urkunden zur Ermordung Morgonbais und Tabiassy's Befehl gegeben habe, oder daran mitschuldig sei?

Ich glaube beide Fragen verneinend beantworten zu müssen. Zwar hatte auch eine durch den Vice-Woiwoden Zápolya nach Mediasch berufene Versammlung des Siebenbürger Adels und der Sachsen die Verhaftung Georg Reicherstorffers in Kronstadt beschlossen [2]) (Sch. 237), der spätere

---

von Agnethlen, welche sich des vor den Reitern des Fogarascher Castellans Nicolaus Tomory zu ihnen geflüchteten Nicasius Reicherstorffer angenommen, den Gräven Peter Tabiasi in seinem Hause, und darauf den unterwegs angetroffenen und umgekehrten Johann Morgonbai todt geschlagen   (Sch. 242.)

[1]) Der scharfe Befehl Joh. Zápolyas vom 28. August 1527 zur Auslieferung Ferdinandischer Geschäftsträger. (Eder ad Simig. S. 45.) betraf vor allen Andern Georg Reicherstorffer. (Sch. 237, 261).

[2]) Daß Georg Reicherstorffer selbst, wie der Geschichtschreiber Ursinus Velius edit Kollár S. 34 meldet, auf Zápolyas Befehl in Kronstadt (apud Cibinium), verhaftet, vom Volke aber gewaltsam befreit, und die dem Zápolya gehorsame Obrigkeit vertrieben worden sei, scheint ungegründet zu sein.

Verhaftungsbefehl des Woiwoden Peróny vom 17. März 1528 aus dem Landtage in Vásárhely lautete jedoch wider Nicasius (den Bruder Georg Reicherstorffers) sowie Martin Lapiciba (Maurer), Blasius Török und Sigmund Záz (Groß) und nicht auch gegen Georg Reicherstorffer (Sch. 245). Von einem in contumaciam durch den Landtag gefällten Urtheil dagegen findet sich, außer in Steph. Pemflingers oben erwähntem Berichte, in anderen Urkunden keine Spur. — Zur Verneinung der zweiten Frage dienen, nebst dem obenangeführten, folgende Gründe:

a) Daß Steph. Pemflingers Bericht an den König blos auf ein aus Siebenbürgen vernommenes Gerücht gegründet ist, und der Berichterstatter, sowie (zum großen Nachtheil der Sache des K. Ferdinand in Siebenbürgen) auch dessen Onkel Markus Pemflinger, Reicherstorffern tödtlich haßten und anschuldigten (Sch. 262, 264, 242).

b) Daß der Woiwod Peróny selbst Reicherstorffern nach Kronstadt beorderte, um die durch die Kunde von der Ermordung Morgondai's und Tabiassy's, und von der Verurtheilung ihrer Mörder aufgeregten Gemüther zu beschwichtigen (Sch. 245).

c) Daß zur Ehre des k. ungarischen Palatins, Stephan Báthory angenommen werden muß, es werde der von ihm ohne Rücksicht auf das ihnen von G. Reicherstorffer zugesicherte freie Geleit und die Verweisung dieser Angelegenheit an den König (Sch. 264), verordneten Vollziehung der Todesstrafe Sigmunds Groß, Martin Maurers und Blasius Töröks Untersuchung und Urtheil vorausgegangen, und eine Mitschuld G. Reicherstorffers auch in diesem Verfahren nicht erwiesen worden sein (Sch. 259 vgl. mit 243).

d) Daß G. Reicherstorffer von K. Ferdinand zum Rathe der k. Kammer in Ofen ernannt, von demselben aus Speier den 15. März 1529 mit dem Auftrage betraut wurde, in Katzianers Lager zu gehen und als k. Bevollmächtigter dem daselbst eingerissenen Wucher nach eigenem Ermessen Abhilfe zu verschaffen (Sch. 265).

e) Daß noch im J. 1531 den 16. Nov. der siebenb. Vice-Woiwode Alexius Bethlen, welcher mit andern Getreuen in Preßburg lebte, den König bringend bat, Reicherstorffer — welcher noch immer großen Einfluß auf die siebenbürgischen Angelegenheiten übte — nach Siebenbürgen zu senden, wo derselbe Sr. Majestät große Dienste werde erweisen können (Sch. 267).

f) Gleichwie K. Ferdinand Reicherstorffern sein Vertrauen forterhielt, ebenso erfreute sich dieser auch der Gnade Kaiser Karls V., in dessen ihm und seinem Bruder Nicasius Reicherstorffer¹) zu Regensburg am 12. Juli 1532 ertheilten Abelbriefe es u. A. heißt: „Attendentes utilia servitia, quae in diverso rerum discrimine — Ferdinando R. fratri nostro clarissimo, summa cum fide, industria et dexteritate, atque variis vitae et fortunae periculis, objecto corpore praestitisti, et praecipue superioribus annis, quando residente in arce Budensi Joannae Comite Zapolyensi post captam temerario ejus incursu Hungariam, totam Transylvaniae provinciam, non minimam Regni illius portionem in potestatem ac jurisdictionem praefati Sereniss. fratris nostri redegisti, ipsumque Voiwodam Moldaviensem ad fidelitatem induxisti Mattis Regiae, te praenominatum Georgium Militem et Equitem auratum fecimus, creavimus et constituimus etc.

g) Zum Abschluß eines Bündnisses mit Peter, dem Woiwoden der Moldau, welcher nach der Ueberzeugung des Siebenbürger Woiwoden Peręny der Sache K. Ferdinands in Siebenbürgen am besten aufhelfen konnte, schickte der König Reicherstorffern mit Emerich Nagy am Schlusse des Jahres 1534 in die Moldau (Sch. 271 u. 274 und das untenangeführte Verzeichniß der Acta Legationum G. Reicherstorffer VI. Nr. 1 squ.) Am 4. April 1535 brachten sie zwar die darüber lautende und von den Würdenträgern der Moldau mitunterfertigte Urkunde zu Stande, da jedoch die Bestätigung derselben durch K. Ferdinand aus Rücksichten des Verhältnisses der Moldau zur türkischen Pforte und der Erhaltung des Friedens mit der Letztern unterblieb, so hatte diese zweite Mission Reicherstorffers, als bevollmächtigten k. Gesandten, weiter keinen Erfolg.

Aus den Jahren 1530 bis 1534 erfahren wir von Reicherstorffer bloß noch: a) daß er in den Jahren 1530 und 1531 in Olmütz lebte, und K. Ferdinand sich fortwährend seines Rathes und seiner Vermittelung in siebenb. Angelegenheiten bediente (Sch. 259, 266, 267, 268). b) Daß er sich, (wie Schuller vermuthet, im Gefolge K. Ferdinands auf dem Reichstage zu Augsburg) um diese Zeit zu Ulm befand, indem sich der am Hoflager befindliche Kronstädter Rath Johann Fuchs mit der Bitte an den König wandte, Reicherstorffer durch den Rath von Ulm zur Bezahlung

---

¹) De cujus virtutibus et meritis probe etiam sumus edocti" heißt es in dem oben erwähnten Abelsbriefe. Die ferneren Schicksale des Nicasius Reicherstorffer sind mir unbekannt.

seiner Geldforderung verhalten zu lassen (Sch. 269). c) Daß Reicherstorf=
fer noch im J. 1530 von Olmütz aus den König wiederholt bat, ihn
durch Anweisung seines rückständigen Gehaltes und den Ersatz der theils
in Siebenbürgen, theils später in Geschäften des Königs gehabten Ausla=
gen (welche er, ohne Hinzurechnung seiner bei der Belagerung von Ofen
erlittenen Verluste und einer außerdem in Diensten seines Herrn ausgeleg=
ten Summe von 1500 Gulden, zusammen auf 5204 Gulden bestimmte)
zu entschädigen (Sch. 278, 269).

Daß Reicherstorffer sofort vom Jahre 1535, nämlich nach der
Rückkehr von seiner zweiten Mission an den Moldauer Woiwoden, bis
zum Jahre 1543 in Ofen (1537 laut Bels oben citirten Notitia Hung.
novae) und in Olmütz lebte, läßt sich theils aus dem Umstande, daß
alle Nachrichten über einen andern Dienst= oder Wohnort Reicherstorf=
fers während dieses Zeitraumes fehlen, theils aber auch aus dem Schrei=
ben Reicherstorffers selbst an König Ferdinand aus Preßburg vom 25.
Februar 1543 schließen, in welchem er dem Könige vorstellt: „Als er
unlängst von Olmütz zurückgekehrt sei, habe ihm der Erzbischof von Gran,
als k. Statthalter von Ungarn, seine Entlassung aus dem Dienste
der Kammer angekündigt und eine Pension von jährlichen 150 Gulden
zugesagt. Das sei kränkend für ihn, er sei blutarm, die ihm in Sie=
benbürgen geschenkten Güter habe er verloren. Sei der König denn
wirklich auch der Ansicht, daß er, dem Willen des Erzbischofs gemäß,
seine Anstellung verliere, so bitte er nur das eine, daß seine Entlassung
nicht als schimpfliche Verweisung vom Hofe erscheine, zugleich aber ersuche
er um die Auszahlung dessen, was man ihm schuldig sei." (Sch. 279.)

Hierauf versiegen die Quellen der Geschichte Georg Reicherstorffers
und gewähren uns sogar darüber keine Auskunft; wann, wo und in wel=
chem Alter R. mit Tod abging. Blos aus der Zueignung an den dama=
ligen Erlauer Bischof Nikolaus Oláh, welche er seiner Beschreibung Sie=
benbürgens und der Moldau (s. unten Nr. 2) vorausschickte und vom
letzten April 1550 datirte, erfahren wir, daß er in diesem letztern Jahre
noch in Wien lebte.

Auch an diesem Orte möge daher der Wunsch Ausdruck finden, mit
welchem J. Karl Schuller seine Monographie über Reicherstorffer (S.
279) schließt: „Möge es Andern gelingen, das Dunkel, welches auf den
letzten Schicksalen Reicherstorffers ruht, und dadurch vielleicht auch die

befremdende Erscheinung, daß der handschriftliche Nachlaß des Siebenbürgers nach Baiern gekommen, [1]) aufzuhellen."

Von Reicherstorffers Schriften sind bekannt:

1. Moldaviae, quae olim Daciae pars, Chorographia Georgio a Reicherstorf Transylvano-autore. Excusum Viennae Pannoniae per Joannem Singrenium MDXLI 4.

Zu dieser Ausgabe bemerkt Denis in der Buchdruckergeschichte Wiens S. 399 bis 400 S. 2 der Chorographie steht ein gewaffneter Harpokrates auf einer Säule, der auf seinem Schilde D. C. L. hat. In der Zuschrift an K. Ferdinand I. erinnert ihn der Verfasser: Moldaviam minime contemnendum Regni Hungariae quasi ramum non infimum — omnibus viribus conatibusque esse vindicandam, terram sane omnium rerum copia affluentem, ut inde aditus sit hosti industrio etc. Unterzeichnet Georgius Reicherstorffer, Secretarius indignus. In der Zueignungsschrift an Nic. de Gerend nennt er seine Reise: Durissimam legationis Provinciam ad Moldaviae Dynastam, quem ipsi Wayvodam appellant. Eine Elegie des Gr. Logus, und 2 Epigramme des J. Alex. Brassicanus der schon 1539 verstorben war. Endlich die Beschreibung der Lage, Flüsse, Einwohner, Städte, Schlösser, Landesprodukte und Regierungsform der Moldau.

Die zweite Ausgabe hat den Titel: Moldaviae, quae olim Daciae pars, Chorographia G. a R. Transylvano autore, nunc donuo renovata ac nonnullis necessariis annotationibus, in priori descriptione omissis, feliciter adaucta. (Viennae) Anno 1550. 4. 22 S. und auf der 23. Seite das Wappen Reicherstorffers.

Dazu bemerkt Denis a. a. O. „Die zwei Sinngedichte S. 2 des J. Alex. Brassicanus und die Zuschrift an den röm. König, auch ad lectorem aus der Edition von 1541. Neu ist Moldaviae descriptio in einer Elegie. Die Zusätze, die diese zweite Auflage erhalten

---

[1]) Der Münchener Hof- und Staatsbibliothekar Föringer in seinem obenangeführten Nachtrag S. 411 spricht die Vermuthung aus, daß der Reicherstorfferische Codex erst im 18 Jahrhundert durch den Sohn des im J. 1729 verstorbenen siebenb. commandirenden Generalen Graf Tiege, den Klosterconventualen Karl Graf Philipp v. Tiege (Benedictinus Etalensis) in den Besitz der Etaler Klosterbibliothek gelangt sei, indem er meint, „daß der fragliche Codex ursprünglich für Georg v. Reicherstorffer angefertigt worden und jedenfalls ein Besitzthum seiner Familie gewesen sei" Ich aber habe keine Spur von Nachkommen Georg Reicherstorffers finden können.

hat, sind kurz und haben nicht viel zu bedeuten. Am Ende stehen noch 8 Disticha an den Leser wider die zu große Sicherheit der Christen, und Reicherstorffers Wappen aus der Edit. von 1541. 4. S. auch Schiers Comment. de primis Vindobonae Typographis Viennae 1765 p. 35.

Die zweite Ausgabe vom J. 1550 findet man auch in: Martini Broniovii de Biczdzfedea, bis in Tartariam nomine Stephani I. Poloniae Regis Legioti, Tartariae Descripta etc. item Transsylvaniae ac Moldaviae aliarumquae vicinarum regionum succincta Descriptio Georgii a Reicherdorff Transsylvani cum Tabulis geographicis tam Moldaviae, quam Transsylvaniae. Praeterea Georgii Werneri de admirandis Hungariae aquis Hypomnemation, addita Tabella lacus mirabilis ad Cirknitz. Coloniae Agrippinae in officina Birckmannica sumptibus Arnoldi Mylii a. 1595. Fol. S. 49—54, ferner: in Bongarsii Rerum Hung. Scriptores etc. Francof. 1600. Fol. S. 582—589, und in Schwandtner Scriptores Rerum Hung. veteres etc. Vindob. 1746. Fol. S. 800—810.

Seivert bemerkt zur ersten Ausgabe: „Dieses höchst seltene Werkchen hat eine doppelte Zueignungsschrift; eine an K. Ferdinand I. und eine mit folgender Aufschrift: Reverendissimo D. D. Nicolao de Gerend, Transylvaniensi Episcopo, sacrae Romanorum, Hungariae, Bohemiae etc. Regiae Majestatis Intimo Consiliario, Domino ac Patrono primario et observantissimo etc. Georgius Reicherstorffer, Majestatis Regiae Secretarius, et Consiliarius, felicitatem omnem precatur, und ist zu Preßburg den 1. Febr. 1541 unterschrieben. In der Wiener Ausgabe nebst der siebenb. Chorographie 1550 ist diese Zueignungsschrift an den Bischof Gerend, vor die Siebenbürgische gesetzt, und an den berühmten Erlauer Bischof, Nikolaus Olahus, gerichtet worden, mit der Unterschrift: Viennae Pannoniae, die ultima Apr. A. M. DL. In der letztern Ausgabe ist auch das Lobgedicht eines Schlesiers, Georgius Logus, weggeblieben; das übrige aber ist wie in der ersten. Hier findet man auch auf dem letzten Blatte das adelige Wappen des Reicherstorffer, nämlich einen quadrirten Schild, in dessen 1. und 4. Felde ein feuerspeiender Drache mit ausgebreiteten Flügeln und dem Schwanze um dem Leib gewickelt, steht auf dem linken Fusse, und führt in der rechten Pfote einen zum Wurfe gerichteten Pfeil. Im 2. und 3. Felde ist ein Kastell und darüber ein sechsstrahlichter Stern. Auf dem Helme ist ein gleicher Drache

zwischen zwei Adlersflügeln. Ueber dem Wappen sind die Anfangs-
Buchstaben seines Namens: G. R. (s. auch Sch. 227).
2. Chorographia Transylvaniae, quae Dacia olim appellata, aliarumque
provinciarum et regionum succincta .Descriptio et explicatio. Georgio
a Reycherstorff Transylvano autore. Cum gratia et privilegio Rom.
Regiae Majestatis ad quinquennium. Viennae Austriae· excudebat
Egidius Aquila in Curia divae Annae. Anno MDL. 4. 53 S. Den
Anfang macht Elegia ad Lectorem.

    Hier heißt es u. A.:

    Regia, legati perfunctis munere, justa
      Bis per Moldaviae barbara Regna tuli.
    Perque Getas vexi patriae mandata Dacosque
      Qui modo de sylvae nomine nomen habent.
    Intimaque Eoi lustravi littora ponti,
      Unde vehit roseo Phaebus ab axe diem.

    Dann folgt ein großes kön. römisches Wappen mit der Jahrzahl
1550 und dann die Zuschrift an Ferdinand I. Die Hauptursache,
quod Transylvanica legatio mea magnis discriminibus et periculis ex-
hausta eadem profectione cum Moldaviensi fuerat conjuncta, cujus
quidem terrae descriptionem Majestati tuae jam pridem (1541) nun-
cupavi. Unterzeichnet Georgius Reycherstorffer Secretarius indignus.
Zweite Zuschrift an den ungarischen Kanzler Nik. Olahus, Bischof
zu Erlau, einen gebornen Siebenbürger. Datirt Viennae Pannoniae
die ultima Aprilis Anno MDL. Descriptio Transylvaniae in einer
Elegie. Ein kleines kais. und ein röm. königl. Wappen, und darunter in Form eines großen Medaillons das siebenbürgische [1]), mit den
Wappen der sieben Städte: Hermannstadt, Kronstadt, Klausenburg,
Mühlbach, Megies, Segesvar und Bistritz umgeben. Dann die Chorographie selbst, mit verschiedenen alten Schriften ausgeziert, die mit
einer Exhortatio ad Sacram Regiam Majestatem, Siebenbürgen den
Türken gänzlich zu entreißen beschlossen wird. (Denis a. a. O. S.
445—446).

    Reicherstorffers Chorographie von Siebenbürgen ist ebenfalls zu
finden: a) In Broniovii vorangeführter Tartariae Descripto etc.
S. 25—45. b) Bei Bongarsius a. a. O. S. 565—581. c) Bei

---

[1]) Nicht das siebenbürgische, sondern das sächsische Nationalwappen mit der
Umschrift: „Insignia Transylvaniae Provinciae."   Tr.

Schwandtner a. a. O. S. 778—799 und d) Republica et Status Regni Hung. ex officina Elzeviriana 1634 S. 7—42. Vgl. Hauers Adversaria do Scriptoribus rerum Hung. et Transs. I. 146—149.

Einen Auszug beider Chorographien (der Moldau und Siebenbürgens) in deutscher Sprache findet man im 1. Theil des 23. Bändchens der Taschenbibliothek der wichtigsten und interessantesten See- und Landreisen von der Erfindung der Buchdruckerkunst bis auf unsere Zeiten. Herausg. von Joachim Heinrich Jäck, k. Bibliothekar zu Bamberg; auch unter dem Titel: Taschenbibliothek der wichtigsten und interessantesten Reisen durch Siebenbürgen, Moldau, Walachei, Bessarabien, Bulgarien, Servien, Bosnien und Romanien; herausg. von J. H. Jäck, Nürnberg verlegt von Haubenstricker und von Ebner 1828. 12. 1. Theil, 1. Bändchen unter dem Titel: G. v. Reicherstorffers Beschreibung von Siebenbürgen S. 22—37 und G. Reicherstorffers Beschreibung des Fürstenthums Moldau S. 38—43. Nachgedruckt in Graz bei Kienreich 1831. 12. 1. Theil 1. Bdchen. unter dem Titel: „G. v. Reicherstorffers Beschreibung von Siebenbürgen" S. 9—23 und „G. von Reicherstorffers Beschreibung des Fürstenthums Moldau S. 24—29.

3. Acta Legationis Georgii Reicherstorffer Transylvani Secretarii et Oratoris Regii etc. in Diarium congesta sub anno salutis 1527.

> Multas per terras varia regione viarum
> Vectus, sustinuit dura pericla diu,
> Qui tandem placida requiete Georgius istud
> Undique congestum scripsit hodoeporicon.

Herausgegeben im J. 1806 zu München von J. Chr. Freiherrn von Aretin (s. diese Denkbl. III. S. 89) enthaltend:

I. Diarium Auctoris S. 629—651 (der Beiträge zur Geschichte und Literatur Aretins) in welchem vorkommen:

  1. Declaratio fidelitatis Coronensium pro Ferdinando R. die Nativitatis Mariae 1527 p. 631—632.

  2. Auctoris Litterae ad Senatum Cibin. ddt. Brassoviae 24. Aug. 1527. p. 633—634.

  3. Ejusd. ad Universitatem Siculorum ddt. Brassov. 25. Aug. 1527. p. 634—635.

  4. Ejusd. iteratae Litterae ad Senatum Cibiniensem ddt. Brass. F. 6. p. F. Bartholomaei 1527. p. 636—637.

5. Ejusd. tertii ordinis litterae ad Senatum Cibin. ddt. Brass.
F. 3 ante F. nativ. Mariae V. gloriosissimae. Anno 1527.
p. 638—639.
6. K. Ferdinands Patent wiber K. Johann und Aufforderung zur Anhänglichkeit an ben römischen Kaiser s. l. et a. p. 639—641.
7. Auctoris litterae ad Plebanum de Stolczenburg ddt. Sabb. pr. ante F. nativ. Mariae 1527. p. 642—643.
8. Ejusd. litterae ad Reverend. D. Joan. Giosthony Eppum. Albensem Trans. ddt. Brass. Sabb.. ante F. nativ. Mariae 1527. p. 643—644.
9. Universitatis Sax. Litterae abrenunciatoriae ad Joannem Regem ddt. Cibinii in F. 6. Laurentii 1527. p. 647.

II. Progressus itineris mei ex urbe Viennensi Austriae per varias Regiones in Trans. sub anno dom. 1527. p. 651—652.

IV. Egressus ex Cibinio Budam versus die 16. Apr. a. dom. 1528. p. 652.

V. Oratiuncula Auct. coram Majest. R. Pragae habita p. 652—654.

VI. Acta legationum Georgii Reicherstorffer ad Moldaviam p. 655—668. et 210—224 scilicet:
1. Ferdinandi Litterae plenipotentiales pro G. Reicherstorffer ddt. Viennae in F. Conc. b. Mariae V. 1534. p. 655—656.
2. Instructio de his, quae fidelis nobis dilectus G. R. Commissarius noster nomine nostro cum Illustri sincere nobis dilecto Petro Vayvoda Moldaviae agere et tractare debet: Dat. Viennae ut supra p. 656—659.
3. Altera Instructio data eidem ad Petrum Vaydam Viennae in F. Conc. V. M. 1534. pag. 660—664.
4. Particula (ista) annexa et missa (est) post Oratorem 16. Jan. 1535. p. 664—666.
5. Responsio Vayvodae Moldaviensis, quam Orator Regiae Mattis coram obtulerat in scriptis p. 666—668.
6. Litterae Confoederationis Petri Vayvodae Moldaviensis et universorum Boyaronum terrae Moldaviensis ddt. Jazwaras Dominica quasi modo 1535 p. 210—216.
7. Decretae litterae Confoederationis Regis Ferdinandi, quae tamen post reditum Oratorum ejusdem Mattis Suae eidem

Voivodae Moldaviensi certis ob respectibus non sunt missae. s. l. et a. p. 216—219.

8. Ferdinandi R. Inscriptionales certarum arcium (Chycho, Kykelleu et Balvanios) et Civitatis Bistriciensis Vayvodae Moldaviensi collat. ddt. Viennae in f. b. Antonii Conf. 1535. p. 219—220.
(Extant etiam in Pray Annal. Hung. Tom. V. p. 277).

9. Matthiae R. H. Litterae confoederationis cum Stephano Vayvoda Moldaviensi, per Eppos. et Proceres quoque Regni Hung. assecuratae, ddt. Budae in f. Assumtionis B. Virginis Mariae 1475. p. 221—224.

4. Liber Georgii Reicherstorffer Transylvani Serenissimi et Illustrissimi Principi dmni. Ferdinandi Hungariae et Bohemiae etc. Regis Secretarii sub anno domini DXXX. foeliciter conscriptus. Originalhandschrift in der k. baierischen Hof- und Staatsbibliothek zu München, enthaltend, außer vier Zeichnungen ohne Werth:

1. Eine Zuschrift des Mährischen Augustinus von Olmütz an Wladislaus, König von Ungarn, ddt. Pabua 13. Sept. 1493. Blatt 5—8.
2. An den Neutraer Bischof Antonius ohne Jahr von Ebendemf. Bl. 9.
3. Wladislai Sereniss. Hung. Boemiae Regis Apologia Bl. 10 bis 29.
4. Stammbaum der türkischen Kaiser von 1300 bis 1527 Bl. 30, 31 nebst Text: Amurathis Sultani Turcici Christiani Imperii pernicies serie continua usque ad Soleymannum Magnum. Bl. 32, 33.
5. Nicolai Secundini de Familiae Othomani ad Acneam Senarum Episcopum Epitome Bl. 34—39.
6. Titulus et res gestae Maximiliani Imp. Bl. 39—41.
7. Philosophische und biblische Sentenzen. Bl. 42.

Im Original folgen hierauf die obenerwähnten, in Aretins Beiträgen 2c. a. a. O. abgedruckten Acta Legationum Georgii Reycherstorffer, welche in der Bruckenthalischen Abschrift, gleich dem Adelsbriefe Reicherstorffers selbst, fehlen.

8. Abbildung des Wappens des Georg Reicherstorffer (wie dasselbe Seivert in den Nachrichten 2c. S. 347 beschreibt) mit der Ueberschrift:

„Carolus haec Caesar tibi contulit arma Georgi
Quod Transylvanas servasti fortiter urbes
Atque illas operaque tua, magnoque labore
Junxisti Imperio Fernandi Panoniaeque."
Darunter lieſt man: „Georgius Reichersdorffer Eques auratus Sacratissimae Romanorum, Hungariae, Bohemiaeque etc. Regiae Majestatis Consiliarius Camerae Hungaricae et Secretarius." Bl. 43.
9. Oratio de divino Eucharistiae Sacramento, Posonii habita. Bl. 44—49.
10. Oratiuncula in laudem recitandarum Comoediarum Bl. 49, 50.
11. Epigramma in communem Christiani orbis calamitatem 10 Zeilen Bl. 51.
12. In Summum Pontificem Julium II. 1538. Vier Zeilen Bl. 51.

Aretin a. a. O. bekennt ſelbſt: „Wie dieſes eigenhändige Notaten= oder Kollektaneen=Buch nach Ettal gekommen, weiß ich nicht anzugeben.

Seiv. **Reilich Gabriel**

von Georgenberg in der Zips, ein gelehrter Tonkünſtler und Stadtorganiſt zu Hermannſtadt, ſtarb an der Waſſerſucht, den 12. November 1677. Wir haben von ſeinem Fleiße:
Geiſtlich=Muſikaliſcher Blum= und Roſenwald, beſtehend in etlichen herrlichen Liedern, über welche neue Melodien (Canto solo cum Basso continuo) ſind gemacht worden, von Gabriel Reilich, Componiſten in Hermannſtadt. Erſter Theil, daſelbſt gedruckt durch Stephan Jüngling, 1673. Anderer Theil, 1677 in 4. 40 S.

Tr. **Reimeſch Michael**

aus Zeiden gebürtig, hat am Kronſtädter Gymnaſium ſtudirt, und iſt ſeit dem Jahre 1831 Land=Schullehrer in Zeiden bei Kronſtadt.
Liedergärtchen. Eine Auswahl beliebter Schul= und Jugend=Lieder mit ein= und mehrſtimmigen Singweiſen und Notenziffern. Herausgegeben von Michael Reimeſch, Lehrer in Zeiden. Erſtes Heft. Enthält 93 Lieder mit 74 Melodien, worunter 8 Canons nebſt

einem Anhange von Treffübungen. Preis 24 kr. C.-M. Kronstadt, gedruckt bei Johann Gött. 1853. 8. 88 Seiten.

Tr. **Reinert** oder **Reinhard Johann**

aus Agnethlen gebürtig, wurde Prediger zu Kirchberg 1658, in Groß-Schenk 1665, und darauf Pfarrer in Mergeln 1667. Er wurde im J. 1680 seines Pfarramtes enthoben und starb am 10. Mai dieses letztern Jahres.

Diatribe VI. de Modo arguendi ac Incommodum deducendi, praes. M. Fridor. Dedekindo d. 23. Oct. 1646. Gryphisvaldiae, 4. 16 Seiten.

Tr. **Reipchius Daniel**

aus Kronstadt gebürtig, bezog im Jahre 1568 die hohe Schule zu Wittenberg, war von 1572—1574 Pfarrer beider Flecken Ober- und Unter-Bösingen im Fürstenthume Würtemberg[1]), dann zu Colmütz und Hofkirchen, nach seiner Heimkehr aber 1579—1580 Stadtprediger in Kronstadt, und vom 13. September 1580 bis zu seinem am 29. Jan. 1612 im 66. Lebensjahre erfolgten Tode, Pfarrer in Weidenbach. Durch seine Lehre von der Allgegenwart des Messias nach seiner menschlichen Natur gerieth er in heftigen Streit mit den Kronstädter Geistlichen, besonders mit seinem ehemaligen Lehrer Doctor Paul Kerzius, so daß er schon daran war, nach Deutschland zurückzukehren. Indessen wurde er, wenngleich von dem Superintendenten Ungler nicht vorgeladen, durch den Stadtpfarrer Bogner, ohne Angabe der Ursache, beauftragt, sich vor die Synode zu begeben, und nun hier diese Angelegenheit in Verhandlung genommen, und dahin ausgeglichen, daß Reipchius seine Vereinigung der Synode durch einen Handschlag bekräftigte. Nichts destoweniger wurde Reipchius nach seiner Rückkehr vom Amte einstweilen suspendirt, und nur der Einwirkung des Superintendenten, — der inmittelst der Gönner dieses klugen, gelehrten und bescheidenen Mannes geworden war und mit ihm einen freundschaftlichen Briefwechsel bis zu seinem Tode führte, — und des wackeren

---

[1]) Laut einem noch vorhandenen Zeugnisse vom 18. Februar 1574, inhalts dessen Reipchius schon im Auslande verheiratet war.

Rathsverwandten Mathias Fronius (des Schülers Luthers und Melanch= thons [1]), Nachfolgers Wagners im Kronstädter Rektorat, und Verfassers der beinahe drei Jahrhunderte lang in Geltung gestandenen „Statuten oder eigenen Landrecht der Sachsen in Siebenbürgen"), welchem Reipchius durch Unglern insbesondere empfohlen worden war, gelang es, das Bur= zenländer Kapitel zur Restitution des Reipchius zu bewegen. Jedoch mußte derselbe bevor einen schriftlichen Revers über seine Zustimmung zum Beschluß der Synode ausstellen und nachher dem Kapitel auch vor dem Kronstädter Magistrat versprechen, sich keine Religionsneuerungen zu erlauben.[2])

Man hat noch verschiedene Briefe mehrerer Gelehrten des In= und Auslandes an Reipchius wie z. B. von Franz Elisius, Pfarrer zu Rei= chesdorf, Jakob Heerbrand aus Tübingen, Dr. Polycarp Leyser aus Wit= tenberg, welche ihn zur Standhaftigkeit wider die Crypto-Calvinisten er= muntern; u. a. schreibt Leyser am 11. Mai 1583 nach mehreren theo= logischen Beweisstellen: „Sed ad quid ista, cum Dei beneficio spiritu ju= dicii et discretionis ita sis ornatus, ut ego abs te instrui malim."

Von Reipchius haben wir noch zwei handschriftliche Werke:
1. „Kleinod und Ehrenkranz der löbl. Stadt Kron, wie auch der an= deren sächsischen Städte in Siebenbürgen seit der Reformation her, welche durch M. Joh. Honterum daselbst angefangen und sämmtlich angenommen, auch bis auf die jetzige Zeit durch Gottes Gnade erhalten worden. Jetzt erst zusammengelesen und geflochten durch D. R. Coron. zu Gute und Ehre des ganzen Vaterlandes." Es ist dieses Werk dem Burzenländischen Capitel, wie auch dem Kron= städter Rath und der Hundertmannschaft zugeeignet und würde wohl verdienen, wenigstens im Auszuge allgemeiner bekannt zu werden. Es enthält obrigkeitliche Rathschlüsse, Briefe von Luther, Melanch= thon und Pomerau an Honterus, Lobsprüche und verschiedene Ur= kunden, die Reformation, besonders der Kronstädter betreffend, dann auch Erklärungen zum Reformationsbuch und zur Agenda.

Ein zweites Werk, wie Seivert dasselbe unter dem eigenen Titel:

---

[1] Förstemann a. a. O. S. 202 und Dück's Geschichte des Kronstädter Gym= nasiums S. 44.

[2] Hierüber s. mehr in Hermanns a. u. m. Kronstadt I. 413—416, die dies= bezüglichen Nachrichten Bod's im Magyar Athenás S. 140 und Weszprémi's in Biogr. Medicorum Hung. Cent. II. P. I. p. 110—111 sind unrichtig.

„Ehrenkranz und Kleinod der Städte in Siebenbürgen," mit dem Bekenntnisse „keine der Reipchius'schen Handschriften gesehen zu haben," anführt, hat man nicht, sondern es sind beide unter dem von mir angeführten richtigen Titel, in einer und der nemlichen Handschrift vereinigt.

2. Anti Kerzius. Eine Widerlegung des Paul Kerzius (s. Denkbl. II. 250).

Beide Handschriften bewahrt das Archiv des Kronstädter Capitels.

Tr. **Reissenberger Ludwig,**
Professor am ev. Gymnasium zu Hermannstadt und Conservator zur Erforschung und Erhaltung der Baudenkmäler im dasigen Bezirke, wurde geboren in Hermannstadt am 23. Jänner 1819, studirte am dasigen Gymnasium, und 1837—1839 an der Universität zu Berlin und ist seit seiner Rückkehr Professor am erwähnten Gymnasium und seit 1863 Custos des Bar. Bruckenthalischen Museums. Im Jahre 1850 schickte Graf Johann Coronini, Kommandant der k. k. österr. Truppen in der Walachei, der k. k. Central-Kommission zur Erforschung und Erhaltung der Baudenkmale zu Wien photographirte Abbildungen verschiedener Bestandtheile der Kirche in Curte de Argis ein, was die Kommission veranlaßte, in ihrer Sitzung am 27. Jänner 1857 den Beschluß zu fassen, den Professor und Conservator Reissenberger in Gesellschaft des k. k. Ingenieurs und Bau-Assistenten Seifried an Ort und Stelle auszusenden, um eine Beschreibung des Innern dieser Kirche zu veranstalten und genaue Zeichnungen davon anzufertigen.[1]

Reissenbergers Schriften sind:
1. Die Kirche des heil. Michael zu Michelsberg in Siebenbürgen. In den Mittheilungen der k. k. Central-Kommision zur Erforschung und Erhaltung der Baudenkmäler. Märzheft 1857. S. 63—68.[2]

In den österreichischen Blättern für Literatur und Kunst vom

---

[1] Blätter für Geist, Gemüth ꝛc. 1857 Nr. 12, S. 79 und Kloster Argisch von J. K. Schuller, Hermannstadt 1858 S. 3.

[2] Auch in der Transsilvania, Beiblatt zum Siebenbürger Boten 1857 Nr. 1 und 2, und in den Blättern für Geist, Gemüth und Vaterlandskunde 1857 Nr. 10—12.

25. Juli 1857 Nr. 30, S. 236 heißt es: „Aus K. Reissenbergers sehr ausführlicher Beschreibung der Kirche zum hl. Michael am Michaelsberg in Siebenbürgen (mit 4 Holzschnitten) ersehen wir, wenn anders das Gründungsjahr auf den gegenwärtigen Bau Bezug hat, daß die Romanischen Bauformen in dem fernen Osten der deutschen Kultur noch weit über die Zeit fortgelebt haben, während welcher sie in Deutschland und selbst in österreichischen Stammlanden geherrscht haben. Aber auch abgesehen von der chronologischen Bedeutung ist die Michaelskirche an sich eine sehr interessante Spezialität für die Entwickelung der Architektur in Siebenbürgen."
Vgl. Friedr. Müllers kirchliche Baukunst des romanischen Styles in Siebenbürgen. Wien 1859 S. 33—35 und „Eine archäologische Reise in der Szathmárer Diöcese" (von Henßlmann und Romer), in der österr. Wochenschrift für Wissenschaft re. 1865 Nr. 31 bis 35.

2. Die bischöfliche Klosterkirche bei Kurtea d'Argyisch in der Walachei. Wien 1860. In Kommission bei Wilh. Braumüller. Aus der k. k. Staatsdruckerei 4. 50 S. nebst 4 Kupfertafeln.
(Separatabdruck aus dem Jahrbuch der k. k. Central-Kommission zur Erforschung und Erhaltung der Baudenkmale. Redigirt von Dr. Gustav Heider 4. Band, S. 175—224).

3) Ueber die Witterungs-Verhältnisse von Hermannstadt. In dem Programm, womit zu der am 19. April 1860 im großen Hörsaal des Hermannstädter Gymnasiums A. C. gehaltenen Gedächtnißfeier Melanchthons einlud Joseph Schneider; S. 9—30 s. den Artikel Jos. Schneider.

4. Ueber die Regenverhältnisse Siebenbürgens. Von L. R. In dem Programm des Gymnasiums A. C. zu Hermannstadt für das Schuljahr 1859/60 S. I—XXXVIII, s. den Art. Jos. Schneider.

5. Zur Bestimmung des täglichen Ganges der Luftwärme und des Luftdruckes in Hermannstadt. In dem Programm des Gymnasiums A. C. zu Hermannstadt für das Schuljahr 1861/2. S. III—XXXIX s. den Art. Gottfr. Capesius.

6. Zur Höhenkunde von Siebenbürgen. In ebend. Schulprogramm für 1868/9. S. III—XXII.

7. Statistisches Jahrbuch der evang. Landeskirche A. B. im Großfürstenthum Siebenbürgen. 2. Jahrgang. s. den Art. Michael Adolph Schuster.

8. Versuch einer Beschreibung des Hermannstädter Stuhls in Siebenbürgen. Motto: Die Erdbeschreibung muß das Ergebniß der gesammten Natur= und Geschichts=Forschung sein. Nach Strabo. Das Vorwort ist datirt Hermannstadt 16. September 1850. 5 S. I. Das Land. S. 1—120. II. Das Volk. S. 120—276. III. Uebersicht der Geschichte und Alterthümer. S. 277—419. IV. Ortsbeschreibung. S. 420—680. Mspt. in 4.

9. Statistisches Jahrbuch der evang. Landeskirche A. B. im Großfürstenthum Siebenbürgen. 3. Jahrgang. Herausgegeben vom Landes-Consistorium. Hermannstadt 1870, gedruckt in der Buchdruckerei der v. Cosius'schen Erbin. Lexikon=Oktav. XII. 112 Seiten.

(Enth. I. Die Seelenzahl der evang. Landeskirche A. B. vor 105 Jahren S. I—XII. II. Statistik aus den ämtlichen Quellen zusammengestellt von L. R. S. 1—103, nebst alphab. Orts=Verzeichniß S. 104—106, allg. Register S. 107—108 und vier Uebersichtstabellen A, B, C, D, S. 109—112).

Außerdem hat Neissenberger zu dem Archiv des Vereins für siebenbürgische Landeskunde, zu den Verhandlungen des siebenb. Vereins für Naturwissenschaften, als eines der thätigsten Ausschußmitglieder beider Vereine, ebenso wie zur Zeitschrift: Transsilvania und mehreren andern Zeitschriften Beiträge geliefert.

Kempler Andreas,

Seiv.

der freien Künste Magister, und Pfarrer zu Mettersdorf (Villa S. Demetrii) im Bistritzer Distrikte. Er erwarb sich zu Frankfurt an der Oder solche gelehrte Schätze, daß er nicht nur daselbst die Magisterwürde erhielt, sondern auch Dechant der philosophischen Fakultät ward. So glücklich er hier hätte leben können, so bewegte ihn doch die Liebe zum Vaterlande, nach acht Jahren wieder nach Bistritz oder Nösen zurückzukehren, wo er dann die Pfarre Mettersdorf erhielt. In dem unglücklichen Jahre 1602, da Krieg, Pest, Frost und Hunger den volkreichen Bistritzer Distrikt in eine Einöde verwandelte, mußte er vieles erdulden, hatte aber dennoch von sieben und zwanzig Pfarrern des dasigen Kapitels allein das Glück, bei Leben zu bleiben, welches er dann im Jahre 1606 zu Mettersdorf beschloß.

Tr. Als Moses Székely im Juni 1603 Bistritz zur Uebergabe auffortorte, hielt der Stadtpfarrer Johann Bubacker die Bürger an, Rudolph wegen des Eides treu zu bleiben, aber Rempler, ein angesehener und gelehrter Geistlicher, sprach sie vom Eide frei, weil auch sie Basta nicht schütze. Zwar wollten die Bistritzer dennoch ihrem Eide treu bleiben, allein die Noth zwang sie, 3 Tage nach der Belagerung an Székely unter Bedingungen zu übergehen.

(S. Lebrechts Geschichte der siebenb. Fürsten I. 343 ff.)

Merkwürdig und die damalige trübe Zeit beleuchtend sind die Gründe in den Reden sowohl Remplers als Bubackers, welche Wolfgang Bethlen im 5. Bande seiner siebenbürgischen Geschichte Seite 309—313 in ein schönes lateinisches Gewand eingekleidet, uns aufbewahrt hat.

Sciv. Von Remplers Schriften habe ich nichts mehr entdecken können, als folgende:

Oratio, de judiciorum temeritate, quam in Francofurtensi Academia, XIV Kal. Maji, A. 1588, ubi honores magistrales aliquot Candidatis ex officio et concessa potestate conferret, M. Andr. Remplerus, Transylvanus, tum temporis Collegii Philosophici Decanus, publice consueto loco habuit. Matth. 7: Nolite judicare, et non judicabimini. Witeb. per haeredes Joh. Cratonis, 1588 in 4. 32 S.

Tr. **Reschner Martin,**

geboren in Hermannstadt 1791, den 1. Mai, absolvirte das Hermannstädter Gymnasium im Jahre 1812, lebte dann als Privat=Informator der Söhne des Maroscher Stuhls=Oberkönigsrichters Mich. Grafen Teleki in Marosch=Vásárhely und studirte sofort an der Universität zu Jena vom Jahre 1815 bis 1817.

Als Lehrer am Hermannstädter Gymnasium wurde er Pfarrer in Michelsberg 7. Juli 1821, nachher in Talmatsch 12. September 1835 und erhielt wegen Altersschwäche auf sein Ansuchen im Jahre 1863 einen Substituten in der Person des Michelsberger Pfarrers Friedrich Hienz.

Er lieferte Beiträge in die Kronstädter „Blätter für Geist, Gemüth und Vaterlandskunde." — Außerdem

1. Kritische Beiträge zur Kirchengeschichte des Hermannstädter Capitels vor der Reformation. A. Die Dechanten des Hermannstädter Capitels vor der Reformation. In Schullers Archiv für die Kenntniß von Siebenbürgens Vorzeit und Gegenwart S. 263—296, fortge-

setzt in dem Archiv des Vereins für siebenb. Landeskunde 1. Bd. 3. Heft S. 71—134 und in der N. F. dieses Archivs 3. Band S. 383—430. Eine weitere Fortsetzung mit den vom Verfasser in Schullers Archiv (a. a. O.) S. 269 und S. 273—274 lit. C. D. E. und F. in Aussicht gestellten 11 anderen Abhandlungen ist nicht erschienen.

2. De Praediis Praedialibusque Andreani Commentatio. Cibinii typis Hochmeister 1824. 8-to. 53 S.

3. Diplomatarium continens Monumenta antiqua litteratoria res Saxonum Transsilvaniae tam ecclesiasticas, quam civiles illustrantia. Eilf Folio-Bände in Handschrift, über 3000 Urkunden enthaltend, welche Neschner mit vieler Genauigkeit meist aus dem sächsischen National-, Hermannstädter Magistrats- und Hermannstädter Capitels-Archiv copirt, und nebst 7 Foliobänden: „Collectanea varia historico-diplomatica" eigene Handschriften, im Oktober 1865 zum Gebrauch für künftige Geschichtsforscher, im Wege des Landes-Consistoriums A. B. an die Bar. Bruckenthal'sche Bibliothek überlassen hat. (S. die Widmung vom 28. October und die Dankadresse des Landes-Consistoriums vom 4. Nov. 1865 in den Verhandlungen der 3. Landeskirchenversammlung der A. C. B. S. 79—81.)

Sciv. **Reußner v. Reißenfels Georg,**

ein Patrizier von Hermannstadt.[1]) Sein Vater, Georg Reußner, bekleidete daselbst die Rathsherrnwürde, sein Großvater aber, Johann Reußner, starb als Provinzialkonsul, den 13. April 1654, in gleicher Würde auch sein Urgroßvater, Johann Reußner, 1637 den 8. Dezember. Solcher Ahnen machte sich Georgius vollkommen würdig. Er legte sich mit großem Fleiße auf die Wissenschaften eines Rechtsgelehrten, und machte sich insonderheit durch die Erläuterungen der siebenbürgisch-sächsischen Rechte, die er 1695 zu Wittenberg öffentlich vertheidigte und herausgab, um seine Nation

---

[1]) Er wurde als Vice-Notär von Hermannstadt im Jahre 1701 vom König Leopold I. in dem Adelstande bestätigt. Sein Enkel Carl starb als Magistrats-Sekretär zu Hermannstadt am 8. September 1757 und hinterließ drei Söhne, von welchen der älteste Johann Friedrich als k. k. Hauptmann um das Jahr 1790 starb und der jüngste im Jahre 1813 in der Schlacht bei Dresden fiel. Der mittlere Georg Andreas starb, gleich seinen zwei Brüdern unverehlicht, am 4. Septem-

wohlverdient. In der Folgezeit ward er nicht nur 1702, ein Mitglied des innern Rathes zu Hermannstadt, sondern erhielt auch den Adel mit dem Beinamen von Reißenfels. Sein Ende war frühzeitig und traurig. Im Jahre 1703 ward er bei der damaligen Landesbeschreibung mitgebraucht. Da hatte er bei Klausenburg das Unglück, den 11. Mai, vom Pferde zu stürzen. Man brachte ihn todt nach Hermannstadt, woselbst er den 17. Juli feierlich begraben wurde. An ihn ist der Brief des berühmten Schurzfleisch, vom 1. Januar 1697, geschrieben, welcher der CXIV. in dessen Epist. Arcan. ist.

1. Positionum Juris feudalis Exercitatio quarta : de Feudis impropriis. Praes. Casp. Heinr. Hormio d. 19. Aug. 1693. Witteb in 4-to 20 S.
2. Disputationes sive Exercitationes ad Jus statutarium Saxonum in Transylvania. Praes. Joh. Henr. Bergero 1695. Witeb. 4-to IV. 416 S.

Weil Reußner bald in sein Vaterland zurückkehren mußte, kam er in diesen Erläuterungen, die er dem Königsrichter und Grafen der Nation, Valentin Frank von Frankenstein, zueignete, nicht weiter, als bis auf den zweiten Theil des dritten Buchs: de Pignoribus et Hypothecis. Hieraus erwuchs die am Schluß dieses Artikels angeführte Commentatio etc. vom Jahre 1722.

Tr. Der ganze Titel der drei ersten Disputationen lautet wörtlich, wie folgt :

„Ad jus statutarium Saxonum in Transylvania Exercitatio prima. Quam praeside Joh. Henr. Bergero D. potentiss. Pr. Elect. Saxoniae in summo provocationum judicio Consiliario, Antecessora atque Collegii sui h. t. Decano P. P. ad diem . . . MDCXCIV.

---

der 1818 als ehemaliger Gubernialexpedits-Adjunkt, und vermachte seine nicht unbeträchtliche Bibliothek dem Hermannstädter Gymnasium, seine zwei großen Häuser, Grundstücke, Kapitalien und Baarschaft (mit Ausnahme einiger kleinen Legate an Freunde und Freundinnen) im Werth und Betrag von mehr als 100.000 Gulden Wiener Währung zu immerwährenden Spenden der Erträgnisse an Hausarme, besonders Beamtenswitwen ohne Unterschied der Religion. Zum Executor des Testaments verordnete er den Hermannstädter Magistrat. Mit G. A. v. Reißenfels und dem am 20. März 1865 in Hermannstadt verstorbenen Finanzlandesdirektions-Officialen Carl v. Reißenfels sind die beiden Geschlechter und zwar mit ersterem die Familie Reußner v. Reißenfels und mit dem Letztern die Familie Kreutzer v. Reißenfels erloschen.

Georgius Reussnerus Nobilis Cibinio-Transylv. AUTOR. Vitembergae prelo Schultziano." Kl. 4-to. IV. 128 S.
Exercitatio secunda etc. p. p. ad d. 17. Jan. 1695. Eb. S. 129—344.
Exercitatio tertia etc. p. p. ad d. 1695. Eb. S. 245—416.

Sämmtliche drei Exercitationes wurden im Jahre 1722 mit einem neuen Titelblatt herausgegeben, welches also lautet: „Georgii Reusneri Cibiniensis Transylvani Commentatio succincta ad Jus statutarium Saxonum in Transylvania una cum textu locis debitis inserto. Vitembergae Impensis Georgii Marci Knochii A. MDCCXXII." 416 S. (natürlich mit Weglassung der Zueignung an den Comes Frank v. Frankenstein).

Seiv. **Neußner v. Reißenfels Joh. Georg,**

des vorhergehenden Sohn,¹) der als Rathsherr zu Hermannstadt 1748 den 16. April nach einer langen und sehr schmerzlichen Krankheit, in einem Alter von 48 Jahren und 2 Monden, in die Ewigkeit überging. Auf seiner Reise nach Universitäten, hatte er das Vergnügen, bei dem Reichshofrathe, Johann Heinrich von Berger, in Wien, das von seinem Vater angefangene Werk ganz ausgearbeitet zu finden, welches er dann nachgehens zum Dienste seiner Nation unter folgendem Titel zu Leipzig herausgab:

Commentatio succincta ad Jus Statutarium, seu Municipale Saxonum in Transylvania. Opus posthumum. Una cum textu originali, latino locis debitis inserto, ut et versione ejusdem germanica, in fine commentationis annexa; Indiceque textus tam latini, quam germanici provisa. Auctore Georgio quondam Reiszner de Reiszenfels, Nobile Cibinio-Transylvano Saxone, et dum viveret Regiae Liberaeque Civitatis Transylvaniae Metropolitanae Senatore, cura filii sui Johannis Georgii Reiszner de Reiszenfels, dictae civitatis Senatore, in lucem tradita, suaeque nationi consecrata. Lipsiae 1744 in 4-to. XXX. 758 Seiten, dann die deutschen Statuten 110 S.

---

¹) Er wurde geboren in Hermannstadt am 16. Mai 1699, studirte auf den Universitäten zu Halle und Wittenberg vom Jahre 1719 bis 1723 und wurde als Hermannstädter Vice-Notär dem Bürgermeister Kinder v. Friedenberg bei seiner Sendung nach Wien beigegeben. Tr.

Schmeltzel behauptet, Berger sei der Verfasser der Erläuterungen. Man f. Bibl. Hung. Sect. II. C. VII. Allein Reißenfels berichtet in seiner Zueignungsschrift, daß sein Vater bei seiner Abreise von Wittenberg, Bergern nur die Fortsetzung seines angefangenen Werkes überlassen habe.[1])

2. Religiosa Nationis Saxonicae in Transilvania, sex capitibus distincta, auctore J. G. R. de R. Senatore Cibin. Handschr. (Auch in Schmeizels Collegium privatiss. etc. angeführt).

3. Fragmenta ad Historiam Nationis Saxonicae facientia. Handschrift. (Eine Abschrift — mit dem Zusatze: „ex originali Ehrenburgiano descripta Mediae diebus Julii a. 1772 per Mich. de Heydendorf descripta", — befindet sich in der M. v. Heydendorf'schen Handschriften-Sammlung).

Diese Handschrift enthält, nach einer Einleitung über die Comites in und außerhalb Hermannstadt, Beiträge zur Geschichte der Grafen der sächsischen Nation von Aristalbus und Albertus (1272) bis auf Andreas Teutsch, welcher 1711 am 3. September in diese Würde feierlich eingeführt wurde.

Tr. **Rhener Mathias,**

ein Bistritzer, studirte zu Königsberg 1643 und verwaltete das Rektorat des Bistritzer Gymnasiums vom Jahre 1648—1654. Er machte sich um das Wiederaufblühen dieses Gymnasiums, und um die Anlage eines Schultagebuchs (Albums), welches dann von seinen Nachfolgern fortgesetzt worden ist, seit dem Antritte seines Amtes sehr verdient.[2])

De necessitate Doctrinae de Satisfactione Christi Dissertatio IV. in cel. Academia Regiomontana, praeside Abrahamo Calovio, ad d. Jan. 1643. 4-to.

---

[1]) Auf dem Titelblatt der drei Exercitationen (s. die vorhergehenden Artikel: Georg Reußner) nennt sich dieser Letztere ausdrücklich: AUTOR. Mithin ist auch daraus offenbar, daß Berger nur der Verfasser des 3. Buchs 2. Titels § 6 und folg. weiter bis zum Ende des Commentars zum Statutar-Gesetzbuche war. Tr.

[2]) S. das Programm des evang. Gymnasiums zu Bistritz vom Jahre 1852. S. 10 und 37.

Tr. **Rhener (Regenius) Paul Michael,**

ein Klausenburger Sachse, in der sozinianischen Lehre erzogen, begab sich im Jahre 1684 auf ausländische Universitäten, studirte 1687 an der Universität zu Leipzig, und trat im Jahre 1688 zur evangelischen Religion über.[1]) Nach seiner Heimkehr wurde er nur gegen Ausstellung eines Reverses im Jahre 1690 als öffentlicher Lehrer an der Schule der unitarischen Gemeinde zu Klausenburg angestellt,[2]) wo er vermuthlich auch sein Leben beschlossen hat.

Seiv. 1. Summaria Dissertatio de Oeconomia Redemtionis nostrae per Christum partae, ubi praecipuae controversiae inter Trinitarios et Unitarios (vulgo Socinianos) circa peccatum Originale, Personam et Officia Christi, causam mortis ejus et satisfactionem, strictim et dilucide pertractantur, sententia orthodoxa solidis argumentis stabilitur, Unitariorum vero opinio candide refutatur, per P. M. Rhegenium, N. A. Claudiopoli Transylv. olim quidem Unitariorum Religioni, nunc vero Evangelico Lutheranae addictum. Lipsiae, sumpt. Joh. Grossii A. 1688. in 12-to.

2. Joannis Claubergii Physica contracta, cum Praefatione P. M. Rhegenii, de Infantiae praejudiciis, tanquam causis imperfectionis humanae mentis, in rebus cognoscendis. Lipsiae, 1689 in 12-to.

Tr. 3. Specimen Logicae Cartesianae und
4. Logica contracta — beide aus Claubergii Logica, — wie Jöcher III. 2044, ohne Angabe des Druckortes und Jahres, anführt.

Seivert bemerkt zu diesem Artikel: Zwei Taufnamen waren damals nicht gebräuchlich. Daher glaube ich eher, daß der Buchstabe: M. in Paul. M. seinen Geschlechtsnamen anzeige; der Name Rhegenius aber, dessen Stammort, nämlich Reen

---

[1]) In Doly's Versuch einer Geschichte Leipzigs, Leipzig 1818, S. 342, heißt es: „Im Jahre 1688 wurde der Sozinianer Michael Regenius aus Siebenbürgen, 30 Jahre alt, und in diesem und den folgenden Jahren auch mehrere Türken und Mohren oder sogenannte Muselmänner in der Thomaskirche zu Leipzig getauft." Tr.

[2]) Székely Unitária Vallás Történetei Erdélyben. S. 158. Tr.

— 114 —

(Regen, ein sächsischer Marktflecken) bedeute. Eine Gewohn=
heit, die noch bei den Ungarn gebräuchlich ist.

Seiv. **Rheter Franz,**

ein geschickter Dichter von Kronstadt, studirte am dasigen Gymnasium
1657, kam aber auf der Universität zu Leipzig 1662. Er lebte einige
Zeit zu Oels in Niederschlesien, diente nach seiner Zurückkunft bei der
Schule seiner Vaterstadt und erhielt den 8. August 1678 das Rektorat,
welches er aber nicht einmal ein volles Jahr verwaltete, indem er den
9. März 1679, ein Opfer der Sterblichkeit ward.
Tr. 1. Arien auf alle Sonntage. Leipzig 1663. 12-mo 8 Bogen.
 Dem Burzenländer Capitel zugeeignet. Der Verfasser beklagt
sich in der Zueignung, daß er bei demselben durch Jemanden als
ein Verächter des geistlichen Standes angegeben worden sei. So
sagt G. Mathiä in seiner handschriftlichen Consignatio Librorum
a Transilvanis conscriptorum Nr. 7. Ich aber zweifle nicht, daß
diese Arien eben dieselben Lieder sind, welche auch Seivert unter
dem Titel: Himmlische Seelen=Lust anführt, (wie mir dies aus
Joseph Teutsch's Denkmal rc. Nr. 68 wahrscheinlich wird), und
deren ganzer Titel folgender ist: „Himmlische Seelen=Lust, oder An=
dächtige Lieder, welche auf die Jährlich Sonntäglichen Evangelia
gerichtet, abgesungen und herausgegeben seyn durch Franciscum Rhe=
therum von Kronstadt auß Siebenbürgen, der Heiligen Schrifft be=
fliessensten. Oels. Gedruckt bei Johann Seyffert. Anno 1664.
12-mo XXII. 167 S.
 Auf die an das Burzenländische Capitel gerichtete Zueignungs=
schrift des Verfassers in lateinischer Sprache S. III bis IX und
auf die deutsche Vorrede an die Leser folgen zwei an die Letztern
lautende poetische Glückwünsche des Georg Müller aus Seligstadt
in deutscher, und des Daniel Absolon aus Käsmark in lateinischer
Sprache.
 Seivert sagt darüber: „Die Schreibart ist leicht und fließend.
Eine Probe aus dem Liede auf den 25. nach Trinitatis:

> Liebsten! seid doch nicht mehr Thoren,
> Und verstopft nicht eure Ohren,
> Wenn Gott seyn Gericht ausruft.

Laßt es euch zu Herzen gehen,
Denn der Gräuel wird bald stehen
In des heilgen Tempels Kluft.

In dem Anfang dieser Nöthen,
Wird es in den besten Städten
Uibler, als auf Bergen seyn.
Von den Dächern, von den Heiden,
Kehre niemand sich zu kleiden,
In die nahe Herberg ein. —

2. Das von den Engeln und Hirten besungene Kind Jesus. Oels, 1665, in 4. 24 S.

3. Joh. Buchleri, Elegantiarum Regulae, lectissimis scriptorum, maxime Ciceronis exemplis illustratae. Coronae, 1671. in 8-vo.

4. Joh. Bucellini, Officina Epithetorum, Apellativorum et Nominum propriorum, de novo revisa et in gratiam Tyronum Poeseos manuductionibus quibusdam locupletata, sedulitate Franc. Rhetheri, Scholae Coronensis Lectoris. Typis Mich. Hermanni, A. 1674. in 8-to XVI. 208 S.

Dieses Buch ist vom Herausgeber Franz Rheter den Kronstädter Studirenden Valent. Golesch, Thom. Thabäus, Bartholom. Fischer und Asarela Weberns am 1. August 1674 mit folgendem Gedichte gewidmet:

Pierias inter pretiosa pericula Syrtes
    Patronus meus est maximus iste liber:
Hunc ergo patrio placuit committere prelo
    Excusus patriae, quo queat esse bono.
Ast ipsum patriae vestro sub nomine, Lecti,
    Exhibeo patriae sic, puto, gratus erit.
Accipite ergo ipsum, vocem, quam quodque Poëma
    Optat, quaerenti suggeret iste liber.

Tr. 5. Seliger Schwahnen-Gesang, welchen eine in Christum Jesum verliebte Seele, bei herannahendem Todt beherzt singen kann. Mehrentheils aus dem Lateinischen übersetzet durch F. R. von Kron-Stadt aus Siebenbürgen der H. Schrifft Beflissenen. Kronstadt in der Herrmanischen Druckerey, druckts Nicolaus Müller 1666. 12-mo 47 S. Das Kronstädter Wappen (die Krone mit der Wurzel in dem Schilde, wie wir es am Ende der Honterus'schen Druckschriften sehen) finden wir am Schlusse S. 48. Dem Zeidner Pfarrer Marcus Neustädter und Kronstädter Hundertmann Marcus Schunkabunk zu ihrem Namenstage am 25. April 1666 mit einem kurzen lateinischen Gedichte gewidmet. In der Vorrede S. 3—10 handelt N. von der Macht des Todes. Darauf folgt S. 11—14 ein an ihn gerichtetes Ehren-Gedicht des Andr. Schoppel S. S. Stud. dann S. 15—37 der Schwanen-Gesang, und S. 38—47 ein lateinisches Gedicht (eines vornehmen Mannes) „Lessus" mit deutscher poetischer Uebersetzung Rheters.

Tr. **Richter Peter,**

geboren in Kronstadt den 25. Juli 1795, studirte daselbst bis 1814, in welchem Jahr er sich nach Wien begab, um Medizin zu studiren. Im Jahre 1822 ward er Doctor der Medizin und kehrte sodann in seine Vaterstadt zurück, wo er den 9. August 1826 als Physicus angestellt wurde. Er resignirte jedoch diesen Dienst am 3. Februar 1836 und übte sofort Privat-Praxis bis an seinen Tod, der am 21. März 1847 erfolgte.

Dissertatio inauguralis medica de Febri puerperali. Vinnae, typis Caroli Gerold m. Augusto 1822. 8-vo 63 Seiten.

Tr. **Risdörffer Franz,**

geboren in Kronstadt am 12. Jänner 1809, studirte in Kronstadt und Wien, war Primar-Wundarzt in dem Koltza-Spital zu Bukarest (Satellit 1846 S. 346) und starb daselbst am 12. Mai 1849.

Tabellarische Uebersicht der Arzneimittel, nebst Angabe der gebräuchlichsten Synonima, der Anwendungsweise, Dosis und Taxe derselben, bearbeitet nach der Arzneilehre des Hrn. Prof. Dr. Med. Carl D. Schroff und dem pharmacologischen System des Hrn. Prof. Ph. Carl Hartmann. Mit einem Anhange, enthaltend die Ordinations-Norm der Kranken-, Armen-, und Versorgungs-Anstalten, sowie über 500 Vorschriften der bekanntern und gebräuchlichern zusammengesetzten Arzneimittel. Ein Hilfsbuch für angehende Aerzte und Wundärzte bei der Vorbereitung zu den Prüfungen, bei dem Besuche der Kliniken und im Anfange der praktischen Laufbahn. Von Franz Risdörfer von Izbenczy, Magister der Chirurgie, Geburtshilfe und Augenheilkunde. Wien 1839 bei Täubler & Schäfer. Hat auch den lateinischen Titel: Tabulae memoriales seu Conspectus tabellaris Pharmacorum in compendio pharmacologico celeberrimi Professoris ac Medicinae Doctoris Dni Caroli D. Schroff, secundum classificationem celeb. Prof. Ph. C. Hartmann enumeratorum, continens nomina pharmacorum eorumque usitatissima synonima, formam, dosim, nec non taxam medicaminum simplicium atque praeparatorum; in appendice Normam ordinationis in nosocomiis et pro pauperibus, et plus quam quingentas formulas compositorum, in usum studiosorum exhibitus per Franciscum Risdörffer ab Izdenczy Chirurgiae, Artis obstetriciae et Ophtalmiatrices Magistrum. Viennae 1839 apid Taendler et Schaefer. 12-mo IV. 176 Seiten.

Dem Fürsten der Walachei Alexander Demeter v. Ghika gewidmet.

Zweite vermehrte Auflage. Durchgehends umgearbeitet und bereichert mit übersichtlicher Darstellung der neueren Heilmittel, der besonderen Heilmethoden, der Toxikologie, der vorzüglichsten in= und ausländischen Mineralquellen 2c. Herausg. von Dr. Anton Dingelmann. Wien 1847. Taschenformat.

Tr. **Ritter Gabriel,**

ein Hermannstädter. studirte an der Akademie zu Wittenberg 1679, wurde als Hermannstädter Donnerstagsprediger zum Pfarrer nach Rothberg berufen 1688, dann aber nach Dobring im Jahre 1692 und starb daselbst am 6. Jänner 1707.[1])

Dissertatio theologica de Terrestribus Elohim h. e. de Magistratu Politico ex Ψ. XXCII, com. 6. Praeside Jo. Deutschmann. A. 1681. Witeb. 4. 48 S.

---

[1]) Ritters Sohn Daniel, Senator und darauf Stadthann in Hermannstadt, wurde von der K. Maria Theresia geadelt 4. August 1742, und dessen Sohn Johann Georg als Provinzial=Commissär zu Hermannstadt im Jahre 1786 zum siebenb. Gubernialrathe befördert. Letzterer starb im Ruhestande zu Hermannstadt am 17. Dezember 1808 in seinem 85. Lebensjahre; sein einziger Sohn Franz fiel als k. k. Major vor dem Feinde in Italien im Jahre 1799 als der Letzte der Edlen von Rittern.

Tr. ## Römer Lucas,

geboren in Weidenbach am Sonntag Reminiscere 1663. Martin Römer, Landmann daselbst und Catharina, Tochter des Marienburger Predigers Lucas Brenner, waren seine Eltern. 1679 auf das Kronstädter Gymnasium befördert, studirte er zwei Jahre unter dem Rector Andr. Gorgias, begab sich dann zur Erlernung der ungarischen Sprache nach Halmágy und weiter in das reformirte Collegium zu Nagy-Enyed, worauf er nach drei Jahren an das Kronstädter Gymnasium zurückkehrte, um den Unterricht des M. Valentin Greissing zu genießen. 1688 bezog er die Universität Wittenberg, und nahm nach etlichen Jahren eine Lehrerstelle bei den Kindern der Generalin von Lettmat in Halle an, wo er zugleich an dasiger Universität weiter studirte, unter Deutschmann, Walther, Neumann, Donat, Reschel, Dassov, Olearius, Schraber, Thomasius, Spener und Schaden. Nach sechsjähriger Abwesenheit sah er Kronstadt wieder, und heiratete bald hernach hier Justina, die jüngste Tochter des Marienburger Pfarrers Andreas May und der Martha geb. Seulen (22. August 1694). Aus dieser Ehe hinterließ er drei Söhne, Lucas geb. 25. Nov. 1697, dann Christoph geb. 20. Mai 1703 und Theodor geb. 27. Sept. 1719. Er ward Lector am Kronstädter Gymnasium 1704 im Jänner, und zum Prediger von Bartholomä durch den Stadtpfarrer Marcus Fronius in der großen Stadtkirche ordinirt am 5. October 1706. Weiter wurde er im Jahre 1707 zum Pfarrer in Nußbach, und von da im September 1719 zum Pfarrer des Marktes Tartlau erwählt und beschloß in letzterer Eigenschaft sein Leben am 30. April 1721 in Tartlau.

Seiv. Er vertheidigte nicht nur in seinen akademischen Jahren zu Wittenberg, unter dem Vorsitze des bekannten Johann Deutschmann, eine Streitschrift: de aeterna redemtionis Oeconomia, ex I. Petri. C. I. V. 18—20. Witeb. 1689 in 4-to 16 S.; sondern gab auch während seiner Schuldienste zu Kronstadt heraus:

> Eridos pomum, in Panegyrin Praestantiss. Virorum Studiosorum Academicorum projectum. Coronae, 1704 in 8-vo 16 S. Es sind 138 Paradoxa aus verschiedenen Theilen der Wissenschaften.

Tr. ## Rohrmann Gallus,

Magister der freien Künste, aus Teckendorf gebürtig, studirte gegen Ende des 16. Jahrhunderts an der Hochschule zu Straßburg, war dann Rektor des Bistritzer Gymnasiums vom Jahre 1593—1598, lockte durch seinen guten Namen auch aus den entfernteren Theilen Siebenbürgens Schüler an das Bistritzer Gymnasium und war Verfasser der 1596 eingeführten Schulgesetze.¹) Im Jahre 1601, nach dem Tode des Bistritzer Stadtpfarrers Andreas Schuller, zu dessen Nachfolger erwählt, starb Rohrmann an der Pest 1602.

Während seinem Aufenthalte zu Straßburg stellte er in den dramatischen Reden des Professors Melchior Junius, wo von der Bestrafung der Catilinarischen Verschworenen abgehandelt wird, die Person des römischen Consuls vor.²)

Das Hermannstädter Capitular-Archiv bewahrt eine Handschrift desselben, welche den Titel führt:

1. Αιτιολογια, sive praecipuarum causarum enumeratio, cur a Pontificia Rom. discessionem fecerimus, in qua omnia fere Papistarum cum Sacris Litteris ὡς ἐνλυπῶ collata cernuntur. Auctore Gallo Rohrmann Teccensi, Rect. Scholae Bistric. 8-vo.
2. Leges Scholae Bistricianae circa Docentes notandae. Anno Salutis 1596. Clarissimo Viro d. Andrea Schulero oblatae et a Venerando Capitulo approbatae. Gedruckt in dem zweiten Programm des Bistritzer Gymnasiums für das Jahr 1853. S. 9—19.

Von einem ungenannten Zeitgenossen Rohrmanns hat sich folgende: „Historia ex ore Magistri Galli Rohrmanni Bistriciensis audita" erhalten:

„Cum quondam Paulus Agathensis, Anno 1595 existens Minister ejusdem Ecclesiae inter facies Germaniam versus, visitasset aedes Martini Heshusii, ipsumque salutasset, dixit Heshusius ad eum: Was begehrst du? woher kommst du? wer bist du? Respondit sic: Sum Studiosus Transilvanus. Ille iterum eum alloquens dixit: Nostine Blandratam? hic respondit: bene novi, immo etiam per biennium vixi cum eo. Heshusius in iram prolapsus dixit: Kommt her Frau, auch alle ihr Haus-Gesinde, wollt ihr den Teufel sehen, hier seht ihr ihn leibhaftig. Hinc Agathensem oportuit statim e domo exire. Existimabat enim Heshusius (quia Blandrata fuit Arianus) omnes etiam Transilvanos esse Arianos."

---

¹) S. Erstes Programm des Bistritzer Gymnasiums vom Jahre 1852 S. 9 und 37. Ueber den Inhalt der Schulgesetze s. ebend. S. 5—8.
²) Melch. Junii Orationes ex Historiis sumtae P. II. pag. 413.

Von einem andern Rohrmann, welcher in der Mitte des 18. Jahrhunderts lebte, hat man eine Handschrift: „Notata quaedam circa jura Civitatis Bistriciensis in vallom Rodna habita." Der ehemalige Mediascher Bürgermeister Mich. v. Heydendorff hat seiner Abschrift, welche er bei Gelegenheit seiner Anwesenheit zu Bistritz im Jahre 1762 als damaliger Direktoral=Kommissions=Aktuar genommen hatte, folgende Randbemerkung beigefügt: „Rhormann war ein gelehrter fleißiger Mann, mein guter Freund. Er starb als Bistritzer Notarius, und erlebte den Verlust des hier erwähnten Distrikts nicht, den ich nachgehends auf Hof=Befehl als Commissarius Gubernialis, mit dem Gr. Adam Teleki den Bistritzern abmetirte, und auf den zwischen denselben und Metersdorf und Trepen liegenden 45 Geblirgs=Spitzen motas errichteten."

Tr. ### Rosenfeld Johann Friedrich v.
Sohn des Hermannstädter Bürgermeisters und k. k. Vice=Truchses in Siebenbürgen Johann v. Rosenfeld,[1] wurde am 19. April 1739 in Hermannstadt geboren, wo er seine Gymnasialstudien zurücklegte, und sofort an der Universität Erlangen 1761 sich weiter ausbildete. Darauf widmete er sich dem Dienste seiner Vaterstadt als Consular=Secretär, wurde Vice=Notär, im Jahre 1773 aber Provinzial=Notär, und im Jahre 1777 wirklicher Magistrats=Rath. In diesen Bedienstungen zeichnete sich Rosenfeld durch die praktische Anwendung seiner gründlichen wissenschaftlichen und Dienst=Kenntnisse also aus, daß er im Jahre 1781 zum Stuhls=Richter und kaum zwei Jahre darauf verfassungsmäßig zum Bürgermeister in Hermannstadt gewählt wurde.

Als K. Joseph II. eine neue Eintheilung und Verwaltung des Großfürstenthums Siebenbürgen schuf, ernannte er Rosenfeld im J. 1786 zum wirklichen Gubernial=Rathe. Da jedoch der große Monarch kurz vor sei=

---

[1] Derselbe starb in Hermannstadt am 13. Juli 1789 im 76. Jahre seines Alters. (Siebenb. Quartal=Schr. I. 115). Drei Jahre vor ihm (1786 am 6. Mai) starb sein Bruder Michael v. Rosenfeld als FML. in der k. k. Armee. Beide waren die Söhne des am 14. Oktober 1770 in seinem 90. Lebensjahre verstorbenen Mediascher Bürgermeisters, dann k. siebenbürgischen Gubernialraths und k. k. Oberst-Vice-Hofmeisters Michael Czekelius, welcher am 22. Jänner 1724 vom K. Karl VI. in den Adelstand erhoben worden war.

nem Tode im J. 1790 die Wiederherstellung der alten Landesverfassung und Verwaltung anordnete, wornach auch die Verfassung der sächsischen Nation wieder hergestellt und auf Grund derselben auch die Wahlen aller Stuhls= und Distrikts=Oberbeamten in herkömmlicher Weise vorgenommen wurden, nahm Rosenfeld die Wahl der Hermannstädter Communität, welche ihn in sein vorgehabtes Bürgermeisteramt berief, willig an,[1]) und erhielt dazu von K. Josephs Thronfolger K. Leopold II. die Zusicherung seines Titels und Ranges im Rathe des kön. Guberniums.[2]) In dieser mit dem Amte eines sächsischen Provinzial=Bürgermeistes verbundenen Stelle[3]) war Rosenfeld rastlos bemüht, zur Erhaltung nicht nur der Stadt Hermannstadt, sondern auch der sächsischen Nation in ihren althergebrachten Freiheiten hinzuwirken. In dieser Beziehung wendete er mit dem ihm gleichgesinnten Gubernialrathe Johann Mich. Soterius v. Sachsenhein, und dem ehemaligen Landtagsdeputirten (nachmaligen Nations=Comes) Johann Tartler, als die beiden ersteren im Jahre 1792 von den siebenbürgischen Landesständen und der Letztere von der sächsischen Nations=Universität an das allerh. Hoflager in Wien deputirt[4]) worden waren, Alles mögliche an, um die Erhaltung der Grundrechte der Nation gegen einige dawider gerichtete ständische Gesetz=Vorschläge, am k. Throne zu bewirken.[5]) Allein nicht genug, daß der Erfolg ihren Bestrebungen nicht entsprach,[6]) so wurden diese für Rosenfeld insbesondere verderblich.[7]) Denn als nach Verlauf von etlichen Jahren von

---

[1]) Siebenb. Quartal=Schrift VI. 47.
[2]) Siebenb. Prov.=Bl. IV. 235 und Quart.=Schr. a. a. O. und II. 352.
[3]) Siebenb. Quart.=Schr. II. 352, VI. 40—78.
[4]) Siebenb. Landtags=Protokoll vom J. 1792 S. 123—196.
[5]) Schlötzers krit. Sammlungen S. 133—162.
[6]) S. den Art. Johann Tartler.
[7]) Man könnte fragen: Warum nicht auch für Rosenfelds Mitdeputirte Sachsenheim und Tartler? Die Antwort ergibt sich aber, wenn man bedenkt, daß Rosenfeld insbesondere sich noch im J. 1781 die Feindschaft des einflußreichen siebenb. Hofraths und damaligen Nations=Comes Johann v. Cronenthal durch die Behauptung des Wirkungskreises und des Ranges des Provinzial=Bürgermeisters neben und gegenüber dem Nations=Comes zugezogen hatte, und als ein Beamter im Mittel der sächsischen Nation den Pfeilen seines Feindes und der Freunde des Letztern ausgesetzt, im J. 1796 wirklich unterlag (Denkblätter I. S. 373), während Sachsenhein als Landesbeamter außerhalb der Schußweite schon im J. 1794 starb, Tartler dagegen nach der Zeit, in welcher er als Kronstädter Beamter an den Differenzen des Johann und Michael v. Cronenthal mit ihren Gegnern sich betheiligt

der siebenbürgischen Hofkanzlei an die Regulation der sächsischen Nation Hand angelegt wurde und im Verlauf der diesfälligen Verhandlungen die National= und vorzüglich die Hermannstädter Beamten u. a. durch ein Rescript vom 22. Juni 1795 sehr empfindliche Vorwürfe und Kränkungen erfuhren: hielten sich sowohl die Nations=Universität, als auch der Hermannstädter Magistrat für verpflichtet, zur Rettung ihrer Ehre in bescheidenen Vorstellungen zu bitten, ihre Rechtfertigung anzuhören und ihren Verläumdern in so lange kein Gehör zu geben. Da erschien wider Verhoffen ein Rescript vom 18. April 1796, mittelst dessen der Bürgermeister v. Rosenfeld von seinem Amte beseitigt wurde. Obwohl nun Rosenfeld alle Mühe anwendete, um die Mittheilung der wider ihn gemachten Beschuldigungen und die Anhörung seiner Rechtfertigung zu bewirken, so konnte er doch die Erfüllung seiner Bitten nicht erreichen vielmehr mußte er erfahren, daß seine Entfernung aus dem vorbekleideten Amte nach drei Jahren wieder in einem Rescripte vom 7. März 1799 ausgesprochen wurde. (Denkbl. I. 373). Und nun erst, wo auch der k. k. geheime Staatsrath und Nations-Comes Mich. Freiherr v. Bruckenthal die Mittheilung der Gründe, welche seine im nemlichen Rescript befohlene Amts=Suspension veranlaßt hatten, für sich durchsetzte, gelang es auch Rosenfeld, über die ihm zur Aufklärung endlich mitgetheilten Punkte unterm 18. September 1799 seine abverlangte Erklärung und Verantwortung hohen Orts zu unterlegen. Sie betrafen die Beschuldigungen:

1. Daß R. in einem Rundschreiben vom 9. Jan. 1796 die Nations=Universität einberufen habe, um das Rescript vom 22. Juni 1795 zu berathen und constitutionswidrigen Nachtheilen durch schickliche Mittel vorzubeugen, mit dem Beisatz: „Rebus in arduis animum deponere noli."

2. Daß R. verschiedene Brochuren habe drucken lassen. (Darunter waren gemeint: a) Das Recht des Eigenthums der sächsischen Nation ꝛc. s. den Art. Johann Tartler. b) Ueber das ausschließende Bürgerrecht der Sachsen ꝛc. (s. Denkbl. I. 375) und c) De initiis Saxonum in Transsylvania (Denkbl. I. 271). Alle drei waren Folgen des 1791=er siebenb.

---

hatte, in k. k. Staatsdienste übergetreten war. Statt dem ältern Bruder fiel daher der nichtbetheiligte Marcus Tartler, den der Bannstrahl im J. 1799 erreichte, durch Entfernung aus dem Kronstädter Magistratsnotärs-Dienste aus einem andern Anlaß, zum Opfer und blieb ohne öffentlichen Dienst, bis er nach Einführung der Regulation der sächsischen Nation im J. 1806 zum wirklichen Magistratsrathe in Kronstadt erwählt wurde. (In diesem Dienste starb der Letztere am 18. August 1828.)

Landtags, auf Verlangen der sächsischen Nations-Universität durch Rosenfeld, während er als Landesdeputirter in Wien war, der Hof-Censur unterlegt und mit ihrer Bewilligung zum Druck befördert worden).

3. Enthalte ein Schreiben Rosenfelds vom 30. Nov. 1791 viele zweideutige und anstößige Stellen. (In diesem an den Nationaldeputirten Joh. Tartler in Wien gerichteten Privatbrief wird a) unter dem Anfangsbuchstaben J. Izdenczy ein böser Feind genannt; b) wird gesagt: „Wenn der heftige Sturm, den Sie auf die große Windstille besorgen, nur keine verheerende Folge für uns nachzieht, so bin ich schon zufrieden;" und c) dem Adressaten die verlangte Anweisung auf vierhundert Gulden, auf Rechnung der sächsischen National-Cassa, unterm Titel der ihm als Deputirten zugesicherten Diäten, übersendet).

Es braucht nicht erst bemerkt zu werden, daß sowohl die erwähnten Druckschriften, als der Privatbrief, sämmtlich vom Jahre 1791, auf die damals nicht geahnte, mehrere Jahre nachher erfolgte Regulation der sächsischen Nation gar keine Beziehung haben konnten. Nichts destoweniger und obgleich durch eine allerh. Resolution vom 25. September 1800 von den ihm gemachten Imputationen freigesprochen, mußte Rosenfeld auf sein Ansuchen um Herabsendung dieser allerh. Resolution an das k. Gubernium, die schmerzliche Erfahrung machen, daß an Stelle derselben ein Hofdecret vom 15. Jänner 1801 herabgeschickt wurde, in welchem ihm die angeführten Beschuldigungen wieder aufgebürdet, Amtsmißbrauch vorgeworfen und unschickliche Schreibart vorgeworfen wurde.

Erst nach Einführung der Regulation vom Jahre 1805 erhielt auch Rosenfeld Merkmale der Anerkennung seiner Unschuld und der allerhöchsten Zufriedenheit, wurde abermals für dienstfähig erklärt, und für die erlittene Gehaltsentbehrung entschädigt. Nun hofften auch seine ihm mit Achtung und Vertrauen ergebenen Mitbürger abermals ihn in seiner gemeinnützigen Amtsthätigkeit fortfahren zu sehen, als er zu Anfang des Jahres 1808 durch einen Schlagfluß gelähmt, nicht nur zu öffentlichen Geschäften, sondern auch zur Fortsetzung gewohnter Lektüre unfähig geworden, — nach anhaltenden, mit christlicher Ergebung geduldeten körperlichen Schmerzen, am 4. September 1809 seine irdische Laufbahn vollendete.

Wenn auch nicht als Verfasser — wie von seinem ungenannten Biographen in den siebenb. Provinzialblättern IV. 238 gemeldet wird, — hatte Rosenfeld denn doch wesentlichen Antheil an der Berathung der oben angeführten beiden Druckschriften der sächsischen Nations-Repräsentanten und das Hauptverdienst ihrer Veröffentlichung. Wie er außerdem theils unmittelbar, theils aber auch mittelbar durch den Heltauer und nachmaligen Hermannstädter Stadtpfarrer Johann Filtsch auf das Zustandekommen der „Schlözer'schen kritischen Sammlungen zur Geschichte der Deutschen in Siebenbürgen" gewirkt hat, ist aus seinen an Schlözer gerichteten Briefen vom 20. November 1793[1]) ersichtlich und auch in diesen Denkblättern (I. 319) bereits erwähnt worden.[2])

Sonst verdankt man ihm:

1. Die Herausgabe von M. Felmer's primae Lineae Historiae Transsylv. Cibinii 1780 und die Vorrede dazu vom 20. Juli 1779. (s. Denkbl. I. 297).
2. In der siebenb. Quartalschrift VI. 40—78 die Abhandlung: „Ueber das Amt und die Würde eines Provinzial-Bürgermeisters in der siebenbürgisch-sächsischen Nation."
3. In den siebenb. Provinzialblättern:
    a) II. 46—52. Die „Statistische Erörterung der Frage: Ob die in der siebenbürgisch-sächsischen Nation bei den Magistraten angestellten Civilbeamten, im Fall sie zum Dienst unfähig werden, aus dem kön. Aerar, oder irgend einer Landes-Cassa einen Gnadengehalt beziehen, oder ob sie überall gar keiner Pension fähig seien?"
    b) II. 136—151. „Etwas über Witwen- und Waisen-Cassen. Ein Pendant zur Abhandlung von der Pensionsfähigkeit sächsischer Civilbeamten in Siebenbürgen."

---

[1]) Transsilvania 1847 Nr. 92, S. 395. Mehr s. in der Bielz'schen Transsilvania N. F. III. 1863, S. 97—111.

[2]) Rosenfeld wurde überlebt von einem Sohn und einer einzigen Tochter Namens Sophie, einer gebildeten Frau. Aus dem Leben dieser Letzteren hat man von ihrer Landsmännin Marie von Regelsberg, vermählte General v. Augustin, eine Novelle unter dem Titel: „Amalie. Eine wahre Geschichte," — welche auf 54 Seiten gedruckt in der zweiten Auflage des ersten Bandes der „Novellen und Erzählungen von Marie v. Thurnberg." Wien und Leipzig 1851, Josef Stöckhölzer von Hirschfeld, den zweiten Theil bildet. (Diese Sammlung enthält außerdem als 1. Theil des 1. Bandes die Novelle: „Der Kerker in der Gastein" 116 S. und als 3. Theil „Die Säusenberger Klamm" 99 S., dann als 2. Band eine Erzählung ohne Titel 83 S., deren 2. Abtheilung die Verfasserin den Titel: „Des Fischers Tochter" gegeben hat, von Seite 87—174. 12.) Sophie v. Rosenfeld verw. Barth (geb. 9. März 1774) starb kinderlos in Hermannstadt am 9. Jänner 1850.

4. Eine Handschrift, enthaltend:
Diarium sub Nr. I. negotiorum apud Caesareo Regiam Majestatem Leopoldum I. per Deputationem Regnicolarem Transylvaniae a. 1692. Viennae gestorum, concinnatum a Joanne Zabanio expost nobilitato Sachs de Harteneck eotum Notario Provinciali Nationis Saxonicae. 169 S.
Diarium sub Nr. II. De gestis in Aula Viennensi sub gloriosissimis Imperatoribus Leopoldo II. et Francisco II. per Deputatos Transylvaniae Regnicolares a. 1792 negotiis conscriptum per J. F. de Rosenfeld, Consil. Gub. et Consulem provincialem Nationis Saxoniae. 140 S.

Diese Handschrift in 4. enthält sub Nr. I. eine Abschrift des im Titel angezeigten Sachs von Harteneck'schen Tagebuches vom 25. August 1692 bis 11. Juni 1693; — dann aber sub Nr. II. das von Rosenfeld, nach den (im Besitz des verstorb. Geheimraths Bar. Bedeus befindlich gewesenen) eigenhändigen Aufzeichnungen des siebenb. Gubernialrathes Michael Soterius v. Sachsenheim, geschriebene Tagebuch unter dem Titel: Anhang, vom 18. Febr. 1792 bis 28. März 1795, welches Rosenfeld mit einer Vergleichung der in beiden Diarien beschriebenen Deputationsgeschäfte sowohl, als auch der dirigirenden Minister Gr. Kinsky vom Jahre 1692 und Bar. Reischach vom Jahre 1792 schließt.

Von Rosenfelds Liebe zu den Wissenschaften zeugt endlich das gedruckte: „Verzeichniß der verkäuflichen Bücher, welche bei dem Gubernialrath Joh. Friedr. von Rosenfeld in seinem Hermannstädter Hause unteren Stock in der Heltauergasse Nr. 174 um billigen Preis gegen baare Bezahlung zu finden sind. Hermannstadt 1803. 8. (Nach einer lateinischen und deutschen Erinnerung an die Leser S. 3—4). 36 Seiten.

Tr. **Rosenfeld Karl Ludwig Freiherr v.,**

Sohn des am 4. Nov. 1837 verstorbenen k. siebenbürgischen Thesaurariats-Rath Joh. Mich. v. Rosenfeld, wurde am 29. August 1804 in Hermannstadt geboren, studirte am Hermannstädter Gymnasium und sodann am k. Lyceum zu Klausenburg bis 1824, und trat am 3. Sept. 1824 bei dem damaligen k. siebenbürgischen Thesaurariate in den Staatsdienſt. Um ſich für die gewählte Laufbahn praktiſch weiter auszubilden, begab er ſich nach Wien, wurde Praktikant bei der k. k. allg. Hofkammer, und darauf Honorär=Concipiſt bei dieſer Hofſtelle. Am 20. Oktober 1833 dem kön. Commiſſäre und Ban von Croatien FML. Baron Vlaſits, und am 24. Febr. 1834 dem, — nach Vlaſit's Abberufung — als bevollmächtigten kön. Landtags=Commiſſär nach Siebenbürgen entſendeten Erzherzog Ferdinand von Eſte zur Verwendung zugetheilt, kam R. im Gefolge derſelben, und mit dem Letztern wiederholt im Jahre 1837 nach Siebenbürgen, und entſprach den in ihn geſetzten Erwartungen ſo, daß er, als der 1837/8=er Landtag und die Miſſion des Erzherzogs im Frühjahr 1838 endete, vielfach belobt, und durch die Ernennung zum Hofſecretär bei der k. k. allgem. Hofkammer ausgezeichnet, nach Wien zurückkehrte. Bei dieſer Hofſtelle mit Auszeichnung verwendet, wurde R. mit allerhöchſter Entſchließung vom 2. Dezember 1843 zum wirklichen Regierungsrath und Protokolliſten bei dem k. k. Staatsrath, unterm 28. Oktober 1845 aber zum Hofrath bei der k. k. allg. Hofkammer, mit der Fortſetzung der Dienſtleiſtung bei der k. k. Staats=Conferenz, befördert. In der letzteren Stellung blieb er bis zum Jahre 1848, worauf er im Jahre 1849 wieder in die zum Finanz=Miniſterium umgeſtaltete Cameral=Centralſtelle als Referent eintrat. Während den Jahren 1850 und 1851 befand ſich R. zu Hermannſtadt als Regierungs=Commiſſär zur Organiſation der ſiebenbürgiſchen k. k. Finanz=Landesſtelle, und erwarb ſich nach ſeiner Rückkehr in das Miniſterium ſolches Wohlwollen und Vertrauen, daß er mit allerh. Entſchließung vom 11. Februar 1858 zum Sektionschef im k. k. Finanz=Miniſterium und am 28. Auguſt 1862 zum k. k. geheimen Staatsrathe ernannt wurde. Dem Landtage zu Hermannſtadt 1863 und 1864 wohnte R. als Regaliſt bei, nachdem er bereits zu den Klauſenburger Landtagen von den Jahren 1846 und 1848 in derſelben Eigenſchaft berufen, bei denſelben zu erſcheinen aber durch ſeine dienſtliche Stellung verhindert worden war. Als eifriger Vertreter der Idee des Einheitsſtaates und, in ſoweit damit vereinbarlich, auch der Autonomie Siebenbürgens, wurde er im Jahre 1863 zum lebenslänglichen Reichsrath im öſterreichiſchen Herrenhauſe ernannt, wirkte in dieſer Stellung ſehr erſprießlich bei Commiſſionen und Vorberathungen durch ſeinen Rath und ſeine Auskünfte, und ſtützte das Miniſterium Schmerling nach Kräften, bis deſſen Siſtirung, ein nach ſeinen Anſichten erſprießliches ferneres Wirken, ihm unmöglich machte, und ſonach ſeinen Austritt aus dem Staatsdienſt veranlaßte. Er trat daher, — bereits im Jahre 1850 mit dem Ritterkreuze, und unterm 28. Juli 1865 mit dem Commandeurkreuz des k. Leopold=Ordens ausgezeichnet, — in den Ruhestand, und wurde mittelst allerh. Entschließung vom 23. September 1865 in den Freiherrn= stand erhoben. An politische und wissenschaftliche Thätigkeit gewöhnt, be= schäftigte sich R. auch nach seiner Pensionirung mit historisch=politischen Gegenständen ununterbrochen bis zu seinem Lebensende, und namentlich zu= letzt mit der Frage der Zugehörigkeit Dalmatiens und der Militärgrenze zum Königreiche Ungarn oder zur österreichischen Monarchie. So starb er zu Wien am Herzkrampf den 27. Mai 1869.

Für siebenbürgische Landeskunde und Geschichte begann R. noch während den Landtagen zu Klausenburg 1834/5 und zu Hermannstadt 1837/8 mit Benützung und kritischer Combination unzähliger Urkunden aus Landes= und anderen Archiven, den sogenannten kön. Protokollen (Libri Regii) sowohl, als auch der reichhaltigen Sammlungen des Gr. Joseph Kemény eine eigene Sammlung anzulegen, welche er bis zu den letzten Jahren seines Lebens höchst ansehnlich vermehrte, und insonderheit eine nach vielen Tausenden zählende Urkunden=Sammlung zu Stande brachte, deren Erschließung durch Widmung an eine öffentliche Anstalt vaterländischen Geschichtsforschern eine reichliche Ausbeute gewähren würde.

Eine äußerst umfangreiche Kenntniß der alten und neuern Geschichte und der Zustände Siebenbürgens, die er sich dabei und während seinem amt= lichen Wirken im Vaterlande angeeignet hatte, setzte ihn in den Stand, hieher einschlagende Auskünfte an bekannte Literaten zu geben, welchen er sich damit zu großem Nutzen der Wissenschaft und immerwährendem Danke verpflichtete! Unermüdet wirkte er auch zu den, zwar aus den heilsam= sten Absichten versuchten, jedoch von glücklichem Erfolge nicht begünstigten Unternehmungen der Schiffbarmachung des Altflusses (1839), der Zucker= fabrik bei Hermannstadt (1840), deutscher Colonisation (1846), und be= sonders für die Realisirung des Planes zur Führung einer Eisenbahn über den Rothenthurmpaß in die Walachei, welch letztere zu erleben ihm nicht vergönnt sein sollte.

Nach dem Tode des sächsischen Nations=Comes Johann Wachs= mann, wurde R. im Jahre 1846 in der durch die allerh. Sanktion vom 31. December 1845 bestimmten Weise (s. Denkbl. II. 264) von der säch= sischen Nation sowohl, wie von der Hermannstädter Communität an erster Stelle zum Hermannstädter Königsrichter und Nations=Comes Sr. Ma= jestät dem K. Ferdinand I. zur allerh. Confirmation in Vorschlag ge= bracht. Da jedoch dieser Monarch aus dienstlichen Rücksichten Rosenfeld von seinem Posten nicht vermissen wollte, so wurde ihm die glänzende Anerkennung zu Theil, daß durch die allerhöchste Entschließung über die Ernennung des zweiten Candidaten, Rosenfelds Nichternennung zum Comes offen mit dem Zeugnisse für sein treues Wirken begründet wurde. —

Die Biographie Rosenfelds,[1]) welcher der vorstehende Artikel größerntheils entnommen ist, beschließt ihr würdiger Verfasser und Freund Rosenfelds, Hofrath Eugen Freiherr v. Friedenfels, mit den, Beide gleich ehrenden, Worten: „Die allerdings auch zu Grabe getragene Idee eines freiheitlichen, allen Völkern gerechten, einigen und mächtigen Oesterreich verlor an Rosenfeld einen warmen, eifrigen und unermüdlichen Vertreter, der Kaiser einen treuen Diener, das Herrenhaus einen reicherfahrenen Genossen; Siebenbürgen, namentlich aber das Sachsenvolk, einen stets treuen Sohn, dem von gewissen Seiten her immer zunächst vorgeworfen wurde, daß er ein zu warmer Sachse, ein zu eifriger Hermannstädter gewesen!"

Rosenfeld schrieb viele Abhandlungen, meist staatsrechtliche Fragen zwischen Ungarn, Siebenbürgen und Oesterreich betreffend, mitunter in polemischer Richtung, die seiner Stellung wegen sämmtlich anonym erschienen. Mehrere Wiener Zeitungen, vor Allen aber die Zang'sche „Presse" vom Jahre 1848—1850 enthalten zahlreiche gutgeschriebene Leitartikel und raisonirende Correspondenzen, die er verfaßt hat und welche zu dem Aufschwung des Blattes beigetragen haben. Auch später (bis zum Jahre 1869) tauchten hie und da, in Blättern der verschiedensten Richtungen derartige Arbeiten von ihm auf.

Von den selbstständigen, aus seiner Feder geflossenen Broschüre, kann ich nur folgende anführen:
1. Ungarns und Siebenbürgens Stellung zur Gesammt=Monarchie. Wien, bei Gerold 1848.
2. Kossuth als Staatsmann gegenüber von Oesterreich und Deutschland. Wien 1848. Gedruckt bei U. Klopf sen. und Alexander Eurich, Wollzeile Nr. 782. 8. 26 S.
3. Die kroatische Frage und Oesterreich. Wien 1848.
4. Ungarn im Gesammtstaate. Wien bei Manz 1861.
5. Für die Arad=Hermannstädter Eisenbahn (als Manuscript gedruckt). Wien bei Gerold 1864.

---

[1]) In der Hermannstädter Zeitung vom J. 1869, Nr. 144.

6. Die Wahrheit in der siebenbürgischen Eisenbahnfrage. Eine Denkschrift an den hohen Reichsrath. Wien, Verlag von Manz und Comp. 1865. 8. 43 S. Mit einer Uebersichtskarte des Kockel- und Weißflußthales, mit den von der Bahnlinie berührten Rutschlehnen und Bruchufern 1 = 2000 Klaftern.

Endlich in Handschrift: Geschichte des Jesuitismus in Siebenbürgen von der Zeit der Franz Rákóczy'schen Revolution bis zum Jahre 1759 und eine Geschichte der griechisch-unirten Kirche in Siebenbürgen. Unvollendet.

Tr. **Dr. Roth Daniel,**

Sohn eines Hermannstädter Tischlers Johann Roth, geboren in Hermannstadt am 12. December 1801, studirte am Hermannstädter evang. Gymnasium, und vom September 1821 weiter an der evang. theologischen Fakultät in Wien, wurde vom Gymnasiallehrer zu Hermannstadt zum Pfarrer der A. C. B. in Jassy berufen, resignirte dann dieses Amt und beschäftigte sich mit Privatunterricht. Nachher studirte er die Arzneiwissenschaft zu München und ward zum Doctor derselben graduirt. Von da kehrte er verheiratet nach Hermannstadt zurück, wurde, nach einem Rangstreit mit andern Academicis, Klosterprediger, und im September 1836 Pfarrer in Kastenholz. Im März 1849, als Hermannstadt durch die ungarischen Insurgenten besetzt wurde, flüchtete mit Andern auch Roth in die Walachei und übte daselbst als Arzt homöopathische Praxis aus. Doch begab er sich bald nachher nach Jassy in der Moldau, und lebte nachher da als practizirender Militärarzt. Er starb daselbst nach zehnmonatlichem Krankenlager unter unendlicher Sehnsucht nach seiner Heimat, am 25. August 1859, nachdem er die letzten Jahre im Zustande der Erblindung verlebt hatte.

1. Diss. de mutuo animae et corporis commercio. Cibinii 1834. 8-vo. 16 S.
2. Landsfrau. Erzählung aus dem fünfzehnten Jahrhundert. (In den Stundenblumen der Gegenwart, Kronstadt 1841. 4. Band. S. 1—81).
3. Don Raphaël. Trauerspiel in fünf Aufzügen. (Ebend. 5. Band. S. 1—135).

4. Der Königsrichter von Hermannstadt. Drama in fünf Aufzügen. (Ebend. 5. Bd. Siehe 139—356.)

Beide letztere haben auch den Titel: „Dramatische Dichtungen von Dr. D. R." Eine lobende Anzeige des Königrichters von Hermannstadt brachte der Satellit (Beiblatt zum Siebenbürger Wochenblatte) vom 17. Sept, 1840 Nr. 68. Seite 255—256 ohne die frappante Aehnlichkeit mit Lud. Bechsteins Roman: „Das tolle Jahr" in vier Bändchen, — zu erwähnen.

5. Der Kurutzen-Anführer. Eine Erzählung aus dem Anfang des 18. Jahrhunderts. (Ebend. 7. B. S. 3—96.)

6. Die Normänner in Italien. Drama in 5. Abtheilung. Kronst. J. Gött 1844. 12. 252. S. Hat auch den Titel: „Dramatische Dichtungen von Dr. D. Roth. 2. Band."

7. Der Pfarrhof zu Kleinschenk. Vaterländische Erzählung aus dem Anfang des 18. Jahrhunderts. Hermannstadt, Druck und Verlag der Hochmeisterschen Buchhandl. 1846. 12. 219. S.

8. Johann Zabanius Sachs von Hartenek. Politischer Roman. Hermannstadt Mart. von Hochmeister'sche Buchhandlung. Theodor Steinhaußen 1847. 12. 487. S.[1]

9. Von der Union und nebenbei ein Wort über eine mögliche dakoromänische Monarchie unter Oesterreichs Krone. Geschrieben im Mai 1848. Hermannstadt Mart. von Hochmeisters Buchhandlung. Theod. Steinhaußen 8. 46. S.

10. Amalasontha oder die Kinder des Waldes. Drama in 5 Aufzügen. Handschr. (In Hermannstadt zum ersten Male aufgeführt am 25. Sept. 1843.)

11. Rákoczy und Bartsai. Ein Schauspiel in 5 Akten. (Die Aufführung wurde im Jahre 1843 wegen politischen Beziehungen in Hermannstadt nicht zugelassen.)

---

[1]) Treffend urtheilt Prof. von Zieglauer in seinem Werke: „Hartenek, Graf der sächsischen Nation." Hermannstadt 1869. S. 23.

„Es liegt ein reicher historischer Stoff in diesem vielleicht zu wenig geschätztem Romane aufgehäuft; weil aber der Verf. die Quellen selten angibt, die Fundorte nie bezeichnet: ist der Leser nie in den Stand gesetzt, Wahrheit und Dichtung zu unterscheiden. Erst wer sorgfältig den mühsamen Gang durch die Archive gemacht hat, vermag die Resultate historischer Quellenforschung von den Kunstprodukten des allzufrüh verstorbenen Dichters zu trennen."

Tr. ## Roth Franz Friedrich,

geboren in Birthälm 26. Februar 1802, Mitglied der medizinischen Fakultät in Wien, wo er die Arzneiwissenschaft studirt hatte, — lebte als ausübender Arzt und Stuhls-Physikus in Hermannstadt, bis er, in Folge seiner gewissenhaften und angestrengten Verwendung in den — zu seinem amtlichen Berufskreise nicht gehörigen — Militär-Spitälern Hermannstadt's vom Typhus befallen, seiner Gattin und vier unversorgten Kindern im rüstigsten Mannesalter von 47 Jahren durch den Tod am 27. Mai 1849 entrissen wurde.

1) Diss. inaug. medica sistens considorationes generales herbae nicotianae fumi suctus respecin sanitatis. Vindobone, typis Vid. Strauss. 1830. m. Julio 8. 32. S. (Nebst dem besondern deutschen Titel: Allgemeine Betrachtungen über das Tabakrauchen in Bezug auf die Gesundheit.) Mit Ausnahme des Titels und der S. 31 und 32 stehenden Thesen ist das Ganze in deutscher Sprache geschrieben. S. 27—30 steht ein Verzeichniß von Schriften über das Tabakrauchen.

2) Das Tabakrauchen in Bezug auf Gesundheit, seine Nachtheile und deren Verhütung. Eine Handschrift, von welcher die vorhergehende Dissertation, laut Vorwort S. 3 nur ein Theil ist. Zwar versprach der Verfasser in diesem Vorwort, diesem Theile auch das Uebrige nachfolgen zumachen, was aber nicht geschehen ist.

Tr. ## Roth Johann,

geboren in Kronstadt den 24. März 1745, studirte in Kronstadt und 1766 in Jena, wurde Collega der 3. Classe 1770. Lector Gymnasii 1775. Rektor des Kronstädter Gymnasiums vom 25. Juni 1782—1785, darauf Prediger an der großen evang. Kirche bis 9. Juni 1788. Pfarrer in Weidenbach 1788—1792, von hier am 4. Februar 1792 nach Helsdorf berufen, starb er daselbst den 2. Febr. 1794.

1. Trauerrede auf den Tod „Maria Theresia" Kronst. 1781. Siehe Martin Traugott Closius.

Zum Gebrauch in den Kronstädter Schulen gab er heraus:

2. Joh. Gerhard Schullers kurzgefaßte lateinische Sprachlehre oder Grammatik für die Schulen. Erster Theil. Kronstadt, in der Albrichischen Buchdruckerei. Druckts Martin Brennderfer 1783. X. 144. S. Zweiter Theil. Ebend. 1784. 256. S. in 8 Nr.

Tr. ## Roth Johann,

geboren in Kronstadt am 10. März 1840, studirte am Untergymnasium, und vom Jahre 1855—1859 an dem mit dem Obergymnasium verbundenen Prediger- und Schullehrer-Seminar seiner Vaterstadt, worauf er, nach abgelegter Maturitätsprüfung bis zum Jänner 1861 in den Elementarschulen Unterricht ertheilte, sofort aber in Bukarest an der dortigen evang. Volksschule als Lehrer angestellt wurde. Er ist Correspondent und sendet namentlich Berichte über die musikalischen Leistungen der Bukarester deutschen Liedertafel, als Mitglied derselben an die „Neue Sängerhalle in Leipzig", deren Redakteur „Müller von der Werra" in seinem im Jahr 1864 herausgegebenen Jahrbuch: „Deutsche Kunst in Bild und Lied." Leipzig, Verlag des lithografischen Instituts von F. G. Bach, einige Gedichte Roth's veröffentlicht hat, welche auch aufgenommen sind in des letztern:

   Gedichte. Bukarest, Druck und Verlag Joh. Weiß 1865. 103 S.

Tr. ## Roth Johann Josef

wurde geboren am 14. März 1787 zu Michelsdorf, wo sein Vater Michael Roth († als Pfarrer in Großprobstdorf) evang. Pfarrer war. Seine wissenschaftliche Ausbildung begann er am Mediascher — und beendigte solche am Hermannstädter evang. Gymnasium. Dann besuchte er deutsche Universitäten und brachte namentlich in Heidelberg vier Jahre zu. Er erhielt die erste Anstellung nach seiner Rückkehr in das Vaterland als Bibliothekar an dem Baron Bruckenthalischen wissenschaftlichen Institute in Hermannstadt, womit er in die Zahl der Hermannstädter Gymnasiallehrer eintrat. Durch die Fortsetzung der von Ch. Dan. Neugeboren und Johann Filtsch (nachmaligen Pfarrer in Schellenberg) angelegten Bibliotheks-Cataloge erleichterte Roth die Benützung der Bruckenthal-Bibliothek bedeutend. Hierauf zum wirklichen Gymnasiallehrer berufen, war er der Erste, der insonderheit zur Förderung des Kunstsinnes der Gymnasiasten auf Hebung des Zeichnen-Unterrichtes wirkte und zu diesem Zwecke ein Schriftchen: „Ueber Methode und Ziel des Zeichnen-Unterrichtes an Gymnasien" verfaßte, doch, nach kaum einjährigem Lehrerdienste, trat Roth zur Hälfte des J. 1820 in die Reihe der Prediger an der Hermannstädter Kirche ein, als welcher er schon im J. 1823 den 29. April zum

Pfarrer in Talmesch berufen wurde. Hier wandte er seine Musezeit naturhistorischen Studien zu und legte eine, — nun dem naturhistorischen Verein zu Hermannstadt gehörige, — ansehnliche Käfersammlung an. Als aber der verdiente Hermannstädter Stadtpfarrer Johann Filtsch seines hohen Alters wegen sein Amt niederlegte, wurde R. am 24. Juni 1835 mit bedeutender Stimmenmehrheit zu seinem Nachfolger gewählt. Schwer entschloß sich der bescheidene Mann zur Annahme des ihm angetragenen schweren Amtes, das er nun 31 Jahre hindurch mit aller Treue, Gewissenhaftigkeit und christlicher Hingebung verwaltete, bis nach einer mit Leberleiden begonnenen Krankheit von wenigen Wochen am 23. Juli 1866 der Tod seinem stillen aber gemeinnützigen Wirken ein Ende machte. In seinem kräftigen Mannsalter mußte Roth manche schwere Krankheit bestehen und litt namentlich häufig an Kopfschmerzen, nichtsdestoweniger erreichte er das seltene Lebensalter von beinahe 80 Jahren und erfreute sich guter Gesundheit im höhern Alter, so daß er bis wenige Monate vor seinem Ende seinen Amtsobliegenheiten genügen konnte, wobei er von Anbeginn der beliebteste Kanzelredner seiner Gemeinde war.

Am 12. Februar 1815 mit Susanna, Tochter des Hermannstädter Apotheker Peter Sigerus getraut, lebte er mit dieser würdigen Gattin in höchst zufriedener Ehe, welcher vier Töchter entsprosten. Zwei von diesen Töchtern, die eine an den Senator Josef Bergleiter, die andere an den Neppendörfer Pfarrer Adolf Bergleiter verheirathet, gingen sammt ihren beiden Ehegatten vor den Eltern in die Ewigkeit über und die Letzteren betraf das harte Los der Erziehung der zurückgebliebenen Waisen. Aber auch diese schwere Aufgabe wurde von dem Großvater Roth und besonders von der musterhaften Großmutter mit bewundernswerther Ausdauer und Hingebung glücklich gelöst und ihr Kummer über die erlittenen schmerzlichen Verluste und herben Erfahrungen durch wohlgerathene dankbare Enkel soviel nur möglich gemildert.

(Mehr s. in dem biografischen Artikel von Roth's Enkel-Eidam M. Fuß Nr. 185 der Hermannst. Zeitung vom 6. August 1866.)

1. De Scriptoribus rerum Transilvanicarum Saxonicis Dissertatio. Historiae Civilis Fasciculus I. Cibinii Barth. 1816. 8. 58. S.
2. Bitte des Hermannstädter Stadtpfarrers an alle diejenigen Leser der Kronstädter Tagesblätter, welche den Artikel in denselben: „die Kirchenfrage in Hermannstadt" nicht überschlagen haben. S. l. et a. (Hermannstadt 1847.) 8. 56. S.

Enthält die Rechtfertigung Roth's gegen die Beschuldigungen des ungenannten Verf. der angedeuteten Kirchenfragen (nachmaligen k. k. Polizei-Direktors Friedrich Schelker) hinsichtlich der Verwaltung des vom Neppendorfer Pfarrer Joh. Bergleiter († 1831) zu Besoldungsbeiträgen der Hermannstädter Gymnasiallehrer, zum Bau einer Kirche in der Vorstadt Josefstadt und zur Unterstützung dreier armer Pfarrerswitwen gewidmeten Stiftungscapitals von 20,000 fl. W. W. sammt den Rechnungs-Ausweisen vom Jahre 1836, (in welchem er die Verwaltung übernahm) bis zum J. 1846.

Tr. **Roth Johann Peter,**

Sohn des Helsdörfer Pfarrers Johann Roth, geb. in Kronstadt 18. Juli 1770, studirte auf dem Gymnasium in Kronstadt 1789, dann auf der Universität Jena, wurde nach seiner Heimkunft 1792 Collega, 1793 Lector und am 24. August 1800 Rector am Gymnasium seiner Vaterstadt. Am Schluß dieses Jahres bei Abhaltung der Säcularfeier trug er im großen Hörsaale des Kronstädter Gymnasiums das unter Nr. 2 angeführte Gedicht, in welchem er Ausfälle auf Pabst und Jesuiten zu machen die Unvorsichtigkeit beging, vor einer Versammlung vor. Noch unvorsichtiger war er, indem er das Gedicht selbst einem Convertiten, der ihm Freundschaft heuchelte, lieh, der es mit Zusätzen an den Beichtvater der Kaiserin sandte. Dieser erwirkte bald einen Hofbefehl, mittelst dessen Roth 1801 vom Rektorat suspendirt wurde. Nun war er länger als 2 Jahre ohne Dienst, denn erst zur Hälfte des Jahres 1803 wurde endlich auf vielfache Verwendung der Befehl zu seiner Restitution erwirkt. Allein kurz bevor dieser Befehl in Kronstadt einlangte, hatte ihn die Nußbächer ev. Gemeinde A. B. auf Grund der damals kurze Zeit hindurch bestandenen Freiheit der Pfarrerswahlen ohne Candidation am 4. September 1803 zu ihrem Pfarrer erwählt. Von hier im Jahre 1828 zum Marienburger Pfarrer berufen, starb er zu Kronstadt am 29. Okt. 1835.

1. Friedensgesang, gesungen bei der Rückkehr der Krieger ins Vaterland den 28. Mai 1801. Kronstadt 4. S. 4.
2. Das 18. Jahrhundert besungen bei seinem Abschiede 1800 den 31. Nov. in feierlicher Versammlung von J. P. R. Rector des Kronstädter Gymnasiums. Mspt.

Ein Bruchstück enthält die dem Kronstädter Gymn. Programm vom J. 1865/6 beigedruckte Matikl des Kronstädter Gymn. S. 191—195.

3. Straufjiabe ober Carbunflias 1813 Mfpt. Ein Spottgedicht auf Dr. Johann Strauß, welcher im Jahre 1813 die Pestanstalten in Nußbach in lächerlicher Weise leitete, jedoch mit der goldenen Ehrenmedaille ausgezeichnet wurde. Mspt.
4. Dacia. Ein Gedicht in 4 Gesängen. Für den Druck umgearbeitet und in zwei Rhapsodien, deren erste 602, die zweite 782 Verse enthält, zusammengezogen im J. 1829, jedoch wegen Mangel eines Verlegers nicht gedruckt, bis sie der Kronst. Buchdrucker Joh. Gött in sein, den Abonnenten des Siebenbürger Wochenblattes gewidmetes: „Mosaik für das Jahr 1840. Kronstadt. Kl. 8 B.—50 aufnahm. Doch sind darinnen auf Veranlassung des Censors einige Stellen geändert und zum Theil ausgelassen worden.
5. Odyffeus bei den Phäaken. Ein Drama mit Gesang in 3 Aufzügen. 1820 in März. 8. 64 S. Handschr.

Nr.
Roth Joh. Peter,

Sohn des nachmaligen Meschner Pfarrers Roth, geb. in Schäßburg den 18. Februar 1802, studirte am evang. Gymnasium zu Hermannstadt und an der Universität in Wien. Physikus in Schäßburg durch 30 Jahre und starb daselbst am 28. März 1859. a. 57 Jahre.

Diss. inaug med. de Vino. Viennae 1825. d. 26. Julii 8 30 Seiten.

(Dem Hermannstädter Senator Simon Schochterus zugeeignet.)

Tr.
Roth Martin,

Sohn des Meschner Pfarrers Martin Roth († 1821,) geboren in Schäßburg am 2. Juli 1798, studirte an der protest.-theologischen Fakultät in Wien 1821, wurde Collaborator am evang. Gymnasium zu Mediasch, darauf Pfarrer in Marbisch (Argyaschinum) 1829—1838, dann zu Martinsdorf 1838—1851 und endlich zu Martschelken 1851, 17. August, wo er an der Lungenentzündung am 21. Dezember 1854 gest. ist.

Dissertatio sistens quaedam de dignitate studii mathematici, quam pro loco inter Collegas Gymn. A. C. a. Mediensis legitimo reservando conscripsit M. R. Pastor Eccl. A. C. add. Argyas, 1835. Cibinii typis Samuelis Filtsch. 8. 24 S.

Tr. ## Roth Paul,[1])

geboren von armen Eltern in der Kronstädter Vorstadt Blumenau am 26. Jänner 1724, wurde in die Zahl der Studenten am Kronstädter Gymnasium aufgenommen im J. 1740 und brachte 13 Jahre, durch Fähigkeiten und Fleiß ausgezeichnet, an dieser Lehranstalt zu, bis er aus dem sogenannten Seulen'schen Legat unterstützt, im Jahre 1751 die Universität in Jena beziehen konnte. Nach einem dreijährigen Aufenthalte daselbst und darauf 6 Jahre lang in der Vaterstadt ertheiltem Privatunterricht wurde er öffentlicher Lehrer am vorgedachten Gymnasium und, nachdem er inzwischen in dem Seulen und Hermannischen Hause auch Privatlehrer und Erzieher gewesen und dadurch in die Lage gesetzt worden war, sich eine bessere Subsistenz zu verschaffen, im Jahre 1771 zum Rector des Gymnasiums befördert. Diesen Posten bekleidete er bis zum J. 1780 mit dem größten Ruhme, so daß seine ehemaligen Schüler seinen Namen bis an ihr Ende nur mit dem Ausdruck des größten Dankes und der höchsten Achtung nannten. Und wahrlich die Zahl der tüchtig ausgebildeten Männer, welche aus Roth's Schule hervorgegangen waren, war eine beträchtliche.[2]) — Endlich wurde Roth nach 28-jährigen Schuldiensten zum Pfarrer in Honigberg gewählt und wirkte auch in diesem Berufe bis zu seinem am 2. Nbr. 1793 in Kronstadt erfolgten Ableben sowohl im Kirchendienste, als auch für die Bildung der Dorfsjugend auf die heilsamste Weise. Er starb im ledigen Stande.

Durch seine letztwillige Anordnung kam das Kronstädter Gymnasium in den Besitz seiner mehr als 1200 Bände zählenden auserlesenen Bibliothek, sowie mehrerer Handschriften zur vaterländischen Geschichte, vieler mathematischen Instrumenten und einer schönen Sammlung von Porträten und Kupferstichen. Er hat während seinem öffentlichen Lehramte zu Kronstadt manche Gelehrte in ihren schriftstellerischen Arbeiten bereitwilligst unterstützt[3]) und besonders in der Philosophie vaterlän-

---

[1]) Siebenb. Quartalschrift IV. 91—95. Dück's Gesch. des Kronstädter Gymnasiums S. 88—93.

[2]) Ihre Namen s. in den Matrikel des Kronstädter Gymnasiums aus der Zeit der betreffenden Jahre. Um das Kronst. Schulwesen hat sich unter ihnen vorzüglich Roth's Schüler und Zögling J. C. Fabricius (Denkblätter 1. 288.) verdient gemacht.

[3]) Insbesondere den bekannten siebenbürgischen Schriftsteller Josef Benkö, wovon dessen Briefe an Roth, die nun die Kronstädter Gymnasialbibliothek aufbewahrt, Zeugniß geben.

bischen Geschichte und lateinische Sprache mit solchem Erfolge gelehrt, daß er — wie einst Ernesti Praeceptor Germaniae — von Vielen der Praeceptor Barciae genannt worden ist.

Man hat von ihm:
1. Adnotationes lectionum variarum Chronici Fuchsio — Lupino Oltardiani, Codicum Albrichii et Haneri. (S. Bibl. Sam. C. Teleki Catalogum III. 26.)
2. Kurze Nachricht von dem allerhöchsten Besuche, womit Ihre kais. Majestät unser Gymnasium am 7. Juni d. J. 1773 begnadigte.
3. Zubereitung auf des röm. Kaisers Majestät Josefs des II. Ankunft nach Siebenbürgen, bestehend in einigen Fragen, um erforderlichen Falls auf selbige Ihre Majestät die allerunterthänigste Antwort geben zu können. Aufgegeben von dem damals fungirenden Hr. Stadtrichter Th. Josef Traug. Edler von Schobeln 1773 sammt den Antworten auf einige der vorhergehenden Fragen. (Ebend.)

Drei von diesen Fragen sammt Beantwortung findet man Seite 139—142 der Matricula Civium Gymnasii Coron., welche dem Kr. Gymn.-Programm vom J. 1864/5 beigedruckt ist.

4. **Kurzgefaßte historische Anmerkungen von Kronstadt**, aus dem Vorhergehenden für den Hr. Militär-Stadt-Commandanten Eichholz herausgezogen. (Ebenb.)
5. Pauli Roth Responsiones. Unter diesem Titel erwähnt Benkő selbst ausdrücklich Roth's Beiträge zu seinen Werken in seiner handschriftlichen Transsilvania specialis. Tomo V. p. m. 210—281.
6. Michaelis A. Ajtai Grammatica latina. Coronae 1759. 8. X. 147. S. zum Gebrauche der Schulen mit einer Vorrede begleitet und herausgegeben von Fr. Roth. Vg. J. Benkős Transsilvania II. 521.
7. Ein Lied auf den höchstseligen Hintritt Maria Theresias, Großfürstin und Königin, welches in der Kronstädter evang. Pfarrkirche nach der Leichenpredigt von der Gemeinde ist abgesungen worden. Nebst Cantate, Arie und Schlußchor. (Kronst. 1781.) 8. 6 S.
8. 124. Sittenregeln für die Schulkinder, wie sie sich wohlanständig verhalten sollen im Hause, in der Schule, in der Kirche, auf Reisen oder Spazierengehen, auf der Gasse, im gesammten Umgang, in der Einsamkeit und an besonderen Festtagen. Mit einem Anhang, welcher das goldene A=B=C und das Einmaleins vorstellt. Kron-

ſtabt, in der Albrichiſchen Buchdruckerei, Drucks Mart. Brennbör=
fer 1774 8. 23 S. 2. Auflage 1791. Ebend. 8. 23 S.

Wurde in den Schulen der Stadt und des Diſtrikts Kronſtadt
eine lange Reihe von Jahren hindurch gebraucht.

Tr. **Roth (Ruffinus) Paul**

ein Sachſe aus Hermannſtadt, wo er im Jahre 1625 Mitglied des in=
neren Rathes wurde.

Disputatio XIII. Collegii Institutionum Justin. Imp. de Quinque
Successionum ab Intestato Ordinibus sub praesidio Wilhelmi Wukkovii
Ulyssea — Luneburg. d. 13. Apr. 1621. Francof. 4. 24. S.

Tr. **Roth Stefan Ludwig,**

war der Sohn des am 16. Dezember 1847 im 87. Lebensjahre verſtor=
benen Kleinſcheller Pfarrers Stefan Gottlieb Roth. Er wurde am 24.
November 1796 in Mediaſch geboren, wo ſein Vater damals Conrektor
des evang. Gymnaſiums war, ſtudirte bis zur Syntax am Mediaſcher
und dann weiter unter Leitung ſeines Schwagers Michael Bergleiter am
Hermannſtädter evang. Gymnaſium. Von hier bezog er wohlvorbereitet
die Univerſität Tübingen, wo er am 13. Oktober 1817 anlangte. Nach
zwei Jahren, während welchen er an dieſer Akademie ſich für ſeinen künf=
tigen Beruf gründlich ausgebildet und mit beſonderer Vorliebe die philo=
ſofiſchen Wiſſenſchaften unter Profeſſor Eſchenmayer ſtudirt hatte, erach=
tete er es für nothwendig, ſeine im Erziehungs= und Unterrichtsweſen er=
worbenen theoretiſchen Kenntniſſe durch die Praxis am Peſtalozziſchen Lehr=
und Erziehungs=Inſtitute möglichſt zu erweitern. Wie Roth ein Jahr hin=
durch als Lehrer an dieſer Anſtalt gewirkt und durch geiſtige und ge=
müthliche Behandlung ſeiner Zöglinge, ſowie durch Anwendung der Pe=
ſtalozzi'ſchen Methode im Sprachunterricht ſich Peſtalozzi's Dank und

---

[1]) Die letzten Lebensmomente des am 11. Mai zu Klauſenburg hingerichteten
Meſchner Pfarrers St. L. Roth, dargeſtellt von Georg Hintz, Kronſtadt 1853. Dr.
St. L. Roth nach ſeinem Leben und Wirken, dargeſtellt von Andreas Gräſer, Kron=
ſtadt 1852. — Friedrich Ludwig Jahn und St. L. Roth. Zwei Lebensbilder von
Heinrich Neugeboren. In Neugeboren's und Korodi's Vierteljahrſchrift für die
Seelenlehre. III. 272—280.

Freundschaft zu erwerben verstanden habe, beweist das Zeugniß des Letztern Yverdon, 5. April 1820.[1]) Darauf besuchte Roth Freiburg, wo er die Einrichtung des Girardi'schen Instituts kennen lernte und gleich nachher Hofwyl, wo er sich mit den Lehrern und Einrichtungen der Fellenbergischen Anstalt bekannt machte, — erwarb auf der Rückreise an der Tübinger Universität nach Ablegung einer philosophischen Prüfung und Ausarbeitung einer vier Bogen starken Abhandlung über: „Das Wesen des Staates, als einer Erziehungs=Anstalt für die Bestimmung des Menschen", — die philosophische Doctor= — und Magister= — Würde, und kam über Wien am 23. September 1820 im väterlichen Hause an. Gewohnt, allem Guten und Nützlicherkannten mit Eifer seine Kräfte zu widmen, legte er auch hier Hand an, seine Ueberzeugung von der Nothwendigkeit der bessern Organisirung der Schullehrer=Seminare, — (wie er schon in Wien bei einflußreichen Männern, wie Superintendent Wächter und Hausknecht, um durch sie auf die siebenbürgisch=sächsischen Schulbehörden zu wirken, jedoch ohne Erfolg gethan hatte), — Eingang und Anwendung zu ver=schaffen. Allein auch hier fand sein Vorschlag für Errichtung eines selbstständigen, vom Gymnasium gänzlich getrennten Schullehrer=Seminars nach Pestalozzi'schen Grundsätzen, weder Unterstützung noch Anklang. Doch ließ sich Roth durch die Vereitlung seiner Wünsche und Erwar=tungen nicht abschrecken, einen andern Weg einzuschlagen, indem er sofort die sächsischen Gymnasiallehrer zur Herausgabe einer Schulzeitung auf=forderte. Allein auch diese Bemühungen trugen keine Früchte, und so fand sich denn Roth genöthigt, die Ausführung seines Planes auf eine günstigere Zukunft zu verschieben, und die gewöhnliche Laufbahn akade=mischer Lehramts=Candidaten zu betreten. Im Jahre 1822 wurde er als Lehrer in den Unterklassen des Mediascher Gymnasiums angestellt und war bemüht, nebenbei in der übernommenen Stelle als Turnlehrer die Jugend in schulfreien Stunden in körperlichen Bewegungen zu üben und für die Kunst des Gesanges empfänglich zu machen. Dieses Unter=nehmen Roth's wurde ebenfalls vereitelt, und erst im Jahre 1848 erlebte er das Vergnügen, als Vorstand des siebenbürgisch=deutschen Jugendbundes der in Mediasch für das Gymnasium gegründeten Turnanstalt die erste öffentliche Weihe durch den Jugendbund zu ertheilen. — Im Jahre 1823 wurde Roth als Lehrer am Mediascher Obergymnasium angestellt und

---

[2]) Gräser a. a. O. S. 18.

1831 zum Rektor dieses Gymnasiums gewählt. In seinem neuen erweiterten Wirkungskreise bemühte er sich die Grundsätze, welche er in Yverdon kennen gelernt, besonders in Bezug auf die Ausbildung künftiger Dorfsschullehrer in Anwendung zu bringen; seine Bemühungen scheiterten jedoch größtentheils am Widerstreben der Freunde des Herkömmlichen. Nichtsdestoweniger erwarb er sich durch seine erfolgreiche Lehrmethode wesentliche Verdienste um das Mediascher Gymnasium. Allein schon im Jahre 1834 wurde er diesem Wirkungskreise entrückt und nicht ohne Zuthun seiner Widersacher zum ersten Mediascher evangelischen Stadtprediger gewählt, darauf aber 1832 zum Pfarrer nach Nimesch und 1842 zum Pfarrer nach Meschen berufen. Welchen Ruf er in dieser Stellung von sich verbreitete, beweist unter anderen der Umstand, daß durch seinen Namen der kleine Ort Niemesch einer der meistgenannten Orte des Sachsenlandes wurde. Roth begnügte sich nicht, seine Thätigkeit auf das Wohl der unter seiner geistlichen Obhut stehenden Gemeinden zu entwickeln, auch den Fortschritt seiner Nationsgenossen, hauptsächlich des sächsischen Gewerb- und Bauernstandes, war er nach allen seinen Kräften bemüht, durch Schrift und That, als ein wahrer Volksfreund, zu befördern. Das beweisen seine, aus deutschen Herzen und in der ihm eigenthümlichen klaren und energischen Weise geschriebenen gleichzeitig moralischen sowohl, als auch politischen Abhandlungen in den deutschen Zeitschriften Siebenbürgens, und in noch größerem Umfange seine selbstständigen Druckschriften. In dem Maße, in welchem ihm dadurch der Beifall und die Aufmunterung der Gebildeteren seines Volkes zu Theil wurde, mußte er dagegen den Unwillen der Gegenparthei erfahren. Das geschah thatsächlich bei drei Gelegenheiten, und sollte zum drittenmal mit einem Todesurtheile wider Roth ein Ende nehmen, nemlich:

   Erstlich. Noch im Jahre 1843 hatte sich Roth mit einer Gesellschaft gleichgesinnter Männer in der Meinung vereinigt und den Vorsatz gefaßt, durch Einberufung tüchtiger deutscher Landbauern den siebenbürgisch-sächsischen Landbau zeitgemäß zu heben und in dieser Absicht eine Reise nach Württemberg zu unternehmen, die er dann auch im Sommer 1845 antrat. Daselbst angelangt veröffentlichte er auf den Rath seiner Freunde im „Schwäbischen Merkur" und „Beobachter" Aufforderungen zur Einwanderung nach Siebenbürgen, wobei er den Einwanderern „Tüchtigkeit in der Landwirthschaft, moralischen Lebenswandel und den Besitz eines gewissen Betriebskapitals" zur Bedingung machte. Sobald Roth die Einwanderung deutscher Landwirthe eingeleitet zu haben glaubte, kehrte er nach Siebenbürgen zurück und traf am Schluße des Jahres 1845 im Kreise seiner Familie ein. Damit die Auswanderung nach Siebenbürgen in Württemberg einen Leiter behalte, bestellte Roth, bevor er Tübingen verließ, den an der dasigen Universität studirenden sächsischen Candidaten der Theologie Peter Wolff (s. o. Art.), das von ihm begonnene Geschäft weiter zu leiten und ihn durch briefliche Mittheilungen von Allem in Kenntniß zu setzen. In der Heimath aber wirkte er selbst nach Kräften für die Unterbringung der Einwanderer, und es wurden durch die Thätigkeit des sächsischen Landwirthschafts-Vereines in allen Kreisen Bezirks-Comite's gebildet, um den Ankommenden mit Rath und That an die Hand zu gehen. Nachdem nun schon im Jahre 1845 einzelne Einwanderer angelangt waren, begann im Jahre 1846[1]) die Einwanderung sich so massenhaft zu gestalten, daß sich Roth genöthigt glaubte, Wolff zu ersuchen, derselben Einhalt zu thun, und zu diesem Ende selbst eine Abmahnung im „Schwäbischen Merkur" ergehen zu lassen. Dazu kam, daß man nicht nur in Württemberg die Auswanderung nach Siebenbürgen ungerne zu sehen anfing und daß dieselbe sofort durch die dasige Regierung nur vermöglichen Wirthen gestattet wurde, — sondern auch die siebenbürgische Hofkanzlei in Wien, durch den Einfluß einer einheimischen, der Kräftigung des deutschen Elements, in Siebenbürgen feindlichen Parthei, der Einwanderung Einhalt that[2]). Für Roth selbst hatte diese Sache mehrfache unangenehme Folgen; denn damit nicht genug, daß der Erfolg der Einwanderung die im Interesse der Landwirthschaft gewünschten Früchte nicht trug und sich unter den Eingewanderten eine große Zahl arbeitsscheuer und der Hebung der Bodenkultur unkundiger Individuen befand, welche Roth falscher Versprechungen und Vorspiegelungen, besonders durch briefliche Nachrichten, die sie in ihr Vaterland schickten, beschuldigten, und ihm sowie den erwähnten Bezirks-Comite's mehrfache Unannehmlichkeiten verursachten, — so zog ihm dies den Haß der zum Theil mächtigen Mitglieder der schon erwähnten einheimischen Parthei, welche ihn für den Haupturheber der Einberufung der neuen Einwanderer erkannte, in nicht geringem Maße zu.

---

[1]) Im Frühjahr 1846 wanderten 307 Württembergische Familien in Siebenbürgen ein.
[2]) Ausführliche Nachrichten hierüber, sowie über die Ursachen der Täuschung der Hoffnungen, welche Roth und seine Gesinnungsgenossen auf diese Einwanderungen gesetzt hatten, ertheilt Gräser a. a. O. S. 42—49 und die Beilagen in dem Anhang dazu.

Zweitens. Hatte Roth, — der einer der eifrigsten Theilnehmer der Zwecke und General-Versammlungen des Vereines für siebenbürgische Landeskunde war, — in der Jahres-Versammlung dieses Vereines zu Mühlbach den 4. Juni 1846 dem „freien Bürgerthume, als dem Stande, zu welchem der Adel herab- und die Unterthanen hinaufsteigen müßten, wenn das Vaterland der Segnungen der stets fortschreitenden Bildung theilhaftig werden wolle" — bei offener Tafel der Vereinsmitglieder ein begeistertes Hoch gebracht. Die Nachricht, welche die Klausenburger ung. Zeitung „Erdélyi Hiradó" darüber brachte, veranlaßte das k. Landesgubernium, Roth wegen diesem Trinkspruche mittelst Verordnung vom 13. Juli 1846 im Wege des Superintendenten zur Rechenschaft zu ziehen, mit dem Beisatze: „daß derlei dem Unions-Eide, der auch Roth verbinde, zuwiderlaufende und nichts weniger als zur Beruhigung der aufgeregten Gemüther der verschiedenen Nationen geeignete Reden nicht mit Stillschweigen übergangen werden könnten"[1]).

Drittens. Im Juni des Jahres 1848 wurde Roth zu der verstärkten sächsischen Nations-Universität in Hermannstadt, in welcher die Haupt-Verhandlungen über die Union Siebenbürgens mit Ungarn und besonders über die künftige Stellung der Nation gepflogen wurden, von Seiten des Mediascher Stuhles deputirt. Darauf, in Anerkennung seiner loyalen Gesinnungen vom commandirenden Generalen Baron Puchner, welcher laut Proklamation vom 18. Oktober 1849 Siebenbürgen in Belagerungszustand erklärte und die Zügel der Regierung übernahm, — in das zu Hermannstadt errichtete Pacifikations-Comité berufen, wurde er von Puchner zu Anfang November 1849 als Commissär in die obern 13 sächsischen Ortschaften des Kockelburger Comitats ausgeschickt, wo er manche Gewaltthat verhinderte, und endlich nebst dem k. k. Hauptmann Comendo und dem romänischen Priester Stephan Moldován mit der provisorischen Administration jener Ortschaften beauftragt. Welcher Verwirrung und Verwilderung Roth in diesem Geschäft begegnete, beschreibt er in ergreifender Weise in einem am 14. November 1848 an seinen Freund Carl Maager gerichteten Brief[2]) und beklagt die eingerissene Anarchie unter anderem mit den Worten: „Alles läßt sich leichter ersetzen, Geld und Gut, Häuser und Kleider, — aber die erschütterte Moralität

---

[1]) Gräser a. a. O. S. 52.
[2]) Gräser a. a. O. S. 59—62.

sehr schwer. — Die Achtung fremden Eigenthums, die Achtung für fremdes Recht überhaupt, wo ist sie im größeren Theile des Landes? Rache und Raub sind die herrschenden Furien!" u. s. w. Alles dies schreckte aber Roth nicht ab, mit männlicher Entschlossenheit und edler Begeisterung für Fürst, Volk und gesetzliche Ordnung nach Kräften thätig zu sein, Plünderungsversuche zu verhindern und für die Aufrechthaltung der öffentlichen Sicherheit zu wirken, wodurch unter anderen das gefährdete Eigenthum vieler ungarischer Adeliger behütet wurde. Dafür wurde ihm denn auch der Dank der höchstgefährdeten Kreis- und Ortsbewohner[1]) sowie die Anerkennung des commandirenden Generalen theils mündlich, theils schriftlich gezollt. Beharrlich erfüllte Roth weiter seine Mission bis zum 17. Jänner 1849 — an welchem Tage durch den traurigen Ausgang der Schlacht bei Gálfalva ein Theil des Sachsenlandes in die Hände der Insurgenten fiel. Am 18. d. M. rückte General Bem mit seiner Armee in Mediasch ein und war Herr des Mediascher Stuhls. Roth kehrte zu seiner Pfarrgemeinde nach Meschen, Mediascher Stuhl, zurück und erwirkte sich von Bem in Mediasch eine Schutz- und Sicherheitskarte. Freunde und Verwandte suchten ihn zu bewegen, sich der dennoch drohenden Gefahr durch die Flucht zu entziehen, was er aber mit Entschiedenheit ablehnte, indem er erklärte: „Ich habe stets nur meine Unterthanen- und Bürgerpflicht zu erfüllen gesucht, Niemandem Etwas Böses gethan und habe also auch Niemanden zu fürchten." Solange Bem in Siebenbürgen war, blieb Roth unangefochten. Kaum hatte aber Bem Siebenbürgen verlassen, so wurde Roth am 21. April 1849 von einem Insurgenten-Officier und 12 Mann Bedeckung im Pfarrhause zu Meschen verhaftet und über Mediasch nach Schäßburg gefangen geführt, wo er an Hand und Fuß gefesselt am 22. d. M. eintraf. Hier wurde er etliche Tage in Haft gehalten und hätte, bei mitunter nachlässiger Bewachung von Seite der Insurgenten, Gelegenheit gefunden, zu entfliehen. Obschon den traurigsten Ausgang seines Schicksals ahnend, verschmähte er aber die Flucht. Sofort wurde er über Maros-Vásárhely nach Klausenburg abgeführt und erduldete mit Resignation manche auf dem Wege bis dahin erfahrene Verhöhnungen und Insulten. In Klausenburg in einen finstern Kerker des städtischen Gefängnisses eingesperrt, mußte er längere

---

[1]) Unter anderen der Bewohner von Elisabethstadt, Zeuge der durch eine Deputation an Roth gesendeten Adresse des dasigen Magistrats bei Gräser a. a. O. S. 61.

Zeit viele Entbehrungen, die Qualen einer fast tödtenden Einsamkeit und der peinigenden langen Ungewißheit seines ferneren Schicksals, erdulden. Nur zweimal hatte er das Glück von theilnehmenden Freunden Carl Maager und dem Klausenburger evang. Pfarrer Georg Hintz in seinem Kerker besucht zu werden [1]). Der 11. Mai 1849 war der unglückliche Tag der Entscheidung seines Schicksales; das Bluttribunal in Klausenburg sprach das Todesurtheil über ihn aus. Um 2 Uhr Nachmittag wurde dasselbe verkündigt und die fünfte Nachmittagsstunde desselben Tages zur Vollstreckung des Urtheils bestimmt [1]). Das Urtheil selbst [2]) lautete:

Urtheil

gesprochen durch das gemischte Standgericht in Klausenburg in seiner Sitzung am 11. Mai 1849; veröffentlicht an demselben Tag Nachmittag um 2 Uhr.

Staatsanwalt Nikolaus Krisbay erhebt im Namen des Staates die öffentliche Anklage gegen den evangelisch-lutherischen Pfarrer von Meschen, Ludwig Stephan Roth, wie daß er der Anordnung Puchners . . . . .
. . . . sich thatsächlich und ohne daß er dazu unwiderstehlich gezwungen worden sei, angenommen und im Sinne derselben den Feinden unseres Vaterlandes wesentliche und große Dienste gethan habe. — Zur Begründung dieser Anklage legte der Staatsanwalt eine große Anzahl von Dokumenten und stellte zugleich mehrere Zeugen

---

[1]) Die wohlthätige Wirkung beider Besuche auf das düstere Gemüth Roth's und sein Vertrauen auf göttliches und menschliches Recht, im Bewußtsein, kein Unrecht gethan zu haben, beschreiben Gräser S. 64—67 und Hintz a. a. O.

[2]) In dem Verzeichnisse der während der 1848/49er Revolution in Siebenbürgen auf verschiedene Weise gefallenen Opfer (gedruckt in der k. k. Hof- und Staatsdruckerei 1851, 4-o, 82 Seiten) Seite 48 wird fehlerhaft „Menhen" statt Meschen als ehemaliger Wohnort St. L. Roth's angeführt. — Laut S. 82 dieses Verzeichnisses — in dessen Einleitung gesagt wird: „Der Inhalt des in der Reichszeitung vom 14. Juni v. J. bekanntgemachten Briefes von Josef Bem an Ludwig Kossuth aus Hermannstadt vom 6. Juni 1849, wo er die Willkürlichkeit und Leidenschaftlichkeit der Kossuthischen Standgerichte anklagt, die ihn an die Schreckensgerichte in Frankreich erinnerten, ist hiedurch vollkommen bestätigt", hat die Zahl der durch den Terrorismus in der Revolution geopferten Menschen, ohne Einrechnung der im offenen Kampfe Gefallenen, sich auf 4834 Personen belaufen, nemlich 4425 Romänen, 165 Ungarn, 252 Sachsen und 72 sonstiger Nation.

[3]) Der Wortlaut des Urtheils und des Abschiedsschreibens Roth's an seine Kinder sind zur unbefangenen Beurtheilung der Richter und des Gerichteten von solcher Bedeutung, daß ich dieselben aus Gräser's Biographie Roth's S. 68—72 vollständig aufzunehmen für angemessen erachtet habe.

dem Gerichte vor, deren Geständnisse in gewohnter Weise entgegengenommen wurden. Auf Grund dieser Dokumente und Zeugenverhöre erwies der Staatsanwalt, daß der Angeklagte St. L. Roth, indem er statt der Bibel, den Säbel in die Hand genommen, mit gezogener Waffe feindliche sächsische und walachische Horden angeführt — gegen die durch hundertjährige Gesetze gesicherte Unabhängigkeit Ungarns und das auch durch die treubrüchige Dynastie feierlichst bestätigte Unionsgesetz aufgewiegelt — nach eigenem freiwilligem Geständniß den ungarischen Adel für Rebellen angesehen — als von Puchner ernannter bevollmächtigter Commissär und später als Abministrations-Gehülfe im Kokelburger Comitat zur Vermehrung des Söldnerheeres der Dynastie mit großem Eifer Rekruten ausgehoben — in der Absicht, den diesfälligen Abgang bei jenem Heer zu ersetzen, friedlichen ungarischen Bürgern an der Spitze von bewaffneten sächsischen und walachischen Haufen die Pferde weggenommen — die zum Kokelburger Comitat gehörigen 13 Dörfer, gegen die, die politische Eintheilung unseres Vaterlandes sichernden Gesetze und gegen den hundertjährigen Gebrauch, in den Mediascher und Schäßburger Stuhl einverleibt — feindliche walachische Horden mit Waffen versehen habe und bei der Verpflegung der Feinde des Vaterlandes und bei Eintreibung der Steuerrückstände für denselben thätig gewesen sei. = Auf Grund dieser Daten verlangte der Staatsanwalt, daß im Sinne der Vorschrift für die gemischten Standgerichte der Angeklagte zur Todesstrafe verurtheilt werde.

Von Seite des Beklagten — da die gegen das Verfahren, besonders gegen die Art des Verhörs bei einem Zeugen und betreff des Umstandes, daß die Vergehen des Angeklagten älter seien, wie der Erlaß der Vorschrift für die gemischten Standgerichte, dann die Berufung auf die allgemeine Amnestie und gegen die Mittheilung der, der Anklage zum Grund liegenden Schriftstücke erhobenen Einwendungen, theils durch die allgemein bekannten Regierungsverordnungen, theils durch den von höhern Orten vorgeschriebenen und gutgeheißenen Gebrauch und theils durch die Geschehnisse während des gegenwärtigen Verfahrens selbst, sich behoben — wurde, das Wesentliche der Klage betreffend, die Wirklichkeit der als Grund der Klage aufgezählten Thatsachen zwar anerkannt, doch auch behauptet, daß sie die Folge der erzwungenen Aussendung Puchners und der tyrannischen Macht der Umstände gewesen seien. Es ward die bei der sächsischen Nation eingewurzelte Treue für die österreichische Dynastie, wodurch sie leichter in ihre Umtriebe verstrickt wurde und die Unbekanntschaft mit dem Stand der ungarischen Angelegenheiten vorgebracht. Es wurde vor-

10

gebracht, daß der Angeklagte in keiner Weise ein Criminal = Verbrechen begangen habe, wornach er um Freisprechung oder um Verweisung seiner Sache an die ordentlichen Gerichte, oder wenigstens um Verzögerung zur Beistellung von Gegenbeweisen bat.

Indem dies Gericht die Gründe und Beweise des Staatsanwaltes und des Beklagten der Prüfung und Erwägung unterzog, stellte sich heraus, daß die der Anklage zum Grund liegenden Thatsachen nicht nur nach dem einstimmigen Geständniß zahlreicher Zeugen, sondern auch durch das freiwillige Geständniß des Angeklagten der unzweifelhaftesten Wahrheit gemäß seien; und nachdem die Schuld sich also nur dadurch gemindert hätte, wenn der Angeklagte Alles, was er gethan, in Folge „unwiderstehlichen Zwanges" gethan hätte, da aber solcher Zwang nicht stattgefunden hat, wie die an das Gericht eingereichte Vertheidigungsschrift des Angeklagten selber bestätigt, in welcher er die Angst, seine Pfarrstelle verlieren zu können, als jenen moralischen Zwang zur Annahme seiner Sendung angibt, was fürwahr nicht unter den in den klaren Worten der Vorschrift ausgedrückten Begriff des thatsächlichen unwiderstehlichen Zwanges gehört, so verurtheilte das Gericht nach dem Schwur, den es abgelegt, und nach dem streng vorgeschriebenen Verfahren, ohne in eine weitere überflüssige Untersuchung einzugehen und ohne Zeitverlust, den angeklagten Meschner evang. Pfarrer St. L. Roth im Sinne der Vorschrift §. 8 Punkt q und s zum Tode und ordnete den Vollzug dieses Urtheils mit Pulver und Blei innerhalb 3 Stunden an [1]).

Bis zur Todesstunde ward Roth auf der Hauptwache unter starker Militärbewachung ausgesetzt. Eine zahlose Menge Neugieriger umgab das unglückliche Opfer des Partei= und Nationalhasses. Den Pfarrer Hintz, den Roth zu sich hatte bitten lassen, empfing er mit den Worten: „Nun, Herr Bruder, ich bin eben zum Tode verurtheilt worden und soll heute Nachittag um 5 Uhr sterben, — ich weiß nicht, ob durch den Strang oder durch Pulver und Blei, denn ich kann nicht ungrisch, um es zu verstehen. (Ein anwesender ungarischer Offizier sagte hierauf, einfallend: durch Pulver und Blei.) Auch so gut; also heute soll ich sterben. Erweisen Sie mir den Liebesdienst, diese wenigen Stunden bis dahin bei mir zu bleiben und durch Ihre Freundschaft und christliche Zusprache erleichtern zu wollen." Auf Hintz's Befremden über den eben so raschen

---

[1]) Mitgetheilt aus dem „Siebenbürger Boten" Nr. 61 vom Jahre 1849.

als tragischen Ausgang des Schicksals seines Freundes, antwortete dieser: „Auch ich habe diesen Ausgang nicht erwartet, — denn ich habe nichts gethan, was des Todes werth wäre; darum sehen Sie mich denn auch gefaßt und heiter. Mein Mittagsmahl hat mir recht wohl geschmeckt; ich habe mit Appetit gegessen und getrunken, wie Sie selbst sehen." Dabei schenkte er sich das letzte Glas Wein ein und trank es aus. „Ich habe ein gutes Gewissen", sprach er weiter, „und fürchte den Tod nicht; nur meine lieben und unerzogenen, auch der Mutter seit einem Jahre schon beraubten Kinder verursachen mir einige Betrübniß." Bei diesen Worten füllten Thränen seine Augen. Pfarrer Hintz suchte wiederholt bei Csányi Gnade für Roth zu erwirken, erhielt aber statt Gnade die gefühllose Antwort: Es befremde ihn sehr, daß man diese Bitte nur zu stellen wage, da der Mann nicht einen, sondern zehn Tode verdient habe. Er habe ja überall und seit längerer Zeit an der Vertilgung der ungarischen Nation gearbeitet, wie dies außer seinem letzten sündigen Thun auch seine Einberufung der Schwaben beweise. Uebrigens könne er bei dem besten Willen an dem Urtheile nichts ändern, da jenes Gericht nicht unter ihm stehe, er daher auch nicht befugt sei, die Urtheilssprüche desselben einer Revision oder gar Suspension zu unterwerfen, ja daß hier selbst Kossuth nicht zu helfen im Stande sei. Während Pfarrer Hintz bei Csányi war, schrieb Roth nachfolgenden, von seltener Seelengröße und reinstem Patriotismus zeigenden Brief an seine Kinder:

„Liebe Kinder!

Ich bin eben zum Tode verurtheilt worden und über 3 Stunden soll das Urtheil an mir vollzogen werden. Wenn mich etwas schmerzt, so ist es der Gedanke an Euch, die ihr ohne Mutter seid und nun auch den Vater verlieret. Ich aber kann dieser Macht, die mich zur Schlachtbank führt, keinen Widerstand leisten, sondern ergebe mich in mein Schicksal, wie in einen Rathschluß Gottes, bei dem auch meine Haare gezählt sind.

An Sophie schließet Euch Alle fest an und betrachtet sie als Eure Mutter. Seid gehorsam gegen Gott und ehrerbietig gegen Jedermann, damit es Euch wohlgehe oder Ihr es wenigstens verdient.

Mit dem Vermögen, das ich in großer Unordnung hinterlasse, haltet Rath, damit Ihr Mittel in Händen habt zu Eurer Bildung. Es gibt noch viele gute Menschen, die Euch auch um Eures Vaters willen rathen und helfen werden.

Meinen Schwägern in Kleinschelken, Mediasch, Holdvilág bringe ich in meinen letzten Augenblicken meinen Dank für Alles dar, was sie mir gethan haben, auch für das, was sie meinen Kindern noch thun werden.

Die Frau Lehrerin (Wirthschafterin) wird mir einen Gefallen thun, wenn sie so lange noch da bleibt, bis meine Habseligkeiten verordnet und jedes Kind unter einem Flügel sein wird. Das Theilamt wird ihr für ihre treuen Dienste gerecht werden.

Das ungarische Findelkind, welches ich zur Aufziehung aufgenommen, bitte ich auch ferner zu unterhalten. Nur wenn es die Eltern verlangen sollten, hätten sie ein näheres Recht dazu. Ich habe ohnedem keines mehr auf dieser Welt.

Meiner Meschner Kirchenkinder, meiner Niemescher gedenke ich in Liebe. Lasse Gott diese Gemeinden reich an Früchten der Gottseligkeit werden, wie Fruchtbäume, deren belastete Aeste bis zum Boden hangen. Ich habe wenig an ihrer Veredlung gearbeitet und nur wenigen Samen ausgestreuet. Möge der Herr der Ernte die Halme um so körnerreicher machen! Liebe habe ich gepredigt und redliches Wesen. Mein Tod möge meinen ausgestreuten Worten in ihren Herzen einen um so größeren Nachklang verschaffen. Lebet wohl, lieben Leute!

Mit meiner Nation habe ich es wohl gemeint, ohne es mit den übrigen Nationen übel gemeint zu haben. Meine Amtirungen in Elisabethstadt und Kokelburg habe ich aus Gehorsam in einem höhern Willen geleitet. Dieses ist das politische Verbrechen, das mir den Tod zuzieht. Eines Verbrechens bin ich mir nicht bewußt. Fehlgriffe könnten es sein, welche ich gethan hätte, vorsätzlich gewiß kein Unrecht. Es freuet mich jetzt in meinen letzten Augenblicken das Eigenthum und das Gut des Adels nach Möglichkeit geschützt zu haben.

Unter meinem Schreibtische befinden sich die Programme der herauszugebenden Schul- und Kirchenzeitung. Der Nationalkörper ist zerschlagen — ich glaube an keine äußerliche Verbindung der Glieder mehr. Um so mehr wünsche ich die Erhaltung des Geistes, der einmal in diesen Formen wohnte. Ich bitte daher meine hinterbleibenden Amtsbrüder, für die Ausführung dieser Zeitschrift zu sorgen, um Charakter, reine Sitten und Redlichkeit des Willens in dem Volke zu erhalten, das historisch die jetzigen schönen Zeitideen anticipirt hat. Ist es im Rath der Geschichte beschlossen, unterzugehen, so geschehe es auf eine Art, daß der Name der Vorfahren nicht schamroth werde.

Nur von den lizitirten Sachen des Gál Miklos (siehe Protokoll) ist das Geld als Depositum bei mir. Das übrige Geld hat Commendo. Ich schreibe dieses blos deßwegen hier, um meinen ganz elternlosen Kindern nicht wissentlich Unrecht geschehen zu lassen. Ein guter Name ist von einem Vater auch ein gutes Erbstück. Dieses Geld, das ich gut versorgt hatte, mußte ich in die Brandsteuer der Stadt Mediasch geben, um diese Stadt zu retten. In der vorfindlichen Obligation von 1000 fl. C. M. besteht mein Antheil aus dieser Summe. Ich hatte kein eigenes Geld zu geben, da man mir in Kokelburg meine ganze Baarschaft gestohlen hatte.

Die Zeit eilt. — Ob der kranke Leib meinen willigen Geist ehrlich tragen werde, weiß ich nicht. Alle, die ich beleidigt habe, bitte ich um herzliche Verzeihung. Ich meinestheils gehe aus der Welt ohne Haß und bitte Gott meinen Feinden zu verzeihen. Mein gutes Bewußtsein wird mich auf meinem letzten Gange trösten. Gott sei mir gnädig, führe mich ins Licht, wenn ich im Dunkeln war, und lasse diese Voranstalten, die mich umgeben, meine Sühne sein, für das, was ich in dieser Sterblichkeit gefehlt habe.

So sei es denn geschlossen — in Gottes Namen.

Klausenburg, am 11. Mai 1849.

Stephan Ludwig Roth,
evang. Pfarrer in Meschen.

Nachträglich muß ich noch ansetzen, daß ich weder im Leben noch im Tode ein Feind der ungarischen Nation gewesen bin. Mögen sie dieses mir, als dem Sterbenden, auf mein Wort glauben, in dem Augenblicke, wo alle Heuchelei abfällt.

Idem ut supra."

Bei der Rückkehr des Pfarrers Hintz von Csányi vernahm Roth mit edler Fassung die Nachricht, daß Csányi die angesuchte Begnadigung nicht gewähren wolle. Ein ähnliches Ansuchen edler deutscher Frauen hatte bei ihm ebensowenig Eingang gefunden. Somit blieb Roth nichts anders übrig, als sich in würdiger Weise zum Tode vorzubereiten. Gräser und Hintz erzählen a. a. O. umständlich, mit welch' christlich-religiöser Hingebung und bewundernswerthem Muthe Roth auf den Richtplatz ging, und die edlen Worte, die er noch wenige Augenblicke vor seinem Ende sprach, bis von drei Flintenkugeln, unter welchen die beiden ersten den todesmuthigen Mann am Oberarm und in der linken Seite verwundet hatten, die dritte sein theures Haupt traf und dem Leben des Mannes, der so viel Seelengröße bewährte, ein blutiges Ende machte! —

Erst im folgenden Jahre wurden Roth's irdische Ueberreste durch dessen Verwandte in seine Vaterstadt Mediasch zurückgebracht und am 19. April 1850 auf dem dasigen evangelischen Friedhofe beerdigt und ihm ein des Märtyrers würdiges Grabdenkmal gesetzt. Dessen Fürstentreue lohnte Kaiser Franz Josef I. an den unmündigen Kindern desselben mit folgender allerh. Entschließung:

Lieber Minister Bach!

Es ist mir Bedürfniß, das Andenken des unglücklichen Pfarrers Stephan Ludwig Roth aus Meschen im Siebenbürger Sachsenlande, welcher als ein Opfer der Treue für seinen Monarchen fiel, in seinen unversorgten Kindern zu ehren.

Ueber Antrag des Ministerraths bewillige Ich sonach jedem seiner vier unmündigen Kinder bis nach erlangtem 24. Lebensjahre einen Erziehungsbeitrag von jährlichen Zweihundert Gulden C. M. aus dem Staatsschatze, wegen dessen Anweisung und Erfolgung Sie das Nöthige zu veranlassen haben.

Schönbrunn, am 26. August 1849.

Franz Joseph m. p.

Schriften von Stephan Ludwig Roth[1]), außer zahlreichen Aufsätzen in siebenbürgischen deutschen Zeitschriften, sind folgende bekannt:

1. An den Edelsinn und die Menschenfreundlichkeit der sächsischen Nation in Siebenbürgen eine Bitte und ein Vorschlag. (Ohne Druckort und Verleger) 1821. Klein-Octav, 54 Seiten. Gedruckt bei Hochmeister in Hermannstadt.

Der Verfasser gibt in dieser kleinen Schrift die Mängel in den Einrichtungen an, welche im Mittel der sächsischen Nation zur Bildung der Schullehrer für das Land bestehen und läßt darauf S. 24 ff. unter dem Titel: „Bitte und Vorschlag über die Errich„tung einer Anstalt zur Erziehung und Bildung armer Kinder für „den heil. Beruf eines Schullehrers auf dem Lande" — aus seinen Anschauungen verschiedener Einrichtungen für Erziehung und Unter-

---

[1]) Ueber die Veranlassung, den Zweck u. s. w. der Schriften Roth's s. mehr bei Gräser a. a. O.

richt nach dreijähriger Erfahrung einen Plan folgen, wie am leichtesten und zweckmäßigsten im Vaterlande das Landschulwesen zu verbessern wäre.

2. Ode honoribus Spectabilis ac Generosi domini Andreae Krauss de Ehrenfeld, Urbis Sedisque Mediensis Consulis, Installationis die dicatas. (Cibinii 1833.)

3. Rede am Sarge der Frau Sophia Regina vermählten Friedrich Carl Zoppelt, Gymnasial=Lehrers, und erstgebornen Tochter des Herrn Apothekers Traugott Theiß in Mediasch, gestorben den 10. August 5 Uhr Vormittags am Nervenfieber und begraben den 12. d. M. (1836). Zum Andenken der Seeligen für Theilnehmende und Leidtragende in Druck gegeben. 8-o, 15 S. (Ohne Angabe des Jahres und Druckortes. (Hermannstadt 1836.)

4. Der Sprachkampf in Siebenbürgen. Eine Beleuchtung des Woher und Wohin? Kronstadt, Druck und Verlag von Johann Gött 1842. 8-o, 75 Seiten.

 (Motto: „Der Wind bläset, wo er will, und du hörest sein Sausen wohl, aber du wissest nicht, von wannen er kommt und wohin er fährt. Evang. Joh. 3, 8.)

Der Text, im Genre von Jean Paul, berührt nicht selten die äußerste Grenze der damaligen Censursfreiheit. Demnach auf Hofkanzlei=Befehl die siebenb. Landesstelle unterm 5. Oktober 1842 den Kronstädter Magistrat aufforderte, ob Kaiser, der dasselbe zum Druck zugelassen, wirklich Censor sei? und wie sich der Verfasser Doctor und Magister nenne, da ja Doctor= und Magister=Diplome von ausländischen Universitäten anzunehmen, Allerhöchst verboten sei.

5. Wünsche und Rathschläge. Eine Bittschrift für's Landvolk. Vom Verfasser der Zünfte und des Sprachkampfes. Hermannstadt 1843, v. Hochmeister'schen Erben. 8-o V., 99 S.

Der Verfasser handelt darinnen ab: a) Allgemeines S. 1; b) Dreifelder= oder Wechselbau S. 12; c) die Zerbisselung S. 32; d) Musterwirthschaft S. 46; e) Weinbau S. 56; f) Straßenbau S. 84. —

6. Der Geldmangel und die Verarmung in Siebenbürgen, besonders unter den Sachsen. Von dem Verfasser der Zünfte und des Sprachkampfes. Kronstadt 1843 bei Johann Gött, 8-o XVI., 112 S.

Enthält: Vorrede S. III.—XVI. Einleitung S. 3—6. Erste Abtheilung: Der Geldmangel. 1. Allgemeines S. 7—10. 2. Papiergeld S. 10—13. 3. Geldabschlag S. 14—18. 4. Wirthschaftsart S. 18—24. 5. Gläubigerschaft S. 23—30. 6. Gerichtswesen, Rechtsschulen S. 30—52. 7. Christliche Anstalten S. 52—61. Zweite Abtheilung: Die Verarmung. 1. Grund und Boden S. 62—68. 2. Bewegliches Vermögen S. 68—80. 3. Eheliche Verhältnisse S. 80—89. 4. Nachkommenschaft S. 88—105. 5. Politik S. 105—112.

7. Standrede, vor dem Sarge des Superintendenten Johann Bergleiter in Birthälm gehalten (S. 3—9 in den „Stand- und Leichenreden" bei der Beerdigungsfeier weil. des Hochw. Herrn Johannes Bergleiter, evang. Pfarrer in Birthälm und Superintendent der A. C. B. in Siebenbürgen). Hermannstadt 1843, v. Hochmeister'sche Buchdruckerei. 8-o 19 S. — Auf Roth's Standrede folgt S. 10—18 „Leichenpredigt" über 2, Petri 1, 13—15, gehalten von Josef Fabini, evang. Pfarrer in Waldhütten. (Denkblätt. I. 283.)

8. Der Birthälmer Pfarrer und der lutherische Superintendent. Praevisa minus nocent. Kronstadt 1843. Druck und Verlag von Joh. Gött. 8-o 28 S.

Laut Vorrede und Schluß noch im Sept. 1833 geschrieben. Der Verfasser stellt die möglichen Schwierigkeiten der Vereinigung der Wahlen der Birthälmer Gemeinde und der Synode, und die Unbilligkeit der Entziehung der Birthälmer Station rücksichtlich der auf den Mediascher Promotionskreis beschränkten Geistlichen, vor, ohne den Knoten zu lösen, verspricht dieß aber durch ein Projekt[1]), das Sachsenland im Ganzen für alle lutherischen Geistlichen zu einem gemeinschaftlichen Promotionskreise zu machen, thun zu wollen. Der Abhandlung geht S. 5 bis 7, ein kurzer Lebenslauf des im Jahre 1833 verstorbenen Superintendenten Daniel Gräser (Denkblätt. II. 16) vor. —

9. Die Zünfte. Eine Schutzschrift. (Aus der Transsylvania 1851 besonders abgedruckt.) Hermannstadt, v. Hochmeister'sche Buchdruckerei (1843). 8-o 63 S. Mit dem Motto: O fortunatos nimium, sua si bona norint. Aus Virg. Georgic II. 458.

---

¹) S. unten Nr. 12.

10. An mein Volk, ein Vorschlag zur Herausgabe von drei absonderlichen Zeitungen für siebenbürgisch-deutsche Landwirthschaft, Gewerbe, Schul- und Kirchen-Sachen. Vom Verfasser der Zünfte und des Sprachkampfes. Hermannstadt 1843, bei Sam. Filtsch. 8-o 34 S.

Mit diesem Vorschlage verband der Verleger Filtsch die Seite 32—34 angehängte Anzeige über die Herausgabe einer den gewerblichen und landwirthschaftlichen Theil des Vorschlags in sich begreifenden Zeitschrift unter dem Titel: Siebenbürgischer Volksfreund, welche vom 7. Juni 1844 herwärts durch wöchentliche Versendung eines Bogens desselben verwirklicht wurde (s. d. Art. Johann Michaelis).

Für die nemlichen Interessen gab Benigni (Denkbl. I. 102) seit 1. Oktober 1844 mit dem „Siebenbürger Boten" heraus: Das deutsche Volksblatt für Landwirthschaft und Gewerbe in Siebenbürgen, wöchentlich ½ Bogen.

Zur Ausführung des Vorschlages, die Gründung einer Siebenbürger deutschen Schul- und Kirchen-Zeitung betreffend, suchte Roth die Bewilligung zu Ende des Jahres 1845 bei der höchsten Hofstelle an, worauf das Ober-Consistorium der Augsburger Confessions-Verwandten in Siebenbürgen die verlangte Auskunft einsandte. Diese Zeitung kam aber erst im Jahre 1851 zu Stande (s. Denkblätt. II. 2). —

11. Aufklärungen über die Auswanderung nach Siebenbürgen und zwar in denjenigen Theil des Landes, welchen die Deutschen insgemein Sachsen genannt, seit mehr als 700 Jahren eigenthümlich besitzen. Herausgegeben von der Oberverwaltung des siebenbürgisch-sächsischen Vereines zur Hebung der Landwirthschaft. Tübingen, in Commission in der L. Fr. Fues'schen Sortiments-Buchhandlung (Franz Fues) 1847. Kl. 8-o VIII., 80 S.

(Die kurze Beschreibung Siebenbürgens, S. 28—44, ist vom Vereins-Sekretär Joh. Hintz, s. Denkbl. II. 160, verfaßt worden.)

12. Freiheit, Gleichheit und Brüderlichkeit. In Anwendung auf Wahl und Besoldungen der sächsischen Geistlichkeit. Druck von Johann Gött in Kronstadt (1848). 4-o, 8 S.

(Auch in den Blättern für Geist ɩc. vom 6. August 1848 Nr. 32 S. 199—205 aufgenommen und vom Verfasser dem Ober-Consistorium der A. C. B. in Hermannstadt zur Berücksichtigung eingeſchickt.) Durch dieſe Schrift löſte der Verfaſſer ſein Verſprechen wovon oben bei Nr. 8 die Rede iſt.

13. Programm der zu erſcheinenden Schul- und Kirchen-Zeitung für die evangel. Glaubens-Genoſſen in Siebenbürgen. 4-o (Hermannſtadt 1848) 8 S. Unterſchrieben: Meſchen, am 21. September 1848. Siehe Schlußbemerkung zur vorhergehenden Nr. 10.

14. Der deutſche Jugendbund in Siebenbürgen. 1. Deſſen Verhandlungen in Mediaſch am 13., 14., 15. und 16. Auguſt 1848. 2. Deſſen Geſetz. 3. Verzeichniß der Mitglieder. Kronſtadt, Druck von Johann Gött's Buchdruckerei 1848. 4-o, 35 S.

15. Unterſuchungen und Wohlmeinungen über Ackerbau und Nomadenweſen. Aus dem Nachlaſſe St. L. Roth's, mitgetheilt v. Franz Obert. Separatabbruck aus der „Kronſt. Ztg.", Jahrg. 1872. 8-o, 28 S.

Handſchriften von St. L. Roth:

1. Dissertatio de divisione Historiae in genere et transsilvanicae in Specie. 1826.
2. Kurze Geſchichte des Glaubens der Romänen, aus den heiligen Schriften und ſicheren Quellen verfaßt von Joſef Pap Selöſchan von Ilyésfalva ꝛc. Blaſendorf 1845, aus der Druckerei des Seminariums. Aus der romäniſchen Urſchrift wortgetreu überſetzt von St. L. Roth.
3. Bruchſtücke aus der Geſchichte von Siebenbürgen.
4. Einzelne Aufſätze über ſiebenbürgiſche Feldwirthſchaft.
5. Geſchichte Siebenbürgens bis zum Jahre 1699.

Tr. **Sadler Andreas,**

ein Biſtritzer, hatte in Wittenberg ſtudirt, kehrte von da im Juni 1685 in die Heimat zurück, wo er als Rektor am Biſtritzer Gymnaſium lehrte, im Jahre 1690 aber zum Pfarrer in Jaad berufen, hier im Jahre 1715 mit Tod abging.

1. Mysterium Trinitatis ante publicum Christi praeconium a fidelibus N. T. cognitum et creditum ex Cantici Zachariae introductione Luc. I. v. 26 ad v. 38 praes. Io. Deutschmann. Witeb. 4. 16 S.
    Dieſe Streitſchrift ſteht auch in Deutſchmann's Theodosophia p. 65—80.
2. Dissertatio Pnevmatica de Spiritu in communi. Praes. M. Joh. Albrich d. 20. Aug. 1684. Witteb. 4, 20 S.

Tr. **Sadler Georg,**

aus Kaisd gebürtig, wurde Rektor, dann 1593 Prediger in Reps, 1601 Pfarrer in Leblang, 1603 in Stein und 1605 in Kreutz (Villa Crucis), wo er am 19. April 1610 mit Tod abging.

1. Iridos Meteori speciosissimi - Θεωϛια physica, praeside M. Daniele Pelargo d. 14. Kal. Septembr. sine mentione loci (sed Francofurti edita) A. 1592, 4 pl. 1$^1/_2$.
2. Diss. de Persona Christi, qua Respondens eodem Praeside.

S. Christoph. Pelargi Locorum Theologicorum Εξντaϛις Decad. III. Disp. 4.

Tr. **Salzer Johann Michael,**

geboren in Birthälm am 23. Oktober 1823, studirte an der Universität zu Leipzig 1845, wurde Lehrer am evang. Gymnasium, dann Prediger zu Mediasch und nach dem Tode des Birthälmer Pfarrers und Superintendenten Georg Paul Binder von der Birthälmer Gemeinde zu ihrem Pfarrer erwählt am 16. August 1867.

1. Reisebilder aus Siebenbürgen. Herausgegeben von J. M. S., Lehrer an dem evang. Gymnasium und dem damit vereinigten Prediger- und Schullehrer-Seminarium A. C. in Mediasch, Mitglied des Vereins für siebenbürgische Landeskunde, des siebenbürgischen Vereins für Naturwissenschaften zu Hermannstadt und des zoologisch-botanischen Vereins in Wien. Hermannstadt 1860. Druck und Verlag von Theodor Steinhaußen. 8-o VIII. 390 S.

(Seinem Lehrer und Freunde Georg Binder, evang. Pfarrer A. C. in Kaisd, gewidmet.)

2. Zur Geschichte der sächsischen Volksschule in Siebenbürgen. Von J. M. S., Lehrer an dem evang. Gymnasium und dem damit vereinigten Prediger- und Schullehrer-Seminarium A. C. in Mediasch. Erstes Heft. Hermannstadt 1861. Druck u. Verlag v. Theodor Steinhaußen. 8-o, 55 S.

Ein Separat-Abdruck des in dem 1860/61er Mediascher Gymnasial-Programm enthaltenen Artikels, wozu der Verfasser in diesem Separat-Abdruck, S. 51—55, einen Anhang neuhinzugefügter Bemerkungen beigegeben hat.

Zweites Heft. Ebendaselbst 1862. 8-o, gleichfalls vom Jahre 1861/62. Siehe Denkblätter I. 169.

3. Fünfter Jahresbericht des evang. Hauptvereines der Gustav=Adolf= Stiftung für Siebenbürgen über das Verwaltungsjahr 1865/66. Im Auftrage des Haupt=Vorstandes zusammengestellt von J. M. S. Stadtprediger zu Mediasch. Hermannstadt, Buchdruckerei S. Filtsch, 1866. 8-o, 47 S.

Tr. **Sárai Andreas,**

geboren in der Kronstädter Stadtherrschaft Türkös im J. 1793, studirte im Jahr 1807 am evang. Gymnasium zu Kronstadt, wie auch in Preß= burg, war evang. Prediger in Brünn 1815 bis 1817, sofort als zweiter Pastor der evang. Gemeinde nach Bukarest in der Walachei im April 1818 berufen. Als der erste Pastor Johann Klockner am 19. April 1827 nach einer 49=jährigen Amtsverwaltung im 79. Lebensjahre starb, wurde Sárai dessen Nachfolger.

Im Auftrage seiner unter königl. schwedischem Schutze stehenden Kirchengemeinde reiste Sárai, zur Sammlung von Beiträgen für seine Kirche, vom Jahre 1833 bis 1836 durch 3 Jahre und 4 Monate über Constantinopel, Odessa nach Petersburg (wo er 1½ Jahre verweilte), dann nach Stockholm, Kopenhagen, wieder nach Petersburg, sowie nach Moskau, Liefland, Preußen, Sachsen, Wien, Pest und über Hermannstadt und Kronstadt (wo er den 19. März 1836 eintraf) zurück nach Bukarest. Nach einiger Zeit resignirte Sárai sein Pfarramt und leitete dann eine von ihm gegründete Unterrichts=Anstalt in Bukarest.

Er ist im Jahre 1850 in Bukarest gestorben am 10. April n. St. (29. März a. St.) im 57. Lebensjahre. Er schrieb:

Nachricht über die Entstehung, Fortdauer und den gegenwärtigen Zustand der evangelisch=lutherischen Gemeinde zu Bukarest im Fürsten= thume der Walachei. Lasset uns Gutes thun ɾc. Gal. V. 9—10. Zum Besten der evang.=lutherischen Kirche in Bukarest. St. Petersburg, ge= druckt bei E. Hintze 1834. 8-o IV., 76 S.

Den Vorstehern der Bukarester evang.=lutherischen Kirche zugeeignet. Enthält S. 1—39: Geschichte der Gemeinde. — S. 41—55: Kurzer Bericht über den Erfolg der jetzt zum Wohle der evang.=lutherischen Ge= meinde zu Bukarest unternommenen Reise nach Constantinopel, dann durch Rußland nach Stockholm. S. 57—76: Beilage A. Privilegium vom Fürsten Joh. Gregor Ghika vom 29. April 1751. — B. Protektionspatent vom schwedischen Gesandten Celsing vom 29. Nov. 1755. — C. Privilegium vom Fürsten Alexander Johann Ypsilanti vom 4. Juli 1777. — D. Privilegium vom Fürsten Johann Georg Karabscha aus dem August 1814. — E. Königl. schwedische Bewilligung zur Einsammlung einer Kirchen-Collecte in Schweden und Norwegen v. 30. Sept. 1833.

Der erste Pfarrer, welchen uns Sàrai nennt, ist Mich. Wagner der dieses Amt vom Jahre 1730 angefangen bekleidete. Wagner und seine bis 1841 berufenen Nachfolger waren sämmtlich Siebenbürger, — und Sachsen aus Siebenbürgen waren es, welche diese Kirche vorzüglich begründeten. Sàrai meldet S. 6—7. „Zu Anfang des 18. Jahrhunderts wurde die lutherische Gemeinde zu Bukarest als eine Filial = Gemeinde der zu Constantinopel befindlichen evang.=lutherischen Gemeinde betrachtet, denen die zwischen Carl XII. und der Pforte stattgefundene Allianz Schwedens in der europäischen und asiatischen Türkei freie Religionsübung und die Erlaubniß zur Erbauung der lutherischen Kirchen sowohl in Constantinopel, als auch in Bukarest, verschaffte."

Die Zerwürfnisse der Kirchengemeinde = Mitglieder mit Sàrai und dem schwedischen Vice=Consul Honorius Gaubi hatten jedoch die Folge, daß Gaubi dem Vice-Consulat entsagte, dieser Posten gänzlich aufgehoben wurde und der König von Schweden die fernere Protektion dieser Kirche im Jahre 1839 den Mächten von Oesterreich und Preußen überließ.

Es ist zu bedauern, daß uns Sàrai in dieser Schrift nicht einige Nachrichten über Siebenbürger Sachsen, welche sich in der Walachei zu verschiedenen Zeiten hie und da angesiedelt haben, mittheilt, — obschon dies nicht der Zweck seiner vorliegenden Schrift war. Ueberhaupt wäre eine mit Urkunden ausgestattete Geschichte der Sachsen, welche sich vor und nach der Reformation in der Walachei und Moldau angesiedelt haben, eine ebenso interessante, als verdienstliche Arbeit, und des Preises einer gelehrten Gesellschaft, insonderheit des Vereines für siebenbürgische Landeskunde werth[1]). Die mir bekannten hieher gehörigen Nachrichten stehen zerstreut, außer Sàrai's Schrift, in:

Filstich's Historia ecclesiastica Tranniae. Handschrift p. m. 125.
Szegedi Decreta et vitae Regum Hung. p. 260.

---

[1]) Inzwischen ist diesem Wunsche durch Willibald Teutschländer (s. d. Art.): „Geschichte der evang. Gemeinde A. C. in Bukarest" mit Benützung der bis noch bekannt gewordenen Quellen entsprochen worden.

Benkö Milkovia I. 113.
Sulzer Geschichte des transalpinischen Daciens. Wien 1781, I. 330,
II. 100, III. 641.
Molnár Magyar Könyvház III. 415.
Ungarisches Magazin III. 90, 93, 201, 206, 45, 147, 148, 155.
Engel's Geschichte der Walachei und Moldau I. 115.
Dr. Wolf's Beschreibung der Moldau. I. 69—71, 168, 169.
Marienburg's kleine Siebenbürgische Geschichte. S. 191.
Marienburg's Siebenb. Geographie. II. 139.
Satellit des Siebenb. Wochenblattes 1845, Nr. 25, 26.
Blätter für Geist, Gemüth und Vaterlandskunde. Kronstadt 1846.
Nr. 21, S. 154 — und 1847 Nr. 36, S. 284.

Tr. **Sartorius Johann,**

Sohn des zu Holzmandel verstorbenen Pfarrers gleichen Namens, geboren 1710, studirte in Hermannstadt, sowie in Jena 1732 und an andern auswärtigen höhern Lehranstalten. Er war eine Zeitlang Haus-Informator bei dem Grafen Otto im Holsteinischen. Als vortrefflicher Musikus wurde er nach seiner Rückkehr zum Stadtcantor, nachher aber zum Conrector und endlich zum Prediger an der Klosterkirche zu Hermannstadt ernannt. Als Pfarrer von Thalheim, wohin er von Hermannstadt den 13. Januar 1750 erwählt worden war, erhielt er im Jahre 1759 den Beruf nach Deutsch-Kreutz (Villa Crucis), im Schäßburger Stuhl, und starb daselbst im August 1787 als Dechant des Kaisder Kapitels.

Er hinterließ im Manuskript außer vielen Musikalien zum Gebrauch bei dem öffentlichen Gottesdienste:

1. Manuale rerum ecclesiasticarum et politicarum, Personarum ecclesiasticarum cum statum tum officia concernentium, ex Actis Synodicis potissimum, nec non monimentis publicis, auctoribus quibusdam probatis et jure municipali patrio, excerptarum, ad promovendam sacri muneris ευταξιαν in usum proprium adornatuma Jo. Sartorio, Past. Cruc. et Ven. Cap. Kisd. Synd. A. o. r. 1763.
2. Synopsis rerum ecclesiasticarum et politicarum ad persouas ecclesiasticas A. C. in Trannia, qua statum, immunitates et officia pertinentium. Ex Actis synodicis, autoribus probatis, aliisque monimonimentis publicis excerptarum, seu Manualis in hac materia con-

scripti Illustratio et augmentum ad promovendam sacri muneris ευταξιαν tradita per Joh. Sartorium Pastorem Crucensem et Ven. Capituli Kisdensis Syndicum. Anno o. R. 1768. Handschrift in 2 Foliobänden, woraus des Verfassers Manuale zum Handgebrauch verfaßt ist. (Enthält viele Entscheidungen einzelner Fälle aus den Synodal=Artikeln, im Besitz des Bekokiner Pfarrers Häner.)

Tr. **Sartorius Johann Georg,**

ein Siebenbürger Sachse hat herausgegeben:

Hungarorum Magyar betegség, hoc est: de morbo militari, Hungarico dicto. Bamberg an. 1684, fol.

Tr. **Scaevola (Schlemm) Paul,**

aus Hermannstadt, studirte in Wittenberg 1616.

De Categoriis generatim ac speciatim consideratis, sub praes. M. Zachariae Florvelli d. 29. Maji. Witteb. 1616. 4-o, 20 Seiten.

Tr. **Schaller Siegfried Traugott,**

geboren in Bistritz am 29. Juli 1802, zog als Schneidergesell in die Fremde, studirte, und kam als Doctor der Medizin heim.

Er starb am Typhus im 48. Lebensjahre zu Bistritz am 11. Jänner 1850.

Diss. inaug. medico ophthalmologica in Tabulis sistens: Prospectum synopticum omnium oculi morborum. Praes. D. Franc. Flarer Therapiae et Clinices oculariae P. P. et O. pro Doctoris Medicinae laurea consequenda in Universitate Ticinensi m. Septembri a. 1837 cum thesibus adnexis Eruditorum disquisitioni submissa. Ticini Regii ex Tipografia Bizzoni. (Gr. 4-o, 8 S. und 4 Folio=Tabellen.

(Dem Bistritzer Distrikts=Richter Johann Emanuel Regius, welcher den Verfasser auf der Universität mit Geldmitteln unter= stützt hatte, aus Dankbarkeit zugeeignet.)

Tr. **Schankebank Johann,**

geboren in Bistritz am 15. September 1708, bezog die Universität in Halle 1729 im Juli, wurde Stadtphysikus in Bistritz, darnach auch Senator daselbst 1745, sowie auch Divisor, heirathete am 29. November 1741 die Dorothea Seivert von Rosenberg und starb am 27. November 1783 im 76. Lebensjahre.

Dissertatio inaug. medica Generalia Monita circa Prognosim rite instituendam tradens. Praeside Joanne Junkero. Halae Salicae litteris Grunertianis 1733 in 4-o, 42 Seiten.

Seiv. **Scharsius Andreas,**

Superintendent der evang. Kirchen A. B. und Pfarrer zu Birthälm. Er stammte aus einem Geschlechte zu Mediasch, das der Kirche verdienstvolle Männer geschenkt hat; nur über unsere Zeiten falle der Vorhang. Wittenberg war die hohe Schule, auf welcher er sich um das Jahr 1683 zum Dienste seines Vaterlandes vorbereitete. Hier vertheidigte er auch unter dem Vorsitze des Johann Deutschmann eine öffentliche Streitschrift: Mysterium SS. Trinitatis a primis N. Test. Fidelibus, ante Christi praeconium, cognitum et creditum, ex Cantici Mariae consideratione, Lucas Cap. I.[1]) In seinem Vaterlande verwaltete er das Rektorat der Mediascher Schule bis in das siebente Jahr und gab ihr einen Glanz, den sie nachher nicht mehr erlangt hat. Den 26. Juli 1694 wählte ihn die Gemeinde zu Meschen zu ihrem Seelenhirten. Hier lebte er bis 1708 und war zugleich Synbikus der geistlichen Universität. Den 2. Februar desselben Jahres ward er nach dem Tode des Lucas Hermann zum Pfarrer in Birthälm und zum Superintendenten der ev. Kirchen A. B. erwählt.

So war durch beinahe 3 Jahrhunderte der Brauch[2]). Da einerseits die Superintendentur an das Pfarramt in Birthälm gebunden war, andererseits alle sächsischen Gemeinden nach dem Privilegium König Andreas II. die freie Wahl ihrer Pfarrer haben: so erwählten auch die Birthälmer sich zuerst einen Pfarrer, und dieser wurde dann von den Dechanten der

---

[1]) S. Deutschmann's Theosophia. S. 49—64.
[2]) Verhandlungen der vierten Landes-Kirchenversammlung 1867. Hermannstadt, 1868. S. 50—79.

sächsischen Kapitel zum Superintendenten erwählt. Da aber dies leicht eine Quelle schädlicher Folgen werden könnte: so werden der Birthälmer Gemeinde solche Candidaten gegeben, in deren Wahl sich die geistliche Universität beruhigen kann. In einer Synode vom 8. November 1666 wurde jedoch beschlossen: Nach Absterben des Superintendenten sollte in den ersten oder folgenden 15 Tagen sein Nachfolger erwählt werden, ohne die Wahl des Pfarrers zu Birthälm abzuwarten. Erfolgte diese früher, so sollte der neuerwählte Pfarrer nach altem Gebrauch den Ruf nicht annehmen und nicht nach Birthälm übersiedeln, bis nicht der Superintendent erwählt wäre. Fiel die Wahl der Universität auf ihn, so waltete natürlich auch gegen den Antritt kein Hinderniß; anderenfalls sollte er die empfangenen Kirchenschlüssel in anständiger Art der Gemeinde zurückschicken und freiwillig dem Rufe entsagen, damit nicht daraus der geistlichen Universität Verbießlichkeiten, Zänkereien, Gefahr und Schaden entstünden.

Scharsius' Amtsverwaltung war von kurzer Dauer. 1710 befiel ihn auf der Kanzel ein tödtlicher Schlagfluß und er starb den 2. Februar. Von seinen hinterlassenen Schriften kann ich folgende anführen:

1. Neuer und alter Almanach auf das Jahr 1689, auf Siebenbürgen gestellet von Andreas Scharsius, Mediens. Philo-Mathemat. et p. t. Scholae patriae Rector.
2. Disp. Theologico-Logicae solennioris, Musis Mediensibus in exordio anni paulo post nobis inituri, qui Epochae Bedianae, M. DC. XC. numerabitur — Respondente Thoma Scharsio, ejusdem Gymnasii studioso, strenae nomine dicandae, Theses: de Misterio SS. Trinitatis, termino item homonymico et per se apto in complexo consentaneo tam synonymico, quam paronymico. Stephanopoli (Kronstadt), typis Mich. Hermanni, in 4-o.
3. Positiones Theologico-dialecticae, de essentia Dei absolute considerata et hanc consequentibus attributis absolutis; classibus item praedicamentalibus, disputatione solemniori in Gymnasio Mediensi, praeside — respondente Valent. Filkenio, ejusdem Gymnasii studioso, ad diem — Julii 1690. Coronae, in 4-o.
4. Disputationes Theologico-Dialecticae, a Gymnasio Mediensi Honori novi sui Inspectoris primum se invisuri, Dn. Stephani Gundhardi, Ecclesiae hactenus Sabesiensis Antistitis vigilantissimi, Capituliique Ante-Silvani Decani — jam nunc Mediam, urbem patriam translocati ibidemque coetui sanctiori solenniter praefecti Pastoris pri-

marii — dicatae Theses de attributis Dei operativis, Termino, item incomplexo dissentaneo, atque complexo. Respondente Daniele Schulero, Mediensi, AA. LL. Studioso, ad diem 13. Dec. 1691. Coronae typis Mich. Hermanni, in 4-o.

5. Disputatio Theologico - Dialectica, circa opera divina in genere, et creationem ac providentiam in specie; itemque enunciationem ut sic, ejus partes et harum proprietates, in Gymnasio Med. habita, respondente Simone Drauth, Patricio Coronensi. A. 1693. Coronae, in 4-o.

6. Privilegium et Acta Publica Ecclesiastica. II. Volumina. Mscr.

7. Ordinata digestio Status Saxo-Ecclesiastici in Transsylvania, inde a tempore reformationis usque ad hodiernum diem continuata, cum appendice Censuum cathedraticorum, testamentorum, inventariorum, aliorumque ejusmodi Capitulorum Fratribus incumbentium, vel percipiendorum — adornata ab Andr. Scharsio, Past. Muschnensi et A. V. E. (Almae Universitatis Ecclesiasticae) t. t. Syndico. A. 1706. Mscr.

Dieses Werk ist nachgehends von Mag. Georg Haner, Generalsynbikus und Stadtpfarrer zu Mediasch, erneuert worden [1]).

8. Compendium Actorum synodalium inde a reformationis tempore a Pastoribus Saxonicis Augustanae Confessionis invariatae in Transsylvania addictis, consignatorum, adornatum a — Mscr.

Auch diese Handschrift hat M. Georg Haner fortgesetzt, und nach dessen Tode Nathanael Schuller, Stadtpfarrer zu Mediasch.

9. Relatio de quorundam Pastorum Saxon. Cripto - Calvinismo. Mscr. Tr.

10. Privilegiorium Congeries in gratiam, et benevolam animi contestationem erga Perillustrem Gener. et Spect. D. D. Johannem Hosmanum ab Rothenfels Sacr. C. R. M. Consiliar. Act. Int. Gub. Regii et Taxatorem et Metropol. Trann. Senatorem etc. Dominum et Fautorem suum longe observandissimum, adornata ab Andrea Scharsio Eccl. Birth. Antist. ejusdemque ac reliquarum Saxo-Evangelicarum per Tranniam Superintendente. Manuscript, enthält die Abschriften von 30 meist dem Siebenb.- sächsischen Clerus ertheilten Privilegien.

---

[1]) Auszüge daraus stehen in Benkö: Milkovia I. 274 fg.

11. Compendium Privilegiorum ecclesiasticorum, im Auszuge aus Filstich's
Historia Ecclesiast. Transsilv. cap., aufgenommen in Benkö's Milkovia II, 344—349.

Tr. **Scharsius Thomas,**

war der Bruder des Superintendenten Andreas Scharsius, welchem er im Mediascher Schul=Rectorat im Jahre 1695 und im Marktschellerpfarr=Amte im Jahr 1708 nachfolgte. Beide Brüder waren in Bonnesdorf geboren, aber in Mediasch erzogen worden. Thomas Scharsius verließ das Mediascher Gymnasium im Jahre 1690, widmete vier Jahre dem Studium der Theologie und Philosophie zu Wittenberg, gab darnach selbst eine Zeitlang mehreren Studirenden in beiden Wissenschaften Unterricht zu Nürnberg, wohnte an einem Orte nächst Nürnberg, wo Juden freie Religionsübung hatten (wahrscheinlich Fürth), diesen Uebungen in Synagogen bei, um die hebräische Sprache und gottesdienstlichen Gebräuche derselben besser kennen zu lernen, und kehrte auf das Verlangen seiner Gönner im Jahre 1695 in das Vaterland zurück, wo er gleich am 29. Juli desselben Jahres das Mediascher Schul=Rectorat antrat [1]).

In Wittenberg vertheidigte er die Streitschriften:
1. Memorabilia aliquot Transsylvaniae. Praes. M. Joh. Francisci d. 16. Apr. 1690. Witteb. f. Denkbl. I. 335—336.
2. Ex Philosophia divina de adessentia Dei extramundana. Praes. Hermanno Petraeo d. 23. Apr. 1692. Witteb. 4-o. 16 S.
3. De proprietatibus festi victoriaeque paschalis paradisiacis. Praes. Joh. Deutschmann d. 27. April 1693. Witteb. 4. 16 S.

Seiv. Als Schul=Rector in Mediasch gab Thomas Scharsius bei Gelegenheit einer öffentlichen Schulprüfung heraus:
4. Quod diligentibus Deum et sapientiae studiosis faustum ac salutare esse cupit! ΣΚΙΑΓΡΑΦΙΑΝ totius Philosophiae praeliminarem, in gratiam et usum discentium suorum breviter conscriptam, occasione examinis publici, in celebri Gymnasio Reglae Civitatis Mediensium, disputandam sistit, Thom. Scharsius, Gymn. Rector, respondente Sam. Conradi, Metaph. et Theol. Cultore. A. 1696, dieb. Dec. Coronae, typis Lucae Seulers, in 12., 93 S.

---

[1]) S. Andr. Gräser's Gesch. Nachrichten über das Mediascher Gymn. S. 131.

Tr. **Schaser Johann Georg,**

von bürgerlichen Eltern geboren in Hermannstadt am 21. August 1792, studirte in den unteren und oberen Klassen des evang. Gymnasiums zu Hermannstadt und vom Anfang des Jahres 1814 bis Ende des Jahres 1815 an der Universität in Tübingen. Nach seiner Heimkehr ward er Gymnasiallehrer in seiner Vaterstadt, heiratete 1822 Justine Lazar und benützte die Gelegenheit seiner Privat-Anstellung als Lehrer im Hause des Freiherrn Josef Bruckenthal b. ä. zum Gebrauch der vom Freiherrn Samuel Bruckenthal hinterlassenen Bücher und Schriften. Dadurch wurden seine Forschungen auf dem Gebiete der sächsischen National- und Kirchengeschichte mächtig gefördert. Mit rastlosem Eifer setzte er diese auch in seinem Berufe als Prediger zu Hermannstadt fort und brachte eine ansehnliche Sammlung aus den sächsischen National-Archivs-Urkunden und Protokollen verfaßter Abschriften zu Stande, welche er in der Freiherr Samuel Bruckenthal'schen Bibliothek aufzubewahren letztwillig verordnet hat. Nachdem er sich durch seine Donnerstagspredigten, Fastenreden und Christenlehren in Hermannstadt einen guten Namen erworben hatte, ward er am 6. Februar 1835 von der evang. Gemeinde in Thalheim zu ihrem Pfarrer berufen, der er bis zum Ende des Jahres 1859 eifrig diente und durch eigenes Beispiel in Liebe und Rechtschaffenheit vorleuchtete. Fleißig besuchte er die Capitular-Versammlungen und hielt an der historischen Rechts-Verfassung der Kirche, bei nothwendigen Neuerungen stets auf den Gang naturgemäßer Fortentwicklung hinweisend. In diesem Geist führte er das Dekanat des Hermannstädter Capitels vom 25. Juni 1856 bis zum Ende des Jahres 1858, wo ihn eine andauernde Brustkrankheit zur Ablegung der Dekanatsgeschäfte nöthigte. Wegen Zunahme dieses Uebels vermochte er bald nachher auch sein Pfarrers-Amt nicht mehr mit der gewohnten Gewissenhaftigkeit zu verwalten und zog sich im Dezember 1859 in die Stille des Familienlebens nach Hermannstadt zurück, indem er um Bestellung eines Pfarrers-Substituten ansuchte, wozu denn auch sofort nach erlangter Bewilligung der Hermannstädter Gymnasiallehrer Wilhelm Capesius gewählt wurde. Schaser erlag seinem Brustleiden in Hermannstadt am 13. März 1860. — In die Zeit seiner Amtswirksamkeit als Capitels-Dechant fiel die Einführung der „Provisorischen Vorschrift für die Vertretung und Verwaltung der evang. Landeskirche A. B. in Siebenbürgen vom 27. Februar 1855." In dem Saale, wo vorher die sächsische Nations-Universität ihre Versammlungen gehalten hatte, eröffnete Schaser mit einer auf die Reformations-Geschichte und die historische Bedeutung des Hecht'schen (nun National=) Hauses zurückblickenden Rede die erste Bezirks=Kirchen=Versammlung in Hermannstadt und vollzog die in seinem Capitel lange unterbliebenen Kirchen-Visitationen fast in allen Gemeinden des neuen Hermannstädter Bezirks [1]).

1. De jure Flandrensi Saxonum Transsylvanorum Dissertatio. Cibinii, typis Mart. de Hochmeister 1822. 8-o, 35 S.
2. Denkwürdigkeiten aus dem Leben des Albert Huet, Hermannstädter Königsrichters. Ein Beitrag zur Geschichte seiner Zeit. In der Zeitschrift „Transsilvania", herausgegeben von Benigni und Neugeboren, II. 97—165.
3. Das Wiederaufleben der evang.=lutherischen Kirche zu Klausenburg. Ein Beitrag zur siebenb.=sächsischen Kirchengeschichte. In dem Archiv des Vereins für siebenb. Landeskunde, II. 53—77.
4. Geschichte des Hermannstädter Capitels. Hermannstadt, gedruckt bei Georg v. Closius, 1848. 8-o, 37 S.
5. Denkwürdigkeiten aus dem Leben des Freiherrn Samuel v. Bruckenthal, Gubernators von Siebenbürgen. Aus archivarischen Quellen gesammelt. Hermannstadt 1848, gedruckt bei G. v. Closius. 8-o, XIV. 123 S. und Anhang 74 S.
   (Angezeigt in der „Transsilvania" 1847, Nr. 103, S. 440.)
6. Versuch zu einem kirchlichen Staatsrecht der Siebenbürger evang. Sachsen A. B. Eine Handschrift auf 39 Folio-Seiten, dem Ober-Consistorium am 1. Februar 1852 eingereicht.

Tr. **Schatzberg Johann Edler v.**

kam unter der Regierung Kaiser Josef II. als siebenb. Landes=Buchhalter nach Hermannstadt und bekleidete diese Stelle bis zu seinem nach dreißigjähriger Dienstleistung in Siebenbürgen erfolgten Tode. Sein Vater Johann Georg Tallafus war Hauptmann im Darmstädtischen k. k. Dragoner-Regiment und wurde im Jahre 1759 mit dem Prädikate von Schatzberg von der Kaiserin-Königin Maria Theresia geadelt.

---

[1]) S. Heinrich Schmidt's Siebenb. Quartalschrift 1860. S. 195—196.

Er selbst starb in Hermannstadt um das Jahr 1792 und hinterließ einen Sohn, Thaddäus, der als Concipist des k. k. General=Commando's in Hermannstadt pensionirt, daselbst in dem Alter von 74 Jahren am 24. Jänner 1837 mit Tod abging. Der Sohn des Letztern, Carl von Schatzberg, erhielt als k. k. Feld=Kriegs=Sekretär desselben General=Commando's das noch von seinem Vater angesuchte siebenb. Indigenat, legte in öffentlicher Landtags-Sitzung am 20. März 1838 den gesetzlichen Eid in dieser Eigenschaft ab[1]) und starb als k. k. Ministerialrath im Ruhestande zu Wien am 6. Juli 1864 im gleichen Alter von 74 Jahren.

Von dem Landesbuchhalter Schatzberg hat man
1. Neues methodisches Rechenbuch oder gründliche Anleitung zur Rechenkunst, in welcher alle allgemeine Rechnungsarten nach einer meist neuen und sehr leichten Art mit Beispielen und vielen noch nicht vorgekommenen Behelfen zu finden sind. Mit beigefügten Tabellen über das große Einmal=Eins der Wurstabellen über die erbländischen Münzen und einer Tabelle über die Capitalien und laufenden Interessen nach dem Jahr, Monaten und Tägen. Hermannstadt, bei Hochmeister, 1787. 8-o, I. Theil 246 S., II. Theil 214 S. nebst dem großen Einmal=Eins auf einer großen Tabelle.

Vermuthlich ist Schatzberg auch der Herausgeber des folgenden Buch's
2. Auszug aus beiden Theilen der Anleitung zum Rechnen, welche zum Gebrauche der deutschen Schulen in den k. k. Staaten sind herausgegeben worden. Ebendaselbst ohne Jahresangabe. 8-o, 75 S.

(Zum Gebrauch der siebenb. Normalschulen herausgegeben.)

Tr. ## Scheint Daniel Gottlieb,

geboren in Mediasch am 8. September 1772, Doctor der Medizin und Stadt= und Stuhls=Physikus zu Mediasch, starb daselbst am 2. Juli 1835. Er hatte das Gymnasium in Mediasch absolvirt und war in Wien zum Doctor der Medizin promovirt worden. Unter Kaiser Josef II. Regierung bekleidete er die Stelle eines Physikus im Szolnoker Comitat, nach Herstellung der alten Verfassung aber 36 Jahre hindurch die Physikatsstelle in Mediasch mit großer Rührigkeit und Gewissenhaftigkeit. Als

---

[1]) Siebenb. Landtags-Protokoll vom Jahre 1810/11, S. 805 und 991 und 1837/38, S. 682.

die Kuhpocken=Impfung noch nicht anbefohlen war, verschaffte er
sich Impfstoff aus England und wandte denselben mit großem Eifer
an, unbekümmert um die damals herrschenden Vorurtheile. Mit uner=
müdlicher Sorgfalt suchte er das Loos der Bevölkerung der Mediascher
Gefängnisse zu lindern. Der Beifall Kaiser Franz I. wurde ihm wieder=
holt und noch in seinem letzten Lebensjahre zu Theil. Die Bibliothek des
evang. Gymnasiums in Medlasch verdankt ihm mehrere werthvolle Werke
und das Mineralien=Cabinet dieses Gymnasiums die meisten, zum Theil
ausgezeichnet schönen Stücke, der evang. Schulfond aber eine Schenkung
in baarem Gelde [1]).

1. Die Heilquelle von Borßék, nach eigenen Erfahrungen in Kürze be=
schrieben von einem praktischen Arzt. Mit dem lithographirten
Situationsplan des Borßéfer Sauerbrunnens. Pest 1825, Kl. 8-o,
56 S. Die 1. Aufl. erschien in Wien bei Wallishauser 1824, 8-o.

2. Anzeige, das Kohlensaure Borßéfer Gesundheitswasser betreffend in
Beziehung auf die Cholera morbus (Brechruhr). 4-o, 6 Seiten, ohne
Angabe des Druckortes (Kronstadt 1831). Einige Exemplare schließen
mit: „Borßék den 24. Oktober 1830. Georg Duldner, Pächter in
Borßék und octroirter Verschleißer." Anderen fehlt dieser Schluß,
wogegen solchen eine Zueignung von Duldner „an das k. k. russische
Ministerium des Innern und die medicinische Fakultät zu St. Peters=
burg" vorgesetzt ist. Der eigentliche Inhalt rührt von Dr. Scheint.

3. Das Land und Volk der Szekler in Siebenbürgen in physischer,
politischer, statistischer und geschichtlicher Hinsicht. 1. und 2. Theil:
Die Landes= und Volkskunde. Nebst einer (vom Verfasser gezeichneten
geographisch=hydrographischen General=) Karte des Szekler Landes.
Pest 1833, 8-o, VIII., 212 und Register 2 S.

In der Beilage Nr. 3 vom 31. März 1834 zu den „Blättern
für literarische Unterhaltung" (Brockhaus in Leipzig, 4-o) S. 372
wird darüber gesagt: „Der Verfasser hat mit vielem Fleiß gesammelt,
„auch eine zum Verwundern reiche Literatur beigebracht; dieses Land
„liefert aber weder in physischer, noch ästhetischer, noch historischer,
„noch politischer Hinsicht das Mindeste, was von der Ferne aus
„ansprechen könnte."

---

[1]) S. Andreas Gräser's: Geschichtliche Nachrichten über das Mediascher Gymnasium. S. 127.

Tr.   **Schelker Benedict,**

ein Hermannstädter, welcher als Pfarrer zu Neudorf im März 1642 seine irdische Laufbahn vollendete. (Siebenb. Provinzial=Blätter II. 205).

Als er zu Rostock studirte, vertheidigte er die Streitschrift:
Demonstratio theologica Deum essentia unum ὑποςασει esse trinum.
Praes. Tarnovio, 8-o.

Tr.   **Schell Carl,**

geboren am 2. August 1834 zu Iba, wo sein Vater Pfarrer war, studirte am Seminar zu Mediasch und lebt nun als Lehrer an der Elementarschule in Bistritz.

Handfibel nach der reinen Schreiblehrmethode für die evang.=lutherischen Volksschulen des Nösnerlandes. Herausgegeben von Carl Schell, Elementarlehrer in Bistritz. Leipzig, Friedrich Brandstetter 1863. 8-o, 125 S.

Die 2. Auflage: „Handfibel nach der neuen Schreib=Lehr=Methode für die evang.=lutherischen Volks= und Elementarschulen des Siebenbürger Sachsenlandes. Herausgegeben von C. Schell, Elementarlehrer in Bistritz. 2. verbesserte und vermehrte Auflage. Hermannstadt, Buchdruckerei S. Filtsch 1867. 8-o, 128 S.

(Lobend angezeigt in Obert's „Schul= und Kirchenbote" 1868. S. 30).

Tr.   **Schellenberger Martin,**

aus Mediasch gebürtig, ein Stiefsohn des dasigen Raths=Aeltesten Jakob Kirschner, war Rector in Mediasch 1631—1634 und starb als solcher 1634 daselbst.

Disputatio ex Nicomacheis Ethicis VIII. de Sapientia et Prudentia, ceterisque Rationis Virtutibus. Praeside Cunrado Grasero Rect. Gymn. Thorun. d. 19. Jan. Thoruni 1628. 4-o, 24 S.

Seiv.   **Schesäus Christian,**

kaiserlicher gekrönter Dichter, Stadtpfarrer zu Mediasch und Generaldechant. Dieser verdiente Gottesgelehrte war zu Mediasch geboren, woselbst sein Vater, Stephan Schesäus, die Stuhlsrichterwürde bekleidete. Die ersten Gründe der Wissenschaften lernte er in Kronstadt, begab sich hernach auf die hohe Schule zu Wittenberg, wo seine Muse ihm den Dichterkranz erwarb. Hier lebte er um das Jahr 1556. Nach seiner Zurückkunft wurde er Diakonus zu Klausenburg; als solcher wünschte er 1558 dem Franz Davidis, wegen seiner bisherigen Verdienste um die Religion und erhaltenen Ehren, in einem lateinischen Gedichte Glück. In der Folgezeit erhielt er die Pfarre zu Tobiasdorf im Mediascher Stuhle und weihte seine Muse der Dichtkunst und andern gelehrten Beschäftigungen. Dieses erwarb ihm einen Ruhm, der nicht unbelohnt blieb. Als sich seine Vaterstadt ihres Seelensorgers durch den Tod des Georg Salburger beraubt sah, erwählte sie ihn 1569 zum Stadtpfarrer, welche Würde er nebst dem Generaldekanat bei den verwirrtesten Zeitläuften mit großer Klugheit und Treue bis 1585 verwaltete. In diesem Jahre aber ward er nach dem Zeugnisse seines Grabmals den 30. Juni ein Opfer der Sterblichkeit[1]). Nach David Hermann's und Haner's Urtheil ist Schesäus einer der glücklichsten und scharfsinnigsten Dichter. Sollte ich aber seine Gedichte beurtheilen dürfen, so würde ich sagen: seine Schreibart ist fließend, aber der poetische Geist fehlt ihr.

Seine hinterlassenen Schriften sind:

1. De Resurrectione mortuorum et Judicio extremo, deque vita aeterna. Elegiae quatuor, quibus corruptissimi hujus Saeculi mores ad poenitentiam invitantur. Addita est: Oratio, continens Historiam vitae Clariss. Viri, Leonardi Stöckelii. Witebergae, excudebat Jac. Lucius Transilv. A. M. D. LXIII. in 4.

2. Epithalamium in honorem nuptialem Dni Casparis Baekes de Korniat, S. R. M. supremi Cubicularii, ejusque sponsae Generosiss. Annae, egregii Dni Wolfgangii de Harianna, filiae, scriptum a — M. D. LXVII. Albae Juliae, ex Regii typographi officina typographica, Raphaelis Hoffhalteri in 4-o.

3. Ruinae Pannonicae, Libri quatuor, continentes Statum Reipublicae et Religionis in Ungaria, Transsylvania, vicinisque regionibus, imperante Joanne Secundo, Electo Rege Ungariae etc. — Addita est, Historia de bello Pannonico Solymanni Imp. Turcorum, ultimo: Juliae et Zygethi expugnationem continens. Autore Christ. Schesaeo,

---

[1]) Die Grabschrift lautet: „Epitaphium in Obitum Reverendi ac Clarissimi Viri domini Christiani Schesaei Pastoris Mediensis et P. C. qui obiit A. 1585 die Junii XXX. (J. Haner's Advers. I. 195).

Mediensi Transyl. — Jerem. V. Cap. Ecce ego adducam super vos gentem de longinquo — et conteret urbes munitas tuas, in quibus tu habes fiduciam, gladio. — Witeb. excud. Clemens Schleich et Anton Schöne. A. M. D. LXXI. in 4-o.

Die vier Bücher haben folgende Ueberschriften:

Lib. I. Testamentum Joannis Regis; Ferdinandi et Reg. Isabellae dissidium de Regno Hungariae; nec non Budae per Solymannum Imp. Turc. Occupationem; insuper Valentini Török et Steph. Majláth cap. tivitatem, variasque insidias Fratris Georgii, Thesaurarii, contra Reginam et filium Regis infantem, continens.

Lib. II. Germanorum in Ungariam adventum; Reginae cum filio dimissionem; Lippae expugnationem et tragicam mortem Fratris Georgii Thesaurarii, continens.

Lib. III. Continens Historiam de capto Themesváro et interitu praestantiss. herois, Stephani Losonczi.

Lib. IV. De Rebus ad Agriam gestis, A. 1552. — Hierauf folgt: De Bello Pannonico Solymanni Imp. Turc. ultimo. Libri tres. Continentes Julae et Zigethi expugnationem, nec non Seren. atque Inclyti Regis Ung. Joannis II. ad imp. Turcorum profectionem; ejusdem de Tartaris gloriosam victoriam. Das erste Buch hat keine Ueberschrift; das zweite handelt von der Eroberung der Festungen Jula und Sigeth und das dritte von dem Siege Johann II. über die Tartaren. Nun beschließen: 1. Epitaphium Nicolai Serinii; 2. Ad Lectorem, Laurent. Parvus, (Klein) Bistriciensis; 3. Aliud, Francis. Valentini, Mediensis; 4. Aliud, Simon. Hermanni, Mediensis; 5. Ἐγκωμιαςικον Historiae gentis Pannonicae et Transylvaniae, Laurent. Kerzius, Coron. und 6. Carmen heroicum in commendationem Poetices et IV. Librorum, de Ruina Pannoniae Dn. Christ. Schesaei etc. scriptum a Martin. Hentio, Cibin. Witebergae M. Apr. 1569. — Hermann in seinen Annalen behauptet: Schesäus habe 12 Bücher geschrieben, davon 6 zu Wittenberg gedruckt worden, die übrigen 6 aber habe er durch den Grafen Kendi 1584 dem Könige von Polen, Stephan Batori, bei Gelegenheit einer Gesandtschaft überschickt. Wie viel aber von dieser Nachricht gegründet

---

¹) Mit einer Zueignungsschrift an die siebenb. Woiwoden Franz Forgátsch und Stephan Bátori.

fei, weiß ich nicht. So viel ist gewiß, daß von den Ruinis Pannon. nur 4 Bücher zu Wittenberg herausgekommen sind und dieses nicht 1573, wie Czwittinger in Bibl. Script. R. H. S. 20 berichtet. Uebrigens ist dieses Werk in heroischen Versen geschrieben und sehr selten zu finden.

Tr. Eine zweite Ausgabe der vier ersten Bücher (ohne die übrigen in der ersten Ausgabe vorkommenden Gedichte) ist mit J. K. Ebers gelehrten Anmerkungen, Excursen und zwei Registern auf Kosten der damals bestandenen siebenbürgischen philohistorischen Gesellschaft im Jahre 1797 zu Hermannstadt herausgegeben. (S. Denkblätter I. 272.)

Die schon im Jahre 1581 gedruckten vier Bücher wollte nebst den 3 Büchern de bello Pannonico Solymanni schon Mathias Bel in der zweiten Decade des 2. Theils seines Adparatus ad Historiam Hungariae wieder herausgeben haben. S. „Zeitschrift von und für Ungarn" 2. Bd. S. 313. Vgl. Horányi Memoria Hung. I. 198.

In seiner Zueignungsschrift an die Woiwoden Forgátsch und Báthori gibt Schesäus den Zweck der Ruinarum Pannonicarum also an: ut aliae exterae Nationes ab illuvie Mahometica immunes et liberae, gemitus et planctus compeditorum sedentium in tenebris et in umbra mortis exaudiant et ad commiserationem excitentur, ut Serenissimi Regis Hungariae Johannis II. merita in patriam nostram aliis etiam, ad quos vix obscura horum pervenit fama, conspectiora fierent.

Die übrigen Bücher der Ruinae Pannonicae, welche nur noch in Handschrift vorhanden sind, enthalten:

Lib. V. Reditus Germanorum et Hispanorum militum in Tranniam, qui Duce Joanne Baptista Castaldo ad occupandam Tranniam venerant anno 1552, 1553, 1554, 1555, 1556.

Lib. VI. Destructio arcis Küküllövárensis, Petri Petrovii tempore varia acta tam in Republica, quam ecclesiastico statu, ubi primum Sacramentariorum dogma et error Francisci Staukari in Hungaria et Transsilvania doceri coepit; item testamentum et obitus Petrovii; praeterea tragica historia Annae Kendiae [1]); adhaec tristia trium

---

[1]) Kömmt auch für sich in Handschrift unter dem Titel vor: „Historia Annae Kendiae conjugis magnifici Joannis Török, capitis damnatae ob adulterium commissum cum Joanne Szalánczio juniore, Provisore arcis Hunyad in Transylvania anno D. 1552."

illustrium virorum Francisci et Antonii Kendiorum fratrum et Francisci Bebeki, jussu Reginae Isabellae (ob affectati regni suspicionem) clam per insidias misere et crudeliter trucidatorum casus; postremo Reginae excusatio facta ejusque testamentum, obitus et sepultura Annis 1557, 1558, 1559.

Lib. VII. Defectio Melchioris Balássae a fide regia causaeque defectionis. Unde septennale bellum exortum est, ac multae arces dirutae, utpote Dyod, Letha etc. insuper cruentum proelium ad arcem Haddad inter Regios et Balassam, rebellio denique Siculorum Trannicorum et tragicus casus Despotae Moldaviensis Vayvodae Jacobi Heraclidis Basilici, qui a seditiosis suis militibus ad interficiendum hosti traditus est anno 1563 cum regnum anno 1561 occupasset. Anno Dni 1560, 1561, 1562, 1563.

Lib. VIII. Interceptum Szakmár per Magn. Dnum Steph. Bathorium, et Regis Joannis II. expeditionem contra Balássam continens, ubi incredibili victoriae successu usus multas arces partim vi, partim per occupationem deduntur et capit usque ad Tibiscum amnem, quas deinde in sequente bruma occuparat Lazarus Svendius auspiciis Dni Maximiliani II. Rom. Imp. quo facto irritatus Rex Joannes rursus praesidio Turcico stipatus castra movet et Ordedum post longam obsidionem per deditionem accipit, similiter etiam rivulos Minerarum sub A. 1564 et 1565.

Lib. XII. Continens acerrimam disputationem Albae Juliae coram Principe habitam cum novis Arianis, qui veram et aeternam filii Dei divinitatem negabant et baptizmi dignitatem elevabant et alia somnia annabaptistica spargebant; et causas defectionis a fide turcica et legationem Casparis Bokesthii (Békesi) ad Imp. German. Inde obitum Regis et praesagia mortis ipsius, aquarum inundationes, caumata, incendia urbium, praesertim Cibinii, terrae motus et alia. Item sepulturam Regis et electionem Magn. Steph. Báthori in Principem Tranniae et quae sub initio ipsius regiminis acciderunt Anno 1568, 1569, 1570, 1571.

Ob das Original oder auch nur eine Abschrift der die Geschichte der Jahre 1566 und 1567 enthaltenden IX., X. und XI. Bücher noch irgendwo existire? habe ich nirgends angezeigt gefunden. Zwar sagte mir der k. Rath und Mediascher Bürgermeister Michael v. Heydendorf b. ält. im Jahre 1819, daß er dieselben besitze, allein der Catalog seiner Handschriften-Sammlung (unter den Eter'schen Manuskripten im ung. National-

Museum zu Pest Nr. 68 das 16. Stück im Fache XV. G.) enthält blos die Anzeige einiger Stücke des V. bis VIII. Buches und die aus dem Heydendorf'schen Exemplar für den Hofkanzler Samuel Grafen Teleki genommene, nun in des Letztern Bibliothek zu M.=Vásárhely befindliche Abschrift faßt nur das 5. bis 8. nebst dem 12. Buch in sich. Auch fehlt das IX. und XI. Buch ganz in der alten Mathias Miles'schen Abschrift der Ruinarum Pannonicarum V. bis VIII. und XII. Buch, welche in bessen Adversariis historico statisticis (unter den Eber'schen Manuskripten Nr. 66, Stück 3 und Fach XII. E. im ung. National-Museum zu Pest) vorhanden ist.

Nichtsdestoweniger ist nach meiner Meinung das IX. X. und XI. Buch nicht verloren gegangen, sondern in dem unter dem Titel: „De bello Pannonico Solymanni Imp. Turc. ultimo Libri tres", deren Inhalt Seivert oben anführt, der ersten Ausgabe des Scheesäus beigedruckten Anhange, — im nemlichen Silbenmaaße geschrieben und die Geschichte der Jahre 1566 und 1567 in sich fassend — enthalten.

4. Eligiae in obitum trium illustrium Virorum, eruditione, virtute et pietate praestantium: M. Joannis Honteri, M. Valentini Wagneri et D. Jacobi Mellembergeri, Gubernatorum Ecclesiae et Scholae Coronensis in Transylvania. Claudiopoli, in officina Caspar. Helti. A. 1573, in 4-o.

5. Imago, seu Typus de Lapsu et Restitutione humani generis per Christum sine operibus Legis et cultibus Leviticis: ex Parabola Evangelica, de homine saucio et Samaritano. Additum est: Carmen de Sanctorum Angelorum officio et custodia erga pios. Impress. Cibinii Transyl. in officina Martini Heusler et Mart. Wintzler 1575, in 4-o. Diese Gedichte sind dem Leibarzte Nicolaus Bucella von Padua, bei dem Fürsten Stephan Báthori, zugeeignet.

6. Enarratio Psalmi XC. vitae humanae miseriam et fragilitatem depingens: saevissima pestilenti lue grassante per Transylvaniam, aliquot piis et salutaribus concionibus explicata. Witebergae, 1580. in 8-o. Mit einer Zueignungsschrift an Christ. Báthori, Woiwoden von Siebenbürgen.

7. Imago boni Pastoris ad Christum Mundi Salvatorem accommodata. Joann. 10. Carmine descripta — 1584, in 4-o. Dieses Gedicht ist in der Leipziger Ausgabe von der Confessio Ecclesiarum Saxonicarum in Transyl. de Coena Domini beigedruckt (s. Denkbl. II. 80).

Tr. Die Widmung an Dr. Nicolaus Selneccer aus Wittenberg, Pfarrer in Leipzig, findet man auch in den Unschuldigen Nachrichten von alten und neuen theologischen Sachen ꝛc. auf das Jahr 1719. Leipzig, I. F. Braun. 8-o, S. 588—590.

8. Chronologia historica Pannoniae ad Rudolphum II. — Francof. ex officina Bryaneia, 1596. 4-o mit Kupfertafeln, gleichfalls in Versen.

Dieses Buch hat folgende Titel:

Historia chronologica Pannoniae: res per Ungariam, Tranniam jam inde a constitutione Regnorum illorum usque ad Rudolphum II. Ung. Regem et Sigismundum Bathorium Trans. Ducem, maxime vero hoc bello gestae: Vitae item, Acta et Victoriae reliquorum ejus belli Procerum, per T. An. Privatum C. — Item Arthusii Gothardi Dantiscani Commentarius de bello Ungarico ab an. 1591 — 1596. Cum iconibus Regum, Ducum etc. per Theodorum de Bry Leodiensem aeri incisis. Francofurti, 1596. 4-o, 229 S.

Dasselbe ist auch in deutscher Sprache unter folgendem Titel heraus= gekommen:

Joh. Jacobi Boyssardi, Vesuntini Archaeologi et Bibliographi Metensis, Historia Chronologica Pannoniae oder ungarische und siebenbürgische Historia seit der Sündfluth bis Rudolf II. (bis 1607) sammt künst= licher Contrafeitung gemeldeter Potentaten und der türkischen Sul= tanen, in Kupfer gestochen von de Brye. Ibid. 1607, in 4-o, S. 160 und 103.

Nach meinem Ermessen aber kann Schesäus, welcher am 30. Juni 1585 starb, unmöglich der Verfasser dieses Buches, wenigstens nicht des ganzen Buches sein.

Seiv. In der Handschrift hat Schesäus hinterlassen:

1. Oratio origine repurgatae coelestis doctrinae in Transylvania et vicina Hungaria, Birthalbini in Synodo habita anno 1580, d. 8. Maji. Eine lesenswürdige Schrift für Freunde unserer vaterländischen Ge= schichte.

Tr. Sie ist unter dem Titel: „Extractum ex Archivo Capituli Mediensis im Auszug abgedruckt in Lampe's Historia ecclesiae reformatae in Hung. et Transil. Trajecti 1728. 4-o, S. 680 — 690. — Eder bemerkt in seinen handschriftlichen Adversariis, S. 979, er besitze ein gedrucktes Exemplar dieser Rede, ohne jedoch auch Ort und Jahr der Herausgabe anzuführen. Recensirt hat sie Seivert im Ungar. Magazin III., 155—158.

Seiv.

2. Epigrammata varia, die ich aber nie gesehen habe.

Tr. **Schiel Friedrich,**

geboren in Kronstadt, am 10. Oktober 1812, studirte an dem evang. Gymnasium A. B. seiner Vaterstadt, an der protestantisch-theologischen Fakultät in Wien 1833 — 1834 und an der Universität zu Berlin 1834—1835, diente nach seiner Heimkehr als Lehrer und vom 11. Juli 1860 bis an sein Ende als Rector am Kronstädter Gymnasium.

Der Rechenschaft über die Verkürzung des Schulvermögens entzog sich Schiel durch Selbstmord am 12. Dezember 1808.

Er gab mit vielen eigenen Bemerkungen heraus:

1. Σὺν θεῶ. Civium Gymnasii Coronensis Matricula, cui non solum omnes ejus Rectores, verum etiam Lectores et Collaboratores nonnuli, praecipue vero Studiosi ac Adolescentes quotquot inde a beata ipsius, per B. Honterum facta Reformatione Sua Ei nomina dederunt, inscripti sequuntur: Reparata opera studioque Martini Ziegleri Coronensis, Gymnasii ejusdem Rectore, anno τηγυρισ τορουιασ MDCXCIX. mense Quintili. 8-o, IV. 210 S. Begonnen vom Rektor Valentin Wagner und durch seine Nachfolger im Rektorat fortgesetzt bis auf die Gegenwart. Ist bis zum Jahre 1810 gedruckt und mit dem Programm des Kronstädter evang. Gymnasiums von den Jahren 1862/3 bis 1865/6 herausgegeben worden.

2. Zur Frage des lateinischen Sprachunterrichtes an unsern Gymnasien. S. Denkbl. I. 335.

3. Festrede zur hundertjährigen Geburtsfeier des Friedrich v. Schiller am 10. November 1859, gehalten von Fr. Schiel d. ält., Conrector am evang. Gymnasium. Kronstadt, Druck und Verlag von Johann Gött. 8-o, 12 S.

4. Programm des evang. Gymnasiums in Kronstadt und der damit verbundenen Lehranstalten. Zum Schlusse des Schuljahres 1860/61. Veröffentlicht vom Direktor Fr. Schiel. Inhalt: A. Die deutschen Ritter im Burzenlande von Friedrich Philippi. B. Schulnachrichten

vom Direktor Fr. Schiel. Kronstadt, gebruckt und im Verlage bei Johann Gött, 1861. 8-o, 72 und 41 S.

5. Programm ebendesselben Gymnasiums, 1861/62. Veröffentlicht vom Direktor Fr. Schiel. Inhalt: A. Die deutschen Ritter im Burzenlande von Fr. Philippi (Fortsetzung und Schluß). B. Schulnachrichten vom Direktor Fr. Schiel. Kronstadt, gebruckt und im Verlage bei Joh. Gött, 1862. 8-o, S. 73—140 und 42 S.

6. Programm ebendesselben Gymnasiums, 1862/63. Veröffentlicht vom Direktor Fr. Schiel. Inhalt: A. Nausikaa, sechster Gesang der Odyssee des Homer, in freie Stanzen übersetzt von Ludwig Korobi. B. Matrikel des Kronstädter Gymnasiums vom Jahre 1544—1623. C. Schulnachrichten vom Direktor Fr. Schiel. Kronstadt, gebruckt und im Verlage bei J. Gött, 1863. 8-o, 18 Seiten, 46 Seiten und 34 Seiten.

7. Programm ebendesselben Gymnasiums, 1863/64. Veröffentlicht vom Direktor Fr. Schiel. Inhalt: A. Zur Geschichte des Turnens im Siebenbürger Sachsenland von W. Teutschländer. B. Fortsetzung der Matrikel des Kronstädter Gymnasiums vom Jahre 1623—1704 vom Direktor Fr. Schiel. C. Schulnachrichten von Ebendemselben. Kronstadt. gebruckt und im Verlage bei Joh. Gött, 1864. 8-o, 24 S., dann S. 47—87 und 52 S.

8. Programm ebendesselben Gymnasiums, 1864/65. Veröffentlicht vom Direktor Fr. Schiel. Inhalt: A. Die römische Satyre und ihre Hauptvertreter von Eugen Lassel. B. Fortsetzung der Matrikel des Kronstädter Gymnasiums vom Jahre 1704—1784. C. Schulnachrichten vom Direktor Fr. Schiel. Kronstadt, gebruckt und im Verlage bei Joh. Gött, 1865. 8-o, 31 S., dann S. 89—154 und 42 Seiten.

9. Programm ebendesselben Gymnasiums, 1865/66. Veröffentlicht vom Direktor Fr. Schiel. Inhalt: A. Versuch einer urweltlichen Geschichte des Burzenlandes von J. T. Meschendörfer. B. Fortsetzung und Schluß der Matrikel des Kronstädter Gymnasiums vom Jahre 1785—1810. C. Schulnachrichten vom Direktor Fr. Schiel. Kronstadt, Druck und Verlag von Joh. Gött und Sohn Heinrich, 1866. 8-o, 49 S. mit 6 lithographirten Tafeln, dann S. 155—210 und 15 S.

10. Programm ebendesselben Gymnasiums, 1866/67. Veröffentlicht vom Director Fr. Schiel. Inhalt: A. Berechnung der Logarithmen der

natürlichen Zahlen und der trigonometrischen Funktionen von Eduard
Lurz. B. Schulnachrichten vom Direktor Fr. Schiel. Kronstadt,
gedruckt und im Verlage bei Joh. Gött und Sohn Heinrich, 1867.
8-o, 27 und 52 S.
11. Programm ebendesselben Gymnasiums, 1867/68. Veröffentlicht vom
Direktor Fr. Schiel. Inhalt: A. Irene, Trauerspiel in 5 Aufzügen von Carl v. Kisfalndy, aus dem Ungarischen übersetzt vom
Prediger und Professor Julius Hornyánsky. (73 S.) B. Schulnachrichten vom Direktor Fr. Schiel. (47 S.) Kronstadt, gedruckt
und im Verlage bei Joh. Gött und Sohn Heinrich, 1868. 8-o.

Tr. **Schiel Samuel Traugott,**

geboren in Kronstadt am 19. April 1812, studirte in Kronstadt, sowie
an der protestantischen Fakultät in Wien (1833) und an der Universität
zu Berlin (1834 — 1835), wurde Collega 1837, Lektor 1843 am Gymnasium seiner Vaterstadt und am 3. April 1856 Direktor dieses Gymnasiums. In letzterer Eigenschaft wurde er nach Christoph v. Greissing's
Tode am 19. Februar 1860 zum Kronstädter Stadtpfarrer erwählt und
da gegen diese Wahl, wegen unrichtigem Wahlverfahren, Klagen erhoben
worden waren, bei einer zweiten durch die als Wahl = Commission vom
Ober = Consistorium ausgeschickten Commissäre Friedrich Phleps, Pfarrer
in Großau und Dechant des Hermannstädter Capitels und Mich. Friedr.
Herbert, Hermannstädter Senator, geleiteten Wahl am 9. Juni 1860
mittelst größerer Stimmenmehrheit der Kronstädter evangelischen Gemeinde=
Vertretung zur erwähnten Würde wieder erwählt und bestätigt. Seit dem
Jahre 1861 bekleidet Schiel die Stelle als Ersatzmann eines geistlichen
Rathes des evangelischen Landes=Consistoriums, seit 1870 ist er geistlicher
Rath desselben. — In der Zeit, während welcher Schiel an den Kronstädter Unter= und Ober = Gymnasialklassen lehrte und letzlich denselben
als Rector seine Thätigkeit widmete, wirkte er vorzugsweise mit zur
dritten Säkularfeier des Gymnasiums (Denkbl. I. 267), zu der noch
üblichen Feier des zur Erinnerung an den Kronstädter Kirchen= und
Schulen=Reformator M. Joh. Honterus, zu Stande gebrachten jährlichen
Schulfestes (Denkbl. II. 202), zur Errichtung der Turnschule und der
Honterusstiftung (Denkbl. II. 202) wie auch zur Bekleidung armer Schulkinder, zu deren Bestem er alljährlich zu Weihnachten eine Sammlung freiwilliger Beiträge veranstaltet und bis gegenwärtig unermüdet veranlaßt.

Während seiner Amtsführung als Stadtpfarrer wurden, mit Hülfe der zu diesem Zwecke angestellten Sammlungen und einiger Legate, der Altar in der großen evang. Stadtkirche 1866 errichtet, das Chor der Kirche erweitert und die Gehalte der Gymnasiallehrer ansehnlich vermehrt. — Außerdem, daß sich Schiel an der Redaktion des „Siebenbürger Wochenblattes" und seiner Beilagen, sowie der noch in den Jahren 1851 und 1852 in Kronstadt gedruckten evang. „Schul= und Kirchen=Zeitung" (Denkbl. II. 2.) betheiligte, gab er heraus:

1. Uebungsbuch für den ersten Unterricht in der lateinischen Formenlehre. Von S. S., Gymnasiallehrer in Kronstadt. Erster Cursus. Kronstadt, Druck und Verlag von Joh. Gött, 1843. 8-o, VIII. 77 Seiten.

In der Vorrede gibt der Verfasser als Grund der Herausgabe dieses für die zweite ethymologische Klasse seiner Vaterstadt bestimmten Schulbuchs die Mangelhaftigkeit der bis dahin im Gebrauch gewesenen Colloquia Langiana an. Deßhalb habe die Kronstädter Lehrer=Konferenz beschlossen, nach einem genau besprochenen Plane ein Uebersetzungsbuch zur Einübung der lateinischen Formenlehre in 2 Cursen zu Stande zu bringen, deren einer für die erste ethymologische Klasse bestimmt, mehr das Regelmäßige, die Hauptregeln, das Leichtere, — der andere für die zweite ethymologische Klasse, mehr das Unregelmäßige, die Ausnahmen, das Schwerere, berücksichtigen sollte. Bei der vom Verfasser übernommenen Ausarbeitung wurde er von einigen Mitgliedern der gedachten Lehrerconferenz mit regem Eifer unterstützt.

2. Ebendesselben Buchs zweiter Cursus. Ebendaselbst 1844. 8-o, IV. 93 Seiten.

Diesem sind·syntaktische Bemerkungen eingestreut und im Anhang einige Fälle der Construction des Accusativus cum Infinitivo und des auch in der deutschen Sprache sich findenden ersten Falles der lateinischen Participal=Construction angeführt. Am Schlusse der Vorrede wird gezeigt, daß dieses Uebungsbuch dessen erster Cursus im Jahre 1843 in den Kronstädter Schulen schon eingeführt worden, neben Jacob's und Döring's lateinischem Elementarbuch, sowie Bonnel's Uebungsstücken zum Uebersetzen aus dem Lateinischen ins Deutsche zur Uebung in der lateinischen Ethymologie nicht überflüssig, sondern nöthig und zu gebrauchen sei.

3. Programm des evang. Gymnasiums in Kronstadt und der damit verbundenen Lehranstalten. Zum Schlusse des Schuljahres 1855/56.

Veröffentlicht vom Direktor Samuel Schiel. Kronstadt, gedruckt bei Joh. Gött, 1856. 4-o, 34 S. Inhalt: A. Die Temperatur der Quellen bei Kronstadt. Ein Beitrag zur physikalischen Geographie Burzenlands von Franz Eduard Lurtz, Gymnasiallehrer. (S. 1—15.) — B. Schulnachrichten. (S. 17—34.)

4. Programm ebendesselben Gymnasiums, 1856/57. Veröffentlicht vom Direktor Samuel Schiel. Kronstadt 1857, gedruckt und im Verlage bei Joh. Gött. 8-o, IX. 112 S. Inhalt: A. Versuch eines Leitfadens für die Vorlesungen der Logik in der 3. Klasse des Obergymnasiums von Heinrich Neugeboren. (IX. S. 1—82.) — B. Schulnachrichten. (S. 85—112.)

5. Programm ebendesselben Gymnasiums, 1857/58. Veröffentlicht vom Direktor Samuel Schiel. Inhalt: A. Andeutungen über den geographischen Unterricht im Untergymnasium vom Direktor Sam. Schiel. (S. 1—30.) B. Schulnachrichten von demselben. (S. 31—60.) Kronstadt 1858, gedruckt und im Verlage bei Joh. Gött. 8-o.

6. Programm ebendesselben Gymnasiums, 1858/59. Veröffentlicht vom Direktor Sam. Schiel. Inhalt: A. Tafeln zur Bestimmung der Zeit aus der Sonnenhöhe mittelst des Sextanten für die Polhöhe von Kronstadt von F. E. Lurtz. (S. 1—51.) B. Schulnachrichten vom Direktor Sam. Schiel. (S. 53—74.) Kronstadt 1859, gedruckt und im Verlage bei Joh. Gött. Gr. 4-o.

7. Programm ebendesselben Gymnasiums, 1859/60. Veröffentlicht vom Direktor Sam. Schiel. Inhalt: A. Die Gebirgsarten im Burzenlande. Ein Beitrag zur Geognosie von Siebenbürgen. Von Joseph Meschendörfer. (S. 1—69.) B. Schulnachrichten vom Direktor Sam. Schiel. (S. 71—107.) Kronstadt, gedruckt und im Verlage bei Joh. Gött, 1860. 8-o.

8. Programm der Kronstädter evang. Gemeinde A. B. für das Jahr 1861.[1]) Veröffentlicht von dem evang. Presbyterium A. B. Kronstadt 1860. Gedruckt bei Joh. Gött. 8-o, 12 S. Zweiter Jahresbericht der Kronstädter evang. Gemeinde A. B. für das Jahr 1861. Ebendaselbst 1862, 12 S. — Dritter Jahresbericht für 1862. Ebend. 1863, 16 S. — Vierter Jahresbericht für 1863. Ebend.

---

[1]) So! soll aber heißen: 1860. Am Schluß steht: Kronstadt, am Sylvestertage 1860.

1864, 26 S. — Fünfter Jahresbericht für 1864. Ebend. 1865. 42 S. — Sechster Jahresbericht für 1865. Ebend. 1866, 42 S. Siebenter Jahresbericht für 1866. Ebend. 1867, 42 S. — Achter Jahresbericht für 1867. Ebend. 1868, 28 S. (Enthält S. 5—13: Gedächtnißrede auf G. P. Binder, Superintendenten der ev. Landes- kirche A. B. in Siebenbürgen [gestorben am 12. Juni 1867] gehalten in der Kronstädter evang. Stadtkirche von S. T. Schiel am 18. August 1867.) — Neunter Jahresbericht für 1868. Ebend. 1869. 38 S. (Enthält S. 5—17: „Predigt auf den ersten Pfingsttag 1866 zugleich Weihrede über den neuen Altar in der Stadt- pfarrkirche.) — Zehnter Jahresbericht für 1869. Ebend. 1870, (Enthält S. 5—20: „Ein Wort über confessionslose Gemeinde- schulen".) — Eilfter Jahresbericht für 1870. Ebend. 1871, 40 S. (Enthält S. 3 Vorwort, S. 5—14: „Predigt auf den Neujahrstag 1871". S. 15—40. Jahresbericht und Schlußwort.)

9. Predigt am Reformationsfeste 1857, gehalten in der großen Kirche zu Kronstadt von S. T. Schiel, Direktor des evang. Gymnasiums und der Realschule. (Der Ertrag dem Schulfonds-Verein gewidmet.) Kronstadt, gedruckt bei Joh. Gött. 8-o, 19 S. — Eine zweite Auf- lage erschien ebendaselbst 1858. 8-o, 19 S.

Der reformirte Pfarrer Molnár und der evang.-ungarische Prediger Joseph Koßta in Kronstadt übersetzten diese Predigt in die ungarische Sprache und gaben dieselbe, begleitet mit einem Vorworte vom 31. Jänner 1858, unter folgendem Titel heraus: „Egyház Beszéd, melyet az 1857-dik évi Reformatio ünnepen a Brassoi nagy templomban tartott Schiel Sámuel Traugott az evang. Gymnásium és Ipariskola igazgató Tanára. (Németből.) Brassóban, nyomatott Gött Jánosnál. 8-o, 23 S.

10. Betrachtung über das heilige Abendmahl. Kronstadt, gedruckt bei Joh. Gött. 8-o, 14 S.

(Eine Rede, welche der Verfasser am Vorabend des grünen Donnerstags 1857 in dem großen Auditorium des Kronstädter Gym- nasiums an die durch 6-wöchentlichen Unterricht zur Confirmation vorbereiteten Jünglinge des Kronstädter Gymnasiums gehalten hatte.)

11. Drei Predigten auf das Fest der Erscheinung Christi (Dreikönigstag). Der Reinertrag für die Honterusstiftung. Kronstadt 1859, gedruckt bei Joh. Gött. 8-o, 52 S.

„Den Mitgliedern des Presbyteriums und der größern Gemeindevertretung der evang. Kirchengemeinde in Kronstadt" zugeeignet. Diese Reden wurden in der Kronstädter großen Pfarrkirche gehalten in den Jahren 1857, 1858, 1859.

12. Wie haben wir Evangelische zu den erneuerten Bestrebungen, die Menschheit auf kirchlichem Gebiete in das zwölfte Jahrhundert zurückzuführen, uns zu stellen? Predigt auf den Sonntag Jubica 1865 von S. T. Schiel. Kronstadt 1865, Druck und Verlag von Joh. Gött. 8-o, 15 S.

13. Die Thesen Dr. Martin Luther's an das Geschlecht unserer Zeit. Reformationspredigt, gehalten in der evang. Pfarrkirche zu Kronstadt im Jahre 1868. (Preis 15 kr. ö. W. Der Erlös ist für den Fond zum Ankauf eines Superintendential-Gebäudes der ev. Landeskirche A. B. bestimmt.) Kronstadt 1868, Druck und Verlag von Joh. Gött und Sohn Heinrich. 8-o, 18 S.

Tr.   **Schilbach Johann Samuel,**

nannte sich beider Rechte akademischen Candidaten, war aus Sachsen-Gotha gebürtig, kam im Gefolge kaiserlichen Militärs nach Siebenbürgen und wurde Lieutenant und Adjutant, dann aber Sekretär bei dem Militär= Stadt- und Grenz-Commando in Kronstadt. Er war Privatlehrer der Kinder des Senators und nachmaligen Stadtrichters Samuel v. Herbertsheim, bekannte sich zur evangelischen Religion und erhielt vom Kronstädter Magistrat die Erlaubniß im Jahre 1740, als zu Kronstadt für den verstorbenen Kaiser Karl VI. die Exequien in der evang. Stadtkirche gehalten wurden und der Stadtpfarrer Igel über Math. 22, 21 die Leichenpredigt hielt, — nach damaliger Gewohnheit eine Parentation zu halten. Er starb in Kronstadt am 26. August 1750. Sein Name hat sich in Kronstadt durch das sogenannte S ch i l b a ch = T i s ch ch e n erhalten d. i. einen Rasenplatz auf der Spitze eines Berges an den Kirschengärten, woher man einen Theil vom Burzenland übersehen kann, welchen Platz sich Schilbach zu seinen Spaziergängen vorzüglich erwählt haben soll.

Gedachte Parentation wurde unter folgendem Titel in Kronstadt gedruckt:

Ihro Röm. k. k. kath. Majestät Carolus Sextus, die bey denen solennen Exequien, welche zu Kronstadt in Siebenbürgen den 30. November

1740 unter Volkreicher Versammlung in der Sächsischen Hauptkirchen
gebührend geseyert wurden, vermittelst einer Lob- und Trauer-Rede
in tiefster Niedrigkeit und Demuth verehrte und emblematisch vor-
gestellte stillstehende und in ihrem bisherigen Glanz nicht weiter fort-
eilende Römische Staats-Sonne. Fol., 20 S.

(Dem Fürsten Georg Christian v. Lobkovitz, Commandirenden
Generalen in Siebenbürgen zugeeignet.)

Nebstdem ist von ihm im Druck erschienen:

1. Den durchbringenden Donnerschlag aus heiterer Luft bei dem frühzeitigen Ableben zweier tugend- und hoffnungsvoller Kinder des Herrn
Samuel Herberts, Eines Löbl. Kronstädtischen Magistrats Asessoris
und Secretarii, welche A. 1732 den 10. und 13. Julii seelig verschieden und darauf in hiesiger Groß-Pfarrkirche beerdigt wurden, wollte
zu Bezeugung schuldigster Compassion durch gegenwärtige Trauerrede
vorstellen J. S. Schilbach. Kronstadt 1832. Fol., 4 S.
2. Epitaphium Sr. Excellenz des weil. Hoch- und Wohlgebornen Herrn
Cäsar Josef v. Lentulus, Freyherrn von Gourseile, Ihro in Hungarn
und Böheimb königl. Majestät General-Feld-Marschall-Lieutenant,
Obristen zu Pferd, zu Kronstadt, wie auch derer Wallach- und Moldauischen Grenzen wirklichen Commenbanten bey Hochgedacht dessen
Beerdigung entworfen. Fol., 4 S. (Kronstadt 1744).
3. Allegoricae meditationes de expeditione sylvestri a quibusdam in.
campis ac montibus Bodzae sic dictae 1731 m. Aug. peracta. Lateinisches Gedicht in Handschrift.

Tr. **Schimer Franz,**

Magister der freien Künste, aus Mediasch gebürtig, dürfte ein und dieselbe
Person gewesen sein mit „Franz Mediensis", als welcher er in der Leipziger Universitäts-Matrikel im Jahre 1582, unter den akademischen
Studirenden vorkömmt. Er war in den Jahren 1592 und 1593 Rektor
des Kronstädter Gymnasiums und lebte 1605 und 1606 als Prediger zu
Kemberg bei Wittenberg. Nachher kehrte er in sein Vaterland zurück und
starb in seiner Vaterstadt Mediasch am 7. Februar 1622.

Während er zu Kemberg lebte, gab er heraus:

1. KOL BEHAR. Super morte praematura Reverendorum et clarissimorum
virorum Dn. M. Lucae Ungleri, Superintendentis olim in Saxo-

Transsylvania digniss. affinis sui observandi: Dn. Marci Albelii, Coronensis: nec non Dn. Petri Surii, Pastoris Ecclesiae Schesburg. vigilantis. LIBCHEM. Ad reverendos, eruditos et qua muneris dignitate, qua virtutis ac doctrinae ornamentis clarissimos viros Dn. Matthiam Schiffbawm, Saxo-Trannarum Ecclesiarum Superintendentem vigilautissimum: Dn. Simonem Massam, Pastorem Ecclesiae Coronensis, Seniorem Capituli in Barczia: Dn. Petrum Lysthenium, Seniorem et Decanum Capituli Schesburg. dignissimum: nec non reliquos reverendos Viros, amicos et fautores suos, SCHOLACH M. Franciscus Schimerus Mediensis, Saxo-Transsylvauus Ecclesiastes Verbi Divini in Praepositura Kembergensi diaeceseos Witebergensis in Saxonia. Witebergae, excudebat Johannes Schmidt, Anno 1605. 4-o, 20 Seiten.

2. SCHJAD CHASIDOH. Honori reverenda dignitate, honestis, humanis, honorandis Doctrina et pietatis laude cumprimis conspicius viris et juvenibus, civibus inclytae urbis Coronensis etc. olim TALMIDIM commendatissimis, DD. M. Franciscus Schimerus Mediensis, Collega verbi divini Kembergae, Dioeceseos Witebergensis etc. in inclyto Electoratu Saxoniae. Witebergae Excudebat Laurentius Seuberlich Anno 1606. 4-o, 8 S. Mit einer Vignette, worauf das Kronstädter Wappen mit der Wurzel dargestellt ist.

Im Jahre 1614 veröffentlichte Schimer folgende Schrift:
Seiv.
3. Paci munerum divinorum optimae sacrum votum, Carmen gratulatorium, pro admiranda Urbis Cibiniensis, Metropoleos Saxo - Transsylvaniae, post triennem captivitatem, Liberatione, ad Circumsp. et Ampliss. Viros: Gallum Lutsch, Cos. Colomannum Gottsmeister, Regium et Petrum Schelker, Sedis Judices — Cibinii, imprim. Jacob. Thilo 1619, in 4-o. Auf die Zurückgabe der Hermannstadt, deren sich Fürst Gabriel Báthori 1610 gegen Weihnachten bemächtigte und die Bürger aller Güter und alten Privilegien beraubte. Der neue Fürst Gabriel Bethlen setzte 1614 alles wieder in den vorigen Stand. Kaum freuten sich die Juden bei ihrer Zurückkunft aus der babylonischen Gefangenschaft so sehr, als die Hermannstädter, über den neuen Besitz ihrer Stadt und alten Freiheiten. Sie fingen sogar ihre Jahresrechnung von dieser Epoche an.

Tr. ### Schimert Johann Peter,

aus Hermannstadt, Doktor der Medizin, starb als practicirender Arzt in seinem 38. Lebensjahre zu Hermannstadt am 20. Juni 1786.

Dissertatio inaug. medica de systemate sexuali. Tyrnaviae, 1776. 8-o, 22 Seiten.

Seiv. ### Schloß Samuel,

der Arzneikunst Doktor und Stabt-Physikus zu Hermannstadt 1709. Uebrigens ist er mir unbekannt[1]). In den Ephemerid. Naturae Curios. Centur. I. A. 1712 S. 266 befinden sich von ihm zwei Anmerkungen: von dem siebenbürgischen Salzkraute und von dem walachischen Theer oder unserm Duhut. Das erstere Kraut wächst bei Salzburg, Thorenburg und vielleicht auch in salzigten Gegenden; doch nicht in solcher Menge, daß man von dem daraus bereiteten Alkali, große Vortheile erwarten könne. — Sie führen die Aufschrift:

1. Observatio de ubere herbae Kaldi proventu in Transsylvania.
2. Observat. de Succino fluido in Walachia reperiundo. Der Verfasser überschickte sie 1709 dem Doktor Samuel Graß in Breslau.

Tr. Nach Weßpremi's Biogr. Medicorum Hung. et Trans. hat man von Schloß außer der 132. Observ. de ubere herbae Kali, — und 133. Obs. de succino fluido, eben auch in der Ephemer. Naturae Curiosorum und zwar Cent. II., die 176. „Obs. De auri solis calore maturatione", (S. Catal. Bibl. Com. Sam. Teleki III. 147), zu welcher Weßpremi bemerkt: In montanis quibusdam Tranniae locis adserit auctor ex hypothesi Cartesii subtilissimos eosque purissimos metallicos vapores, ope centralis terrae caloris ad superficiem usque corticis exterioris elevatos, et ibi frigore hiemis detentos, solis ardore successu temporis cooperante in aurum

---

[1]) Mehr über Schloß s. in Weßprémi's Biogr. etc. Cent. II. P. II. S. 355 bis 368 und a. O. an daß Schloß in Siebenbürgen gemeinhin Kotze genannt und häufig ebenso geschrieben, im J. 1728 eine Apotheke in Hermannstadt errichtet und eine glänzende Haushaltung geführt, in gründlicher Kenntniß der Naturwissenschaften die andern Aerzte im Vaterlande überragt, auf das Studium der einheimischen Krankheiten großen Fleiß angewendet und sich als ein nützliches Mitglied der römischkaiserlichen Akademie der Naturforscher bewährt habe. Tr.

mutari; atque illus purissima grana elota ab incolis in subsidium vitae communicari.

Nach bem Catalogus Bibliothecae Sam. C. Teleki III. 150, 162 ist theils die Obs. de ubere herbae Kali in der 2. Centurie der Actorum Academiae Naturae Curiosorum fortgesetzt, theils noch eine

3. Obser. de modo Transylvanis usitato aurum per loturam ex terra eliciendi in die beiden ersten Centrien jener Actorum aufgenommen.

An Schloß ist das Schreiben des Franz Páriz-Pápai ddto. Enyed ben 2. August 1711 gerichtet, welches nach Weßprémi's Meinung die beste Beschreibung der ungarischen Krankheit Csömör enthält und in Weßprémi's Biogr. Medic. Hung. Cent. II. P. I. pag. 169—171 anzutreffen ist. Hier wird Schloß unter dem Namen Kotzi erwähnt.

Seiv. **Schmeizel Martin,**

königl. preußischer Hofrath und ordentlicher Professor des Staatsrechtes und der Geschichtskunde auf der hohen Schule zu Halle. Die Geschichte dieses Mannes ist der gelehrten Welt bekannter, als seinem Vaterlande selbst, und sein Werth nirgends unerkannter, als unter seinen Landsleuten. Man findet wenige Sammlungen von Gelehrten, die nicht auch Schmeizel's gedenken [1]). — Er wurde den 28. Mai 1679 zu Kronstadt geboren [2]) In seinem 16. Lebensjahre ward er Togat am hasigen Gymnasium und bestimmte sich dem Dienste der Kirche. In dieser Absicht besuchte er im Jahre 1700 die Universität Jena, wo er im Jänner anlangte [3]). Von hier reiste er 1702 nach Wittenberg und darauf nach Greifswald. Er

---

[1]) Im 3. Theile der Unpartheiischen Kirchen-Historie Seite 1177 befindet sich eine ziemlich ausführliche Geschichte Schmeizels. Seiv.

Einen biographisch-literarischen Artikel über Schmeizel brachte in neuerer Zeit die „Transsylvania, Beilage zum Siebenbürger Boten" vom Jahre 1845 Nr. 43 44 und 48 unter dem Titel: „Martin Schmeizel nach seinem Leben und Wirken dargestellt von S—z (Carl Schwarz) Er enthält viele beachtenswerthe biographische und literarische Notizen.

[2]) Sein Vater Michael Schmeizel wurde, nachdem er ein Jahr als Lehrer am Kronstädter Gymnasium gedient hatte, als Prediger bei der Johanniskirche daselbst angestellt, starb aber noch vor seiner Ordination am 11. Dezember 1685. Dessen Witwe Katharina starb schon am 15. Oktober 1692, somit befand sich der Sohn bereits im 14. Lebensjahre elternlos. Tr.

[3]) Während seinem Aufenthalt daselbst hielt sich Schmeizel hauptsächlich an den Bibliothekar Burkhard Gotthelf Struwe. Tr.

erwarb sich solche Achtung, daß er die Hofmeisterstelle bei einem jungen
Adeligen erhielt, den er 1706 nach Halle und dann nach Jena begleitete.
Im Jahre 1709 ward er in gleicher Stellung nach Schweden berufen,
um zwei junge Freiherren nach Deutschland zu führen. Diese schöne
Gelegenheit, fremde Länder kennen zu lernen, versäumte er nicht, er reiste
hin, besah den Sommer hindurch Schweden und Dänemark und besuchte
die Universitäten Kopenhagen und Lunden. Um die Michaelsmesse führte
er seine Barone nach Deutschland, brachte zugleich eine viereckige Kupfer-
münze Karl XII. mehr als vier Pfund am Gewichte, mit sich und dieß
mit großer Lebensgefahr wegen des königlichen Verbotes[1]. Mit seinen
jungen Herrschaften begab er sich auf Befehl nach Halle und darauf nach
Jena, wo er 1712 die Magisterwürde annahm und seine Anvertrauten
das folgende Jahr wieder nach Schweden zurückführte. Sie hatten aber
bei den damaligen Kriegsunruhen das Unglück, von einem dänischen Kaper
aufgebracht zu werden, der sie nach Kopenhagen führte. Doch erhielten
sie endlich Freiheit und Paß, über den Sund nach Schweden abzureisen.
Im September verließ Schmeizel dieses Königreich, fiel aber wieder einem
feindlichen Kaper in die Hände und ward nach Kopenhagen geführt. Nach
erhaltener Freiheit, die er als ein Siebenbürger leicht erhielt, begab er
sich über Seeland, Jütland, Schleswig und Holstein nach Holstein, um
sein geliebtes Jena wieder zu besuchen. Er fand aber wegen der Pestseuche in der Stadt alle Gemeinschaft mit den nachbarlichen Provinzen
geschlossen, mußte also durch Holland, Westphalen und die Lüneburgischen
Lande reisen. Zu Jena hielt er Vorlesungen über die Weltweisheit und

---

[1] Agnethler beschreibt dieselbe im Index. Bibl. Schmeizel. Res Ungariae —
illustrantes, S. 50, nebst der Inschrift, die er 1751 darauf stechen ließ. Sie wiegt
4⁸/₄ Pfund 2¹/₂ Loth, führt in den vier Winkeln eine Krone nebst der Jahrzahl
1711 und der Umschrift: CAROLVS XII. D G. SVE. GOT. WAN. REX. In
der Mitte steht in 3 Zeilen: 2 DALER. sölff Myt. — Die Jahrzahl 1711 muß aber
ein Druckfehler sein, wo Schmeizel auf dieser Münzplatte 1709 herausgebracht hat.
Doch kann ich nichts verbessern, weil sie die Hermannstädter Schulbibliothek, der
sie bestimmt war, ebensowenig erhalten, als Agnethler jemals sein Vaterland wieder
gesehen hat. Die Agnethler'sche Inschrift ist folgende: ME CUM CAPITIS PERICULO
A. P. P. V. Clɔ. IɔCC VIIII. EX SVECJAE REGNO SECUM DUXIT ILL.
MART. SCHMEIZELIUS CORONA TRANSSYLVANUS. ANNO AUTEM Clɔ
IɔCC XXXXVIII. UNA CUM SELECTIORI BIBLIOTHECAE SCHMEIZE-
LIANAE PARTE HALAE SALICAE SIBI COMPARATA SORTITUS EST
MICHAEL GOTTLIEB AGNETHLER EQV. TRANSV. PATRIC. CIBIN. QUI
ME TANDEM CIBINIENSIUM BIBLIOTHECAE PUBLICAE CONSECRATAM
ANNO Clɔ IɔCC LI. EX GERMANIA REDUX IN PATRIAM DACOS SALU-
TARE JUSSIT.

Rechte, wozu er sich im Jahre 1716 durch die erste Streitschrift habilitirte. Im Jahre 1720 wurde er Adjunkt der philosophischen Fakultät und im folgenden Jahre außerordentlicher Lehrer der Weltweisheit, wie auch Aufseher der Universitäts=Bibliothek. Im Jahre 1731 berief ihn der König von Preußen zum Hofrath und ordentlichen Lehrer des Staatsrechtes und der Geschichtskunde nach Halle, woselbst er 1743 das Prorektorat verwaltete. — Weil er einen sehr lebendigen Vortrag hatte, war die Anzahl seiner Zuhörer immer groß. Zu Halle bearbeitete er insonderheit das Feld seiner vaterländischen Geschichte, wie er denn noch in seinen letzten Stunden sich mit der Vollendung seiner ungarischen Bibliothek beschäftigte. Er starb plötzlich den 30. Juli 1747 in einem Alter von 68 Jahren, 2 Monaten und 2 Tagen, ohne männliche Erben zu hinterlassen. Seine Töchter[1]) gehörten unter das gelehrte Frauenzimmer.

Seine Schriften sind:

1. Epistola Martini Lutheri ad Joannem Honterum Reformatorem Coronensem in Transylvania, nunquam hactenus publice visa, jam vero primum ex autographo luci exposita atque honori Proctoratus sacrata viri Magnifici atque Excellentissimi Burcard Gotthelff Struvii Juris utriusque Doctoris, Historiarum Professoris publici incluti, Praeceptoris atque Patroni sui bene merentis, munerisque ergo cum voto et gratulatione oblata. Jenae typis Mullerianis cusa et recusa. 4-o, 12 S. (Am Ende steht: Jenae ipsis Nonis Februariis A. R. S, 1712.

    Dieser Brief ist auch in Dück's Geschichte des Kronstädter Gymnasiums, Zugaben S. 30 (jedoch ohne die Schmeizel'sche Einleitung) gedruckt. Auch in den Nov. Antiquis Tom. XV. Seite 591.

2. Commentatio historica de Coronis tam antiquis, quam modernis, iisque regiis, speciatim de origine et fatis sacrae, angelicae et apostolicae Regni Hungariae Coronae, cum figuris aeneis, Indiceque ac Allegatis necesariis. Jenae apud Joh. Mart. Gollnerum, typis Gollnerianis 1712. 4-o, XVI. 237 S. Mit einer Zueignungsschrift

---

[1]) Schmeizels erste Gattin, Regina Elisabetha Meyer, starb am 25. August 1717. Aus dieser Ehe gingen drei Töchter Christiana Maria, Maria Dorothea und Johanna Katharina hervor. Die zweite Ehe schloß Schmeizel den 21. Februar 1729 mit Anna Katharina geb. Ehlinger, Witwe des Superintendenten von Apolda M. Joh. Fried. Bruch, welche am 26. September 1745 starb.

an den Rath zu Kronstadt. Dieser aber erwies sich gegen ihn nicht so dankbar, als gegen den berühmten Schurzfleisch, dem er hundert Dukaten verehrte. Deßwegen war auch Schmeizel Schurzfleisch niemals gut [1]).

Tr. Der Inhalt der Abhandlung „de Coronis" wird lobend angezeigt in der Hamburgischen Bibliotheca historica Cent. III. Leipzig 1716. S. 135—137 und am Schluß der Anzeige gesagt: „Im Uebrigen ist dieses Buches auch in den Actis eruditorum Tom. V. Suppl. Sect. X. p. 465 gar honorifice gedacht worden.

3. De insignibus vulgo Clenodiis Regni Hungariae ut et Ritu inaugurandi Regem Hungariae Schediasma historicum. Jenea apud Joh. Mart. Gollnerum, typis Gollnerianis 1713. 4-o, IV. 48 S.

Den schwedischen Junkern und Brüdern Christian und Rudiger v. Barnecov gewidmet.

Seiv. Verbessert und vermehrt findet sich diese Abhandlung auch in Schwandtner's Script. rerum hung. Fol. Tom. II. p. 486—517, ferner in M. G. Kovachich's Solennia inauguralia Sereniss. Principum etc. Pestini 1790. Fol. S. 17—41.

In der Hamburgischen Bibliotheca Cent. III., S. 137—139 angezeigt.

---

[1]) Conrad Samuel Schurzfleisch hatte noch im J. 1697 für seine: Orationes panegyricae et Allocutiones varii argumenti, Witembergae apud haeredes Meyerianos, 4-o, XVI. 168 und 208 S. den siebenb.-sächsischen Stadt-Magistraten und unter den anderen auch den Johann Mankesch, Richter, Georg Jeckel, Pro-Iudex, Andreas Rheter, Pro-Quaestor, Barthol. Seulen, Stadthann in Kronstadt, und Georg Czack aus Kronstadt, damaligen Taxator bei der königl. ungar. Hoflanzlei, mit einer sehr schmeichelhaften Widmungs-Zuschrift, zugeeignet. Da jedoch in dieser dem Buche vorgedruckten Zuschrift die Widmung nicht ausschließlich an den Rath von Kronstadt gerichtet ist und Schmeizel im Jahre 1697 noch in Kronstadt lebte, Schurzfleisch aber noch am 7. Juli 1708 mit Tod abging, so kann die obige Bemerkung Seivert's in keiner Beziehung zu der erst im Jahre 1712 gedruckten Schmeizel'schen Dissertatio de Coronis stehen. — Es mag daher sowohl diese Seivert'sche Bemerkung, als auch die mit derselben übereinstimmende Erzählung des ehemaligen Hermannstädter Capitels-Dechanten und Großauer Pfarrers Joh. Müller (gest. 1774 f. d. Art.) in seinen Collectaneis I. 825: „A Senatu Coronensi missi fuisse dicuntur Schmeizelio Aurei 100 ob Dissertationem de Coronis, Senatui Coron. dedicatam, quos tamen Schmeizelius non acceperit, dolo Samuelis Conr. Schurzfleischi interceptos. Retulit haec dominus Rheter Senator Coron. addiditque, eam ob causam invisum semper Schmeizelio fuisse Schurzfleischium", — auf eine dem Professor Schurzfleisch noch in den Jahren, als Schmeizel in Wittenberg studirte, für Schmeizeln überschickte Unterstützung zu verstehen sein.

4. Dissertatio: an Joannes Constans, Elector Saxoniae ante mortem ad Castra Pontificiorum transierit. Jenae 1714, 4-o — wieder 1718 unter dem Titel: Quaestio an Elector Saxoniae Joannes cognomento Constans ante obitum relicto Lutheranorum coetu, in castra Pontificiorum transierit? Ex Historiarum monumentis negative discussa. Jenae 1718. 4-o, 66 S. Hievon erfolgte 1741 zu Halle eine neue Ausgabe in 4-o mit der Aufschrift: „Quaestio utrum Elector Saxoniae Joannes cognomento Constans ante obitum in castra Pontificiorum transierit?"

5. Historischer Beweis, daß der Pragische Jesuit P. Johannes Krauß, in seinem sogenannten historischen Beitrag zum zweiten Lutherischen Jubeljahre in vielen Stücken geirrt und unverantwortlicher Weise wider die historische Wahrheit gehandelt habe. Zum Recompenz vor gehabte Mühewaltung demselben übergeben von M. M. S. Köln bei Pierre Marteau Anno 1717. 8-o, 141 S.

(Die Kraus'sche Schrift hat den Titel: Historischer Beytrag für das zweite Lutherische Jubeljahr, den Lutherischen Wortsdienern, welchen es etwan an Büchern und Concepten mangelt, zum Geschenk präsentirt von P. Joanne Krauss, der Societät Jesu Priestern. Cum licentia Superiorum. Prag bei Wolffgang Wickhart Erzbischöflichen Buchdrucker 1717. 8-o, 160 S.")

Eine kurze Anzeige des Inhaltes siehe in den Unschuldigen Nachrichten von alten und neuen theologischen Sachen auf das Jahr 1717. Leipzig, J. F. Braun. 8-o, S. 473—474.

6. Praecognita Historiae civilis universalia, in quibus ejus natura et indoles explicantur, adjumenta edisseruntur, omniumque regnorum et populorum Historiae Tabulis synopticis adumbrantur, in usum studiosae-juventutis in Academiis et Gymnasiis methodice adornata. Jenae 1720. 4-o, 220 S. Editio secunda emendatior et locupletior Jenae apud Joh. Matth. Kaltenbrunner 1730. 4-o, 306 S.

7. Praecognita Historiae ecclesiasticae, in quibus natura et indoles Historiae eccles. explicantur, adjumentu edisseruntur, totiusque Historiae eccl. Systema Tabellis synopticis adumbratur. In usum studiosae juventutis methodice adornata. Jenae apud Joh. Bernh. Hartung 1721. 4-o, 372 S.

8. Dissertationem de natura et indole artis heraldicae Rectore magnif. dnno Guilielmo Henrico Duce Saxoniae ex Decreto J. Philosophorum

Ordinis in Acad. Jenensi pro loco impetrando publico Eruditorum examini submittet M. M. S. Resp. Herm. Nic. Koch Verdensi ad d. 14. Junii 1721. Jenae Litteris Mullerianis. Kl. 4-o, VIII. 66 S., wieder Halae 1740, 4-o.

9. Rechtschaffener Lehr- und Hofmeister oder vernünftige Anweisung, wie ein Privat-Informator die ihm anvertraute Kinder gründlich zu unterrichten und ein Hofmeister seine Untergebene auf Reisen und Universitäten gebührend anführen solle. Jena 1722. 8-o, 370 S. — wieder ebend. 1735 in 8-o (nach Heinsius Bücher-Lexikon).

10. De Statu Ecclesiae Lutheranorum in Transilvania ad — Ern. Salom. Cyprianum — Dissertatio epistolica. Jenae ap. Joh. Bernh. Hartnng Bibl. Aul. Isenac. 1722. 4-o, 113 S. Diese Schrift hat der Verfasser viel verändert und verbessert zu einer neuen Ausgabe hinterlassen.

Verbesserungen waren wohl nöthig, da Páriz Pápai Rudus redivivum, Haner's Hist. eccl. Trans. und handschriftliche Nachrichten Schmeizel's Quellen gewesen waren. Die letztern sind oft unrichtig und die ersteren haben ihre offenbaren Fehler. Pápai schrieb als ein Fremdling und Haner als ein Jüngling auf Universitäten.

Tr. Schmeizel selbst schreibt in seiner handschriftlichen „Notitia Principatus Transilvaniae vom Jahre 1744 Lib. V." (pag. m. 261): „Sunt equidem nonnulla monita ab diversis amicis, inter quos et unus Episcopus beatus defunctus" (Luc. Graffius † 1736): „ad nos transmissa, quae Spicilegii et Supplementorum instar addi merentur. At vero, cum rerum vestrarum praesens status non permittat, ea vobiscum communicare, reservata illa omnia manebunt iterandae Editioni, quam brevi, si Deus ita voluerit, typis publicis subjiciemus." Diese Supplemente sind eben so wenig, wie eine zweite Ausgabe der Schmeizel'schen „Dissertatio epistolica etc." im Druck erschienen und ich habe die Handschrift nicht ausfindig machen können. S. auch Agnethler's Vorrede zur Erläuterung siebenb. Münzen S. IV. und Transsylvania 1845 Nr. 48, Seite 214.

11. Programma auspicale de uno verae eruditionis impedimento, quod ab ignorantia Oeconomiae totius eruditionis suam ducit originem, quo ad orationem inauguralem de titulo Imperatoris, quem Russorum Tzaarus sibi dari praetendit in Auditorio theologico ad d. XIV. Dec. habendam — invitat Lectionesque publice instituendas indicit M. S.

Philos. Prof. Publ. extraord. ut et Bibliothecae Ducalis Academicae Iuspector — Jenae literis Fickelscherianis (1722). 4-o, 8 Seiten.

Darauf folgt:

12. Oratio inauguralis de titulo Imperatoris, quam Tzaarus Russorum sibi dari praetendit, in Acad. Jenensi ejusque Auditorio theologico A. R. S. 1722 d. 14. Dec. habita, Notis et Observatiouibus augmentata. Jenae sumptibus Auctoris. 4-o, 70 S.

13. Einleitung zur Wappenlehre, darinnen die Grundsätze deutlich erklärt und mit vielen Exempeln gehörig erläutert werden, nebst der Blasonirung des königl. Preußischen Wappens, mit k. Pohlnischen und Chur-Sächsischen Privilegio. Jena, bei Joh. Bernh. Hartung 1723. 8-o, XVI. 276 S. mit 38 Kupfertafeln, wieder ebend. 1734. 8-o, 273 S. M. Hermann hat davon einen Auszug mit Anmerkungen bekannt gemacht.

14. Einleitung zur neuesten Historie der Welt. Jena 1723—1725 Drei 8-o-Bde. Eine Wochenschrift.

15. Historische Nachricht von dem am 16. und 17. Julii 1724 zu Thorn in Preußen passirten Tumult des gemeinen Volks wider das Jesuiter-Collegium und der hierauf am 7. December erfolgten scharfen Execution einiger zum Todt verurtheilten Personen sammt Register über die XIII. ersten Stücke. Jena, bei Joh. Volkmar Margraf. 4-o, 1724—1726. Gleichfalls eine periodische Schrift 172 und 596 S. in 28 Theilen.

16. Abriß zu einem Collegio publico über die Historie der Stadt und Universität Jena im Jahr 1727 zu Ostern. Jena, gedruckt und zu finden bei Joh. Volkmar Marggrafen. 8-o, 32 S.

17. Versuch zu einer Historie der Gelehrtheit, darinnen überhaupt von dem Ganzen Körper der Gelehrtheit und dann von allen dessen Theilen, auch derofelben Verbindung infonderheit, hinlängliche Nachricht gegeben wird. Zum Gebrauch eines Collegii publici und zum Nutzen der Jugend auf Schulen und Gymnasien publicirt. Jena 1728, zu finden bei Peter Fickelscherrn. VI. 906 S. mit 2 Tab.

In dem Avertissement auf der letzten Seite verheißt der Verfasser: „Die Abschilderung und Connexion aller in diesem Buch (Encyclopädie) beschriebenen Theile der Gelehrtheit in Form eines Baumes in Kupfer vorstellig gemacht", ehestens herausgeben zu wollen.

Belobt in Burkh. G. Struvii Bibl. Hist. litt. ed Joh. Fr. Iugler. Jenae 1754. 8-o, I. 63 und Heumann Consp. Reipubl. litt. cap. II., §. 17.

18. Abriß einer vollständigen Reichshistorie. Jena, durch Peter Fickelscher 1728. 4-o, 204 S.

19. Erste bis neunte Anrede an die Studenten zu Halle, 1731 bis 1745. 8-o, insbesondere:

a) Anrede an die Herren Studenten zu Halle, in welcher (M. S. er seine künftige Collegia und derselben Lehrart freundlichst eröffnet, auch sonsten noch zu erkennen gibt, was seinen künftigen Herren Zuhörern zum Voraus zu wissen er vor nöthig geachtet hat. Halle 1731 zu Michaelis, gedruckt mit Salfeldischen Schriften. 8-o, 36 S.

b) Zweite Anrede an die Herren Studenten zu Halle, in welcher er denenselben ein in Zukunft beständig zu haltendes Collegium über die neueste Historie nach Anleitung derer Zeitungen eröffnet und von dessen Einrichtung, Nutzen auch vom Zeitungswesen überhaupt das behörige zu erkennen giebet. Halle 1732 zu Michaelis, gedruckt mit Salfeldischen Schriften. 8-o, 32 S.

c) Allocutio tertia ad Illustres, generosos, Nobilissimosque dominos Studiosos in Regia Fridericiana, qua Lectiones publicas in Notitiam S. Rom. Imperii ejusque Jus publicum habendas indicit, nec non utriusque adumbrationem synopticam, nexum doctr‿ narum perspicue sistentem propinat. A. R. G. 1733 festo Pentecostes. Halae Magdeburgicae, literis Salfeldianis. 8-o, 111 S.

d) Vierte Anrede an die Herren Studenten zu Halle, in welcher denenselben ein Collegium publicum zur Akademischen Klugheit eröffnet wird, darinnen er über folgenden Abschnitt lehren wird: Was maßen ein auf Universitäten lebender Student sein Leben und Studium einzurichten habe, wenn er dermaleins dem Publico nützlich und vor sich in der Welt glücklich seyn wolle. Halle 1734 zu Ostern. 8-o, 48 S.

e) Fünfte Anrede an die Herren Studenten zu Halle, in welcher denenselben ein Collegium publicum zur Klugheit zu conversiren eröffnet wird, darinnen er gründlich lehren und zeigen wird, wie ein rechtschaffener Student sich im täglichen Umgang aufzuführen habe zu Hause, auf Universitäten und auf Reisen, wenn er ohne Schaden davon kommen, dagegen sich beliebt machen und also sein Glück in der Welt, nach dem Wunsche treffen wolle. Halle 1736 zu Michaelis. Zu finden in der Rengerischen Buchhandlung. 8-o, 32 S.

f) Sechste Anrede an die Herren Studenten zu Halle, darinnen er denenselben ein Collegium eröffnet, in welchem, nach Anleitung folgender Sätze
  1. Von dem Leben, Thaten und Absterben des Kahsers Caroli VI.
  2. Von dem erfolgten Interregno und Vicariat des Reichs und
  3. Von der zukünftigen Wahl und Krönung eines neuen Kahsers, aus der Genealogie, Historie und dem deutschen Staats-Recht, die gehörige Nachrichten treulich mitgetheilet werden sollen. Halle 1740 zu Martini. Gedruckt mit Sympherischen Schriften.

g) Siebente Anrede an die Herren Studenten zu Halle, darinnen er denenselben ein Collegium eröffnet, in welchem, nach Anleitung folgender Sätze, die Historie des Bürgerlichen Römischen, Päpstlich-Canonischen und Protestantischen Kirchen-Rechts soll vorgetragen, gründlich erläutert, auch umständlich ausgeführet werden, wie jedes, auf denen Schulen, von Zeit zu Zeit gelehret und gelernet worden. Zu Michael. 1741 Halle, gedruckt mit Sympherischen Schriften.

h) Achte Anrede an die Herren Studenten zu Halle, darinnen er denenselben ein Collegium über die Münz-Wissenschaft er-eröffnet, in welchem nach Anleitung folgende Sätze des gesammten Münzwesens, nach deren älteren, mittleren und neueren Zeiten erläutert, auch die dahin gehörigen Lehren mit Exempeln erwiesen und bekräftiget werden sollen. Zu Ostern 1743. Halle, gedruckt bei Symphers Wittwe.

i) Neunte Anrede[1]) 1745.

20) Einleitung zur Staatswissenschaft überhaupt und dann zur Kenntniß derer Europäischen Staaten insonderheit, zum Gebrauch eines Collegii entworfen. Halle im Magdeburgischen 1732. Zu finden in der Rengerischen Buchhandlung. 8-o XXII 304 S.

Tr. Dr. J. E. Fabri in seiner Encyclopädie der historischen Hauptwissenschaft rc. Erlangen 1808 schreibt S. 373—374: „Zur Geschichte des Wortes Statistik gehört auch folgender Beitrag: Von Martin

---

[1]) Der Titel der neunten Anrede ist mir unbekannt.

Schmeizel, Professor zu Jena, wurde im dasigen akademischen Lektions-Cataloge vom Wintersemester J. 1725/26 angekündigt: „ein Collegium Statisticum in quo praemissis doctrinae principiis generalibus, Europae regna et status propinabit," früherhin nannte er diese Vorlesung „Collegium politico historicum," in der Folge aber, so wie andere ältere und neuere Lehrer: „Notitiam Statuum Europae." Ein anderer akademischer Docent ebendieses Musensitzes früherer Zeit, Joh. Andre Bose, kündigte gleiche Vorlesungen im Lektions-Cataloge bereits J. 1656 an, mit dem Ausdrucke: „Notitia orbis hodierni historico - geographico - politica. Aber freilich die Bosischen, sowie die Schmeizelischen, Struvischen u. a. statistischen Inhalte waren von fremdartigen Stoffen noch nicht so geschieden, als jetzt in der von Achenwall und von Schlözer, und von andern, mit so preiswürdigem Erfolge im letzteren Viertel des letztverflossenen Jahrhunderts ausgebildeten wichtigen Staats-Doctrin."

21) Johannis L. B. de Kemény Transylvano-Hungari Commentatio historico-juridica de jure succedendi serenissimae Domus Austriacae in Regnum Hungariae,[1]) ex fontibus Historiae, Regni Constitutionibus, Jurisque Naturalis ac gentium principiis composita. Praemisit Iust. H. Böhmer I. C. etc. Dissertationem praeliminarem de Vestigiis et usu Antiquitatum Dacicarum in Jure Romano. Halae Magdeb. typis Jo. Christ. Hilligeri. Acad. Typogr. 4-o XXI. 196 S. Dem K. Karl VI. vom B. Joh. Kemény zugeeignet aus Halle IV. Non. Dec. 1731. Schmeizel schrieb sie für den jungen Freiherrn Johann von Kemény, der sie auch unter seinem Namen drucken ließ.

22) Eines rechtschaffenen Studenten Klugheit zu leben und zu conversiren zu Hause, auf Universitäten und auf Reisen. Zum Gebrauch akademischer Lektionen entworfen. Halle im Magdeburgischen 1737 zu finden in der Rengerischen Buchhandlung. 8-o XX. 488 S. und Register 56 S.

23) Rechtschaffener Academicus oder gründliche Anleitung, wie ein academischer Student seine Studien und Leben gehörig einzurichten habe.

---

[1]) Hieher gehören Lakits: de haereditario succedendi jure. Viennae 1809. — Eder: Successio Austriacorum Principum in Regno Ungariae adsensu Transilvanorum firmata in desselben Ausgabe der Schesäusischen Ruinas Pannonicae S. 205—212. Firnhabers Beiträge zur Gesch. Ungarns unter der Regierung der Könige Wladislaus II. und Ludwig II. in dem Archiv für Kunde österr. Geschichtsquellen III. Bd. 1849 und Separatabdruck 175 S. mit 12 Kupfertafeln — und Alexander v. Pußtay's Thronfolge und die pragmatische Sanktion in Ungarn ꝛc. Preßburg 1849 8-o.

Zum Gebrauch ordentlicher Lektionen entworfen. Nebst einem Vorbericht: I. Von dem Schulwesen in Deutschland überhaupt. II. Von denen Universitäten überhaupt. III. Von der zu Halle insonderheit. Halle im Magdeburgischen 1738, zu finden in der Rengerischen Buchhandlung. 8-o XIV. 706 S. und Register 46 S.

24) Vom Gebrauch und Mißbrauch der Wappen.

25) Erläuterung gold= und silberner Münzen von Siebenbürgen, welche zugleich auch die merkwürdigsten Begebenheiten des 16., 17. und 18. Jahrhunderts in selbigem Fürstenthum zu erkennen giebet. Herausgegeben und mit einer Vorrede begleitet von M. G. Agnethler[1]) Halle im Magdeburgischen 1748. Zu finden in der Rengerischen Buchhandlung. 4-o mit 8 Kupfertafeln. XII. 96 S.

Hiebei ist angehenden Liebhabern vaterländischer Münzen die **Gottfrieb Schwarzische** Recensio critica Schmeizeliani de Numis Transylvanicis Commentarii, Supplementa, emendationes et illustrationes continens. Rintelii 1764. 4-o unentbehrlich[2]) und nebst der 2. Ausgabe der Kölescherischen Auraria Romano-dacica von Seivert S. 137—205. der 2. Band des Catalogus Numorum Hungar. ac Transyl. Szechény. sammt dazu gehörigen 20 Kupfertafeln zu empfehlen.

26) Catalogus Scriptorum, qui res Hungariae, Transilvaniae, Valachiae, Moldaviae, Dalmatiae, vicinarumque regionum et Provinciarum illustrant et in Bibliotheca Martini Schmeizel R. Majestatis Prussicae Consiliarii Aulici ut et juris publici ac Historiarum Prof. ord. nunc asservantur. Halae ex officina Kittleriana. A. O. R. 1. 144 klein 8-o VI. 26 S.

Um der Zerstörung seiner Sammlung nach seinem Tode vorzubeugen, bot Schmeizel dieselbe in dem (auch in der nachbenannten britten Ausgabe dieses Catalogs gedruckten) Vorworte für 200 Rthlr. zum Verkaufe an, aber ohne Erfolg. Indessen vermehrte er bis zu seinem Ableben die Sammlung, und Agnethler schaffte ebenfalls bis zum Jahre 1751 mehrere Bücher und Handschriften nach, welche nebst der Schmeizelschen in der 3. Ausgabe des Catalogs d. i. im Agnethlerschen Index Bibl. Schmeiz. etc. (Denkbl. I. 14.)

---

[1]) S. Denkbl. I. 12.
[2]) Laut Quartalschrift III. 86 ist die Schwarzische ungarisch=siebenbürgische Münzsammlung für das B. Bruckenthal'sche Museum in Hermannstadt angekauft worden.

verzeichnet sind. — Die 2. Ausgabe war bald nach Schmeizels im J. 1747 erfolgtem Tode unter nachfolgendem Titel erschienen: „Bibliotheca Schmeizeliana sive Index Librorum viri illustris. Martini Schmeizel etc. Historiarum Prof. p. o. solennis Auctionis Lege 1748 distrahendorum. Accedit antiquorum et recentiorum quorundum Numismatum Descriptio. Halae Magd. ex Officina Hendeliana. 8-o 160 S.

27) Allocutio apodemica ad virum juvenem, illustrem ac generosissimum Don. Fridericum S. R. J. Lib. Baronem a Wolzogen et Neuhaus etc. Ill. Ord. Johannitici Equitem designatum, postquam is relicta Musarum Jenensium, quas diligenter coluit, Sede, ad Galliam visendum iter ingrederetur. Anno R. S. 1722 mens. Sept. litt. Fickelscherianis. Fol. 4 S.

28) Historische Untersuchung von dem dritten der sämmtlichen Buchdruckergesellschaft ertheilten Wappen. In den öffentlichen Jubel-Zeugnissen der Hallischen Buchdrucker a. 1740. S. 265 fg. S. Struvii Biblioth. hist. litt. 3. Bd. S. 2246.

29) Wunderwürdiges Leben und Thaten Gustav Adolphs Königs in Schweden. Aus denen besten Nachrichten zusammeengetragen von G. Gottfr. Mittag. Nebst einer Vorrede M. Schmeizels. Mit 6 Porträts, 2 Kupfern und geneal. Tabellen. Nebst zwei Registern. Halle 1740. 8-o.

30) Entwurf zu einem Collegio publico über die Historie des A. 1530 zu Augsburg gehaltenen Reichstages und der auf selbigen übergebenen Confession derer Protestanten, nebst kurzer Wiederholung, was in Staats- und Religionssachen von 1517—1530 sich zugetragen. Welches bei Gelegenheit des Jubelfestes g. G. zu halten gesonnen M. S. P. P. Jena im J. 1730 vom 28. Juni gedruckt bei Peter Fickelscherrn. 8-o VIII. 16 S.

31) Anleitung zur akademischen Klugheit, wie nach derselben ein auf Akademie lebender Student sein Leben und Studien einzurichten habe. wenn er dermaleins dem gemeinen Besten rechtschaffene Dienste leisten und sein Glück nach Wunsch machen wolle. Zum Gebrauch eines Collegii publici entworfen von M. S. P. P. Von Pfingsten bis Michaeli 1732. Jena gedruckt bei Joh. Mich. Horer.

32) Rerum Hungaricarum Scriptores varii, maximamque partem antiqui, ad Regni Hungariae, annexorumque Regnorum ac Provinciarum Historiam spectantes. Hos diligenter collegit recensuit, emendavit.

Notisque suis, ac aliorum testimoniis illustravit M. S. Corona Transil. Saxo. Praemissa est Praefatio, qua Instituti redditur ratio. Adjecti denique sunt Indices rerum et Auctorum necessarii. Francofurti apud Thomam Fritsch. 1713 in Fol. In dieſer Sammlung beabſichtigte Schmeizel (wie nach ihm Schwanbtner) verſchiedene Ungariſche Geſchichtswerke z. B. Bonfinius u. a. m. herauszugeben f. der Hamburgiſchen Bibliotheca historica etc. Cent. III Leipzig 1716 12mo S. 139, vergl. Uj-Magyar Muzeum Peſt 1854 I 316. 317. Es erſchien jedoch nur das hier angeführte Titelblatt wirklich im Druck, als Ankündigung. — Burgh. G. Struvius a. a. O. im 2. Bde. S. 1466 ſagt in Bezug hierauf: „Complures rerum hungaricarum Scriptores cujus sint farinae, docte indicavit Matthias Belius in Praefationibus, quas J. G. Schwandtneri Scriptoribus rerum hung. Vindobonae 1746 et 1747 in Fol. Tomis II evulgatis praemisit. Pleniorem vero Bibliothecam Scriptorum historicorum Hungariae summo studio composuisse, adcurate digessisse, et sententiam de singulis solide dixisse Mart. Schmeizelium Professorem olim Halensem, patriaque Transilvanum, eam quoque manu exaratam se vidisse, testatur illustr. Buderus Bibliothecae historicae selectae Tomo II. p. 1475. §. 1. Dolendum est certe, librum hunc post auctoris obitum nondum prodiisse; plane ab eonimirum differt Catalogus Scriptorum, qui res Hungariae caet. illustrant et in Bibliotheca Mart. Schmeizelli adservantur. Halae a. 1744 in 8-o possessore adhuc vivo excusus.

Seiv. In der Handſchrift hat Schmeizel viele, beſonders die vaterländiſche Geſchichte erläuternde Werke hinterlaſſen. Ich glaube ſie deſto weniger alle zu kennen, da ich ſicher weiß, daß ihm manche heimlich entwendet worden. Vielleicht aber befinden ſich noch bei ſeinen ehemaligen Zuhörern Abſchriften, welche den Betrug aufdecken würden, wenn eine oder die andere ſeiner Handſchriften unter fremdem Namen öffentlich erſcheinen ſollte.[1]ˉ Mir bekannte ſind:

---

[1] Kaum zwei Jahre nach dem Tode Schmeizels erſchien wirklich das 2., 3., 4. und 5. Buch des Schmeizeliſchen Collegium in Historiam et Statum Regni Hungariae (ſ. Schmeizels Handſchr Nr. 8) zu Halle in ungariſcher Ueberſetzung im Druck, unter dem Titel: „Magyarország Historiájának rövid Summája, mellyet Hazájához valo szeretetéböl irt Tsatári János Debretzeni Magyar. Nyomtattatott Hálában 1749 esztend. 8-o XXIV. 280 S.

Jedoch hat der Ueberſetzer die Nachträge und Bemerkungen Schmeizels nicht überall benützt. Laut der Vorrede wohnte Tsatári, als er zu Halle ſtudirte, bei Schmeizels

1. Bibliotheca Hungarica sive de Scriptoribus rerum hungaricarum, transilvanicarum, vicinarumque Provinciarum Commentatio literario critica. Dieses Werk macht den ersten Abschnitt des Schmeizelischen Collegium in Historiam ac Statum Rogni Hung. aus, unter dem Titel: „De Scriptoribus ad res Hung. pertinentibus," und wurde von **Martin Felmer** im J. 1764 vermehrt und mehrfach berichtigt (Denkbl. I. 299). Jedoch fehlt leider in der Felmerischen Original-Handschrift der Schluß nach S. 504. §. 17 wie das Schlagwort:

hinterlassenen Töchtern und fand bei ihnen Gelegenheit, dessen Bibliothek zu benützen. Der Titel des Buchs nebst einer Vorrede, Zueignung an den Debretziner Magistrat, Inhaltsverzeichniß und einer genealogischen Tafel der Könige von Ungarn wurde durch den Buchdrucker Hendel, — der Text aber durch Fürsten gedruckt. Da Tsatári die gehoffte Unterstützung vom Debretziner Magistrat nicht erhielt, so ließ er das Buch in den Händen der Verleger zurück, auf deren und Dr. Mich. Agnethlers Bitte sich G. S. Strahlenberg (vermuthlich ein fingirter Name) zur Verfassung einer Vorrede, datirt aus Jena 20. Sept. 1751 herbeiließ, mit welcher Vorrede dann Fürstens Wittwe den Text, — ohne die vom Hendel gedruckten Stücke, — herausgab. In dieser Vorrede wird Tsatári in sarkastischer Weise als Plagiarius überwiesen, vergleichende Stellen der Uebersetzung und des Textes angeführt, das vollständige Inhaltsverzeichniß des Schmeizelischen Werkes gegeben und Bemerkungen über mehr als 120 bedeutende Fehler des Uebersetzers versprochen, welche jedoch, weil sie mehr als zwei Bögen würden ausgemacht haben, vom Verleger zur Ersparung der Unkosten nicht beigefügt worden sind. Endlich wird auch der Unterschied zwischen dem Schmeizelischen Text und der wenig gelehrten Fortsetzung, welche Tsatári in einigen Zeilen dem historischen Theil beizufügen für gut befunden, dargestellt.

Ueber Joh. Csatári gibt Horányi in Nova Memoria Hungarorum scriptis editis notorum Pestini 1792 I. p. 707—709 folgende Nachrichten: „Johann Csatáry von Sarkad, geboren in Debretzin 1730 studirte auf dem dasigen Gymnasium, dann in Belgien und Sachsen, wurde nach Bekleidung verschiedener anderer Dienste Senator seiner Vaterstadt und starb in dieser Eigenschaft 1782. Er gab in Sachsen, als er daselbst studirte, 1749 in 12. zu Halle heraus: Magyar Historiának rövid Summája, welches er dem gelehrten Stadtrichter Mart. Domokos und Rath der Stadt Debretzin zueignete. Es besteht in 3 Theilen, deren 1. die geographische, der 2. die historische und der 3. die politische Beschreibung von Ungarn enthält. Ueber das habe man (so meint Horányi) von diesem Manne folgende (durch seinen Sohn Stephan Csatáry an Horányi mitgetheilte) Handschriften:

1. Mausoleum Principum Transilvaniae, quo eorum gesta luculento compendio exhibentur, ad typos destinatum.
2. Methodus vel Tabula, qua scientiam Numismaticam bono ordine tractandam, rei numariae Patronis, ejusdem Cultoribus grata mente offert.
3. Scientia Numismatica (in ungarischer Sprache) avagy pénzekről való tudomány, mellyet Külömb — Külömbféle jo Irokból nagy munkával öszve szetegedett, és a nyelveket nem értök kedvekért Magyarul elintézett és Készitett, sive: De numis doctrina ex variis Auctoribus magno labore collecta et usibus Hungarorum Monoglottorum accommodata.
4. Ars heraldica avagy Tzimerekről valo Tudomány, mellyben azoknak eredetek, Külömbféle voltok és minémüségek illendő rendel előadatatnak; sive Doctrina de Insignibus, in qua de eorum originibus, varietate et qualitate condecente ordine agitur.

Huic und die beigefügte Hinweisung auf p. 382 der Schmeizelischen Urschrift zu erkennen gibt, nachdem, — nach Erwähnung der von einem Ungenannten im J. 1677. 4-o herausgegebenen "Apologia Ministrorum evangelicorum in Hungaria," — dasselbe mit den Worten geendet hat: "Epilogus continet Alloquium ad orbem christianum universum." S. Transilvania Jahrg. 1845. S. 216.

2) Anecdota ad Hungariae et Transilvaniae Statum interiorem spectantia ipsamque Historiam Saeculi XIII—XVIII egregie illustrantia. Ihren Inhalt bezeichnet Agnethler in dem Index Bibliothecae Martin Schmeizel S. 33—36. Vgl. den Art. Weidenfelber Nr. 7.

3) Notitia Principatus Transilvaniae, geographice, historice et politice adornata. (S. welter Nr. 5.)

4) Antiquitates Transilvanicae ex Lapidum iuscriptionibus numisque antiquis Romanorum erutae et variis observationibus historico-criticis explanata 1712. Die Anzahl der römischen Steinschriften aus dem Lazius, Zamosius, Opitz, Gruter, Reinesius u. A gesammelt, beläuft sich auf CCL. Von römischen Münzen sind diejenigen angeführt, darauf Daciens gedacht wird.¹)

---

5. Succincta Commentatio heraldica critica de Insignibus Regni Hungariae, ut et Principatus Transilvaniae Heraldicis.
6. Chorographia Magni Principatus Transilvaniae cum antiquis Romanorum Inscriptionibus ibidem repertis, e probatissimis Auctoribus concinnata.
7. Historia Civitatis Debrecinensis.
8. Historia literaria Hungariae fuse descripta a Debrecinensi Ripensi Daco.
9. Schediasma de arce Varad.
10. Succincta Juris Hungarici Historia, nec non Bibliotheca Librorum ad jus Hungariae facientium,
11. Petri ab Osterwald de Ordinibus Hungarice redditum.
12. Ecclesiastica Historia in ungarischer Sprache.
13. Commentatio in Virgilium.

Wenn man mit diesen Titeln die Titel der gedruckten und handschriftlichen Werke Schmeizels gegeneinander hält, so kann man nicht daran zweifeln, daß, bei Prüfung und Vergleichung der betreffenden Schmeizelischen und Csatárischen Schriften, Csatári als mehrfacher Plagiarius überwiesen werden würde.

Auch Steph. Weßprémi in Biogr. Medicorum Hung. et Transilv. Cent. II. P. II. (p. 394—401 schreibt in dem Artikel: Jos. Tectander) mehrere Schmeizelische Schriften dem Joh. Csatári zu, u. a. das Mausoleum Principum Transilvaniae "quod in hac urbe nostra (Debretzin) recentissime ab aLIqVo rIpensI DaCo eXstrVCtVM est. wobei er den Wortlaut der Lapidarschriften auf Johann Zápolya, dessen Wittwe K. Jzabella und K. Johann Sigismund aus diesem Mausoleum seinen Lesern mittheilte.

¹) S. Dentbl. I. 5. 6. 325. Die in der Vorrede zum Schediasma de Clenodlis vom Verf. Schmeizel versprochene Herausgabe dieses Werkes ist nicht erfolgt. S. Privil. Wiener Anzeigen vom J. 1773. S. 299.

5. Collegium privatissimum, de rebus ad Transilvaniam pertinentibus, 1737. Es begreift acht Hauptstücke: I. de Tabulis geographicis Transilvaniae. II. de Scriptoribus geographicis. III. de Scriptoribus antiquariis. IV. de Scriptoribus rerum naturalium. V. de Scriptoribus historicis et politicis. VI. de Scriptoribus ecclesiasticis. VII. de Scriptoribus Status publicis, und VIII. de Libris ineditis. Der Anhang handelt: de Scriptoribus Hungaricarum, Moldavicarum et Valachicarum. — Dieses finde ich auch in einer Handschrift, darüber Schmeizel 1745 gelesen, mit dem oben Nr. 3 vereinigt. Der Konspekt ist folgender:

Lib. I. Literarius de auctoribus.
Lib. II. Geographicus, tradit Cap. 1. Appellationes. 2. Fines antiquas et modernas. 3. Naturam et opportunitatem soli. 4. Divisionem geographicam: a) de Fundo Saxonico. b) de Comitatibus Hungaricis. c) de Sedibus Siculorum. 5. Incolarum origines.
Lib. III. Historicus, tradit: 1. Historiam antiquam a) a Diluvio ad Roman. Imperium. b) sub Romano imperio. c) sub restituto Gothorum imperio. 2. Historiam medii aevi. a) ab irruptione Hunnorum, ad restitutionem Gothorum imperii. b) ab hac ad irruptionem secundam. c) a secunda ad tertiam. d) a tertia ad initium regni Hungariae. e) de statu sub Regibus Hung. 3. Historiam recentiorem. a) sub Principibus. b) sub Domo Austriaca.
Lib. IV. Politicus, exhibens Statum 1. sub Gothis caeterisque Imperatoribus. 2. Status trium Nationum. 3. Rem militarem. 4. Monetalem. 5. Legum etc.
Lib. V. Ecclesiasticus, et VI. Scholasticus, ad ductum Epistolae ad Cyprianum 1722 editae.

Schmeizel hielt seinen akademischen Siebenbürger Landsleuten eigene Vorlesungen übee Siebenbürgische Geographie, Geschichte[1]), wovon sie Ab-

---

[1]) Dies geschah zu Jena 1715, 1721 und 1724, und zu Halle 1739 und 1744 (s. Schmeizels „Entwurf rc." in der Vorrede §. 16 und Agnethlers Vorrede zur „Schmeizelischen Erläuterung gold- und silberner Münzen von Siebenb." S. VI.). In den Zwischenjahren von 1715—1744 fügte der Verf. diesem Werke viele Zusätze und Berichtigungen, nach den mündlich und schriftlich nach und nach erhaltenen ferneren Mittheilungen, bei, und verbesserte die Arbeit vom letztgedachten Jahre noch kurz vor seinem Ableben, nach genauer Durchsicht derselben, um sie durch den Druck auch Anderen, als seinen Zuhörern, nützlich zu machen (Agnethler a. a. O.). Die Originale

schriften in ihr Vaterland zurückbrachten. Die gute Folge davon war, daß man an den heimischen Gymnasien anfing, für diese Fächer gleichfalls vorzusorgen, wie z. B. Filstich in Kronstadt (Denkl. I. 315 Nr. 12) Felmer in Hermannstadt (Denkbl. I. 301) 2c.[1]) und ihre Nachfolger. S. auch den Art. Christian Ziegler. — Dem Schmeizelischen Werke selbst sind, nach der ersten Ausarbeitung und ihrer Vermehrung, theils vom Verf. theils durch die Abschreiber auch verschiedene andere Titel vorgesetzt worden: z. B. "Collegium privatissimum in Historiam Principatus Transilvaniae Semestri hibernali A. O. R. 1715. Jenae habitum; — Notitia Principatus Transilvaniae, statum ejusdem historicum, geographicum, politicum, ecclesiasticum et literarium Libris V. exhibens; — Compendium Historiae civilis et eccelesiasticae Principatus Transilvaniae Civium suorum bono Collegio privatissimo expositum. Jenae b. l. Lib. III. und V. des ganzen Werkes nebst Sciagraphia seu totius Collegii historici Delineatio (finita 17. April 1725); — und Collegium in res Transilvanicas praelectum 1744 incept. 12. Maji, absol. 19. Dec. Halae. Auf der Rückseite der Titelblätter sind die Namen der jedesmaligen akademischen Zuhörer angeführt. — Die beiden Schmeizelischen Handschriften, welche G. J. Haner in seiner handschriftlichen Bibliotheca Hung. et Trans. historica voce: Schmeizel unter den besonderen Titeln: "Dissertatio de origine et Natalibus Saxonum Transilvanorum" — und "De Wallachis, Romanorum reliquiis" — anführt, mögen blos Theile des größeren Collegium privatissimum (und zwar des Collegium privatissimum Lib. II. geograph. Cap. 5 "Incolarum origines") sein.

Graf Jos. Keméuy hat in neuerer Zeit die von Anderen wider Josef Benkö noch bei Leben des Letzteren erhobene Beschuldigung, daß dieser die zwei Bände seines im J. 1778 in Wien gedruckten Werkes: Transilvania größtentheils aus dem handschriftlichen Nachlasse des

---

dieser Handschriften hatte der im Sept. 1848 verstorbene siebenbürgische Hof-Secretär Emerich v. Jancsó in Wien im antiquarischen Wege käuflich an sich gebracht, von dem ich dieselben zur Benützung erhielt. Nach seinem Tode mögen sie nebst seinen vielen anderen literarischen Seltenheiten Eigenthum der k. ung. Akademie in Pest geworden sein.

[1]) Bevor Felmer an seine eigenen diesbezüglichen Arbeiten Hand anlegte, bereicherte er die Schmeizelischen mit vielen Zusätzen und Berichtigungen, namentlich a) Notitia ad Patriam pertinentium ex Mscr. Schmeizelii et aliorum adnotationibus A. 1745 dieb. Oct. 4-o 197. S. — b) Annotationes ad notitiam rerum patriarum. "Opus adsectum rem literariam tantum illustrans" von Seivert genannt beide Handschriften. (Unter der letztern ist wol die Bibliotheca Hungarica etc. s. Denkbl. I. 299 Nr. 8 zu verstehen).

Entweder reformirten Pfarres Dionys Joseph Hórmànyi hergenommen habe, — gegen welchen Vorwurf sich Benkö selbst in einer Vorrede zur Handschrift: „Synodi Erdökienses geminae etc. 1555 celebratae zu rechtfertigen nöthig befand), — ebenfalls besprochen, jedoch die Behauptung weiter ausgeführt, daß Benkö nicht an einem Werke Hórmànyis, sondern an dem Schmeizelischen Collegium privatissimum in dem Druckwerke Transilvania sich des Plagiats schuldig gemacht habe. Jedoch unterläßt Gr. Kemény nicht, dem fleißigen Benkö für seine eigenen Zuthaten und übrigen literarischen Verdienste seine volle Anerkennung zu zollen.[1]

6. Entwurf derer vornehmsten Begebenheiten, die sich in Siebenbürgen von 1700—1746 zugetragen haben. Einigen Landsleuten mitgetheilt zu Halle 1746.

Auch von Aguethler in der Vorrede zu Schmeizels Erläuterung gold- und silberner Münzen von Siebenbürgen S. VI. erwähnt, und durch Christian Ziegler (s. d. Art.) bis zum J. 1754 fortgesetzt.[2] Ein fleißiger Briefwechsel Schmeizels mit seinen Landsleuten in Siebenbürgen setzte ihn in den Stand dieses beachtenswerthe und gleichfalls seinen akademischen Landsleuten gewidmete Werk zu verfassen.

7. Mausoleum Principum Transilvaniae. Im lapidarischen Styl, wie das Nádasdyi'sche Mausoleum Regum Hungariae.[3] S. auch den Art. Christian Ziegler.

8) Collegium in Historiam ac Statum Regni Hungaricae vom Verf. den akademischen Studenten aus Ungarn vorgetragen in Jena 1715, 1717/8 und 1729/30, sowie in Halle 1744. Auch von diesen Werken besaß Emerich von Jancsó die zwei Original-Handschriften von den Jahren 1715 und 1744. Die Eintheilung ist: Lib. I. Litterarius p. 1—29. II. Geographicus p. 30—114. III. Historicus p. 114—245. IV. Genealogicus p. 245—246. (Hier verweiset der Verf. auf die in seiner Bibliotheca Scrip. rerum Hung. genannten Schriftsteller.) V. Politicus p. 246—278. VI. Juridicus p. 278—288. VII. Ecclesiasticus p. 289—310. VIII. Scholasticus p. 310—312.

---

[1] In dem Uj-Magyar Muzeum herausgegeben von Toldy. Jahrg. 1856 VI. S. 338 und 1855 IX. S. 461. — Ueber die Urtheile, welche Benkö in Betreff seines im Jahre 1781 in Wien gedruckten Werkes Milkovia erfahren hat, s. Denkbl. I. 227.

[2] S. Transilvania 1845 S. 194 und 215—216.

[3] S. darüber die vorhergegangene Note auf S. 197.

Auch dieses Werk kömmt noch unter den veränderten Titeln vor: Status Hungariae litterarius, geographicus, historicus, politicus et ecclesiasticus Accessere Chronica Regum, rerumque Hungariae et vicinarum Provinciarum in compendio; — Historia Hungariae ex optimis Scriptoribus depromta; — und Notitia Regni Hung. statum ejusdem geographicum, historicum, politicum, juridicum, ecclesiasticum, litterarium et scholasticum exhibens Libris VIII.

9) Introductio pro futuro Praeceptore privato. Für seine Zuhörer 1717.
10) Annotationes in Jo. Hübneri Quaestiones geographicas. Jenae 1713.
11) Notitia Bibliothecae Budensis ex inedito Naldi Naldii Carmine. Hierüber schreibt B. G. Struvius in Bibliotheca hist. lit. ed. J. F. Ingler. Jenae 1754 I. S. 179: „Quam promiserat olim M. Schmeizelius Bibliothecae Budensis Notitiam, cum Naldi Naldii Libris IV. poëticis de laudibus Bibliothecae Budensis, nunc post illius obitum vix speranda est."
12) Collegium geographicum. Ob dieses eins mit seiner Einleitung zur Geographie ist? weiß ich nicht.
13) Eine Fürsten-Historie.
14) Jenaische Stadt- und Universitäts-Chronik. (S. den Abriß Nr. 16 der gedruckten Schriften Schmeizels.) In der angeführten unparth. Kirchenhistorie III. 1178 heißt es: „Dieß Werk dürfte nächstens in Jena herauskommen." Ob solches geschehen? ist mir unbekannt.

Tr.

15) Belehrung der Unwissenden und Irrenden von den unterschieblichen fremden Völkern, die sich gegenwärtig bei denen streitenden Heerschaaren auf deutsch und wälschem Grund und Boden befinden. Folio 16 S.

Ist eine Widerlegung der Schrift: „Patriotische Aufmunterung an die Stände des Reichs, ihrem bedrängten Kayser wider die Großherzogin von Toscana beizustehen. (Orig. in der Kronstädter Gymn. Bibliothek.)

16) Allerneueste Beschreibung von Siebenbürgen von Jgazfalvi. (Schmeizel gedenkt selbst dieser Handschrift in seiner Notitia Principatus Trans. I. B. 7. §.)

Seiv. Außer diesen Schriften hat Schmeizel auch an den Jenaischen monatlichen Nachrichten von gelehrten Leuten und Schriften mitgearbeitet, zu Fritschens Allgemeinem historischen Lexikon die Artikel von Siebenbürgen verfertigt, und die neueste Einrichtung der Homannischen Landkarte von

Siebenbürgen verfaßt. Die letztere gab der jüngere Homann unter dem Titel: Principatus Transilvaniae in suas quascumque Nationes, earumque Sedes et Regiones divisa heraus, ohne dabei Schmeizels zu gedenken, welches dieser bei Gelegenheit der Landkarten von Siebenbürgen (in seinem Collegium) als etwas wider den Vertrag mit dem alten Homann, nicht hat verschweigen können.¹) Von Schmeizelischen Handschriften kann auch nachgesehen werden der Index Bibliothecae res Hungariae illustrantis.²)

Tr. Eine beträchtliche Anzahl sowohl der bereits von Schwarz S. 198 bis 200 der Zeitschrift Transilvania vom J. 1845 angeführten, als auch anderer zu Ehren Schmeizels im Druck erschienenen Gedichte³) wird in der Kronstädter evang. Gymnasial-Bibliothek aufbewahrt.

Tr. **Schmid Joh. Christ.,**

aus Schäßburg gebürtig, war der Sohn des dasigen Stadtpfarrers Christian Schmid, studirte an der Universität in Jena 1760 ꝛc. wurde nach dem Tode des Hermannstädter Physikus und Communitäts-Orators Mich. Theiß, zum Physikus in Hermannstadt bestellt und starb daselbst im 36. Jahre seines Alters am 10. Februar 1774.

„Dissertatio inauguralis medica de mixtione corporis humani, quam sub auspiciis summi Numinis praeside Ernesto Antonio Nicolai Medicinae Doctore, Potentissimi Borussorum Regis et Serenissimi Ducis Saxo-Vimariensis et Jsenacensis Consiliario Aulico, Chymiae et Praxeos Professore publico ordinario et electorali Moguntinae Academiae Scientiarum utilium Sodali pro gradu Doctoris d. 30. Martii 1765 publice defendet Auctor Joannes Christianus Schmid Schaessburgo-Transilvanus. Jenae Litteris Felicis Fickelscherii. 4-o 24 Seiten.

Tr. **Schmidt Christian,**

ein Hermannstädter (?), über welchen ich aber nichts weiter erfahren habe, außer daß er eine Chronik von Hermannstadt hinterlassen haben soll, welche den Titel führt:

---

¹) Jöcher in der Vorrede §. XVI. zum Gelehrten Lexikon, Leipzig 1750 rühmt dankend die ihm zu diesem Werk von Schmeizel gelieferten Beiträge.

²) Von siebenbürgischen Druck- und Handschriften Schmeizels und den Urtheilen mehrerer Gelehrten über dieselben handelt Agnethler in seiner Vorrede zu Schmeizels Erläuterung siebenb. Münzen. Schade, daß Agnethler bei dieser Gelegenheit nicht auch Ungarn betreffende ähnliche Nachrichten veröffentlicht und sein a. a. O. S. XI. gegebenes diesfälliges Versprechen unerfüllt gelassen hat.

³) S. u. a. den Art. Steph. Keßler.

Chronologia Cibiniensium.

Diese Handschrift Schmidts führt Mart. G. Schech in seiner Abhandlung über die Kapelle des heiligen Jobocus in der Siebenb. Quartalschrift 3. Bd. S. 287 an, mit dem Beifügen, daß es darin gleich Anfangs heiße: „Anno 1002 ferunt quidam Herrmannum Norimbergensem ingressum fuisse Transilvaniam." Bis zu welchem Jahre Schmidts Chronik reicht, ist mir nicht bekannt.

Tr. **Schmidt Heinrich,**

geb. in Preßburg am 8. Dezember 1815, studirte in Jena 1840 im Febr. ff. Von dem Ober=Consistorium der A. C. B. zu Hermannstadt den 2. Juni 1844 zum Professor an der dasigen Rechts-Akademie berufen, wurde er nebst anderen sechs Ablegaten von den Repräsentanten der Sächsischen Nation am 29. Juni 1848 zu einem Deputirten an das Ungarische Ministerium und den Palatin in Pesth, und an Kaiser Ferdinand in Wien gewählt, und begab sich nach dem 6. Oktober 1848, als die andern Deputirten nach Siebenbürgen zurückkehrten, in Gesellschaft seines Mitdeputirten von Wien nach Olmütz, wo er nach Kaiser Ferdinands Thronentsagung Sächsische Nationalangelegenheiten betrieb, dem zufolge Kaiser Franz Joseph die bekannten, die Verdienste der Sächs. Nation preisenden beiden Urkunden vom 22. Dezember 1848 erließ: 1. das Manifest an die Siebenbürger Sachsen über ihre Unterstellung unter das kaiserliche Ministerium der Gesammt=Monarchie, — und 2. das Rescript an die Sächs. Universität über die Einbeziehung des Sachsenlandes in die Reihe der durch die neue Oesterreichische Konstitution verbundenen Länder und unmittelbare Stellung unter das kaiserliche verantwortliche Ministerium.

Nach bewältigter Revolution kehrte Schmidt nach Hermannstadt zurück, setzte seine Vorlesungen an der Rechts=Akademie fort, und wurde vermöge a. h. Entschließung vom 21. August 1850 mit dem Ritterkreuze des k. k. Franz-Josephsordens betheilt.

Er redigirte die unter dem Titel: „Siebenbürger Bote" in Hermannstadt erscheinenden Zeitung vom 1. August 1849 bis zu seiner zweiten Sendung von Seiten der Sächs. Nations=Universität nach Wien im Jahre 1850, setzte die Redaktion „in gesammtösterreichische Haltung" unter dem neuen Titel: „Hermannstädter Zeitung, vereinigt mit den Siebenbürger Boten" vom 1. Januar 1863 bis 16. September 1865 fort, worauf er sich der veränderten politischen Umstände und Landes-

Verfassung wegen von der Redaktion zurückzog. Doch wohnte er dem Hermannstädter Landtage 1863—1864 als Deputirter des zweiten Wahlbezirks des Großschenker Stuhls noch bei, beschränkte sich sofort auf seinen Beruf als Professor an der Hermannstädter Rechts=Akademie, gerieth in Schulden, und entleibte sich im jungen Walde am 3. Mai 1870. — Seine übrigen Schriften sind:
1. Aus den Ruinen des Sachsenlandes in Siebenbürgen. Von Poinz. Hermannstadt 1849. Dezember. 74 S.
    Einundzwanzig Gedichte im Auszug angezeigt im Siebenbürger Boten Nr. 108—110. 1849.
2. Unterhaltungen aus der Gegenwart. Periodische Schrift in zwanglosen Heften. Hermannstadt, Verlag von R. Krabs (Closius'sche Druckerei). Auszugeben angefangen am 8. Mai 1848. Gr. 8-o, 20 Hefte oder 316 S.
3. Encyclopädischer Abriß der Cameralwissenschaft. Seinen Vorlesungen über Encyclopädie der Cameralwissenschaften zu Grunde gelegt von Heinrich Schmidt, öffentl. ordentlicher Professor an der Hermannstädter Rechts-Akademie, Ritter des Franz-Josephsordens. Hermannstadt 1853. Robert Krabs (Druck von Theodor Steinhausen). 8-o II. 164 S.
4. Das eilfte Hauptstück des allgemeinen österreichischen Berggesetzes vom 23. Mai 1854 mit den dazu gehörigen Vollzugs-Vorschriften, Verordnungen, Erlässen, Kundmachungen, Berghauptmannschaftlichen Edikten und Formularien. Das Bergwerksabgabengesetz mit besonderer Rücksicht auf das Großfürstenthum Siebenbürgen. Zusammengestellt von H. S. Hermannstadt 1857. Druck und Verlag von Th. Steinhausen. 8-o II. 87 S.
    Eine Zusammenstellung der in dem Reichs=Gesetzblatte, in den Vollzugs=Vorschriften, in den Verordnungsblättern, in der österreichischen Zeitschrift für Berg- und Hüttenwesen, in Berghauptmannschaftlichen Edikten u. s. w. zerstreut vorkommenden gesetzlichen Bestimmungen, vom Herausgeber zunächst im Hinblick auf das Bedürfniß seiner Vorlesungen über österr. Bergrecht gemacht.
5) Die Bergbehörden der österreichischen Monarchie (ad §. 225 des allg. Berggesetzes). Zusammengestellt von H. S. Hermannstadt, Druck und Verlag der Georg v. Closius'schen Buchdruckerei 1859. 8-o II. 52 S.
6. Staat oder Nationalität? Eine österreichische Studie von Poinz. Leipzig, Verlag von Otto Wigand. 8-o 51 S. (1868).

7. Siebenbürger Quartalschrift herausgegeben von H. S. 1. Jahrgang vom 29. Oktober bis 22. Dezember 1859. (Alle 14 Tage 2 Bogen.) Hermannstadt, Druck von Th. Steinhausen. Lexikon = 8-o 208 S. 2. Jahrgang vom 5. Januar bis 21. Juni 1860. (Ebenso.) Ebendaselbst. 416 S. — und vom 5. Juli bis 20. Dezember 1860. (Ebenso.) Hermannstadt, Druck der v. Closius'schen Buchdruckerei. S. 417—462.
8. Hermannstädter Zeitung. Verantwortlicher Redakteur, Eigenthümer und Verleger Heinr. Schmidt. 1. Jahrgang vom 3. Januar bis 31. Oktober 1861. (Montag und Donnerstag in jeder Woche, jedesmal 4 Blätter.) Hermannstadt, v. Closius'sche Buchdruckerei, Anfangs Lexikon=8-o, dann 4-o 1326 S. 2. Jahrgang 1862. (Täglich 2 Quartblätter.) Ebendaselbst. Mit Ende des Jahres 1862 hörte die Hermannstädter Zeitung in der angeführten selbständigen Gestalt auf und erschien weiter vom 1. Januar 1863 (wie oben gesagt) vereint mit den Siebenbürger Boten bei Steinhausen.

Tr. **Magister Schmidt Johann,**

welcher als Mediascher Stadtpfarrer am 16. Januar 1821 starb, wurde geboren in Schäßburg, wo sein Vater Andreas Schmidt ein Mitglied der Riemerzunft und der Stadt=Communität war, am 9. April 1734. Er lebte nach zurückgelegtem 8. Lebensjahre, zwei Jahre hindurch mit seinen Eltern in Birthälm, dann wieder in Schäßburg, wo er fleißig studirte. Von hier begab er sich an das Hermannstädter Gymnasium 1754 und endlich durch Unterstützung des Hermannstädter Handelsmannes Christian Knoblauch, nach abgelegter Prüfung, auf die Universität zu Erlangen, wo er 1758—1761 dem Studium der Theologie oblag, und von wo ihm auch das bald nach seiner Heimkehr von Hermannstadt aus angesuchte Magisterdiplom zugeschickt wurde. Ohngeachtet er wegen seiner Reise auf die Erlanger Universität vom Landes=Gubernium zur Rechenschaft gezogen wurde, weil er dieselbe ohne Erlaubniß des Hofes angetreten hatte, (worüber aber keine Entscheidung erfolgte), entschloß er sich doch, weil theils dieserwegen, theils weil er nicht von Hermannstadt gebürtig war, seine Anstellung daselbst bei mehreren dasigen Vorstehern Schwierigkeiten fand, — nachdem er mittlerweile sich mit Privatunterricht beschäftigt hatte, — den Simon Friedrich, Sohn des Sam. v. Baußner, als Hofmeister auf die Universität zu begleiten 1764 im Mai. Doch wider Verhoffen erhielt der junge Baußner in Wien die angesuchte Erlaubniß nicht, da diese nur auf Theologen beschränkt wurde, sondern nach längerem Warten und manchen Anständen nur die Erlaubniß zur Röm. Königswahl und Krönung Josephs II. nach Frankfurt zu gehen, welche Erlaubniß jedoch Baußner und Schmidt benützten, auch andere Städte in Deutschland, namentlich Erlangen, Hamburg zu sehen, sowie sie nachher Böhmen und Ungarn durchreisten. Im Oktober 1765 langten sie über Klausenburg in Hermannstadt an, und gleich darauf wurde Schmidt durch 109 einstimmig Wählende, an die Stelle des nach Hahnebach berufenen Biltz, zum evang. Pfarrer in Klausenburg bestimmt. Er folgte diesem Beruf, heirathete Justinen, Tochter des Bolkát'scher Pfarrers Klein, und stand seinem Pfarramte daselbst 18 Jahre hindurch rühmlich vor. Unter andern führte er daselbst, statt der sächsischen, die reindeutsche Sprache bei dem Gottesdienste ein, und ließ die auf den Tod der Kaiserin Maria Theresia gehaltene Trauer-Rede auf Verlangen des k. Gouverneurs B. Bruckenthal, im Druck erscheinen. Diese Rede machte Mich. Heytendorf 1783 als die Medlascher Pfarre durch Nathanael Schullers Tod erlediget ward, unter einigen Magistrats- und Communitätsgliedern bekannt, welches zur Folge hatte, daß Schmidt von 41 Stimmenden zu Schullers Nachfolger erwählt wurde, (wobei 60 gestimmt hatten). Hier war nun Schmidt vom Jahre 1784 zugleich 9 Jahre hindurch Syndicus, sowie vom Jahre 1797 bis 1807 Dechant des Medlascher Capitels, als welcher er während der letzten Lebenszeit des Superintendenten Jak. Aurel. Müller (f. Denkbl. II. 455) auch die Geschäfte des Superintendenten mitbesorgte. Von ihm hat man:

1. Disputatio theologica de vi et efficacia Scripturae Sacrae, Praeside Pfeiffero. Erlangae 1761 in 4-o VI. 66 Seiten.

2) Trauerrede auf den Tod Mariae Theresiae. In der evang. Kirche zu Klausenburg unter einer ansehnlichen Versammlung aus allen Ständen gehalten am 31. Dezember 1780 und auf Verlangen herausgegeben von M. Johann Schmidt, Pfarrer. Klausenburg, auf Kosten Jos. Franz Kollmann 1781. 4-o 34 Seiten.

3. Christliche Predigt und Trauerrede auf den Tod Josephs II. In der evang. Stadtkirche zu Medlasch gehalten den 25. April 1790 und auf Verlangen herausgegeben von M. Joh. Schmidt, Stadtpfarrer. Hermannstadt, bei Mühlsteffen. 52. S. in 8-o. (Siebenb. Quartalschrift I. 338 und 339.)

Tr. **Schmidt Wilhelm,**

Sohn eines k. k. Hauptmanns, der seine letzten Lebensjahre in Galizien zubrachte, in Galizien geboren, wurde mit hohem Erlaß des k. k. Unterrichts-Ministerium vom 1. Juni 1854 zum Professor an dem Hermannstädter kath. k. k. Staats-Gymnasium, und im Jahre 1868 in gleicher Eigenschaft nach Czernowitz in der Bukovina ernannt.

1. Die Stammburg der Hunyade in Siebenbürgen. Nach theilweise noch ungedruckten Quellen. (Mit dem Motto: Cesserunt arces, cecidere palatia divum. Burmann.) Mit 2 Stahlstichen, (nämlich 2 Ansichten der Burg Vajda-Hunyad). — Hermannstadt 1865. Druck und Verlag von Th. Steinhausen. Gr. 8-o. 109 S. Mit 5 Exkursen: 1. Ueber das Bestehen der Templer in Vajda-Hunyad. S. 61—63. 2. Ueber das Stammgeschlecht der Hunyade. S. 64 bis 87. 3. Ueber die Archidiakonate in Siebenbürgen und voraus über jenes von Vajda-Hunyad bis 1545 S. 88—95 4. Die Nachkommen Steph. Bethlens de Iktár, soweit sie hier zu berücksichtigen sind. S. 96. 5. Urkundenbuch S. 97—109.

2) Die Stiftung des katholischen Theresianischen Waisenhauses in Hermannstadt, gelegenheitlich der ersten Säkularfeier des Bestandes derselben aktenmäßig dargestellt. Der Reinertrag ist einem wohlthätigen Zwecke gewidmet. Hermannstadt, gedruckt in der Buchdruckerei der Georg v. Closius'schen Erbin. (Im Selbstverlage des Verfassers.) 1869. Gr. 8-o VIII. 184 S.

Mit Urkundenbuch S. 83—115 und drei Exkursen: 1. Die Bulgaren-Ansiedlung in Siebenbürgen und Kaiser Leopold I. S. 119 bis 123. 2. Asnath Wieberus und ihr Erbe. S. 124—132. 3. Die Bekehrung der Vinczer Anabaptisten. S. 132—183.

3) Geten und Daken. In dem Programm des k. k. kath. Staats-Gymnasiums in Hermannstadt 1857 S. 3—19.

4. Daken und Geten in ihren Verhältnissen zu Rom in der Zeit von C. Jul. Cäsar bis auf Kaiser Domitian. In dem Programme ebendesselben Gymnasiums 1859/60 S. 3—11 und 1860/1 S. 3—8.

5. Der Streit der Häuser Habsburg, Luxemburg und Wittelsbach. In dem Programm ebendesselben Gymnasiums 1866/7 S. 1—20 und 1867/8 S. 1—20.

14

6. Die Geten und Daken. In dem Archiv des Vereins für siebenb. Landeskunde N. F. IV. 3—79 und 135—199. (Umarbeitung und Erweiterung von Nr. 3 und 4 oben.)
7. Zur Geschichte der Jesuiten in Hermannstadt. In demselben Archiv N. F. VI. 231—265.
8. Zur Geschichte der Wirksamkeit des Gr. Anbr. Habik nach gleichzeitigen Urkunden und handschriftlichen Notizen. Ebendaselbst VII. 1—40.
9. Die Jesuiten in Karlsburg vom Jahre 1713 bis zur endlichen Aufhebung des Ordens derselben im Jahre 1772. Ebendaselbst 41—50.
10. Vier Jahre aus dem Leben eines autonomen Stadt-Magistrates zu Anfang des 18. Jahrhunderts. Ebendaselbst S. 284—312.

Tr. **Schneider Johann,**

geb. in Hermannstadt 16. Juni 1776, studirte in Jena 1800 ɪc., wurde Conrektor am Gymnasium und darauf Prediger an der evangelischen Stadtkirche zu Hermannstadt, sofort aber Pfarrer in Kleinscheuern 1811 9. Februar und Dechant des Hermannstädter Capitels 1834—1850. Er starb zu Kleinscheuern als Probedechant am 5. Februar 1851 im 74. Jahre.

De educatione Dissertatio. Cibinii. Hochmeister 1805. 8-o. 15 S.

Tr. **Schneider Johann,**

aus Mühlbach gebürtig, studirte am Gymnasium zu Hermannstadt, dann auf der Universität Jena 1815, von wo er im Jahre 1816 in das Vaterland zurückgekehrt, an der Schule seiner Vaterstadt angestellt und sofort 1820—1835 als Rektor an dieser Schule, dann als Prediger an der Mühlbacher Stadtkirche diente, und im November 1837 zum Pfarrer von Kelneck erwählt, in dem letzteren Berufe an den Folgen des Schlagflusses den 2. September 1849 sein Leben beschloß.

Blätter der Menschenliebe, zur Unterstützung der am 15. April 1832 durch die fürchterlichste Feuersbrunst verunglückten Mühlbacher geweiht von J. S. Hermannstadt, Mart. Hochmeister. 8-o. 44 S.

(Enthält Gedichte, deren Ertrag der Verfasser zur Unterstützung seiner durch Feuer verunglückten Landsleute bestimmte.)

Tr. **Schneider Johann Carl,**

Sohn des Kleinscheuerner Pfarrers Joh. Schneider, geb. in Hermannstadt 26. Oktober 1810, studirte an der protestantisch=theologischen Fakultät in Wien 1831 ꝛc., war Lehrer am Hermannstädter evang. Gymnasium 1835 ꝛc., Klosterprediger in Hermannstadt 2. März 1841 ꝛc., und ist nunmehr Pfarrer zu Kastenholz seit dem Juni 1849.

Dissertatio de Scholis realibus. Cibinii 1837. 8-o. 22 S.

Tr. **Schneider Joseph**

wurde geboren in Hermannstadt am 19. März 1813, studirte am dortigen evangelischen Gymnasium, und vom Jahre 1832—1834 an der protestantisch=theologischen Fakultät in Wien, sowie an der Universität in Berlin, wurde Lektor am Hermannstädter Gymnasium, dann Conrektor daselbst 1847, Direktor den 15. Juni 1854, und zum Pfarrer in Urwegen gewählt am 31. August 1861.

1. De ratione, qua tria persvasionis genera facultatis cognoscendi, Scientia, Fides et divinatio inter se differant, meditatus est J. S. Cibinii 1837. 8-o. 16 S.
2. Bemerkungen über einige Differenzpunkte auf dem Gebiete der Logik (s. Denkbl. II. 6.).
3. Programm des Gymnasiums A. C. zu Hermannstadt für das Schuljahr 1853/4. Veröffentlicht vom Direkter des Gymnasiums J. S. Hermannstadt 1854, Druck der Diöcesanbruckerei (b. i. der griech.-orientalisch.) 4-o. 52 S.
    Inhalt: Bericht über den Stand der Kenntniß der Phanerogamen=Flora Siebenbürgens von M. Fuß (s. Denkbl. I. 393) S. 3 bis 31 und Schulnachrichten vom Direktor, S. 32—52.
4. Programm ebendesselben Gymnasiums A. C. zu Hermannstadt und der mit demselben verbundenen Realschule für das Schuljahr 1854/5. Veröffentlicht vom Direktor des Gymnasiums J. S. Hermannstadt 1855, Druck der Diöcesanbruckerei. 4-o. 79 S.
    Inhalt: Versuch einer Zusammenstellung der Hauptmomente der österreichischen Geschichte ꝛc. von Wilh. Capesius (s. Denkblätter I. 205) S. 3—57 und Schulnachrichten vom Direktor S. 58—79.

5. Programm ebendesselben Gymnasium A. C. zu Hermannstadt und der mit demselben verbundenen Lehranstalten für das Schuljahr 1855/6. Veröffentlicht vom Direktor des Gymnasiums J. S. Ebendaselbst 1856. 4-o. 60 S.

Inhalt: Hermannstadt während der Kronstreitigkeiten 1526 bis 1536 von Gottfr. Capesius (s. Denkbl. I. 205) S. 3—29 Schulnachrichten vom Direktor S. 30—60.

Zur Ergänzung des Capesius'schen Artikels hat J. Karl Schuller eine „gedrängte Uebersicht der Schicksale Hermannstadts bis zu Anfang des Jahres 1536, wo sie sich dem Zápolya unterwarf," in der Abhandlung „Georg Reicherstorffer und seine Zeit" in dem XXI. Bande des Archivs für Kunde österreichischer Geschichtsquellen 2c. Wien 1859 S. 64—69 geliefert.

6. Programm ebendesselben Gymnasiums A. C. zu Hermannstadt für das Schuljahr 1856/7. Veröffentlicht vom Direktor des Gymnasiums J. S. Ebendaselbst 1857. 4-o. 67 S.

Inhalt: Die Käfer Siebenbürgens, beschrieben von Karl Fuß (s. Denkbl. I. 390) S. 3—36 und Schulnachrichten vom Direktor S. 37—67.

7. Programm ebendesselben Gymnasiums A. C. zu Hermannstadt 2c. für das Schuljahr 1857/8. Veröffentlicht vom Direktor des Gymnasiums J. S. Ebendaselbst 1858. 4-o. 92 S.

Inhalt: Die Käfer Siebenbürgens beschrieben von Karl Fuß. Fortsetzung (s. Denkbl. I. 390) S. 4—65 und Schulnachrichten vom Direktor S. 66—92.

8. Programm ebendesselben Gymnasiums A. C. zu Hermannstadt für das Schuljahr 1858/9. Veröffentlicht vom Direktor des Gymnasiums J. S. Ebendaselbst 1859. 4-o. 63 S.

Inhalt: Vorstudien zu einer Geschichte des städtischen Gymnasiums A. C. in Hermannstadt von Karl Schwarz S. 3—34 und Schulnachrichten vom Direktor S. 35—63.

9. Programm, womit zu der am 19. April 1860 im großen Hörsaale des Hermannstädter Gymnasiums A. C. um 11 Uhr abzuhaltenden Gedächtnißfeier des Todestages Melanchtons im Namen des Lehrkörpers ehrerbietigst einladet der Direktor J. S. Hermannstadt 1860, gedruckt bei S. Filtsch. 4-o 30 S.

Enthält S. 3—8 Philipp Melanchton (Schwarzerd) (Leben und Verzeichniß der von ihm verfaßten Schulbücher von J. S.) und

S. 9—30 über die Witterungs-Verhältnisse von Hermannstadt von Ludwig Reissenberger.

10) Programm ebendesselben Gymnasiums A. C. zu Hermannstadt ɛc. für das Schuljahr 1859/60. Veröffentlicht vom Direktor des Gymnasiums J. S. Hermannstadt 1860. Druck der Diöcesandruckerei. 4-o XXXVIII. 27 S.

Inhalt: Ueber die Regen-Verhältnisse Siebenbürgens von Ludwig Reissenberger S. III—XXXVIII. und Schulnachrichten vom Direktor S. 1—27.

11. Programm ebendesselben Gymnasiums A. C. zu Hermannstadt ɛc. für das Schuljahr 1860/1 Veröffentlicht vom Direktor des Gymnasiums J. S. Hermannstadt 1861. Druck der Diöcesandruckerei. 4-o. 79 S.

Inhalt: Vorstudien zu einer Geschichte des städtischen Gymnasiums A. C. in Hermannstadt von Karl Schwarz S. 3—48. Anhang: Statuta Scholae Cibiniensis communi consensu et summo studio data ac rata habita a Rev. Capitulo, Amplissimoque loci hujus Senatu solenniter promulgata etc. vom Jahre 1643, S. 49 bis 61[1]) und Schulnachrichten vom Direktor S. 62—79.

Tr. **Schnell Martin,**

geboren in Kronstadt im Jahre 1773, machte schon am vaterstädtischen Gymnasium rühmliche Fortschritte in der Philologie, deren Studium er sich sofort (1792 Oktober ɛc.) durch 2½ Jahre auch an der Universität Jena vorzugsweise widmete. Nach Kronstadt zurückgekehrt, diente Schnell unter manchen Widerwärtigkeiten vom Jahre 1796—1807 als Gymnasial-Lehrer, und im Jahre 1807 fünf Monate hindurch als Prediger bei der Stadtkirche worauf er zu beabsichtigter (aber nicht realisirter) Vollendung

---

[1]) Eine weitere Fortsetzung der Schwarzischen Vorstudien ɛc. ist nicht erschienen; und da somit ein Verzeichniß der Stiftungen, wie es bezüglich der anderen sächsischen evang. Gymnasien in Dück's Geschichte des Kronstädter evang. Gymnasiums und den ersten Jahrgängen der anderen Gymnasial- und Schulprogramme vorkömmt, — vermißt wurde, so ersetzt diesen Abgang das von Jos. Schneider herausgegebene: „Programm, womit zu der am 24. April um 11½ Uhr abzuhaltenden Feier des Mäcenatenfestes der Direktor im Namen des Lehrkörpers am Hermannstädter Gymnasium A. C. und den damit verbundenen Lehranstalten ehrerbietigst einladet. Hermannstadt, Buchdruckerei von Jos. Drotleff 1855. 4-o. 11 S.

und Herausgabe seines unter Nr. 4 bezeichneten Werkes und mit Benützung der k. k. Hofbibliothek zu diesem Zweck, mit erhaltenem Urlaub sich nach Wien begab. Im November 1808 an der evang. Filialkirche in der Vorstadt Blumenau als Prediger angestellt, fand er sich nach verschiedenen Zerwürfnissen bewogen, diesem Beruf am 20. Mai 1811 freiwillig zu entsagen,[1]) ertheilte etliche Jahre lang zu Bukarest, besonders in den Sprachen, Privatunterricht, und entschloß sich im Jahr 1815 Siebenbürgischer Advokat zu werden. Zu diesem Ende machte er den üblichen Advokaten=Cursus bei der k. Gerichtstafel in Maros=Vásárhely durch und kehrte im Jahre 1817 als Advokat nach Kronstadt zurück, vertauschte aber, da der Erfolg seinen Erwartungen nicht entsprach, im August 1820 diese Stellung mit dem stabilen Dienste als Militär=Grenz=Prokurator bei dem damaligen 2. Szekler=Grenz=Regimente. Doch auch diesen Dienst resignirte er am 16. August 1827, trat am 21. Juli 1828 in der St. Stephanskirche zu Wien zur römisch-katholischen Religion über, und bewarb sich um verschiedene andere politische Dienste. Ohne jedoch so glücklich zu sein, wieder zu einem öffentlichen Dienste zu gelangen, woran auch schon sein eingetretenes höheres Lebensalter hinderlich war, verfiel S. in eine langwierige Krankheit und starb am 5. Mai 1845.

Schnells mir bekanntgewordenen Schriften sind:

1. Abschiedsworte an die Mitglieder der Blumenauer Gemeinde zu Kronstadt von Martin Schnell, Prediger. Gedruckt zum Besten der Schule dieses Kirchspiels. Preßburg 1811 bei Simon Peter Weber. 4-o. 8 S.

2. Die Nationen Siebenbürgens nach ihrem Herkommen und Charakter, kurz beschrieben von M. S., Landesadvokaten, und in treuen Abbildungen nach ihrer Nationaltracht[2]) und Originalzeichnungen dargestellt von Georg Gottlieb Schnell, öffentlichen Lehrer der Zeichenkunst an der k. Normal-Hauptschule und dem evang. Gymnasium zu

---

[1]) Die Unannehmlichkeiten, welche sich bei diesem Dienstaustritt ereigneten und die Haltung einer Abschiedsrede an die Blumenauer Filial=Gemeinde vereitelten, gaben ihm die Veranlassung zur Veröffentlichung seiner unter Nr. 1 bezeichneten Abschiedsworte.

[2]) Von sächsischen und anderen siebenbürgischen National=Trachten s. mehr bei Istvánfi. (Ausg. 1684) S. 672. — Wolfg. Bethlen III. 585. — Trösters Alt- und Neudeutsches Dacia 2. B. 9—12 Capitel. — Töppelt S. 89—111. — Felmer's Abhandlungen vom Ursprung der sächs. Nation. Handschrift. — Windisch's Geographie von Siebenbürgen S. 32 und ebendesselben N. Ung. Magazin I. 14, 343, 379. — Lebrecht über den National=Charakter der siebenbürg. Nationen. —

Kronstadt. Kronstadt 1842. (Gedruckt bei Joh. Gött. Kl. 4-o.
1. Heft XII. S. Zueignung an die Communitäten der sächsischen
Nation. S. 1—46 die Ungarn mit 4 lithographirten Abbildungen.
1) Eines ung. Staatsmannes. 2) Einer ung. Hofdame. 3) Eines
ung. Bauern und 4) Einer ung. Bäuerin; S. 47—77 Die Szekler.

3. Die Sachsen in Siebenbürgen nach ihrem Herkommen und Charakter
kurz beschrieben. Kronstadt 1844. Druck und Verlag von Joh.
Gött. Kl. 4-o. IX. 196 S. (Eigentlich das 2. Heft des Vorhergehenden, doch ohne Abbildungen.)

Dem Hofrath und siebenbürgischen Oberlandes-Commissär Jos.
Bedeus v. Scharberg und den übrigen Mitgliedern des Vereins für
siebenbürgische Landeskunde zugeeignet, und von dem Ausschusse des
Vereins für siebenbürgische Landeskunde durch ein Geschenk von 50 fl.
Silbermünze belohnt. (S. das Vereins-Protokoll S. 79.)

4. Geschichte der römischen Republik nach Erbauung der Stadt im
7. Jahrhundert, zum Theil aus dem Lateinischen des Sallustius
übersetzt, zum Theil nach den andern Klassikern frei bearbeitet, mit
Anmerkungen und einigen Abhandlungen begleitet. Manuscript.
(Der 1. Band erhielt vom Censor Sartori in Wien das Imprimatur
den 16. Juni 1814.)

Der Verfasser hat vorzüglich de Brosses Ergänzung des Sallust
(s. Eichhorns Literärgeschichte II. 540) und bei dem vierten Bande
die Arbeiten des Engländers Gordon benützt.

Dieses Werk verursachte seinen längeren Aufenthalt in Wien
1807/8 und, obwol er nach seiner Rückkehr den 28. September 1808
dem Kronstädter Konsistorium anzeigte, daß dasselbe in Wien in der
Camesinaischen Buchhandlung in vier Großoktav-Bänden herauskommen werde, so ist solches doch nicht an das Tageslicht gekommen.

Eintheilung: 1. Band: Geschichte der Eroberung Numidiens durch

---

Beningi (Denkbl. 1. 97—97). — Marienburgs Geographie von Siebenbürgen 1 98.
— Jaschke's National-Kleidertrachten und Ansichten von Siebenbürgen. Wien (1820)
nebst ethnographischen Text dazu (von Csaplovics), Wien 1822. — Der Sieben-
bürger Jahrmarkt, ein getreues Bildniß der in Siebenbürgen wohnenden Nationen.
Wien 1820. — Panoniens Bewohner in ihren volksthümlichen Trachten auf 78 Ge-
mälden von Heimbucher Edlen v. Bikessy. Wien 1822. — Zeitschrift: „Faust von
Auer. Wien 1857 Nr. 6, 7, 11. ——— Unter dem Titel: „Siebenbürgische
Volkstrachten" hat in jüngster Zeit, ohne Text und ohne Angabe des Jahres, der
Hermannstädter Reallehrer Theodor Glatz und zum Theil der Bistritzer Gym-
nasiallehrer Karl Koller photographische Bilder in Duodez herausgegeben.

die Römer. 2. Band: Erstes bis fünftes Buch der nach den alten Klassikern ergänzten römischen Geschichte des Sallustius. 3. Band: Catilina. Die zwei Briefe an den Cäsar (über die Einrichtung des römischen Staates). Das Leben des Sallustius. 4. Band: Politische Abhandlungen über die merkwürdigsten Ereignisse des 7. Jahrhunderts sammt einem Register über alle vier Bände. Auch soll Schnell eine deutsche Uebersetzung des Tacitus und Sextus Empiricus verfaßt haben, welche aber ebensowenig im Druck erschienen ist.

Endlich hinterließ Schnell eine ansehnliche, vorzügliche Ausgaben klassischer Werke in deutscher, lateinischer, griechischer, französischer, italienischer und spanischer Sprache enthaltende Bibliothek, deren Catalog sein Sohn Friedrich Schnell, behufs ihres Verkaufs, im Jahre 1846 zu Kronstadt unter folgendem Titel drucken ließ:

„Verkauf der zur Martin Schnell'schen Verlassenschaft gehörigen Bücher, die gut eingebunden und in gutem Zustande sind. 8-o. 15 S.

Tr. **Schnell Peter,**

geboren in Kronstadt den 28. Juni 1812, widmete sich der Pharmazie, die er jedoch in der Folge aufließ, und dient, nachdem er früher Kontrolor des städtischen Wirthschaftamtes gewesen, nun als Vizestadthauptmann in Kronstadt. Er erhielt für seine Thätigkeit während der Jahre 1848/9 nach unterdrückter Revolution das goldene Verdienstkreuz.

Pharmazeutisch=chemische Abhandlung über den Schwefelalkohol und das basisch=mangansaure Kali, öffentlich vorgetragen an der k. ung. Universität bei Bereitung dieser Präparate im Monat Juli 1834 von Peter Schnell, Kandidaten der Pharmazie. Pest, gedruckt mit von Trattner-Károly'schen Lettern. 8-o. 16 S.

(Dem Bukurester Apotheker Andreas Schnell zugeeignet.)

Seiv. **Schnitzler Jakob,**

der freien Künste und Weltweisheit Magister und Stadtpfarrer zu Hermannstadt. Ein Mann, dessen Gedächtniß noch bei Greisen und Jünglingen unvergeßlich ist! Er wurde den 1. Januar 1636 zu Hermannstadt geboren, woselbst sein Vater, Jakob Schnitzler[1]) damals Diakonus

---

[1]) Gleichfalls ein verdienter Gottesgelehrter, der von seinem Vater Erasmus, einem Bildschnitzer von Kronstadt, den Namen Schnitzler geerbt hat. Er war 1598 geboren, studirte zu Hermannstadt bis 1620, darauf ging er nach Debrezin, 1622

war. Nachdem er sich auf der väterlichen Schule zu höheren Wissenschaften vorbereitet hatte, begab er sich 1655 nach Wittenberg. Hier erwarb er sich eine solche Achtung, daß er von den dasigen berühmtesten Lehrern gar genöthigt ward, den 14. Oktober 1658, die höchste Würde in der Weltweisheit anzunehmen. Bei dieser Feierlichkeit schrieben unter andern in ihren Glückwünschen Christian Trentschius, Professor der Logik und Metaph. wie auch Dechant:

<blockquote>
Tum flagrat tristi bona Transylvania bello,
  Hic Transylvanus dat quoque bella Sophis.
Plurima Schnizlerus, si vivet, bella parabit,
  Non clypeo Martis, Palladis at calamo.
</blockquote>

August Buchner, Pr. P. und Senior der Akademie:

<blockquote>
Sume incunctanter sophicam Schnizlere coronam,
  Et merito capiti nam venit illa tuo,
Multos serta ornant, sed non satis illa decore;
  Te tua serta ornant, te tua serta decent.
</blockquote>

und **Michael Wendler, Doktor** und **Pr. P.**

<blockquote>
Hactenus haud paucos Dacos Witeberga polivit,
  Sed Schnizlere! tibi non habet ista parem.
Non gladius, non clamores, non pocula Bachi,
  Verum doctorum scripta diserta placent.
Pergo tuam vitam, Musarum perge labores,
  Egregium munus patria chara dabit.
</blockquote>

Hierauf hielt Schnitzler fleißig Vorlesungen, wodurch er das ersetzte, was die väterliche Unterstützung zu seinem Unterhalt zu thun nicht vermochte. Im Jahre 1661 ward er Beisitzer der Philosophischen Fakultät, zugleich aber erhielt er von dem Bürgermeister zu Hermannstadt, Andreas Mölzer den Beruf zum Rektorate der dasigen Schule. Schnitzler gehorchte und eilte nach seinem Vaterlande. Allein trauriges Geschick! In den Wäldern von Lignitz hörte er den Tod seines Vaters und zweier Brüder. Diese betäubende Nachricht für sein zärtliches Herz begleitete bald eine andere unangenehme. Er hörte nämlich bei seiner Ankunft in Breslau, daß Johann Keménÿ mit kaiserlichen Hilfsvölkern auf Siebenbürgen losging, um den Michael Apafi des Fürstenthums zu berauben. Dieses machte

---

nach Leutschau; 1621 reiste er durch Polen und Preußen nach Dänemark, Norwegen, Holland und England, und kehrte endlich nach Deutschland zurück. Hier begab er sich auf die Akademie zu Wittenberg, von welcher er nach zwei Jahren 1627 nach Hause kam. Den 12. Mai ward er Lektor bei der Hermannstädter Schule, das folgende Jahr ein Mitglied des Ministeriums, 1637 Archidiakonus und 1638 Pfarrer zu Heltau. An diesem Orte starb er als Dechant des Kapitels den 22. Mai 1661.

ihn unschlüßig, ob er sich in ein Land, darin er schon so viel verloren hatte und noch mehr verlieren konnte, begeben sollte? Alle widerriethen es. Er blieb also neun Wochen in Breslau, und weil er dieser müßigen Zeit müde ward, kehrte er wieder nach Wittenberg zu seinen philosophischen Arbeiten zurück.

1662 den 6. August empfing Schnitzler auf das Neue Briefe vom Hermannstädter Rathe, dem Superintendenten Hermann, dem Stadtpfarrer Joh. Grasius, und von dem Konsul Joh. Simonius, welche ihm nochmals das Schulrektorat antrugen. Um diese Zeit war er zum öffentlichen Lehrer der Mathematik, seiner Lieblingswissenschaft, erklärt worden; Wahl und Entschließung ward ihm also schwer. Doch siegte die Liebe zum Vaterlande. Er trat seine Heimreise den 1. Oktober an, vollendete sie zwar den 18. November glücklich, aber gar bald hernach fiel er in eine Krankheit von vieler Gefahr. Nach erlangter Gesundheit erhielt er einen abermaligen Beruf, da er den 14. Februar 1663, als Rektor des Gymnasiums eingeführt wurde. In diesem Dienste erfüllte er die allgemeine Erwartung vollkommen, lehrte mit großem Beifalle und übte seine Schüler insonderheit mit öfteren Streitschriften. Eine Uebung, die wohl nie ohne Nachtheil auf Schulen kann unterlassen werden. Dadurch wird der Jüngling zur Prüfung und Nachforschung mancher Dinge angereizt, um die er sich sonst wenig bekümmert hätte. Er erhält dadurch eine gewisse Gegenwart des Geistes und eine schnelle Fertigkeit, Irrthum und Wahrheit zu unterscheiden.

So viel die Jünglinge der Schule Schnitzlern danken mußten, ward er doch ein Schlachtopfer seiner Feinde. Andr. Fleischer, Graf der Nation und Königsrichter zu Hermannstadt, suchte Georg Huttern, Lektor der Schule, zu befördern, und dieses auf Unkosten der Schnitzlerischen Ehre. Unter dem scheinbaren Vorwande der Beschwerlichkeiten des Schuldienstes und seiner schwächlichen Leibesbeschaffenheit, wurde also Schnitzlern der ruhigere Dienst des Archidiakonats 1665 den 1. Oktober angetragen. Da er aber die Triebfedern dieser Beförderung wohl kannte, und eben nicht nöthig hatte sich der Willkür seiner Feinde aufzuopfern, schlug er diesen Beruf mit Bescheidenheit aus. Indessen war Hutter Rektor geworden. Schnitzler begab sich also in sein Haus, wo er anderthalb Jahre in gelehrter Einsamkeit lebte. Doch sein Unglück war nur ein Gewitter, darauf ein desto heiterer Himmel folgte. Der Fürst Michael Apafi berief ihn zum öffentlichen Lehrer an das reformirte Kollegium zu Groß-Enyed. Diese heimliche Beschämung für Hermannstadt erweckte den Rath für

Schnitzlers Glück auf das Neue zu sorgen und ihm die Annahme des fürstlichen Berufs nicht zu erlauben. In dieser Absicht wurde Schnitzler den 1. Dezember 1666 in die Versammlung des Raths berufen, da redete der gelehrte Konsul Johann Simonius sehr weitläufig von der Nothwendigkeit seiner Dienste bei der Schule, und erklärte ihn im Namen des ganzen Raths zum öffentlichen Lehrer der Weltweisheit bei derselben. Ein Dienst, der bisher in Hermannstadt nicht gebräuchlich gewesen. Zugleich erhielt Schnitzler die Anwartschaft auf das Rektorat nach Hutters Beförderung. Diese erfolgte nicht lange hernach; den 7. November 1667 wurde er Donnerstagsprediger und Schnitzler abermal Rektor.

Nun triumphirten seine Verdienste immer mehr und mehr. 1668 den 3. Mai berief ihn die Gemeinde zu Hetzeldorf im Medwischer Stuhle zu ihrem Seelenhirten; auf Verlangen des Raths schlug er aber den Beruf aus. Vielleicht aus Ehrgeiz eines Geistlichen, der nicht jede Pfarre seinen Verdiensten gleich schätzt? O nein! folgende Handlung rechtfertigt das edle Herz dieses Mannes gegen alle Vorwürfe. Bald darnach den 27. Mai ward ihm die Rathsherrnwürde angeboten, allein Schnitzler verbat sich diese Ehre, zufrieden mit seinem Dienste, und entschlossen der Kirche treu zu bleiben. Noch in diesem Jahre starb der Stadtpfarrer Johann Grafius, und Schnitzler ward den 9. November dessen Nachfolger im Amte. Den 13. Dezember wurde er seiner Gemeinde feierlich vorgestellt, darauf er den 4. Advent-Sonntag seine Eingrüßungsrede hielt. Seine Amtsführung war ruhig und gesegnet, aber das Podagra war sein großer Feind und wurde endlich sein Tod. Er starb den 16. Juni 1684 in seinem 49. Jahre, geehrt und geliebt von seinen Zuhörern. Auf seinen Tod schrieb einer seiner Verehrer.

Astra diu es contemplatus, clarissime fautor!
Contemplaris ovans nunc sine fine Deum.

Man erzählt von ihm, daß er oft an heitern Winterabenden auf dem großen Marktplatze sich mit der Sternkunde beschäftigt und Unterricht darinnen gegeben habe. Von seinen Weissagungen redet man sehr viel, daran er gewiß nicht einmal gedacht hat. Er soll auch den jüngsten Tag verkündigt haben. Das weiß ich nicht, aber dieses weiß ich, daß Schnitzler in seinem Kalender auf das Jahr 1669, die Frage abhandelt: Ob es möglich sei, den Tag und die Stunde des Jüngsten Tages zu wissen, und ob solches Wollen christlich sei? Hierauf zeigt er, daß noch alle, die dieses Geheimniß haben entsiegeln wollen, Lügner gewesen wären, und schreibt: „Es sei eine fürwitzige mensch-

liche, unbesonnene Narrheit, dasselbe erforschen wollen, was Gott weder
den Engeln, noch den Aposteln, noch einigen andern Menschen habe offen=
baren wollen, und welches an ihm selbst ein großes Geheimniß wäre."
Mit seinem Bruder Samuel Schnitzler, Pfarrer zu Neudorf, ist
1692 der Schnitzlerische Name erloschen. Seinen Grabstein habe ich zu
Hermannstadt entdeckt. Auf der einen Seite führet er die Aufschrift:

D. O. M.

Hac sub mole gravi Samuel Schnitzlerus humatus,
Antra quietis habet filius atque parens.
Doctrina clarus, pastor fuit hic animarum
Annos, quem coluit per Nova Villa, novem.

Auf der linken Seite:

Haec monumenta suis Nato simul atque Marito,
Sara sepulturae Sosteriana parat,
Deproperans dum nonagesimus atque secundus
Praesentis saecli volvitur annus adhuc.

Schnitzler hat insonderheit viele Streitschriften herausgegeben.
Folgendes Verzeichniß sehe ich selbst für sehr unvollständig an:

I. Streitschriften die er zu Wittenberg entweder selbst vertheidigt,
oder die unter seinem Vorsitze vertheidigt worden sind:

1) Collegii publici secundi Disputationem XII. et penultimam de rerum publicarum mutatione, praeside Mich. Wendelero D. PP. et Decano, publice proponit, Jac. Schnizlerus, Cib. Transylv. d. XXX. Apr. 1658 in 4-o.
2. Disp. Mathematica, insignes quasdam Positiones ex universa Mathesi depromptas exhibens, quam — sub Praesid. M. Joh. Bayeri, in ill. Academia Wittenbergensi — sistit, Jac. Schnizler, Cib. — author respondens. 1658 in 4-o.
3. Disp. Physica, de terra, eodem praeside, qua author respondens, d. 1. Sept. 1658 in 4-o.
4. Collegii publici tertii, atque ultimi, Disputationem IV. de potestate domestica, eodem praeside, d. IV. Sept. 1658 in 4-o.
5. Decas illustrium Thesium Astronomicarum, praeside Christoph. Notnagelio, Mathem. P. P. Magister Jac. Schnizler, d. 20. Jan. 1659 in 4-o.
6. Disputatio Astronomica, de stellis fixis, Praes. M. Jac. Schnizler, Resp. Andrea Marquardi, Stralsunda-Pomerano. d. 29. Jan. 1659 in 4-o.

7. Disp. Astronomica, de stellis erraticis, seu Planetis — Resp. Julio Hartmanno, Curlando, d. 30. Mart. 1659 in 4-o.
8. Diss. Politico-Mathematica ex Architectura militari, seu Fortificatione, de Praemunitionibus fortalitiorum. Resp. Andrea Thann. Georg — Montano Hungaro d. 20. Apr. 1659 in 4-o.
9. Disp. Astronomica, de stelliis erraticis extraordinariis, seu Cometis — Resp. Simon Basch, Cibin. Transylv. ad d. 15. Jun. 1659 in 4-o.
10. Disp. Astronomica, de stellis fixis novis, Resp. Georg. Zachariae, Medgyeschino-Transylv. d. 25. Jun. 1659 in 4-o.
11. Disp. Pnevmatologica, succinctam quaestionum praeliminarium Discussionem exhibens — Resp. Simone Hammerdörfer, Platta-Bohemo. Ad d. 17. Sept. 1659 in 4-o.
12. Dissertatio Geographica, de Zonis, Resp. Petro Hetzelio, Hala — Suevo. d. 21. Dec. 1659 in 4-o.
13. Dissert. Geographica, exhibens descriptionem breviorem celeberrimae illius Regiae, juxta ac Liberae Civitatis Sempronii, quae est in Hungaria Inferiori. — Praeside M. Jac. Schnizlero — Autor et Respond. Matthias Rosner, Sempronio — Hung. d. 16. Maji, an. 1660 in 4-o.
14. Disp. Mathematica, ex Architectura Civili, de quinque Columnis architectonicis: Toscana, Dorica, Jonica, Corinthia et Composita, Resp. Conr. Wilh. Bratz, Creilshemo — Franco d. 24. Dec. 1660 in 4-o.
15. Tractatio Astronomica, de globo coelesti, pro loco im Ampliss. Facultate Philosophica sibi concesso. — Praeses M. Jac. Schnizlerus, Cibin. Gymnasii metropolitani in Transylv. vocatus Rector. Resp. M. Joanne Augusto Stempelio, Anaeberga — Misnico d. 20. Jun. 1661 in 4-o.
16. Theses Miscellaneae Mathematicae. Resp. Henr. Jac. Hattorpio, Duderstadiensi, d. 5. Oct. anno:
    Periodi Julianae: 6374.
   Epochae Christi verae: 1663.
     vulgaris: 1661.
  a conditu mundi: 5610. In 4-o.
17. Tractatio Geographica de globo terrestri. Resp. Salomone Rundstedt, Regiomont. — Prusso. die 27. Aug. 1662. in 4-o.
18. Disp. Mathematica, ex Architectura militari, de Praxi bellica offensiva et defensiva, Resp. Georg. Fridr. Strobel, Salzburgo —

Palatino, d. 23. Sept. 1662 in 4-o mit einer Zueignungsschrift an den Fürsten Mich. Apafi.

II. Schnitzlers Schriften in Hermannstadt gedruckt:

19. Decas Quaestionum Philosophicarum illustrium. in Cel. Cibin. Gymnasio exposita. Resp. Valentino Frank, Cibin. 1663 in 4-o.
20. Disp. Historico - Chronologico - Theologica, illustres quasdam Theses exbibens. Resp. Luca Hermanno, Birthalbensi d. 8. Aug. 1663 in 4-o.
21. Disp. Theologica, de Angelis, Resp. Mich. Gündesch, Cibin. d. 24. Oct. 1663. apud Abraham. Kertesz, Szencinum in 4-o.
22. Disp. Theologica, de Creatione universi. Resp. Joanne Jeremiae, Cibin. d. 28. Nov. 1663 in 4-o.
23. Disputatio Theologica Polemica, de Purgatorio, Resp. Andr. Henning, Coronensi, die 12. Sept. 1664 in 4-o.
24. Disp. Philosophico-Politica, de Principe judice et Senatoribus, quam auxiliante Principum Principe, Christo Jesu, et praeside, M. Jac. Schnizlero, Facult. Philosoph. in Acad. Witeberg. hactenus Assessore, nunc Gymnasii Cibin. Rectore, publice recte judicanti censurae exponit, Resp. Paul. Femgerus, Sabesiensis, ad diem XXII. Apr. Cibinii, 1665 in 4-o.
25. Disp. Theologica, brevem exhibens Analysin quaestionis: An et quo jure Potestas Ecclesiastica et Saecularis, competat Pontifici Romano? Resp. Georg. Schnell, Heltensi, d. 2. Sept. 1665.
26. Disp. Theologica, de Romano Pontifice — Resp. Jo. Klein, Bistriciensi, d. 16. Sept. 1665 in 4-o.
27. Disp. Historico Theologica, exhibens Fasciculum quaestionum selectarum, de Nativitate Christi. Resp. Samuele Bausner, Schaesburgensi. 1667 in 4-o.
28. Disp. Theologica, de Sponsa Christi, sive de Ecclesia. Resp. Paulo Fabricio, Sárosiensi, d. 26. Febr. 1667 in 4-o.
29. Disp. Theologica, de uno Deo in essentia, et Trino in Personis Elohim. Resp. Georgio Kraus, Schaesburg. d. 19. Martii 1667 in 4-o.
30. Erasmi Roteroderami Enchiridion Militis christiani, de novo revisum, correctum, et in honorem Dei, atque emolumentum proximi publicatum, a Jac. Schnizlero, P. M. ejusdemque in Gymn. Cibin. Professore Ordinario. 1668 in 12-o.[1])

---

[1]) Dieses Werk schreibt Schnitzler gewissen Jünglingen von Adel zu, zu deren Gebrauch er es auch insonderheit herausgab: dem Samuel Bethlen; Tobias Fleischer, Georg Simonius, Emeritus Lázár, Lazarus und Nikolaus Kun.

31. Neuer und alter Kalender auf das Schaltjahr nach der heilf. Geburt unsers lieben Herrn und Heilandes Jesu Christi 1667. Auf Siebenbürgen, Ungarn, Walachei und umliegende Länder mit gebührenden Fleiß' aufgesetzet von M. Jak. Schnitzlero, Philosopho und Astronomo. Hermannstadt, gebr. durch Stephan Jüngling in 12-o.[1]

32. Orgel-Predigt, oder christliche Einsegnungs-Predigt, als das neue große Orgelwerk, Gott und der Gemeine Gottes übergeben und consecrirt ward, in der großen Pfarrkirchen in der Hauptstadt Hermannstadt, im Jahr 1673 den 3. Sept., welcher war der 14. Sonntag Trinit. in 4-o.[2]

33. Cometstern-Predigt, von dem ungewöhnlichen und großen Himmelszeichen, oder neuen Comet und Wunderstern, welcher im nächst verflossenen 1680. Jahr, gegen desselben Ende, im November und Dezember erschienen und mit seinen Strahlen erschrecklich geleuchtet. — 1681 den 26. Januar in 4-o.

34. Bericht aus Gottes Wort und der Natur, von der Erdbebungen Ursprung und Bedeutung, nach vorhergegangenen großen Erdbeben, so vor wenigen Tagen allhier geschehen in diesem 1681. Jahr den 19. Aug. früh Morgens vor Tag um Eins und ein Viertheil darnach. Welchen an statt der ordinar Predigt den folgenden Sonntag den 24. Aug. — in der Hermannstädter großen Pfarrkirchen auf der Kanzel einfältig gegeben. — Druckts Stephan Jüngling 1681 in 4-o.[3]

Tr. **Schobel Sam. Georgius,**
von Reps, Sohn des aus Schäßburg gebürtigen Georg Schobel (gest. als Pfarrer in Stein 1775) studirte in Hermannstadt und Erlangen, wurde 1775 Schulrektor und 1776 Prediger in Reps, darauf 1777 Pfarrer in Homorod, sofort 1779 Pfarrer in Seiburg, bekleidete vom Jahre 1811 bis 1813 die Stelle des Koßer Kapitels-Offizials und starb im 79. Lebensjahre am 30. Mai 1824.

---

[1]) Demselben hat er beigefügt: Chronika, oder denkwürdige Geschichte, so sich seit Christi Leiden und Sterben zugetragen haben, fürnämlich aber in Ungarland und Siebenbürgen. — Gleiche haben wir auch von 1668 und 69, vielleicht auch von mehreren Jahren.
[2]) Diese Orgel hat 40 Register und 2700 Pfeifen. Ihr Baumeister war Johann Vest aus Bartfeld in Ungarn, der mit sechs Gehilfen dritthalb Jahre daran arbeitete. Das ganze Werk kostete 5492 Gulden, und die Malerei 700.
[3]) Diese Rede ist über Jesaias 29. V. 6 gehalten worden.

Dissertatio inauguralis de Ingenio Oratorio, quam — in Friederico Alexan‑
drina ad d. Febr. a. 1770 publicae Eruditorum disquisitioni sub‑
jicit Aug. Friedr. Pfeiffer, Respondente Sam. Georgio Schobel, Tran‑
sylvano S. S. C. C. Cult. Erlangae Litteris Waltherianis. 4-o. p. 38.

Tr. **Schobel Valentin,**

ein Siebenbürger Sachse, dessen Geburtsort und Lebensumstände mir nicht
bekannt sind.

Spicilegium Animadversionum Logicometaphysicarum in nonnulla ex prae‑
cipuis recentiorum argumentis, quibus trito illi, quod sufficientem
rebus, et cur sint rationem adsignat principio summam conciliatum
eunt Universalitatem. Erlangae 1745. 4-o.

Tr. **Schochterus Joseph,**

Sohn des Hermannstädter Senators Simon Schochterus, geb. in Hermann‑
stadt am 3. März 1800, stubirte an der k. k. evang.-theologischen Fakultät in
Wien 31. März 1821 ic., wurde Lehrer am Hermannstädter Gymnasium,
ferner Prebiger an der basigen Stadtkirche, dann Pfarrer in Michelsberg
1835 8. Oktober und in Kleinscheuern 1851 im Februar, wo er 1856
am 14. Februar in einem Alter von 56 Jahren starb.
Conchyliorum Musei Gymn. Cibin. Augsb. Conf. Indicem systematicum
scripsit J. S. 1833 Cibinii. 8-o. 30 S.

Tr. **Schöffenberger von Schattendorf Michael,**

ein gelehrter Theolog, dessen Geburtsort und Lebensumstände mir aber
unbekannt sind.

De simulatione Dei ex paralellismo locorum Jeremiae XIV. 8. et Epistola
ad Hebr. XII. 6, 7. Praeside Jo. Ernesto Gerhardi. Jenae 1666.
Eine zweite Auflage erschien im Druck 1724.

Schöffenberger selbst nennt sich blos „Hungarus" im Allgemeinen.
Allein der gelehrte Michael Pap von Szathmár merkt von ihm an:
„Michael Schöffenberg erat Saxo-Transsilvanus, in Theologia ver‑
satissimus." (Laut des Gr. Jos. Kemény Auskunft, welcher, soviel mir

bekannt, Pap Szathmári's ungarisch-siebenbürgische Gelehrten-Geschichte besessen hat. (S. Siebenb. Provinzialbl. IV. 257.)

Tr. **Schoger Johann,**

Schullehrer in Hammersdorf, dann Lehrer an der Gewerbschule in Hermannstadt, war von Stolzenburg gebürtig, hatte in Hermannstadt und 1836—1838 in Berlin studirt. Er starb zu Stolzenburg am 20. Mai 1846 in seinem 34. Lebensjahre.

Er gab heraus:
Hundert Singlieder für die Landjugend. Hermannstadt, gedruckt bei Sam. Filtsch 1844. 8-o. 97 S.

(Eine Auswahl aus bekannten Dichtern, angelegt um zunächst bei der Hammersdorfer Jugend Liebe zum Gesang zu wecken, und besseren Liedern an Stelle älterer, zum Theil unsittlicher, Eingang zu verschaffen nach folgenden Abtheilungen: I. Tageszeiten; II. Jahreszeiten; III. Vaterland; IV. Berufsleben; V. Naturleben; VI. Freude, Lebensgenuß und Gesang; VII. Lieder ernsten Inhaltes; VIII. Allerlei.)

Tr. **Schoppel Andreas**

aus Kronstadt, studirte am dasigen Gymnasium 1656 ꝛc., dann an der Universität zu Leipzig 1662, wurde Gymnastallehrer in Kronstadt 1673, darnach Stadtprediger, und im Jahre 1687 Pfarrer in Honigberg, als welcher er am 12. November 1694 sein Leben beschloß.

Diatribe metaphysica posterior de supposito et persona, sub praesidio M. Joh. Frider. Kessleri. Lipsiae 1663. 4-o. 20 S.

Tr. **Schoppel Andreas,**

gleichfalls aus Kronstadt, war der Sohn des Vorhergehenden, studirte am Kronstädter Gymnasium 1698 ꝛc., an der Akademie in Leipzig 1705 und erwarb sich im Jahre 1712 den medizinischen Doktorgrad zu Halle. Er übte die ärztliche Praxis in seiner Vaterstadt, hatte aber im Juni 1719 das Unglück, auf einem Hügel vor dem Dorfe Weidenbach, — wo er sich mit seinen zwei Kindern befand, als eben um 2 Uhr Nachmittags

15

ein kleines Wetter bei sonst klarem Himmel sich über Weltenbach zusammen-
zog, — von einem Blitzstrahl getödtet zu werden. Seine Kinder blieben
unverletzt.

Dissertatio inauguralis medico practica de varietate practica diversionis
Veterum per revellentia et derivantia, eorumque operandi ratione
mechanica, Praeside Andrea Ottone Goelike, Halae 1712. 4-o.
36 S.

Tr. **Schreiber Simon,**

starb als Bürgermeister zu Hermannstadt am 1. September 1836 im
76. Lebensjahre, nachdem er dieses Amt vom Jahre 1830 an, früher
aber den Fiskals-, dann Senators-, dann Polizei-Direktors- und darauf
den Stuhls-Richterdienst ebendaselbst durch eine Reihe von Jahren mit
dem Rufe eines ausgezeichneten Juristen und praktischen Beamten bekleidet
und in allen diesen Diensten, sowie vorhin als praktischer Rechtsanwalt
eine unermübete Thätigkeit entwickelt hatte.

1. Das im Prozeß stehende Samuel Freiherr v. Bruckenthal'sche Testament nebst den barüber gefällten Rechtssprüchen. Ohne Jahr und
Druckort. (Hermannstadt.) In Folio 30 S.

    Enthält S. 3—12 das Testament vom 3. Jänner 1802. S.
13—16 das im biesfälligen Prozeß vom subdelegirten Hermannstädter Theil-Amts-Gerichte im April 1804 gesprochene Urtheil, daß
die verordnete fibeikommissarische Erbfolge in den V. Sam. Bruckenthal'schen Gütern nicht stattfinde. S. 17—18 das Deliberat des
Hermannstädter Magistrats vom 4. Februar 1805 mittelst welchem,
ebenso wie S. 18—20 burch das Deliberat der sächsischen Universität
vom 3. Dezember 1805 das vorhergehende Urtheil und auch die
barin für gesetzlich erkannten Legate (außer der fibeikommissarischen
Erbfolge) bestättigt werden. S. 21—25 Anmerkungen b. i. Gegen-
gründe zur Entkräftung der angeführten brei Gerichtssprüche. S.
26—30 Beilagen sammt Verzeichniß der bis zum 24. Dez. 1805
bezahlten Legate.

    Eine ungarische Uebersetzung, ohne Jahr und Druckort, in Folio
13 S. gebruckt führt ben Titel: „Néhai Meltoságos L. Báro Bruckenthal Samuel Urnak Nagy Erdély Országa volt Gubernátorának Testa-
mentoma."

Das k. Gubernium bestättigte die Urtheile der drei genannten Gerichtsstellen und der Prozeß gelangte vor den a. h. Thron, von welchem aus die Exception der beklagten Partei wider das Theil-Amts-Gericht, wozu der Hermannstädter Magistrat, mit Ausschließung des ordentlichen Theil-Amts von der Verhandlung dieses Prozesses, zwei Senatoren als hiezu insonderheit substituirte Divisoren bestellt hatte, für statthaft erklärt wurde. Hiernach sollte der wesentliche Prozeß vor dem ordentlichen Theil-Amte in Hermannstadt aufs Neue beginnen. Doch des Prozesses überdrüssig, verglich sich Kläger Comes Nationis Freiherr Michel v. Bruckenthal mit dem fideikommissarischen Erben, Joseph Freiherr v. Bruckenthal (nachmaligen siebenbürgischen Gubernialrath und Oberlandes-Kommissär) dahin, daß Beklagter die Legate sämmtlich auszahlte und dem Kläger die Summe von 60,000 fl. zur Beilegung des Streites erlegte.

Ueber die Rechtsfrage: Ob ein Familien-Majorat, unter dem Titel eines Fideikommisses, nach der Verfassung und den Municipalgesetzen der sächsischen Nation zulässig sei?" ist somit im vorerwähnten Rechtsverfahren zwar kein Allerhöchster gerichtlicher Spruch erfolgt. Jedoch haben sich darüber auf allerhöchsten Befehl im Jahre 1803 die sächsischen Kreisbehörden im Einklang mit der sächsischen Universität, sowie auf die k. Proposition vom 24. Mai 1809 auch die siebenbürgischen Landstände verneinend erklärt. (Gedrucktes Landtags-Protokoll vom Jahre 1810/1 S. 815—816.)

2. (Als Herausgeber.) Leges cambiales. Accesserunt I. Norma, juxta quam in casibus ordinandi Concursus Creditorum in M. Transilvaniae Principatu procedendum est. II. Norma, juxta quam contra Decortores procedendum, statui M. Principatus Trainiae adaptata. Cibinii typis Martini de Hochmeister. 8-o. s. a. 116 S.

Enthaltend: Ordo cambialis de 1. Oct. 1763 S. 3—44 Patentales pro Bursa (Börse) de 1. Aug. 1771 S. 45—52. Articuli diaetales Trannici 37/791 et 2/792 S. 53—56. Norma cridalis de 4. Julii 1772 S. 57—83. Norma de Fallimentis de 7. Oct. 1772 S. 84—112, Index Rubricarum S. 113—116.

3. (Ebenfalls als Herausgeber.) Elenchus, Nomina Civitatum, Oppidorum et Pagorum in M. Principatu Transilvaniae existentium, ordine alphabetico, distinctaque serie, juxta Comitatuum Processus, Districtus et Sedes exhibens. Cibinii typis Martini de Hochmeister C. R. priv. Typographi et Bibliopolae 1824. 8-o. 32 S. Dazu

gehört: Index Nomina Civitatum, Oppidorum et Pagorum in M. Principatu Transilvaniae existentium, ordine alphabetico Comitatus, Districtus, et Sedes, quibus adjacent juxta Hungaricam, germanica et valachica erundem nomenclatio, exhibens S. 33—112.

(Ein für politische und gerichtliche Behörden und Andere sehr brauchbares Handbuch.)

4. Abbildung der in den sächsischen Ortschaften bestehenden Viehbrandzeichen, nach den einzelnen Stühlen und Distrikten geordnet. Herausgegeben im k. k. priv. lithographischen Institute zu Hermannstadt 1826. 4-o. Enthält 234 Zeichen ebensovieler Stuhls- und Distrikts-Provinzial-Ortschaften und Städte in der sächsischen Nation, und dazu die Zeichen von zehn dahin gehörigen Militär-Grenz-Ortschaften, auf 241 S.

5. Entwurf zu einer in der Rechtspflege der siebenbürgisch-sächsischen Nation giltigen bürgerlichen Gerichts-Ordnung nach dem Inhalt der sächsischen Statuten und der zur Erläuterung oder Verständigung derselben erflossenen Verordnungen.

Die lateinische Uebersetzung des Verfassers unter dem Titel: „Ordo judiciarius, fine conciliandae quoad juris cursum uniformitatis, in gremio Nationis in Trannia Saxonicae observandus, jure ejusdem consvetudinario, subsecutisque leges compendiose conscriptas interpretantibus Ordinationibus roboratus" wurde durch die sächsische Universität im Wege des k. Landes-Guberniums dem Allerh. Hof im Jahre 1820 zur Genehmigung eingeschickt. Anstatt derselben erfolgte aber der Befehl im Jahre 1833: die in diesem Entwurf citirten Vorschriften in glaubwürdigen Abschriften einzuschicken; worauf Schreiber erklärte, daß solche Abschriften am entsprechendsten durch diejenigen Stellen, welche die Vorschriften erlassen hätten, veranlaßt werden könnten, und daß hinsichtlich verschiedener inzwischen erflossener, und mit dem Entwurfe nicht übereinstimmender, Verordnungen aus der neueren Zeit, die Umarbeitung dieses Entwurfs bis dahin aufzuschieben wäre, bis die siebenbürgischen Landesstände die im Jahre 1811 vorgeschlagene, im Jahre 1834 aber von a. h. Sr. Majestät denselben zurückgestellte, Allgemeine siebenbürgische Gerichts-Ordnung wiederholt in Verhandlung nehmen, und solche die a. h. Sanktion erhalten würde. Diese Erklärung ist von Sr. Majestät allergnädigst gutgeheißen und hievon die sächsische Universität vom k. Gubernium im September 1834 in Kenntniß gesetzt worden, wobei die Sache ihr Bewenden gehabt hat.

Um inzwischen die hieher, sowie überhaupt zur Erläuterung und Ergänzung des sächsischen Privat- und des peinlichen Rechts dienenden Vorschriften und Satzungen, welche provisorisch schon bestehen, möglichst vollständig zusammenzustellen, hat der Verfasser gegenwärtiger Denkblätter im Jahre 1844 im Auftrag der sächsischen Nations-Universität ein **die Jahre 1691—1844 umfassendes chronologisches Verzeichniß** zu Stande gebracht, nach welchem derselbe die darinnen angeführten Vorschriften zusammenstellen sollte, damit daraus der lange ersehnte Nachtrag zu den **sächsischen Statutargesetzen** zu Stande gebracht werden möchte.

Doch hat auch schon vor Zusammenbringung dieser Sammlung der Sohn Schreibers, gleichen Namens k. Gubernialrath a. D als Stuhlsrichter in Hermannstadt, den nachmals von seinem Vater verbesserten **Entwurf** mit verschiedenen sächsischen Mitgliedern der systematischen Deputation im Jahre 1844/5 berathen und, nach einigen daran gemachten Aenderungen, der sächsischen Nations-Universität unterlegt. Auf ihre Anordnung ist sofort diese Arbeit auf Kosten der sächsischen Nationalkasse gedruckt worden unter nachfolgendem Titel:

„**Gerichts-Ordnung für die Kreisgerichte in der sächsischen Nation.** Hermannstadt, gedruckt bei Georg v. Closius 1848. 8-o. II. 50 S.

So zweckmäßig die Zusätze erscheinen, so ist doch andererseits die Weglassung mancher Stellen des handschriftlichen Entwurfes zu bedauern, welche wohl hätten beibehalten werden können.

Tr. **Schuler v. Libloy Friedrich,**[1)]

wurde als der Sohn eines Kaufmannes am 13. Januar 1827 in Hermannstadt geboren, studirte am dortigen evang. Gymnasium A. B. und

---

[1)] Stammvater der Familie war Urban Schuler alias Libloy, der, mit Diplom des Königs Mathias II. vom 12. Oktober 1616 geadelt, im Jahre 1617 als Edelmann in den Sároser Komitatsverband aufgenommen wurde. (Genealog.-Taschenbuch der Ritter- und Adelsgeschlechter. Brünn 1870, S. 393.) Dessen Urenkel Johann Ludwig ließ sich in der 2. Hälfte des 18. Jahrh. in Hermannstadt als Kaufmann nieder und wurde der Großvater Friedr. Schulers v. Libloy.

der siebenb. sächs. Rechtsakademie, später an den Universitäten Wien und Graz. In seine Vaterstadt zurückgekehrt wurde er 1851 Supplent, dann a. u. o. Professor an der dasigen k. k. Rechtsakademie, Anfangs der siebenb. Rechtsgeschichte und des sächs. Statutarrechts, nachher des protestantischen Kirchenrechts und der Nationalökonomie. Er bekleidet auch das Amt des Bibliotheksverwesers an dieser Lehranstalt.

Von dem im Januar 1863 zur k. Freistadt erhobenen Sächsisch-Reen zum Deputirten gewählt, war er eines der thätigsten Mitglieder des Hermannstädter Landtags in dessen beiden Sessionen vom 15. Juli bis 13. Okt. 1863 und vom 23. Mai bis 29. Oktober 1864. Von seiner Curie in den Reichstag entsendet gehörte er demselben während der Sitzungsperioden vom 20. Oktober 1863 bis 15. Februar 1864 und vom 12. November 1864 bis 27. Juli 1865 an. In den Sitzungen der sächs. Nationsuniversität vom 15. September bis 31. Dezember 1868 vertrat er den Mediascher Stuhl.

Durch längere Zeit Referent des evang. Oberkonsistoriums A. B. ist er seit dessen Umwandlung in das Landeskonsistorium Mitglied dieser höchsten Kirchenbehörde der evang. Glaubensgenossen A. B. in Siebenbürgen, seit Jahren auch Mitglied des Hermannstädter Presbyteriums.

Bei der auf Grund des prov. Statuts vom Jahre 1869 erfolgten Neuwahl der Hermannstädter Kommunität wurde er in diesen Vertretungskörper gewählt. Seit 1868 ist er Vorstand des Hermannstädter Gewerb-Vereins und hat sich als solcher namhafte Verdienste um die würdige Vertretung, besonders der Hermannstädter Industrie auf der Wiener Welt-Ausstellung 1873 erworben.

Ausschußmitglied des Vereins für siebenb. Landeskunde, sowie jenes für Naturwissenschaften verwaltet er seit 1856/7 die siebenb. Central-Agentur des Germanischen Museums in Nürnberg, das ihn auch zum Mitglied seines Gelehrten-Ausschusses gewählt hat.

Außer vielen Beiträgen zu in- und ausländischen Zeitungen, Zeitschriften und Kalendern hat er geschrieben:

1. Statuta jurium municipalium Saxonum in Transilvania. Das Eigen Landrecht der S. Sachsen bearbeitet nach seiner legalen Ausbildung als Grundriß für akademische Vorlesungen von Friedr. Schuler v. Libloy. 1. Lieferung: das erste Buch der Statuten: siebenbürgisch-sächsische Gerichts-Ordnung sammt Kribal- und Fallitennorm. Hermannstadt 1853. Druck und Verlag von Joseph Drotleff. Gr. 8-o II. 96 und 47 S. 2. Lieferung: das zweite Buch der Statuten: siebenbürgisch-sächsisches Familienrecht. Ebendas. S. 97—176.

3. Lieferung: das dritte Buch der Statuten: siebenbürgisch-sächsisches Obligationenrecht, und im Anhange das vierte Buch der Statuten: siebenbürgisch-sächsisches Strafrecht. Ebendas. S. 177—264.

2. Erste Grundzüge der theoretischen Diplomatik. Lithographirt bei F. Robert Krabs in Hermannstadt 1854. 4-o. 68 S. (Kollegienheft) Angezeigt in Halmerls Magazin für Rechts- und Staatswissenschaft. Wien 1855 XII. Bd., 2. Heft S. 265—267; im Siebenbürger Boten vom 4. Nov. 1854. Nr. 206.

Versprochen ist am Schluß die Nachlieferung von drei Anhängen und zwar:

I. Tafeln für diplomatische Zeitkunde: 1) Allgem. chronologisch-diplomatische Tabelle; 2) Chronologisch-diplomatische Sonntagstabelle; 3) Erklärung urkundlicher Zeitausdrücke.

II. Kleines diplomatisches Glossarium: 1) Verzeichniß von persönlichen Namen-, Titel- und Eigenschaftsbenennungen; 2) Juridisches Wortregister.

III. Diplomatische Erklärungstafeln (Beispiele) 1) Buchstabentafel; 2) Graphische Haupt-Kriterientafel; 3) Abbreviaturtafel; 4) Zahlentafel; 5) Semiotische Tafel; 6 und 7) siebenbürgisch-sphragistische Tafeln; 8 und 9) Facsimilirte Worte aus der Konfirmations-Urkunde des Andreanums und einer päpstlichen Bulle Johanns XXII. von 1321.

3. Siebenbürgische Rechtsgeschichte. Ein Leitfaden für die Vorlesungen über I. Geschichte der siebenbürgische Rechtsquellen, II. Geschichte der siebenbürgischen Rechts-Institute. Hermannstadt, gedruckt und im Verlag bei Georg v. Closius 1854. 8-o. 1. Lieferung: Geschichte der siebenbürgischen Rechtsquellen (äußere Rechtsgeschichte) kompendiarisch dargestellt. VI. 164 S. 2. Lieferung: Einleitung zur innern Rechtsgeschichte (Land und Leute im Staatsgebiete und Leben) S. 165—204 nebst Anhang, enthaltend Urkunden vom Jahre 1291 für Siebenbürgen, 1369 für Mediasch und Schelk, 1464 für Bistritz, und 1353 und 1428 für Kronstadt S. 205 bis 219. 3. Lieferung: A. die höchste Obergewalt im Staate und B. die fürstliche Gewalt in Siebenbürgen S. 221—372. 4. Lieferung: C. die Mittelgewalt der Stände als des staatsrechtlichen Volkes S. 373—409. D. die Mittelgewalt der einzelnen Nationen

S. 410—452. E. das Unterthanwesen S. 453—461.[1]) Auch unter dem Titel: Siebenbürgische Rechtsgeschichte kompendiarisch dargestellt. Erster Band (Aeußere Rechtsgeschichte und öffentliches Recht). Hermannstadt, gedruckt und im Verlag bei Georg v. Closius 1855. 8-o. X. 463 S.

Zweiten Bandes 1. Lieferung: Das Privatrecht der Siebenbürger Ungarn und Sekler im systematischen Grundrisse. Ebendas. 1856 VIII. 132 S. Nebst einem Anhange S. 95—103, die Provisionalartikel von 1791, lateinisch, — S. 104—109, die Sekler-National-Konstitutionen von 1555, ungarisch, und S. 110—130, das kais. Patent vom 29. Mai 1853 (Reichsgesetzblatt Nr. 100) mit erklärenden Noten. S. 131—132, Nachwort.

Zweiten Bandes 2. Lieferung: Das Statutar-Gesetzbuch der Siebenbürger Deutschen (Sachsen) im lateinischen und deutschen Texte mit komparativen Parallelnoten. Ebendas. 1856. Index lateinisch und deutsch II. S. Zweiter Anhang: Jura municipalia Universitatis Saxonum Transilvaniensium 1583, S. 133—229. Der sächsischen Nation in Siebenbürgen Statuta oder Eigen Landrecht. In der deutschen Uebersetzung von 1721. (Welcher die Vorrede des Mathias Fronius zu dessen eigener deutscher Uebersetzung vom Jahre 1583 S. 233—238 vorhergeht) S. 231—334 Nachwort Schulers S. 335—336.

In dem Nachworte erklärt Schuler, es sei diese neue Umarbeitung, nemlich die Ausgabe in lateinischer und deutscher Sprache der schon 1853 bei Drotleff gedruckten sächsischen Municipalrechte in lateinischer Sprache, um somehr angezeigt erschienen, „als überhaupt die exergetische Legalmethode — leider! zumeist wegen ungenügender Lateinkenntniß seitens der Zuhörer — mit Erfolg nicht mehr in Anwendung zu bringen war."

Zweiten Bandes 3. Lieferung: Das Privatrecht der Siebenbürger Deutschen (Sachsen) im systematischen Grundrisse. Ebendas. 1858, S. 335—522.[2])

---

[1]) Die 1. Lieferung ist angezeigt in Haimerls Magazin für Rechts- und Staatswissenschaft, Wien 1855 XII. Band 3. Heft S. 438 und die 1—4. Lieferung, d. i. der 1. Band in der allgem. österr. Gerichtszeitung vom 8. Jänner 1856 Nr. 4 S. 15 und in Haimerls Magazin rc. Wien 1856 XIV. Band 2. Heft S. 246—250 im letzteren von Dr. E. H. Costa.

[2]) Beide Bände von Schulers siebenbürgische Rechtsgeschichte haben im Dezemberhefte 1856 der Heidelberger Jahrbücher eine ausgezeichnete Würdigung erfahren

Die zweite Auflage hat den Titel:

Siebenbürgische Rechtsgeschichte von Friedr. Schuler v. Libloy o. ö. Professor an der ung. k. Rechtsakademie zu Hermannstadt, Ausschuß-Mitglied des Vereins für siebenbürgische Landeskunde 2c. 1. Band: Einleitung, Rechtsquellen und Staatsrecht. Zweite durchgehends vermehrte Auflage. Hermannstadt, Druck und Verlag: Buchdruckerei der v. Closius'schen Erbin 1867. 8-o. XI. 484 S. 2. Band: Die siebenbürgischen Privatrechte. Zweite durchgehends vermehrte Auflage. Ebendas. 1868 VIII. 340 S. 8-o. Im Anhange: Das Statutargesetz der siebenbürger Deutschen (Sachsen) (nämlich des zweiten Bandes 2. Lieferung der siebenbürgischen Rechtsgeschichte wie oben II. S. 133—336. 3. Band: Die siebenbürgischen Prozeßrechte und das Strafrecht. Im Anhange: Die wichtigsten Gesetzartikel von 1848. Hermannstadt, Druck und Verlag Buchdruckerei der v Closius'schen Erbin 1868. 8-o. Vorwort XIV. S., dann die mit a, b und c bezeichneten drei Hefte von S. 1—352, nämlich:

a) Das Prozeßrecht der Siebenbürger Ungarn und Sekler im systematischen Grundrisse von Friedr. Schuler v. Libloy siebenbürgische Rechtsgeschichte dritter Band 1. Lieferung. Hermannstadt, Druck und Verlag: Buchdruckerei der v. Closius'schen Erbin 1867. 8-o. II. 108 S.

b) Das Prozeßrecht der Siebenbürger Sachsen (Deutschen) im systematischen Grundrissen von Friedr. Schuler v. Libloy. Siebenbürgische Rechtsgeschichte dritter Band 2. Lieferung. Ebendaselbst 1867. 8-o. Inhalt II. S. und Text S. 109—224.

c) Das siebenbürgische Strafrecht im systematischen Grundrisse von Friedr. Schuler v. Libloy. Siebenbürgische Rechtsgeschichte dritten Bandes 3. Lieferung und Schluß des benannten Werkes. Ebendas. 1868. 8-o. Inhalt VI. S. und Text S. 225—328. Anhang: Die wichtigsten Gesetzartikel vom J. 1848. S. 329—352.

---

vom Prof. Dr. Leop. Aug. Warnkönig in Tübingen, welcher Schulern „einen gründlich gebildeten, mit den rechtshistorischen Forschungen unserer Zeit vollständig vertrauten Gelehrten" nennt, und nach dessen Urtheile Schuler einen gerechten Anspruch auf den Dank der Wissenschaft hat, indem durch die siebenbürgische Rechtsgeschichte eine namhafte Lücke ausgefüllt worden ist.

4. Kurzer Ueberblick der Literaturgeschichte Siebenbürgens von der ältesten Zeit bis zu Ende des vorigen Jahrhunderts. Sylvestergabe für Gönner und Freunde. Hermannstadt, gedruckt und im Verlage bei Georg v. Closius 1857. 8-o. II. 112. S.

Inhalt: I. Die Lehranstalten S. 1—24. II. Schriftsteller und Gelehrte S. 25—99. III. Buchdruckereien, Bibliotheken und Archive S. 100—112.

(Erschien zuerst in den österreichischen Blättern für Literatur und Kunst (Beilage zur kais. österreichischen Wiener Zeitung) vom Jahre 1856 Nr. 32, 33, 34, 35, 36, 39, 40, 42 und 43 unter dem Titel: „Geschichtliche Nachrichten über Lehranstalten, Schriftsteller, Gelehrte, Bibliotheken und Archive in Siebenbürgen seit dem 16. Jahrhundert bis in die Neuzeit," wornach diese Abhandlung in einem verbesserten Separatabdrucke erschienen ist.)

Angezeigt vom Prof. Joseph Vaß in Klausenburg in der Zeitung Kolozsvári Közlöny vom 25. und 29. Jänner 1857 Nr. 34 und 35.

„Nachrichten über Bibliotheken in Siebenbürgen von Schuler v. Libloy" enthält Nr. 1 des Jahrganges 1857 des „Neuen Anzeigers für Bibliographie und Bibliotheks-Wissenschaft herausgegeben vom Dr. J. Petzholdt.

Den kurzen Ueberblick bespricht ausführlich der ungarische Literat Alexander Szilágyi im 7. und 8. Heft der ungarischen Zeitschrift Buda-Pesti Szemle, Pest bei Johann Herz 1858. 8-o. S. 140—189. Nach Vorausschickung einer gegen die siebenbürger Sachsen gerichteten politischen Diatribe, bemüht sich Szilágyi dem Verf. einige Irrthümer in einer eben nicht humanen Weise darzuthun, und handelt hauptsächlich die Geschichte Siebenbürgens, nebst bekannten Daten über die siebenbürgischen, besonders ungarischen Schriftsteller und ihre meist handschriftlichen Tagebücher bis zum Ende des 16. Jahrhunderts ab. Dem Martin Capinius (s. Seivert S. 493) gibt er den ben fremden Namen Kopenitz (S. 152) schreibt dem Pomarius (Seiv. S. 339) statt eines Verzeichnisses, eine handschriftliche Sammlung der Sachsen-Privilegien zu, welche Vommel in seinen deutschen Statuten Hermannstadts und der sächsischen Städte ergänzt habe (S. 173), — schafft drei höhere Lehranstalten vor der Reformation in Siebenbürgen zu Weißenburg, Kolosmonostor (?) und Mühlbach (S. 147), gibt dem bekannten Töpeltin den neuen Namen Toppel (S. 177) u. s. w.

Weiter ausgeführt ist Szlágyls Arbeit in Buda-Pesti Szemle 11. Heft S. 3—47. — 12. und 13. Heft S. 190—241.

5. Taschen-Ausgabe der siebenbürgischen Landesgesetze. Hermannstadt 1861 und 1862. Druck und Verlag von Th. Steinhaußen 12-o. (Ohne Nennung seines Namens, herausgegeben von Schuler v. Libloy). Enthaltend:

Nr. 1. Sammlung aller vom Jahre 1795 bis zum Jahr 1805 für die sächsische Nation in Siebenbürgen von allerh. Orten erlassenen Regulations-Vorschriften 1861, 80 S. (Ohne alphab. Register.) S. Denkbl. II. 178.

Nr. 2. Das Leopoldinische Diplom vom 4. Dezember 1691 S. 1 bis 12. Die Landtagsartikel von 1791 S. 13—106[1]) nebst dem Art. III. 1744 mit der pragmatischen Sanktion dd. 30. März 1722 S. 107—117. Ebendas. 1861.

Nr. 3. Die Justizbeschlüsse der sächsischen Nations-Universität. Ebendaselbst 1861.

Nr. 4. Siebenbürgische Landtagsartikel vom Jahre 1848 nebst einem Anhang. Ebendas. 1861 42 S.

Nr. 5. Die wichtigsten Verfassungs-Grundgesetze des Großfürstenthums Siebenbürgen von Altersher bis in die Neuzeit, ins Deutsche übersetzt und mit erklärenden Noten versehen. Ebendas. 1861, 176 S. (Enth. Stephans des Heil. Gesetze S. 3 bis 20. Die goldene Bulle Andreas II. vom Jahre 1222, S. 21—32. Privil. Andr. II. für die Siebenbürger Sachsen 1224, S. 33—38. Das dem Abel und den Sachsen verliehene Privil. Andr. III. vom Jahre 1291, S. 39—47. Die wichtigsten Grundgesetze aus dem Gesetzbuch der Approbaten S. 48—65; aus dem Gesetzbuch der Kompilaten S. 66—75. Das Diploma Leopoldinum vom Jahre 1691, S. 76—87. Das Ergänzungs-Diplom über die Religions-Aufgabe vom J. 9. April 1693, S. 88—90. Einige Landtags-Artikel vom Jahre 1744, S. 91—106. Die wichtigsten Landtagsgesetze vom 1791, S. 107—163. Aus den acht sogenannten Provisional-Artikeln vom Jahre 1791, S. 164 bis 167. Die wichtigsten Landtagsgesetze vom Jahre 1847,

---

[1]) Eine gute deutsche Uebersetzung lieferte J. K. Eder. S. Denkbl. I. 275.

S. 168—174. Nachträgliche Bemerkung S. 175. Inhalts-Verzeichniß S. 176.

Nr. 6. Merkwürdige Municipal=Konstitutionen der Siebenbürger Sekler und Sachsen. Zusammengestellt und theilweise ins Deutsche übersetzt, sowie mit erklärenden Noten versehen von Fr. Schuler v. Libloy ꝛc. Hermannstadt 1862, 190 S. (Enth. Konstit. a) der Sekler Approb. III. tit. 76. — Tripartit. III. tit. 4 und Konstit. vom Jahre 1555, S. 3 bis 40. — b) der Sachsen: Privil. für Mediasch und Schelk vom Jahre 1369. — Bistritz 1464. — Kronstadt 1353, 1428. — Statut L. I. tit. 1. — Union der Sachsen vom 10. Dezember 1613, S. 41—66. — c) von Hermannstadt von den Jahren 1541, 1549, 1564, 1589, 1614, 1631, 1652. — Kapitulation des Nations=Comes ohne Jahr Konstitutionen von 1698, 1701, 1707, 1745, 1760, S. 67 bis 154. d) von Agnethlen 1717, S. 157 — 168. — e) der Dorfsgemeinde Scharosch Mediascher Stuhls o. J., S. 169—187).

Im nemlichen Jahre wurden ausgegeben unter dem veränderten Haupttitel:

„Materialien zur siebenbürgischen Rechtsgeschichte enthaltend 1. Merkwürdige Municipal=Konstitutionen; 2. Die Regulativ-Punkte; 3. Die wichtigsten Verfassungs-Grundgesetze; 4. Die Landtags-Artikel vom Jahre 1848. Das erste Stück: Konstitutionen, und das dritte: Verfassungs=Grundgesetze ins Deutsche übersetzt und mit erklärenden Noten von Fr. Schuler v. Libloy[1]) Hermannstadt 1862. Druck und Verlag von Th. Steinhaußen." Kl. 8-o.

(Enthaltend: 1. Die nemlichen Municipal=Konstitutionen der Sekler und Sachsen, wie oben Nr. 6. — 2. Sammlung der sächsischen Regulations=Vorschriften 1795 — 1805, wie oben Nr. 1. — 3. Die wichtigsten Verfassungs=Grundgesetze des Großfürstenthums Siebenbürgen von Altersher bis in die Neuzeit, ins Deutsche übersetzt und mit erklärenden

---

[1]) Auf dem Umschlag folgt der Zusatz: „Ausgabe für die Herren Studirenden." Recensirt in den „Jahrbüchern der deutschen Rechtswissenschaft von Dr. H. T. Schletter" 9. Bd. 2. Heft. S 186.

Noten versehen von einem Fachgelehrten, wie oben Nr. 5. —
4. Siebenbürgische Landtags = Artikel vom Jahre 1848, wie oben Nr. 4.)

6. Deutsche Rechtsgeschichte. Mit drei historisch = politischen Karten. Wien 1863, Wilhelm Braumüller k. k. Hofbuchhändl. 8-o. VIII. 185 S.

7. Bericht des Referenten, betreffend 1. die Darlegung der den neuen Boden=Kredit=Anstalten auf Grund des §. 13 des Grundgesetzes über die Reichsvertretung vom 26. Februar 1861 gewährten Ausnahmen von den Finanzgesetzen; — 2. den Gesetzentwurf über die den Anstalten, welche Kreditgeschäfte betreiben, zu gewährenden Ausnahmen von den allgemeinen Bestimmungen der Gesetze über die Gebühren von Rechtsgeschäften, Urkunden, Schriften und Amtshandlungen. — Aus der k. k. Hof= und Staatsdruckerei (Wien 1865) 4-o. 18 S.

8. Ueber das Verhältniß der Klein= und Großgewerbe mit Beziehung auf das Volksleben. Vorgetragen in dem Hermannstädter Bürger- und Gewerbverein am 1. März 1869. Hermannstadt, Druck von Jos. Drotleff. 8-o. 15 S.

9. Ueber Ausschreitungen im Güterverbrauche und deren Einfluß auf das Volks= und Staatsleben. Vorgetragen im Hermannstädter Bürger= und Gewerbverein am 29. März 1869. Hermannstadt, Druck von Jos. Drotleff. 8-o. 18 S.

10. Offener Brief über Gewerbe= und Genossenschaftswesen an die Herren Vereinsmitglieder (des Hermannstädter Gewerbevereins). Hermannstadt, Druck von Th. Steinhaußen 1869. 8-o 15 S.

11. In den österreichischen Blättern für Literatur und Kunst. (Beilage zur österr. kais. Wiener Zeitung.) Jahrgang 1857 Nr. 23, 24, 26, 27, 29 und 32: Beiträge zur Kirchengeschichte von Siebenbürgen.

12. In dem Archiv des Vereins für siebenbürgische Landeskunde. Neue Folge. Kronstadt 1853 ꝛc., 2. Bd S. 291—292. Zwei diplomatische Tafeln über die facsimilirten Varianten aus den Bestättigungs-Urkunden des Privilegium Andreanum. — 7. Bd. S. 313—372. Deutsche Rechtsdenkmäler der siebenbürger Sachsen. Lokal=Konstitutionen von Mediasch, Bistritz, Großschenk, Pretai. — 8. Bd. S. 83 bis 122 von Schäßburg und den Stuhlsortschaften, — Reußmärkter Stuhl, — Sächsisch Reen, — und Broos.[1]

---

[1] Von Gemeinde=Satzungen, welche durch die Presse bekannt geworden sind, kommen ferner — außer den oben zu Nr. 12 und Nr. 6 dieses Artikels schon bezeichneten — zu bemerken:

13. In dem Magazin für Geschichte ꝛc. Siebenbürgens. Herausgegeben von E. v. Trauschenfels. Kronstadt 1859. N. F. 1. Bd. S. 5 bis 30. Ueber festliche Gebräuche[1]) und hiebei übliche Ansprachen unter den siebenbürger Deutschen. — S. 161—180 über die Gerichtsbarkeit nach den früheren siebenbürgischen Landesrechten.

14. In den Blättern für Geist, Gemüth und Vaterlandskunde Jahrgang 1858 Nr. 1 und 2. „Volkszustände und Dorfseinrichtungen im deutschen Siebenbürgen."

15. Das ungarische Staatsrecht. Ein Handbuch für Lehre und Beruf. Wien, Druck und Verlag von Karl Gerolds Sohn 1870. 8-o. VIII. 159 S.

Von Hermannstadt, Ungr. Magazin II. 267—271.
Kurz Magazin I. 241.
Bielz Transilvania 1863 S. 219—222.
Hermannstädter Lokalstatuten, herausgegeben von G. Seivert, Hermannstadt 1869.
Schulers siebenb. Rechtsgeschichte. 2. Auflage II. 323—340 und ebendas. Eigen Landrecht der Sachsen S. 22—37.
Von Kronstadt, Uebersichtliche Darstellung der älteren Gemeindeverfassung der Stadt Kronstadt, herausgegeben von J. Trausch. Kronstadt 1865.
Von Schäßburg in Transilvania Jahrg. 1841 S. 261 ꝛc. bis 290.
Von Keißd in Trauschenfels Magazin I. 191—192.
Von Nachbarschafts-Ordnungen für Städte überhaupt in Transilvania 1856 Nr. 1, 2 und 13:
Von Hermannstadt, G. Seiverts Stadt Hermannstadt S. 51, 68, 82, 92. — Blätter für Geist ꝛc., Jahrg. 1846 S. 137. — Heinr. Schmidts Quartalschrift 1859 S. 124—127. — Schuler Libl. Statuta munic. S. 125. Hochmeisters Kalender 1831 S. 27 und Zehntschafts-Artikel vom 5. Januar 1832 (für sich gedruckt) 11 Folioseiten.
Für Dörfer in der Transilvania 1855 Nr. 23, 24.
Von Bruderschafts-Ordnungen überhaupt in Transilvania 1855 Nr. 11:
Für die Ortschaften des Kronstädter Distrikts. Kronstadt 1839 4-o. (Bruderschafts- und Schwesterschafts-Ordnung.)
Für die Mediascher Stuhlsortschaften in Carl Boners Siebenbürgen, Land und Leute S. 212—220.
Im Haferland in Heinr. Schmidts Hermannstädter Zeitung Nr. 209 bis 212 1862 und daraus im sächsischen Hausfreund (Kronstädter Kalender) für 1863 S. 79—93.

[1]) Von festlichen Gebräuchen der Sachsen s. auch: Regensburger Staats-Relationen vom Jahre 1781 23. Sept. 47. Wochenstück, und 1782 11. Januar 2. Wochenstück; — Neues ung. Magazin I. 377 ꝛc. — Siebenb. Quartalschrift III. 29—56. Blätter für Geist 1839 Nr. 10—13 und 1843 Nr. 3—6, 22 und 23. — Sattelit 1857 Nr. 47 und 68. — Sächsischer Hausfreund (Kronstädter Kalender für 1855 S. 88—90 und für 1864 S. 45—60. Nemzeti Társalkodó 1838 II. S. 129 bis 133, 137—140, 170—173, 180, 181, 201—203.

16. Politische Oekonomie. Volkswirthschaftliche Hauptbegriffe und Grund=
    lehren, mit Rücksicht auf das gewerbliche Bedürfniß. Hermannstadt
    1871, Druck und Verlag der v. Closius'schen Erbin. 8-o. IV. 170 S.
17. Protestantisches Kirchenrecht vornemlich das der evangelischen Augs=
    burger Bekenntnisses in Siebenbürgen. Hermannstadt 1871, Druck
    und Verlag der Buchdruckerei der v. Closius'schen Erbin. 8-o.
    VIII. 380 S.
18. Altgermanische Bilder und die Zeit Karls des Großen (drei Vorträge
    in der historisch=politischen Bibliothek oder Sammlung von Haupt=
    werken aus dem Gebiete der Geschichte und Politik alter und neuer
    Zeit. Berlin 1873, L. Heimanns Verlag (Erich Koschny). 63 S.
    Unter der Presse befindet sich:
19. Abriß der europäischen Staats= und Rechtsgeschichte. Berlin 1873/4,
    L. Heimanns Verlag (Erich Koschny).

Von der Installation des Nations=Comes Quartalsschrift III. 32—39.
Provinzialblätter V. 248—252. — Ung. Magazin III. 264. Kurz Magazin II. 509.
— Illustrirte Zeitung, Leipzig 1848 S. 39—41.
    Von der Beerdigung des Nations=Comes Ung. Magazin II. 265. —
Provinzialblatt V. 233—237. Illustrirte Zeitung, Leipzig 1845 Nr. 113.
    Von Gebräuchen bei Taufen: Felmer vom Ursprung der sächsischen Nation.
Handschrift.
    Vom Kinderleben im Haferland: Sächsischer Hausfreund für 1866
S. 69—84.
    Von volksthümlichen Spielen: Haltrich zur Kulturgeschichte der Sachsen.
Hermannstadt 1867. Felmer a. a. O.
    Von Pfarrers Präsentationen: Benkö Milkovia I. 312. Siebenbürgische
Quartalschrift IV. 136—138.
    Von Schulgebräuchen: Dücks Geschichte des Kronstädter Gymnasiums
S. 27—40. Transsilvania 1862 S. 105—116. — Vereins=Archiv n. F. V. 101
bis 114, I. 403—414. Blätter für Geist 1847 S. 252, 258. Kronstädter Gymna=
sialmatrikel (gedruckt S. 102, 103, 127) — Herodesspiel und Muorlof. Sylvester=
gaben von J. K. Schuler. — Heinr. Schmidts Quartalschrift 1859 S. 118—121.
    Von Zunftgebräuchen: Ung. Magazin II. 281 ꝛc. S. ung. Magazin I. 378.
Siebenb. Quartalschrift III. 32, 39, 47 ꝛc. Die Stadt Hermannstadt von G. Seibert
S. 24 u. m. a. O. — Hochmeisters Kalender 8-o vom Jahre 1831 S. 27. —
Blätter für Geist 1847 S. 97 ꝛc. Provinzialblätter V. 252.
    Von Hochzeitsgebräuchen: Statutar=Gesetze II. B. 1. Tit. Transsilvania
1846 S. 445; 1856 Nr. 21. — Blätter für Geist 1845 S. 262; 1846 S. 149.
H. Schmidts siebenb. Quartalschrift 1859 S. 127—129. Schulers v. Libloy Eigen
Landrecht S. 125. Ebendas. Materialien S. 149—159. Hochmeisters Kalender
8-o für 1831 S. 27. Boners Siebenbürgen, Land und Leute S. 513—530.
Schäßburger Gymnasial-Programm für 1859/60 S. 1—101.
    Von Leichenfeiern: Blätter für Geist 1846 S. 137. Heinr. Schmidts
siebenb. Quartalschrift 1856 S. 129—130. Transsilvania 1856 Nr. 21. Heysers
Kirchen-Verfassung S. 135. Kronstädter Zeitung 1860 Nr. 25. — Programm des
Schäßburger Gymnasiums 1862/3 S. 1—67 und 1864/5 S. 1—78 und Felmers
Handschrift a. a. O.

Als Manuskript ist vorhanden:

20. Ungarische Rechtsdenkmäler, mitgetheilt und übersetzt: I. Bd. Das Klausenburger Stadtrecht. II. Bd.: Das Maros-Vásárhelyer Stadtrechtsbuch. — Municipal-Konstitutionen des Komitates Inner-Szolnok und der Märkte Dées und Déesakna. — Municipal-Konstitutionen des Komitates Kraßna. III. Bd.: Szekler-Stuhlsstatute. A. Lokal-Konstitutionen des Udvarhelyer Stuhls. B. Lokal-Konstitutionen der Dorfsgemeinden des Szekler-Stuhls Barcocz: 1. Varghas, 2. Olaßtelek, 3. Szálbobos, 4. Barcocz, 5. Füle, 6. Hermány, 7. Kis-Baczon, 8. Bibarczfalva, 9. Telegdi-Baczon. C. Konstitutionen des Maroser Stuhls. D. Lokal-Konstitutionen des Aranyoser Stuhls. E. Anhang: Recognitional-Privileg der Háromßéker Statuten von 1466. IV. Bd.: Municipal-Konstitutionen der Feldstadt Vizakna, des Komitates Kokelburg, der Komitate Thorda und Zaránd.

Tr. **Schuler Georg,**

aus Hermannstadt, Vater des Doktors Johann Georg Schüller v. Schulenberg (s. den Art.) ein Goldschmied, von einer, zu seiner Zeit (wenigstens unter seinen Landsleuten) seltenen Reiselust ergriffen, verließ er seine Vaterstadt und machte große Reisen zu Land und zu Wasser bis nach Ostindien. Nach längerer Abwesenheit in seine Heimat zurückgekehrt, wurde er Königsrichter in Neußmarkt und verwaltete dieses Amt vom Jahre 1725 bis 1739, in welch' letzterem Jahre er am 13. Februar darauf freiwillig verzichtete. Er war früher Münzmeister in Hermannstadt und ein geschickter Medailleur, von dessen Stempeln verschiedene Denkmünzen existiren, und wurde mit dem Prädikate v. Schulenberg von der Kaiserin Maria Theresia geadelt am 4. August 1742. (Sein Adelsbrief wurde im siebenbürgischen Landtage publizirt am 11. September 1743. — Quartalschrift III. 323.) Auf seiner Reise traf er im Jahre 1698 seine Landsleute Andreas Pinzner (s. Denkl.) und den Bogeschdorfer Pfarrers Sohn Johann Belesch in Batavia an. Laut Bericht Mich. v. Heidendorfs, der ihn als Greis gekannt, verlebte er den Rest seiner Tage bei seinem obengenannten Sohne in Hermannstadt wo er auch starb.

1. „Particularia Annotata historico-chronologica ab anno domini 1700. Joannis Georgii Schuller AA. LL. Cultoris 1720."

Die Urschrift schenkte der Brooser Pfarrer Joseph Leonhard, nebst anderen Handschriften, der juridischen Lehranstalt in Hermannstadt, aus deren Bibliothek dieselbe in der Folge abhanden gekommen ist. Den vorstehenden Titel hat J. K. Eber seinem Auszuge aus der Schuler'schen Handschrift in den handschriftlichen Adversariis (S. 599 bis 607) vorgesetzt, welchen das Original nicht hatte. Nach Leonhards Erklärung sind diese Aufzeichnungen vom Münzmeister Georg Schuler und nicht (wie Eber angenommen zu haben scheint) vom Sohne desselben J. G. Schüler v. Schulenburg gemacht worden.

2. Journal, oder Reisebeschreibung durch die nordische, atlantische, äthiopische, meridionalische und indianische See, nach Ostindien, gehalten und verricht von Georgio Schuler Cibin. Transil. ab anno 1696 usque 1699. Kl. 4-o, circa 70 S.

(Die Urschrift besitzt der Hermannstädter k. Gerichtsbeisitzer Karl v. Hannenheim.)

Diese Handschrift hat der Hermannstädter Senator Gustav Seivert, mit Vorausschickung einer Einleitung, veröffentlicht in dem Archiv des Vereins für siebenbürgische Landeskunde. N. F. VIII. S. 1—82.

Schulerus Andreas,
Seiv.

von Bistritz, wo sein Vater Johann Schulerus im Jahre 1689 als Stadtpfarrer starb. Er studirte im Jahre 1684 ɔc Theologie zu Wittenberg, nahm auf dieser Universität im Jahre 1688 die Magisterwürde an, und verwaltete das Rektorat an der Bistritzer Schule vom Jahre 1689 bis 1694[1]). In seinen Universitätsjahren vertheidigte er als Magister unter Johann Deutschmanns Vorsitze den 8. Oktober 1688 eine Streitschrift: de generali salutis Oeconomia, ex Tit. II. v. 11—13 und unter dem berühmten Schurzfleisch, vierzehn historische Sätze, deren Aufschrift:

1. Praeside C. S. Schurzfleischio, Prof. Publ. disputabit M. Andreas Schulerus, B. Tr. ad diem X. Oct. Witeb. 1688 in 4-o.
   I. Getae et Gothi minime debent confundi.
   II. Gothi etiam cis mare, insignem Germaniae magnae tractum incoluerunt, atque hinc longe lateque Colonias duxerunt.

---

[1]) Laut dem Rektoren Verzeichnisse, aus welchem übrigens nicht erhellt, ob Schulerus im letzteren Jahre gestorben, oder weiter befördert worden sei.

III. Suevi Semnones, ultimis Germaniae seculis, usque ad viciniam Albis nostri ripam, sedes porrectas habuerunt.

IV. His emigrantibus Venedi, speciatim Sorabi successerunt; hos primum Franci secundae stirpis: tum Witikindei, postremo Ascanii Saxones in ordinem redegerunt.

V. Francia, regnante Carolo M. longius fines suos protulit, et an. DCCLXII. Saxoniam versus, limitem habuit Dimolam, deinde promovit ad Lupiam, hinc ad Visurgim, tum ultra Albim, usque ad Eidoram amnem Saxoniae Transalbinae terminum, inter Francos Danosque constitutum.

VI. Saxoniae Jus, nomenque a transalbino isthoc limite in has oras traductum est, adeo, ut multis abhinc seculis Sorabia Saxonibus subjecta, desierit esse Sorabiorum.

VII. Anasus olim inter Franciam, Austrasiam et Hunnorum, quibus Hungari successerunt, regionem, limes fuit; sed mutatis postea finibus, pars superioris Pannoniae detracta est, quae Germaniae conjuncta, Austriae accessit.

VIII. Austria deinceps Hungariam ex diversa causa acquisitam, multis felicibusque incrementis nobilitavit, et regiones antea Hungariae conjunctas, Dravo Savoque superatis, auspicio Leopoldi Aug. Magni Imperatoris, denuo in obsequium redegit.

IX. Ut aevo Romanorum duae Pannoniae, sic et Daciae duae appellatae sunt; sed duae Venetiae in bonis emendatisque codicibus nusquam leguntur.

X. Dacia quondam Orientis Imperio attributa est, cujus metropolis fuit Justiniana prima, urbs Macedoniae clara, ad Lychnidum lacum.

XI. Posteris saeculis, cum res christiana apud Hungaros invalesceret, Colocia, quam Danubius alluit, Regum Hungarorum auspicio, honorem sibi dignitatemque Metropolitanam suscepit.

XII. Nostra memoria haec regio opima et fertilis, regno Hungariae, cui antehac innexa fuit, postlimino se conjunxit.

XIII. Absurdi sunt, qui Albam Juliam putant esse Coloniam Ulpinam Trajanam, quas tabulae veteres, et prisca monumenta recte et evidenter distinguunt.

XIV. In finitimis Daciae regnis, ac praesertim in Dalmatia, celebris
fuit Megazupani dignitas, quae perperam legitur ab homini-
bus Graeco-Slavicarum antiquitatum ignaris.

In Schurzfleischens Epistt. Arcan. ist der 32. und 49., von
den Jahren 1690 und 91 an unsern Schulerus geschrieben.

2. De Susceptoribus, ex Historia Ecclesiastica. Respondente Joanne
Abrahami, Prasmar-Transylv. d. 13. Oct. 1688, Witeb. in 4-o. 20 S.

Tr. **Schulerus Andreas**

aus Kronstadt, studirte 1687 ꝛc. in Kronstadt, 1690 ꝛc. in Wittenberg,
wurde Gymnasiallehrer 1703. Prediger an der Johanniskirche 1706.
Stadtprediger 8. Dezember 1712 und starb in dem nemlichen Monate 1712.

Disputatio Pnevmatica ex Theologia Naturali de Infinitate et Immensitate
Essentiae divinae, praeside Abrah. Henr. Deutschmann. Witeb. 1692.
m. April. 4-o. pl. 2.

Tr. **Schulerus Georg,**

ein Hermannstädter, war der Sohn des Johann Schulerus, Pfarrers in
Dolmann, studirte 1676 ꝛc. an der Akademie zu Wittenberg. Vom
Jahre 1696 bis 1702 war er Stadtpfarrer in Mühlbach, wo er im
letzteren Jahre sein Leben beschloß.

Dissertatio theologica de Petrina abnegatione ex Matth. XXVI. v. 69.
usque 75 sub praes. Jo. Deutschmann d. 6. Apr. 1677. Witeb.
4-o. 44 S.

Dem Hermannstädter Stadtpfarrer Jakob Schnitzler, Bürgermeister Georg Armbruster, Königsrichter Mathias Semriger und
Stuhlsrichter Melchior Hermann gewidmet.

Tr. **Schullerus Gustav Adolph,**

Sohn des Großschenker Pfarrers Johann Andreas Schullerus, studirte
am evang. Gymnasium in Hermannstadt, dann an den Universitäten zu
Berlin 1855—1857, dann zu Tübingen 1857 ꝛc. und wurde Pfarrer in
Fogarasch 1863, Pfarrer in Schönberg 1871.

Rede zur Leichenfeier Sr. Wohlgeboren des Herrn Joseph Sterzing, Apotheker und Bürgermeister in Fogarasch, gehalten am 7. Febr 1867 von G. A. S., evang. Stadtpfarrer A. C. in Fogarasch. Druck von Johann Gött & Sohn Heinrich in Kronstadt 1867. 8-o. 8 S.

Tr. **Schullerus Martin,**

ein Hermannstädter, bezog die Universität Tübingen 1760 und wurde während seinen Universitätsjahren Magister der Philosophie. Von ihm sind mir blos bekannt:

1. Disquisitio Academica: An Adaemonismus cum Fide et Pietate Christiana conciliari possit? Praeside Joh. Gottl. Faber. Tubingae 1763 in 4-o. 42. S.
2. De miraculorum Christi et Apostolorum evidentia. Tubingae 1764. 4-o.

Tr. **Schulleri Daniel Joseph,**

geboren in Hermannstadt 18. März 1796, studirte an der protestantisch-theologischen Fakultät in Wien 1821 ꝛc., wurde Stadtprediger in Hermannstadt, sofort Pfarrer in Kleinpold 1846 30. Nov. und starb nach langer Krankheit in Hermannstadt am 13. September 1847.

Argumentum criticum Apocalypseos Joannis Prelusio prima continens carminis hujusce prophetici dedicationem ad ecclesias numero septem. Cibinii 1832. 8-o. 15 S.

Tr. **Schullerus oder Nekesch Daniel,**

geboren den 15. Juli 1606 in Schönen (Sona, Repser Stuhls), wo sein Vater Georg Nekesch den 18. Oktober 1618 im Alter von 49 Jahren als Pfarrer starb.[1]) Er kam 1631 auf das Kronstädter Gymnasium,

---

[1]) Sein Großvater Laurentius Nekesch war Pfarrer in Bolkatsch, und sein Urgroßvater Ambrosius Nekesch von Bolkatsch war ebenfalls Pfarrer in Schönen. In diesem ehemals sächsischem Dorfe befanden sich schon im Jahr 1640 lauter walachische Einwohner (Vereins-Archiv IV. 1. Heft S. 109) und der letzte sächsische Pfarrer Georg Binder verkaufte den 16. März 1682 die innern und äußeren Parochialgründe für 350 Ufl. an die Moneiste, nachmals Moisii Popaische Familie, worauf die hölzerne sächsische Kirche auf dem Berge, wo nun eine griechisch-unirte Kirche steht, gänzlich verfiel.

warb Gymnasialpräfekt und wurde den 22. Juli 1633 von der Pest befallen, von der er aber glücklich genaß. Das Gymnasium verließ er am 5. August 1634, heirathete in Kronstadt im nemlichen Jahre und warb 1640 Zins- und Quartalsschreiber daselbst, dann Mauthschreiber auf dem Passe Törzburg am 29. Juli 1658. Seine nachherigen Lebens-Umstände sind unbekannt.

Er hinterließ in Handschrift eine Chronik sammt eigenem Diarium in einem Oktav-Band, auf welchem „Chronika D. N. S." auf der ersten, und das Jahr 1660 auf der letzten Seite des Einbandes gedruckt steht. Das Buch hat zwei Theile, nemlich:

a) Ein kleiner und kurzer chronikalischer Extrakt, ab anno Christi 1 bis 1633. Enthält 18 S. und am Schluß die Note: Was sich nun von diesem Jahr zu meinen Gedenk-Zeiten weiter allhier hat zugetragen, das wird zu finden sein in meiner geschriebenen Chronica, dahin der Leser auch gewiesen wird auf dießmal.

b) Ein kurze Delineation oder Beschreibung meines Lebenslaufs nemlich Danielis Schullerii, dieses mühsamen, Elenden und betrübten Lebens, welches mehr ein Tod, als ein Leben zu nennen ist; nebenst Verzeichniß zu meiner Zeit geschehenen Dingen von Anno 1606 bis 1664 21. Dezember. Enthält 238 Seiten, (wovon jedoch in dem Original das vorletzte Blatt abgeht).

Eine Fortsetzung dieses Tagebuchs bis zum Jahre 1675 hat sich in der Rektor Joh. Filstich'schen Manuskript-Sammlung befunden, wovon ein Theil, worunter aber diese Fortsetzung nicht gehört, an die Kronstädter Schulbibliothek gekommen ist.

Tr. Schuller Johann Alexander,

Professor der Syntax am k. Gymnasium und Stadtkaplan zu Hermannstadt. Methodologie, oder kurze Anweisung einen gelehrigen Knaben von der Orthoëpie gleich auf das Konstruiren zu führen Eine Methode, die bei allen möglichen Sprachen anzuwenden ist. Hermannstadt, gedruckt bei Samuel Filtsch 1830. 8-o. 47 S.

Enthält S. 3—4 Vorrede; S. 5—7 Wichtiger Augenblick der Uebergabe eines Kindes einem Lehrer; S. 8—16 Verhalten des Lehrers vor und in dem Unterrichte; S. 17—47 Erklärung der in diesen Blättern gedachten Methode.

Tr. **Schuller Johann Georg,**

geboren in Bogeschdorf, Mediascher Stuhls, am 6. Dezember 1763, erhielt den ersten Unterricht von seinem Vater Christian Schuller, Pfarrer in Bogeschdorf und dann in Waldhütten, studirte zwei Jahre lang am Mediascher Gymnasium, und ebensolange am reform. Kollegium zu Maros-Vásárhely, sodann aber unter den von ihm sehr gerühmten Lehrern Jak. Aur. Müller, Joseph Bruckner und Mich. Planz in Hermannstadt. Er bezog von hier im Jahre 1782 die Universität zu Erlangen und 1783 jene zu Göttingen und kehrte, nach fünf akademischen Jahren und ebensovielen in der Berliner k. Bibliothek zugebrachten Monaten, nach Hermannstadt zurück. Hier entschloß er sich, auf die Empfehlung des Stadtpfarrers Dan. Filtsch, die Hauslehrerstelle bei dem k. Kommissär des Munkácser Kreises B. Andr. v. Rosenfeld zu Unghvár anzunehmen, und nach zwei daselbst zugebrachten Jahren, wegen Mangel einer Aussicht auf Anstellung in Hermannstadt, sich um eine Professur am Eperieser, und gleich darauf am Leutschauer Gymnasium zu bewerben, die ihm denn auch zu Theil wurde. Als diese Professur nach dem Tode des Kais. Josephs II. aufhörte, besuchte Schuller um sich dem Studium der kritischen Philosophie zu widmen, die Hochschule zu Leipzig, woher er nach Jahresfrist als Professor der Philosophie nach Hermannstadt berufen, nicht nur den ihm gebührenden Rang erhielt, sondern auch zum Conrektor befördert, nach sieben Jahren im Dezember 1797 zum Pfarrer in Heltau, und von hier am 3. Juni 1810 zum Pfarrer in Großscheuern erwählt wurde. Diese Pfarre und außer derselben auch in den Jahren 1817—1825 auch das Dekanat des Hermannstädter Kapitels verwaltete Schuller mit Ruhm und Anerkennung, und starb mit dem Rufe eines der gelehrtesten Männer des sächsischen evangelischen Klerus, am 13. Januar 1830.

Von seinen literarischen Arbeiten sind mir keine Druckschriften, dagegen die zwei nachbenannten Handschriften bekannt:

1. Siebenbürgisch-sächsisches Idiotikon. S. Blätter für Geist, Gemüth und Vaterlandskunde 1838 Nr. 45 wo des Verfassers älterer Sohn Johann Karl Schuller (s. den Art.) die Vollendung und Herausgabe dieser schätzbaren Arbeit zwar versprochen, aber leider nicht realisirt hat.

2. Schulplan für die Gymnasialschulen der Sachsen in Siebenbürgen. 1823. Vgl. den Art. Dan. G. Neugeboren.

Tr. **Schuller Johann Georg,**

Sohn des Hermannstädter Dechanten und Pfarrers zu Großscheuern gleichen Namens, geboren in Heltau 1801 studirte am Gymnasium zu Hermannstadt, — und 1821 an der protestantisch-theologischen Fakultät in Wien, wurde Gymnasiallehrer und darauf Prediger in Hermannstadt, sofort aber Pfarrer in Girelsau 1836 26. September und in Großscheuern 1861 26. April.

Er wurde zum Dechanten des Hermannstädter Kapitels gewählt am 31. März 1869.

1. Historiae literariae Romanorum Tabulae syntheticae. In usum Praelectionum. Fasciculus I. seriem Poëtarum Rom. continens. Cibinii 1834. 4-o. 23 S.

(Vom Verfasser seinem Lehrer Joh. Georg Buchinger zugeeignet.)

2. Elegie auf den Tod weil. Sr. Majestät Franz I. Vorgetragen in der Pfarrkirche der A. C. B. in Hermannstadt. (Der Trauerrede von Buchinger, [s. Denkbl. I. 199] angehängt, 4-o. S. 13—19.

3. Das Reformationsfest der evang. Landeskirche A. B. zum Gebrauch in den Christenlehren bearbeitet von J. G. S. Kronstadt 1858. Gedruckt und im Verlag bei J. Gött. 8-o. 29 S.

4. Das Vater Unser. Zum Gebrauch in der Christenlehre bearbeitet von J. G. S., Synditus des Hermannstädter Kapitels und Pfarrer zu Girelsau. Hermannstadt 1859. Druck von Th. Steinhaußen. 8-o. 39 S.

Tr. **Schuller von Sonnenberg Joh. Gottlieb,**

geboren in Mediasch am 13. September 1723, studirte an den Universitäten zu Jena 1744 ꝛc. und zu Halle 1746, wo er Doktor der Medizin wurde, und starb als praktischer Arzt in seiner Vaterstadt im Januar 1749.

Dissert. inaug. med. sistens Febrium continuarum Theoriam ac Therapiam. Praes. Andrea Elia Büchnero d. 1. Maji 1748. Halae Magdeburgicae, 4-o. 60 S.

Tr. ### Schuller Johann Karl,¹)

wurde am 16. März 1794 als der älteste Sohn des nachmaligen Pfarrers zu Großscheuern Johann Georg Schuller (s. b. Art.), in Hermannstadt geboren, studirte seit dem Jahr 1805 an dem Gymnasium seiner Vaterstadt, und bezog im Mai 1812 die Universität Leipzig. Die Kriegsdrangsale, welche der unglückliche französisch-russische Feldzug in dem welthistorischen Winter dieses Jahres für Leipzig und dessen Umgebung und Bewohner im Gefolge hatte, und der Schluß der Universitäts-Vorlesungen nöthigten S. Leipzig zu verlassen. Er begab sich im Juni 1813 nach Wien und setzte seine Studien an der dasigen Universität fort. Im September 1814 kehrte er in die Heimat zurück und wurde im November desselben Jahres als Gymnasiallehrer angestellt, im Jahr 1821 zum Conrektor ernannt und im Jahr 1831 zum Rektor des Gymnasiums erwählt. Nach Schullers Selbstbiographie wurde er durch ein anhaltendes Siechthum bestimmt, der Kanzel zu entsagen und das Rektorat, welches inzwischen sein Kollege Friedrich Phleps längere Zeit für ihn geführt hatte, im Jahre 1836 niederzulegen, worauf er als stabiler Professor an demselben Gymnasium mit einer ihm aus der sächsischen Nationalkassa angewiesenen Gehaltszulage von jährlichen 400 Gulden C.-M. bis zum März des Jahres 1849 fortlehrte. Am 11. d. M. aber, wo Hermannstadt in Folge der Besetzung durch die Insurgenten in die größte Gefahr gerieth, sah sich Schuller im Bewußtsein mehrfacher besonders durch die Presse geschehener Kundgebungen seiner politischen Ueberzeugungen genöthigt, seine Sicherheit in der Flucht in die benachbarte Walachei zu suchen. Er verließ also an der Hand seines damals kaum 11 jährigen Sohnes Hermannstadt, wenige Augenblicke vor dem Einzug der Insurgenten, und kam über Heltau, Zood und Rimnik glücklich nach Bukurest, wo er die Mittel zu seinem Unterhalt durch Privatunterricht erwarb. Doch wurde er schon in dem darauf folgenden Mai von dem k. k. Ministerium für Kultus und Unterricht zu den Berathungen über die Reorganisation des siebenbürgischen Unterrichts-

---

¹) S. Schullers Selbstbiographie: „Aus meinem Leben." In dem „Sächsischen Hausfreund" (Krohstädter Kalender) für das Jahr 1860. — „Johann Karl Schuller. Ein Nekrolog von J. Nannicher. (Enthalten a. in einem Separatabdruck aus der Hermannstädter Zeitung Nr. 113 vom 13· Mai 1865. b. in einem Anhange zu J. K. Schullers Beiträgen zu einem Wörterbuch der siebenbürgisch-sächsischen Mundart. Prag 1865. — Almanach der kais. Akademie der Wissenschaften, 16. Jahrg. 1866 S. 214—216. — Hauptsächlich: J. K. Schuller, ein Beitrag zur Geschichte seines Lebens von Dr. G. D. Teutsch in dem Archiv des Vereins für siebenbürgische Landeskunde. N. F. IX. 1—17.

wesens nach Wien berufen. Dahin gelangte er auf dem Umwege über Czernowitz und Krakau am 23. Juli 1849 und widmete die Zeit seines Aufenthaltes in Wien, außer dem erwähnten Berufe, dem Umgang mit dasigen Gelehrten, welche ihn bald liebgewannen, und eingehenden Studien in dem geheimen k. k. Hof-, Haus- und Staats-Archive zur Benützung in der siebenbürgischen Geschichte, besonders der Ferdinand und Zápolya'schen Periode.¹) Am 4. April 1850 kehrte Schuller im Gefolge des mit der Durchführung des neuen Unterrichtssystems beauftragten Ministerial-Kommissärs Ludwig Ritter v. Heufler nach Hermannstadt zurück, wurde vier Jahre hindurch bei dem damaligen Militär- und Civil-Gouvernement in Unterrichtssachen verwendet. Im Jahre 1852 mit dem Ritterkreuze des k. k. Franz-Joseph-Ordens ausgezeichnet und im Jahr 1854 zum k. k. Statthalterei-Sekretär, im Dezember 1855 aber zum k. k. Schulrathe für die evang. Glaubensgenossen A. B. in Siebenbürgen ernannt. Obwohl er diesen Dienst, der seinen Neigungen ganz entsprach, mit Eifer und besonderer Vorliebe verwaltete, und ihm dabei von oben und unten die bereitwilligste Unterstützung seiner auf vieljährige Erfahrung und zeitgemäßen Fortschritt gegründeten Vorschläge gewährt wurde, so hielt er sich doch, bei Abnahme seiner Körperkräfte nach 45 jähriger Dienstleistung in der Meinung, seinen Obliegenheiten, wie er sich die Aufgabe selbst stellte, nicht mehr vollkommen entsprechen zu können, in seinem Gewissen verpflichtet, im Jahre 1859 um Versetzung in den Ruhestand zu bitten. Diese wurde ihm mit allerhöchster Entschließung vom 31. Oktober 1859 gewährt, und ihm zugleich in Anerkennung seines vieljährigen, durch hervorragende Verdienste ausgezeichneten, öffentlichen Wirkens, von Sr. Majestät Kaiser Franz Joseph I. der Titel und Rang eines Statthaltereirathes verliehen. Dennoch harrte Schuller mit dem Reste seiner Kräfte im Dienste noch aus, bis mit der Auflösung der k. k. Statthalterei am 23. April 1861 auch seine amtliche Wirksamkeit ihr Ende erreichte. Nach vier Jahren hierauf genossener Ruhe wurde er seiner Familie, seinen Freunden und der Wissenschaft am 10. Mai 1865 durch den Tod entrissen.

Schullers Verdienste als Schulmann fanden, was nicht Jedermann zu Theil wird, noch während seinem Leben die gebührende allgemeine

---

¹) S. Schullers Schriften weiter unten Nr. 25, 37 und 44. Für Schullers in Bukurest zurückgelassenen kleinen Sohn sorgten dasige Freunde, und führten ihn nach dem Einzug der russischen Hilfstruppen in Hermannstadt in die Arme seiner Mutter.

Anerkennung, und seine Leistungen während der Zeit, in welcher er am Hermannstädter evang. Gymnasium lehrte und als aneiferndes Vorbild den Ruf dieser Anstalt erhöhte, sichern ihm ein rühmliches Andenken. Ein bleibendes Denkmal seiner vorleuchtenden, begeisterten Anhänglichkeit an das allerh. Regentenhaus und an das Vaterland und die Nation, welchen er angehörte, hat Schuller den Nachkommen in seinen Schriften hinterlassen. Durch diese hat er in der Literaturgeschichte der siebenbürger Sachsen epochemachend, theils selbst, theils durch sein Beispiel zur Förderung der in der neueren Zeit entstandenen Thätigkeit in der Geschichts- und Sprachenforschung und in der Darstellung des Volkslebens in der Vorzeit und Gegenwart rühmlichst gewirkt. An der Bildung des Vereins für siebenb. Landeskunde, dessen hervorragendes Ausschußmitglied er seit dem Beginn desselben ununterbrochen war, hatte er einen Hauptantheil und, indem seinen Schriften im In- und Auslande eine weit größere Verbreitung zu Theil wurde, als jenen der Meisten seiner Landsleute, (besonders der früheren Zeit) geschah es, daß ihr würdiger Verfasser durch die Aufnahme zum Mitglied vieler gelehrten Gesellschaften geehrt und ausgezeichnet wurde. Obenan unter diesen steht die kais. Akademie der Wissenschaften in Wien, deren korrespondirendes Mitglied er im Jahre 1847 wurde; die Berliner Gesellschaft für deutsche Sprache, welche ihn im Jahre 1839 und der historische Verein für Kärnthen, der ihn im Jahre 1856 zum Ehrenmitgliede aufnahm. Außerdem war Schuller Mitglied der historisch-statistischen Sektion der mährisch-schlesischen Gesellschaft zur Beförderung des Ackerbaues, der Natur- und Landeskunde, sowie des Gelehrten-Ausschusses im germanischen Museum zu Nürnberg und des siebenbürgischen Vereins für Naturwissenschaften zu Hermannstadt.

Außer den Beiträgen, welche Schuller zur Transilvania, herausgegeben von Benigni und Neugeboren (s. Denkl. I. 100, — dann von E. A. Bielz s. Denkbl. I. 134), — und Beilage zum siebenbürger Boten; ferner zu den Blättern für Geist, Gemüth ec. — zu dem Archiv des Vereins für siebenbürgische Landeskunde, — zu den Schriften der k. k. Akademie der Wissenschaften in Wien, — und zu dem Magazin für Geschichte ec. Siebenbürgens, herausgegeben von Trauschenfels geliefert hat,[1]) verdankt man ihm:

---

[1]) Ueber Schullers Schriften vgl. man seinen Bericht in seiner Note 1 oben angeführten Selbstbiographie.

1. Historia critica Reformationis Ecclesiarum V. Capituli Cibiniensis Prolusio prima, Origines restauratae doctrinae ad cladem usque Mohácsensem enarrans. Pro loco inter Professores Gymn. Cib. Cibinii typis Joh. Barth 1819. 8-o. 60 S.

2. Der Seher. Franz und Augusta, dem besten Fürstenpaare am Tage ihrer Abreise aus Hermannstadt geweiht. (Hermannstadt) 1817. 4-o. 12 S. (Gedicht mit historischen Anmerkungen, besonders in Beziehung auf die Sachsen in Siebenbürgen.)

3. Der Sachsen Gefühle. Dem Gubernialrath Johann Wachsmann am Tage der Bestättigung zum Grafen der sächsischen Nation gewidmet. (Hermannstadt) 1826 den 19. Junius. Fol. 15 sechszeilige Strophen.

4. Gedichte aus dem Englischen des Thomas Moore übersetzt. Der Ertrag ist zur Unterstützung der am 12. September 1829 durch eine verheerende Feuersbrunst an den Bettelstab gebrachten Bewohner des Dorfes Neppendorf bestimmt. Hermannstadt 1829. 8-o. 30 S.

Diese 1000 Exemplare starke Auflage war schnell vergriffen. Daher erschien ebendas. 1830 die zweite verbesserte Auflage. Zu jenem menschenfreundlichen Zweck gingen dadurch 2000 fl. W. W. ein.

5. Das Lied vom Pfarrer. Parodie auf Schillers Lied von der Glocke. Freunden harmloser Laune gewidmet. Der Ertrag ist zum Ankaufe von Prämien für ausgezeichnete Studirende des Hermannstädter Gymnasiums A. C. bestimmt. Hermannstadt bei Thierry 1831. 8-o. 20 S. — Dasselbe unter dem Titel: „Das Lied vom Pfarrer." Parodie auf Schillers Lied von der Glocke. Zweite umgearbeitete Auflage. Hermannstadt von Hochmeister'sche Buchhandlung 1841. 8-o. 19 S. Dem Grafen Franz Teleki v. Szék (!!) zugeeignet. Die 1. Auflage ist auch in der Sammlung „Kinder der Muße." Arolsen 1839. 8-o. S. 36 ꝛc. aufgenommen worden.

6. Argumentorum pro latinitate lingvae Valachicae s. Rumunae epicrisis. Cibinii, apud Thierry 1831. 8-o. 87 S.

(S. 78—87 ist enthalten: Vocabulorum cum lingva celtica, anglosaxonica, gallica, frisica, gothica, reliquis stripis germanicae dialectis comparatorum delectus.) In seiner Selbstschau (in dem sächsischen Hausfreund 1860) erklärt Schuller seine in dieser Schrift und der Abhandlung: „Entwickelung der wichtigsten Grundsätze für die Erforschung der rumunischen Sprache" (in dem Archiv des Vereins für siebenbürgische Landeskunde I. S. 67—108 ausgesprochene Ansicht, als seien die Rumänen unbezweifelte Deutsche, für eine Verirrung, welche er in der Sylvestergabe vom Jahre 1855 „Zur Frage über den Ursprung der Romänen und ihre Sprache" berichtigt habe. In dieser Beziehung schrieb er am 31. Dez. 1861 einem Freunde: „Die Monographie von Dr. Miklosich über das Slavische in der rumänischen Sprache (Wien 1862. 4-o.) habe ich eben erhalten und bin recht neugierig zu sehen, ob er das Steckenpferd des Slavismus nicht überstrengt. Daß sie allen Kreuzrittern für die unbefleckte Latinität des Idioms nicht zusagen wird, begreift sich ganz wohl."

7. Fackellied am Abende der Ankunft des Durchlauchtigsten Herrn Erzherzogs Ferdinand von Oesterreich Este ꝛc., gesungen von den Studierenden des Gymnasiums A. C. in Hermannstadt 1834 den 7. Mai. (Hermannstadt) bei Sam. Filtsch. Fol. 2 S.

8. Biographische Umrisse. Georg Söterius. (In der Zeitschrift Transilvania II. 198—221.)

9. Am Grabe weil. Sr. Majestät Kaiser Franz II. (Hermannstadt) 1835. 4-o. 12 S.

(Elegie in 29 Strophen. Der Ertrag war zu einem wohlthätigen Zwecke bestimmt.)

10. Prolog zur Eröffnung des ersten von dem Hermannstädter Musik-Vereine gegebenen Gesellschafts-Konzertes am 17. Februar 1839. Hermannstadt. 8-o. 7 S.

11. Lehrbuch der allemeinen Geschichte. Für Gymnasien entworfen. 1. Heft: Alte Geschichte. Hermannstadt 1837. 8-o. II. 62 S. 2. Heft: Mittlere Geschichte. Ebendas. 1837. 59 S.

12. Mein Leben, kritisch bearbeitet von meiner Schreibfeder. Ein Ferien-Scherz. Hermannstadt bei Sam. Filtsch 1839. 8-o. 15 S.

13. Handbuch der allgemeinen Geschichte von Siebenbürgen. Mit erläuternden Anmerkungen und einem Urkundenbuche. Hermannstadt 1837. 8-o. Davon wurden nur drei Bogen gedruckt und nicht ausgegeben. In der Folge ließ der Verfasser den ersten Bogen anders drucken und setzte das Buch fort, welchem er den neuen Titel gab: „Umrisse und kritische Studien zur Geschichte von Siebenbürgen, mit besonderer Berücksichtigung der Geschichte der deutschen Kolonisten im Lande. 1. Heft. Hermannstadt, Hochmeister'sche Buchhandlung 1840. 8-o. III. 102 S. nebst Urkundenbuch 31 S. 2. Heft. Ebendas. 1851. (Th. Steinhaußen) II. 151 S.

Dann Zusätze zu dem 1. Hefte S. 152—172 und Urkundenbuch S. 173—194. (Das 2. Heft ist dem k. k. Ministerialrathe Ludw. v. Rosenfeld gewidmet.[1]) In dieser Arbeit wollte der Verfasser über Alles, was auf dem Gebiete siebenbürgischer Geschichte erwiesen, oder noch zweifelhaft ist, kritische Rechenschaft geben. Die Herausgabe des 3. Heftes dankt der Verein für siebenbürgische Landeskunde seinem damit betrauten Vorstand Superint. Dr. G. D. Teutsch. Dasselbe erschien 1872. Verlag von A. Schmiedicke. 8-o. II. 71 S.

14. Der Hermannstädter Stuhl im Großfürstenthum Siebenbürgen. (Land der Sachsen.) Von M. Ackner, evang. Pfarrer in Hermannstadt (soll heißen: Hammersdorf), und J. K. Schuller, Professor am evang. Gymnasium zu Hermannstadt und Ehrenmitglied der Berliner Gesellschaft für deutsche Sprache. Mit einer Karte und fünf Chromolithographien, nach Original-Handzeichnungen des A. Trichtl. Wien 1840. Verlag der Kunsthandlung H. F. Müller am Kohlmarkte Nr. 1149. 4-o. 38 S.

(Macht die 8. Lieferung aus von dem größeren Werke: „Das pittoreske Oesterreich oder Album der österreichischen Monarchie ꝛc." Von einer Gesellschaft Gelehrter und Künstler. Wien 1840. 4-o.)

Die Kunstbeilagen sind folgende: 1. Karte des Stuhls Hermannstadt. 2. Ansicht von Hermannstadt. 3. Ansicht von Heltau. 4. Die Vorkolumaz im Rothenthurmpaß. 4a. Die Kirche in Talmács; b. Die Ruine Landskron in Talmács; c. Der alte Thurm im Rothenthurmpaß; d. Die Kirche in Heltau. 5. Tracht a) der Wallachen und b) der Sachsen. Lithographirt die Karte von Geiger und die andern Stücke von Georg Scheth.

15. Archiv für die Kenntniß von Siebenbürgens Vorzeit und Gegenwart. In Verbindung mit mehreren Mitarbeitern und in zwanglosen Heften herausgegeben von J. K. Schuller ꝛc. Hermannstadt 1840. Hochmeister, 8-o. 1. Bd. IV. 376. Mehr ist nicht erschienen.

Von Schuller selbst stehen im 1. Bd. S. 24—68 die Mongolen in Siebenbürgen; — S. 97—130 über die Eigenheiten der sieben-

---

[1] Recensirt in dem Notizenblatt, Beilage zum Archiv für Kunde österr. Geschichtsquellen ꝛc. Wien 1851 Nr. 17 S. 257—260 von Fr. Firnhaber; ferner von Dr. Wattenbach in den Leipziger Blättern 1852; von G. D. Teutsch im o. a. Notizenblatte Nr. 18 S. 273—277. Die Teutsch'sche Recension ist nachgedruckt in der Transilvania vom 20. März 1852 Nr. 8 und 9; — und vom Gr. Joseph Kemény in Kurz's Magazin ꝛc. I. 195—229.

bürgisch= sächsischen Mundart und ihr Verhältniß zur hochdeutschen Sprache; und S. 161—213 die deutschen Ritter im Burzenlande. Die anderen Aufsätze sind von Mich. Ackner 69—96, 297—331 und 332—376. Joseph v. Bedeus S. 1—23. Joseph v. Benigni. S. 131—153. Martin Reschner S. 263—296. Val. Seraphin S. 147—153.

Die Fortsetzung der abgebrochenen Artikel findet man im Vereins-Archiv, das sich an das Schuller'sche Archiv anschließt.

16. Gedichte in siebenbürgisch=sächsischer Mundart. Gesammelt und erläutert von J. K. Schuller. Zum Besten der (am 4. Oktober 1840) Abgebrannten in Bistritz. Hermannstadt, Friedr. August Crebner 1840. Gr. 8-o. XII. 78 S.

(Der Berliner Gesellschaft für deutsche Sprache vom Herausgeber gewidmet.)

17. Chronologisches Verzeichniß der Beherrscher Siebenbürgens und der merkwürdigsten Ereignisse im Lande während ihrer Regierung. Hermannstadt bei Sam. Filtsch. 8-o. 24 S. vom Jahr (1833).

18. Chronologische Uebersicht vorzüglich merkwürdiger Ereignisse der allgemeinen Geschichte. Für den ersten Anfang des historischen Studiums entworfen. Hermannstadt 1837 im Verlage des evang. Gymnasiums. (Gedruckt bei Georg v. Closius.) 8-o. 14 S.

19. Beleuchtung der Klagschrift gegen die sächsische Nation, welche die beiden walachischen Bischöfe auf dem Landtag von 1841—1843 den Ständen des Großfürstenthums Siebenbürgen überreicht haben. Hermannstadt, Hochmeister'sche Erben 1844. 8-o. II. 144 S.

Auf Kosten der sächsischen Nationalkasse, aus welcher der Verf. mit 40 Dukaten belohnt wurde, gedruckt und sowohl an alle Kreise, als auch an die Leser der deutschen Zeitungen gratis verschickt zu Ende September 1844. Aus den von mir in meinem noch im März 1841 verfaßten „Bemerkungen über die Bittschrift des wal. Bischof Moga," welche dem Verfasser im Januar 1844 von der Universität in der Urschrift zur Benützung übergeben wurde, und welche im Mai 1844 auch bereits gedruckt waren, geöffneten, durch mich mühsam aufgesuchten Quellen hat der Verfasser den größten Theil seiner Beweisstellen entlehnt, ohne meinen Namen oder meiner Arbeit irgendwo zu erwähnen.

Vgl. Bemerkungen ꝛc. über die Knesiate v. Benigni. (Denkblätter II. 100.)

20. Der Freiherr Nikolaus Wesselényi, A. de Gerando und die Sachsen in Siebenbürgen. Apologetische Bemerkungen von J. K. Schuller ꝛc. Hermannstadt 1846. Druck und Verlag der Mart. Edlen v. Hochmeister'schen Buchhandlung (Th. Steinhaußen). 8-o. 47 S.

(Besprochen in Schmidt's österreichische Blätter für Literatur und Kunst. Wien 1846 Nr. 60, S. 471.)

21. Die schauderhafte Verschwörung der sächsischen Nations-Universität. Zu aller Welt Schrecken bekanntgemacht und beleuchtet von Schuller. 8-o. 27 S. (Hermannstadt bei Steinhaußen 1848.)

22. Ueber den gegenwärtigen Zustand der historischen Studien in Siebenbürgen. Schreiben an Herrn Regierungsrath Chmel, und von demselben (bei der Wiener k. k. Akademie) vorgetragen. (Wien 1849.) 8-o. 19 S.

(Aus dem 8. Hefte des Jahrganges 1849 der Sitzungsberichte der kais. Akademie der Wissenschaften besonders abgedruckt.)

23. Ueber die Leistungen des Vereins für siebenbürgische Landeskunde. (Wien 1850.) 8-o. 6 S.

(Aus dem Januarhefte des Jahrganges 1850 der Sitzungsberichte der kais. Akademie der Wissenschaften besonders abgedruckt.)

24. Bericht über die neuesten Erscheinungen der siebenbürgisch-deutschen Literatur, welche die Landeskunde zum Gegenstande haben, und über den gegenwärtigen Zustand des Vereins für siebenbürgische Landeskunde. (Wien 1852.) 8-o. 19 S.

(Aus dem 8. Hefte des Jahrganges 1852 der Sitzungsberichte der philos.-historischen Klasse der kais. Akademie der Wissenschaften v. Bd. S. 486 f. besonders abgedruckt.)

25. Das k. k. geheime Haus-, Hof- und Staats-Archiv in Wien, als Quelle siebenbürgischer Fürstengeschichte. Vorgetragen in der General-Versammlung des Vereins für siebenbürgische Landeskunde zu Hermannstadt am 18. September 1850. Der Ertrag ist zur Unterstützung siebenbürgischer Geschichtsforschung in Wien bestimmt. Hermannstadt, gedruckt bei Georg v. Closius 1850. 8-o. II. 27 S., nebst einem Facsimile.

(S. 19—20 verspricht Schuller die Beschreibung der Schicksale des Comes Markus Pemfflinger unter dem Titel: „Beiträge zur Geschichte Siebenbürgens in den Jahren 1527—1536 aus dem geheimen Haus-, Hof- und Staats-Archiv," herauszugeben. Dieses Versprechen hat theils Gottfr. Capesius (s. Denkl. I. 203) in dem Programm des Hermannstädter Gymnasiums A. C. vom Jahre 1855/6, theils B. Bebens durch seine Abhandlung in dem Archiv des Vereins für siebenbürgische Landeskunde erfüllt (s. Denkbl. I. 92 Nr. 11).

26. Aus der Walachei. Romänische Gedichte und Sprüchwörter während des Aufenthaltes in Bukurest gesammelt und übersetzt. Hermannstadt 1851. Druck und Verlag von Th. Steinhaußen. 12mo II. 55 S.

(Geprüft durch den Kontumaz-Direktor Dr. Paul Wassich, und herausgegeben zum Besten der im Sommer 1851 durch Ueberschwemmung beschädigten Siebenbürger, zu welchem Zwecke Steinhaußen Druck und Papier unentgeltlich lieferte.)

27. Zur Geschichte der Ringmauern von Hermannstadt. Sylvestergabe den Beförderern und Freunden siebenbürgischer Geschichtsforschung gewidmet. (Hermannstadt bei S. Filtsch 1853 den 31. Dezember) 8-o. 15 S.

28. Schulreden, während seines Conrektorates am evang. Gymnasium in Hermannstadt gehalten. Hermannstadt bei Steinhaußen 1854. 8-o. II. 44 S. (Der volle Ertrag wurde von dem Verleger zur Verschönerung der evang. Pfarrkirche A. C. in Hermannstadt gewidmet.)

Enthaltend 1. Winke über den Zeitgeist 1822 S. 1—8. 2. Die falsche Aufklärung 1822 S. 9—16. 3. Natur und Leben mahnen zum Ernste 1826 S. 17—24. 4. Ueber den Einfluß der häuslichen Erziehung auf das Gedeihen des öffentlichen Unterrichtes 1826 S. 25—34. 5. Die Nothwendigkeit eines streng sittlichen Charakters für den Freund der Wissenschaft 1827 S. 35—44.

29. Zur Frage über den Ursprung der Romänen und ihrer Sprache. Sylvestergabe für Gönner und Freunde. Hermannstadt 1855., Druck von Th. Steinhaußen. 8-o. 20 S.

30. Siebenbürgen vor Herodot und in dessen Zeitalter. Wien, k. k. Hof- und Staatsdruckerei 1855. 8-o. 13 S. (Aus dem XIV. Bde. des von der kais. Akademie der Wissenschaften herausgegebenen Archivs für Kunde österreichischer Geschichtsquellen besonders abgedruckt.)

31. Zur Frage über die Herkunft der Sachsen in Siebenbürgen. Sylvestergabe für Gönner und Freunde siebenbürgischer Landeskunde.

Motto: Am Rhein, am Regen da wachsen unsre Reben;
Gesegnet sei der Rhein!

Hermannstadt 1856. Verlag und Druck von Th. Steinhaußen. 8-o. 37 S.

(Der Inhalt der Nrn. 27, 29 und 31 ist näher angegeben in der Anzeige, welche man in der Transilvania, Beiblatt zum Siebenbürger Boten, findet vom 30. Dezember 1855 S. 103.)

Die 2. verbesserte Auflage. Prag 1866. Verlag von Fr. Aug. Credner. 8-o. 57. S.

32. Ueber einige merkwürdige Volkssagen der Rumänen. Sylvestergabe mit dem Motto:

> Froh und ernst, doch immer heiter
> Leite Dich die Poesie,
> Und die Welle trägt Dich weiter
> Und Du weißt es selbst nicht wie.
>
> (Geibel.)

Hermannstadt 1857. Druck und Verlag von Th. Steinhaußen. 8-o. 22 S.

33. Kloster Argisch, eine romänische Volkssage. Urtext, metrische Uebersetzung und Erläuterung. Sylvestergabe für Gönner und Freunde. Hermannstadt, Druck und Verlag von Th. Steinhaußen 1858. 8-o. II. 21 S.

34. Aus Siebenbürgens Vorzeit und Gegenwart. Mittheilungen von Fr. Fronius, J. Haltrich, B. Käftner, W. Malmer, Franz Obert, S. Schiel, G. Schuller, J. C. Schuller, W. Schuster, K. Schwarz, Fr. v. St. (Sternheim), G. D. Teutsch, H. Wittstock. Zum Besten der Abgebrannten in Bistritz. Hermannstadt 1857. Druck und Verlag von Th. Steinhaußen. 8-o. III. 84 S.

Herausgegeben und mit einem Vorworte begleitet von J. C. Schuller. In dem Vorworte wird angeführt, daß

am 15. Okt. 1836	etwa 80	Häuser mit einem Schaden von			222487
" 4. " 1840	" 116	"	"	"	309868
" 5. Sept. 1842	" 100	"	"	"	265600
" 15. Okt. 1843	" 15	"	"	"	50000
" 18. Apr. 1857	" 214	"	"	"	257363

zusammen 525 Häuser mit einem Schaden von 1105318 Gulden C.-M. in Bistritz verbrannten. Steinhaußen lieferte 1000 Exemplare dieses Büchleins kostenfrei. Von besonderem Werthe war S. 5—15 G. D. Teutsch's Abhandlung „Zur Geschichte von Bistritz" (bis zum Jahre 1520), sie ist umgearbeitet und mit urkundlichen und anderen Beilagen zum Text bereichert wieder herausgekommen in dem Archiv des Vereins für siebenbürgische Landeskunde. N. F. IV. 255—294.

35. Dem Nestor deutscher Forschung in Siebenbürgen Johann Michael Ackner, evang. Pfarrer A. C. in Hammersdorf, Besitzer des goldenen Verdienstkreuzes mit der Krone u. s. w., zur Feier des 50jährigen Dienstjubiläums gewidmet von J. C. S. 8. Okt. 1858.

> Hic dies mihi vere festus atras
> Eximet curas.
>
> Horat. Od. III. 14, V. 1.

Hermannstadt 1858. Druck und Verlag von Th. Steinhaußen. 8-o. 8 S.

36. Herodes, ein deutsches Weihnachtsspiel aus Siebenbürgen. Mit einleitenden Bemerkungen über Festgebräuche der Sachsen in Siebenbürgen. Sylvestergabe für Gönner und Freunde von J. C. Schuller. Hermannstadt 1859. Druck und Verlag von Th. Steinhaußen. 8-o. 27 S.

37. Georg Reicherstorffer und seine Zeit. Ein Beitrag zur Geschichte von Siebenbürgen in den Jahren 1527—1536. (Aus dem XXI. Bde. S. 225—291 des von der kais. Akademie der Wissenschaften herausgegebenen Archives für Kunde österr. Geschichtsquellen besonders abgedruckt.) Wien aus der k. k. Hof- und Staatsdruckerei. In Kommission bei Karl Gerolds Sohn, Buchhändler der kais. Akademie der Wissenschaften. 1859. 8-o. 69 S.

(Ein Auszug daraus steht in Trauschenfels Magazin für Geschichte ꝛc. Siebenbürgens I. 182—186.)

38. Romänische Volkslieder. Metrisch übersetzt und erläutert von J. K. Schuller. Hermannstadt 1859. Druck und Verlag von Th. Steinhaußen. 12-o. Vorrede XX S. Gedichte 1—94. Anmerkungen S. 95—112.

39. Ein Traum. Zur Schillerfeier in Hermannstadt geschrieben von J. K. Schuller. (Motto: Wenn ich mir denke, daß vielleicht in hundert und mehr Jahren, wenn mein Staub schon lange verwest ist, man mein Andenken segnet und mir noch im Grabe Thränen und Bewunderung zollt, dann freue ich mich meines Dichterberufes und versöhne mich mit Gott und meinem oft harten Verhängniß. Schiller an Fr. v. Wolzogen.) Hermannstadt 1859. Druck und Verlag von Th. Steinhaußen. Kl. 8-o. 14 S.

(Separat-Abdruck aus der „Transilvania" 1859 Nr. 39, S. 154—156.)

40. Kolinda. Eine Studie über romänische Weihnachtslieder. Neujahrsgabe von J. K. Schuller. Hermannstadt 1860. Druck und Verlag von Th. Steinhaußen. 8-o. 30 S.
(Separatabdruck aus der Transilvania 1860 Nr. 1, S. 1—8.)

41. Das Todaustragen und der Muorlef. Ein Beitrag zur Kunde sächsischer Sitte und Sage in Siebenbürgen. Sylvestergabe für Freunde und Gönner von J. K. Schuller :c. Hermannstadt 1861. Druck von Th. Steinhaußen. 8-o. 18 S.

42. Zur Kunde siebenbürgisch-sächsischer Spottnamen und Schelten. Sylvestergabe für Gönner und Freunde siebenbürgischer Landeskunde.
  Motto: Bürnehm es zwor goot, Valleralla,
   Aver rheinisch Bloot, Valleralla,
   Singt am leevsten singem Schnabel noch.
         Bonner Lied.
Hermannstadt 1862 (1861). Druck und Verlag von Th. Steinhaußen. 8-o. 24 S

43. Aus den Papieren eines alten Versemannes von J. K. Schuller :c. Hermannstadt 1862. Druck und Verlag von Th. Steinhaußen. 12-o. VI. 130 S.
Der Fürstin Sophie zu Liechtenstein, geborenen Löwe zugeeignet. Der Ertrag der subskribirten Exemplare war dem Fonde des evang. Waisenhauses in Hermannstadt gewidmet.

44. Die Verhandlungen von Mühlbach im Jahre 1551 und Martinuzzis Ende. Hermannstadt 1862. Druck und Verlag von Th. Steinhaußen. 8-o. II. 74 S.
(In kurzem Auszuge aus der Beilage zur Wiener Zeitung: „Wochenschrift für Wissenschaft, Kunst und öffentliches Leben" — in der „Transilvania," Beiblatt zum Siebenbürger Boten vom Jahre 1863 Nr. 1, S. 32.)

45. Aus vergilbten Papieren. Ein Beitrag zur Geschichte von Hermannstadt und der sächsischen Nation in den Jahren 1726 und 1727. Sylvestergabe für Freunde und Gönner. Motto: Vosque veraces cecinisse Parcae — bona jam peractis jungite fatis. Hor. Carm. seculare. Hermannstadt 1863. Druck von Th. Steinhaußen. 8-o. 30 S.

46. Maria Theresia und Freiherr Samuel v. Bruckenthal. Eine Studie von J. K. Schuller. Mit dem Abdruck der Handschrift Maria Theresia's und Bruckenthals und dem Porträt des Freiherrn. Hermannstadt. Druck und Verlag von Th. Steinhaußen 1863. 8-o. 34 S.

Dem pensionirten Landes-Gerichts-Präsidenten B. Joseph Brucken-thal zugeeignet.

Bezüglich des Abdruckes der Handschrift B. Sam. Bruckenthals ist zu bemerken, daß der Text die Handschrift des Hermannstädter Bürgermeisters Friedr. v. Rosenfeld, und blos die Namensunterschrift Bruckenthals eigenhändige Schrift darstellt.

47. Magister Hißmann in Göttingen. Ein Beitrag zur siebenbürgisch-sächsischen Gelehrtengeschichte von J. K. Schuller. Separatabdruck aus dem Archiv des Vereins für siebenbürgische Landeskunde VI. Band II. Heft. Kronstadt, gedruckt und im Verlag bei Johann Gött 1863. 8-o. 33 S.

(Separatabdruck aus dem Archiv des Vereins für siebenbürgische Landeskunde N. F. 6. Bd. S. 201—230.

48. Aus alten Stammbüchern von siebenbürger Sachsen. Sylvestergabe für Gönner und Freunde von J. K. Schuller.

>Motto: Die Abgeschied'nen betracht ich gern,
>Ständ' ihr Verdienst auch nicht so fern;
>Doch mit den edlen lebendigen Neuen
>Mag ich wetteifernd mich lieber freuen.
>
>Göthe.

Hermannstadt 1864. Druck und Verlag von Th. Steinhaußen. 8-o. 28 S.

(Separatabdruck aus der Monatsschrift „Transilvania," redigirt von E. Alb. Bielz 3. Jahrgang 1863, S. 225—248.)

49. Zur Geschichte der Familie Zabanius Sachs v. Harteneck. Sylvester-gabe für Freunde und Gönner von J. K. Schuller. („Dein Büchlein gleicht einem Archipel, — Kleine Inseln schwimmen im Wasser hell. — Wär' drin kein Wasser, dies mußt du beachten, so müßten die Recensenten verschmachten. K. Fr. Freiherr v. Schweizer.) Hermannstadt 1864. Druck von Th. Steinhaußen. 8-o. 16 S.

50. Gedichte aus dem Englischen des Charles Boner. Zum Besten der Abgebrannten in Neppendorf, herausgegeben von J. K. Schuller. Hermannstadt 1864. Druck und Verlag von Th. Steinhaußen. Kl. 8-o. 32 S.

51. Beiträge zu einem Wörterbuche der siebenbürgisch-sächsischen Mundart. Prag 1865. Verlag von F. A. Credner k. k. Hof-, Buch- und Kunsthandlung. 8-o. XI. 75 S.

Diese Beiträge kamen erst nach des Verfassers Tode in die Oeffentlichkeit. In der Einleitung entwickelt der Verfasser seine

Meinung über das Deutschthum mundartlicher Wörter und Wort-
formen der siebenbürger Sachsen, und sagt u. a. (S. X.) „den Plan,
das **handschriftliche Idiotikon** seines seligen Vaters **Johann
Georg Schuller**" (s. den Art.) „nach dem jetzigen Stande der
Wissenschaft umzuarbeiten und vermehrt aus den eigenen und den
Idiotismen-Sammlungen von **Leonhard**, **Trausch**, **Thalmann**,
Kraus und **Steinburg** u. a. m. herauszugeben, hat der Verf.
dieser Beiträge längst aufgegeben. Hat schon früher die Zeit dazu
gefehlt, so reicht nun die alternde Kraft für eine so mühsame Arbeit
nicht hin." Nebst den lateinischen Schriftzeichen, hat der Verf. in
der Schreibung sächsischer Wörter die allgemeinen orthographischen
Regeln Joseph Haltrichs (s. den Art.) benützt.

52. Das Gymnasialwesen in Siebenbürgen. (Aus einer für das Mi-
nisterium verfaßten Denkschrift.) In der Zeitschrift für die österr.
Gymnasien von J. G. Seidl, H. Bonitz und J. Mozart. 1. Jahrg.
Wien 1850. 8-o. S. 61—74, 125—133 und 218—225.

Tr. ## Schuller Martin,

Riemermeister und Mitglied der Gemeldevertretung in Kronstadt.
Von ihm hat man in Handschrift ein Tagebuch vom Jahre 1642—1689.

Es enthält etwas weniges von Begebenheiten bis 1688. Das
Meiste aber von diesem und dem darauffolgenden, für Kronstadt
sehr merkwürdigen Jahre.

Tr. ## Schuller Michael Gottl.,

Sohn des Klosdorfer Pfarrers Michael Schuller, wurde geboren in
Schäßburg am 2. November 1802, studirte am Gymnasium zu Schäßburg
und an der protestantisch-theologischen Lehranstalt in Wien 1823—1826.
Nach seiner Rückkehr von der Akademie leistete er öffentliche Dienste als
Lehrer an den untern Klassen, dann als Conrektor und 1840 bis 1842
als Rektor am Schäßburger Gymnasium, und wurde im Jahre 1842
zum Pfarrer nach Denndorf und im Jahre 1845 zum Stadtpfarrer in
Schäßburg berufen. Nachdem er eine Zeitlang das Amt eines Syndikus
des Kißder Kapitels bekleidet hatte, wählte ihn dieses Kapitel im Jahre
1857 zu seinem Dechanten. Als Deputirter der evang. Geistlichkeit betrieb er gemeinschaftlich mit dem Superintendenten Binder in Wien die

Zehnentschädigung, und wurde am 6. August 1862 von dem Gustav-Adolph-Verein in Mediasch zur Hauptversammlung dieses Vereines nach Nürnberg entsandt. Er verwaltete das Schäßburger Dekanat bis zum Jahre 1867 und bekleidete vom 10. November 1865 bis zum Jahr 1870 das Superintendential-Vikariat in der evang. Landeskirche Siebenbürgens.

1. „Das Wort der Gustav-Adolph-Stiftung an uns." Rede zur Eröffnung der ersten Hauptversammlung des Gustav-Adolph-Vereins für Siebenbürgen am 5. August 1862. Gehalten in der Pfarrkirche zu Mediasch von M. G. Schuller, Stadtpfarrer in Schäßburg. Preis 20 Neukreuzer. Im Auftrage der Hauptversammlung gedruckt zum Besten der evang. Gemeinde A. B. zu Balán in der Csik. Hermannstadt, Buchdruckerei des Joseph Drotleff 1862. 8-o. 11 S.
2. Uebersichtliche Zusammenstellung der mit 198 Stück Dokumenten belegten Schäßburger evang. Kirchenkassen-Rechnung für das Jahr 1864 nebst Stiftungsfonds-Rechnung Nr. I und II. Hermannstadt, Buchdruckerei S. Filtsch 1865. 4 Folioseiten.
3. Rechenschaftsbericht des Presbyteriums der evang. Gemeinde A. B. zu Schäßburg vom Jahre 1866. Ebendas. 1867. 8-o. 14 S. — Vom Jahre 1867. Ebendas. 1868. 18 S.
4. Predigt gehalten am ersten Ostertage 1870 in der Pfarrkirche zu Schäßburg vom Stadtpfarrer M. G. Schuller. Druck von Theodor Steinhaußen in Hermannstadt. 8-o. 8 S.

(Den Ertrag dieser Predigt bestimmte der Verfasser zu einem Beitrag zur Bestreitung der Reisekosten eines von der Schäßburger Volksschullehrer-Versammlung zu dem im Juni 1870 gehaltenen Lehrertage in Wien entsendeten Mitgliedes. — Ueber die Verhandlungen der am 8., 9. und 10. Juni 1870 in Wien abgehaltenen allgemeinen deutschen Lehrerversammlung, an welcher viele evang. Lehrer aus Siebenbürgen sich betheiligten, siehe den Bericht des Kronstädter Professors Heinrich Neugeboren in der Kronstädter Zeitung vom 24. Juni bis 1. Juli 1870 Nr. 98—103.)

Schuller Nathanael,

Tr.

Stadtpfarrer in Mediasch und Generaldechant, geboren in Groß-Kopisch, wo sein Vater Pfarrer war, studirte an der Universität in Wittenberg 1728 und in Jena 1729 rc. Nachdem er eine kurze Zeit hindurch an der Mediascher Schule und Kirche gedient hatte, wurde er am 10. Juni 1736 zum Pfarrer nach Bogeschdorf, ferner im Jahre 1746 nach Zagor und von da am 11. Juni 1762 nach Mediasch berufen, wo er am 3. Oktbr. 1783 mit Tod abging.

Er hinterließ in Handschrift:

1. Continuatio Compendii Actorum Synodalium inde a Reformationis tempore a Pastoribus Saxonicis Augustanae Confessionis invariatae in Trannia addictis, consignatorum, ab Andrea Scharsio adornati.
2. Jus Saxonum Transilvanorum Aug. Confessionis addictorum Ecclesiasticum conscriptum a Nath. Schullero Past. Med. et Almae Universitatis Ecclesiasticae Decano Generali.
3. Eine gegen Ende des Winters aus dem Winter zum Frühling berufene Jesusfreundin, bei volkreicher und standesmäßiger Beerdigung der weil. wohlgeborenen und tugendsamen Frauen Susanna geb. Adamiin des Wohlgebornen Herrn Petrus Edlen von Klausenburger vieljährigen Hochverdienten Königsrichters der k. freien Stadt und Stuhls Mediasch, Theuer und Herzliebst gewesenen Frauen Gemahlin, nachdem Hochdieselbe den 15. Februar 1771 im Herrn entschlafen, und darauf den 18. zu ihrer Ruhstätte gebracht wurde, in der Mediascher Pfarrkirche aus dem Hohenliede Kap. 2, V. 10, 11, 12, 13 zu betrachten fürgestellet von N. Schuller, St.-Pf. Mediasch, druckts Johann Sifft. Fol. 17 S.

Tr. **Schunkabunk Markus**

von Kronstadt, hat einen Bericht über zwei am 2. Januar und 25. Oktober 1597 auf Mihály Vajdás Befehl unternommene Gesandtschaftsreisen an den Hof Kaiser Rudolphs II., der ihn ansehnlich beschenkte, hinterlassen. Er wurde Senator in Kronstadt den 14. Februar 1598 und starb, nach dem Bericht des Michael Weiß, den 29. Januar 1608.

Seinem erwähnten Gesandtschaftsberichte hat eine unbekannte Hand folgenden Titel vorgesetzt:

Diejenigen Legationen, welche Herr M. Schunkabunk, ein vornehmer Mann aus Kronstadt, auf Befehl des Mihály Vajda in hochwichtigen Angelegenheiten nach Prag in Böhmen zu dem Rudolph II. röm. Kayser angetreten und selber aufgezeichnet hat, also: Anno 1597 den 2. Januar u. s. w. Am Schluß sind die Namen der Kronstädter Rathsherrn von 1598 bis 1603 beigefügt.

Schunn Andreas,

Seiv.

Stadtpfarrer zu Hermannstadt, geboren den 16. Oktober 1722. Er war der zweite würdige Sohn des sächsischen Superintendenten Jakob Schunn, dessen ich im Folgenden gedenken werde. Außer den vaterländischen Schulen, besuchte er 1744 Jena und hernach Halle. Nachdem er seine akademische Laufbahn vollendet hatte, machte er eine Reise nach Königsberg in der neuen Mark Brandenburg, um einmal das Vergnügen zu haben, den daselbst lebenden Bruder seines Vaters, Franz Schunn, zu sprechen. Hier ward ihm wegen seiner vorzüglichen Gaben für die Kanzel, die Feldpredigerstelle bei dem königlich preußischen Regimente Horn angetragen; allein die Liebe zu seinem Vaterlande bewog ihn sie nicht anzunehmen. Im Jahre 1748 kam er glücklich zu Hermannstadt an. Seine bekannten Talente erwarben ihm eine außerordentliche Beförderung, indem er das folgende Jahr das Schulkonrektorat erhielt und den 12. September 1750 das Rektorat. Diesen Dienst verwaltete er bei sehr schwächlicher Leibesbeschaffenheit mit großem Ruhme und unermüdeter Treue. Insonderheit hat das Gymnasium seinen blühenden Zustand seiner Fürsorge zu danken. 1756 wurden die vielen Ferien eingeschränkt, die Lehrer erhielten höhere Besoldungen, aber auch mehrere Arbeit, indem nunmehr die meisten Theile der höhern Wissenschaften gelesen werden sollten. Zugleich wurde weislich verordnet: die Lehrer sollten nicht bei jeder Beförderung ihre Stunden umändern, noch die Klassen der Ordnung nach, von der untersten an, durchgehen; sondern in dem Fache dienen, dazu sie die nöthigen Fähigkeiten hätten. Denn so war der alte Gebrauch. Bei jeder Beförderung verloren die Lehrlinge ihren Lehrer; und geschahen nun viele, so hatten sie oft drei bis vier verschiedene Leher in einem Jahre. Wie konnten die Folgen anders, als traurig sein? Indem die Lehrer alle Klassen durchgehen mußten, so kamen sie oft in solche, darinnen sie selbst nur mittelmäßige Schüler waren. Welcher Nutzen war von ihnen für die Jugend zu erwarten?

Nach sieben Jahren 1758 den 4. Februar wurde Schunn zum Archidiakonus, oder Stadtprediger erwählt. Eine Beförderung, dem Rang, aber nicht der Besoldung nach. Doch, er blieb es nicht lange. Denn, den 8. November des folgenden Jahres erhielt er den Beruf zur Stadtpfarre nach Mediasch. Er nahm sie an, aber die Vorsehung hatte ihn für eine größere Gemeine bestimmt. 1762 starb der verehrungswürdige Stadtpfarrer zu Hermannstadt, Christian Roth, da denn Schunn den

12. Mai zu dessen Nachfolger erwählet wurde. Bald hierauf erhielt er das Synbikat, und 1765 das Dekanat des Hermannstädter Kapitels. Allein wie nahe war ihm die Grenze seines würdigen Lebens! An dem Neujahrsfeste 1766, einem Tage von außerordentlicher Kälte, predigte er, und dieses wider alle Vorstellungen der Aerzte, da ihn kaum die Schmerzen seines gewöhnlichen Podagra verlassen hatten. Dabei erkältete er sich so sehr, daß er in ein tödtliches Entzündungsfieber verfiel, welches seinem Leben den 7. Januar in einem Alter von 43 Jahren 2 Monaten und 23 Tagen ein Ende machte. So wurde Schunn selbst ein Opfer seines schweren Grundsatzes: Man müsse seinem Amte auch auf Unkosten seines Lebens treu sein. Die Menge seiner öffentlichen Geschäfte und die Heftigkeit seines Podagra ließen ihm keine Zeit für die Presse zu arbeiten. Doch haben wir von ihm:

1. Das Lob Franz I., weil. römischen Kaisers. Hermannstadt, 1765 in Fol. s. Felmer.
2. Der hohe Werth müder Arbeiter in den Augen Gottes, eine Trauerrede bei Beerdigung des Hochwohlgebornen Herrn Petrus Binder v. Sachsenfels Ihro röm. kais. zu Hungarn und Böhelm königl. Majestät Raths, der königl. freien Hauptstadt Hermannstadt und Einer Löbl. sächsischen Nation vieljährig hochverdienten Provinzial-Bürgermeisters,¹) gehalten den 24. Oktober 1765 ꝛc. Hermannstadt, gedruckt bei Sam. Sárdi 1765 in Fol. 16 S.
3. Vollständig vermehrtes Hermannstädtisches Gesangbuch, darinnen 688 auserlesene alte und neuere Lieder gesammelt und nach den Abtheilungen des geoffenbarten Lehrgriffs in Ordnung gebracht worden, nebst einem auf ähnliche Art eingerichteten Gebetbuch. Hermannstadt, in der Stadtbuchdruckerei, verlegts Samuel Scharbi 1766, gr. 8-o. mit grobem Druck; in längl. 12-o.; 1770 in 8-o. mit Bartischen Lettern 1776.²)

801v. Schunn Jakob,

Superintendent der sächsischen Kirchen und Pfarrer zu Birthälm, geb. zu Hermannstadt 1691 den 27. August. Von der dasigen Schule begab

---

¹) Dieser verdienstvolle Mann starb den 21. Oktober im 67. Jahre seines Alters am Rothlaufe. Er war den 13. Februar 1695 geboren.
²) Schunn starb ehe dasselbe ganz abgedruckt war, sein Nachfolger im Amte, Martin Felmer, begleitete es also mit einer Vorrede und fügte eine Sammlung auserlesener Gebete bei unter der Aufschrift: Kurze Anleitung zum Gespräche des Herzens mit Gott.

er sich den 31. März 1710 nach Halle auf das k. Pädagogium, woselbst er, nebst dem Georg Fabrizius von Hermannsfeld, als die ersten siebenbürger Sachsen lebten. In seinem Vaterlande verflossen einige Jahre, bis er Dienste bei der Schule erhielt. Die Zukunft aber war glücklicher für ihn. Er wurde Archidiakonus[1]) und als solcher bekam er 1729 im Juli den Beruf zur Neudorfer Pfarre. Diese verwechselte er mit Heltau den 10. Februar 1732, woselbst er mit großem Ruhme und solcher Zufriedenheit lebte, daß er 1737 den Beruf nach Mediasch zur Stadtpfarrerswürde ausschlug. Allein 1741 ward er zum Pfarrer in Birthälm und den 10. Februar zum Superintendenten erwählt. Vorher war er Syndikus des Hermannstädtischen Kapitels. Seine Amtsführung ist insonderheit durch eine außerordentliche Begebenheit des 1747. Jahres denkwürdig. Wider alle Vermuthung sah er sich nebst dem Stadtpfarrer zu Mediasch, Georg Jeremias Haner, in der Gefahr eines blutigen Todes. Ich mag die schändliche Rolle, die Bogeslaus Ignatius v. Makowsky, wie er sich manchmal nannte, damals in Siebenbürgen spielte, nicht ganz aufdecken. Ich merke nur an, daß ihn dieser bei dem königl. Regierungsrathe beschuldigte: er habe ihn erkauft nach Konstantinopel zu gehen, um Siebenbürgen der Pforte zu verhandeln, zu welchem Zwecke ihm Schunn verschiedene geheime Briefschaften mitgegeben. — Die Sache erregte großes Aufsehen. Schunn und Haner sollten die Köpfe verlieren. Allein bei genauer Untersuchung ward die Unschuld dieser verdienten Männer so licht, als die Niederträchtigkeit und Bosheit des Makowsky, der weder die Handschrift noch das Siegel des Superintendenten glücklich nachgeahmt und seine meisten Wohlthäter in Siebenbürgen schändlich bestohlen hatte. Also endigte sich dieser viel drohende Auftritt zu ihrer Ehre, und sie erhielten Freiheit, Genugthuung zu fordern. Allein, zufrieden mit dem Triumphe ihrer Unschuld, verlangten sie edelmüthig gar keine.[2])

Schunn starb den 10. Juli 1759 im 58. Jahre seines Alters und hinterließ den folgenden Superintendenten eine anständige Wohnung, dem Vaterlande aber vier würdige Söhne.[3]) Wir haben von ihm einige Trauerreden:

---

[1]) Gemeiniglich wird derselbe Publicus oder Stadtprediger genannt.
[2]) Vgl. Denkbl. I. 220, II. 61   Tr.
[3]) Schunns dritter Sohn Johann, mit welchem die männliche Nachkommenschaft Jakob Schunns erlosch, starb als Senator in Hermannstadt am 1. Dez. 1779 und hinterließ der Hermannstädter Gymnasialbibliothek eine schöne Sammlung von römischen und vaterländischen Münzen (s. Numophylacii Gymnasii Cibin. A. C. add. Descriptio Jos. Ettinger pag. 6 etc. Denkl. I. 278) und die Fortsetzungen

1. Das unzulängliche Urtheil unsrer Vernunft, über das Verhalten Gottes mit den Menschenkindern, über Sap. IX. 13—19 bei dem sel. Ableben der — Fr. Maria Elisabetha Vettin, gebornen Teutschin, 1727 den 10. Oktober. Hermannstadt, druckts Joh. Barth. in Fol.
2. Der Bitterbrunnen des Kreuzes, daraus das geistliche Israel, die Kinder Gottes getränket werden, über Genes. XV. 22—25, bei dem Tode der Fr. Susanna Margaretha Reißner v. Reißenfels, gebornen Teutschin, 1728 den 31. August. Ebendas. in Fol.
3. Lob- und Trauergedächtniß des Kaisers Karl VI. über 2. Chron. XXXV. 24, 25, den 5. Dezember 1740. Ebendas. in Fol. Zugleich sind mit beigedruckt:

   a) Oratio Fun. Carolus, hoc est: Sol carus, in ortu meridie, et occasu delineatus, a Joanne Ziegler, Past. Schellenbergensi.
   b) Lob- und Trauerrede von M. Johann Bruckner, Gymn. Conrekt.
   c) Epicedium, versibus heroicis, a Christiano Zieglero, Gymn. Rectore.
   d) Kantate von Johann Sartorius, Kantor Cibin.
   e) Ode funebralis, a Georgio Fodor, Cymn. Cibin. Lectore. IV.
4. Das aufgerichtete Panier des Israels Gottes, über ihren Lustgräbern, bei dem Grabe des Tit. Herrn Simon Edlen v. Baußnern, Ihro k. k. Maj. wirklichen geheimen Gubernialrath Comes Nat. Saxon. und Judex regius Cibin. über 2. Tim. I. 10. 1742. Ebendas. in Fol.¹)

Schunn Jakob,

LVIV. der Arzneikunst Doktor. Er war der älteste Sohn des Vorhergehenden und weihte sich der Arzneikunst, um deren Willen er sich 1742 nach Halle begab; allein, die Pflicht eines treuen Unterthans zu erfüllen, verließ er im Jahre 1745 diese hohe Schule und nahm seine Zuflucht nach Jena. Hier erwarb er sich im Felde seiner Wissenschaften die höchste Würde den 28. September 1746. In seinem Vaterlande lebte und heirathete er zu Hermannstadt, wurde aber frühzeitig ein Wittwer, worauf er den Beruf

---

anderer Hermannstädter Arbeiten sammt numismatischen und historischen Schriften. (Ung. Magazin I. 73). Zwei Foliobände seiner geschichtlichen Collectaneen sind mit der Handschriften-Sammlung J. K. Ebers, welcher Johann Schunn einen Mann von gereiftem Urtheil nennt, an das Pester ung. National-Museum gelangt. (J. Ebers Katalog in Handschrift Nr. 73. und 74.) Tr.

¹) Diese Rede hat Schunn als Superintendent, die vorletzte aber als Hellauer Pfarrer zu Hermannstadt gehalten.

zum Stadtphysikus nach Mediasch annahm, wo er den 30. Juni 1761 am Blutsturz starb.

Diss. inaugur. Medica, de morborum per morbos curatione, praeside Georg. Erbardo Hambergero, pro gradu Doctoris, d. 28. September 1746. Jenae in 4-o.[1])

Tr. **Schuster Friedrich,**

Sohn des Rothberger Pfarrers Johann Peter Schuster († 1829) geb. in Rothberg am 4. Mai 1817, studirte am Gymnasium zu Hermannstadt und an der Universität zu Berlin 1836—1838. Nach seiner Rückkehr leistete er Dienste als Lehrer in den unteren Klassen des Hermannstädter evang. Gymnasiums, und zuletzt an der Realschule daselbst, bis er am 28. November 1854 an die Stelle Karl Herberts zum Pfarrer in Holzmengen, Leschkircher Kapitels, berufen wurde. Es gelang ihm nicht, die Spaltung der Gemeinde, welche unter seinem Vorgänger entstanden war, auszugleichen. Selbst die Bemühungen des Superintendenten und des Oberkonsistoriums führten nicht zum Ziele. Daher kam es, daß im August 1856 beiläufig dreizehn Gemeinde-Familienhäupter, theils mit, theils ohne ihre Familien, zur katholischen Religion übergingen, welchen der katholische Bischof Haynald, nachdem er sie in Holzmengen feierlich in die katholische Kirchengemeinde aufgenommen hatte, den Jesuiten-Prinz, und nach etlichen Monaten den Hermannstädter Kaplan Weber zum Seelsorger verordnete. Im April 1857 erhielt die konvertirte Gemeinde ein Geschenk pr. 2000 fl. C.-M. von der verw. Kaiserin Karoline Auguste und 1000 fl. C.-M. vom König Ferdinand V. zum Errichtung einer katholischen Kirche und Plebanie.

Schuster wurde im Jahre 1865 zum Pfarrer in Burgberg erwählt.

Das Wechselrecht, die Handelswissenschaft und die Theorie der Buchhaltung. Hermannstadt, gedruckt bei Joseph Drotleff 8-o. o. J. (1854) VI. b. i. Titel und Inhaltsverzeichniß; dann folgt das Wechselrecht 64 S. Die Handelswissenschaft 31 S. Die Theorie der Buchhaltung 56 S.

---

[1]) Ihr ist beigefügt: Joh. Adolph Webels: Propempticon Inaugurale de Machina pro dirigendis Tubis, seu Telescopiis, emendata; darin zuletzt von Schunns Lebensgeschichte, besonders der akademischen gehandelt wird.

Tr. **Schuster Friedrich Traugott,**

Sohn des Frauendorfer, früher Marbischer Pfarrers und Schelker Kapitels-Dechanten Traugott Schuster, geboren in Marbisch am 10. August 1824, studirte in Mediasch unter dem Rektorate Steph. Ludwig Roth's und Friedr. Brecht's, begab sich nach abgelegter Maturitätsprüfung im Jahre 1842 an die Universitäten in Leipzig, Berlin (1843) und Tübingen (1845) und gab nach seiner Heimkehr vom Jahre 1845 herwärts am Mediascher Gymnasium öffentlichen Unterricht in der lateinischen, griechischen und deutschen Sprache. Im Jahre 1859 zum Stadtprediger in Mediasch berufen, bekleidete er dieses Amt bis zu seiner Berufung zum Mediascher Konrektorat im November 1869, welch' letzteres Amt er seither verwaltet.

1. Das deutsche Kirchenlied in Siebenbürgen. Eine Abhandlung in dem Programm des Mediascher evang. Gymnasiums 1856/7 S. 3 bis 70. (S. Denkbl. I. 169 Nr. 4.)
2. Das deutsche Kirchenlied in Siebenbürgen. Fortsetzung. In dem Programm des Mediascher evang. Gymnasiums 1857/8 S. 3—45. (Ebendas. Nr. 5.)
3. Vierter Jahresbericht des evang. Hauptvereins der Gustav-Adolph-Stiftung für Siebenbürgen vom Jahre 1864/5. Im Auftrage des Hauptvorstandes zusammengestellt von Fr. Traugott Schuster, erster Stadtprediger zu Mediasch. Hermannstadt, Buchdruckerei S. Filtsch 1865. 8-o. 40 S.

Tr. **Schuster Friedrich Wilhelm,**

geboren in Mühlbach am 2. Februar 1824, studirte am Hermannstädter Gymnasium, und vom 6. Juni 1844 an zwei Jahre hindurch an der Universität zu Leipzig. Während der Belagerung von Karlsburg im Jahr 1849 als Mühlbacher Nationalgardist daselbst Dienste leistend, erhielt er nachher für seine dortige Thätigkeit die goldene Verdienstmedaille. Er war Rektor des Mühlbächer Unter-Gymnasiums vom Jahre 1855 bis 1869 und wurde am 25. Oktober 1869 zum Pfarrer A. B. in Broos gewählt.

1. Programm des evang. Unter-Gymnasiums in Mühlbach und der damit verbundenen Lehranstalten zum Schluße des Schuljahres 1855/6 veröffentlicht vom Direktor F. W. Schuster. Hermannstadt, Buchdruckerei von Joseph Drotleff 1856. 4-o. 55 S.

(Inhalt: 1) Woden, ein Beitrag zur deutschen Mythologie vom Herausgeber. S. 3—46. — 2) Schulnachrichten S. 47—55.) S. die Anzeige im Kronstädter Satelliten vom 18. Aug. 1856 Nr. 31. ꝛc. von Wolfgang Wenzel in Franz Pfeiffers Germania Jahrgang II. S. 119 f. l. Transilvania 1858 Nr. 15.

2. Programm ebendesselben Unter-Gymnasiums 1856/7 veröffentlicht vom Direktor F. W. Schuster. Kronstadt 1857. Druck und Verlag von Johann Gött. 4-o. 66 S.

(Inhalt: 1) Geschichte des Mühlbacher Unter-Gymnasiums A. B. von David Krasser S. 1—58. — 2) Schulnachrichten vom Direktor S. 59—66.)

3. Programm ebendesselben Untergymnasiums 1857/8 veröffentlicht vom Direktor F. W. Schuster. Inhalt: 1) Aufgaben der germanistischen Studien in Siebenbürgen vom Direktor (S. 3—18). 2) Schulnachrichten vom Direktor (S. 19—27). Hermannstadt, Buchdruckerei von Joseph Drotleff 1858. 4-o. 27 S.

4. Programm ebendesselben Unter-Gymnasiums 1859/60 veröffentlicht vom Direktor F. W. Schuster. Inhalt: 1) Ueber die Bestimmung der Temperaturverhältnisse eines Ortes aus wenigen Beobachtungen am Tage vom Professor Moriz Guist (S. 3—42). 2) Schulnachrichten vom Direktor (S 43—51). Hermannstadt, Buchdruckerei von Joseph Drotleff 1860. 4-o. 51 S.

5. Programm ebendesselben Unter-Gymnasiums 1860/1 veröffentlicht vom Direktor F. W. Schuster. Inhalt: 1) Meteorologische Beobachtungen zu Mühlbach aus dem Jahre 1858/9 und 1859/60 vom Professor Moriz Guist (S. 3—52). 2) Schulnachrichten vom Direktor (S. 53—59). Hermannstadt, Buchdruckerei von Joseph Drotleff 1861. 4-o. 59 S.

6. Programm ebendesselben Unter-Gymnasiums 1861/2 veröffentlicht vom Direktor F. W. Schuster. Inhalt: 1) Ueber das walachische Volkslied mit einer Auswahl erläuternder Beispiele vom Direktor, S. 3—28. — 2) Schulnachrichten vom Direktor S. 29—39. Hermannstadt, Buchdruckerei des Joseph Drotleff 1862. 4-o. 39 S.

7. Programm ebendesselben Unter-Gymnasiums 1862/3 veröffentlicht vom Direktor F. W. Schuster. Inhalt: 1) Ueber den in einigen Ortschaften des Sachsenlandes bei Hochzeiten üblichen „Nösseltanz." Abhandlung vom Direktor. 2) Schulnachrichten vom Direktor. Hermannstadt, Buchdruckerei des Joseph Drotleff 1863. 4-o. 32 S.

8. Programm ebenbesselben Unter-Gymnasiums 1863/4 veröffentlicht vom Direktor F. W. Schuster. Inhalt: 1) Zwei Schulreden vom Direktor (gehalten bei Beginn der Prüfungen 1861/2 und 1862/3 betreff des Baues eines geräumigeren Schulgebäudes) S. 3—16. — 2) Schulnachrichten vom Direktor (S. 17—32). Hermannstadt, Buchdruckerei des Joseph Drotleff 1864. 4-o. 32 S.

9. Programm ebenbesselben Unter-Gymnasiums 1864/5 veröffentlicht vom Direktor F. W. Schuster. Inhalt: 1) Geographische und naturhistorische Verhältnisse Mühlbachs und seiner Umgebung vom Gymnasiallehrer Arz S. 3—21. — 2) Schulnachrichten vom Direktor S. 25—37. Hermannstadt, Buchdruckerei des Joseph Drotleff 1865. Kl. 4-o. 37 S.

10. Programm ebenbesselben Unter-Gymnasiums 1865/6 veröffentlicht vom Direktor F. W. Schuster. Inhalt: 1) Geographische und naturhistorische Verhältnisse Mühlbachs und seiner Umgebung (Fortsetzung). Die orhktognostischen Verhältnisse vom Gymnasiallehrer Gustav Arz S. 3—40. — 2) Schulnachrichten vom Direktor S. 41—57. Hermannstadt, Buchdruckerei des Joseph Drotleff 1866. Kl. 4-o. 57 S.

11. Programm ebenbesselben Unter-Gymnasiums 1866/7 veröffentlicht vom Direktor F. W. Schuster. Inhalt: 1) Ueber alte Begräbnißstätten bei Mühlbach vom Direktor S. 1—16. — 2) Schulnachrichten vom Direktor S. 19—33. Hermannstadt, Buchdruckerei des Joseph Drotleff 1867. 4-o. 33 S.

12. Programm ebenbesselben Unter-Gymnasiums 1867/8 veröffentlicht vom Direktor F. W. Schuster. Inhalt: 1) Die Erbgrafen des Unterwaldes vom Gymnasiallehrer Ferdinand Baumann (S. 3 bis 33 nebst einer Geschlechtstafel der Grafen von Kelling). — 2) Schulnachrichten vom Direktor (S. 37—51). Hermannstadt, Buchdruckerei des Joseph Drotleff 1868. Kl. 4-o. 51 S.

13. Programm ebenbesselben Unter-Gymnasiums c. 1868/9 veröffentlicht vom Direktor F. W. Schuster. Inhalt: 1) Zur Kritik des Märchens vom Königssohn und der Teufelstochter (Nr. 26 der Haltrich'schen Sammlung) S. 3—11. — 2) Meteorologische Beobachtungen zu Mühlbach aus dem Jahre 1868 vom Konrektor Gustav Arz S. 12 bis 26. — 2) Schulnachrichten vom Direktor S. 27—42. Ebendaselbst 1869. Kl. 4-o. 42 S.

14. Gedichte von F. W. Schuster. Schäßburg, Verlag von C. I. Habersang 1858. 12-o. XII. 212 S. Auf der Rückseite des Umschlags steht: „Druck von C. E. Elbert. Leipzig."
15. Siebenbürgisch-sächsische Volkslieder, Sprichwörter, Räthsel, Zauberformeln und Kinderdichtungen. Mit Anmerkungen und Abhandlungen herausgegeben von F. W. Schuster. Mit Unterstützung des Vereins für siebenbürgische Landeskunde herausgegeben. Hermannstadt, Verlag von Theodor Steinhaußen. 1865. 8-o. Vorrede S. VII.—XI. Inhalt S. XIII—XXIV. Text 556 S. (Auf der letzten Seite des Umschlags steht: „Druck der k. k. Hofbuchdruckerei von Gottlieb Haase Söhne in Prag.")
16. Deutsche Mythen aus siebenbürgisch-sächsischen Quellen. Archiv des Vereines für siebenbürgische Landeskunde. N. F. IX. Bd. 230 bis 335 und 401—497. X. Bd. 65—155.

Tr. **Schuster Jakob,**
geboren in Mediasch 27. Dezember 1725, studirte an der Universität zu Halle 1746 :c. und wurde zum Doktor der Medizin promovirt 1748 worauf er auch die Universität Tübingen besuchte. Er ist in der Folge als Physikus in Hermannstadt gestorben.
Dissertatio inaug. med. de praecipuis adjumentis et impedimentis felicis morborum curationis. Praes. Büchner. Halae 1748. 4-o.

Tr. **Schuster Johann,**
der jüngere Sohn des Romoßer Pfarrers gleichen Namens, geboren in Hermannstadt 1798, studirte am hasigen Gymnasium und an der Universität in Wien und kehrte 1823 als Doktor der Medizin in seine Vaterstadt zurück, wo er sofort die Stelle als Stadt- und Stuhls-Physikus bis zum Jahre 1854 bekleidete. Er entsagte diesem Beruf und begab sich nach Wien, kehrte aber 1857 in sein Vaterland zurück, um bei seinem als Bezirksbeamten zu Szitáskereßtur angestellten Sohne zu privatisiren. Langeweile und die Besorgniß zu erblinden, erweckten in ihm Lebensüberdruß, und endlich den Entschluß, seinem Leber in der Kockel bei Szitáskereßtur ein Ende zu machen, welchen er denn auch am 30. November 1857 ausführte.
Diss. inaug. medica de Vomitu, quam pro Med. Dris Laurea obtinenda in Univ. Vindobonensi publicae disquisitioni submisit J. S. Tranno Cibin. D. m. Junii 1823. Vindobonae, excud. J. P. Sollinger 1823. 8-o. 29 S.

Tr. **Schuster Johann Adolph,**

Sohn des Rothberger Pfarrers Johann Peter Schuster, diente als Konrektor am Gymnasium zu Hermannstadt, wurde zum Pfarrer in Rothberg erwählt im September 1838 und starb daselbst im August 1849.

Diss. de Enunciationum vi et natura, earumque inter se copulandarum ratione, perpetuo latinae orationis respectu habito. Cibinii 1834. 8-o. 54 S.

Tr. **Schuster Joh. Peter,**

geboren in Hermannstadt 27. April 1775, studirte an der Universität in Jena 1798 2c., wurde nebst dem Georg Gottlieb Auner aus Mediasch Mitglied der lateinischen Gesellschaft zu Jena 1800, ferner Konrektor am Hermannstädter Gymnasium, dann Prediger in Hermannstadt 1807, sofort aber Pfarrer in Rothberg 1810 21. Jan. und starb 1829 21. Febr.

1. De collisionibus officiorum explodendis. Cibinii Hochmeister 1803. 8-o. 24 S.
2. Am Sarge des Wohlgebornen Fräuleins Justina Charlotte v. Huttern (gehaltene Gebete und Standrede). Hermanstadt den 3. März 1808. 8-o. 8 S.

Tr. **Schuster Johann Traugott,**

geboren in Mediasch am 18. März 1810, studirte am Gymnasium seiner Vaterstadt, praktizirte im Jahre 1833 bei der k. Gerichtstafel in Maros-Vásárhely, absolvirte dann in den Jahren 1833—1836 den theologischen Lehrkursus an der protestantisch-theologischen Lehranstalt in Wien und besuchte die Vorlesungen über Geschichte der Philosophie, sowie französische und italienische Sprache an der Wiener Universität und über Erziehung und Unterricht zu St. Anna ebendaselbst während dem darauf folgenden einjährigen Kursus. Nach seiner Rückkehr nach Mediasch diente er sechszehn Jahre hindurch als Lehrer am dasigen Gymnasium, als welcher er zugleich öffentlichen Unterricht in der ungarischen Sprache ertheilte. Er ist seit 1. Januar 1841 Mitglied der königl. Gelehrten-Gesellschaft für nordische Alterthümer in Kopenhagen, und hat außer mehreren Aufsätzen in verschiedenen Zeitschriften durch den Druck veröffentlicht:

1. Handwörterbuch der ungarisch-deutschen und deutsch-ungarischen Sprache in zwei Bänden. (Im Verein mit A. F. Richter.) Wien bei Michael Lechner 1836. 8-o. (60 Bogen.)

2. Der Galanthomme, oder Anweisung in Gesellschaft sich beliebt zu machen und die Gunst der Damen zu erwerben. Ein sehr nützliches Handbuch für Herren jeden Standes. Queblinburg und Leipzig. Verlag der Ernst'schen Buchhandlung 1837 328 S. mit einer Vorrede und 6 Tabellen. Zweite verbesserte Auflage ebendaselbst 1839, 271 S. Dritte verbesserte Auflage ebendaselbst 1841, 270 S. und wieder 1841, 244 S. Die vierte verbesserte Auflage unter dem Titel: „Der Galanthomme oder der Gesellschafter wie er sein soll. Ebendaselbst 1843, 244 S. Als „ein vollständiges Unterhaltungs= und Bildungsbuch für junge Herren jeden Standes" wieder gedruckt 1845, 236 S. Fünfte verbesserte Auflage 1849, 248 S. Sechste Auflage 1850, 232 S. — Völlig umgearbeitete und stark vermehrte Ausgabe 1850, 262 S. — Wieder 1852, 260 S. — Siebente Auflage 1852, 243 S. — Achte völlig umgearbeitete Auflage 1855, 252 S. — Neunte Auflage 1856 unter dem Titel: „Der Galanthomme oder der Mann von Welt, eine Anweisung sich durch seine Lebensart und wahre Höflichkeit in hohen gesellschaftlichen Zirkeln überhaupt geachtet und geschätzt, und insbesondere in denen der Damen beliebt zu machen und die Gunst dieses schönen Geschlechtes zu erwerben." Das Büchlein ist auch seither wiederholt aufgelegt worden.

3. Uj Magyar Német Szótár, melly a törvényszég, tudomány, közmütan, müvészség, társalkodás és költészet ujonnan alkotott, felélesztett vagy is idomitott szavait magában foglalja. Toldalékak: 1) A katonai hadi müszavak s kifejezések előadása. 2) A közönségesebben előfordulo perek lajstroma. 3) A vérség nevezetei, s a t. Az eddigi Szó-könyvek helyesitéséül s potlékául hason értelmü magyar és német kitételekkel megfejtettve, szerkeztette J. T. Schuster. Bécsben 1838. Schmidt Mihály özvégye és Klang Ign. tulajdona. Auch mit dem deutschen Titel:

Neues ungarisch=deutsches Wörterbuch aller neugeformten, wiedergründenden oder umgestalteten Wörter aus dem Gebiete des Gesetzes, der Wissenschaften, der Technologie, der Kunst, Poesie und der Umgangssprache. Zusätze: 1) Allgemeine militärische Kriegskunstwörter und Kunstausdrücke. 2) Liste der am gebräuchlichsten Prozesse. 3) Die Blutverwandtschaftsnamen u. s. w. Ein zu allen bisher erschienenen Wörterbüchern der ungarischen Sprache vervollständigender Anhang mit ungarischer und deutscher Worterklärung bearbeitet von J. T. Schuster, der Theologie und ungarischen Sprache und Literatur

Professor. Wien 1838. Im Verlage bei Mich. Schmidts sel. Wittwe und Ign. Klang. 8-o. X. 167 S. (1 fl. C.-M.)

Dem Hofagenten bei der siebenbürgischen Hofkanzlei Franz Konrad zugeeignet.

4. A Magyar_ursi oder die Kunst in 40 Stunden gut ungarisch lesen, verstehen, sprechen und schreiben zu lernen. Nebst einer Sammlung von Hauptwörtern und deren Leidendungen, von Bei- und Zeit-Wörtern zur Uebung des Gedächtnisses, mit Gesprächen, Fabeln u. s. w. Kl. breit 8-o. Wien bei Mich. Schmidts sel. Wittwe und Ign. Klang 1838, 218 S.

5. Delphisches Orakel, das auf 95 verschiedene Fragen die richtigen Antworten ertheilt, wenn nämlich der Jüngling seine künftige Laufbahn, die Jungfrau ihren künftigen Stand, und so ein Jeder sein Glück im Voraus wissen will. Quedlinburg und Leipzig bei Ernst. 1846. 8-o. 136 S. — Zweite Auflage. Ebendas. 1847, 126 S.

6. Cartea Visuriloru si al Somnului spre Romani pentru petrecere. Hermannstadt bei Georg v. Closius 1855.

7. Des Szeklers reine Sprache. Ein theoretisch-praktisches Lehrbuch für Deutsche zur gründlichen Erlernung der modernen ungarischen Schrift- und Umgangssprache. Nach einer neuen Methode bearbeitet von Dr. Johann Traugott Schuster, Professor in Mediasch und der königl. Gelehrten-Gesellschaft für nordische Alterthumskunde in Kopenhagen ordentliches Mitglied. Erster Kursus. Pest, Verlag von Wilhelm Lauffer 1866. 12-o. Vorwort und Inhalt XII. S. Text 202 S. Ungarisch-deutsches Wörter-Verzeichniß LIV. S.

Der zweite und dritte Kursus noch nicht erschienen.

Tr. **Schuster Julius,**

geboren in Hermannstadt am 23. Januar 1841 faßte nach absolvirten Unter-Gymnasial- und Realschulen besondere Vorliebe für die Feldwirthschaft, die er zu Salzburg (Vizakna) und Örménybéles praktisch zu erlernen begann, und in welcher er sich sofort vom Jahre 1858 bis 1860 an der höheren landwirthschaftlichen Lehranstalt in Tetschen-Liebwerd an der Elbe mit Auszeichnung weiter ausbildete. Nebstbei lernte er die landwirthschaftlichen Industrie-Anstalten Böhmens, Sachsens und Baierns kennen und kehrte, mit vielen noch weiter in der fürstlich Czerninischen Zuckerfabrik zu Schönhof und auf dem Pachthofe Mohr bei Poterham gesammelten Erfahrungen bereichert, im Herbst 1861 in die Heimat zurück. Hier wurde er im August 1862 als Rentmeister der Fiskalherrschaft Krakko und im September 1865 bei dem königl. Steueramte in Hermannstadt angestellt und zum Sekretär des Hermannstädter Landwirthschaftsvereins gewählt, endlich aber in dieser Eigenschaft mit dem Besuch der Pariser Weltausstellung im Jahre 1867 betraut, über welche er im darauf folgenden Jahre seinen Sendern folgenden Bericht erstattete:

Bericht über die Pariser Weltausstellung im Jahre 1868. Erstattet von J. Schuster. Hermannstadt, Buchdruckerei des Joseph Drotleff 1868. 8-o. 59 S.

Tr. **Schuster Martin,**

geboren in Schönbirk (Szépnyir) im Bistritzer Distrikt am 21. Sept. 1773. Sein Vater gleichen Namens lebte daselbst als ein wohlhabender Landwirth. Er legte den Grund seiner Bildung am Bistritzer evangelischen Gymnasium, studirte sofort drei Jahre hindurch zu Eperies und im Jahre 1798 ꝛc. an der Universität in Tübingen. Von da wurde er den 20. September 1803 zum Stadtkantor nach B.stritz berufen, verwaltete das dasige Rektorat vom Jahre 1806—1809 und legte den Grund zur Hebung dieses Gymnasiums. Zu Anfang November 1809 wurde Schuster zum Pfarrer in Senndorf, und im Jahre 1817 zum Pfarrer in Mettersdorf gewählt, wo er am 22. Januar 1823 starb.

Geographie des Großfürstenthums Siebenbürgen für Kinder. Bistritz, gedruckt bei Johann Filtsch 1813. Kl. 8-o. 72 S.

Eine größere Geographie von Siebenbürgen soll Schuster in Handschrift hinterlassen haben.

Tr. **Schuster Mich. Adolph,**

der zweite Sohn des Mehburger, nachmals Arkeder Pfarrers Martin Schuster[1]), geboren in Mehburg am 21. Dezember 1811, studirte unter seines Vaters und dann unter G. P. Binders Leitung in Schäßburg (bis

---

[1]) Martin Schuster geboren in Schäßburg am 10. Januar 1777, studirte in Schäßburg und vom Mai 1796 weiter am ref. Kollegium zu Klausenburg, weiter vom Jahre 1798—1800 in Tübingen, wurde 1801 Gymnasiallehrer, 1805 aber Rektor in Schäßburg, 1808 Pfarrsubstitut in Mehburg, 1810 Pfarrer in Arkeden, wo er am 4. August 1848 als 9jähriger Kißder Kapitels-Dechant starb. Er war

1831) ferner am ref. Kollegium zu Klausenburg, und 1832 — 1834 an der protestantisch-theologischen Fakultät in Wien, während der zwei folgenden Jahre (bis Juli 1836) an der Universität und dem polytechnischen Institute daselbst. Im Jahre 1836 trat er als Lektor am Schäßburger Gymnasium ein, wurde 1844 Konrektor und 1845 Rektor ebendesselben (bis Ende Juli 1848), dann Pfarrer in Bodendorf, weiter im Juli 1857 Pfarramts-Substitut in Deutsch-Kreutz und nach dem Tode seines Vorgängers Johann Traugott Kraus († 23. Febr. 1863) wirklicher Pfarrer, zugleich seit dem Jahre 1857 Schäßburger Kapitels-Syndikus, endlich seit dem Februar 1866 Bezirks- seit November 1867 auch Kißder Kapitels-Dechant.

Außer vielen Beiträgen, welche Schuster zur Kronstädter Zeitung und ihren Beiblättern, — wie auch zur Schul- und Kirchenzeitung für die evang. Glaubensgenossen in Siebenbürgen Kronstadt 1851 und 1852 (Denkbl. II. 2), — und zu „Viktor Hornyánsky's protestantischen Jahrbüchern für Oesterreich, Pest 1854 — 1858" — lieferte, verdankt man ihm die wesentlichste Förderung und neue Begründung des Kißder Kapitular-Wittwen- und Waisen-Pensions-Institutes sowohl, als auch des Kißd-Koßder Neujahr-Geschenkfondes. Endlich rühren von Mich. Adolph Schuster theils unmittelbar, theils mittelbar her: die seit dem Jahre 1850 regelmäßig in Kronstadt erschienenen Jahresberichte über diese wohlthätigen Anstalten, insbesondere aber auch:

a) Statuten des Kißder Kapitular-Wittwen- und Waisen-Pensions-Institutes. Kronstadt 1850, gedruckt bei Joh. Gött. 8-o. 16 S. und

b) Bericht über die 1867ger General-Versammlung des Kißder Kapitular-Wittwen- und Waisen-Pensions-Institutes. Kronstadt 1867, gedruckt bei Joh. Gött & Sohn Heinrich. 8-o. 47 S.

Ihm verdankt man auch:

1. Lehrbuch der Rechenkunst. Zum Behufe seiner öffentlichen Lehrstunden entworfen von M. A. Schuster, erstem Lektor und öffentlichem Lehrer der Mathematik und Physik am evang. Gymnasium zu Schäßburg. Kronstadt 1842, gedruckt in Johann Götts Buchdruckerei. 8-o. IX. 262 S.

---

ein tüchtiger Mathematiker und Verfasser des Artikels: „Ueber Kozinczy's Schrift „Az Erdélyi Szászok" Beitrag zu einer Würdigung der sächsischen Nation in Siebenbürgen," in den siebenbürgischen Provinzialblättern V. 117—173. Die Uebersetzung in die ungarische Sprache von seinem Freunde, dem Kreis-Ingenieur Joseph Sófalvi, ist in dem Tudományos Gyüjtemény Jahrgang 1821, 6. Heft, S. 102 bis 128 und 7. Heft, S. 120—126 gedruckt.

2. Schematismus der evang. Landeskirche A. C. im Großfürstenthum Siebenbürgen für das Jahr 1856. Auf Grund ämtlicher Erhebungen herausgegeben. Kronstadt 1856. Druck und Verlag von Johann Gött. Kl. 8-o. 136 S.

Der Herausgeber gibt in einem Anhang S. 82—88: „Die Kirche nach ihrer Vertretung und Verwaltung; S. 90—115: Die Kirche nach ihren Gliedern in den Gemeinden (b. i. statistische Uebersicht der Gemeinden nach Seelen-, Schüler- und Lehrerzahl und deren Eintheilung); S. 119—124: Nachwort; S. 125—136: Vorschlag zur Abgrenzung der Kapitel und erleichterten Eintheilung in Bezirke und Kreise mit zwei Tabellen."

3. Statistisches Jahrbuch der evang. Landeskirche A. B. im Großfürstenthum Siebenbürgen. 1. Jahrgang. Herausgegeben vom Landes-Konsistorium. Hermannstadt 1863. Druck von Th. Steinhaußen. Lexikon-Oktav I. 88 S. und eine Tabelle.

Inhalt: Vorwort S. I. und 1) die Bischöfe der evang. Landeskirche A. B. in Siebenbürgen von Dr. G. D. Teutsch S. 1—16. — 2) Statistik. Aus ämtlichen Quellen zusammengestellt von M. A. Schuster, Pfarrer in Deutsch-Kreuz, S. 17—88.

Zweiter Jahrgang. Ebendaselbst 1865. XXIX. 88 S.

Inhalt: Vorwort S. I. und II. Kirchengeschichtliche Aktenstücke aus der neuesten Zeit (zwölf an der Zahl vom Jahre 1850 bis 1861), S. I—XXIX. Statistik aus den ämtlichen Quellen zusammengestellt von Ludwig Reissenberger, Gymnasiallehrer, S. 1—88.

4. Statuta Capituli Kizdensis b. i. übersichtliche Zusammenstellung aller im Kißder Kapitel geltenden besondern Gesetze, Beschlüsse und Rechtsgewohnheiten. Auf Grund der Kapitular-Protokolle, verfaßt von M. A. Schuster, Kißder Kapitular-Syndikus und Pfarrer in Deutsch-Kreuz im Januar des Jahres 1861. Handschrift 158 §§.

5. Predigt und Anrede zur Einweihung des neuerbauten Schulhauses der evang. sächsischen Pfarrgemeinde in Deutsch-Kreuz, gehalten am 20. Oktober 1872 von Mich. Adolph Schuster. Kronstadt, gedruckt bei Joh. Gött & Sohn H. 1873. Mit einer lithogr. Tafel.

Schuster Samuel

Tr.

in Wurmloch, Mediascher Stuhls, wo sein Vater Notär war, am 17. November 1835 geboren, absolvirte das Mediascher Gymnasium im

Jahre 1857, studirte sofort (1857 den 16. Oktober) an der protestantisch-theologischen Fakultät in Wien, und wurde als Lehrer am Mediascher Gymnasium angestellt am 1. September 1860, ist gegenwärtig Pfarrer in Reußdorf, Kockelburger Komitats.

Zur Erinnerung an die Einweihung der neuerbauten evang. Kirche zu Martinsdorf in Siebenbürgen am 22. November 1863 von Samuel Schuster. Wien 1864. Selbstverlag der Kirchengemeinde Martinsdorf. 8-o. 20 S.

Tr. **Schwarz Georg,**

geboren in Kronstadt 1799 im September, studirte daselbst und von 1818 bis 1819 auf der Universität zu Tübingen, ward nach seiner Rückkehr an den Kronstädter evang. Schulen zuerst als Adjunkt, dann 1826 als Collega, und 1829 als Lektor angestellt, 1832 aber zum Blumenauer Filial- und 1835 zum Kronstädter Stadtprediger befördert, weiter am 3. September 1846 zum Pfarrer in Heldsdorf, und den 5. Oktbr. 1856 zum Dechanten des Burzenländer Kapitels gewählt. Er starb in Kronstadt am 7. Juli 1858 nachdem er in den vorhergegangenen Tagen in der Stadt und den Vorstädten eine Kirchen- und Schulenvisitation gehalten hatte.

1. Rede zur Gedächtnißfeier des Joseph Litsken, Wohlthäters der ungarisch-evangelischen Kirche zu Kronstadt, gehalten den 10. Sonntag nach Trinitatis 1839 in der ungarisch-evangelischen Kirche von Georg Schwarz, evang. Stadtprediger zu Kronstadt. Kronstadt, gedruckt in Johann Gött's Buchdruckerei. 8-o. 14 S. Die Vorrede ist unterschrieben den 14. August 1839

Joseph Litsken (oder Litschken) in der Kronstädter Vorstadt Blumenau geboren, starb am 10. Mai 1838 als Kleinuhrmacher in Wien im 79. Lebensjahre und vermachte aus seinem gesammelten beträchtlichen Vermögen der Blumenauer ungarisch-evangelischen Kirche 10,000 fl. in C.-M., wovon er die Interessen zum Besten der Kirche und Schule, mit Ausnahme jährlicher 100 fl. welche dem Pfarrer, und ebensoviel welche dem Schullehrer dieser Kirchengemeinde davon verabfolgt werden sollten, widmete. Auf Verlangen der dankbaren Kirchengemeinde-Vorsteher wurde diese Rede zu Litschkens Gedächtniß gehalten und gedruckt.

2. Skizze zur Geschichte insonderheit Siebenbürgens vom Jahre 1848 bis 1853. Manuskript.

3. Zur Geschichte der evangelischen Gemeinde in Heldsdorf. Manuskript.

Tr. **Schwarz Karl,**

geboren in Hermannstadt am 3. Februar 1817, studirte am dasigen evang. Gymnasium und 1837 ꝛc. an der Berliner Hochschule, wurde in den 50er Jahren Professor am evang. Gymnasium zu Hermannstadt, und den 25. Oktober 1862 zum Pfarrer in Reußen, nachher aber, nachdem er mehrere Jahre lang bis 1855 Sekretär des Vereins für siebenbürgische Landeskunde gewesen war, am 29. Juni 1871 zum Pfarrer in Holzmengen erwählt.

1. Vorstudien zu einer Geschichte des städtischen Gymnasiums A. C. in Hermannstadt. In dem Programm des Gymnasiums A. C. zu Hermannstadt für das Schuljahr 1858/9 S. 3—34. S. den Art. Joseph Schneider.
2. Fortsetzung. In dem Programm ebendesselben Gymnasiums für 1860/1 S. 3—48 und Anhang enthaltend: Statuta Scholae Cibiniensis communi consensu et summo studio data ac rata habita a Rev. Capitulo, Amplissimoquae loci hujus Senatu solenniter promulgata etc. de 3. April 1643 S. 49—61. Dann folgen Schulnachrichten S. 62—79 von Joseph Schneider.
3. Amtshandbuch für die evang. Pfarrer A. B. in Siebenbürgen von K. Schwarz. Hermannstadt 1866. Druck und Verlag von Theodor Steinhaußen. 8-o.

(Enthält S. 3 die Zueignung an den Superintendenten Dr. G. P. Binder, Dechanten Friedr. Phleps und Pfarrer Friedr. Mökesch. — S. 5—9 Vorwort. S. 11—48 1) Geschäftskalender. — Dann 38. S. Formulare und 2) S. 1—135 Normen über Taufe, Konfirmation, Religionswechsel, Ehe, Beerdigung und Schulwesen; — endlich S. I—XIV. Alphabetisches Register.

Tr. **Schwarz Michael,**

geboren im Siebenrichtergute Kreuz, studirte auf dem Gymnasium zu Kronstadt und sodann auf der Universität in Göttingen 1781 ꝛc. Seine natürlichen Fähigkeiten zur Musik unterließ er nicht theoretisch sowohl, als praktisch auszubilden, und war ein vorzüglicher Violin-, Klavier- und Harfenspieler seiner Zeit. Doch hatte er auch in den Wissenschaften, besonders der Theologie sich gute Kenntnisse erworben, wurde daher 1787 als Collega an den Schulen in Kronstadt angestellt, dann, da man den Geschmack für Musik in Kronstadt zu heben wünschte, zum Stadtkantor

und öffentlichen Musiklehrer am Gymnasium, 1796 aber zum Stadt=
prediger ernannt, endlich 1812 zum Oberprediger in St. Bartholomä
befördert, in welcher Eigenschaft er daselbst am 29. Januar 1828 in
einem Alter von 74 Jahren gestorben ist.

Predigt bei der öffentlichen Beerdigung der weiland Hochwohlgebornen
  Frau Martha verwittweten v. Schobeln, geborenen v. Closius, ge=
  halten in der evang. Pfarrkirche in Kronstadt am 26. Nov. 1801.
  Kronstadt. 8-o. 22 S. Vgl Sim. Gebauer.

Tr. **Baron v. Seeberg Martin Wankel,**
wurde im Januar des Jahres 1707 in Hermannstadt geboren. Martin
Wankel, Sohn eines Landmannes von der Insel Schütt, und Vater einer
zahlreichen Familie aus zwei Ehen, welcher im Jahre 1730 als Kaufmann in
Hermannstadt starb, und Agnetha geborene Klockner, verwittwete Sohn waren
seine Eltern.[1]) Entschlossen, sich dem geistlichen Stande zu widmen, bezog
er im Jahre 1725 die Universität in Jena und vertheidigte daselbst schon
in dem darauf folgenden Jahre die untenangeführte Streitschrift. Nach
seiner Rückkehr wählte er den weltlichen Stand und wurde als Konsular=
Protokollist in Hermannstadt angestellt, begab sich in der Folge mit einem
dreimonatlichen Urlaub[2]) nach Wien, und trat daselbst in der Aussicht,
zu einem höheren Amte zu gelangen, zur römisch=katholischen Religion
über, ohne die wiederholten ämtlichen Aufforderungen zur Rückkehr zu be=
folgen. (Transilvania vom Jahre 1847 S. 385.) Inzwischen blieb
seine Stelle bis zum 3. Januar 1742 unbesetzt. Zum Comes=Adjunkten
befördert und im Jahre 1738 zum sächsischen Nationaldeputirten in Wien
ernannt, bewarb sich Seeberg im Jahre 1740 um eine Hofrathsstelle

---

[1]) Der am 19. April 1717 mit dem Prädikate v. Seeberg vom Kaiser
Karl VI. geadelte Martin Wankel hatte nach dem Tode seiner genannten Gattin,
zur Ehe Maria Theil, welche nach seinem Ableben den Heltauer Pfarrer Johann
Ziegler heirathete und im Jahre 1734 starb.

[2]) Ein Gedicht, welches Seeberg auf die am 9. Nov. 1735 stattgefundene
Vermählung des Dr. Jak. Hutter mit Johanna Regina v. Rosenfeld bei Barth in
Hermannstadt drucken ließ, veranlaßte mehrseitigen Anstoß, so daß der Verfasser unter
anderen vom damaligen Stadtpfarrer Leonhard öffentlich für einen Verläumder und
Pasquillanten erklärt und im Januar 1736 vom Magistrat mit zeitlichem Haus=
arrest bestraft wurde. Doch hinderte dies nicht, daß er bald darauf sich mit dem
Comes=Sohne Baußnern in ein Duell einließ, welchem Martin v. Reissenfels und
Christoph v. Seeberg als Sekundanten beiwohnten. Der Magistrat verurtheilte
jeden der zwei Duellanten und Sekundanten zu 25 fl. Strafe ad pias causas, und
ertheilte Seebergen am 13. Juli 1736 auf sein schriftliches Ansuchen einen drei=
monatlichen Urlaub zur Reise nach Wien (S. Bunterlei von J. K. Schuller in
der Hermannstädter Zeitung vom 18. März 1864 Nr. 67).

bei der königl. siebenbürgischen Hofkanzlei. Da jedoch der Hermannstädter Magistrat alles Mögliche anwendete, um dies zu verhindern,¹) so gelang es Seebergen erst nach dem Tode Michael v. Wahyba's, — welcher als Hermannstädter Senator im Jahre 1743 die Stelle erhielt und am 7. März 1748 starb, — durch den Einfluß seines Gönners des k. k. Kabinetssekretärs Baron Koch die angesuchte Stelle am 26. Dez. 1749 zu erhalten, welche er sofort bis zum Ende des Jahres 1760 auch wirklich bekleidete. In diesem Amte ermangelte Seeberg nicht, die Ursachen der Beschwerden, welche die sächsische Nation vor den allerh. Thron brachte, hauptsächlich den Beamten derselben zuzuschreiben und die Nothwendigkeit einer Organisation der sächsischen Allodialkassen-Verwaltung anzudeuten, Die zur Abhilfe geneigte hochherzige Landesfürstin K. K. Maria Theresia glaubte, daß zur Untersuchung und Hebung der Uebelstände die Aussendung eines Regierungskommissars das geeigneteste Mittel sein werde, zu welchem sie mit k. Reskript vom 28. Februar 1753 Seebergen zu ernennen geruhte. Zu diesem Ende erschien Seeberg am 5. Mai 1753 in Hermannstadt, brachte jedoch kaum die mittelst k. Reskript vom 18. Nov. 1753 genehmigten Arbeiten zu Stande, als er in Hermannstadt selbst auf Anstände stieß, zu deren Behebung er sich weitere Weisungen allerh. Orts zu erbitten für nöthig hielt. Dieserwegen verließ er schon gegen Ende des Jahres 1753 Hermannstadt und begab sich nach Wien. Zu Ende Jannar des Jahres 1754 kehrte er nach Hermannstadt zurück und erließ nun im Verein mit den ihm beigegebenen beiden sächsischen Gubernialräthen Mich. v. Rosenfeld und Mich. v. Huttern und anderen Mitkommissären an die sächsischen Kreisbehörden, zu welchen in jeden Stuhl- und Distrikt-Kommissäre aus anderen sächsischen Kreisen ausgeschickt wurden, viele nachher als zweckmäßig bewährte, wenn auch nicht überall ganz ausgeführte, Verordnungen in Bezug auf Justizpflege, öffentliche Verwaltung, Gemeindewirthschaft²) u. s. w. deren Andenken unter dem Namen der **Seeberg'schen Regulation** sich erhalten hat.

---

¹) Dieser Reaktion ist Seebergs in der Folge bethätigte ungünstige Stimmung gegen die sächsischen, besonders die Hermannstädter Beamten zuzuschreiben. (S. Schasers Denkwürdigkeiten des Freiherrn Sam. v. Bruckenthal S. 7.), welche derselbe u. a. durch schriftliche Aufsätze, wie: „Wahre Ursache, warum die siebenbürgisch-sächsische Nation zu Grunde geht, und wie derselben zu steuern und aufzuhelfen wäre?" — Dann „Kurz und einfältige Abschilderung der sächsischen Offizianten in Siebenbürgen diesmaligen Administration ꝛc." hohen und höchsten Orts kund gab.

²) Besonders waren es die Gehalte der sächsischen Kreis- und Kommunalbeamten, welche vom Jahre 1754 — mit Abschaffung früher üblich gewesener Emolumente und Naturalbezüge — auf bestimmte Summen festgesetzt wurden. S. Grund-Verfassung der sächsischen Nation. Offenbach 1792 S. 189.

Da inzwischen der Aufwand, den die Unterhaltung der Kommission erforderte, die Vortheile ihrer ferneren Thätigkeit überwog, so wurde Seeberg im Januar 1756 nach Wien zurückberufen, und überließ dem Gubernialrathe v. Rosenfeld seine Geschäfte, zu deren Fortsetzung am 18. August 1755 ein sogenanntes „Directorium nationale," und darauf mittelst k. Reskript vom 1. Juli 1758 das mit eigener Instruktion versehene „Directorium oeconomicum" unter dem beständigen Vorsitze des sächsischen Nations-Comes aufgestellt wurde.[1]) Bevor nun Seeberg Hermannstadt verließ, veranstaltete er den Bau der vor dem dasigen Elisabeththor noch bestehenden katholischen Kapelle.[2]) Darauf trat er wieder den früheren Dienst als k. Hofrath in Wien an, und wurde am 25. Juli 1760 nicht nur zum Präsidenten der siebenbürgischen Landesbuchhaltung ernannt, sondern auch in ebendemselben Jahre nebst seinen beiden Brüdern Johann Christoph v. Seeberg († als k. k. Oberst am 26. März 1776) und Andr. Gabr. v. Seeberg († als k. k. Hauptmann 2. Februar 1789) in den Freiherrnstand erhoben. Endlich mittelst k. Reskript vom 6. Dezember 1763 in den Ruhestand versetzt, verließ er seine Vaterstadt im Jahre 1764, lebte eine Zeitlang im Araber Komitat, wo er die Ráboher Herrschaft in Pacht hatte, und beschloß darauf sein Leben am 3. April 1766 zu Halmágy, Repser Stuhls, wo er die von den Szepessi'schen Erben am 5. November 1764 für 3000 Rthlr. gekaufte adelige Curia sammt Appertinenzen besaß.[3])

Seebergs erste Gattin, Maria, Tochter des Thalhelmer, dann Neudörfer Pfarrers Johann Friderici, starb kinderlos. Seine zweite Gattin, Barbara Rabits aus Ungarn, welche ihm zwar mehrere Töchter, aber nur einen Sohn gebar, starb als Wittwe in Halmágy am 17. Febr. 1794. Dieser Sohn Baron Martin v. Seeberg diente bei dem k. siebenbürgischen Landesgubernium, dann als Vizegespan des ehemaligen Fogarascher Komitats, darauf als Gubernialsekretär,[4]) war Regalist bei den siebenbürgischen

---

[1]) Eine umständliche Geschichte des Regulationswesens gehört nicht hieher. Andeutungen dazu s. in dem Art. Hochmeister (Denkbl. II.). Einen Auszug aus Herrmanns a. u. n. Kronstadt II. 294—319 findet man in dem Jahrgang 1869 des siebenbürgisch-deutschen Wochenblattes Nr. 16—22 unter dem Titel: „Aus der Zeit vor der Regulation."
[2]) Ung. Magazin II. 285.
[3]) Diese löste Alexander Szepessi am 27. Juli 1791 von den Seeberg'schen Erben mit 4920 Rst. 24 Den. zurück und verkaufte dieselbe dem Kronstädter Stadtrichter Mich. Fronius, von dessen Söhnen der Besitz auf Peter Apath und von diesem auf Alexis Könhei überging. S. Marienb. Geographie von Siebenbürgen II. 290.
[4]) Von seinen Differenzen mit dem Freiherrn Michel v. Bruckenthal s. das siebenbürgische Landtags-Protokoll vom Jahre 1790/1 S. 514, 655, 660.

Landtägen in den Jahren 1790/1 bis 1792 und 1794/5 zugleich Mitglied der (nach Art. 64/1791) systematischen Deputation in Kameral- und Bergsachen und k. Rath und starb kinderlos in Armuth als Abvokat in Hermannstadt am 1. Mai 1811.

Hofrath B. Seeberg hinterließ so viele Schulden, besonders an die sächsische Nationalkassa und die Stadt Hermannstadt, daß nach der über seinen Nachlaß eingeleiteten bis zum Jahre 1808 dauernden Kridalverhandlung nicht nur seine Kinder, sondern auch die Gläubiger unbefriedigt und leer ausgingen.

Während seiner akademischen Laufbahn hatte er die Streitschrift vertheidigt:
Exercitationis academicae Specimen de natura humana morali. Praeside M. Henrico Köhlero, Phil. Mag. ad d. 2. Nov. 1726 Jenae. 4-o. 80 S.

Tr. ## Seibriger Michael,

Goldschmied in Kronstadt, war ein Augenzeuge der Schlacht zwischen Radul Serbáns und Gabr. Báthori's Kriegsvölkern den 9. Juli 1611 am Weidenbachfluß bei Kronstadt, die er nebst anderen Begebenheiten im nachbenannten Tagebuch erzählt.

Sein Tagebuch der Begebenheiten, welche vom 28. Oktober 1599 bis zum Ende des Jahres 1611 in Siebenbürgen hauptsächlich in Kronstadt vorgefallen sind, führt den Titel: Kurze historische Anmerkungen.

Anton Kurz hat dieses Tagebuch mit verschiedenen eigenen Anmerkungen in den „Blättern für Geist, Gemüth und Vaterlandskunde 1843 Nr. 30—34" veröffentlicht, und gibt in der ersten Anmerkung aus dem Goldschmiedszunft-Protokoll von Kronstadt den 15. April 1673 als Seibrigers Todestag an. Vermuthlich hat er jedoch den Verfasser des Tagebuchs mit einem jüngeren Manne gleichen Namens, oder mit des Verfassers Sohne verwechselt.

Tr. ## Seivert Gustav,

geboren in Hermannstadt am 8. Juli 1820, studirte am Gymnasium daselbst, dann an dem k. Lyceum zu Klausenburg und vom Jahre 1843 bis 1845 durch drei Semester an der Hochschule zu Berlin. Nach seiner Heimkehr diente er bei dem Hermannstädter Magistrat bis zu seiner Erwählung zum Senator, sofort aber bei dem k. k. Handelsministerium in

Wien, worauf er seine Anstellung bei der Grund = Entlastungs = Landes-
kommission zu Hermannstadt erhielt. Er diente seit dem Jahre 1859
als k. k. Kreiskommissär bei dem Kreisamte und vom 1. Sept. 1872 zugleich als städtischer Archivar (für den historischen Theil des Archivs) in
Hermannstadt, seit 1861 wieder als Senator daselbst.

Vom 3. August 1865 bis August 1869 war Seivert auch Vorstands-Stellvertreter bei dem Verein für siebenbürgische Landeskunde.

1. Die Stadt Hermannstadt. Eine historische Skizze von G. Seivert.
   Festgabe zur Erinnerung an die Generalversammlung des Vereins
   für siebenbürgische Landeskunde in Hermannstadt am 24. Aug. 1859.
   Mit einem Plan und einer Ansicht Hermannstadts aus dem 17. Jahrhundert. Hermannstadt 1859. Druck und Verlag von Theodor
   Steinhaußen. 8-o. 101 S.
2. Umrisse zur Geschichte der Hermannstädter Kaufmannsgilde als Anhang zum Sitzungsprotokolle der k. k. priv. Handlungs-Sozietät am
   22. April 1860. Hermannstadt, gedruckt bei S. Filtsch 1860.
   8-o. 27 S.
   Nachgedruckt in der Transilvania, Beilage zum Siebenbürger
   Boten, Jahrgang 1860 Nr. 27 fg.
3. Kulturhistorische Novellen aus dem Siebenbürger Sachsenlande. 1. Bd.
   Inhalt: Pempflinger. Der Kirchenstuhl. Hermannstadt 1866. Druck
   und Verlag von Th. Steinhaußen. 8-o. IV. 472 S. — 2. Bd.
   Inhalt: Der Gresenhof von Kelling. — Gaag von Salzburg. —
   Vor 641 Jahren. — Hermannstadt aus der Vogelperspektive. Hermannstadt 1866 ebendaselbst. 504 S. 3. Bd. Inhalt: Um Ostern
   im Jahre 1442. — Hermannstadt im Jahre 1467. — Eine Bürger-
   meisterwahl in den Jahren 1581—1582. — Der Kirchenschatz von
   Heltau im Jahre 1794. — Selbstbiographie eines alten Hauses.
   Hermannstadt 1867 ebendaselbst. 500 S.
4. Ueber deutsche Einwanderungen in Siebenbürgen vor König Geysa II.
   Handschrift. Damit ist zu vergleichen
5. Straßburg am Marosch. Belehrendes und Unterhaltendes aus der
   Vergangenheit dieses Städtchens. Herausgegeben zum Besten des
   Neubaues der evang= Kirche A. B. in Nagy = Enyed. Hermannstadt
   1866. Buchdruckerei des Joseph Drotleff. 8-o. Mit einer lithogr.
   Abbildung von Enyed. 80 S.

Er gab heraus mit einem Vorwort

6. **Hermannstädter Lokal-Statuten.** Festgabe, den Mitgliedern des Vereins für siebenbürgische Landeskunde gewidmet im Jahre 1869. Hermannstadt 1869. Druck von Th. Steinhaußen. Kl. 4-o. 66 S.
7. **Akten und Daten über die gesetzliche Stellung und den Wirkungskreis der sächsischen Nations-Universität.** Im Auftrage der löbl. sächsischen Nations-Universität zusammengetragen von G. Seivert. Hermannstadt S. Filtsch's Buchdruckerei (W. Krafft) 1870. 8-o. VIII. 146 S.

Die sächsische Nations-Universität hatte dem Herausgeber mittelst Beschluß vom 15. Januar 1868 aufgetragen: „Alle auf die gesetzliche Stellung und den Wirkungskreis der sächsischen Nations-Universität bezüglichen Akten und Dokumente von Amtswegen zusammenzustellen und der Benützung zugänglich zu machen." Diesem Auftrag entsprach Seivert durch die vorstehende Zusammenstellung, zu welcher der Verfasser dieser Denkblätter in dem siebenbürgisch-deutschen Wochenblatt vom Jahre 1827 Nr. 20 bis 23 einen geschichtlichen Pendant geliefert hat.

Tr. **Seivert Johann,**[1]

wurde am 17. April 1735 in Hermannstadt geboren, Daniel Seivert und Agnetha Gierlich waren seine Eltern, denen ihn von neun Kindern die Vorsehung allein am Leben erhielt. Er entging bei einer ängstlichen Erziehung in seiner Jugend manchen Gefahren, wurde im Jahre 1751 Student am Hermannstädter Gymnasium, legte mit vier Mitschülern im Jahre 1754 eine öffentliche Prüfung rühmlich ab und begab sich auf die Universität zu Helmstädt, wo er mit großem Fleiße Theologie und Philosophie studirte. Nach einem 3 jährigen Aufenthalte auf dieser Hochschule, kehrte er über Regensburg und Böhmen in das Vaterland zurück, nachdem er in Koburg mit Direktor Butterstedt und Doktor Medicinae Joh. Sebast. Albrecht Bekanntschaft gemacht, die Ansicht des ersteren über die Offenbarung Johannis erfahren, und die Sammlung des Letzteren bewundert hatte, ohne ihre Ansichten über Alchymie u. s. w. zu seinen eigenen zu machen. Nun diente er als Lehrer am Gymnasium seiner Vaterstadt bis zum Konrektorate, wurde 1765 Prediger an der evang.

---

[1] Noch Windisch's Beitrag zur Biographie Seiverts in den Nachrichten von siebenbürgischen Gelehrten S. XV.—XXII. und Quartalschrift I. 62—70 S., auch Meusels Lexikon, der vom Jahre 1750—1800 verstorbenen deutschen Schriftsteller. Leipzig 1802 ic. im 13. Band S. 73—75.

Kloster= und 1765 an der Pfarrkirche den 8. März 1771 aber Stadt=
prediger (Archidiakonus), und von hier am 16. November 1771 zum
Pfarrer in Hammersdorf erwählt. Hier widmete er seine Musestunden
vaterländischen Geschichts= ꝛc. Arbeiten, deren Werth heute noch nicht hoch
genug angeschlagen werden kann, und welche jedem, besonders sächsischen
Patrioten zum Maßstabe für die Erwartungen hätten dienen können, die
man auf fortgesetzte Leistungen, zu welchen die 1790ger Jahre nach dem
Wiederaufleben der sächsischen Nation Veranlassung gaben, zu setzen be=
rechtigt gewesen wäre! Aber leider erlebte Seivert diese merkwürdige
Periode nicht. Denn schon in dem nemlichen Jahre, in welchem ihm
sein Freund Karl Gottl. v. Windisch, der würdige Herausgeber seiner
„Nachrichten von siebenbürgischen Gelehrten und ihren Schriften." (Preß=
burg 1785. 8-o. XXII. 522 S. — welche unseren Lesern in diesen Denk=
blättern ergänzt und fortgesetzt vorliegen), — glückliche Herstellung seiner
baufälligen Gesundheit, und dem Vaterlande, seinen Freunden und den
Wissenschaften seine Erhaltung wünschte, — unterlag Seivert dem Podagra
und der Hirnentzündung am 24. April 1785 zu Hammersdorf im 50sten
Jahre seines Alters. Die Zeugen seiner rastlosen literarischen Thätigkeit
sind, außer den so eben erwähnten „Nachrichten von siebenbürgischen
Gelehrten:"

1. Siebenbürgische Kleinigkeiten. Koburg 1757. 12-o. 142 S.
2. Freimüthige Gedanken von Gespenstern. (Mit dem Motto:)
   Daß Kinder für dem Popanz zagen,
   Daß Mann und Greis mit Angst und Müh,
   Sich itzt noch mit Gespenstern schlagen,
   Wer macht dieß? — — Nichts! Du schreckest sie.
Frankfurt und Leipzig 1757. Kl. 8-o. 104 S. Beide sind ohne
Anzeige seines Namens bei Georg Otto in Koburg gedruckt und
verlegt worden. Er rechnet sie unter seine Jugendsünden; letzteres
aber, welches ziemlich reich an seltsamen Meinungen ist, hat seinen
Beifall schon längst verloren.
3. Die Münzen des römisch=kaiserlichen Hauses und der Tyrannen bis
auf den Kaiser Heraklius. Nach den Stufen ihrer Seltenheit.
Herausgegeben von Johann Seivert. Wien, gedruckt und zu finden
bei Georg Ludwig Schulz seelig hinterlassenen Wittib 1765. Kl.
8-o. 80 S. wozu Seivert auf einem (dem Hammersdorfer Pfarrer
Acker gehörigen) Exemplar nachstehende Bemerkung gemacht hat:
„Ist vom Herrn Klemm ohne mein Vorwissen zuerst Stückweis im
Wienerischen Patrioten eingerückt, und dann auch besonders heraus=

gegeben worden. Die vielen Fehler darinnen müssen durch nach=
lässiges Abschreiben entstanden sein."
4. II. b. i. 2 Stücke: „Der Christ von Johann Seivert. Es werden
nicht alle, die zu mir sagen: Herr Herr! In das Himmelreich kommen,
sondern die den Willen thun meines Vaters im Himmel. Mathäi VII.
Hermannstadt, druckts Johann Barth." 8-o. 32 S. 2. Stück.
Ebendaselbst 1780. 8-o. 32 S.
5. Inscriptiones monumentorum Romanorum in Dacia mediterranea.
Viennae typis Jo. Th. nob. de Trattnern C. R. Ap. Maj. Typographi
et Bibliop. 1773. 4-o. VIII. 199 S.[1])
    Dem sächsischen Nations=Comes Sam. v. Baußnern zugeeignet.
6. Die sächsischen Stadtpfarrer zu Hermannstadt. Hermannstadt bei
Johann Barth, 1777 in 8-o.
7. Joannis Lobelii, de Oppido Thalmus, Carmen historicum, mit einigen
Anmerkungen. Ebendaselbst 1779 in 8-o.
8. An Dacien bei dem Tode Marien Theresiens der Großen 1780.
Unseres Herzens Freude hat ein Ende. Unser Reigen ist in Weh=
klagen verkehrt. Die Krone unseres Hauptes ist abgefallen. Three.
5. Von Johann Strevel. Hermannstadt, druckts Petrus Barth,
Buchdrucker und k. k. priv. Buchhändler. 8-o. 8 S.
    (Auch in den „Denkmälern dem unsterblichen Andenken Marien
Theresiens gewidmet; prosaischer und poetischer Theil Wien, 1785.
Fol. 2. Theil, S. 73 f. g.)
9. Samuelis Kölesèri de Keres Eer Auraria Romano-Dacica etc. Posonii
1780. 8-o. XX. 327. S. (Vgl. den Art. Köleschòri.)
10. Johann Trevies. Hypochondrische Einfälle. Inocuos censura potest
permittere lusus. Martial. Preßburg im Verlag der Weber und
Korabinski'schen Buchhandlung 1784. 8-o. 94 S.
11. Einige Beiträge zu den k. k. priv. Anzeigen, Wien 1771—1776,
unter dem Titel: Siebenbürgische Briefe, welche aber größtentheils
vermehrt und verbessert dem ungarischen Magazine einverleibt worden.
    Verschiedene Stücke von ihm stehen in dem ungarischen Magazine,
welches seit 1781—1787 bei Anton Löwe in Preßburg, in vier
Bänden gr. 8-o. herauskam.

---

[1]) Vollständiger in „Neigebaurs Dacien aus den Ueberresten des klassischen Alterthums ꝛc. Kronstadt 1851" mit einer Vorrede von M. J. Ackner; — und die römischen Inschriften in Dacien von M. J. Ackner und Friedr. Müller (s. den Art.) Wien 1865. Indessen s. über das Seivert'sche Werk selbst Weszprémis Biographia Medicorum Hungariae Cent. II. P. I. pag. 142 und P. II. pag. 467.

12. **Siebenbürgische Briefe.** 1. Von dem Alter des siebenbürgischen Wappens. 2. Von neuentdeckten Steinschriften. 3. Von dem Zustande des Bistritzischen Distrikts unter dem Erbgrafen desselben, Johann Korwin. 4. Von des Grafen Wolfgang Bethlen siebenbürgischer Geschichte. 5. Von römischen Steinschriften. 6. Von den Rechten der sächsischen Nation. 7. Von dem traurigen Schicksale der Stadt Bistritz im Jahre 1602. 8. Fortsetzung hievon. 9. Von einigen Meinungen der Walachen. 10. Von einigen seltenen römischen Münzen. 11—12. Von Töpeltins Leben und Schriften. 13—14. Von dem walachischen Wappen. 15. Vom Siegel der sächsischen Nation als eines Landstandes. 16. Fragmente von Stefan Berglers aus Kronstadt Geschichte. 17. Anmerkungen über Töpelts Schriften. 18. Etwas von der neuen Ausgabe der Kölescherischen Auraria Romano Dacica. 19. Vom Ursprunge der Wiedertäufer in Ungarn und Siebenbürgen. (In dem ungarischen Magazin I. 44—47, 169—186, 353—374, II. 498—510 und III. 202—221.)

13. Von der siebenbürgisch-sächsischen Sprache. (Ebendas. I. 257—282.[1])

---

[1] Enthält S. 262—282 den ersten Versuch eines Idiotikons in alphabetischen „Proben der siebenbürgisch-sächsischen Sprache," und ist ein, nachher von Joh. Binder (Quartalschrift IV. 392) mit vielen Zusätzen bereicherter Auszug aus einem handschriftlichen sächsischen Wörterbuche Seiverts. — Auf diesem Felde haben nach Seivert ähnliche Arbeiten in alphabetischer Reihe verfaßt Joh. Georg Schuller und dessen Sohn Joh. Karl Schuller, (s. den Art.) wie auch Josef Haltrich, letzterer unter Aufmunterung und mit Unterstützung des Vereins für siebenbürgische Landeskunde (s. Denkbl. II. 53 und Jahresberichte des Vereins für 1861/2 S. 17 und 20, 1863/4 S. 29 und 31 und 1854/5 S. 38). — Auf diesem Wege steht sonach das Zustandekommen eines möglichst vollständigen und dem heutigen Stande der Wissenschaft entsprechenden Idiotikons zu erwarten.

Aeltere und neuere Schriften, welche von der siebenbürgisch-sächsischen Mundart handeln und zum Theil Proben derselben liefern, sind: „Der uralte deutsch-ungarische zipserische und siebenbürgische Landmanns 2c. Leutschau 1641 (lateinisch in Math. Bel Adparatus ad Hist. Hung. Posonii 1735. Decad. II. Monum. IX.) — Trösters alt- und neudeutsches Dacia. Nürnberg 1666. S. 88, 206, 233, 236, 333. — Happelii Thesaurus Exoticorum. Hamburg 1688, pag. 89. — Leibnitz Otium Hanoveranum ed. J. F. Fel'er. Lipsiae 1718, pag. 50 und in dessen Operibus omnibus. Genevae 1768. Tomi VI. Par. II., pag. 228, 230. — Josef Teutsch altdacisch-deutsche Wörter 1756. Handschrift. — In Felmers Abhandlung vom Ursprung der sächsischen Nation 1764. Handschrift. — Gelehrte Beiträge zu den Braunschweigischen Anzeigen 93. Stück 1775. — Joh. Seivert im ungarischen Magazin. 1787 4. Bd. S. 22—31. — A. H. im neuen ungarischen Magazin 1791 I. S. 13 bis 15. — Joh. Binder in der siebenbürgischen Quartalschrift 1795 IV. 201 2c. 362, V. 257. — Joh. Sim. Conrad in den siebenbürgischen Pro inzialblättern 1807 2. Bd. S. 11—20. — B—n in Gräters Iduna und Hermode, Jahrgang 1816 S. 150—152. — J. Karl Schullers Sammlung von Gedichten in siebenbürgisch-sächsischer Mundart. Hermannstadt 1840. — Ebendesselben Archiv für die Kenntniß 2c.

14. Die Grafen der sächsischen Nation und Hermannstädtischen Königsrichter im Großfürstenthum Siebenbürgen. (Ebendas. II. 261—302,
III. 129—163 und 393—432.)
Im Auszug in diesen Denkblättern II. 260—265.
15. Fragmente aus des Oberstlieutenants Friedrich Schwarz v. Springfels Beschreibung der österreichischen Walachei. (Im ungarischen
Magazin III. 179—201.)

---

von Siebenb"rgen. Hermannstadt 1840 I. 97—130. — Ebenderselbe in der Tran-
silvania, Jahrgang 1842 Nr. 17 S. 80. Jahrgang 1858 Nr. 13 und 14, und 1863
Nr. 2 S. 33—43 — Ebenderselbe im Archiv des Vereins N. F. VI. 928—422.
— Friedr. Marienburg in dem Archiv desselben Vereins 1845 I. 3 S. 45—70 und
in Traufchenfels Magazin für Geschichte rc. Kronstadt 1861 II. 39—60. — Georg
Binder in dem sächsischen Hausfreund (Kalender) für 1849 S. 119—126 und 1850
S. 195—208. — Ant. Kurz im Serapeum Jahrgang 1848 Nr. 38 rc. — Th. G.
Karajans Bericht über J. K. Schullers (der k. k. Akademie der Wissenschaften im
Jahre 1849 eingeschickte handschriftliche) siebenbürgisch-sächsische Etymologien und Ana-
logien im 9. Hefte des Jahrganges 1849 der Sitzungsberichte der k. k. Akademie der
Wissenschaften. — Protokoll des Ausschusses des Vereins für siebenbürgische Landeskunde vom 31. Oktober 1854. — Fr. W. Schusters siebenbürgisch-sächsische Volkslieder, Sprüchwörter rc. Prag 1865 — und Georg Bertleffs Beiträge zur Kenntniß
der Nösner Volkssprache. Johann Roth: Laut- und Formenlehre der starken Verba
im siebenbürgisch-sächsischen Archiv d. Ver. N. F. X. 423—451 u. flg. In den Pro-
grammen des Bistritzer evang. Oberghmnasiums von 1866/7 und 1867/8. Die Winke
und Bemerkungen, welche M. Markus Fronius in seiner Handschrift „Diaconus
Bancensis" sächsischen Pfarrern und Predigern ertheilt, verdienen heute noch, sowie
in manch' anderer Beziehung, namentlich in betreff der sächsischen Sprache nicht
unbeachtet gelassen zu werden.
Eine reiche Ausbeute an Parallelen der siebenbürgisch-sächsischen Mundart gewährt die Vergleichung der vorbezeichneten Schriften mit den nachbenannten und vielen
anderen diesbezüglichen deutschen Werken:
a. Ueber die Zipser Mundart: Johann Genersich in der Zeitschrift von
und für Ungarn, Jahrgang 1804 I. S. 31—37, 94—102, 142—158; II. 346—364.
Karl Georg Rumi ebendaselbst II. 230—242 und in Bredetzkys Beiträgen zur
Topographie von Ungarn. Wien 1803 S. 143—159. K. J. Schröers Beitrag zu
einem Wörterbuch der deutschen Mundarten des ungarischen Berglandes, Wien 1858
sammt Nachtrag 1859 (in den Sitzungsberichten der k. Akademie der Wissenschaften).
Ebendesselben Versuch einer Darstellung der deutschen Mundarten des ungarischen
Berglandes, Wien 1864 und Ebendesselben die Deutschen im ungarischen Berglande.
Wien 1865.
b. Ueber andere deutsche Mundarten: Die deutschen Mundarten.
Vierteljahrschrift von Dr. G. Karl Frommann. Nördlingen 1858. (Der 5. Jahrgang enthält Beiträge über die siebenbürgisch-sächsische Mundart von Josef Haltrich,
Johann Mätz, Viktor Kästner, Friedr. Schuler v. Libloy, Stephan Theil aus Sie-
benbürgen, und Preßburger Sprachproben von K. J. Schröer aus Ungarn. Müller
und Weitz die Aachener Mundart. Aachen und Leipzig 1836. Neumonts Aachens
Liederkranz. Aachen und Leipzig 1829. Müllers Gedichte in der Aachener
Mundart. Aachen 1840. Weiß Klänge der Heimat, Gedichte in der Aachener Volk-
sprache. Aachen 1841 (s. Transilvania 1842 Nr. 17 S. 80. Pfeiffers Beiträge
zur Kenntniß der Kölnischen Mundart im 15. Jahrhundert. Stuttgart 1856. —
Geistliche Gedichte des 14. und 15. Jahrhunderts vom Niederrhein, herausgegeben
von Oskar Schade. Hannover 1854. — J. F. Ganglers Lexikon der Luxemburger
Umgangssprache. Luxemburg 1847. Vergleichung unseres Dialektes, unserer Volks-

16. Die Feldzüge der Türken wider die Kaiserlichen in den Jahren 1716—1718. Aus dem Tagebuche des Johann Stanislaus Grotovsky, ungarischen und deutschen Dolmetsch bei der Pforte.¹) (Ebendas. III. 301—320.)
17. Aelteste Geschichte der sächsischen Völkerschaft in Siebenbürgen, nach dem königl. Andreanischen Privilegium.
    (Hievon ist der Vorbericht nebst den zwei ersten Abschnitten im Neuen ungarischen Magazin I. 305—347 und 365—388 abgedruckt. Der dritte, vierte und fünfte Abschnitt sind im Druck nicht erschienen. Der sechste Abschnitt von den Vorrechten und Freiheiten der sächsischen Nation nach dem Andreanischen Privilegium ist in der Quartalschrift IV. 129—169 aufgenommen.
18. Das hohe Lied Salamons in siebenbürgisch-sächsischer Sprache. (In dem ungarischen Magazin IV. 22—34.)
19. Vom Ursprunge der Burzenländischen Sachsen oder Deutschen in Siebenbürgen. (Ebendas. IV. 211—223.²)
20. Seltene Goldmünze des Johann Michael Woywoden der Walachei und Moldau ⁊c. (Ebendas. IV. 94—105.)
21. Beschreibung einer kupfernen Denkmünze des k. k. Feldherrn Kastaldo. (Ebendas. IV. 407—414).
22. Beiträge zur Religionsgeschichte von Hermannstadt in den Jahren 1521—1546. (Ebendas. IV. 154—211.)
23. Hermannstadt. (Ebendas. IV. 397—407.)
24. Geographie des Großfürstenthums Siebenbürgen von Karl Gottlieb v. Windisch. Preßburg bei Anton Löwe 1790; gr. 8-o. 520 S. Auch unterm Titel: Geographie des Königreichs Ungarn. III. Theil.
    Diese Geographie von Siebenbürgen ist (nach Marienburgs Bericht in der Vorerinnerung zu seiner Geographie von Siebenbürgen,

---

lieder, Sprüchwörter, Spiele, Sagen und Märchen, Sitten und Bräuche u. s. w. mit denen des siebenbürgisch-sächsischen Volksstammes, enthalten in „Das Vaterland, Wochenblatt für Luxemburgische National-Literatur, redigirt von Blum. Luxemburg 1869" (Nachgedruckt im Feuilleton der Hermannstädter Zeitung Jahrgang 1869 Nr. 221 bis 224, 237, 241. Vgl. siebenbürgisch-deutsches Wochenblatt 1869 Nr. 17 S. 285. — Kosegartens allgemeines Wörterbuch der niedersächsischen oder plattdeutschen Sprache älterer und neuerer Zeit. (Greifswald 1839 und mehrere andere. Vgl. Schellers Bücherkunde der sassisch-niederdeutschen Sprache ⁊c. Braunschweig 1826 und Firmenichs Germaniens Völkerstimmen. Berlin 1854 drei Bände. Hoffmann v. Fallerslebens niederländische Glossare des 14. und 15. Jahrhunderts. Hannover 1845.

¹) S. Teutsch. II. 89.
²) Vgl. den Art. Josef Teutsch Note 3.

Hermannstadt 1813 I. Band S. 6) Seiverts Arbeit und aus des
letztern Manuskript großen Theils wörtlich abgedruckt.

25. „Entwurf der siebenbürgischen katholischen Bischöfe zu Weißenburg,"
gedruckt in der Quartalschrift I. 171—208, 249—282 und 345—376.

26. Skizze der Superintendenten A. C. im Großfürstenthum Siebenbürgen.
Hermannstadt 1791. 8-o. 35. S. Auch in der Quartalschrift II.
1—35 eingerückt. (Aus Seiverts Papieren gezogen von Johann
Filtsch vgl. Quartalschrift II. 3.) Im Auszug in den Denkbl. I.
72—75.[1])

27. „Die Provinzial-Bürgermeister zu Hermannstadt," gedruckt in der
Quartalschrift II. 154—206, 235—306 und 315—352, ist auch
mit einem absonderlichen Titelblatt für sich gedruckt, Hermannstadt
bei Hochmeister 1791. 8-o. 162 S. herausgekommen.

28. „Nachrichten von ungarischen gelehrten Siebenbürgern und ihren
Schriften" sind gedruckt in der Quartalschrift V. 202—256, 289
bis 332; VI. 149—170, 219—246, 297—315; VII. 1—23,
273—284. (Der letzte Artikel ist Paul Istvánfi.)

29. „Die Pfarrer des Hermannstädtischen Kapitels seit 1327 bis auf
unsere Zeiten," gedruckt in den Provinzialblättern II. 103—135,
195—220; III. 1—21.

30. Moralische Kleinigkeiten. (In der von Klemm in Wien herausgegebenen: „Die Welt, eine Wochenschrift," 2. Bd. 54. Stück S. 156
bis 160 und: „Gedanken über die Tugend," ebendas. 2. Bd. 60.
Stück S. 203—210.)

 Handschriften:

1. Freimüthige Gedanken.
2. Hieronymus und Gennadius Nachrichten von christlichen Schriftstellern. Uebersetzt, nebst Anmerkungen.
3. Des Presbyters Gennadius Verzeichniß berühmter Männer.
Uebersetzt aus dem Lateinischen.[2])
4. Die römischen Kaisermünzen von August bis zur Regierung des
Kaisers Heraklius. In alphabetischer Ordnung. Angehängt ist

---

[1]) Ausführlicher von Dr. G. D. Teutsch in dem statistischen Jahrbuch der evang. Landeskirche A. B. in Siebenbürgen 1. Jahrgang 1863 S. 1—16.
[2]) Die oben Nr. 1, 2 und 3 bezeichneten Handschriften s. Quartalschr. I. 65.

eine Erläuterung der abgekürzten Wörter und Aufschriften auf
den beschriebenen Münzen.¹)
5. Onomasticon virorum de utraque republica benemeritorum. 4-o.
6. Specimen Transilvaniae literatae a J. S. Cibin. Trans. V. D.
M. et p. n. Diacono Mercuriensi. Cibinii 1770. In zwei
Quartbänden.

Siehe darüber Denkbl. II. S. III. des Vorworts.

7. Die Rolle eines Abenteurers Bogislaus Ignaz Makowsky in
Siebenbürgen 1747. Ein Beitrag zur Kirchengeschichte von
Johann Strewei.

Diese Seivert'sche Handschrift ist es, auf Grund deren der Herausgeber der siebenb. Quartalschrift Joh. Filtsch, die sämmtlichen Akten der Geschichte des Makowsky zu besitzen (Quartalschrift II. 32) erklärte. Eine für mich davon genommene und Anderen mitgetheilte Abschrift ist in Heinrich Schmidts Siebenbürger Quartalschrift 1859 S. 151—154 und 183 bis 186 aufgenommen worden, — nachdem bis dahin von diesem Ereigniß blos Filtsch und Seivert am angeführten Orte der Quartalschrift und in den Nachrichten von siebenbürgischen Gelehrten S. 135 und 395 kurze Erwähnung gemacht hatten. Ich bemerke hier nur noch, daß Makowsky, welcher am Schluß der Untersuchung zu Hermannstadt im Juni 1748 unsichtbar wurde, so daß man nie wieder etwas von ihm erfuhr, die nemliche Person mit jenem Jesuiten gewesen sein könne, dessen irdische Ueberreste man um das Jahr 1840 bei einer Räumung des Schuttes auf dem Kirchen- und Thurmdache der katholischen Hauptkirche in Hermannstadt, behufs vorgenommener Reparaturen, gefunden hat.

8. Stark vermehrte und verbesserte (aber nur in Handschrift gebliebene) Auflage der oben Nr. 3 angeführten: Münzen des römischen Kaiserhauses, — dann Nr. 4 der Christ, — und Nr. 5 Inscriptiones, welch' letztere jedoch Ackner und Friedrich Müller benutzt haben. (Denkbl. I. 5.)

Die Sammlung der ungarisch-siebenbürgischen Münzen Seiverts verkauften dessen Erben an den Gubernial- und nachmaligen k.

---

¹) Quartalschrift I. 66. Aus dieser Seivert'schen Handschrift ist ein Verzeichniß der von Seivert gesammelten alten römischen Münzen in der Quartalschrift I. 68—70 aufgenommen worden.

siebenbürgischen Hofrath Gr. Johann Nepomuk Eßterházy. Die in der Quartalschrift I. 68—70 verzeichneten römischen Kaisermünzen sollen für die B. Samuel Bruckenthal'sche Münz-Sammlung angekauft worden sein.

In de Lucas gelehrten Oesterreich 1. Bd. 2. Stück S. 140, sowie in Gräffer und Czikans österr. National-Encyclopädie 5. Bd. S. 12 wird Seivert: „Johann Evangelist" genannt. — Warum?

Tr. ## Seivert Joh. Friedrich,

Sohn des Med. Doct. und Hermannstädter Stuhlrichters Mich. Seivert, (s. den folgenden Art.) wurde am 6. Januar 1755 in Hermannstadt geboren, studirte in Hermannstadt und Groß-Enyed, diente bei der siebenbürgischen Landesregierung bis zum Jahre 1808 und starb als pensionirter Gubernial-Sekretär in Hermannstadt am 31. März 1832. Er hatte in seiner Jugend mit dem Generalen Gr. Botta Italien durchreist, war seiner Zeit — (nach der mir vom Gubernialrathe v. Straußenburg öfter geäußerten Meinung) — der erste Lateiner unter den Gubernialbeamten und überhaupt ein Mann von großer Bildung in den Wissenschaften, wie zum Theil seine handschriftlichen Auszüge aus Büchern in der Sam. B. Bruckenthal'schen Bibliothek, welchen er den Titel: „Scrobs" zu geben pflegte, zeigen. Ueber diese Bibliothek und das für dieselbe vom Gouverneur B. Sam. Bruckenthal gestiftete Legat führte er, während er im Ruhestand zu Hermannstadt lebte, bis an sein Ende die Inspektion, erfreute sich während dem Leben seines mütterlichen Großonkels B. Sam. Bruckenthal, dessen besonderen Wohlwollens, wie die zum Theil noch vorhandenen Briefe desselben an ihn beweisen, und erhielt aus Bruckenthals Nachlaß laut Testament vom 3. Januar 1802 ein Legat von 1000 Gulden. In den Sitzungen des Oberkonsistoriums der A. C. B. zu Hermannstadt zeigte er sich als einen Antagonisten des Superintendenten Neugeboren.

An ihn sind die Briefe von Franz Kazinczy gerichtet (vom Jahre 1818), welche im Feuilleton der Kronstädter Zeitung vom Jahre 1866 Nr. 84 bis Nr. 94, 110 und 121 veröffentlicht worden sind. Vergleiche damit den Artikel vom Mehburger Pfarrer Martin Schuster in den siebenbürgischen Provinzialblättern 5. Band S. 117—173 „Ueber Herrn Kazinczy's Schrift: Az Erdélyi Szászok."

Seiverts eigene mir bekannten Schriften sind:

1. De Quadratura Circuli. 4-o. ohne Angabe des Druckortes und Jahres. (Gedruckt bei Joh. Barth in Hermannstadt 1820) Motto: „ll faut pousser à la porte, pour savoir qu'elle nous est close." Charron. 11 S.
(Enthält Prologus mit der Unterschrift „Scribebam C** VIII. Iduum Januar. MDCCCXX." 2 S. Iudroductio 2 S. Theorema: Ratio diametri ad peripheriam, ut:

$$1 : 3\frac{69}{484} = 484 : 1521$$

ebenfalls 2 S. Epilogus et Nota, 4 S., endlich Schluß=Motto aus Senecae epist. 88 eine S.)

2. Aufruf der Patrioten an die sächsische Nation in Siebenbürgen. Manuskript. In der Folge setzte Seivert dieser Schrift den Titel vor: „Ein Vorschlag zur Beherzigung für die sächsischen Patrioten in Siebenbürgen."

Die von den siebenbürgischen Landesständen im Jahre 1791 entworfenen Landtagsartikel hinsichtlich der Einführung der Koncivilität — Stimmungsart auf den Landtägen, — Ausschließung des Bürgerstandes von höheren Dikasterialämtern, — Körperstrafen, — und die Bestreitung des Grundeigenthumsrechtes der sächsischen Nation, ließen diese Nation ihren Untergang befürchten und versetzten ihre Repräsentanten im Klausenburger Landtage und bei dem k. Gubernium in die düsterste Stimmung. In dieser Stimmung schrieb Seivert seinen Vorschlag, welchem er in einem Anhang: „Einige Ideen zur Militärisirung der sächsischen Nation," und den „Entwurf eines ökonomischen Planes zur Militarisirung der Nation" beifügte. Seiverts Schrift machte Aufsehen und der Verfasser wurde darüber sogar vom Gouverneur Gr. Georg Bánffy zur Rede gestellt, doch ohne Erfolg, indem das Werk blos Handschrift blieb. Die vom patriotischen Verfasser in der Bedrängniß der Nation, als das kleinere Uebel, vorgeschlagene Militarisirung fand aber auch in der sächsischen Nation selbst nicht Anklang, wiewohl die ihr so nachtheiligen Gesetzartikel auf Betrieb des Gr. Georg Bánffy und Hofkanzlers Gr. Samuel Teleki schon am 28. Nov. 1792 die allerhöchste Sanktion erhielten.

3. In Causa inter Exc. D. L. Baronem Samuelem de Bruckenthal, ut Actorem, et J. Nationem Saxonicam, qua Inctam, ratione tam. Fundi instructi 6576 fl. 43^1/$_3$ kr. L. Baroni ab Universitate Nationis Saxonicae, quum dominium A. Szombottfalvense eidem subinscripsit,

gratis concessi, quam ratione 3751 fl. 29 kr. L. Baroni qua Deputato Nationis Saxonicae Viennam ablegato, titulo Diurni solutorum, ac uti praetenditur, haud satis legitimatorum vertente, in Foro Sedriae Fogarasiensis mota, ac via Appellationis per utramques partem Altiori Exc. RGubernii judicio substrata, Brevisrei tam gestae, quam controversae Expositio. s. l. et a. (Cibinii apud Joh. Barth.) Fol. pag. 23.

4. Planum Conscriptionis Regnicolaris s. l. et a. (Claudiopoli.) Fol. 8 S.
5. Opinio in re sanitatis s. l. et a. (Claudiopoli.) Fol. 74 S.
6. Projectum de numero, dislocatione et provisione illocandae Militiae. Ungedruckt. Vgl. darüber das Siebenbürger Landtags-Protokoll vom Jahre 1810/1 S. 524, 531.

Diese drei Arbeiten verfaßte Seivert im Auftrag des k. Gouverneurs Gr. Bánffy für die vermöge dem 64/1791ger siebenbürgischen Gesetzartikel angeordnete systematische Landesdeputation, in deren Namen solche sodann den im Jahre 1810/1 zu Klausenburg versammelten siebenbürgischen Landesständen vorgelegt und von diesen weiter verhandelt wurden.

Sollte ich irren, wenn ich Seivert für den Verfasser der um das Jahr 1809 geschriebenen

„Bemerkungen über das Elaborat der (siebenbürgischen) Regnikolardeputation in Contributionalibus"

halte, in welchem ein den Gesetzen und Zeitumständen angemessenes, für die sächsische Nation billiger, als bishin einzurichtendes, verhältnißmäßigeres Kontributions-System auf dem Grund des Deputationsoperats in Antrag gebracht wird.

Tr. **Sentz Alois,**

Doktor der Rechte und k. k. ordentlicher öffentlicher Professor des österr. gerichtlichen Verfahrens in und außer Streitsachen und des Strafrechtes an der Rechtsakademie zu Hermannstadt, Mitglied der k. k. Kommission für die judicielle theoretische Staatsprüfung, geb. zu Brünn 5. Jan. 1823.

1. Die provisorische Civil-Prozeß-Ordnung für Siebenbürgen (Ungarn, Kroatien, Slavonien, die serbische Woiwodschaft und das Temeser Banat) erläutert und mit den dazu gehörigen besonderen Verordnungen und mit Formularien versehen. Hermannstadt 1852. Druck und Verlag von Th. Steinhaußen. Gr. 8·o. 608 S. nebst Anhang:

Die Kribalnorm vom 4. Juli 1772 und die Fallsten-Ordnung vom 7. Oktober 1772 für Siebenbürgen enthaltend 23 S., endlich Inhalt 2 S.

(Eine umständliche, mit juridischer Gelehrsamkeit und Scharfsinn geschriebene Recension von Dr. Moriz Euber, in welcher die Mängel dieses Werkes gründlich dargethan werden, steht in Haimerls Magazin für Rechts- und Staatswissenschaften. Wien 1854, 9. Bandes 2t Heft S. 261—274.)

2. Sammlung der wichtigsten Justizgesetze und Verordnungen für das Großfürstenthum Siebenbürgen. In zwei Abtheilungen als Anhang zum Kommentar der Civil-Prozeß-Ordnung. Hermannstadt bei Th. Steinhaußen 1854. 8-o. 1. Abth. 130 S., 2. Abth. 234 S. 1. Abth.: Patent wegen Einführung des bürgl. Gesetzbuchs. — Abticitäts-Patent und Vorschrift über das Verfahren außer Streitsachen. — 2. Abth.: Jurisdiktionsnorm, — Ministerial-Verordnung zum 31. §. des Avit.-Patentes, Konkursordnung, innere Einrichtung der Gerichte, Advokatenordnung und Instruktion für Gemeindevorsteher vom 3. April 1854 Nr. 82.

3. Beiträge zur Literaturgeschichte des Sonderrechtes der Siebenbürger Sachsen. In Haimerls Magazin für Rechts- und Staatswissenschaft. Wien 1855. XII. Band 2. Heft S. 238—257.

4. Der Wirkungskreis der Urbarialgerichte in Siebenbürgen, zum Behufe der Geltendmachung verletzter oder bestrittener Urbarialrechte der ehemaligen Grundherrn und Unterthanen, dargestellt, erläutert und mit Formularien versehen. Hermannstadt 1858. Druck und Verlag von Th. Steinhaußen. 8-o. XV. 237 S., dann Anhang, enthält die kais. Patente vom 21. Juni 1854, — 15. Sept. 1858 28 S. und Instruktion über die innere Einrichtung und die Geschäftsordnung der Urbarialgerichte nebst Ministerial-Verordnung dazu vom 27. Januar 1858, 64 S.

Dem Präsidenten des siebenbürgischen k. k. Urbarial-Obergerichts Ludw. Freiherrn v. Jósika gewidmet.

Außerdem war Sentz viele Jahre hindurch Redakteur des Siebenbürger Boten und nachher dessen ständiger Mitarbeiter.

Tr. **Seuler Lukas,**
wurde den 19. März 1661 in Kronstadt geboren, studirte in Kronstadt, darauf 1682 in Wittenberg und 1686 in Leipzig, wurde 1689 Doktor

der Medizin zu Harderwick, dann den 24. Dezember 1692 Physikus seiner Vaterstadt, weiter 1693 Kommunitätsorator und 1715 Senator in Kronstadt, 1716 Stadthann,¹) 1733 Stadtrichter und starb den 30. August 1735. Seine Gattin Katharina geb. Albrich starb am 11. Febr. 1734 (s. den Art. Lukas Rauß, Denkbl. III.)

1. Disputatio medica inauguralis de Febribus. Pro gradu Doctoratus 10. October 1689. Hardervici apud Albertum Sas, Academiae Ducatus Gelriae et Comitatus Zutphaniae Typogr. 1689. 4-o. 20 S.
   Den Mitgliedern des Kronstädter Raths zugeeignet.

2. De conservanda bona valetudine Liber Scholae Salernitanae. Coronae, charactere Lucae Seulers M. D. Recudit Nicolaus Molitor. Anno 1696. Eine Tabelle auf zwei Foliobögen CVI Gesundheitsregeln enthaltend.

Tr. **Seulen Lukas,**

Sohn des Vorhergehenden, wurde in Kronstadt geboren am 9. Sept. 1693, studirte an der Akademie zu Jena vom 14. Oktober 1712 bis zum Juni des Jahres 1715, durchreiste darauf Holland, Frankreich und England, und kehrte sodann mit vielen Kenntnissen bereichert in die Vaterstadt zurück. Hier diente er Anfangs als Sekretär bei dem Magistrat, wurde am 8. März 1729 zum Vorsteher oder Orator der städtischen Hundertmannschaft gewählt, und starb in diesem Amte am 13. Sept. 1733.²) Von acht Kindern waren ihm drei in der Kindheit innerhalb acht Tagen

---

¹) Im nemlichen Jahre wurde Seulen von Kaiser Karl VI. in den Adelstand erhoben. Obwohl seine beiden Söhne Lukas (s. den folgenden Art.) und Johann Traugott (welcher letzterer als Kronstädter Stadtrichter am 2. Oktober 1757 starb) mehrere Kinder und namentlich jeder von ihnen zwei Söhne hatten, so ist doch die männliche Linie dieser Familie, — welche seit dem 15. Jahrhundert in Kronstadt blühte und mehrere um ihre Vaterstadt sehr verdiente Mitglieder zählte, — mit Lukas Seulens, des Orators Urenkel Johann v. Seulen (k. k. Hauptmann † in Wien 21. Januar 1847) erloschen. Ueber die Verdienste des Letzteren um die Kronstädter Gymnasialbibliothek s. Dück's Geschichte des Kronstädter Gymnasiums S. 92 und 142 und Satellit des siebenbürger Wochenblattes vom 8. Februar 1847 S. 42 bis 43 — sowie über Bartholomäus Seulen († als Kronstädter Projudex am 16. Januar 1715), den Stifter des sogenannten Seulenischen Schullegats Dück a. a. O. S. 77 und 141 und Satellit ꝛc. S. 42.

²) Zu seinem Gedächtniß wurde in Kronstadt gedruckt: „Immer stehende Tugend- und Ehren-Seule einer im Sinken und Fallen aufgerichteten Standes-Seulen des Wohledelgeb. fürsichtigen und Wohlweisen Hrn. Lukas Seuler v. Seulen, Juris Consulti auch Einer Löbl. Kronstädtischen Kommunität Hochansehnlichen und wohlmeritirten fünfthalbjährigen Oratoris ꝛc. S. den Art. Val. Igel (Denkblätter II. 285.)

im Jahre 1723[1]) in die Ewigkeit vorausgegangen, welchen die zwei Brüder der Letzteren Lukas Christoph im Jahre 1736 im 12. und Josef Gottlieb 1746 im 19. Lebensjahre nachfolgten.[2]

Lukas Seulen hat folgende eigene Arbeiten in Handschrift hinterlassen, aus deren Zahl die Originale der hier bezeichneten zwei ersteren in der Kronstädter Gymnasialbibliothek aufbewahrt werden:

1. Lucae Seuleri a Seulen, Collegii Centumvirorum Urbis Coronensis Oratoris, Historia Transilvaniae ab anno mundi 1657 ad annum 1726 usque manuscriptum. (Mit einer mit der Feder gezeichneten Karte des alten Daciens) 754 S. in Folio. Zwar bis auf das Jahr 1726 gebracht, aber mit vielen Lücken. Die eigenen Nachrichten des Verfassers fangen nur mit dem Jahre 1714 an und füllen die 16 letzten Seiten des Werks aus. An der Vollendung dieses Werkes soll den Verfasser sein früher Tod gehindert haben. Daher soll er auch auf seinem Todtenbette gewünscht haben, daß man alle seine Manuskripte mit ihm begraben möchte. Dieses Werk ist übrigens (außerdem, was aus der röm. Geschichte von Justin, Strabo etc. entlehnt ist), meist aus Bonfin, Istvánfy, Fuchs Chronicon, Wolffg.

---

[1]) Den Titel der gedruckten Trauerreden und Gedichte auf dieselben s. den Art. Markus Tartler (Denkbl. III.)

[2]) Josef Gottlieb v. Seulen starb in Jena am 9. Mai 1746. Zu seinem Andenken wurde in der Jenenser St. Michaelskirche ein schönes Denkmal mit der Inschrift errichtet: „Hic dormit Josephus Gottl. Seuler a Seulen Nobilis Corona Transilv. qui in peregrinatione hac mundana non habuit manentem sedem, credendo et pie vivendo quaesivit, beate moriendo invenit aeternam et gloriosam illam Dei civitatem Anno 1746 die 9. Maji aet. 18. m. 7. d. 27. Requiescat in pace. Mors sceptra, immo omnia ligonibus aequat." Unten steht: „Auctor P. A. Grass Goth." Dieses schöne Denkmal hat 22 Fuß Höhe und 10 Fuß Breite und ist von Seulens Landsmann Johann Oelhan abgemalt und durch J. J. Haid A. V. in Kupfer gestochen, als Titelkupfer beigefügt dem „Ehren-Gedächtniß des weiland Hochwohlgeborenen Herrn Josef Gottlieb Seuler v. Seulen aus Kronstadt in Siebenbürgen der Rechten rühmlichst Beflissenen, nachdem derselbe in der hoffnungsvollen Blüthe der Jahre mitten in dem Laufe seines preiswürdigsten Bestrebens nach Wissenschaft und Tugend am 9. Mai 1746 auf der Universität zu Jena durch einen sanften Tod das Unvollkommene mit dem Vollkommenen seligst verwechselt hatte. Von denen schmerzlich gerührten Eltern in der Jenaischen Hauptkirche, wo dessen entseelte Gebeine am 12. d. unter hochansehnlicher Begleitung beigesetzt worden, durch ein aufgerichtetes Epitaphium, von Gönnern und Freunden aber durch schriftliche Denkmale gestiftet. Jena, gedruckt mit Johann Christoph Tenemanns Schriften. Fol. 20 S.

Enthält S. 3—4 Programma in exsequiis J. G. S. de Seulen vom Prorektor Chr. Henr. Eckhard; S. 5—11 Johann Ernst Schuberts, Adj. der philos. Fakultät zu Jena, Rede von der Erscheinung der Seelen nach dem Tode; S. 12 bis 20 Gedichte von den in Jena studirenden Siebenbürgern, ferner von David Czako v. Rosenfeld, Peter Seewald und Seulers Hausgesellschaft.

Bethlen, Ortelius, Miles und David Hermann zusammengetragen. Den Titel hat nicht der Verfasser, sondern L. J. Marienburg dem Werke vorgesetzt.

2. Die Fürsten von Siebenbürgen, 122 Folioseiten. (In lateinischer Sprache und vollständig. Den deutschen Titel hat der k. k. Hauptmann und Enkel des Verfassers Johann v. Seulen geschrieben.) Enthält in systematischer Ordnung die Biographie und die Geschichte der Regierung der Siebenbürger Fürsten und der von ihnen geführten Kriege, von Johann Zapolya's Geburt bis zu Michael Apaffy's I. Tod; wie auch die in Siebenbürgen, in den Nachbartheilen Ungarns, in der Moldau und Walachei vorgefallenen merkwürdigern Begebenheiten.
3. Descriptio Transilvaniae. Teutsch. 1712. Nach der Zeit mit einigen Verbesserungen bereichert.
4. Specimen fidelitatis Brassoviensium. In Citaten aus Urkunden bestehend.
5. Affectus Regius erga Coronenses. Ebenso.
6. Chronica Transilvaniae emendata, Calendario Coron. addita.

Josef Teutsch in seinem „Denkmal der verfallenen Burgen im Burzenland" bemerkt darüber: „Herr Lukas Seuler, Orator Centumviralis, den man für den Auctorem der verbesserten Kalender-Chronika angibt, setzet, als ein vortrefflicher Forscher des Alterthums: „Was von Erbauung der siebenbürgischen Städte um diese Zeit[1]) gemeldet wird, ist ohne allen Grund."

Tr. **Severinus Joh. Andreas,**

Sohn des Hamlescher Pfarrers Andreas Severinus († 1805) wurde in Hermannstadt geboren am 1. Februar 1783, studirte 1805—1807 in Göttingen, wurde als Mittwochsprediger in Hermannstadt, zum Pfarrer in Hamlesch gewählt am 16. Mai 1815 und erhielt als altersschwacher Greis auf sein Ansuchen die Bewilligung zur Substitution, worauf sein Sohn Franz Rudolf Severinus, Pfarrer in Bolkatsch, am 18. Aug. 1863 zu dessen Pfarramts-Substituten erwählt wurde.

De Catechisationis ac Socraticae institutionis methodo. Diss. Cibinii Barth. 1808. 8-o. 30 S.

---

[1]) Vgl. Schlözer S. 208.

Selv. ## Siegler Michael,

von Hermannstadt. Ob er aber aus dem Geschlechte des Nikolaus Sieglers ist, der 1465 Königsrichter daselbst war, kann ich nicht entscheiden. Er lebte mit dem Schesäus 1556 zu Wittenberg, woselbst er sich sowohl mit den Rechten, als theologischen Wissenschaften beschäftigte. Nach seiner Zurückkunft erhielt er zu Kronstadt 1557 das Schulrektorat. Nachgehends kehrte er in seine Vaterstadt zurück und ward 1563 Provinzialnotarius, welches Amt er zehn Jahre verwaltete, alsdann aber seinen Stand veränderte und 1573 Pfarrer zu Großscheuren wurde. Von hier erhielt er 1585 den Beruf nach Großau. Daselbst beschloß er sein Leben den 9. April 1585. In den Jahren 1578 und 1579 verwaltete er das Dekanat des Kapitels. Meinet Miles im Würgengel S. 173 diesen Siegler, wenn er bei dem Jahre 1596 berichtet, auch ein siebenbürgischer Mathematikus, Mich. Siegler aus Kronstadt, habe dergestalt geweißaget, nämlich: Sollte Fürst Siegmund Báthori von seiner jetzigen Krankheit zu Prag, den Blattern, genesen, so würde sein bisher blühendes Glück sich ganz verändern, so begeht Miles einen doppelten Fehler. Er gibt Sieglern eine andere Vaterstadt und läßt ihn nach seinem Tode weissagen. Allein, vielleicht redet er von einem andern Siegler, wie denn auch zu Medwisch 1587 ein Johann Siegler Stuhlrichter war.

Von Sieglers Schriften sind mir bekannt geworden:

1. Brevia praecepta de moribus puerorum recte formandis, carmine Elegiaco conscripta, a Michaele Sieglero Cibiniensi. Additus est etiam ordo studiorum a domino Philippo Melanchtone, studiosae juventuti praescriptus. A. D. 1556 in 8-o. ohne Meldung des Druckortes.[1]
2. Chronologiae Regum Hungaricarum, Transilvanicarum, et vicinarum Regionum, Libri duo.[2]

---

[1] Dieses Werkchen ist dem Johann Bomel, einem hoffnungsvollen Sohne des Hermannstädtischen Rathsherrn Thomas Bomel zugeschrieben. Als einen Anhang hat er beigefügt: Canticum Annae conjugis Elcanae, quod exstat I. libro Regum, Cap. 2. in gratiam honesti et docti viri, Dni Joannis Rhyssi, Notarii Cibin. Elegiaco carmine translatum, a Mich. Sieglero, Cibin.

[2] Math. Bel hat dieses Werk in seinem Apparatus ad histor. Hung Dec. I. Monum. II. aus einer Handschrift bekannt gemacht und einige Anmerkungen beigefügt. Die Zueignungsschrift ist dem Stephan Báthori, Woywoden von Siebenbürgen geweiht und den 1. März 1562 unterschrieben. Diese chronologischen Tafeln fangen mit dem Jahre 366 an und beschließen mit dem blutigen Tode des moldauischen Fürsten Jakob Heraklides, welcher den 5. November 1563 erfolgte. Timon in seinem Imag. Nov. Hung. S. 83 gedenket auch einer Sieglerischen Schrift, die er dem Fürsten Johann Siegmund zugeschrieben hat, welche mir aber gänzlich unbekannt ist.

Tr.   Die Original-Handschrift des ersten Buchs dieser Chronologia wird in dem Pester National-Museum aufbewahrt l. Catal. Manuscriptorum Széchényianorum III. 394. Auf dem 40ten Blatte des im Karlsburger Kapitular- oder Land-sarchiv aufbewahrten I. Liber Regius des Fürsten Christoph Báthori S. 2 ist enthalten:[1])

„Anno domini 1581 13. Martii Albae Juliae Illustrissimus Princeps dominus Christophorus Báthori Honorabili Michaeli Siglero Pastori Ecclesiae Saxonicalis Nagy-Chüriensis infra spatium octo integrorum annorum clementer annuit et concessit, ut nullus omnino absque voluntate ipsius Genealogiam Regum ·Hungariae, et Chronologiam rerum Hungaricarum et Commentarium de antiquitatibus Transilvaniae per ipsum Mich. Siglerum contextum et descriptum typis excudere, vendere, aut distrahere, ex hoc Regno ad vendendum educere ausit, sub gravi animadversione Principis, et amissione hujusmodi Librorum et chartarum."

Ebendaselbst heißt es ferner: „Eo die idem Illustrissimus Princeps eidem Michaeli Siglero clementissime annuit, ut ipse de decimis suis ipsi ratione Plebaniae ejusdem Possessionis Nagy-Chür quotannis provenientibus, tam videlicet domesticis decimis, quam extraneis, quamdiu officio Pastoratus in eadem possessione functus fuerit, libere disponere possit et valeat."

Ob Sieglers zwei ungedruckt gebliebene Werke Genealogia und Commentarius ?c. noch irgendwo in Handschrift vorhanden seien, habe ich nicht erfahren können; doch dürfte eines derselben eben Dasjenige sein, welches der Verfasser laut Timons Imago Hungariae novae S. 83 dem Fürsten Johann Siegmund zugeschrieben hat.

Prof. Theodor Mommsen schrieb aus Berlin am 13. Okt. 1858 an den Schäßburger Direktor G. D. Teutsch: „Endlich möchte ich noch fragen, ob Ihnen über eine Sieglerische Sammlung von siebenbürgischen Inschriften irgend etwas bekannt geworden ist. Ich zweifle fast; denn sie scheint in ihrer Heimat nie in Umlauf gekommen zu sein. — ich finde sie überhaupt nur benützt bei Gruber, und es deuten Spuren dahin, daß sie diesem von Rom aus zukam. Für den Sammler halte ich den Michael Sigler, dessen Chronik Bel hat abdrucken lassen und über den Seivert (Nachr.

---

[1]) Wird auch erwähnt in Kovachich's Astraea complectens Subsidia literaria ad Jurisprud. Hung. Tom. II. pag. 214—215.

S. 399) einiges zusammenstellt. Vielleicht wissen Sie doch, wo dessen Nachlaß etwa zu suchen sein möchte."

Ist Mommsens Vermuthung richtig, so zweifle ich nicht, daß die Siglerische Inschriften=Sammlung in dem obenerwähnten Commentarius enthalten war.

Tr. **Sifft Christian,**

von Katzendorf gebürtig, studirte in Wittenberg 1692 :c. war Schulrektor, darauf 1701 Prediger in Reps, 1705 Pfarrer in Felmern und starb in Felmern im Jahre 1731.

Enunciationes juxta Philosophiam rationalem examinandas: Unus non est Trinum et Trinum non est Unum per adsistentiam S. S. Trinitatis Dei Patris, Filii ac Spr. S. praeside M. Abrah. Henrico Deutschmann d. X. Jun. 1693. Witembergae 4-o. 16 S.

Tr. **Sifft Daniel,**

geboren in Reps um das Jahr 1784, studirte am Kronstädter Gymnasium 1797—1803, dann unter Fortini und Winkler am Lyceum zu Klausenburg, wurde sofort bei dem Repser Stuhlsamt angestellt, ferner zum Fiskal ernannt, — im Jahre 1827 von der Stuhls=Kommunität zum Bürgermeister, und nachher zum Königsrichter des Repser Stuhls erwählt, in welcher Eigenschaft er den 2. Juni 1850 in Reps mit Tod abging.

1. Ueber das Steuerwesen des Repser Stuhls in Siebenbürgen im 17. Jahrhundert. Ein Beitrag zur Geschichte des von der sächsischen Nation unter den einheimischen Fürsten entrichteten Martins=Zinses. Manuskript. 4-o. Ausgearb. den 13. März 1825.
2. Die Königsrichter des Repser Stuhls. Manuskript. 4-o. Ausgearbeitet im Jahr 1825.

    (Ihre Reihe fängt mit Mathias Soel, Königsrichter im Jahre 1593 an und endet mit Johann Gottlieb Krauß v. Ehrenfeld. Der Verfasser erzählt nebst verschiedenen biographischen Umständen, die merkwürdigsten Begebenheiten, welche sich im Repser Stuhl während ihrer Amtswaltung ereignet haben.)
3. Geschichte des dem Repser Stuhle zugehörigen Prädiums=Freithum, ungarisch Thuzon genannt. Verfaßt 1831. Manuskript.

Tr. **Sigerus Johann,**

aus Kronstadt, studirte an der Universität in Wittenberg 1610 24. Mai ꝛc. war Stadtprediger in Kronstadt vom Jahre 1613—1616, wurde zum Pfarrer in Weidenbach erwählt am 12. Mai 1616 und starb am 18. Oktober 1643.

Dissertatio de mundo, Praeside M. Sigismundo Eveno. Witeb. 1611. 4-o. 12 S.

Dem Weidenbacher Pfarrer Daniel Reipchius b. ä. dem Zeidner Pfarrer und Bruder des Verfassers Barthol. Sigerus, dem Kronstädter Senator Martin Bamphi, dem Dr. Med. Andr. Ziegler aus Kronstadt und dem Kronstädter Bürger Klemens Goldschmidt zugeeignet.

Tr. **Sigerus Karl,**

Sohn des Apothekers Peter Sigerus, geboren in Hermannstadt 16. April 1813, war sächsischer Universitäts-Kanzlist, wurde 1850 Assessor des k. k. siebenbürgischen Steuer-Provisoriums bekleidete diesen Dienst zugleich als Referent bis zum Jahre 1858, in welchem er aus demselben austrat, und sächsischer Universitäts-Registrant wurde. Er starb als Obernotär des Hermannstädter Stadt- und Stuhls-Magistrats in Vizakna am 24. Juli 1868.

1. Kurzgefaßte Anleitung über den Anbau des Raps- und Rübsamens. Nach Thaers, Schwarz, Schlipfs, Schuberts, Neubauers, sowie nach eigenen Erfahrungen von K. Sigerus. Ohne Angabe des Druckortes und Jahres. 8-o. 11 S. (Hermannstadt bei Hochmeisters Erben 1846.)
2. Das Grundsteuer-Provisorium zur Aufklärung und Belehrung des Landvolkes, dem löblichen Zeidner Leseverein freundschaftlichst gewidmet von K. Sigerus, Sekretär des siebenbürgisch-sächsischen landwirthschaftlichen Vereins. Kronstadt 1851. Gedruckt bei Johann Gött. 8-o. 22 S.
3. Die Auftheilung der Hutweiden unter die Gemeindebewohner. Ein Bedürfniß der Zeit, nebst einem Anhang über die Vortheile der Commassation. Hermannstadt, Martin v. Hochmeister'sche Buchdruckerei. 8-o. (1852) 31 S.
4a. Wohlgemeinte Rathschläge über den Nutzen der Segregation der Hutweiden, Wälder und Rohrschläge, des Forstpatentes und der

Commassation vom Standpunkte der siebenbürgischen Landwirthschaft
verfaßt und dem löbl. Klausenburger Landwirthschafts-Vereine hoch-
achtungsvoll gewidmet von K. Sigerus, Mitglied des Klausenburger
Landwirthschafts-Vereins. Mit Vorbehalt der Uebersetzung in die
Landessprachen. Preis 30 kr. Druck von Josef Drotleff in Hermannstadt. In Kommission bei Sam. Filtsch in Hermannstadt,
Johann Gött in Kronstadt, Stein in Klausenburg. 1858. 8-o. IV.
61 S. mit drei Tabellen.

4b. Őszinte Tanácsadás a legelők, erdők és nádasok elkülönitése az
erdőszeti Nyiltrendelet és a tágositás hasznairól, az Erdélyi mező
gazdászat szempontjából. Szerzette és a Kolozsvári Gazdászati Egye-
sületnek tisztelettel ajánlja Sigerus Károly, a Kolozsvári Gazdászati
Egyesület tagja. Az átforditásnak fenntartásával. Ára 53 kr. o. é.
Nyomatott Drotloff József által Nagy-Szebenben. 1859. 8-o. II.
78 S. mit drei Tabellen.

4c. Sfaturi bune deszpre foloszul segregatiunei peschunilor, a pedurilor
schi a trestischelor, a Patentei de Pedure schi a Kommassatiunei,
skrisze din punktu de vedere ál agronomiei Ardelenesti schi enkinate
ku stime laudabilei Societetzi agronomitse din Kluschu de Karol
Sigerus, membru ál Societetzii agronomitse din Kluschu. Pretzul
58 xr. báni noi. En Kommissiune lá S. Filtsch en Szibiu, Joann
Gött en Brassovu, Stein en Kluschu 1859. 8-o. 79 S. Hinten
steht: Tiperite la S. Filtsch en Szibin.

Tr. **Sigerus Peter,**

geboren in Kronstadt 1759 den 3. Juli, war der Sohn eines dasigen
Goldschmieds gleichen Namens. Da er seinen Vater frühzeitig verlor,
nahm sich sein nächster Verwandter Georg Draudt (Denkbl. I. 258) desselben väterlich an und sorgte für seine Ausbildung. Er widmete sich
der Pharmazie, legte die vorgeschriebene Prüfung in Wien ab und trat
in der Folge als Provisor in die Theissische Apotheke in Hermannstadt
ein, wo er den Anfang zu einer „Flora Cibiniensis" nach dem Linnéischen
Systeme und zu deren Abbildung nach Martius Methode[1]) machte. Schade,
daß so wenige dieser Abbildungen in das Publikum gekommen sind! Nach

---

[1]) Siebenbürgische Quartalschrift I. 310.

der Zeit hat Sigerus eine eigene Apotheke in Hermannstadt gekauft und Justina geb. Mangesius geheirathet.

Er starb in Hermannstadt am 7. September 1831.

1. Höchster Barometerstand in den Jahren 1797 — 1805. In den Siebenbürgischen Provinzialblättern II. 98—99.
2. Verzeichniß der in Siebenbürgen wildwachsenden offizinellen Pflanzen. Zwei Folioseiten. (Die latein:schen, offizinellen, deutschen, siebenbürgischen, ungarischen und walachischen Namen der Pflanzen enthaltend.) Der Siebenbürgischen Quartalschrift II. S. 314—315 beigefügt.

Zu diesem Verzeichniß hat der Hermannstädter Apotheker Sam. Kräutner in der Siebenbürgischen Quartalschrift III. 351—356 einen Nachtrag geliefert.

3. Herbarium vivum oder Sammlung der in Siebenbürgen vorkommenden offizinellen Pflanzen. Handschrift.

Im Jahr 1810 beschlossen die siebenbürgischen Landstände, nach vorheriger Prüfung dieses von ihnen bei Verhandlung des Regnicolardeput. Elaborates in re sanitatis aus eigener Bewegung dem Verfasser abverlangten Werkes, daß dasselbe durch den Druck bekannt gemacht werden sollte, um die hierländigen Pflanzen kennen zu lernen und den Ausfluß des Geldes in das Ausland für Pflanzen, welche auch hier zu Lande wachsen, zu verhindern. Jeder siebenbürgischer Apotheker mußte auf ein Exemplar davon mit 50 Rfl. pränumeriren um sich daraus zu belehren, in welcher Gegend die Pflanzen gefunden werden können. Um das Werk vollständig zu machen, wurde auch verordnet, daß Sigerus mit Lerchenfeld (s. Denkbl. II. 353) die noch unbereisten Gegenden Siebenbürgens bereisen, ihnen im Regulamentpreise überall Vorspann gegen Vergütung aus der Landeskasse verabfolgt, und von den Kreisbeamten aller Vorschub geleistet werden solle. Bevor jedoch Sigerus seine botanischen Reisen vollendete und ehe noch sein Werk zu drucken angefangen wurde, erschien das Finanz=Patent vom 20. Februar 1811 demnach der Preis des Buches von 50 fl. Bankozetteln im Februar 1812 auf 50 fl. Einlagscheine oder den fünffachen Preis erhöht werden mußte. Da dieser Preis den Pränumeranten zu hoch war, so standen sie von ihrer Pränumeration ab und da die Kosten des Werkes anders nicht bestritten werden konnten, so dispensirte das k. Gubernium im November 1812 Sigerus völlig von der Herausgabe desselben und er stellte die ursprüngliche Pränumeration den Pränumeranten wieder zurück.

4. Flora Transilvanica.

Die Anlage zu diesem Werk, behufs der Herausgabe desselben hatte Sigerus gemeinschaftlich mit Lerchenfeld bereits gemacht,[1]) ehe die vorberührte Aufforderung der Landstände, zur Einreichung seines Werkes im Jahre 1810 an ihn erging, und in 4 Bänden, jeden zu 100 Stücken, offizinelle Pflanzen gesammelt. Diese Sammlung machte mit der vorhergehenden eigentlich nur ein Werk aus. Da aber durch die Unterstützung der Stände dasselbe vollständiger werden sollte, so wollte solches Sigerus in zwei verschiedenen Büchern herausgeben und zwar:

a) Das Herbarium vivum in 5 Bänden, jeder 50 getrocknete Pflanzen, mit einem Blatt Papier bei jeder Pflanze und Angabe deren Namen und Kennzeichen enthaltend, wozu die umständlichere Beschreibung in der Flora Transs. zu finden sein sollte, — wenn sich zu je 50 fl. für ein Exemplar 50 Pränumeranten fänden.

b) Flora Transilvanica, welche die den Apothekern, Oekonomen und Handwerkern nöthigen (mithin auch die Beschreibung der im Herbarium vivum vorkommenden) Pflanzen, mit 50 bis 60 illuminirten Abbildungen der noch unbekannten Pflanzen enthalten sollte, wozu je 100 fl. für ein Exemplar die Zahl von 180 Pränumeranten für erforderlich erachtet wurde. Beide Werke wollte Sigerus mit Lerchenfeld gemeinschaftlich besorgen und den Text in lateinischer und deutscher Sprache (die ungarische Uebersetzung dazu sollte der Physikus des mittleren Szolnoker Komitats Emerich Zoványi nach dem Abschluß der Stände verfassen) liefern. Die über die Pränumerationsanzahl zu druckenden Exemplare wurde beiden Herausgebern für sich zu verkaufen bewilligt.

(Siebenbürgisches Landtags-Protokoll von 1810/1 S. 105, 163, 177, 187, 774.)

In der Transilvania, Beiblatt zum Siebenbürger Boten 1843 Nr. 94 S. 412 wird folgende Nachricht ertheilt:

---

[1]) S. die Ankündigung einer Sammlung aller in Siebenbürgen wachsenden offizinellen Pflanzen von Peter Sigerus, Apotheker. Hermannstadt den 1. April 1799 in dem Siebenbürgischen Intelligenzblatt vom 8. und 15. April 1799 Nr. 13 und 14 S. 101 und 107.

„Die naturhistorischen Sammlungen des Hermannstädter evang. Gymnasiums haben durch das Geschenk, welches der Universitäts-Kanzlist Karl Sigerus demselben vor wenigen Tagen (im November 1843) mit dem Herbarium seines seligen Vaters gemacht hat, einen sehr bedeutenden und werthvollen Zuwachs erhalten. Ausgezeichnet durch geradsinnige Biederkeit und Gewissenhaftigkeit gehörte der Apotheker Peter Sigerus zugleich zu den eifrigsten und kenntnißreichsten Naturforschern Siebenbürgens, und sein Name glänzt in der Geschichte der siebenbürgischen Pflanzenkunde neben dem würdigen Baumgarten. Den sprechendsten Beweis seiner rastlosen Thätigkeit auf diesem Felde gibt das erwähnte von ihm angelegte Herbarium. Es enthält in 26 Foliobänden 451 Genera und über 1600 Spezies und Varietäten größtentheils in Siebenbürgen gesammelter Pflanzen. Darunter befinden sich mehrere seltene, ächt siebenbürgische, dann mehrere in Baumgartens Werke nicht enthaltene, und endlich mehrere Pflanzen, welche nach dem Urtheil eines sehr geschickten Botanikers, welchem wir diese Mittheilungen verdanken, wahrscheinlich bis noch unbekannte Spezies sein dürften."

Tr. **Sigmund Joseph,**

geboren in Schäßburg am 19. März 1814, Sohn des im Jahre 1842 verstorbenen Denndorfer Pfarrers Michael Sigmund und Bruder des Dr. Karl Ludwig Sigmund, von Schäßburg gebürtig, starb als Doktor der Medizin und praktizirender Arzt in Mediasch am 9. September 1842 beil. 28 Jahre alt.

Diss inaug. med. exponens tractamen partus et puerperii sub decursu naturali normalique, prout in Instituto obstetricio Regiae Scientiarum Universitatis Hungaricae Pestiensis locum habet, quam consensu et auctoritate Mgn. D. Praesidis et Directoris, Spect. Decani, nec non Clariss. D. Professorum pro gradu Doctoris medicinae consequendo in Regia Scientiarum Universitate Pestiensi, conscripsit J. S. Saxo Schaessburgo Transilvaniensis. Theses adnexae defendentur in aedibus facultatis medicae die 3. Maji 1839. Budae, typis Joan Gyurián et Mart. Bagó. 8-o. 19 S.

Tr. **Sigmund Karl Ludwig,**

Doktor der Medizin und Chirurgie, k. k. Operateur und Magister der Geburtshilfe, o. ö. Prof. der Medizin an der k. k. Universität und Primararzt im k. k. allgemeinen Krankenhause zu Wien, beeideter Gerichtsarzt der

Haupt= und Residenzstadt Wien, Mitglied der medicinischen Fakultät und der k. k. Gesellschaft der Aerzte in Wien, ordentliches, correspondirendes oder Ehrenmitglied der gelehrten Vereine und Akademien in Athen, Baden, (1841) Berlin, Brüssel, (1843) Edinburg, Dresden, Erlangen, Florenz, Frauendorf, Halle, Hamburg, Hermannstadt, Jassy, Leipzig, London, München, Minden, New=York, Offenburg, Ofen, Pest, Paris, (1851) Sct. Petersburg, Stockholm, Turin, Warschau und Wien, Commandeur des königl. spanischen Isabellen= und Ritter des kaiserl. Osmanischen Medsidié=Ordens, erhielt vom französischen Kaiser Napoleon III. das Ritterkreuz der französischen Ehren=Legion im Dezember 1866. Geboren in Schäßburg 27. August 1810, legte Siegmund den Grund zu seiner Ausbildung an den Unter= und Ober=Gymnasialschulen seiner Vaterstadt, erlangte den chirurgischen Doctor=Grad nebst dem Magisterium der Augenheilkunst und Geburtshilfe an der k. k. medicinisch=chirurgischen Josephs=Akademie in Wien 1831 und die medicinische Doctorwürde an der königl. ungarischen Landes=Universität zu Pest im Jahre 1837 und wurde mittelst allerhöchster Entschließung vom 26. Juli 1842 zum Primar=Wundarzt im Wiener allgemeinen Krankenhause ernannt.

Er machte im Jahre 1843 auf kaiserliche Kosten eine wissenschaftliche Reise nach Paris, wurde am 21. November 1866 vom Kaiser Franz Joseph mit dem Prädikate „von Ilanor" [1]) in den Adel= und im Dezember 1871, nachdem er das Ritterkreuz des k. k. Ordens der eisernen Krone III. Klasse erhalten hatte, in den österreichischen Ritterstand erhoben. Er erfreut sich in= und außerhalb Oesterreich und Ungarn des Rufes eines der ausgezeichnetesten jetzt lebenden Aerzte in Europa. [2])

Dr. Sigmund hat viele Abhandlungen in in= und ausländischen Zeitschriften veröffentlicht. Von seinen selbständigen Druckschriften, zu deren Ausarbeitung seine ausgebreitete ärztliche Praxis ihm wohl wenige Muße zugelassen hat und noch zuläßt, kann ich, in Ermangelung eines vollständigen Verzeichnisses, nur die nachbenannten anführen:

1. Füred's Mineralquellen und der Plattensee, für Aerzte und Badegäste nach den vorhandenen Hilfsmitteln und eigenen Untersuchungen dargestellt. Pest bei Hartleben 1837. gr. 8-vo. 112 S.

---

[1]) Ilanor war der Name eines in früherer Zeit der Familie Sigmund gehörigen Prädiums, welches ein benachbarter Güterbesitzer Haller in Weißkirch (bei Schäßburg) vor Alters seinem adeligen Grundbesitze annectirt haben soll.
[2]) Dr. Sigmunds Porträt kömmt unter den Brustbildern des medizinischen Professoren=Collegiums der Wiener Universität von Rauch als das zweite rechts, und für sich u. a. in dem Oesterreichischen Medizinal=Kalender von Dr. Joseph Raber vom Jahre 1866 als Titelkupfer „Druck von Reisenstein und Rösch in Wien" vor.

2. Beobachtungen über die Flechte und ihre Verbindungen, nebst einem neuen specifischen Mittel zu deren Heilung, nemlich dem **Anthrakokali.** Nach der lateinischen Handschrift des Verf. (Jos. Polya), übersetzt von K. L. S., Pest bei Hartleben 1837. gr. 8-vo.

3. Gleichenberg, seine Mineralquellen und der Curort. Aerztliche Mittheilungen von Dr. K. L. S. Wien bei Tendler und Schäfer 1840. 51 S. 8-vo. Der k. k. Gesellschaft der Aerzte in Wien gewidmet.

In der kurzen Recension dieser Schrift, welche die medicinischen Jahrbücher des k. k. österr. Staates, 32. Band, (oder neueste Folge, 23. Band) 1. Stück S. 146—147 enthalten, heißt es: „Somit sei das bündig abgefaßte Werkchen den Kollegen, welchen gewiß Indicationen für Gleichenberg, leider oft genug, unterkommen, aufs Beste als Wegweiser, und Verfassern ähnlicher Monografien **als Muster** empfohlen."

Die 20. Auflage „mit Bemerkungen über den Gebrauch des versendeten Wassers" erschien ebendaselbst. 1846. 8-vo.

4. Zur Pest- und Quarantänefrage. Bemerkungen mit Beziehung auf die Schrift (des Max. Heine): „Beiträge zur Geschichte der orientalischen Pest." (Wien 1848) Lexiconformat 32 Halbseiten.

Der Verfasser beantragt: a) Revision des Pestpolizeigesetzes vom Jahre 1837. b) Verschmelzung der österr. Quarantäne mit den walachisch-moldauischen und serbisch-griechischen Anstalten. c) Vorbereitung einer radikalen und allgemeinen Reform des Quarantäne-Wesens durch gründliches Studium der Pest an Ort und Stelle; worüber der Verf. im April 1845 dem Präsidium der Hofkammer und dem Hofkanzlei-Referenten Vorschläge [1]) eingereicht hatte. Die Pest selbst betreffend, spricht der Verf. die Meinung aus, daß die Ansicht der Pariser Akademie von der Nichtcontagiosität der Pest, unter den meisten neueren Beobachtern vorwiegend einer ferneren Begründung bedürfe, ebenso die Verpesteten allein die Infektionsheerde bildeten und auf diese Art die Pest durch die Luft fortpflanzten; daß ferner ungebrauchte Effekten nicht gefährlich seien, gebrauchte alte Kleider, Pelze u. s. w., dagegen einer passenden Reinigung unterzogen werden müßten, und daß bei Annahme einer Incubationsperiode der Pest von acht Tagen, um der Furchtsamen Willen ein

---

[1]) **Ersterem:** Kurzgefaßte Denkschrift über unsere Quarantäne- und Pestgesetzgebung; dem **Zweiten:** Abhandlung über denselben Gegenstand, mit den erforderlichen Belegen.

oder der andere Tag zugegeben werden könne, wodurch für das Quarantänewesen viel werde gewonnen werden.

Man vergleiche hiemit die Artikel Dr. Sigmunds: a) „Der Stand der Quarantänefrage in Wien" in dem Satelliten des Siebenbürger Wochenblattes vom 17. April 1848. Nr. 31, Seite 152—153, b) Bemerkungen über das neue Pestpolizei-Gesetz in der österreichischen medicinischen Wochenschrift, Jahrgang 1845 III. dann 1847 III. und IV. sowie 1848. II. III. IV. Theil; und c) Ueber die Quarantäne-Reform ebendaselbst 1849. (oder 1850—1852?) S. 1. ff. in welch' letzterem Artikel er sowohl die k. k. österreichischen, als auch die in den Donaufürstenthümern bestehenden und in der Türkei auf Sultan Mahmuds Befehl errichteten, aber wieder eingegangenen Quarantänen, nach eigenen ein Jahr vorher (d. i. vor Veröffentlichung dieses Artikels) von ihm, als ausgeschicktem Commissions-Mitglied, zur Anbahnung einer Quarantäne-Reform, nach Ermittlung der Quarantäne-Anstalten auch in der Levante, auf den Sanitäts-Cordons und in den Quarantänen selbst genommenen Anschauungen beschrieben hat.

5. Das von mir geübte Verfahren der Einreibungskur mit grauer Salbe bei der Syphilis. Wien 1856, gedruckt bei A. Pichlers Witwe und Sohn. 8-vo. 16 S.

(Aus der Wiener medicinischen Wochenschrift 1856, besonders abgedruckt). 2. vermehrter und verbesserter Abdruck unterm Titel: Anweisung zur Einreibungskur mit grauer Salbe bei Syphilisformen nach eigenen Beobachtungen. Wien, Braumüller 1859, gr. 8-vo. VII. 46 S.

6. Südliche klimatische Curorte, mit besonderer Rücksicht auf Venedig, Nizza, Pisa, Meran und Triest. Beobachtungen und Rathschläge von C. L. S. Wien 1857, gedruckt bei Josef Stöckholzer v. Hirschfeld, Wilh. Braumüller. 8-vo. 114 S.

7. Südliche klimatische Curorte mit besonderer Rücksicht auf Pisa, Nizza und die Riviera, Venedig, Meran und Gries. Beobachtungen und Rathschläge. 2. vermehrte Auflage, Wien 1859. Wilh. Braumüller, 8-vo. 219 S.

Inhalt: Einleitung. Beziehungen der Reise Siecher nach dem Süden und des ersten Aufenthalts daselbst. Pisa, Nizza, Curorte an der Riviera di Ponente: Villafranca, Mentone, San-Remo, Cannes, Venedig. Curorte in Südtirol: Meran, Gries, Triest.

8. Syphilisationen bei syphilitischen Krankheitsformen. Wien A. Pichlers Witwe und Sohn. 8-vo. 4 Bl.
(Aus der Wiener medicinischen Wochenschrift 1859 besonders abgedruckt).
9. Anweisung zur Einreibungscur mit grauer Salbe bei Syphilisformen. Nach eigenen Beobachtungen. 2. vermehrter und verbesserter Abdruck. Wien 1869. Wilh. Braumüller, 46 S. in 8-vo.
Die 3. Auflage erschien unter dem Titel: „Die Einreibungscur mit grauer Quecksilbersalbe bei Syphilisformen. Anleitung nach eigenen Beobachtungen. 3. umgearbeitete Auflage. Wien 1866. Wilh. Braumüller, k. k. Hof- und Universitäts-Buchhändler. 8-vo. 92 Seiten.
10. Uebersicht der bekanntesten zu Bade- und Trinkcur-Anstalten benützten Mineralwässer Siebenbürgens. Nach den neuesten chemischen Analysen und ämtlichen Erhebungen in den Jahren 1858 und 1859. Herausgegeben und eingeleitet von Professor Dr. Sigmund in Wien. Wien 1860 bei Wilh. Braumüller. 8-vo. IV. 76 S. (Angezeigt in der Wiener Zeitung vom 26. Mai 1860, Nr. 126, S. 2205.)
11. Uebersicht der bekanntesten zu Bade- und Trinkcur-Anstalten benützten Mineralwässer Siebenbürgens. Nach den neuesten geologischen Aufnahmen, chemischen Analysen und ämtlichen Erhebungen. Herausgegeben und eingeleitet von Dr. C. Sigmund von Ilanor, öffentl. ordentl. Professor der Medicin an der Universität in Wien. 2. durchgehends umgearbeitete Auflage. (Braumüllers Badebibliothek Nr. 20) Wien, Wilh. Braumüller, k. k. Hof- und Universitäts-Buchhändler 1868. 8-vo. VIII. 195 S.
12. Heilquellen und Curorte des österreichischen Kaiserstaates und Ober-Italiens. Mit einem Vorworte von den Vorständen des balneologischen Comités, Hofrath Johann Oppolzer, Professor, em. Rector der Wiener Universität und Ritter hoher Orden. Dr. Karl Sigmund, Professor, Primar-Arzt am Wiener Krankenhause und Ritter hoher Orden ꝛc. Nach ämtlichen Mittheilungen bearbeitet von Dr. August Freiherr von Härdtl, Ritter des k. belgischen Leopoldordens, Badearzt zu Bad-Gastein ꝛc. Wien 1862. Wilh. Braumüller. gr. 8-vo.

Tr. **Simonis Ludwig Wilh. Gottfr.,**

Doctor der Medicin, geboren in Schäßburg am 15. Februar 1807. Sohn des Keißder Pfarrers Georg Simonis, studirte in Schäßburg, dann an der

Universität in Wien, und practizirt als Arzt in Mühlbach, wo er zugleich Kreis-Physikus ist.

Diss inaug. med. de Delirio cum tremore, quam pro Doctoris Med. laurea etc. in C. R. Universitate Patavina publicas Eruditorum disquisitioni submittit L. W. G. S. Patavii typis Val. Crescinii 1834. 8-vo. 21 S.

Tr. **Simonis Martin,**
von armen Eltern zu Hermannstadt im Jahre 1732 geboren, verlor seinen Vater, als er erst 5 Jahre alt war, konnte aber doch durch die Hilfe wohlthätiger Unterstützer seiner Neigung zum Studiren folgen. Er ward sonach Togat am Hermannstädter Gymnasium im Jahre 1750 und durch Empfehlung des Rectors Andreas Schunn, Privatlehrer in verschiedenen vermöglichen Häusern. Im Jahre 1760 besuchte er von seinen Gönnern unterstützt, die Universität zu Erlangen, kehrte 1762 in die Vaterstadt zurück, und wurde hier 1763 zum Lehrer der Rhetorik und Mathematik angestellt, nach 4 Jahren zum Rector des Gymnasiums, im Jahre 1772 zum Pfarrer in Neudorf, ferner 1785 zum Syndikus, am 8. Januar 1793 aber zum Dechanten des Hermannstädter Capitels, und endlich am 22. Jänner 1794 zum Stadtpfarrer in Hermannstadt erwählt, als welcher er am 13. März 1805 seine Laufbahn vollendete.[1])

Sein gelehrter Nachlaß bestand außer einigen Collectaneen zur vaterländischen Geschichte und dem Kirchenrechte, in einem am 11. Juli 1781 zuerst in der Hermannstädter Capitular-Versammlung aufgelesenen, für nützlich und brauchbar anerkannten handschriftlichen Werkchen unter dem Titel:

Rituale Parochorum.

Es ist in deutscher Sprache verfaßt, und nicht in Druck erschienen.

Seiv. **Simonius Johann,**
von Hermannstadt, ein gelehrter Mann, aber ein sehr satyrischer Geist. Stephanus Simonius, Provinzial-Notarius zu Hermannstadt und Barbara Reichhalmer, waren seine Eltern. Er verlor seinen Vater sehr frühzeitig, indem dieser den 28. December 1623 starb; doch machte er von seinen Naturgaben einen so guten Gebrauch, daß er einer der gelehrtesten Männer seiner Zeit wurde. Im Jahre 1650, erhielt er das Provinzialnotariat, welches er bis 1662 verwaltete, und 1664 das Konsulat, darin ihm zwar 1666, Jakob Kapp, folgte, allein das folgende Jahr wurde er wieder zum

---

[1]) Siebenb. Provinzialblätter III. 68—71.

Bürgermeister erwählet. Von 1668 blieb er Prokonsul, und wegen seines Verstandes und Witzes würdigte ihn Fürst Michael Apafi vieler Vertraulichkeit; auf dem Landtage aber zu Fogarasch 1665, erwies er ihm eine schlechte Gnade. Den 19. November bat Simonius denselben im Namen der Sächsischen Nation allerunterthänigst, ihnen den S. Martin Zins, wie er es bei seiner Erhebung zum Fürstenthume feierlich und schriftlich zugesagt, auch künftighin gnädigst zu erlassen. Die Nation gab nämlich jährlich um das Fest des H. Martin ihrem Fürsten ein freiwilliges Geschenk von 7500 Gulden, zur Unterhaltung seiner Pferde, davon dann die Fürsten, dem Grafen der Nation hundert Gulden verehrten. Dieses freiwillige Geschenk wurde endlich eine Schuldigkeit. Wie aber Michael Apafi 1661 zur Regierung kam, und wegen Geldmangels in Verlegenheit war, so unterstützte ihn die Nation freiwillig, mit der unterthänigsten Bitte, den Martins Zins auf ewig aufzuheben. Apafi that es, aber 1665 forderte er ihn wieder. Da ihn nun Simonius an diese ehemalige Zusage erinnerte, unterbrach ihn der Fürst, und fragte hitzig: ob sie den auferlegten Tribut mitgebracht hätten? — Simonius antwortete, und wollte in seiner Rede fortfahren. Da ergriff Apafi seinen Streitkolben vom Tische, und versetzte ihm etliche Hiebe über die Schultern, davon aber einer den Vizemarschall, Stephan Naláczi, der den Fürsten besänftigen wollte, traf, und ließ darauf die Sächsischen Abgeordneten, sogleich mit Androhung des Todes, gefangen setzen. Doch den fünften Tag erhielten sie ihre Freiheit wieder[1]), weil man sich fürchtete, die Nation würde sich wegen der Mißhandlung ihrer Gesandten bei der Pforte beklagen. Simonius wurde zwar mit dem Fürsten ausgesöhnt; allein
Manet alta monte repostum;
und Apafi konnte ihn nicht mehr zur alten Vertraulichkeit bewegen.

Mit seinem Stadtpfarrer, Johann Grafius, lebte Simonius auch immer in Streitigkeiten. Diese gingen dem Ersteren so nahe, daß er bei seinem Tode 1668 hinterließ, die vom Somonius erhaltenen bitteren Briefe, in seinen Sarg beizulegen, wie ehemals der Märtyrer Babyla seine Bande und Fesseln. Simonius überlebte ihn auch nicht gar lange, indem er 1669, in 40-sten Jahr starb, und den 11 Mai begraben wurde. Sein Denkmal in der Parochialkirche, enthält sein Wappen: einen Mann, der auf einem

---

[1]) Die Geschichte der Apafischen Brutalität erzählt ebenso Gunesch in meiner Ausgabe der Fuchsischen Chronik II. 140—141. Vergl. damit Joh. Bethlens Erzählung in seiner Contin. Hist. Transilv. I. 264 und darüber, sowie über das Honorarium S. Martini selbst „das Lucrum Camerae von Jos. v. Bedeus" in der Transsilvania, herausgegeben von Benigni und Neugeboren III. 117 und folgende. Tr.

Löwen sitzt, und seinen Wahlspruch: Mors Christi vita nostra. Seine erste Gemahlin Agnetha war eine Tochter des Königsrichters Valentin Frank des Aeltern, die zweite aber, Anna Maria Sutoris, eine Pfarrerstochter von Rabeln, mit welcher er zwei Söhne und eine Tochter zeugte, davon Georg Simonius die Rathsherrenwürde erhalten hat. Von Simonius hat man in Handschrift;

1. Davidis Hermanni Jurisprudentia Ecclesiastica, aucta & limitata a. J. S. C. T. N. P. S.

Die Erklärung dieser Anfangsbuchstaben ist so leicht nicht, weil sie verschiedene Bedeutungen zulassen. Die, welche Benkö in Transilv. Tom. II. S. 430, aus den Handschriften des Georg Matthiae anführt, ist wohl die ungegründetste: Joannes Scharsius, Cibinio-Transilvanus, nunc Pastor Sabesiensis. Denn dieser Scharsius war kein Hermannstädter, noch jemals Pfarrer zu Mühlbach. Er nennt sich selbst Fillectelkensis, (von Füllendorf) war zuerst Pfarrer in Scharosch, von daher kam er 1650 nach Medwisch, wurde 1658 Generaldechant und starb 1659. Wahrscheinlicher ist die Auflösung, die der gelehrte Peter Bod, in einer handschriftlichen Anmerkung in Schmeitzels Diss. Epist. de Statu Eccles. Luther. in Transilv. S. 104 gefunden, nämlich: Joannes Simonius, Cibinio-Transilvanus, Notarius Provincialis Saxonum. Simonius und Hermann waren sehr gute Freunde. Dieser schrieb auch dem ersten seine Wiederlegung des närrischen Israel Hiebners 1656 zu, darinnen er ihn Litteratorum ipsum litteratissimum nennt. So kann es leicht sein, daß Simonius diese Handschrift seines Freundes, theils in Absicht des politischen Standes gemildert, theils vermehrt hat.

2. Oratio de ignorantia Transylvanicorum ante Reformationem Monachorum stupenda. Handschrift.

Vermuthlich eben diese Rede ist es, welche Hauer in Bibliotheca Hung. et Transylv. historica (Denkbl. II. 63) unter dem Titel: „De Monachis Transylvanorum ante Reformationem anführt. Von Simonius heißt es in dem XVI. Siebenbürgischen Landtags-Artikel vom 24. September 1663: „Joannes Simonius Cibiniensis ratione 535. florenorum, ipsi imputatorum, a Statibus et Ordinibus absolvitur."

Tr. **Simonius Paul,**
ein Bistritzer, welcher in den Jahren 1617 und 1619 die nachbenannten Streitschriften an der hohen Schule zu Danzig vertheidigte:

1. Meteorologia Generalis, praeside Adriano Pauli P. P. ad d. 16. Dec. Dantisci 1617. 4-o. 20 S.
2. Disp. theologica de orgine fontium et fluminum, eodem präside d. 8. Jun. Dantisci 1619. 4-o. 20 S.

Tr. **Sintenis Christian Friedrich,**

absolvirte das Gymnasium zu Zerbst, studirte durch vier Jahre an den Universitäten zu Göttingen, Berlin und Halle Philologie und Theologie und war in Halle auch ordentliches Mitglied des königlichen philologischen und auch des pädagogischen Seminars. Im Sommer des Jahres 1855 folgte er einem Ruf an das Bistritzer evangelische Gymnasium und unterrichtete in der III. V. VI. und VIII. Klasse in der hebräischen, griechischen, deutschen und französischen Sprache, sowie in der Geschichte bis zum Jahre 1857. In Folge von Unmäßigkeit im Genuß geistiger Getränke mußte er, nach fruchtlosen Verwarnungen, einen anderen Beruf suchen, welchen er endlich in Nord-Amerika fand. Er wurde als Professor der deutschen Sprache und Literatur im Collegе in New-York auf drei Jahre angestellt, mit einem Gehalte jährlicher 2700 fl. und freier Ueberfahrt erster Klasse auf der „Atlantic", nachdem er zuvor in Leipzig doktorirt hatte. (Satellit vom 18. Juni 1858. S. 275.)

1. Disquisitionum philologicarum Particula prima et altera, quas scripsit et Collegae dilectissimo suo Dr. K. G. Thön sacras esse voluit C. F. S. Professor Bistritiensis. Cibinii 1856. typis Filtschianis 8-vo. 22. S.

(Enthaltend S. 3—11 eine lateinische Abhandlung de Horatii Satira II, 7. und S. 13—22 eine deutsche Abhandlung über die Homerischen Gedichte.)

2. Etymologische Forschungen auf dem Gebiete des Lateinischen und Griechischen, enthalten Seite 1—26 des fünften Programms des evangelischen Gymnasiums zu Bistritz vom Schuljahre 1855/6 (s. Denkbl.) I. 200.

Tr. **Sobola Johann und Dr. Krathy Wenzel Eduard,**

Directoren des k. k. katholischen Staats-Gymnasiums in Hermannstadt. Der Erstere vom Jahr 1855 bis 1858 wurde mit Allerhöchster Entschließung vom 30. September 1858 zum Direktor des in Pest eröffneten

k. k. Staats-Gymnasiums ernannt und am 27. November 1858 mit dem goldenen Verdienstkreuz ausgezeichnet; der Letztere Director vom Jahre 1859/60 bis 1867/8. ¹)

Dieselben haben veröffentlicht:

Jahres-Bericht über das k. k. katholische Staats-Gymnasium in Hermannstadt während des Schuljahres 1855 veröffentlicht von dem provisorischen Direktor Johann Sobola, Hermannstadt 1855. Druck von Th. Steinhaussen. 4-vo. 32 Seiten. Inhalt: 1. Kurze historische Skizze über das römisch-katholische Gymnasium in Hermannstadt vom provisorischen Direktor, S. 3—5. 2. Historische Geschichte und Systeme von Johann Nepomucky, S. 5—12. 3. Schulnachrichten vom provisorischen Direktor S. 12—32.

Programm und Jahresbericht des k. k. katholischen Staats-Gymnasiums in Hermannstadt für das Schuljahr 1856. Ebenda 1856. Inhalt: 1. Ueber Ebbe und Flut, von Eduard Krischel, S. 3—21. 2. Der Brand Roms unter Nero, von Theodor Pantke, S. 21—29. 3. Schulnachrichten vom Direktor, S. 30—46.

Programm für 1857. Ebend. 1857. 4-vo. 38 Seiten. Inhalt: 1. Die Geten und Daken von Wilhelm Schmidt, S. 3—19. Schulnachrichten vom Direktor, S. 20—37.

Programm des k. k. kathol. Staats-Gymnasiums in Hermannstadt für das Schuljahr 1858. 4-vo. 17 S. Inhalt: 1. Entstehung und Bedeutung der Normännischen Seefahrten im Mittelalter von Eduard Scholz, S. 3—11. Schulnachrichten vom Direktor, S. 12—17.

Programm des k. k kathol. Staats-Gymnasiums in Hermannstadt für das Schuljahr 1858/9. Ebendas. 4. 19 Seiten Inhalt: 1. Aeschilus Agamemnon und die gleichnämige Tragödie des Tragikers Seeca. Parallel von Josef Hillebrand, S. 3—12. 2. Schulnachrichten von Josef Hillebrand, S. 13—19.

Programm des k. k. kathol. Staats-Gymnasiums in Hermannstadt, für das Schuljahr 1859/60, Ebendas. 4-vo. 15 S. Inhalt: 1. Daken und Geten in ihrem Verhältnisse zu Rom in der Zeit von C. J. Cäsar bis auf Kaiser Domitian von Wilh. Schmidt, S. 3—11. 2. Schulnachrichten vom Direktor Dr. Wenzel Eduard Kratky, Seite 12—15.

---

¹) Das Programm dieses Gymnasiums für das Interkalar-Schuljahr 1858/9 hat der Professor Josef Hillebrand in deutscher und nachdem dasselbe königl. ungarisches Staats-Gymnasium geworden, das Programm für 1868/9 der neue Direktor Ignaz Veress in ungarischer Sprache herausgegeben.

Programm des k. k. kathol. Staats-Gymnasiums in Hermannstadt, für das Schuljahr 1860/61. Ebendas. 4-vo. 13 Seiten. Inhalt: 1. Daken und Geten in ihrem Verhältnisse zu Rom in der Zeit von C. J. Cäsar bis auf Kaiser Domitian von Wilh. Schmidt (Schluß) S. 3—8. 2. Schulnachrichten vom Direktor Dr. Kratky, S. 9—13. Für das Schuljahr 1861/2 ist kein Schulprogramm vom Hermannstädter kathol. Staats-Gymnasium in Druck erschienen.

Programm des k. k. kathol. Staats-Gymnasiums in Hermannstadt, für das Schuljahr 1862/3. Ebendas. 4-vo. 34 S. Inhalt: 1. Lexikalische Randglossen von J. A. Rozek, S. 3—12. 2. Schulnachrichten vom Direktor Dr. Kratky, S. 13—25. 3. Verzeichniß sämmtlicher Schüler des k. k. Staats-Gymnasium in Hermannstadt 1862/3. S. 27—30.

Programm des k. k. kathol. Staats-Gymnasiums in Hermannstadt, für das Schuljahr 1863/4 Ebend. 4-vo. 26 S. Inhalt: 1. Die politische Bedeutung der Stoiker Roms im 1. christlichen Jahrhundert von Franz Wimmerer S. 3—8. 2. Schulnachrichten vom Direktor Dr. Kratky, S. 9—21. 3. Verzeichniß sämmtlicher Schüler 1863/4, S. 23—26.

Programm des k. k. kathol. Staats-Gymnasiums in Hermannstadt, für das Schuljahr 1864/5. Ebend. 4-vo. 40 S. Inhalt: 1. De natura latinitatis Justinianis scripsit J. Alexander Rozek, S. 3—22, 2. Schulnachrichten vom Direktor Dr. Kratky, S. 23—35. 3. Verzeichniß sämmtlicher Schüler 1864/5. S. 37—40.

Programm des k. k. kathol. Staats-Gymnasiums in Hermannstadt, für das Schuljahr 1865/6 Ebend. 4-vo. 48 S. Inhalt: 1. Platons Euthyphron, oder die Erörterung über die Frömmigkeit von Jak. Walser, S. 3—32. 2 Schulnachrichten vom Direktor Dr. Kratky, S. 33—44. 3. Verzeichniß sämmtlicher Schüler 1865/6, S. 45—48.

Programm des k. k. kathol. Staats-Gymnasiums in Hermannstadt, für das Schuljahr 1866/7, Ebend. 4-vo. 39 S. Inhalt: 1. Der Streit der Häuser Habsburg, Luxemburg und Wittelsbach. Von Wilh. Schmidt, S. 1—27. Schulnachrichten vom Direktor Dr. Kratky, S. 28—39.

Programm des k. k. kathol. Staats-Gymnasiums in Hermannstadt, für das Schuljahr 1867/8, Ebendas. 4-vo. 33 S. Inhalt: 1. Der Streit der Häuser Habsburg, Luxemburg und Wittelsbach. Von Wilh. Schmidt, S. 1—20. Schulnachrichten vom Direktor Dr. Kratky, S. 21—31.

Tr. **Söllner Johann,**
Doktor der Rechte und politischen Wissenschaften, Rittmeister und Auditor des löblichen Prinz Savoyen 5. Dragoner Regiments 1. Klasse, starb in Maros-Vásárhely am 8. März 1851, (l. Siebenbürger Bote, Nr. 68, 1851, S. 330.)

    1. Vortrag, gehalten in der Versammlung des Vereins für siebenbürgische Landeskunde am 28. Mai 1847 in Großschenk. Kronstadt, Druck und Verlag von Johann Gött. 8-vo. 26 S.

    Der Verfasser handelt die Fragen ab:

  a) Sterben Völker, oder folgen sie dem ewigen Kreislaufe der Natur durch Wiedererwachen nach einem Schlummer, nach einer Ruhezeit, aus denen sie Vergnügungskraft schöpfen? Gleichen die Nationen den Geschlechtern und Arten der Thiere, welch' erstere nicht sterben, obgleich das Einzelne, das Individuum stirbt?

  b) **Ist die Sächsische Nation dem Erlöschen nahe?** wozu der Refrain folgender ist: „Wäre Marcus Porcius Kato 2081 Jahre später und im Sachsenlande geboren, er hielte in den Raths-Versammlungen keine Rede ohne den Schluß: **ego autem censeo** der **Populations-Stand der Sachsen muß erhöhet werden.**"

    2. Statistik des Großfürstenthums Siebenbürgen. Hermannstadt 1856, Druck und Verlag von Theodor Steinhaußen. 8-vo. VII. 408 S.

    Während dem Leben des Verf. und bis zum Ausbruch der Revolution im Jahr 1848 waren zwei Lieferungen, d. i. 240 S. gedruckt, die Fortsetzung des Drucks aber unterbrochen worden. Erst im Jahre 1856 wurde sofort der obige erste Band im Druck vollendet und durch E. A. Bielz (Denkbl. I. 133) mit einer Vorrede im März 1856 begleitet. In dieser Vorrede versprach der Herausgeber, diesen Band durch einen noch herauszugebenden Anhang zu ergänzen und zu vervollständigen, und anstatt des in Verlust gerathenen zweiten und dritten Bandes auch eine Darstellung der Verfassung, Verwaltung und Cultur Siebenbürgens zur Abschließung des ganzes Werkes nach dem Plane Söllners, nachfolgen zu lassen.

    Angezeigt durch Fr. Schuler v. Libloy in den Oesterreichischen Blättern für Literatur und Kunst vom 17. Jänner 1857 Nr. 3 S. 19.

Seiv. **Sommer Johann,**
Lehrer der Unitarischen Schule zu Klausenburg. Dieser große Dichter und schlechte Christ, war von Pirna in Meißen gebürtig, studirte zu Frankfurt

an der Oder, ließ sich aber aus Verdruß über die Musen, die ihre Lieblinge so wenig bereichern, von dem abenteuerlichen Prinzen Jakobus Heraklides, zu Kriegsdiensten bewegen, [1]) als derselbe einige Kriegsvölker sammelte, um sich die Moldau zu unterwerfen. Diesen Entwurf führte Heraklides 1561 mit Polnischer Hilfe aus. Da ihn die Moldauer für ihren Erlöser ansahen: so wurde es ihm ganz leicht, den verhaßten Wojwoden Alexander aus dem Lande zu schlagen, und sich des Fürstenthums zu bemächtigen. Nach hergestellter Ruhe, richtete er für seine Unterthanen eine Schule und Bibliothek auf, berief verschiedene Gelehrte nach der Moldau, und schenkte Sommer den Musen wieder, indem er ihn seiner neuen Schule vorsetzte. Da sich aber Heraklides, durch gewaltsame Veränderung der herrschenden Religion, und scharfe Bestrafung der Sitten, besonders des Adels, gar bald einen allgemeinen und tödtlichen Haß zuzog, so war seine Herrschaft von kurzer Dauer und ihr Ende tragisch. Hilflos und von allen verlassen, ward er im November 1563 ein trauriges Schlachtopfer seiner Feinde:

Despota sYb nonas host ILI obIt ense no Ve Membres.

Kaum konnte Sommer diesem tödtlichen Ungewitter entrinnen. Lange irrte er in walachischen Bauernkleidern herum, bis er endlich die Siebenbürgische Gränze erreichte und glücklich nach Kronstadt kam. Hier fand er eine willige Aufnahme, und seine schöne Kenntniß der Römischen und und Griechischen Litteratur, erwarb ihm 1565, das Schulrektorat, welches er bis 1567 verwaltete. [2]) Seine hiesige Muse weihte er, noch nicht fünf und zwanzig Jahre alt, der Beschreibung der Könige von Ungarn.

Diese Beschreibung vollendete er 1567. Das folgende Jahr begab er sich nach Bistritz, woselbst er gleichfalls an der Schule diente, und das Rektorat bis 1570 bekleidete. Hier besang er 1568, die Moldauische Niederlage, machte auch seinen Garten der Liebe bekannt; 1569, aber die Grausamkeit der Kolik und des Podagra. 1570 offenbarte sich endlich seine unreine Glaubenslehre; er begab sich daher nach Klausenburg, vereinigte sich mit dem Blandrata und Davidis, und wurde Lektor an ihrer

---

[1]) Bod in seinem Magyar Athenás S. 242. läßt ihn 1542 zu Wittenberg studiren. Wie wäre dieses möglich, da Sommer 1567, noch nicht 25 Jahre hatte? Doch ist dieses nicht der einzige Fehler seiner Nachrichten von diesem Dichter.

[2]) S. die Matricula civium Gymnasii Coron. in dem Kronstädter Gymnasial-Programm vom Jahre 1862/3, S. 3 und 22. Aus der Zeit des Sommer'schen Rektorates befinden sich noch einige von Sommer eigenhändig geschriebene Gedichte in einem Eberischen Kalender in der Kronstädter Gymnasialbibliothek.   Tr.

Schule;[1]) da er denn Vieles dazu beitrug, daß sich der Socinianismus gleich einem reißenden Strome, durch ganz Klausenburg ausbreitete. Er heirathete auch die Tochter des Davidis, hatte aber 1574 das Unglück nebst seiner Gemahlin und Schwiegermutter ein Opfer der Pest zu werden, die damals Klausenburg schrecklich verwüstete. Deswegen hat ihm ein Ungenannter die Grabschrift gesetzt:

Pestis eram Triados. Quid, dum mens sordida peste,
 Mirum? si corpus peste perire solet.

Mich wundert es sehr, wie die Nachrichten der Gelehrten von diesem Manne so verschieden und unrichtig sein können. Sandius in Bibl. Antitrinit. S. 57 deckt den Fehler derer auf, die den Dichter, Johann Sommer, in einen Ungarn und den Unitarier in einen Meißner verwandeln. Doch verfällt er in einen andern, wenn er mit Possewin behauptet: Blandrata und Davidis hätten ihn aus Teutschland nach Klausenburg berufen. Ein Gleiches behauptet auch Pingner in seiner Apodem. S. 54, vielleicht aber aus eben der Quelle. Nichtweniger irret Bod, wenn er Sommer aus der Moldau zuerst nach Bistritz kommen läßt. Ich glaube, Ursache zu haben, mich darüber zu verwundern, da Sommers Gedichte die wichtigsten Begebenheiten seines Lebens aufhellen.

Ich komme nunmehr auf Sommers Schriften:

1. Reges Hungarici, & Clades Moldavica: cujus etiam Hortulus amoris cum Colica, in forma Dramatis scripta, ad finem adjectus est. Omnia studio & opera Stephani Helneri, Senatoris Bistriciensis in Transylvania, collecta & in lucem edita. De Joanne Sommero, Pirnensi inter claros poetas, in appendice adjecta libello Georgii Fabricii, V. Ct. An. M. D. LXXIII:

Pannoniae facili descripsit carmine Reges
 Sommerus, & cladem Despota clare, tuam.

Witebergae. Clemens Schleich excud. M. D. LXXX. In 4.

Sind diese Gedichte gleich so spät herausgekommen, so sind sie doch die Erstlinge seiner Muse in Siebenbürgen. Man liest sie auch in des Paräus, Deliciis Poetarum Hungar. Frankfurt 1619. 12-mo.[2]) S. 355 bis 404. Nach Sommers Vorrede folgen: Andr. Schuleri, Bistricens. ΔΕΚΑΣΤΙΧΟΝ in Reges Sommeri Jonae Nicolai, Ostervicensis, Epi-

---

[1]) Siebenb. Provinzial-Blätter II. Székelys Unitária Vallás történetéi Erdélyben S. 103 und 106. Auch Engels Geschichte der Walachei und Moldau I. 37—38 II. 196—201. Tr.

[2]) Ist auch absonderlich ebendaselbst gedruckt worden.

gramma in Reges Hungaricos ad Stephauum Helnerum; Georg. Helneri, Coron. ΕΠΟΣ in historica Sommeri Carmina ad Lectorem, una cum ejusdem versibus graecis ad afluem suum. Steph. Hernerum; Daniel. Krechi, Bistric. Carmen in commendationem poematum Sommeri. Als bann I. Reges a Divo Stephano ad Ferdinandum usque I. & Joannem de Zapolya, 1567 geschrieben, und bem Anton Jungk, Rathsherrn zu Hermannstabt zugeeignet. Es find Elegische und nicht heroische Verse, wie Schmeltzel berichtet. II. Elegiae de Clade Moldavica. Dieser find find 15, welche Sommer bem Stephan Helner, 1568 ben 10. April zugeschrieben hat. III. Hortulus ingenii amoris, scriptus in honorem nuptiarum ornatissimi virtute & eruditione Viri, D. Antonii Iungk, Reipublicae Cibiniensis Senatoris & pudicissimae virginis Barbarae, d. 24. Jul. 1568. IV. Colicae et Podagrae Tyrannis, ad imitationem Tragoediarum veterum breviter descripta — 1569. Die Zueignungsschrift an ben berüchtigten Arzt, Georg Blanbrata, ist ben 1. Jänner 1570 unterschrieben.

2. Vita Jacobi Despotae Moldavorum Reguli, descripta a Joh. Sommero, Pirnensi, edita sumptibus Ill. & Gener. Dn. Emerici Forgách. Baronis in Gymes, Equ. Aurati, Comitis in Trinchin &c. Adjectae sunt ejusdem autoris de Clade Moldavica, Elegiae XV. quibus etiam Historia Despotica continetur. — Una cum explicatione quorundam locorum in hoc Sommeri Scripto, & Commentatiuncula brevi de Walachia & rebus Walachicis Petri Albini, Nivemontii, Historiogr. Saxo. & Prof. in Acad. Witeb. per haeredes Joh. Cratonis. 1587. in 4.

Sommer schrieb das Leben dieses berühmten Abenteurers an seinen guten Freund, Jakob Paläologus. Zugleich finden wir hier eine Stammtafel, die Heraklibes von seinen Ahnen noch 1558 zu Kronstabt hatte brucken laffen: Arbor Illustrissimae Heraclidarum familiae, quae & Dasorina, Basilica ac Despotica vocatur, justificata, comprobata, monumentisque & insignibus adaucta ab invictissimo Carolo V. Rom. Imp. & ab Imperiali Consistorio, An. 1555. Hierin leitet er fein Geschlecht nicht weiter her, als von bem Heraklibes Triptolemus des Homers, der König von Jelisus, Doris, und Thasus war.[1]

3. Elegia in nuptias Cl. Viri, D. Petri Bogneri, Coron. L. L. Doctoris, & Pudic. Virg. Annae, filiae D. Joachimi Koch, Consulis

---

[1] Ueber Peter Albinus, ben Herausgeber ber Vita Jacobi Despotae etc. und den Jakob Heraklibes selbst f. auch Haners Adversaria I. 226 und Engel an den in der vorhergehenden Note angeführten Orten. Tr.

Mediensis, A. 1569, die 20. Febr. scripta a Joanne Sommero, Rectore Scholae Bistric. Excusa Albae Juliae. in 4.

4. Oratio funebris In mortem Illustriss. ac Regiis virtutibus ornatissimi, vera etiam pietate Excellentissimi Principis ac Domini, Joannis II. Electi Regis Hung. — scripta a Joanne Sommero Pirnense, Scholae Claudiopolit. Lectore. Claudiopoli. 1571 in 4.

5. Refutatio scripti Petri Carolini, editi Witebergae, Scripta a Joh. Sommero Pirnensi, Scholae Claudiopol. in Transylvania Lectore, Deutr. VI. 4. Ingolstadii, ex officina Petri Ravisii, 1582, in 8.

Dieses Werk hat ein gewisser Theobosius Simberg mit einer Vorrede begleitet, und eigentlich zu Rakai herausgegeben. Man sehe des Saublus Bibl. Antitr. Sommer hatte es noch 1572 geschrieben, und die Schrift, die er zu widerlegen sucht, führt den Titel: Brevis, erudita & perspicua explicatio Orthodoxae Fidei, de uno vero Deo, Patre, Filio & Spiritu Sancto, adversus blasphemas Georgii Blandratae & Francisci Davidis errores, Libris duobus compraehensa, a Petro Carolino, Pastore Varadiensis Ecclesiae. Witebergae, 1571. in 8. Die Sommerische Widerlegung enthält auch das Glaubensbekenntniß von Jesu Christo, welches Franz Davidis den versammelten Ständen zu Thorda, den 17. April 1579, aus seinem Gefängnisse überreichen ließ.

6. Tractatus aliquot Christianae Religionis, quos sequens pagina indicat. Lucae, I. 6. Ingolstadii, A. CIↃ. IↃ. XXCII. in 8.

Auch diese Schrift hat Schimberg, unter der Larve, Ingolstadt, durch den Alexius Rabetz drucken lassen. Darin kommen vor:

I. Confutatio Objectionum, quarum facta est mentio in fine Epistolae praefixae libello Joannis Sommeri.

II. De Justificatione hominis coram Deo. Item Theses de Justificatione hominis coram Deo, exhibitae Senioribus Thordae, die 19. Septem. 1572. Responsio Seniorum exhibita Claudiopoli, 29. Septemb. 1572. Confutatio Responsionis praecedentis, 5. October, per Joh. Sommerum.

III. Scopus septimi Capitis ad Romanos, Adami Neuseri. a) A. 1572.

IV. Declamatiuncula contra praedestinationem Neotericorum.

V. Declamatio contra Baptismum adultorum, Joannis Sommeri.

VI. Theses de Deo Trino in Personis, uno in Essentia, ex ejus fundamentis, desumptae, Joannis Sommeri, 1571. Diese letzteren sind nach Zwittinger, S. 363. auch besonders gedruckt.

7. Ein geistliches Lied zur Zeit der Pestilenz.

Man liest es in des Rabetz Gesangbüchlein, und ist von Sommern 1570 verfertiget worden, als die Pest Klausenburg verwüstete. Es gibt uns einen Beweis, daß Sommer auch als ein deutscher Dichter einer der vorzüglichsten seiner Zeiten gewesen. Die erste Strophe ist:

> Ach Herr! sieh uns in Gnaden an,
> Verstopf nicht deine Ohren.
> Wenn wir bei Dir kein Hilfe han,
> So sind wir ganz verloren.
> Vertilg nicht ganz das Häuflein dein,
> Die Todten, die im Grabe sein,
> Die werden dich nicht loben.

In Jöcher's Gelehrten Lexikon wird in Abrede gestellt, daß etwas von Neusers Schriften gedruckt worden. Dieser berüchtigte Gelehrte war Anfangs Pfarrer bei der h. Geistkirche zu Heidelberg, verlor aber wegen des Arianismus seine Würde, worauf er endlich nach Siebenbürgen und Klausenburg kam, welches damals ein rechter Zufluchtsort der Feinde der Gottheit Jesu war. Von hier begab er sich nach Temesvar, woselbst die Unitarier gleichfalls eine Buchdruckerei hatten. Allein der kommandirende Bascha hielt ihn für einen Spion, ließ ihn gefänglich einziehen und schickte ihn nach Konstantinopel. Hier nahm er nebst verschiedenen anderen Reformirten die Mahomedanische Glaubenslehre an. S. Litt. Steph. Gerlachii ad Martinum Crusium An. 1575 scriptae, in David. Chytraei, Orat. de Statu Ecclesiae in Graecia — Witebergae, 1584.[1])

Tr. **Sonntag Michael,**

geboren in Hermannstadt 14. September 1794, studirte an der Universität zu Tübingen 1815 ꝛc., wurde Prediger in Hermannstadt 1829, von diesem Dienste aber beseitigt 1831 starb er bald darnach.

Numophylacii Gymnasii A. C. add. Descriptio. Partis II. Fasciculus 3. Cibinii, Barth. 1819. 4-to. II. 24 S.

---

[1]) Ueber den Renegaten Adam Neuser oder Neußer, s. David Hermanns handschriftliche Annalen zum J. 1567 und Hammers Geschichte des Osmanischen Reichs, 1. Ausgabe III. 613. 2. Ausgabe II. 434. 454.   Tr.

Tr. **Soterius Andreas.**

der Arzneikunst Doktor und der zweite Sohn des folgenden Georg Soterius. Er erwarb sich die Doktorwürde zu Halle im Magdeburgischen 1734. Nach seiner Zurückkunft lebte er zu Hermannstadt, ward daselbst Stadtphysikus, und endlich Rathsherr. Als solcher starb er 1775, den 9. Juli und hinterließ vier Söhne.

Dissertatio inauguralis Medica, de Dyssenteria, praeside Friderico Hoffmann, pro gradu Doctoris hubita, d. — Maji, 1734. Halae, in 4.

Tr. **Soterius Friedrich v. Sachsenheim,**

geboren in Hermannstadt am 5. März 1821, war der Sohn des am 22. Februar 1838 als General=Perceptor zu Hermannstadt verstorbenen Johann Michael Soterius von Sachsenheim und der Justine, Tochter des Lesch= kircher Königs=Richters Samuel Conrad. Nachdem er am Gymnasium seiner Vaterstadt, sofort aber zu Maros=Vásárhely unter Alexius Dosa die Rechte studirt hatte, trat er bei der k. Tafel in Maros=Vásárhely, bei dem k. sieb. Gubernium in Klausenburg und dem Stadt= und Stuhls= magistrat in Hermannstadt in Verwendung. Im Jahre 1845 nahm er Dienste bei der k. siebenb. Hofkanzlei und wurde nach dem Ableben seines mütterlichen Oheims, des siebenb. Hofagenten Franz Conrad, dessen Sammlungen er erbte, im Oktober 1847 selbst Siebenbürg. Hofagent. Der ausgebrochenen Unruhen wegen verließ er das Jahr darauf Wien, wurde von der Nations=Universität als Courier an den Feldmarschall Fürsten Windischgrätz entsendet und überbrachte nach mannichfachen Müh= salen 6000 Stück Gewehre von demselben nach Hermannstadt.

Nach beendigten Unruhen mit dem goldenen Verdienstkreuz ausge= zeichnet wurde er nach dem plötzlichen Tode des genialen Joseph von Rosenfeld († im Herbste 1849 an der Cholera in Bistritz) Distrikts= Referent bei dem Hermannstädter k. k. Distrikts=Ober=Commissariat, hei= ratete am 6. Oktober 1856 Clara, Tochter des pens. k. Thesaurariats= Raths Friedrich Müller, Edlen von Millborn. Bei der prov. Justiz= organisation in Siebenbürgen zum Landesgerichtsrath ernannt, stand er in Verwendung bei dem k. k. Justizministerium und blieb, am 4. Oktober 1854 zum k. k. Oberlandesgerichtsrath befördert, in dieser Verwendung bis zu seinem am 1. Juni 1856 in Wien erfolgten Ableben.

Sachsenheim war namentlich während der Jahre 1848 und 1849 im Interesse seiner Nation vielfach publizistisch thätig.

Das Werk, durch das er literarisch bekannt wurde, war:

Das allgemeine bürgerliche Gesetzbuch vom 1. Juni 1811 gültig für Siebenbürgen vom 1. September 1853 verglichen mit dem siebenbürgischen Civilrechte. Wien 1853—1856 gr. 8-vo. Verlag von Friedrich Manz. XC. Acht Hefte, 702 Seiten nebst 6 Seiten Inhalt mit der Anzeige: „Wegen Ableben des Verfassers kann das ganze Werk nicht vollendet werden."

(Geht bis zum 16. Hauptstücke des allg. bürg. Gesetzbuches. An der Fortsetzung wurde der Verstorbene durch einen frühzeitigen Tod verhindert. S. Transilvania 1857 Nr. 14 S. 55.)

Seiv. **Soterius Georg,**

dieser um die vaterländische Geschichte sehr verdiente Gelehrte war zu Bodendorf, Schäßburger Stuhls, wo sein Vater Pfarrer war, geboren. Nachdem er sich in Hermannstadt für die hohen Schulen vorbereitet hatte, begab er sich 1693 nach Wittenberg, wo er mit Unterstützung des Königsrichters von Frankenstein und Johann Bakosch, eines Hermannstädter Rathsherrn, bis 1696 verblieb. Hierauf reiste er über Hamburg nach Liveland und hielt sich zu Dörpt und Riga einige Zeit auf.[1] Bei seiner Zurückkunft fand er in dem Frankensteinischen Hause eine willige Aufnahme

---

[1] Die Veranlassung dazu gab dem Soterius die aus seinem Vaterlande erhaltene Nachricht von dem übeln Eindruck, welchen das dahin gedrungene Gerücht über seine angebliche Betheiligung an dem unglücklichen Duell seines Landsmannes Johann Kinder (s. d. Art.) mit dem Voigtländer Handel in Siebenbürgen gemacht hatte und die dadurch für sein Fortkommen in der Heimat rege gewordene Besorgniß. Sein Geschick führte ihn im Mai 1696 nach Neuhausen in Liveland (Neapolis Livonum), wo ihn auf Empfehlung des Wittenberger Orientalisten Edzardi der dasige evang. Ortspfarrer zum Adjunkten seines Erziehungs-Institutes aufnahm. Hier unterrichtete er zwei Jahre hindurch zwei Knaben und ein Mädchen. Das letztere, Martha genannt, war die Tochter des Samuel Stawronsky aus Lithauen, und wurde, wie J. K. Schuller in seiner vortrefflichen Biographie unseres G. Soterius in Benigni und Neugeborens Transilvania II. 206 ꝛc. und ein Ungenannter in der österreichischen Zeitung und daraus in einem in die (Kronstädter) Blätter für Geist, Gemüth ꝛc. vom J. 1857 Nr. 8 aufgenommen Zusatz-Artikel umständlich erzählen, durch Begünstigung der Umstände, später, nach geschehenem Uebertritt zur griechischen Kirche, die Gemalin des Kaisers von Rußland Peters des Großen und nach dessen Tode, seine Thronfolgerin und Selbstherrscherin von Rußland. Die Soterius'sche, nun „von Sachsenheimische" Familie bewahrt noch die weißbeinernen Schalen eines Messerpaares auf, welches das arme Mädchen ihrem Lehrer bei dessen Abschied zum Andenken verehrt hat. So erzählten J. K. Schuller und der Ungenannte a. a. O. letzterer mit dem Zusatz, „daß die Kaiserin Katharina noch aus ihrem Czaaren-Palaste einen Brief an ihren ehemaligen Lehrer, damals Pfarrer in Kreutz erlassen, und sich darin ihm in das Gedächtniß zurückgerufen und erkundigt habe, womit sie ihm dienen könne? Doch habe dieser keine irdischen Schätze bedurft, weil er sie auch nicht lange hätte genießen können, da er schon 1728, ein Jahre nach seiner gekrönten Schülerin gestorben sei." Tr.

und freien Gebrauch der Bibliothek. Hierauf diente er an der Schule und im Ministerium bis 1708, wo er als Archidiakonus zum Pfarrer nach Kreutz berufen wurde. Diese Pfarre wollte er nie verlassen und starb daselbst als Synditus des Keißder Kapitals den 10. Februar 1728 am Schlagflusse. Von seiner Gemahlin Agnetha Lupinus, die erst 1756, den 11. November gestorben, hinterließ er zwei würdige Söhne, Georg und Andreas, deren älterer sich der Kirche, der jüngere aber der Arzneikunst weihte. Schochter ist der eigentliche Name dieses noch blühenden Geschlechts. Die vielen handschriftlichen Werke, die Soterius hinterlassen, zeugen von seiner heißen Begierde, die Geschichte seines Vaterlandes aufzuhellen. Es sind folgende:

1. De Rebus Geticis & Dacicis. Hierinnen handelt der Verfasser in 6 Hauptstücken: I. De Origine & cognatione Getarum. II. De Rebus sacris Getarum. III. De Republica Getarum. IV. De Moribus Getarum. V. De Bellis Getarum. VI. De Dacorum reliquiis.

2. De Rebus Romanorum in Dacia. An. 1706 mit einer Zueignungsschrift an den damaligen Provinzialkonsul zu Hermannstadt, Andreas Teutsch. Dieses Werk enthält folgende Hauptstücke: I. De Rebus sacris. II. De Rebus Civilibus Romanorum. III. De Moribus Romanorum in Dacia. IV. De Bellis in Dacia & circa eandem. V. De Reliquiis Romanorum in Dacia, puta: Inscriptionibus lapidaribus, Nummis, Gemmis, Statuis, Signis &c. Dieses und das vorhergehende Werk hat der Verfasser nachgehends unter der Anfschrift: Dacia, vereinigt, und mit einer langen Vorrede begleitet.[1]

3. De Religione veterum Getarum, ad M. Isaacum Zabanium, Pastorem Cibin. Capitulique Decanum.

4. Commentariolus de Ducibus Valachiae. Er fängt mit dem Fürsten Bassaraba an, der unter König Karl dem Ersten, um das Jahr 1330 regierte und beschließt mit dem 39sten, Johann Nikolaus Mauroforbato.

5. Transylvania Celebris, seu Nomenclator Nationum, Familiarum & Personarum, ut & Locorum in Transylvania, Regionibus eidem conterminis, tam antiquitus, quam etiam hodierno tempore celebratorum, opera & studio Georgii Soterii, Pastor. Ecclesiae Crucensis. Dieses Werk ist in deutscher Sprache geschrieben und von Martin Felmer mit schätzbaren Anmerkungen bereichert worden.

---

[1] In Benignis und Neugeborens Transilvania a. a. O. S. 220 lautet der Titel Beider: „Res Gothorum et Romanorum Libri II."

6. Transylvania. Hierin handelt der Verfasser Cap. I. de Divisione
Daciae. II. De nominibus Transylvaniae. III. De Transylvaniae
Terminis. IV. De Transylvaniae Situ, Amplitudine & Forma. V. De
Montibus, Planitiebus, Cavernis & Hiatibus Transylvaniae. VI. De
Fluviis, lacubus, thermis, acidulis & voraginibus. VII. De Fertilitate
& divitiis. VIII. De Aditu Transylvaniae. IX. De Divisione & Pro-
vinciis ejus. X. De Transylvanis Gentibus. XI. De sacris Transylvanorum, worin aber der Verfasser, vielleicht durch seinen Tod verhindert, nur bis auf das 11 Jahrhundert gekommen ist. [1])
7. Cibinium. Soterius theilt diese ausführliche Beschreibung von Hermannstadt in 9 Hauptstücke ein. Im I. handelt er nach einer kurzen
Vorrede: 1. de nomine: Cibinium. 2. Hermannstabt. 3. de Titulis
honorariis. Im II. de Symbolo Urbis. Im III. de Conditore Vrbis.
Wobei er zweifelhaft ist, ob dieser Ort seinen Namen dem Hermann
von Nürnberg, oder einem heiligen Hermann zu danken habe. Im
IV. 1. Cibinum silva fuit olim. 2. Vicus vel in silva, vel penes
eam surrexit. 3. Oppidum ex vico emersit. 4. ex Oppido urbs est
facta. 5. Anuon olim Colonia, vel Municipium Romanum hic fuerit?
Im V. de Cibiniensium rerum Natura: Coeli, Aëris, Aquae, Hominum,
Animalium, Frugum, Arborum & Germinum. Im VI. de Situ Cibinii
Geographico, Chorographico, Topographico & Relativo. Im VII.
Quantum sit Cibinium ratione sui, sedis & pertinentium. Im VIII.
Quale sit Cibinum ratione Fortalitiorum, Aedium, Arearum, Platearum,
Angiportuum, Viarum, Portarum, Pontium, Scalarum, Villarum ad-
jacentium, Hortorum, Territorii & Census. Im dem IX. de Magi-
stratu: Summo, Ecclesiastico, Peregrino, Urbico, Superiori, Officiales,
Senatores, Centumviri, Militares, Viciniarum & Collegiorum, Villanorum,
Ministri Magistratus. Dieses letztere Hauptstück ist unvollendet geblieben. Der Verfasser hat viel Merkwürdiges gesammelt, allein in
der Herleitung der Namen scheint er nicht allemal glücklich gewesen
zu sein. Z. B. meinet er die Heidenmühle vor dem Heltauerthore,
habe den Namen von den Heiden, a paganis; da sie doch wahrscheinlich also heißt, weil sie auf der Heide liegt. So leitet er
den Namen des Berges, Siegbächel, (Siegbühel) von dem Sächsischen
Worte siechen, mingere, her, weil die Reisenden, die diesen Berg zu

---

[1]) Ebendas. lautet der Titel: „Transylvania Volumina duo, monumenta,
narrationesque Transylvaniam spectantes complexa," mit dem Zusatz: Eodem
pertinent alia duo Volumina Collectaneorum."

Fuße steigen, gemeiniglich solches zu verrichten pflegen. Sollte er aber nicht vielmehr von einem Siege, der daselbst erfochten worden, den Namen erhalten haben? Wenn Lebels Nachrichten, daß die Tatarn unter dem Könige Bela dem IV. jenseits des Zibin bei Kastenholz geschlagen worden, einige Achtung verdienten, so könnte eben dieser Sieg dazu Gelegenheit gegeben haben.

8. Commentarius in Faschingii Daciam Veterem. Hierin wird dieser gelehrte Jesuit nicht selten eines Bessern belehrt.
9. Scriptores Hungarici & Transylvanici.
10. Bibliotheca Hungarorum & Transylvanorum, Rerumque Hungaricarum & Transylvanicarum.
11. Reges Hungariae. Nur bis auf den Ladislaus Posthumus ausgeführt.
12. Genealogia Regum & Principum Hungariae. [1])
13. Res gestae Bulgarorum.
14. Particula historica in Urbem Sabesum. f. Welbenfelder.
15. Particula historica in urbem Segesvariensem. (Schäßburg.) [2])
16. Bellum Transylvanorum Turcicum. Enthält alle Kriegshändel mit den Türken, bis auf die Belagerung Wardeins, nach dem Tode des Fürsten Georg Rákotzi, des Zweiten.
17. Annales Consulum Cibiniensium. Enthalten beinahe nur ihre bloßen Namen.
18. Catalogi plurium Episcoporum Hungaricorum.

Außer diesen hat Soterius noch verschiedene historische Stücke unvollkommen hinterlassen.

Tr. Zu den von Seivert angeführten Handschriften kommen noch hinzuzuzählen:

19. Principes seu Vaivodae quidam Transylvani.
20. Libri quatuor de Transilvanis rebus. Ein ausführliches statistisch-geographisches Werk. [3])
21. Collectanea rerum ecclesiasticarum aliarumque ad statum publicum pertinentium. Cum Indice.

---

[1]) Ebendas. mit dem Zusatz: „nec non illustrium quarundam familiarum Transylvanarum."
[2]) Ebend. S. 221 mit dem Zusatz: „Die Anlage der beiden Werkchen (oben Nr. 14 und 15) ist dieselbe, wie im Cibinium, doch keines ausgeführt." Tr.
[3]) S. Benignis und Neugeborens Transilvania II. 220. 221. Nr. 8 und 12.

22. Collectanea ad Historiam patriae pertinentia. Cum Indice. ¹)
23. Medulla Historiae Transylvanicae. ²)

Johann Michael Soterius von Sachsenheim, welcher als General-Preceptor am 22. Februar 1838 in Hermannstadt starb, hat über alle von ihm sorgfältig aufbewahrte Collectanea seines Urgroßvaters Georg Soterius und über die von dem Enkel des Letztern, dem Gubernial-Rathe Johann Michael v. Sachsenheim, gesammelten Schriften zur vaterländischen Geschichte einen genauen Katalog verfaßt und dieselben mit selbst gesammelten Schriften Anderer vermehrt. Der Sohn desselben, Obergerichts-Rath Friedrich v. Sachsenheim (s. b. Art.), als Erbe dieser und der von seinem mütterlichen Oheim Franz Konrad (gest. als k. Siebenbürgischer Hof-Agent am 15. Dezember 1846) hinterlassenen Collectaneen vermehrte dieselben ebenfalls, worauf sie nach seinem Tode in den Besitz seines in Mediasch lebenden Bruders, des pens. k. k. Majoren Albert v. Sachsenheim und zum Theil der B. Bruckenthal'schen Bibliothek zu Hermannstadt ³) übergegangen sind.

Soiv. **Soterius Georg,**
der freien Künste und Weltweisheit Magister, Pfarrer zu Stolzenburg, und Dechant des Hermannstädter Kapitels. Er war der älteste Sohn des Vorhergehenden, geboren zu Hermannstadt den 4. November 1704. Nach vollendeten Schulstudien besuchte er 1723 die Universität Leipzig. In der Absicht sein Glück daselbst zu suchen nahm er die Magisterwürde an, wozu ihm der ehemals berühmte Gottscheb in einem Gedichte Glück wünschte und hielt öffentliche Vorlesungen. Allein, das sehnliche Verlangen seiner verwittweten Mutter bewegte ihn 1728 nach Hause zu kommen. Man beförderte ihn sogleich zum Konrektorate in Hermannstadt, welches er bis 1733 bekleidete, da er den 23. Dezember zum Rektor erwählt wurde. Hierauf erhielt er 1737, den 16. Mai, das Archidiakonat und den 28. April 1741 die Schellenberger Pfarre. Von hier beriefen ihn die Stolzenburger 1746 am achten Sonntage nach

---

⁴) Die Collectanea (oben Nr. 21 und 22) befinden sich in der Baron Samuel Bruckenthal'schen Bibliothek zu Hermannstadt.
⁵) J. K. Schuller a. a. O. S. 214. Note 39 fragt: „Wo ist diese" (in Felmers Prim. lin. Hist. Transs. S. 6 citirte) „Medulla?" Ob und wo ihre Urschrift und ob vollendet noch existire? ist auch mir unbekannt. Meine Abschrift endet mit dem 163. §. nemlich mit der Geschichte der Verwandlung Daciens durch Trajan in eine römische Provinz und der Beschreibung des Religionswesens der Dacier.
³) Jahres-Bericht des Vereins für siebenb. Landeskunde 1867/8. S. 31.

dem Feste der h. Dreieinigkeit. 1752 den 21. November ward er Syndikus des Kapitels und 1762 Dechant, welche Würde er bis an seinen Tod verwaltete, der den 22. August 1765 in seinem ein und sechszigsten Jahre erfolgte. Von seiner Gemahlin, Anna Katharina von Bruckenthal, die vor ihm gestorben, hinterließ er einen einzigen Sohn, Johann Michael Soterius,[1]) der Koncipist bei dem Geheimen Siebenbürgischen Regierungsrathe ist, und zwei Töchter.

---

[1]) **Johann Michael Soterius**, im Jahre 1742 geboren, diente bei dem k. siebenbürgischen Gubernium, und wurde von der Kaiserin Maria Theresia mittelst k. Rescript vom 19. März 1771 zum Aktuar der neuerrichteten siebenbürgischen Commercial-Commission mit Gubernial-Concipisten-Charakter und Gehalt ernannt, dann zum Gubernial-Sekretär, und im Jahre 1787 auf besondere Empfehlung des Gouverneurs Graf Georg Bánffy zum wirklichen Gubernial-Rathe befördert. (S. Benigni und Neugeborens Transsylvania II. 201.) In dieser Eigenschaft starb derselbe zu Klausenburg am 31. März 1794 nachdem er im Jahre 1791 vom Kaiser Leopold II. mit dem Prädikate von Sachsenheim sammt seinen Nachkommen in den Adelstand erhoben und im Jahre 1792 theils von den siebenbürgischen Landesständen, theils von der sächsischen Nation an Kaiser Leopold II. in Landes- und Nationalangelegenheiten deputirt worden war.

Er war einer der würdigsten und thätigsten Vertreter der sächsischen Nation und ihrer Gerechtsame bei der Landesregierung und unterstützte die Verfasser der unter dem Namen der „Repräsentanten der sächsischen Nation" in den Jahren 1790—1792 im Druck erschienenen historischen Schriften mit Rath und That.

Auch wird er, — nebst den beiden Gubernialräthen Szegedy, Mártonffy und Michael von Bruckenthal, — in Lo Prestys Geschichte seines Prozesses wider den Grafen Georg Bánffy (S. 110 und 111) als Richter sehr gerühmt.

Das Wohlwollen seines mütterlichen Oheims, des gewesenen k. siebenbürgischen Gouverneurs Samuel Freiherrn von Bruckenthal der sich hauptsächlich seiner bediente, um seine reichhaltigen Sammlungen von Münzen, Büchern und geschichtlichen Handschriften zu vervollständigen, genoß Sachsenheim in dem Grade, daß derselbe in seinem Testamente vom 3. Jänner 1802 in welchem er in der Bruckenthal'schen Familie zu Hermannstadt stiftete, zugleich zu Gunsten der Nachkommen Sachsenheims letztwillig verordnete: „Ereignet es sich, daß auch in dem weiblich Samuel von Bruckenthalischen Stamme die männlichen Nachkommen erlöschen sollten, so verordne ich, daß mein ganzes liegend und fahrendes Vermögen, mit alleiniger Ausnahme der gleich nachher zu benennenden Sammlungen, sofort auf die Linie meines Neffen Johann Michael Soterius von Sachsenheim, eben auch in der Eigenschaft eines Fidei-Commisses übergehen und so wie ich oben verordnet habe, von einem einzigen zu einem einzigen männlichen Erben fortgepflanzt werden solle." —

Beseelt von dem Bestreben, zur Hebung der siebenbürgisch-sächsischen Anstalten und Industrie, nach Kräften mitzuwirken, ließ es Sachsenheim an seiner Thätigkeit in dieser Beziehung, weder in seiner einflußreichen Stellung, noch als Privatmann fehlen, wozu ihm ein längeres Leben zu wünschen gewesen wäre. Der Vermehrung der väterlichen und großväterlichen geschichtlichen Sammlungen, die man ihm verdankt, ist schon in dem vorhergehenden Artikel gedacht worden. Von eigenen zum Druck beförderten Arbeiten desselben kenne ich jedoch blos das „Gedicht auf die Reise Josephs II. nach Siebenbürgen. Hermannstadt 1773 im Juni." In Fol. welches auch in dem 8. Jahrgang der k. k. priv. Wiener Anzeigen vom Jahre 1773 S. 233 bis 234 aufgenommen worden ist.

Endlich verdient erwähnt zu werden, daß Sachsenheim theils ein Herbarium vivum, theils andere Naturalien und alle ihm bekanntgewordenen Stein-Inschriften, welch letztere er sauber und genau abzeichnete, gesammelt und hinterlassen hat.

Von seinen gelehrten Beschäftigungen habe ich wenige gesehen. Seine Inauguraldisputation ist mir unbekannt; so auch seine Abhandlungen, de Abbatia Kerzensi und de Decanis Cibiniensibus eorumque praerogativis, welche er als Syndikus im Kapitel mit vielem Beifalle gehalten hat. Außer diesen haben wir von ihm:

Eine kurze und einfältige Unterweisung von der Beschaffenheit, Genugthuung und Nachfolge des allerheiligsten Leidens und Sterbens Jesu Christi, wie diese zur Fastenzeit, den Kindern in der Schule in Frag und Antworten erbaulich beizubringen sind. Hermannstadt, bei Johann Barth, in 12.

Ist sehr oft gedruckt, und bei der Schuljugend eingeführt.

Tr.   **Spech Eduard,**

Apothekerssohn aus Broos, geboren daselbst am 30. Mai 1816, studirte am Gymnasium zu Hermannstadt und an der Wiener Universität, wo er im Jahre 1846 Doctor der Medizin wurde. Darauf lebte er als praktizirender Arzt in der Heimat, dann in Bukarest, übersiedelte um das Jahr 1857 nach Melbourne in Australien und starb am 10. Mai 1871 als Arzt in Ballarat, der bedeutendsten Binnenstadt der Provinz Victoria im Mittelpunkte der Goldfelder.

Er schrieb:

Diss inaug. medica de aëre, commotione et aqua. Vindob. typis Caroli Ueberreuter 1846. m. Aug. 8-vo. 26 S.

Seiv.   **Stegmann Joachim,**

Pfarrer der Unitarischen Gemeinde zu Klausenburg.[1]) Er war aus der Mark Brandenburg, ward Prediger bei der Peterskirche der Reformirten zu Danzig, verlor aber diesen Dienst wegen seiner Socinischen Lehrsätze. Hierauf ging er nach Polen, wo er zu Rakau Schulrektor ward. Endlich kam er nach Siebenbürgen und starb zu Klausenburg, wo er um das

---

[1]) Nach Székely's Unitaria Vallás történetei Erdélyben wurde Stegmann im Jahre 1632 aus Krakau zum Pfarrer der Klausenburger sächsischen Unitarier berufen und zum öffentlichen Lehrer an ihrer höhern Schule in der alten Burg bestellt. Seine Neuerungen veranlaßten 45 ungarische Studenten diese Schule zu verlassen und sich nicht einmal bei der am 10. März 1633 gehaltenen Leichenfeier, bei welcher sonach nur die sächsischen Studenten ihrem Lehrer die letzte Ehre erwiesen, einzufinden. (Székely a. a. O. S. 149 und 153). Sein Sohn Johann Stegmann starb ebenfalls als Pfarrer der sächsischen Unitarier zu Klausenburg im Jahre 1678. (Ebend. S. 151.)   Tr.

Jahr 1632 die Pfarrerswürde bekleidete. Ich würde dieses Mannes hier gar nicht gedenken, wenn ich mich nicht erklärt hätte, auch die ausländischen Gelehrten in diesen Blättern anzuführen, wenn sie unter der sächsischen Nation gelebt und einige Denkmäler ihres Fleißes und Geistes hinterlassen haben. Damals war aber Klausenburg noch nicht gänzlich von der Nation getrennt. Dieses geschah erst 1664 im Maimonde wo diese Stadt freiwillig allen Verbindungen mit der sächs. Nation und den damit verknüpften Vorrechten und Freiheiten entsagte. Worauf auch die Evangelische Glaubenslehre unter den dasigen Sachsen so erlosch, daß ihr Lehrer Simon Schwarz[1]), im Jahre 1666 die Stadt verlassen mußte. Uebrigens kenne ich Stegmanns Schriften nur aus dem Sandius, der S. 132 folgende von ihm anführt:

1. Eine Probe der einfältigen Wahrheiten für die neue Phozinianische Lehre gegen D. Johann Botsak. Rakau, 1633.

Diese Widerlegung überschickte Stegmann selbst das folgende Jahr, dem Rektor und Professor Botsak, zu Danzig, der aber 1635, dawider herausgab: Anti-Stegmannus, d. i. Wahrhaftige Gegenprob der falschen Prob Joachimi Stegmanns, der Socinianischen oder Arrianischen Gemeinde zu Klausenburg in Siebenbürgen gewesenen Dieners. — Danzig in 8.

2. Von der Gemeinde Christi.
3. Von den Kennzeichen der falschen Lehre.

Tr. **von Steinburg Karl,**

ein Sohn des Repser Stuhlrichters Martin v. Steinburg, — (dessen Vater Ephraim Pildner, mit dem Prädikate v. Steinburg im Jahre 1747 von der Kaiserin Maria Theresia geadelt, vom Jahre 1737—1761 das Repser Königsrichteramt bekleidete und am 17. April 1768 starb), wurde am 5. August 1748 in Reps geboren, studirte in Hermannstadt und

---

[1]) Simon Schwarz wurde am 24. Juni 1661 zum Klausenburger Pfarrer A. B. ordinirt. Seine Nachfolger waren Crypto-Calviner und die Kirchengemeinde selbst neigte sich zur Lehre Calvins. Lutherische Lehrer wurden wohl hinberufen, aber vom reformirten Superintendenten ordinirt und beschworen, nichts wider den Calvinismus zu lehren. Sonach waren wohl äußerlich Lutheraner, aber insgeheim Reformirte: Michael Marci, welcher nach dem Schwur, das Augsburgische Bekenntniß rein zu lehren, 1681 nach Michelsdorf im Bogatscher Capitel zum Pfarrer berufen; Martin Hartmann der nach abgelegtem Reinigungs-Eide, Pfarrer in Reußdörfchen wurde und endlich Huß. An des letzteren Stelle kam 1695 Paul Zekel und noch im nemlichen Jahre Martin Klein als Pfarrer A. B., doch wurde der Letztere schon nach einem Jahre Donnerstags-Prediger in Hermannstadt und darauf Pfarrer in Neudorf. S. weiter den Art. Isaak Zabanius und das Archiv des Vereins für siebenbürgische Landeskunde II. 53—77.

Udvarhely, und ließ sich besonders die Erlernung der französischen, italienischen, ungarischen und walachischen Sprache angelegen sein. Die Gerichtspraxis erlangte er bei der kön. Gerichtstafel in Maros-Vásárhely vom 17. Juni 1768 bis zum Jahre 1771, studirte sofort an der Universität in Wien, bis ihn sein Großonkel, der damalige siebenbürgische Kanzler Samuel Freiherr v. Bruckenthal in seiner Präsidial-Kanzlei aufnahm. Er folgte demselben auch nach Hermannstadt und blieb unter seiner Leitung, bis er zu Anfang November 1775 als Stuhls-Notarius und Allodial-Perceptor in Reps angestellt wurde. Hierauf bekleidete er vom Jahre 1780 bis Ende 1784 den Dienst als kön. Steuer-Einnehmer des Repser Stuhls, worauf er zum ordentlichen Beisitzer der Fogarascher Komitats-Tafel ernannt, im Jahre 1785 vom kön. Gubernium mit der Volks-Conscription betraut und im Jahre 1786 bei der Steuer-Regulirung verwendet, am 10. April 1787 zum Sekretär bei der Klausenburger Distriktual-Tafel befördert wurde. Von hier ward Steinburg, nach Wiederherstellung der alten Verfassung im Jahre 1790, zum Repser Bürgermeister berufen und diente in dieser, sowie vom Juli 1793 bis 13. Juli 1798 in der Eigenschaft als Königsrichter des Repser Stuhls, bis er am letzterwähnten Tage, gleich andern verdienten sächsischen Beamten jener Zeit,[1]) ohne vorherige Anhörung über die ihnen zur Last gelegten Beschuldigungen[2]), von diesem Amte entfernt wurde. Nun blieb er eine Reihe von Jahren ohne öffentliches Amt, bis er erst nach allerhöchster auf wiederholte gründliche Vorstellungen erfolgten Anerkennung seiner Unschuld, inzwischen blos zu verschiedenen Kommissionen verwendet, — endlich am 15. April 1805 verfassungsmässig wieder zum Repser Königsrichter erwählt, sich diesem Berufe aufs neue, aber nicht lange widmen konnte. Denn in Folge seiner siebenjährigen unverschuldeten Dienstlosigkeit und mehrerer häuslicher Unglücksfälle waren auch seine Körperkräfte gebrochen und er unterlag einer seit geraumer Zeit entwickelten Brustwassersucht am 17. November 1806, den Ruf eines rechtschaffenen Beamten hinterlassend, der von seinen ausgebreiteten, besonders juridischen Kenntnissen den nützlichsten Gebrauch gemacht und sich der Anerkennung seines Vorgesetzten, des Nations-Comes, sowie der ganzen sächsischen Nation erfreut hatte.

Zu seinem Nachlasse gehörten die nachbenannten, in Handschrift gebliebenen, eigenen Arbeiten:

---

[1]) Siebenb. Provinzialblätter IV. 239—246.
[2]) Siebenbürgische Denkblätter I. 170. 185. 373. II. 131.

1. Verschiedene Rechtsfälle, nebst seinen Bemerkungen.
2. Uebersicht der Verfassung des Repser Stuhls, sowohl in älteren, als neueren Zeiten.
3. Vergleichung der öffentlichen Geschäfte der älteren mit denen der neueren Zeiten bei den sächsischen Publicis.
4. Kurze Uebersicht der verschiedenen Kontributionsmethode in Siebenbürgen. Verfaßt im Jahre 1800.
5. Von den Wahlen und dem Nepotismus.
6. Von den Zünften in der siebenbürgisch-sächsischen Nation.-
7. De quatuor receptis Religionibus in Transsylvania.
8. Die Privatrechte der Sachsen in Siebenbürgen. In diese Ordnung gebracht von K. von St. d. ä., Königsrichter des Repser Stuhls. Diese laut den siebenbürgischen Provinzialblättern IV. 246. auch in lateinischer Sprache verfaßte Handschrift unter dem Titel: „Jura Saxonum privata" handelt, nach einer geschichtlichen Vorrede ohne Datum — in dem 1. Theil von bürgerlichen Pflichten und Rechten und den anständigen Arten zu deren Erlangung im friedlichen Wege. 250. §§. 2. Theil. Von den Mitteln und der Modalität, gekränktes oder benommenes Recht im gerichtlichen Wege wiederherzustellen und zu erlangen. 153. §§. 3. Theil. Von Sühnen und Strafen der Verletzer der Personen und Rechte Anderer. 128. §§. Alphabetisches Register.
9. Von der Beschaffenheit der Walachen, sowohl auf dem sächsischen Nationalgrund, als in den Kreisen anderer Nationen. Eine Vorstellung der sächsischen Nations-Universität an König Leopold II. wider die von den siebenbürger Walachen im Jahre 1791 abverlangte Nationalität und Koncivilität.
10. Verzeichniß derer Oberhäupter Siebenbürgens. Mspt. (Kaestner Diss. de Scriptor. Sax. p. 44.)

Stenner Mathias Friedrich.

Tr.

Lehrer der höheren Volksschule in Kronstadt, geboren daselbst 26. Sept. 1818, studirte am dasigen Gymnasium, und vom Jahre 1841—1844 an der Universität in Berlin. — Durch Dr. Thomas Fr. Zimpels Erklärung der Offenbarung Johannis sammt Bemerkungen über die Eigenschaften der Zahlen und ähnliche Schriften tiefsinnig geworden, — starb er am 10. März 1867 als religiöser Schwärmer, nachdem er sich im letzten Jahre seines Lebens auf vegetabilische Kost beschränkt hatte, an Entkräftung.

1. Aufgaben zur Uebung in den 4. Rechnungsarten mit ganzen Zahlen. Kronstadt, 1850. Gedruckt bei Johann Gött. 8-vo. (Ein Bogen mit 261 Aufgaben.)
2. Praktisches Rechenbuch für Elementar- und höhere Bürgerschulen von M. F. Stenner, Lehrer der dritten Knabenschule in Kronstadt. Kronstadt, gedruckt bei Joh. Gött 1850. 8-vo. 72 S. (611 Aufgaben.)

Die 2. Auflage ist ebendaselbst in 8-vo. im Jahre 1851 unter dem Titel erschienen:

„Praktisches Rechenbuch für Stadt- und Landschulen von M. F. Stenner, Lehrer der höheren Volksschule in Kronstadt. Zweite verbesserte und durch 300 neue Aufgaben vermehrte Auflage." 8-vo. 112 Seiten. Dazu die Resultate für die Lehrer unterm Titel: „Auflösungen S. 113—130.

Die 3. Auflage ebendaselbst 1854 enthält:
Erster Theil 3 Bogen mit 454 Aufgaben.
Zweiter Theil $4^1/_8$ Bogen mit 566 Aufgaben nebst den Auflösungen zu beiden Theilen.

3. Zweitausend progressiv geordnete praktische Rechenaufgaben enthaltend die vier Rechnungsarten mit unbenannten und benannten, nicht blos ganzen, sondern auch gebrochenen Zahlen, die Regel-de-tri und die mit ihr verwandten Regel-de-quinque Gesellschafts-, Mischungs- und Kettenrechnung, ferner die Decimalrechnungen und am Schlusse noch 23 leichtere geometrische Aufgaben sowie nicht minder bei vorkommenden Fällen einige Abkürzungen und Rechenvortheile von M. F. Stenner. Erster Theil. Kronstadt, 1854. Gedruckt bei Johann Gött. 8-vo 79 S. (951 Aufgaben.) Zweiter Theil Ebend. 1854. 8-vo. 94 Seiten. (1069 Aufgaben). Beigefügt für die Lehrer: „Auflösungen zu Stenners praktischem Rechenbuche für Stadt- und Landschule." 19 Seiten.
4. Lebensstunden (Vgl. S. 100 f.) Einer nach Gottes unerforschlichem Rathschlusse in ihren besten Jahren entschlafenen Gattin und Mutter aus Dankbarkeit gewidmet von ihrem Gatten und Kindern durch N. N. — (Mit folgendem zweiten Titelblatte:) „Fundgrube der Seele." Ein Christgeschenk für Leute, die daraus graben und Nutzen ziehen wollen. Was helfen Fackeln, Kerzen, Brille, wenn „nicht zu sehen" ist der Wille. Jer. 6. 16. Spr. 4. 8. 9. K. 6. 23. Sir. 6. 33. ff. Weish. 1. 4. Joh. 8. 12. 1. 9. 12. 46. 2. Petr. 1. 19. 20. 21. Pf. 119. 105. Kronstadt, Druck und Verlag von Römer u. Kamner. 8-vo. 1863. 112 S.

5. Lebensstunden. (Vgl. S. 24 und Fundgrube der Seele S. 100 f.) Einer liebevollen Erinnerung an unsere nach Gottes unerforschlichem Rathschlusse leider früh Dahingeschiedenen aus Dankbarkeit gewidmet von N. N. Kronstadt, Druck und Verlag von Römer & Kamner. 1864. 8-vo. 44 S.

Tr. **Stenner Peter Joseph,**
geboren in Kronstadt am 21. März 1814, erlernte die Apothekerkunst in Mediasch und studirte an der Universität in Wien. Nach seiner Rückkehr in das Vaterland übte er sein Gewerbe in Mediasch aus, übersiedelte später nach Fokşan in der Walachei und starb daselbst als Besitzer einer Apotheke, im Jänner 1870.

Die Heilquellen von Baaßen, beschrieben von P. J. Stenner, Apotheker, Mitglied des Vereins für Siebenbürgische Landeskunde. Kronstadt, gedruckt bei Johann Gött 1846. 8-vo. 32 S.

Tr. **von Sternheim Karl,**
wurde am 5. August 1818 in Schäßburg geboren und war der älteste Sohn des dasigen Bürgermeisters Karl von Sternheim. Schon am Gymnasium seiner Vaterstadt, welches er im Jahre 1839 absolvirte, zeigte er große Neigung zu den Naturwissenschaften. Seine Berufsstudien machte er an der Universität in Wien und erlangte hier im Jahre 1846 die Diplome als Doktor der Medizin und der Chirurgie und als Magister der Augenheilkunde und Geburtshilfe. Nachdem er auf einer Reise durch Deutschland mit berühmten Aerzten und Naturforschern bekannt und befreundet geworden war, lebte er, nach Schäßburg zurückgekehrt, daselbst als praktischer Arzt, seine reichen Kenntnisse in allen Fächern der Heilkunde, besonders auch zum Wohle der Armen verwerthend. Als Schäßburg am 16. Februar 1849 von einem Ueberfall der Insurgenten unter dem Heerführer Bem bedroht wurde, begleitete er auf den Wunsch der Eltern seine 17jährige Schwester Rosa auf der Flucht nach Hermannstadt. Doch auch hier nicht sicher, wurde er durch den Strom geschreckter Flüchtlinge über den Rothenthurm-Paß in die Walachei bis Bukarest mitfortgerissen Erst am 4. August 1849 glückte es den beiden Flüchtlingen nach vielen Reisebeschwerden und Leiden zu ihren Eltern heimzukehren. Aber nicht lange sollte ihnen die Freude des Wiedersehens vergönnt sein! Rosa auf der Reise schon fieberkrank, starb am 7. August 1849 an der Cholera. Ihr menschenfreundlicher Bruder Karl fiel am 24. Januar 1850, nachdem er

75 Spitals-Kranken und Verwundeten bis Ende Dezember 1849 unentgeltlichen, unermüdeten ärztlichen Beistand geleistet und vielen Typhus-Kranken Genesung verschafft hatte, dem Spitalstyphus zum Opfer. Ihren hart geprüften Eltern war das herbe Loos beschieden von 9 Kindern achte zu Grabe zu geleiten.

Dr. Karl v. Sternheim veröffentlichte in Wien.

Diss. inaug. botanica, exhibens Floram succinctam M. Transsylvaniae Principatus, ex perscrutationibus Recentissimorum secundum genera plantarum cel. Dom. Prof. Endlicher in familias naturales redactam. Vindob. typis. Caroli Ueberreuter m. Jun. 1846. 8-vo. 32 S.

Auch unter dem deutschen Titel: „Uebersicht der Flora Siebenbürgens, den neuesten Forschungen gemäß nach Prof. Endlichers genera plantarum in natürliche Familien geordnet von Karl v. Sternheim, Doktor der Medizin. Wien, gedruckt bei Karl Ueberreuter 1846. 8-vo. 30 S.

Als Zweck dieser **deutschen** Abhandlung — blos der Titel ist lateinisch — gibt der Verf. S. 29 an: „Dem botanischen Publikum ein Bild der Vegetation Siebenbürgens, das Seltenere und Eigenthümliche derselben hervorzuheben und nach dem jetzigen Standpunkte der Botanik geordnet, möglichst kurz darzustellen und zugleich die in Dr. **Baumgartens Enumeratio** fehlenden, erst seit der Herausgabe dieses Werkes entdeckten Pflanzen, mit Berücksichtigung ihres Vorkommens und ihrer Standorte zu ergänzen."

Tr. **v. Sternheim, Martin Gottl. Scheih,**[1]

geboren in Schäßburg am 25. März 1724, erhielt nach dem frühzeitigen Tode seiner Mutter, seine Erziehung von seiner mütterlichen Großmutter und dem mütterlichen Stief-Großvater, Bartholomäus Melas, Stadtpfarrer in Schäßburg, widmete sich Anfangs dem Kürschnergewerbe, nach einem Jahre aber dem Kaufmannsstande, und dann, als nach zwei ferneren Jahren sein Lehrer starb, wieder den Wissenschaften. Nach absolvirtem Gymnasium wählte er die juridische Laufbahn und schwor am 9. Januar 1742 als Kanzelist in der B. Joseph Inczédischen Protonotariats-Kanzlei ein. Doch schon im September des nemlichen Jahres besuchte er ein halbes Jahr lang, behufs besserer akademischer Vorbildung, das akademische Gymnasium in Breslau und studirte dann zwei Jahre hindurch an der Universität zu Frankfurt an der Oder und ein halbes Jahr lang in Leipzig.

---

[1] Siebenbürgische Provinzialblätter III. 251—263.

Auf der Rückreise nach Siebenbürgen übernahm er die Stelle eines Haus-Sekretärs bei dem k. siebenbürgischen Hofrathe Michael v. Wayda in Wien und zugleich den Unterricht des Sohnes desselben, worauf er nach zwei glücklich verlebten Jahren dem Ruf zum sächsischen Comitial-Sekretär in Hermannstadt im Oktober des Jahres 1747 folgte. Diesen Dienst versah er, bis ihn im Dezember 1749 ein heftiger Blutsturz nöthigte, in seiner Vaterstadt Erholung zu suchen. Nachdem er dieselbe gefunden, wurde er im Jahre 1750 Konsular-Sekretär, 1752 Mitglied des äußern Rathes, den 23. April 1756 Notarius und im Jahre 1765 mit Beibehaltung des Notariats Senator in Schäßburg. Nach 19 Jahren, in welchen er den mühevollen Dienst eines ordentlichen Notarius versehen hatte, zum Königs-Richter erwählt und am 18. April 1775 in dieses Amt feierlich eingeführt, widmete Sternheim fernere 22 Jahre hindurch seine Dienste unverdrossen seiner Vaterstadt, wobei er als anerkannter guter Geschäftsmann seit dem Jahr 1772 mittelst specieller Aufträge der Landes-Regierung zu 25 verschiedenenmalen zu wichtigen Untersuchungen, außer der Sphäre seiner ordentlichen Amtsgeschäfte verwendet wurde und schon seit 1750 den meisten Landtägen und sächsischen Universitäts-Versammlungen als Deputirter von Schäßburg beiwohnte. Als jedoch mittelst Hof-Decret vom 2. Dezember 1796 das Amt des Königrichters, sowie anderwärts, also auch in Schäßburg abgeschafft wurde, ward Sternheim dienstlos und erst nach drei in unfreiwilligem Ruhestande verlebten Jahren in seinem 75. Lebensjahre vom k. Landes-Gubernium zum Administrator des Brooser Stuhles ernannt, welchen Dienst derselbe sodann auch vom Jahre 1799—1805 zur allgemeinen Zufriedenheit versah. Für seine langjährigen Dienste vom Kaiser Franz II. unterm 16. November 1804 mit dem Prädikate „von Sternheim" zusammt seinen Nachkommen in den Adelstand erhoben, beschloß Sternheim sein Leben in ehrenvollem Ruhestande zu Schäßburg am 26. August 1807 und hinterließ nebst zwei Töchtern, zwei ihres rechtschaffenen und verdienten Vaters würdige Söhne: ebenfalls Martin Gottlieb von Sternheim[1]) (gest. als Schäßburger Bürgermeister 11. Novemb. 1811) — und Friedrich

---

[1]) Der ältere Sohn des Bürgermeisters v. Sternheim Karl ist im Oktober 1871 als pens. Bürgermeister in Schäßburg gestorben, der jüngere Joseph — der sich in Nebenstunden mit Geogenie und Geognosie beschäftigte und verschiedene Beiträge in die Zeitschrift „Isis herausg. von Oken", u. a. im 11. Hefte des Jahrg. 1831 S. 1178—1194 mit der Chiffre Asterios „Ansichten über die neuere Geogenie und Geognosie" ꝛc. als Probe eines größeren handschriftlichen Werkes und als Basis zu einer auf sicheren Pfeilern ruhenden kritischen Beleuchtung der neuern Naturphilosophie, lieferte, — starb als k. siebenbürgischer Hof Konzipist in Wien am 8. Oktober 1841 im 45. Lebensjahre zu früh für die sächsische Nation und seine ihm mit Liebe und Achtung ergebenen zahlreichen Freunde.

von Sternheim (kinderlos gest. als königl. Rath und siebenbürgischer Hof-Sekretär in Wien 9. Jänner 1849) [1]

I. Druckschriften:

1. In dem Ungarischen Magazin ꝛc. II. 201—243. Das Alterthum der sächsischen Nation in Siebenbürgen und derselben verschiedene Schicksale.
2. In der Siebenbürgischen Quartalschrift, a) I. 377—402. Diplomatische Geschichte der Gerichtsbarkeit der sächsisch-evangelischen Geistlichkeit in Siebenbürgen.

b) II. 134—153. Nachrichten von dem siebenbürgischen Fürsten Johannes Kemény.

c) III. 29—56. Beschreibung einiger der vorzüglichsten Gebräuche der sächsischen Nation in Siebenbürgen.

d) III. 279—288. Die Kapelle des heiligen Jobocus.

II. Handschriften:

1. Historisches Lexikon von Ungarn und Siebenbürgen.
2. Siebenbürgische Nachrichten von 1514 bis 1710. In zwei Heften.
3. Verzeichniß einiger Oberhäupter, welche Siebenbürgen seit dem Jahr der Welt 3366 bis auf unsere Zeiten beherrscht haben, aus verschiedenen Geschichtschreibern mit möglichster Genauigkeit zusammengetragen und in chronologische Ordnung gebracht.
4. Geschichte von Siebenbürgen — In sechs und dreißig Folio-Heften.

Das Werk ist, wie es scheint, in den Jahren 1780 bis 1784 ausgearbeitet worden und besteht in 782 halbbeschriebenen Folio-Seiten. Seit 1844 Eigenthum des Vereins für siebenbürgische Landeskunde s. Blätter für Geist ꝛc. 1844 S. 187—188. Ein zweites von dem Siebenbürgischen Hof-Sekretär Friedrich von Sternheim, Sohn des Verf., besessenes Exemplar in drei ebenfalls eigenhändig geschriebenen Quartbänden ist also betittelt:

Die Geschichte des Großfürstenthums Siebenbürgen von den urältesten Zeiten her bis auf das 1780. Jahr in zusammenhängender Ordnung aus den bewährtesten Schriftstellern und glaubwürdigen Urkunden zusammengetragen. I. Bd. II. Vorbericht und 376 S. Geschichte von Noah bis zum Tode Johann Zapolya's. II. Bd. 664 S. Von Joh. Sigismund

---

[1] Friedrich v. Sternheim schenkte im Jahre 1835 dem Schäßburger Gymnasium 400 Gulden C. M. zu einem Freitisch für 6 Togaten, — und mittelst Testament im Jahre 1849 wieder 400 Gulden C. M.

bis Michael Apaffy. III. Bd. 507 S. Von Leopold I. bis zum Tode Mariens Theresiens.

Im Vorbericht erklärt der Verfasser: „Er habe nicht sowohl für Gelehrte, als vielmehr für die liebe Jugend und seine Mitbürger geschrieben."

Die Siebenbürgischen Annalen unter Kaiser Karl IV. (1712—1740) und unter der K. K. Maria Theresia (1740—1780) in der Siebenbürgischen Quartalschrift III. 289—315 und IV. 1—58 sind größtentheils dieser Geschichte Sternheims entnommen.

Dissertatio de usurpatione termini Peculii. 1769. m. Jun. Mspt.

Geschichte von Schäßburg in den dasigen großen Thurmknopf 1776 gelegt. Mspt. Reiht sich an Georg Krauß's Memoral ꝛc. (s. den Artikel Krauß) an und führt folgenden Titel: „Fortsetzung derjenigen Geschichte so unsere gottselige Voreltern in den Knopf des Thurmes zum Unterricht der Nachkommenschaft hingelegt und welche bis auf das Jahr 1677, wo nemlich der Thurm wieder hergestellt worden, hier aber bis auf das 1775. Jahr, wo nemlich dieser Thurm abermalen ausgebessert worden, weiter fortgeführt wird."

(Beide in der Mich. v. Heidendorf'schen Handschriften-Sammlung).

„Etwas Weniges zur Erläuterung der Geschichte des in der sächsischen Nation ehedin üblich gewesenen sogenannten Census S. Martini." Mfct. (In den Collectaneis des Hermannstädter Stadtpfarrer Johann Filtsch.)

Tr. **Stinn Lukas,**

aus Schäßburg studirte an der Universität zu Wittenberg vom Februar 1688 weiter, wurde als Prediger zu Schäßburg, am 10. Juli 1699 zum Pfarrer in Neidhausen berufen, und starb in der letzteren Eigenschaft am 22. Dezember 1732.

1. Diss. theol. de aeterna vocationis Oeconomia ex 2. Thess. II. 13. 14. praes. Johann Deutschmann d. 8. Mart. 1689. Witeb. 4. 16. S.
2. Diss. theol. de generalibus Orationis dominicae requisitis, eodem praeside, d. 23. Maji 1693. ibid. 4. 16. S.

Tr. **Stühler Franz,**

evang. Pfarrer zu Schlatt, im Kosber Kapitel, Sohn des Rováser Pfarrers Benjamin Stühler, wurde im Jahre 1813 zu Rovás geboren und studirte am evang. Gymnasium zu Mediasch. Nach daselbst vollendeten Studien und drei als Instruktor bei adeligen Familien in Siebenbürgen zugebrachten

Jahren wurde er am 1. Nov. des Jahres 1841 zum Pfarrer in S. Schlatten gewählt.

Kurzer Unterricht zur Betreibung der Wechselwirthschaft auf einem Grunde von 20 Joch. Für kleine Grundbesitzer geschrieben von Baron Johann Bánffy, übersetzt von **Franz Stühler**. (Preis 50 Nkr.) Der Reinertrag ist zur Unterstützung des Schulbaues der evang. Kirchengemeinde Schlatt gewidmet. Hermannstadt, Druck von Josef Drotleff 1861. 8-vo. 55. S.

Tr. **Sulzer Franz Joseph,**

k. k. Hauptm. und Auditor des k. k. Infant.-Regim. Lattermann 1759—1773 wo er den Dienst niederlegte, dann wieder 1782 bei Savoyendragonern, war geboren zu Laufenburg in der Schweiz, römisch-katholischer Religion (Gesch. des transalp. Daziens I. 289) und hätte als Jesuit nach Irland gehen sollen, doch unterblieb seine Aufnahme in den Jesuitenorden. Nach seinem Austritt aus dem Lattermannschen Regiment wurde er öffentlicher Lehrer der Philosophie und Rechte in der Walachei und zur Abfassung eines Gesetzbuches für dieses Land aufgefordert. Wie das aber vereitelt ward, erzählt er selbst in seiner Geschichte des transalp. Daziens II. 93 und III. Seite 79. Er heirathete Johanna, die Tochter des Kronstädter Senators Joseph v. Drauth[1]) und bewarb sich, also nationalisirt, unter Kaiser Josef, als die vorzüglichsten Beamten Kronstadts Anstellungen außerhalb Kronstadt erhielten, um die Kronstädter Stadtrichtersstelle, die

---

[1]) Aus dieser Ehe hinterließ Sulzer einen Sohn und zwei Töchter, der Sohn **Josef Friedrich Sulzer** geboren in Kronstadt am 4. Mai 1767, war in bayerischen Diensten zu St. Petersburg als Chargé d' Affaire und befand sich im Jahr 1825 als k. bayerischer bevollmächtigter Minister an der Residenz des Großherzogs von Hessen in Darmstadt (l. Hassels genealogischem Almanach für 1826, S. 65.) Er war Anfangs Cadet im Savoyendragoner Regiment Nr. 5, dann bei der Militär-Ausmessung in Klausenburg, ferner Privat-Secretär bei dem Churfürstlich Bayerischen Gesandten Baron Widenhof zu Petersburg, alsdann selbst Chargé d' affaire daselbst durch 15 Jahr, sofort außerordentlicher bayerischer Gesandter und bevollmächtigter Minister zu Hessen Darmstadt und hatte einen königl. bayerischen und einen hessischen Orden. Nach König Max Josephs Tode pensionirt ist Sulzer zu Aschaffenburg im Mai 1837 unverheilicht im Ruhestande gestorben, mit General-Majors-Charakter und 4000 und etlichen hundert Franken jährlicher Pension. Franz Joseph Sulzers Wittwe, Johanna geborene v. Drauth, starb in Hermannstadt am 16. April 1817, die ältere Tochter **Johanna**, verehelicht an den k. k. Oberstlieutenant J. von Thurnfeld ebendaselbst den 19. November 1833 und die jüngere Tochter **Luise** unverehelicht in Wien am 6. Februar 1850. Die Letztere vermachte ein Stiftungs-Capital von 16,125 Gulden zur Vertheilung der Zinsen davon an zwei mittellose weibliche Officiers-Waisen mit dem Verleihungs-Rechte an das k. k. Kriegs-Ministerium. S. den k. k. österr. Militär-Schematismus für das Jahr 1867. S. 813.

er aber ebensowenig, als das noch im Jahre 1782 angesuchte k. österr. Konsulat in der Walachei erlangen konnte. Er starb 1791 im August zu Pitest in der Walachei nach einer kurzen Krankheit. (Quartschr. II. 229.)

1. Geschichte des transalpinischen Daciens, das ist: der Walachei, Moldau und Bessarabiens, im Zusammenhange mit der Geschichte des übrigen Daciens, als ein Versuch einer allgemeinen dacischen Geschichte mit kritischer Freiheit entworfen von Franz Joseph Sulzer, ehemaligen k. k. Hauptmann und Auditor. Des ersten oder geographischen Theils erster Band. Wien bei Rudolph Gräffer 1781. XXXVI. 464. S. mit 4 Karten und dem Grundriß von Bukarest und Jassy. Zweiter Band. Ebend. 1781 547 S. mit 5 Musikbeilagen. Dritter Band. Ebend. 1782 705 S. u. Register gr. 8-vo.[1])

Der zweite oder historische Theil ist nicht gedruckt worden. Einen Auszug daraus: über den wahren Standort der trajanischen Brücke schickte Andreas Thorwächter an den Herausgeber der Siebenbürgischen Quartalschrift, der diesen Aufsatz in den 7. Band S. 81—89 einrückte.

Einen Auszug aus dem geographischen Theil in ungarischer Sprache findet man in Molnárs Magyar könyvház III-dik szakasz Seite 387—399.

Die Absicht Sulzers, sich durch dieses Werk den Weg zur Erlangung der k. k. Agentenstelle in der Walachei zu bahnen, mißlang, darüber beschwert sich Sulzer sehr bitter in seiner literarischen Reise durch Siebenbürgen S. 156 ff. und Sulzer trat als Auditor zum Regimente Savoyen ein.

Ueber den handschrift. hinterlassenen historischen Theil des Werks gibt Engel in der Geschichte der Walachei und Moldau 1. Bd. (wo sich S. 53 bis 56 umständliche Nachrichten über Sulzers Bewerbung um die Agentenstelle in Bukarest befinden) nebst der Erzählung, wie das in Szászváros (soll richtiger heißen Száß-Régen, wo Sulzer mit dem Regiments-Stab der Savoyendragoner seine Station gehabt hatte, beim Pfarrer Wagner) der Sulzerischen Familie zurückgebliebene Manuscript wieder in die Hände der Wittwe des Verfassers gekommen sei, und wie Engel sich vergeblich bemüht

---

[1]) Recensirt unter andern in den Göttinger Gelehrten-Anzeigen von 1781 bis 1783 durch Prof. Hißmann, dessen anziehenden Briefwechsel mit Sulzer man in den Blättern für Geist ꝛc. Kronstadt 1845, Nr. 22 und 23 und in Kurz's Magazin II. 239—243 findet.

habe den historischen Theil wie er war, gleichfalls im Druck herauszugeben. Engel gibt daselbst folgende vom damaligen Kronst. Konrektor Marienburg (1802) erhaltene Auskunft: „Bis 1769 ist sie ganz, dann ist sie wieder von 1774 bis 1780 ein Theil richtig, dann von 1788 bis 1789 ist der Feldzug vollständig beschrieben und so weitläufig, daß er allein an die 50 Bögen einnimmt. Ich habe die Geschichte des Feldzuges noch nirgends so detaillirt beschrieben gefunden."

Im Jahre 1790 kündigte Sulzer ein Werk unterm Titel: **Versuch einer allgemeinen bacischen Geschichte** in zwei Median Oktavbänden, im Wege der Subscription an, dessen Vollendung und Herausgabe sein Tod verhindert haben mag. Wahrscheinlich war diese Geschichte ein Auszug aus dem historischen Theil der Geschichte des transalp. Daciens. Der Auszug, welchen man davon in Marienburgs Manuscripten-Archiv 16. Bande (Catal. Manuscriptorum Bibliotheae Szochenyianae II. pag. 534) im ungarischen National-Museum zu Pest findet, hat den Titel: „Geschichte des transalpinischen Daziens d. i. der Walachei, Moldau und Bessarabiens. Im Zusammenhang mit der Geschichte des übrigen Daciens als ein **Versuch der allgemeinen bacischen Geschichte** mit kritischer Freiheit entworfen von F. J. Sulzer, k. k. Rittmeister und des Savohischen Dragoner-Regiments Auditor. Des zweiten oder historischen Theils 1. Band¹) Imprimatur. E. Commiss. Librorum Revisoria Cibinii d. 30. April 1790. J. Lerchenfeld, Censor." Dem Staatsrath B. Spielmann zugeeignet. Der Inhalt ist ebenso, wie im gedruckten Exemplare des geographischen Theiles, im Original (welches in Folio groß und weit von einander geschrieben ist) angegeben. Die Marienburgische Abschrift auf 440 8-vo Seiten schließt mit dem 266. §. und der Flucht des Manolwode aus Galatz 1789. Laut S. 136 hat Sulzer das Original nur bis zum 82. §. oder den J. 1606 ins Reine gebracht, das übrige (also bis 1769 nach Marienburgs Nachricht) blos im Brouillon hinterlassen. (Marienburgs Auszug endet Seite 147 mit dem Jahre 1696, dann sind Seite 148—154 ganz leer, S. 155 aber bis 440 enthält: Russisch-türkischer und deutsch-türkischer Krieg 1787 und 1788."²)

---

¹) Laut Sulzers Schreiben an Prof. Hißmann vom 29. Februar 1772 (in Kurz's Magazin II. 242) widmete Sulzer der alten und mittleren walachischen Geschichte einen und der neuesten Geschichte der Walachei den zweiten Band.
²) Die Original-Handschrift des historischen Theiles befindet sich in der Büchersammlung des Hermannstädter evang. Obergymnasiums.

2. F. J. Sulzer Altes und Neues oder dessen literarische Reise durch Siebenbürgen, dem Temesvarer Banat, Ungarn, Oesterreich, Bayern, Schwaben, Schweiz und Elsaß 2c. in drei Sendschreiben an Herrn Prediger Theobor Lange zu Kronstadt in Siebenbürgen. Gedruckt im Jahre 1782. (Ohne Angabe des Druckortes Wien und ohne Wissen des Verfassers durch einen unbekannten Dritten herausgegeben) klein 8-vo 168 Seite.

Welche Erbitterung dieses Buch hin und wieder veranlaßt habe, bewiesen die dagegen erschienen Schriften:

Anmerkungen über des Herrn Sulzers literarische Reise, insoweit sie Ungerland betrifft von Gideon Szolga. 8-vo. 1783. (ohne Druckort.) Diese Anmerkungen sind vom berühmten Georg Pray, die Noten dazu aber von Windisch. Der irrende Don Quixot oder Beilage zu Sulzers literärischer Reise. 8-vo. 1783. (ohne Druckort.)

3. Fragmente aus des Obristlieutenants Friedrich Schwarz von Springfels Beschreibung der österreichischen Walachei. Im ungarischen Magazin III. 179—201.

Surius Peter,

Tr.

studirte an der Universität zu Wittenberg im Jahre 1579, wurde im Jahre 1586 zum Pfarrer in Schäßburg erwählt und starb daselbst als Stadtpfarrer und Dechant des Kißder Kapitels am 31. Juli 1603 an der Pest. (Keménys Fundgruben I. 177.)

1. De electione Superintendentis. In der Matrica Capituli Kizdensis. S. 55a. 56a. Handelt von den Partial-Synoden der Jahre 1600 und 1601 Mspt.

2. Capituli Cibiniensis Index Privilegiorum et Libertatum in arca eorum repositarum, quae commodo atque usui subinde possint esse in variis Capituli casibus, cum brevibus Contentorum Summis, collectus a Petro Surio A. D. C. Decano eo tempore. Mspt. Die Ordnung ist die chronologische, enthält Urkunden von 1558—1600.

Vermuthlich das erstgenannte handschriftliche Werk von Surius, in welchem der Verf. bezweifeln soll, ob Wiener Superintendent beider Diöcesen war? erwähnt auch die Antwort des Hermannstädter Kapitels auf die Graffiussische Demonstratio Jurium Episcopalium §. 28 und daraus Benkö in Auszug dieser Antwort in Milkowia II. 564.

Tr. **Sutoris Paul,**

Bürger in Kronstadt, hat im Manuscript zurückgelassen:

Chronik vom Jahre Christi 251 bis 8. November 1620.

Nach allen Anzeichen hat Sutoris die Geschichte vom Jahre 1603 herwärts aus eigenem Wissen beschrieben, weil er von diesen Zeiten als von gegenwärtigen spricht. Seine Nachrichten haben zwar nicht durchgehends das Gepräge vollkommener historischer Glaubwürdigkeit, sind aber in wie weit sie mit anderen Nachrichten sich nicht widersprechen, gut zu benützen und um so interessanter, als sie detaillirt sind und den Geist der damaligen Zeiten auch an ihrem Verfasser gut erkennen lassen. Vgl. den Artikel Johann Benkners Diarium (Denkbl. I. 107.)

Tr. **Szeli Abraham,**

aus Apátza, Kronstädter Distrikts, erwarb den medizinischen Doktorgrad zu Altdorf, und starb außerhalb seines Vaterlandes.

Dissertatio inaug. pathologico-medica proponens damna graviora ex abortibus praecipue frequentioribus oriunda, eorumque genesin. Altorfii 1750. 4. 32 Seiten.

Tr. **Szeli sen. Joseph,**

Sohn des als Pfarrer zu Halmágy verstorbenen Georg Szeli, wurde geboren in Hoßufalu am 2. Dezember 1710. Studirte zu Udvarhely, dann in Hermannstadt, weiter in Raab und letzlich im Jahre 1731 zu Preßburg, wo er zugleich im Paul v. Jeßenákischen Hause Privatlehrer war. Eine deutsche Universität zu beziehen hinderte ihn der Tod seines Vaters. Er wurde also 1732 evangelisch-ungarischer Schullehrer in Kronstadt, dann Prediger der evangelischen Ungarn ebendaselbst vom Jahre 1735 bis 1757. Im letztern Jahr aber wurde Szell zum Prediger in Hoßufalu ernannt und von hier 1763 zum Pfarrer in Sommerburg, Repser Stuhls, berufen, wo er am 3. Oktober 1782 mit Tode abgegangen ist. Er hinterließ zwei Söhne, Carl, Doktor der Medicin und Joseph, nachmaligen Königs-Richter in Großschenk, sowie folgende Schriften, von denen nur die erste in Druck erschienen ist, als:

1. B. E. D. Luther Márton Kiss Katekismussa és ennek rövid fontos Magyarázatya. Brassoban 1748. 12-mo.
2. Evangeliomi Fejtegetések. Analytische Reden über die Evangelien, vieler Jahrgänge in 2 Bänden.
3. Epistolai Fejtegetések, desgleichen über die Epistein. 2 Bände.

4. Ang. Hermann Franke's Predigten, in ungarischer Uebersetzung.
5. Liliomok Völgye. Predigten auf ein Jahr.
6. Evangeliomi Szent Elmélkedések Predigten über dogmatische und Gegenstände aus der Moral-Theologie, auf 4 Jahre. IV Bände.
7. Penitentziának tartására serkentő Trombita szó. Reden auf 1 Jahr über 5 Stellen aus dem Testament.
8. Három hetekre valo Imádságok.
9. Helyfalusi György Száz Levelű Rosájanak két hetekre ujjonnan ki dolgozott imádságai.
10. Katekismusi Olvosások. Eine Uebersetzung der deutschen Schrift des Kozder Dechanten Mich. Albrich.
11. Aug. Pfeiffer Evangeliomi Nyugasztalo Orái.
12. Paralelismus evangelicus sacer. Predigten auf 1 Jahr.
13. Cellerii primitiva vocabula cum exacta et harmonica interpretatione germanica et hungarica.
14. Historica Declaratio Ecclesiae hungaricae Coronensis.
15. Historica Delineatio Ecclesiarum et Templorum Hungaricorum in Barcia.
16. Διχοτομια τȣ κανόνος ὑγιȣ, in qua editiones S. Bibliorum Totfalusiana et Komáromiana conferuntur et variationes connotantur.

(Nr. 1 bis 12 sind in ungarischer, und 13 bis 16 in lateinischer Sprache geschrieben. S. Benkő Trannia II. 525 --527.)

Tr. ## Szeli Karl,

Sohn des Kronstädter evangelisch-ungarischen Predigers Joseph Szell, geboren in Kronstadt 4. November 1748, studirte auf dem Gymnasium daselbst und begab sich von hier an die Universität Wien, um sich den Arznei-Wissenschaften zu widmen. Zum Professor der Hebammenkunst am Lyceum zu Klausenburg ernannt, ereilte ihn der Tod in Wien, als er zu seiner Bestimmung nach Siebenbürgen zu kommen im Begriff war, worauf Blasius diese Stelle erhielt. Szeli war im April 1778 zur katholischen Religion übergetreten.

Er gab heraus in ungarischer Uebersetzung:
1. Haen Antalnak oktatása, miképpen lehessen a holyagos fejér himlőketleg könyebben és szerencsésebben meggyogyitani, mellyet a nemes magyar Hazáknak hasznokért magyar nyelvel megajándekozott Szeli Károly. Bészben Trattner betüivel 1775. 8-vo. 135 S.
2. Steidele János, Magyar Bába mesterség, melyet XXVI tábla képekkel meg magyarázva kiadott Szeli Károly. Bécsben 1777. 8-vo 461 S.

Tartler Andreas,

Tr.

Sohn des Kronstädter Communitäts-Mitgliedes Marcus Tartler und der A. Mar. Homorodi, geboren in Kronstadt 1684, studirte auf dem Gymnasium seiner Vaterstadt, dann auf der Universität zu Halle 1707 bis 1710, wo er durch 1½ Jahr den Freitisch genoß, hatte sich der Theologie gewidmet und bis 1712 ohnweit Bremen bei einer Familie Mair Privatunterricht ertheilt. Nach seiner Rückkehr hielt er sich zu den jungen Theologen seiner Vaterstadt bis er vom Magistrat als Ammanuensis und zugleich bei dem wegen der Pest aufgestellten Directorium [1]) als Sekretarius am 26. September 1718 angestellt, den 5. Oktober 1718 die geistlichen Kleider ablegte und in den weltlichen Stand übertrat. In der Folge wurde er am 26. August 1728 zum Notarius befördert und starb in dieser Eigenschaft am 11. März 1737. Herrmann im alten und neuen Kronstadt II. 211 nennt ihn einen Mann von besonderem Fleiß und Geschicklichkeit, beruft sich auf die schriftlichen Beweise davon im Kronstädter Archiv und führt von ihm an:

Diarium von 1720—1736 über den Fortgang der öffentlichen Geschäfte, denen sich Tartler als immerwährender Deputirter in diesen Jahren an die Sächsische Nations-Universität, sowohl als zu den Landtägen unterzog mit folgendem, vom Verf. selbst diesem seinem Tagebuche gegebenen Titel: „Diarium memorabilium in R. civitate Coronensi alibique circa negotia ejusdem civitatis gestarum, aut aliqua saltem ratione eam attinentium, inchoatum ao dni 1720." In 4-to. 367 S.

(Dieses Diarium hat Herrmann in der angeführten Geschichte von Kronstadt, bei Erzählung der Begebenheiten, während den angezeigten 16 Jahren bestens benützt.)

Außerdem existirt von ihm auch ein früheres Diarium vom 10. November 1707 bis 15. Oktober 1720, welchem einige Bemerkungen aus den Jahren 1721 bis 1730 beigefügt sind. In 8-vo. 360 Seiten. Dasselbe ist bis 16. September 1715 in lateinischer, dann bis Ende 1719 in deutscher, 1720 in lateinischer, und von 1721 weiter in deutscher Sprache geschrieben.

Johann Tartler,

Tr.

k. siebenbürgischer Gubernialrath, Ritter des k. k. Leopold-Ordens und Comes der sächsischen Nation, war der älteste Sohn des am 5. April 1788 verstorbenen Brenndörfer Pfarrers gleichen Namens, und wurde

---

[1]) Denkblätter I. 21. 213. 367.

geboren in Kronstadt am 15. Dezember 1753. Schon in den Schulen und auf dem Gymnasium seiner Vaterstadt, wo er als Studiosus togatus die vorgeschriebene Zeit zubrachte, erregte sein Genie die Bewunderung seiner Lehrer und Mitschüler. Bei geringer Anstrengung wurde es ihm leicht, sich unter diesen hervorzuthun, ohne seinen Geist in die gewöhnlichen Schulformen einzwängen zu lassen. Also auch für höhere Lehrgegenstände bald empfänglich, schickte ihn sein Vater mit dem Vorsatz, einen braven Theologen aus ihm zu bilden 1773 auf die Universität Jena. Allein der Wunsch des Vaters war den Neigungen des Sohnes nicht angemessen. Das Studium der Theologie entsprach ihm nicht, er entschloß sich zum politischen Stande, verließ Jena und begab sich nach Göttingen. Theils hier, theils in der Folge in Wien besonders unter Sonnenfels besuchte er politische und juridische Vorlesungen und widmete sich nun eigends dem juridischen Beruf. In das Vaterland zurückgekehrt, wurde er im Oktober 1775 als Secretär bei dem Kronstädter Magistrat angestellt und nachdem er im Jahre 1776 kurze Zeit hindurch beim k. Gubernium practicirt hatte, am 11. Oktober 1784 zum Vice-Notär befördert. In beiden Diensten leuchteten seine Fähigkeiten so hervor, daß er von seinen Vorgesetzten immer zu wichtigern Geschäften, als mit seiner eigentlichen Bedienstung verbunden waren, verwendet wurde, wodurch er nicht nur einen besondern Einfluß auf die öffentlichen Geschäfte erlangte, sondern natürlich auch seine Kenntnisse ansehnlich erweiterte. So war er bei der Rechnungs-Revisions-Commission und bei der Communität selbst, solange er als Actuar bei denselben beschäftigt war, so zu sagen die Hauptperson, welcher vor allen anderen der Stadthann Michael Kronenthal zuschrieb, was beide zu seinem Nachtheile gethan und geschrieben hatten, worauf auch Kronenthals Beseitigung vom Dienst erfolgte. Ohne Zweifel würde Tartler demnach die Kronenthalische Rache wenigstens nicht minder in der Folge empfunden haben, als andere Kronstädter Magistratualen, wenn er weiter bei dem Kronstädter Publikum gedient hätte. Allein es war ihm ein viel günstigeres Loos bestimmt. Als nemlich die Umwandlung der Landesverfassung im Werk war, faßte er den Gedanken, nach Wien zu gehen und für sich einen höheren Wirkungskreis zu suchen. Schwerlich hätte er denselben realisiren können, da ihm das Geld dazu fehlte. Der Zufall wollte es aber, daß das Unglück einiger Kollegen sein Glück ward. Es wurden nemlich einige Mitglieder des Magistrates wegen einem unrichtigen Oculationsbericht vom Dienst entfernt und nebst den anderen zu einer Zahlung verurtheilt. Diese abzuwenden und den Magistrat zu rechtfertigen wurde er beauftragt und vom letztern mit Geld unterstützt, konnte er nun sein Vorhaben ausführen. Also ging er denn zu Anfang 1786 nach Wien und erwirkte für seine Committenten zwar nichts, für sich selbst hingegen bei dem damals wegen der Landesregulation eben in Wien anwesenden B. Samuel Bruckenthal soviel, daß er zum Protokollisten der neueingerichteten kön. Tafel ernannt und ihm zugleich die Erklärung der anfangs in einigen Punkten verschiedenen hohen Beamten dunkel vorgekommenen Josephinischen Gerichtsordnung bei der hohen Hofstelle ertheilt wurde, die er mit dem ihm eigenen Scharfsinn auffaßte. Sofort kehrte er vorerst nach Kronstadt zurück, legte am 13. Juli 1786 seinen Dienst als Vice-Notär nieder und trat den eines Protokollisten bei dem Judicial-Gubernium in Hermannstadt an, wo er nach der erhaltenen Erklärung die Auslegung der neuen Gerichtsordnung den Beamten des gedachten Gerichts-Senats in einigen Vorlesungen mittheilte, und schon im folgenden Jahr 1787 zum Sekretär der kön. Gerichts-Tafel befördert wurde. Diesen Dienst bekleidete er bis zum Jahre 1790, als die kön. Tafel oder eigentlich das Apellations-Gericht nach Kaiser Josephs Tode erlosch. Dadurch ohne Anstellung suchte er wieder bei einem Dicasterium anzukommen. Weil dieß indeß bei dem Andrang der vielen ohne Dienst gebliebenen Beamten schwierig war, wohnte er von da an den Kronstädter Kommunitäts-Sitzungen bis zum Dezember 1790 eifrig bei, wurde sobann zu dem auf den 12. Dezember 1790 nach Klausenburg angesagten und am 9. August 1791 beendigten siebenbürgischen Landtag als dritter Deputirter von Kronstadt und zwar von Seiten der Communität, deren Mitglied er war, abgeschickt und hatte die Ehre zu einem Mitglied der sistematischen Deputation in objectis cameralibus et montanisticis von den Landesständen vorgeschlagen und vom Hof bestättigt zu werden. Auch wurde er von Seiten der sächsischen Nation zu einem Mitglied, der bei Hof erbetenen ständischen Deputation, welche die Bestättigung der Landtagsartikel zu erwirken bestimmt war, ernannt. Da indessen die Bewilligung des Hofes über die Zulassung dieser Deputation nicht bald erfolgte, so begab sich Tartler bevor noch und in der Absicht nach Wien, eine Anstellung zu suchen. Die Universität der sächs. Nation wurde mittlerweile besorgt, daß für die vorgeschlagenen Landtags-Artikel, deren einigen für sie höchst nachtheiligen sie ihre Einwilligung versagt und bei der Ausfertigung ihr Siegel schlechterdings nicht gutwillig hergegeben hatte, die königl. Bestättigung erfolgen könnte, ehe sie noch durch ihre Deputirten ihre Gegenvorstellung machen würde und benützte Tartlers Anwesenheit in Wien, ihn zu ersuchen, ihre Vorstellung dem

Monarchen zur Abwendung der befürchteten Nachtheile persönlich vorzubringen. Dieser Aufforderung entsprechend faßte Tartler nach den von den Nations-Deputirten während dem Landtag verhandelten Akten die unter Nr. 1 angeführte Vorstellung ab[1]) und reichte dieselbe im Dezember 1791 dem Kaiser Leopold II. ein. Die Verheißung des Monarchen, der von allen Umständen sich selbst wohl zu unterrichten nicht unterließ, ließ die Nation viel hoffen, und schwerlich fruchtlos, — hätte die Vorsehung ihm ein längeres Leben vergönnt. Allein es waltete ein ungünstiges Gestirn über der sächsischen Nation! Bevor noch wegen den Artikeln des Landtags also auch dieser Vorstellung etwas Wesentliches entschieden wurde, erfolgte endlich am 13. Januar 1792 die allerhöchste Bewilligung der gedachten Ständischen Deputation an den Hof, diese und als deren Mitglieder von Seite der Nation der Hermannstädter Bürgermeister Friedrich v. Rosenfeld nebst dem Gubernialrath Michael Soterius von Sachsenheim ging demnach im Februar 1792 nach Wien ab und begann daselbst ihr Geschäft am 16. desselben Monates. Wie bei dieser Gelegenheit die Deputirten der zwei andern Nationen die Einreichung jener Vorstellung der sächs. Nation besonders Tartlern übelnahmen und dagegen wirkten, erhellt zum Theil aus dem Protokoll der Deputation, welches im 1792 Jahre siebenbürgischen Landtags-Protokoll abgedruckt ist (S. 121—121. 129—135 ff.) Hier wird blos bemerkt, daß K. Leopold starb, ehe noch die Deputation ihre Bemerkungen über die Landtagsartikel unterlegte. Unter den Deputirten war die Harmonie, wenn auch bei mehrerer Humanität, jener der Nationen im Landtag gleich. Genug sie schlossen am 12. Mai 1792 ihre (am angeführten Ort gedruckten) Bemerkungen und Gegenbemerkungen über die Landtagsartikel, die nun Sr. Majestät zur Sanktion unterlegt wurden und kehrten nach Siebenbürgen zurück. Tartler blieb indessen nach dem Wunsch der Universität der sächs. Nation noch in Wien, um ihre ziemlich weitläufig gewordenen Anträge in ihrem ganzen Umfang bei Hof zu betreiben. Allein was konnte Tartler, ein bürgerlicher Deputirter, gegen die mächtigen für die beiden andern Nationen von gemeinschaftlichem Interesse beseelten Aristokraten, den Gouverneur Graf Georg Bánffy und den Hofkanzler Graf Samuel Teleki, beide geheime Staats-Räthe vom größten Einfluß auf Siebenbürgen am aristokratischen Hofe eines jungen, die Regierung zu einer höchst bedenklichen Zeit antretenden Fürsten, zum Wohl einer bürgerlichen Nation zu Stande bringen?! Daß die Beschwerden vom Fürsten signirt in die Verhandlung

---

[1]) Zeuge des Kronstädter Mgl.-Archivs Nr. 276 792.

der siebenbürgischen Hofkanzlei gegeben wurden, war Alles, was er erlangte. Dagegen wußten die beiden genannten Staatsräthe es dahin zu bringen, daß sie der unterm Vorsitz des Freiherr Baron Reischach zur Prüfung der Landtagsartikel angeordneten staatsräthlichen Commission beiwohnten, während der einzige sächsische Hofrath Baron Andreas Rosenfeld davon ausgeschlossen und die Bestättigung der Artikel nach ihren Ansichten zu Stande gebracht wurde. Aus dem nachher zu Klausenburg den 20. August 1792 wieder versammelten Landtag hat die Nation noch einmal bei Hofe um Zulassung Tartlers, der noch in Wien weilte, zu ihrer mündlichen Vertretung und bevollmächtigte ihn zur Verhandlung ihrer wiederholten Gesuche wegen der Stimmgebung auf Landtagen, Concivilität und den Geldesstrafen neuerdings. Der Erfolg war blos in Hinsicht des letztern Gegenstandes in der Zeitfolge etwas besser, in Betreff der beiden erstern hingegen der Art, daß durch die sanktionirten, mit ihren Privilegien im Widerspruch stehenden betreffenden Landtagsartikel sowohl die staatsrechtliche Stellung, als auch die Einheit der sächsischen Nation auf das Höchste gefährdet, — ja mit Vernichtung bedroht wurde.

Nicht so unheilvoll wie das Loos der sächsischen Nation war Tartlers Geschick, vielmehr sollte derselbe nach der Zeit die Gunst des Schicksals in reichem Maaß erfahren. Im Jahre 1794 wurde er mit dem Titel eines Gubernial-Sekretärs bei der siebenbürgischen Hof-Kanzlei angestellt, und nachdem er sich hier besonders die Gunst des Hofrathes B. Rosenfeld erworben hatte, zu der Zeit, als dieser zum siebenbürgischen Oberlandes-Commissär ernannt wurde, im Jahre 1795 zum kön. Gubernium als wirklicher Sekretär befördert. Am 30. May des folgenden Jahres verband er sich zu Kronstadt mit Anna Elisabetha, der Tochter des Senators Joseph August v. Drauth und Wittwe des 1792 verstorbenen Doctors Martin Lange.[1]) Eine einzige Tochter war die Frucht dieser Ehe, starb jedoch frühzeitig in Klausenburg. Seine Gattin selbst aber starb am 16. April 1818 zu Hermannstadt an der Wassersucht, und ließ ihn, der zur Zeit ihrer Verehelichung mit Schulden behaftet war, im Besitz eines ansehnlichen Vermögens zurück, indem derjenige Theil, den er ihrer Schwester Karoline v. Seethal und ihrem Neffen Eduard v. Schobeln als Avitieum ausfolgte, sehr gering war gegen das Acquisitum und das zum Genuß ihm gebliebene Dr. Langeische Vermögen. Mit dem letztern hatte es folgende Bewandtnisse: Tartlers Gattin hatte bei ihrer ersten Verehelichung mit Lange 1739 einen Heirathskontrakt geschlossen, mittelst welchem dieser

---

[1]) Siebenb. Denkblätter II. 324.

ihr für den Fall, daß er kinderlos vor ihr stürbe, sein in die Ehe zu
bringendes Vermögen eigenthümlich zusicherte. Nach Lange's Tod bestritten
seine Brüder den Contract und der Prozeß darüber gelangte bis zum
allerhöchsten Thron. Ein solcher Contract war allerdings nicht nur bis
dahin ganz ungewöhnlich in der sächsischen Nation, sondern auch mit dem
die Gemeinschaft der Güter und die Theilung unter Eheleuten bestimmt
vorschreibenden Municipalgesetz nicht im Einklang. Als der Prozeß bei Hof
zur Entscheidung vorlag, wurde durch den in der sächsischen Nation aus=
geschickten k. Commissär das Gutachten der sächsischen Kreisbehörden darüber
verlangt. Wiewohl nun solches von den vornehmsten Kreisen besonders
Kronstadt, nicht der gerichtlichen Bestätigung des Heirats=Contraktes günstig
erstattet wurde und wiewohl der siebenb. Hofrath Kronenthal, als ein aus=
gezeichneter Jurist, bei Fällung der Hof=Entscheidung heftig widersprach, so
endete doch in Folge der Tartlerischen meisterhaften Allegationen, dieser
Proceß ganz zu Gunsten der Gattin Tartlers durch die Final=Hof=Entscheidung
vom 26. Mai 1801.

Als Gubernial=Secretär hatte Tartler öfter Gelegenheit, als früher,
seine Talente zur Geltung zu bringen wobei er sich die Achtung insbesondere
seines Chefs des Grafen Bánffy in dem Maaße erwarb, daß ihn derselbe
in seinen vielen und zum Theil verwickelten Processen häufig zu Rathe zog.
Als im Jahre 1809 die Landes=Insurrektion organisirt werden sollte,
war es vorzüglich Tartlers Genie zu danken, daß das System dafür sobald
gefunden wurde, zu welchem auch die allerh. Bestätigung nicht lange ausblieb.
Theils in dem im ebengedachten Jahr, theils in dem 1810 und 1811 abge=
haltenen Landtage wurde er auch von den siebenb. Ständen näher kennen
gelernt und bald zum Gubernial=Rath erwählt, dazu vom Kaiser Franz I.
im Jahr 1812 auch ernannt. In dieser Eigenschaft wurde er, als im
folgenden Jahr in Kronstadt die Pest ausbrach, zum Präses der zu deren
Erstickung und Verhinderung ihrer weiteren Verbreitung nach Zeiden ausge=
schickten vom k. Gubernium, Thesaurariat und General=Commando zusammen=
gesetzten authorisirten Sanitäts=Commission ernannt. Schwerlich hätte dieses
schwierige Geschäft besser jemand anderm als Tartlern anvertraut werden
können. Mit den Lokal= und allen andern Verhältnissen bekannt, wußte
er mit dem ihm eigenen Scharfblick die Vorschläge der Kronstädter besegirten
Sanitäts=Commission und des Magistrats so zu würdigen, und seine An=
stalten, mit Beseitigung mehrerer von mancherlei angesehenen Personen,
insonderheit dem Háromßéker Administrator Nicolaus Eßerei gemachten
Einstreuungen, so zweckmäßig vorzukehren, daß der bevollmächtigte königl.

Commissär Klobusitzky, den Seine Majestät im Jahre 1814 seiner anderwärts schon gemachten Erfahrungen wegen nach Zeiden ausgeschickt hatte, nach seiner Ankunft und von allem geschöpfter Einsicht freimüthig erklärte, daß er den vorgefundenen trefflichen Anstalten nichtsmehr hinzuzufügen finde. So geschah es, daß das Uebel nach wenigen Monaten erstickt und am 16. April 1814 die Sperre von Kronstadt[1]) völlig aufgehoben wurde. Nach einem kurzen Aufenthalt zu Kronstadt, wohin Tartler mit der Sanitäts-Commission am Tage der Aufhebung der Sperre sich begab, kehrte er, begleitet vom innigsten Dank seiner Landsleute und Mitbürger, zu seinem ordentlichen Beruf nach Klausenburg zurück. Für so treue und ausgiebige Verwendung zur Hemmung und Erstickung der Pestseuche geruhten Seine Majestät Tartlern im September 1814 mit dem Ritterkreuze des kaiserl. Leopold-Ordens zu belohnen. Doch war Tartlern eine noch größere Auszeichnung vorbehalten. Unterm 8. März 1816 ernannte ihn nemlich Kaiser Franz I. von Como in Italien aus zum Comes der sächsischen Nation. Wenn nun gleich theils die Hermannstädter Communität theils die Nations-Universität tief bedauerte, daß ihnen vom Hof nicht bewilligt wurde, ihren Comes angesuchtermaßen constitutionsmäßig selbst zu wählen, so gewährte es doch allen hohe Beruhigung, daß in der Bestimmung der Person Tartlers ihrer aller Wünsche in Erfüllung gegangen waren, daher der Tag der Bestätigung ihres Comes der 15. Juli 1816[2]) ein wahrer Jubeltag für die Nation war. Im Jahr 1817, wo das erlauchte Herrscherpaar Franz I. und Karolina Augusta Siebenbürgen mit ihrer Gegenwart beehrten, war Tartler von Bistritz aus, wohin dieselben aus der Bukowina zuerst kamen, bis zu ihrem Austritt aus Siebenbürgen meistentheils an der Seite des Monarchen, wurde öfters zur kaiserl. Tafel zugezogen und sah durch das ihm geschenkte Vertrauen seine Freimüthigkeit belohnt und viele seiner dem Kaiser unmittelbar gemachten Vorschläge in Erfüllung gehen.[3]) Von seinen sonstigen gemeinnützigen Handlungen als Comes wollen wir nur soviel anführen, daß während seiner Funktion und unter seiner Mitwirkung eine ordentliche Registratur des alten National-Archivs, der Ankauf und die Einrichtung des Waybalschen Hauses in Hermannstadt zu einem National-Hause, wo der Comes selbst nebst den National-Kassen und Kanzleien untergebracht sind, die Instruktionen und andere Einrichtungen

---

[1]) S. Siebenbürgische Provinzialblätter V. 240—243.

[2]) Die Beschreibung der Feierlichkeiten dieser Bestätigung und die dabei gehaltenen Reden s. unter Nr. 3 und in den Provinzial-Blättern V. 248—262.

[3]) Oft gedachte Tartler der Worte des Monarchen, bei seiner ersten Zulassung im Jahr 1817 vor denselben: „Wie geht's, alter Freund!"

für die evangelischen Consistorien, eine Sammlung der Sprüche der
Produktional-Gerichte aus den älteren bis auf die neueste Zeit für das
National-Archiv zur Combination bei Vertheidigung von Processen des königl.
Fiskus wieder die sächsische Nation rc. zu Stande gebracht wurden. In
den seit 1819 und 1822 abgehaltenen Produktional-Gerichten zu Klausen-
burg gab er viele Beweise seiner umfassenden Kenntniß der vaterländischen
Gesetze und Verfassung, sowie der scharfsinnigsten Combinationen, so daß
er, was Fortini schon mehrere Jahre vorher verschiedenen andern Gubernial-
Räthen freimüthig gesagt hatte, für den ersten Juristen im Lande galt, (der
dabei nicht nach Vorurtheilen zu Gunsten einer oder der andern
Partei, sondern nach ächten Grundsätzen unbestechlich gerecht zu handeln
pflegte, ohne hinter dem Zeitgeist zurückzubleiben,) und die Achtung
der ungarischen und Szekler Nation in so hohem Grade besaß,
wie vor ihm von den Sächsischen Gubernial-Räthen nur noch Bruckenthal
und Huttern. Wie sollte aber einem Mann von solchem Scharfblick entgehen, welche Wendung die Produktional-Sachen für die sächsische Nation
bei der gehässigen Denkungsart einiger einflußreichen Richter mit der Zeit
nehmen würden? Er stimmte daher in die Wünsche der Nation, ihr
Unglück durch eine Deputation an den allerhöchsten Hof, zu der er anerkannt
die geeigneteste Person war, abzuwenden. Der Hof bewilligte ihm auch
wirklich im Jahre 1823 die Reise nach Wien, zur Vorbringung der Beschwerden der Sächsischen Nation. Die Nation aber blieb trostlos, denn
Tartler verzögerte seine Reise von Monat zu Monat und wurde am
26. März 1825 nach einer kurzen Krankheit durch ein bösartiges Nervenfieber im 72. Lebensjahre ein Opfer der Sterblichkeit.

Ihn überlebten zwei unverehlichte Brüder Marcus, Senator, und
Joseph, Apotheker in Kronstadt, sowie zwei verheiratete Schwestern Susanna
Klos und Justina Wächter. Sein dritter Bruder, der um Kronstadt
verdiente Physikus Dr. Georg Tartler (dessen Biographie die Siebenbürgischen
Provinzialblätter III. 62—68 enthalten) war lange vor ihm am 13. März
1806 gestorben.

1. Allerunterthänigste Vorstellung der sächsischen Nation in Siebenbürgen an des Kaiser Leopold II. Majestät über verschiedene Gegenstände
des im Jahre 1791 abgehaltenen Landtags. Eingereicht im Dezember 1791.
(Abgedruckt in Schlözers kritischer Sammlung zur Geschichte der Deutschen
in Siebenbürgen. Göttingen 1795. S. 133—162).

2. Das Recht des Eigenthums der sächsischen Nation in Siebenbürgen auf dem ihr vor mehr als 600 Jahren von ungarischen Königen

verliehenen Grund und Boden, in soweit selbiges unbeschadet der oberherrschaftlichen Rechte des Landesfürsten der Nation zusteht, aus diplomatischen Urkunden und Landes-Gesetzen erwiesen und denen auf dem Landtag in Klausenburg versammelten Landes-Ständen vorgelegt von den Repräsentanten der Nation. Im Jahr 1791. Wien, bei Johann Georg Mößle 1791. 8-vo. VI. 114. S. Mit einem Titelkupfer, gestochen von C. Schütz, die Kultur des Landes durch die Sachsen vorstellend, nebst der Unterschrift: Hospes eram quondam, dum Te vastaret iniquus.

Tartarus, o si nunc hospes ut ante forem!

Die gutausgeführte Allegorie im Titelkupfer ist von Tartler und einigen andern 1791-er sächsischen Landtags-Deputirten angegeben und die Verse aus Frankensteins Hecatombe Sententiarum Ovidianarum (S. Bd. I. S. 341) vom Mediascher Bürgermeister Michael von Heidendorf beigegeben worden. Die Materialien hiezu hatten vorzüglich Friedrich Rosenfeld und Gubernial-Rath Sachsenheim gesammelt, das Werk selbst aber Tartler[1]) während seiner Anwesenheit im Landtage zu Klausenburg 1791 seinem Kronstädter Mitdeputirten Johann Jüngling (nachmaligen k. k. Rath und Hof-Kriegs-Sekretär bei dem k. k. General-Commando in Ungarn[2]) in die Feder diktirt. Diese Nachricht hat mir Tartler selbst gegeben und Jüngling ebenfalls selbst bestätiget, daher solche gar nicht zu bezweifeln und weder die Nachricht in den Siebenbürgischen Provinzial-Blättern IV. S. 238, daß Rosenfeld der Verfasser sei,[3]) noch Marienburgs Behauptung in seiner siebenbürgischen Geographie II. 291, daß Fronius der Verfasser davon wäre, richtig ist.

In ungarischer Sprache reichten die sächsischen Deputirten diese Abhandlung nebst einer (im gedruckten deutschen Exemplar die Vorrede ausmachenden) Begleitung dem Präses der siebenbürgischen Stände am 10. Februar 1791 ein, der solche erst den 10. Juli 1791 den Ständen vorlegte. Diese theilten solche auf Verlangen dem Fiskal-Direktor mit (l. Landtags-Protokoll von 1790/1, S. 566), welcher keine Bemerkungen darüber erstattet hat.

3. Reden, gehalten bei der feierlichen Installation des Hochwohlgebornen Herrn Johann Tartler, des hohen k. Leopold-Ordens Ritters und

---

[1]) Daß Tartler der Redakteur gewesen, erzählt auch Eder in seiner handschriftlichen Anmerkungen zu Seite 225 seiner Observat. crit. ad. Historiam Tranniae.
[2]) S. Denkbl. II. 241—243.
[3]) Rosenfeld veranstaltete die Herausgabe s. Denkbl. I. 376.

Sr. k. k. apost. Majestät wirklichen Geheimen siebenbürgischen Gubernial-Rathes zum Comes der sächsischen Nation den 15. Julius 1816. (Hermannstadt bei Hochmeister). 8-vo. 21 S.

Enthaltend I. Rede des Installations-Commissärs Grafen Haller bei Eröffnung der Feierlichkeit S. 3—6. II. Dankrede des Hermannstädter Bürgermeisters von Hannenheim S. 7—9. III. Rede des Grafen Haller bei Uebergabe der Insignien S. 10—12. IV. **Rede des Comes Tartler, S. 13—21.**

Diese Tartlerische Rede ist auch in den siebenbürgischen Provinzial-Blättern V. S. 253—262, hinter der Beschreibung der Installations-Feierlichkeiten abgedruckt.

4. Projectum, qua ratione possint ab una Agenda Augustae Aulae minui, ab altera vero parte activitas R. Gubernii Transsylvanici augeri? in sequelam Benignarum Litterarum manualium ao 1799. d. 26. Decembr. ad Gubernatorem C. Banfy exaratarum concinnatum a. 1800. Mspt. worüber die k. Entschließung ein k. Rescript vom 30. August 1816 erfolgt ist. Diese gründliche Arbeit beweist die Geschäftskenntniß Tartlers in allen Fächern der Landes-Regierung und sein Talent einer richtigen Uebersicht und Eintheilung derselben, in dessen Anbetracht ihm vom Gouverneur Graf Banffy diese und ähnliche, ja mitunter die schwierigsten Aufgaben zu lösen gegeben wurden.

Tr. **Markus Tartler,**
geboren in Kronstadt 31. März 1685, studirte in Kronstadt am Gymnasium 1701, flg. und an der Universität zu Halle 1707, diente, nach seiner Rückkehr von der Akademie, als Lehrer, dann vom Jahre 1720—1734 als Lector und 1734 als Conrektor am Gymnasium seiner Vaterstadt und vom Jahre 1734—1739 als Stadtprediger daselbst. Ferner bekleidete er das Pfarramt in Tartlau 1739—1751 und wurde nach dem Tode des Superintendenten M. Georg Haner 1741 in dessen Stelle mitcandidirt, bei welcher Gelegenheit ihn der Kronstädter Stadtrichter und Gubernial-Rath Samuel v. Herbertsheim dem Comes der sächsischen Nation von Baußnern, auf geschehene Aufforderung, folgendermaßen empfahl:

   Obitum, eheu! Haneri lugeo,
   Vacantiam Episcopalem doleo,
  Successionem faustam cordicitus exopto.
    Tartlerus noster, quis sit?

quaeris,
Respondeo
Pastor est Prásmáriensis
qui splendet
Eruditione profunda
Doctrina pura
Vita integra,
Hoc conscientiose attestor
quoniam
sum homo
Rem genuine communicans
S. H. R. Gub. Cons.

Tartler starb als Stadtpfarrer in Kronstadt — wozu er den 13. Februar 1751 gewählt worden war, — am 25. Juli 1757 im 72. Jahre seines Alters.

Man hat von ihm:

1. Erste und letzte mit Thränen benetzte Ehrenseule des Wohledelgeb. und Wohlgelehrten Herrn Lucas Seulers von Seulen herzlich geliebten Kindern: Anna Katharina, Justina u. Joseph Gottsmelster v. Seulen, welche alle 3 im Jahre Christi 1723 innerhalb 8 Tagen, nemlich das Andere den 27. Oktober — das Erste den 28. Okt. — das dritte den 3. Nov. in Kronstadt sanft und seelig verschieden, auch in hasige Cathedralkirche — beigesetzt worden. Druckts Mich. Heltsdörfer 1723. 4-to. 44 S.

Enthält S. 2 Vorwort von Markus Tartler; Seite 3—17, die durch Stillschweigen und Hoffen von David prakticirte Kreutzes Erleichterung — von Johann Barbenius Diac. Catheb. Cor. — S. 18—24. Der in einen Schlaf verwandelte Tod frommer Kinder Gottes von Val. Igel Diac. Cathedr. — S. 25—36 Lateinische und deutsche Gedichte von M. Tartler und Andern; — S. 37—44 Leichenabdankung von M. Tartler.

2. Wohlverdienter Ehrenkranz der Wohledelgeb. und Tugends. Jungfer Anna Maria Christina des weiland Wohledelgeb. Herrn Michaelis Fronii gewesenen Stadthannen der kön. Freistadt Kronstadt hinterlassenen einzigen Jungfer Tochter, welche Anno 1838 den 2. Februar seelig verschieden, mitleidigst geflochten und aufgesetzt. Kronstadt, Druckts Mich. Heltsdörfer im Jahre 1738 4-to. 36 Seiten.

Enthält: a) Oreades Christianae. Die seelige Berg- und Spielgesellschaft christlicher Jungfern und jungferlicher Christen, aus der

Offenbarung Johannis K. 14. v. 1—5 in einer Leichenpredigt kurz und einfältig entworfen von Marco Tartlern, Diac. Cath. Coron. pag. 1—16. b) Abdankungsrede bei Beerdigung der weiland Whledl. und Tugends. Jungfer A. M. C. geb. Froniusin den 3. Februar 1738 gehalten von Johanne Hontero, Diac. Cath. Coron. p. 17—24. c) Lebenslauf p. 25—30. d) Das warhaftige Zeugniß, welches der sel. Jungfer in die 3 Jahre gewesener Informator privatus Petrus Clos, Gymn. Coll. von derselben auf Begehren nach aller Wahrheit abstattet, nebst einem in Reimen verfaßten Klag- und Trostgespräch der Hochbetr. Tugends. Fr. Mutter und derselben abgeschiedenen Jungfer Tochter p. 31—34.

3. Transilvaniae Origines, Incolae, Fata et Revolutiones praecipuae, tumultuaria opera collectae et brevissime delineatae; cum deo ac die melius elaborandae et illustrandae, inceptae 1724 d. 1. Sept.

 Eine Kompilation hauptsächlich aus: Haners Hist. Eccl. — Schmeitzel Diss. de Statu Eccl. — Ciacconii Columna Trajana. — Tröstero. — Francisci Diss. de Memorabil. — Bomelii Chronol. rerum Ungaricarum. — Funccii Chronologia. — Matthiae Theatro historico. — Mart. Ziegler et Toppeltini Excerptis historicis. — Staat von Ungarn. — Bonfinio, Istvánfflo, Andr. Guneschii Mspto de rebus antiquis Gothicis. Handsch. im Kronst. Cap. Archiv.

4. Kurze und summarische, aber wahre und wohlgegründete Nachricht von dem Zehnden der sächsischen Nation in Siebenbürgen, insonderheit des Burzenländischen oder Kronstädter Capitels. 1752 Handschr.

5. Chaos hoc est rudis indigestaque moles Miscellaneorum Manuscriptorum, quae primo Seculi hujus (18.) septennio in Gymnasio patrio partim ipsemet composuit, partim aliunde descripsit, aut describi curavit Marc. Tartler Coronensis. 4-to. Handschr.

 (Enthält auf 454 Seiten die 1701—1707 in Kronstadt zum Vorschein gekommenen Gelegenheits-Gedichte und einige andere bekannte Schriften, dann das Verzeichniß der Kronstädter Richter, Hannen, Burzenländer Pfarrer und Prediger in den Vorstädten, endlich auf 36 Seiten eine: „Kurze Beschreibung derer notablen Sachen, so Zeit wehrendes Kuruzischen Unwesens in und bei Kronstadt vorgegangen vom Jahre 1704 Januar bis 1706 den 18 Juni."

6. Diarium oder kurzes Verzeichniß einiger Sachen, die er in der Welt gesehen und gehört, erlebt und erfahren, welche ihm selbst und den

seinigen, ja auch andern künftig zu guter Nachricht und Erinnerung dienen können. 4-to. 44 S. (1648—1694) Handschr.

Seiv. Tartler Thomas,

wurde am 9. Oktober 1700 in Kronstadt geboren. Das Tartlerische Geschlecht ist eines der ältesten in Kronstadt, obgleich es seinen Namen von seinem Stammorte Tartlau haben mag. Denn Vincentius Tartler der 1545 Richter zu Kronstadt war, führte auch den Namen: „Lohmeider." Johann Tartler war Mitglied der Deputation, welche im Jahre 1556 von den siebenbürgischen Landesständen, zur Abholung der Königin Isabella nach Klausenburg, ausgeschickt wurde.[1]

Thomas Tartlers Vater, ein Tischler, starb frühzeitig. Der verwaiste Sohn wurde in das Haus des Stadtpfarrers Paul Neidel, der dann seine Erziehung und Bildung leitete, aufgenommen, im Jahre 1717 auf das Kronstädter Gymnasium befördert, und bezog im Jahre 1724 die Universität zu Halle. Er kehrte am 25. Juni 1731 nach Hause zurück wurde im Jahre 1735 Lector, den 5. November 1739 Conrector, und den 30. December 1744, Rector des Kronstädter Gymnasiums und bewährte sich als einen sehr geschickten Schulmann durch einer Reihe von 14 Schuldienstjahren. Im April 1749 wurde Tartler Prediger an der großen Stadtkirche, und als solcher am 1. Mai 1751 zum Pfarrer nach Tartlau berufen. In der letzteren Eigenschaft wurde er von dem Burzenländer Kapitel in der Zehntprozeß-Angelegenheit desselben im Jahre 1752 zweimal nach Hermannstadt, und überdies in geistlichen Angelegenheiten dreimal (1753 1761 und 1753) zur evangelischen Synode belegirt und im Jahre 1756 von der K. K. Maria Theresia, zur Belohnung für seine, zur Erstickung der Pest in Tartlau, getroffenen vortrefflichen Vorkehrungen,[2] mit einer goldenen Denkmünze, hundert Gulden im Werthe geehrt. Er starb am 8. Feber 1770 und hinterließ blos einen Sohn, mit welchem seine Familie erlosch.

Handschriften des Pfarrers Tartler habe ich gesehen, außer mehreren Bänden Kollektaneen von vaterländischen Handschriften anderer Verfasser:

---

[1] Ungar. Magazin III. 143.
[2] Chènot Tractatus de Peste. Vindobonae 1766. S. 11.

Seiv. 1) Cathalogus Iudicum, Quaestorumque Coronensium et Pastorum Capituli Barcensis.¹)

Die vornehmsten Beamten in Kronstadt sind: der Richter und Stadthann, der hier Quästor, in anderen sächsischen Städten aber Villicus heißt.

b) Diarium rerum memorabilium Barcensium ab anno 1716, ad annum 1750.

Tr. Ob und wo die Urschrift dieses in deutscher Sprache geschriebenen Tagebuchs noch vorhanden sei? habe ich nicht erforschen können. Die Abschrift meines Großvaters Michael Ennyeter († 1800) reicht nur bis einschlüssig zum 13. Jänner 1740. (Was da nach den Worten: "fing er wieder an, das zu gestehen, was" folgte, ist abhanden gekommen.) Aus dieser, nicht bis zum Ende genommenen Abschrift, und nicht aus dem Original ist auch die Abschrift des ehemaligen Rektors L. J. Marienburg — welche sich, laut Catal. Manuscriptorum Bibliothecae C. Széchényianae Vol. II. pag. 531, als der 6. Band von Marienburgs "Manuscripten-Archiv" dermalen in dem Pester ungarischen National-Museum befindet, — (laut Marienburgs Bemerkung daselbst S. 20 unten) copirt worden, wie ich mich durch genaue Vergleichung beider Abschriften überzeugt habe. Dabei ist meine Abschrift vollständiger, indem die Marienburgische vom 3. Jänner 1739 bis zum 13. Januar 1740 (nemlich bis zu den Worten auf der letzten Seite meiner Abschrift: "endlich mit Windlichtern und glühendem Eisen gebrannt") nur Auszüge von Marienburgs eigener Hand geschrieben, aus dem Tagebuche enthält. Ein Beweis daß schon damals, als Marienburg seine Abschrift nehmen ließ, das Ende meines großväterlichen Manuscriptes fehlte.

So wenig wie das Original, habe ich bisher auch keine andern, als die erwähnten beiden Abschriften, entdecken können, was ich um so mehr bedauere, weil Tartlers Nachrichten von den Jahren 1740 herwärts von nicht geringer Bedeutung für die Geschichte meiner Vaterstadt sein müssen.

---

¹) Das Richter- und Hannen-Verzeichniß ist in den Nr. 4 von mir angeführten Collectaneis und vollständiger in Siebenb. Provinzial-Blättern II. 21—45 enthalten. Das Verzeichniß der Pfarrer des Burzenländer Capitels, dagegen ist eine absonderliche Handschrift. Beide hat Tartler nach vorhandenen ältern Verzeichnissen zusammengestellt und bis auf seine Zeit fortgesetzt.
Tr.

Nach Benkös Transylvania II. 428, hat Th. Tartler sein Tagebuch bis zum Jahre 1750[1]) — nach Andern aber bis zum Jahre 1761 fortgeführt. Letzteres scheint mir richtig zu sein 1. weil Joseph Teutsch in seinem im Jahre 1754 geschriebenen Verzeichniß einiger Schriftsteller, die von Ungarn und Siebenbürgen handeln, berichtet: „Thomas Tartler hat ein Diarium von 1700 bis gegenwärtige Zeit continuiret;" — und 2. weil in den Th. Tartlerischen „Collectaneis zur Partikular-Historie von Kronstadt" (pag. m. 452) eine dem fräglichen Tagebuch entnommene Stelle von den Jahren 1756 und 1757 vorkömmt.

3) Brevissima et verissima Deductio, quod Brassovienses vel Barcenses ipsi sint etiam Teutones vel Saxones in Privilegio Andreae II. de anno 1224 allegati, ceu hoc patet ex Successorum ejusdem Regum Hungariae et Principum Transylvaniae Diplomatibus, Decretis, Mandatis etc. in quibus 1. Exponentes ipsi sunt Brassovienses, 2. Eorum fidelitatis specimina recensentur, 3. Antiqua eorum Privilegia confirmantur et nova gratia condecorantur. Fol. 14. S.

Seiv. Diese Schrift möchte ich wohl lesen; denn aus dem Andreanischen Privilegium zu erweisen, daß Burzenland und der Bistritzer Distrikt damals zum sächsischen Gebiete gehört habe, ist gewiß eine Kunst. Ich weiß zwar wohl, daß man unter dem Worte der Urkunde: Baralt: gemeiniglich Barcia, Burzenland, verstehet, aber wer hat es erwiesen? und sollte es nicht wahrscheinlicher sein, daß darunter Baroth im Haromßeker Stuhle verstanden werde, welcher Ort im Alutenser Bezirke lieget? Das ganz wüste Burzenland schenkte König Andreas II. 1211 den Deutschen Ordensrittern, und gab ihnen eigene Vorrechte und Freiheiten, In demselben und folgenden 1212 Jahre; 1224 aber privilegirte und vereinigte der König diejenigen deutschen Pflanzvölker in ein Volk, welche vom Könige Geisa II. unter gewissen Freiheiten nach Siebenbürgen berufen worden. Was hatten also diese mit den neuern Burzenländischen Kolonien gemein? In den Urkunden von 1211 und 12 nennet er dieses Ländchen Borza; wie sollte er es dann 1224 Baralt nennen können?

Tr. Aus dem von mir vollständig angeführten Titel erhellt, auf welche Beweise, (die Tartler in dieser Schrift, ohne irgend weitere Zuthat, nach ihrem Wortlaute aufzählt) seine Deductio gegründet hat.

---

[1]) G. Mathiä hat in der Fortsetzung der Martin Zieglerischen Handschrift. Virorum Coronae illustrium vita etc. bis zum 19. April 1749 hauptsächlich das Th. Tartlerische Tagebuch benützt.

Obwohl es nicht zur Aufgabe der Denkblätter gehört, diese Beweisstellen und die darauf gestützte Meinung Tartlers oder die Gegenmeinung Seiverts hier näher zu erörtern, so erlaube ich mir doch an diesem Orte folgende Bemerkungen:

A) Der herkömmliche Sprach=Gebrauch der Burzenländer, daß sie, wenn sie andere Theile des Sachsenlandes bereisen, zu sagen pflegen: „Wir reisen nach Siebenbürgen" — soll ihr eigenes Geständniß bezeugen, daß Burzenland nicht zu Siebenbürgen (gehöre, oder richtiger) vor Alters gehört habe.

Hierauf wird bemerkt ein gleichartiger Sprachgebrauch der Szekler. Der Dálnoker reformirte Pfarrer Johann Ferenczi berichtet in einem Aufsatz: Értekezés á Magyar és Székely nyelv eredetiségiről etc., welcher in der zur Klausenburger ungarischen Zeitung Erdélyi Hir Adó gehörigen Beilage Nemzeti Társalkodó Nr. 15 vom 13. April 1833 zu finden ist, S. 228: „Erdélyit nevezi á Székely á Vármegyebólieket."

Marienburg Seite 2. des ersten Bandes seiner Geographie von Siebenbürgen sagt: daß Eder in Observ. S. 10—11 behaupte, die Burzenländer geständen selbst, wenn sie sagten: „wir wollen auf Siebenbürgen reisen:" Es gehöre Burzenland nicht zu Siebenbürgen. Wie aber, wenn Eders Behauptung auf das Zeitalter vor König Andreas II. angewendet, ganz richtig wäre? Dafür sprechen folgende Umstände:

1. In der Verleihungs-Urkunde vom Jahr 1211 (in Schullers Archiv I. 214—217) die Worte: quandam terram Borza nomine ultra silvas versus Cumanos, licet desertam et inhabitatam, contulimus pacifice inhabitandam et in perpetuum libere possidendam; ut et regnum per conversationem eorum propagatum dilatetur, et eleemosyna etc. Also beabsichtigte König Andreas II. bei dieser Verleihung eine Erweiterung des Reichs, wo doch nur eine Sicherung der Gränzen erzielt worden wäre, wenn Burzenland bis dahin schon zum Reich, unbestritten von den Cumanern, gehört hätte.

2. Es scheint aber der Zeidner Wald, welcher zu jener Zeit, wo Bletény und Persán nicht existirten, bis über Sárkány hinaus gegen Fogarasch reichte, und der Altfluß die Gränze des Reichs gewesen zu sein, den bei Miklosvár bestand ein Verhau, sowie bei Galt und Halmágy am Alt. Indagines castri Almage, Noilgiant, Nicolai (Schullers Archiv I. 216 vgl. mit 167 Note 9.) Indagines i. e. Gepü (ungarisch Gyepü, Zaun, Hecke) bei Fejér III. vol. 2, pag. 191, wozu Schuller sagt: Jene Verhaue mögen wir uns wohl am natürlichsten auf

dem Höhenzuge angelegt denken, welcher Burzenland vom Fogarascher Distrikt scheidet.

3. Der Siebenbürger Bischof Wilhelm selbst sagt 1213 (Schullers Archiv I. 220) terra Borza, quam vacuam et inhabitatam ex regia donatione, immo potius proprio sangvine adepti sunt, et a quotidianis paganorum defendunt incursibus etc.

4. Nicht minder sagt Andreas II. im Jahr 1212. (Schuller S. 218) In terra ultra silvas, quam eis ad custodiendum confinium ibi contulimus, constitutis fratribus etc. Also jenseits der ungarischen Reichsgränze? und ebend. in confinio illo, tamquam novella plantatio sunt positi etc se pro regno tanquam firmum propugnaculum de die in diem morti opponere non formident.

5. König Andreas II. schenkte dem deutschen Orden 1222 wiederholt nicht nur Burzenland, sondern auch (wie einst 1493 Pabst Alexander IV. dem König Ferdinand von Spanien Amerika) s. Schlözer S. 165 das Land vom Ursprung des Burzenflußes bis zur Donau: ad ortum aquae, quae vocatur Burza et inde progreditur usque ad Danubium wiewohl solches ja in der Gewalt der Cumaner war. (Schuller 226).

6. P. Honorius sagt 1223 terra, quae dicitur Boza, quam noviter inhabitare coeperunt, impetu paganorum, per quos hactenus vasta et deserta permansit — refrenato etc. (Schuller 232.)

7. P. Gregor sagt 1231 u. s. f. terra eadem, per quam Cumanis multipliciter regnum Hungariae perturbantibus, frequens introitus et exitus habebatur, — ibi — quinque castra fortia instruendo etc. quin etiam ipsi partem Cumaniae ultra montes nivium (Havasok) contulisti, in qua cum dicti Magister et Fratres castrum munitissimum construxissent, Cumani perterriti et dolentes, ademtam sibi ingressus et exitus facultatem, congregata ingenti multitudine bellatorum, fratres inibi commorantes hostilites aggressi fuerunt etc. (Schuller I. 256. 258. 261.) Alles dieß beweist, daß zu jener Zeit Burzenland zum ungarischen Reich, (wenigstens als dubiae prossessionis solum) ebensowenig wie ein Theil des Szeklerlandes (Schlözer S. 214. 257. 241. 333.) mit Sicherheit gezählt werden konnte, zu geschweigen, daß damals Okkupation und nicht diplomatische Verträge, sowie den Besitz also auch die Gränzen eines Reiches bestimmten.[1])

---

[1]) Noch im Jahre 1364 wurde Burzenland von König Ludwig I. Provincia Brassoviensis (Quart.-Schrift. VII. 305.) und im Jahre 1395 (Eb. VII. 288) ebenso 1423 (Eders Observ. 81. 213.) vom Kaiser Sigismund Provincia Barcensis, — ja sogar noch in den Jahren 1541 und 1542 von M. Johann

B) Die Frage: Ob Burzenland innerhalb der Gränzen Város bis Baralt mitbegriffen, oder ob das Privilegium des König Andreas II. vom Jahre 1224 auch den Burzenländern ertheilt worden sei? wurde zuerst vor dem Siebenbürgischen Produktional=Gerichte in dem Zehnd=Prozesse des königl. Fiskus wider das Burzenländische Capitel angeregt [1])

Sie wurde von diesem Gerichte verneinend gelöst in dem Urtheil desselben vom 22. September 1752, gegen welches sich der Kronstädter Distrikt durch eine förmliche Protestation laut Testim. dd. 30. September 1752 und ein durch den Kronstädter Notarius Georg Rheter verfaßtes Memorial an die Kaiserin Maria Theresia verwahrte. Auch hatte schon am 22. September 1752 die ganze sächsische Nations=Universität vor dem Produktional=Gerichte selbst, mit Berufung auf die Union, wider diesen Spruch in einer Sache, wo sie weder Partei, noch Ingerentin war, und zugleich wider jedes weitere Verfahren hinsichtlich ihres National=Privilegiums, feierlich protestirt.

Ganz im Wiederspruch mit dem Produktionalgerichtlichen Urtheil, wurde dagegen die Frage bejahend entschieden vom königl. Gubernium mit gerichtlichem Spruch vom 3. April 1762 und dieser letztere Spruch sogar durch Hof=Sentenz vom 24. Dezember 1782, vermöge dessen den Burzenländern die Verpflichtung zur Mitbezahlung des im Andreanischen Privilegium begründeten Skt. Martinszinses auferlegt wurde, Allerhöchsten Orts gerichtlich bestätigt! —

Diesen Widerspruch liefert ein auffallendes Beispiel, wie wenig Richter und schon gar Advokaten für unfehlbare diplomatische Glossatoren gelten können.

Unter den Gelehrten haben die erwähnte Frage außer Th. Tartler bejahend beantwortet: G. J. Haner in einer Handschrift Adserta

---

Honterus gleichfalls Provincia Barcensis genannt. Denkbl. II. S. 211. Dagegen nennen die Burzenländer jenen Theil des Sachsenlandes, welcher den Hermannstädter, Leschkircher, Großschenker und Repser Stuhl in sich begreift, somit jenen Landestheil, welcher von König Geysa II. den ersten flandrischen Colonisten verliehen worden, *) heute noch: das alte Land; nicht aber wie es in Schriften und darnach in Marienburgs Geographie 2. Band S. 392 genannt wird: das Mittland. Diese Benennung erinnert uns an das Ohland und die Ohländer d. i. alten Länder und das alte Land, mit welchen die Bewohner und das Land am linken Ufer der Nieder-Elbe zwischen den Küstenflüssen Eße und Schwinge benannt werden. **)

*) Schullers Umrisse und kritische Studien zur Geschichte von Siebenbürgen I. 71. 97. — Eder Observ. p. 15. — Magazin für Geschichte 2c. N. F. herausgegeben von Trauschenfels I. 20. S.

**) S. Gartenlaube Nr. 36 vom Jahre 1863. S. 561.

[1]) De decimis Parochorum Sax. Decanatus Barcensis etc. (f. Denkblätter II. 136.) S. 12.

Fisci nupera etc. und Adsertiones de Privilegio Nat. (Denkbl. II. 66.) Hermann de Decimis Parochorum Decanatus Barcensis (ebendas. II. 136) und Siebenb. Quartalschr. VII. 306. Benkö in Transsylvania I. 446. Schlözer 3. Stück S. XII. und 571. Engel in der Geschichte des ungarischen Reichs I. 316.

Verneinend haben die Frage außer S e i b e r t (oben), beantwortet: Gr. Joseph Keménÿ in einer handschriftlichen Diss. quod Barcia in Privil. Andreano non sit comprehensa, — und Eder Observ. crit. p. 213 fg.

Was jedoch die hier zuletzt bezeichnete Meinung E b e r s betrifft, so scheint es mir hier am rechten Orte zu sein, die handschriftliche Bemerkung anzuführen, welche derselbe seiner Commentatio de initiis etc. Saxonum zu S. 180, Zeile 8, in den Worten beigefügt hat: „Agitata est aliquando Quaestio in Foro Transsylvaniae: an Privilegium Andreae Regis etiam ad incolas urbis Coronensis pertincat. Coronenses eo se tuebantur, quod vocabulis S e b u s et B o r a l t h designari dicerent. Sed in has se difficultates involvere opus non fuit. Andreas diserte ait, se libertatem Theutonicis ultrasylvanis U n i v e r s i s reddidisse; An omnes hii Theutonici inter Varos et Boralth contenti fuerint, non explicat, ut expendenti patebat, id modo imperat, ut qui intra hos limites contineutur, uni Iudici pareant. Sane etiam C o l o s v a r i e n s e s Theutonici Andreano se Privilegio tuebantur [1]) quum anno 1478 lis de tributo Varadinensi coram Palatino agitaretur."

4) Qu. D. B. V. Collectanea zu einer Partikulair=Historie von Kronstadt, aus unterschiedlichen Documenten zusammengebracht von T. T. A. MDCCXLI. 4-o. s. den Art. T r a u s ch J o s e p h. (Vergl. Siebenb. Provinzialblätter 2. Bd. S. 21.)

5) Thomae Tartleri Idea Historiae universalis. 4-o.

6) Elenchus historico-alphabeticus Pastorum Barcensium a. Th. Tartlero Gym. Cor. Conrectore 1742 conscriptus. Mit der Devise: Accipe grate nepos, quae post mea fata revolvas. Theils in 4-to. theils in Folio.

7) Tartlauer Chronika oder Historie von dem königl. Markt Tartlau in dem Burzenländischen Distrikte aus wahrhaften Schriften kürzlich verfaßt. Anno 1755.

Das Original verehrte der Verfasser auf das Tartlauer Rathhaus.

---

[1]) Quartal Schrift VII. 306. Archiv des Vereins für Siebenbürgische Landeskunde 1. Bd. 2. Heft, S. 78—107.

8) Capituli Barcensis in Trannia brevis et humillima Deductio Privilegiorum circa Decimarum integrarum perceptionem. Mſpt. Das Original hat 5 Folioſeiten.

9) Illustratio Articulorum quorundam historicorum rem et Historiam Valachorum concernentium. Dieſe Arbeit habe ich zwar bei J. Filſtich (ſ. Denkblätter I. 313) angeführt, weil Marienburg und Engel ihn für den Verf. halten. Ich dagegen bin mehr geneigt, ſolche Tartlern zuzuſchreiben, welcher (nach Joſeph Teutſchs Verzeichniß einiger Schriftſteller, die von Ungarn und Siebenbürgen handeln vom Jahre 1754) eine Collektion aus vielen hiſtoriſchen Büchern und Manuscripten für den Moldauiſchen Fürſten beſorgte, die der ungenannte Verf. dieſer Illustratio am Ende des 2. Artikels derſelben erwähnt, wogegen ebenderſelbe Filſtichs Historia dacica ebendaſelbſt im 1. Artikel nicht als eigenes Werk, ſondern mit Benennung Filſtichs anführt. In Thomas Tartlers eigenhändig geſchriebenem Katalog aber über die dem Moldauiſchen Fürſten geſchickten Handſchriften, kömmt am Ende auch dieſe Illustratio vor, welche — wäre Filſtich ihr Verfaſſer geweſen — Filſtich wohl ſelbſt an den Moldauer Fürſten würde geſchickt und Tartler dann für dieſen abſchreiben zu laſſen nicht nöthig würde gehabt haben.

Tr. **Tellmann Gottfried,**

Doctor der Medizin und Chirurgie, Pfarrersſohn aus Sáros, Großſchenker Stuhls, geboren daſelbſt am 26. Januar 1813, ſtudirte am Gymnaſium in Schäßburg und an der Univerſität in Wien. 1832 bis 1838. Er praktizirt ſeit dem Jahre 1839 in Hermannſtadt, zugleich Stadt-Phyſicus daſelbſt, wurde 1866 zum k. Rath ernannt.

Diss. inaug. medica de Epistaxi. Viennae 1838. 8-vo.

Seiv. **Teutſch Andreas,**

Doktor der Arzneikunſt, wirklicher Geheimer Regierungsrath, beſtättigter Graf der ſächſiſchen Nation und Königsrichter in Hermannſtadt. Er ward 1669 zu Schäßburg geboren, wo ſein Vater Andreas Teutſch ein Goldſchmied war. Ob er außer Wittenberg noch andere hohe Schulen[1]) beſucht habe? iſt mir unbekannt. In ſeinem Vaterland ſuchte er ſein Glück in Hermannſtadt, und fand es, nachdem er bald Stadtphyſikus wurde. Im

---

[1]) Teutſch ſtudirte zu Wittenberg 1688 ꝛc. und zu Utrecht im Jahre 1693.

Jahre 1701 erhielt er das Provinzial-Notariat; 1702 den 0. Dezember ward er wirklicher Rathsherr; 1704 den 21. August Bürgermeister[1]) und nach dem Tode des Königsrichters, Petrus Weber von Hermannsburg, 1710, den 16. Juni, dessen Nachfolger im Amte. Er war zugleich ein Mitglied der königl. Deputation, welche das siebenbürgische Staatswesen, nachdem der geheime Regierungsrath bis auf den Prokonsul von Mediasch, Samuel Konrad, des heil. R. Reichs Ritter von Heldendorf, ausgestorben war, verwaltete. Als aber der Regierungsrath 1713 von dem kommandirenden Generale, Grafen Stefan von Steinville, auf allerhöchsten Befehl wieder hergestellt wurde, hatte Teutsch die Ehre, ein Mitglied desselben zu werden. Er vollendete seine Laufbahn den 18. August 1730, in einem Alter von 61 Jahren und einem Monate, zwar ohne männliche Erben, nicht aber ohne gegründeten Ruhm einer ausgebreiteten Kenntniß in den Wissenschaften eines Arztes, Rechtsgelehrten und Theologen; womit er ein ungeschminktes und warmes Christenthum verband. Er war der erste, der zur Ehre der Menschlichkeit, die peinlichen Hexenprozesse in der Nation abschaffte. Zur Aufnahme des Gymnasiums und zur Beförderung des thätigen Christenthums ließ er nebst dem Bürgermeister, Johann Hoßmann von Rothenfels, die Professoren Christoph Voigt und Mag. Johann Baptista Habermann aus Deutschland nach Hermannstadt kommen. Gelehrte Männer! die aber bald ein Opfer des Neides und eines unverdienten Hasses wurden, so, daß sie den 30. Okt. 1713, Hermannstadt schleunig und auf ewig verlassen mußten. Sie waren dabei mit einem Passe versehen, der ihr Verderben vollendet hätte, wenn ihnen nicht der edelmüthige Kommandant zu Klausenburg, von Wopfer, durch ihr unverdientes Schicksal gerührt, einen andern gegeben hätte. — Teutsch würde gewiß noch mehr Gutes für die Wissenschaften gestiftet haben; allein, man sah alle seine Handlungen, auch die unschuldigsten und besten, für Pietismus an. Er erbot sich zur Errichtung eines Seminariums 20,000 Gulden aufzuopfern, allein man machte ihm allerlei Einwendungen. Er schenkte sie also einem bekannten Waisenhause in Deutschland, wo sie mit Freude und Dank angenommen wurden. Und was

---

[1]) In den Bürgermeister-Rechnungen Teutschs wurden 58,000 Gulden beanstandet, welche Teutsch während den Rakotzi'schen Wirren vorschußweise erhalten hatte, ohne aber Quittungen des Militärs darüber vorlegen zu können, weswegen man auch ihr Ersatz von dem Aerar verweigert wurde. Aus Rücksicht auf Teutschs große Verdienste und überzeugt, daß die Schuld in der Verwirrung jener Tage, nicht aber in der Unredlichkeit des Bürgermeisters zu suchen sei, erklärte sich der Hermannstädter Rath 1736 mit einer Zahlung von 2000 Gulden durch dessen Erben zufrieden. (J. K. Schuller in der Hermannstädter Zeitung vom 18. März 1864 Nr. 67.)

könnte ich zum Beweise der Verdienste dieses Mannes Höheres anführen als die Gnade, welcher ihn die Höchstseligen Kaiser Josef der Erste und Karl der Sechste, würdigten? Von dem Erstern erhielt er durch den kommandierenden General, Freiherrn von Kriegbaum, in seinem Bürgermeisteramte eine goldene Gnadenkette mit dem kaiserlichen Brustbilde; und vom Kaiser Karl, glorwürdigsten Andenkens! dessen goldenes und mit Diamanten besetztes Brustbild. Sein Wahlspruch war: Psalm. 119, V. 24, 31. „Ich habe Lust zu deinen Zeugnissen, die sind meine Rathsleute. Ich hange an deinen Zeugnissen Herr! laß mich nicht zu Schanden werden!" Von seinen gelehrten Beschäftigungen kann ich kein vollständiges Verzeichniß geben:

1) Positiones Miscellanae e Naturali atque Medica Scientia, praeside Paul. Godofr. Sperling, d. 4. Oct. 1699. in 4.

2) Davidische Harfen, oder des heiligen Königes und Propheten Davids mehrste Psalmen, auf gewisse, bei denen Evangelisch-Christlichen Gemeinden Aug. Conf. gebräuchliche Melodeien gesetzet und zu Beförderung göttlicher Ehre und Aufmunterung gläubiger Kinder Gottes in ihrem Christenthum, ans Licht gestellet von Andreas Teutsch, M. D. und Burgermeister zu Hermannstadt. Hermannstadt, druckts Mich. Heltzdörfer, im Jahre 1707 in 12.

Der größte Theil dieser Psalmen ist Teutsch's eigene Uebersetzung.

3) Sonn- und Festtägliche Andachten über die gewöhnlichen evangelischen Texte, bestehend aus übereinstimmenden Sprüchen heiliger Schrift, und meist üblichen evangelischen Kirchenliedern, zum nützlichen Gebrauch des öffentlichen Gottesdienstes und Aufmunterung gottseliger Andacht, in die Musik übersetzet von Joanne Sartorio, Cantore Cibin. und zur gemeinen Erbauung auf vielfältiges Verlangen in Druck gegeben. Hermannstadt, in längl. 12.

Der Verfasser ist Teutsch, welches seine eigene Handschrift erweiset, die ich gesehen habe. Sartorius starb nachgehends als Pfarrer zu Holzmengen im hohen Alter.

4) Die Frage: was fehlet mir doch? Matth. XIX. v. 20 beantwortet. Nachgedruckt zu Hermannstadt, durch Johann Barth, 1705. in 12.

Teutsch hat dieses Werk ohne seinen Namen und mit einer neuen Vorrede herausgegeben.

5) De vera Methodo inveniendi verum, observatis primis cognitis, primisque erratis Philosophorum, et in specie Cartesianorum, Tractatus, Autore Petro Poiret. Recusus Cibinii, 1708. in 12.

Auch dieses Werk hat Teutsch mit einer neuen Vorrede herausgegeben.
6) Uebung des wahren Christenthums, bei Gelegenheit der Beicht und Gebrauch des Hochwürdigen Abendmahls anzustellen: Bestehend in Prüfung des Herzens und festem Vorsatz nach der Regel Göttlichen Willens zu wandeln: Aus herzlichem Verlangen nach des Nebenchristen ewigen Wohlergehen allen denen, welchen Gott und ihre Seligkeit lieb ist, rekommandirt und zum Druck befördert. Hermannstadt, Druck von Johann Barth, im Jahre 1706, 12-mo. 72 Seiten.
7) Kurzer und einfältiger Unterricht, wie man die Heilige Schrift zu seiner wahren Erbauung lesen solle, für diejenigen, welche begierig sind, ihr ganzes Christenthum auf das theure Wort Gottes zu gründen. Psalm 119, 73. Nachgedruckt zu Hermannstadt, durch Johann Barth, 1707 12-mo 24 Seiten.

Tr. 8) Dissertatio chymico — medica de tincturis martialibus. Snb presidio Joannis Leusden. Trajocti ad Rbenum ex officina Franc. Halma. 1693. 4-to 25 Seiten.

9) Nachfolgung Christi, wie man alle Eitelkeit dieser Welt verschmähen und Christo Jesu folgen solle. Durch den Gottseeligen und Geistreichen Thomam v. Kempis geschrieben und einen Liebhabern und Nachfolgern Christi zur Beförderung eines christlichen Lebens übersetzt und herausgegeben. Hermannstadt, Druckts Mich. Heltzbörffer 1709 12-mo XLI. 364. Seiten. Die Vorrede XLI. Seiten ist unterschrieben von Andreas Teutsch, Hermannstadt, den 28. April 1709.

10) Desiderii Erasmi Roterodami Precationes. Nova Editio. Cibinii 1720 in 12-o.

Handschriftliche Werke:
1) Historia Regni, sive Principatus Transylvaniae, auctore: D. A. T. R. J. C. (Doctore, Andrea Teutsch, Regio Judice Cibiniensi.) Dieses Werkchen ist deutsch geschrieben und nach der Nachricht eines Freundes von dem berühmten Büsching in seinem Magazine für die neue Historie und Geographie herausgegeben worden.[1]

---

[1] Teutschs Historia Regni s. Principatus Tranniae ist in dem zu Hamburg und Halle 1767—1788 erschienenen „Magazin für die neue Historie und Geographie, angelegt von Dr. Anton Friedrich Büsching" in 4-to. I. bis XXII. d. i. letzten Theile nicht enthalten. In diesem Werke Büschings kömmt auch nichts anderes über Siebenbürgen vor, als: „Geographischer Entwurf von dem Großfürstenthum Siebenbürgen aufgesetzt 1768 S. 157—172", welcher Artikel somit nicht von Teutsch († 1730) herrührt, und blos ein Verzeichniß der Komitate, Szekler und sächsischen Stühle und Distrikte, sowie der sächsischen Dörfer, ferner der auf 939,433 Menschen angegebenen Bevölkerung vom Jahre 1766 dann der Gräflichen und Freiherrlichen Familien und S. 170—172 einen kurzen Auszug aus der Descriptio vitae Stephani L. B de Daniel, welche im Jahre 1764 auf 156 Quart-Seiten in Druck erschien, enthält.

2) Historica, Geographica,[1]) et Topographica Descriptio hodiernae Daciae Transylvanicae. Ob der Verfasser dieses weitläufige Werk ausgeführt, ist mir unbekannt. Ich habe nichts als einen Entwurf davon gesehen. Das erste Buch hat drei Theile. Davon der I. Theil in 12 Hauptstücken, von den ältesten Einwohnern Siebenbürgens bis zur Ankunft der Hunnen aus Scythien handelt: der II. Theil in 10 Hauptstücken, von der ersten Ankunft der Hunnen bis auf die Fürsten von Siebenbürgen und der III. Theil, theils von den siebenbürgischen Fürsten, theils von den kommandirenden Generalen unter dem Allerdurchlauchtigsten Hause Oesterreich. Das Zweite Buch enthält gleichfalls III. Theile, davon der I. in 7 Hauptstücken von der Regierungsart unter den Gothen, Römern, Hunnen, den Königen von Ungarn, den siebenbürgischen Fürsten und dem Erzhause Oesterreich, handelt. Der II. in 10 Hauptstücken von den Sitten, Tracht, Gottesdienst, Herrschaft, Naturel und Lebensart der Gethen, Juden, Zigeuner, Walachen, Ungarn, Szekler, Sachsen, Syrben, Armenier und Bulgaren. Der III. Theil in 5 Hauptstücken, von den Benennungen Siebenbürgens, alten und neuen, Gebräuchen des Landes, dessen Fruchtbarkeit, Flüßen und Bergen und von der Eintheilung Siebenbürgens in die ungarischen Komitate oder Gespanschaften, die szeklerischen und die sächsischen Stühle.

3) Specimen Numismatum in Transylvania repertorum. Dieses ist eine Beschreibung griechischer und römischer Münzen, welche der Graf Rabutin, Frankenstein, Hartenek und er selbst, besessen. Sie zeigt aber, daß Teutsch in diesem Felde ein Fremdling gewesen.

Tr.

Dr. Teutsch Georg Daniel,[2])

wurde geboren am 12. Dezember 1817 in Schäßburg. Seine Eltern waren Martin Benjamin Teutsch und Katharina, geborne Weiß. Der Vater, Seifensieder und Mitglied der Stadtkommunität, stand im Rufe eines arbeitsamen, ehrenhaften, auch eblerer Geistesthätigkeit ungewöhnlich geneigten Mannes von liebevollem, milburtheilendem, sittlich reinem Wesen, der ohne große Ansprüche an das Leben und die Menschen schlecht und recht seines Weges geht. Die Mutter waltete im Hause mit nie ruhender Emsigkeit, voll Verstand, in freundlicher Würde. Mit fünf Jahren

---

[1]) In Felmers Primae lineae Hist. Transs. S. 10 wird angeführt: „Andreae Teutsch politische Beschreibung von Siebenbürgen." Diese Beschreibung mag wohl ein und dasselbe Werk mit der unter dem Titel: „Descriptio Daciae Transsylvaniae" von Seivert angeführten Handschrift sein. Tr.

[2]) Nach dem Siebenb. Volkskalender. Jahrgang 1873.

bereits kam der Knabe in die Schule. Seine ersten Lehrer waren Michael Schuller, den als Pfarrer in Kreisch das Jahr 1849 zu seinen Opfern zählt und M. Keul, der sich später eine schöne Lebensstellung zuerst als Kommunal-, dann als Staatsbeamter gegründet.

Aus der Zeit seiner ersten Gymnasialstudien bewahrt er ein dankbares Andenken insbesondere Wilhelm Seivert's gewissenhaftem Fleiße und Johann Binder's begeisternder Lehrthätigkeit. Er konnte später an den Söhnen beider vergelten, was er von den Vätern empfangen. Dasselbe gilt von seinen Lehrern am Obergymnasium, von denen Michael Gehann, jetzt Pfarrer in Groß-Laßlen, dem Schüler auch weiterhin freundliche Theilnahme schenkte, und ebenso Michael Schuller, jetzt Stadtpfarrer in Schäßburg, und Karl Gooß, der frühverstorbene, Unvergeßliche, die durch ihre geschichtlichen Vorträge den aufstrebenden Geist des Jünglings anzogen, so daß dieser am Schluß des Gymnasialkurses wie selbstverständlich die Bahn betrat, die das Beispiel jener Männer ihm als die edelste erscheinen ließ.

Im August 1837 bezog er, damals fast zwanzigjährig, die Hochschule. Zunächst wurde er Schüler der theologischen Facultät in Wien, unter deren Lehreren Professor Wenrich, der auch außerhalb Oesterreich gefeierte Orientalist, dem damals schüchternen Jüngling liebevoll auch sein Haus öffnete. Ihm boten die Verhältnisse der theologischen Facultät und Wien überhaupt allzu dürftige Nahrung; die bald erwachte Sehnsucht nach Mehr fand fast unverhoffte Befriedigung, indem die Güte der Eltern ihn in den Stand setzte, schon im folgenden Jahre nach Berlin zu gehen, wo er bis zum Herbst 1839 verweilte und in Ritter, Ranke, Bopp, Zumpt unvergeßliche Lehrer für seine fachwissenschaftlichen Studien fand, während Neander, Twesten, Strauß ihn vor theologischer Verknöcherung bewahrten. Mitten in den hellen Tag des jugendfrohen und doch so thätigen Lebens fielen ihm aber die dunkeln Schatten eines schweren Schicksals. Im Spätjahr 1838 starb der Vater und wenige Monate später raffte ihm der Tod den besten Freund (Gottfried Elges) von der Seite.

Der nächste Winter nach der Heimkehr verfloß in Stille unter eifrigen Studien besonders der vaterländischen Geschichte, auf welche die in Deutschland kennen gelernten Grundsätze jetzt ihre Anwendung fanden, und in der Pflege des wiedergefundenen Familienlebens. Schon der Frühling 1840 führte ihn als Privatlehrer in das Haus eines angesehenen Bürgers in Karlsburg Megay und zu den vielen Schätzen der Batthyanischen Bibliothek, denen seine nächsten tiefer eindringenden Forschungen auf dem Gebiete der vaterländischen Geschichte gelten. Nach kurzem Aufenthalte im Hause Ladislaus v. Barcsay's, dessen Familienverbindungen ihm die Manuscripte der Bruckenthal'schen Bibliothek in Hermannstadt zugänglich machten, rief die Anstellung als dritter Lector am evang. Gymnasium in Schäßburg im Sommer 1842 den jetzt vierundzwanzigjährigen jungen Mann in die Heimath zur festen Berufsarbeit zurück.

Die Schule in Schäßburg stand damals hoch; sie hat vielleicht nie höher gestanden. Es war unter ihren Lehrern auch nicht ein Miethling, unter denen des eigentlichen Gymnasiums auch nicht ein Lückenbüßer.

In ihre Reihe trat Teutsch nicht unwürdig ein. Daß es theilweise seine eigene Lehrer waren, die jetzt seine Amtsgenossen wurden, verstärkte die Kraft ihres Einflusses. Die meisten sind später seine Freunde geworden, vor allen Karl Gooß, der schon im Herbste 1842 Rector des Gymnasiums wurde, tief gebildet, mächtig ergreifenden Wortes, bei aller Strenge die Begeisterung der Jugend und eine Quelle edelster Anregung für die Erwachsenen.

Die damalige Schuleinrichtung trieb das Fachlehrersystem nicht auf die Spitze und so konnte auch Teutsch außer Geschichte mit gutem Erfolge Latein und Griechisch u. A. lehren. Aber dem erstgenannten Gegenstande galten seine tiefern Privatstudien. Er schrieb zunächst eine vollständige Geschichte Siebenbürgens als Grundlage seiner Vorlesungen im Obergymnasium und begann in dem I. Heft des Archivs des Vereins für siebenb. Landeskunde 1843 bereits die Veröffentlichung seiner archivalischen Studien zur siebenb. Geschichte mit den „Beiträgen zur Geschichte Siebenbürgens vom Tode König Andreas III. bis zum Jahre 1310," die seither ununterbrochen fortgebauert und die einschlägige Literatur so reichlich gefördert haben.

Von nun an wird Teutsch immer mehr ein öffentlicher Charakter, ohne darum aufzuhören, der Schule, deren Lehrer er ist, und der Familie, die er bald darauf gründet, nach Kräften zu dienen. In den nächsten Jahren zwar schien es nicht, als ob sein äußeres Leben irgend einen außerordentlichen Verlauf nehmen werde. Er trat 1845 in das Conrectorat und gründete in demselben Jahre mit Charlotte Berwerth seinen häuslichen Herd. Das Glück dieser ersten Ehe zerstörte der Tod schon im nächsten Jahre; 1848 heirathete er die Schwester der gestorbenen Gattin Wilhelmine.

Bei der nächsten Besetzung des Rectorates übergangen, weil er der damals im Localconsistorium mächtigen Partei mißliebig geworden, wartete ein Pfarrer im Schäßburger Promotionskreise nach aller menschlichen Voraussicht auch seiner als Hafen seines äußeren Lebens, als das Jahr 1848 auch ihn in seine Kreise zog und mehr als bisher in den Vordergrund treten ließ.

Am Anfang der vierziger Jahre brachte die von den Magyaren beanspruchte Alleinherrschaft ihrer Sprache im Staatsleben eine tiefgehende Bewegung in das bis dahin fast trägstille öffentliche Leben des deutschen Stammes, dem das damalige Gesetz die gleiche Berechtigung mit den Ungarn und Széklern zusprach. Diese Bewegung suchte ihren Mittelpunkt und ihre Leitung in dem damals in Kronstadt erscheinenden: „Siebenbürger Wochenblatt," zu dessen Mitarbeitern bald auch Teutsch sich gesellte.

Damals galt in der Journalistik Siebenbürgens die Phrase der abstracten politischen Doctrin gar wenig; mit schwerem historischem Geschütz, das mühsam erst aus den verschlossen gehaltenen Rüsthäusern der Archive herbeigeschleppt werden mußte, wurde hüben und drüben gekämpft, und wo man daneben in das Wespennest localer Schäden zu greifen sich erkühnte, da fuhr einem der ganze hoch empfindliche Schwarm der Zunftgenossen an den Kopf, und unverwundet kam keiner davon. Doch ward vieles besser: die öffentliche Meinung fing an den Regierenden weniger gleichgültig zu werden; auch in Schäßburg wurde der Gewerbeverein gegründet; eine zweite Lesegesellschaft entstand zur Verbreitung gemeinnütziger Kenntnisse; eine zweiklassige Bürgerschule wurde eröffnet; die Communalverwaltung erregte mehr als früher die Aufmerksamkeit der betheiligten Bürgerschaft und auf den Landtagen konnten die sächsischen Deputirten manch kühneres Wort sich erlauben, seit die heimische Presse ihnen erfolgreicher den Rücken deckte und Waffen zur Hand schaffte.

An all diesem nahm Teutsch warmen und vielseitigen Antheil, obgleich unmittelbar wenig erfreulicher Lohn ihm dafür zu Theil wurde. Daneben ging ununterbrochen Schularbeit, wissenschaftliche Thätigkeit, regelmäßige Theilnahme an den Versammlungen des Vereins für siebenb. Landeskunde, zu dessen Ausschußmitgliedern er bald gehörte.

Da kam das Jahr 1848 und an die sächsische Nation bald genug die Noth sich zu entscheiden den drängenden Forderungen der ständischen Situationen gegenüber. Es wäre hier nicht der Ort, die politische Geschichte dieses und des folgenden Jahres zu schreiben, deren Wunden zu vernarben begonnen haben; doch muß, schon um irriger Deutung vorzubeugen, wenigstens ganz kurz Teutsch's Stellung dazu erwähnt werden. Seine historischen Studien konnten ihm nicht verborgen gelassen haben, daß das damalige Oesterreich auf durchaus morsch gewordenen Stützen ruhe und er theilte die Ansicht vieler, besonders deutscher Politiker, daß dieser Staat in sich selbst nicht die Kraft der Wiedererneuerung habe, falls nicht ein verfassungsmäßiges Leben überall die bessern Kräfte wecke, allseitige

Rechtsachtung die Ziele und Aufgaben des Staates Allen lieb mache und in
ihnen Allen ein menschenwürdiges Dasein schaffe. So begrüßte auch er
den Aufgang des Jahres 1848 hoffnungsfreudig und hielt fest an der
Ansicht, daß selbst die nationalen Gegensätze des Vaterlandes im Licht
seiner Principien auf dem Boden des heimischen Staatsrechtes eine
Aussöhnung finden könnten. Namentlich erwartete er von ihnen und durch
sie auch für sein Volk die Segnungen größerer politischer Freiheit, nicht
ohne einen schweren Stand gegen die meist dem Beamtenstand angehörigen
Gegner zu haben, welche auf conservativen Principien fußend und nicht
weniger ihres Volkes Interessen im Auge, mißtrauisch gegen die Losung
des Augenblicks, auf's heftigste für das Bestehende kämpften. Die Abgeordnetenwahl zum Klausenburger Landtag führte ihn und Gooß zum
erstenmal auf die große Bühne des öffentlichen Lebens. Heimgekehrt
erwartete sie von der einen Seite nur mäßiger Beifall, von der andern
offene Verrathsanklage. Nichtsdestoweniger empfing Gooß bald darauf auch
das Mandat nach Pest. Hier stellte sich in Kurzem heraus, daß in
Klausenburg mehr versprochen worden, als man halten wollte; die brüsque
Behandlung der an das gegebene Wort mahnenden Sachsen vernichtete im
Sachsenlande vollends die Partei der Freunde der Union, in welcher man
niemals Ergebung auf Gnade und Ungnade gesehen hatte; und die nächstfolgenden, ungeahnten Ereignisse fanden die bisherigen Freunde und Feinde
der magyarischen Bewegung hier geeinigt zur Rettung der bedrohten
Nationalität mit Hilfe des in Italien wiedererstehenden Oesterreichs.

Auch während dieser Zeit stand Teutsch treu zu seinem Volke, dem
seine nächsten Pflichten galten.

Das Ende des Kampfes fand ihn in seiner alten Berufsstellung als
Conrector am evangelischen Gymnasium in Schäßburg, vielfach ärmer an
Hab und Gut, aber reicher an Erfahrung und fester geschmiedet auf dem
Ambos einer unendlich lehrreichen Zeit, eine im tiefsten Wesen constitutionelle
Natur, jedoch mit seinem Gefühle für geschichtliches Recht auch in der Zeit
des nunmehr beginnenden Absolutismus.

Die von dem österreichischen Ministerium für Kultus und Unterricht
auch für die evangelisch sächsischen Gymnasien angeregte Reorganisation
nahm seine Kraft zunächst in Anspruch. Der „Organisationsentwurf für
die österreichischen Gymnasien," den besten Mustern Deutschlands nachgeschaffen, begegnete im Wesentlichen bei den meisten sächsischen Gymnasien
keinen unüberwindlichen Schwierigkeiten, weil diese schon seit längerer Zeit
sich nach denselben Mustern, wenn auch nur stückweise reformirt hatten.

Jetzt kam nur rascherer Fluß in die Sache. Teutsch nahm mit zwei andern Lehrern des Schäßburger Gymnasiums Theil an den Berathungen, welche die Regierung zu diesem Behufe in Hermannstadt unter dem Vorsitze des Ministerialcommissärs Heufler veranlaßte und deren letztes Ergebniß die Annahme des „Organisationsentwurfes" als Grundlage der Neugestaltung sämmtlicher fünf sächsischen Obergymnasien Seitens des Oberconsistoriums war. Noch im Sommer desselben Jahres wurde Teutsch der ehrenvolle Auftrag, an der Seite des Superintendenten Binder in Wien vorzugsweise die Entschädigungsangelegenheit des evangelisch sächsischen Clerus für den aufgehobenen Zehnten betreiben zu helfen. Ein Vierteljahr lang verweilte er dort, neben seiner officiellen Aufgabe archivalischen Studien im geheimen k. Haus-, Hof- und Staatsarchive obliegend.

Während seiner Anwesenheit in Wien erreichte ihn die Nachricht von seiner Erwählung zum Rector der Schule, deren Lehrer er seit acht Jahren gewesen. In dieser amtlichen Stellung blieb er fast volle dreizehn Jahre, die wissenschaftlich fruchtbarsten, gemüthlich befriedigendsten, nach innen und außen heitersten seines ganzen Lebens.

Teutsch's nächste Thätigkeit galt der Schule. Er führte die Reorganisation derselben durch und stattete ihr seinen Dank für seine Wahl zum Rector in würdiger Weise auch dadurch ab, daß er in den 1852 und 1853 erschienenen Jahresprogramm ihre ältere Geschichte (bis 1741) veröffentlichte [1]). Die Bibliothek wurde unter ihm fast neu gegründet und bei nicht glänzenden Mitteln durch zweckmäßigste Auswahl mit dem Wesentlichsten aus allen Wissenschaften, die den Gymnasialunterricht und die Landeskunde berühren, im Laufenden erhalten. Die Umgebung der Schule schufen Lehrer- und Schülerhände in einen Garten um und zuletzt noch wurden die Mittel für die Turnhalle beschafft, deren Verwendung jedoch seinem Nachfolger überlassen blieb.

Hand in Hand damit ging die wissenschaftliche Arbeit, fast ausnahmslos der Landeskunde dienend, aber in dieser durch grundsätzliche Theilung der Arbeit und gegenseitige Hülfeleistung nicht Unbedeutendes leistend. Ferienreisen mehrten das Material und jeder Augenblick, den die Schularbeit übrigließ, von deren gewissenhafter Verrichtung der Rector selbst den Nächststehenden nicht frei hielt, gehörte der Verarbeitung. Es war die Zeit, wo für den mehr und mehr überhand nehmenden politischen Jammer die freie Wissenschaft entschädigen mußte und das nationale Leben in der Literatur

---

[1]) Sie ist seither zu Ende geführt worden von G. Bell, im Programm von 1864 und von Joseph Hoch 1871 und 1872.

für eine bessere Zukunft sich zu fristen genöthigt war. Es entstand damals und dort das 1857 von der kaiserlichen Akademie der Wissenschaften in Wien herausgegebene „Urkundenbuch zur Geschichte Siebenbürgens", zu dessen Herausgeber in der zwölften Stunde noch Firnhaber sich gesellte und dessen erster Band seither leider noch keinen zweiten gefunden; und in dem von Teutsch ins Leben gerufenen Zweigverein für siebenbürgische Landeskunde kamen die einzelnen Kapitel seiner „Geschichte der Siebenbürger Sachsen für das sächsische Volk" zur ersten Mittheilung, bis endlich im Jahre 1858 dieses wahrhafte Volksbuch seinen vorläufigen Abschluß mit dem Jahre 1699 fand. Langsam entstanden — das erste Heft erschien schon 1852 — zeigt es recht eigentlich auch die zunehmende Reife seines Verfassers, dessen Person und Ziele gleichmäßig mit den Jahren gewachsen sind.

Eine neue Aufgabe stellte sich vor diesen hin mit der in frische Bahnen einlenkenden Entwicklung der evangelischen Kirche A. B. in Siebenbürgen. Wie er alles neue Werden als organische Fortentwicklung des Bestehenden sich dachte, sollte es überhaupt lebensfähig sich gestalten, und daher überall die Keime desselben in der Vergangenheit suchte, so war ihm auch auf diesem Gebiete gründliche geschichtliche Kenntniß des Gewordenen erstes Bedürfniß. Es entstand, zunächst zu praktischen Zwecken, sein „Zehntrecht der evangelischen Kirche A. B. in Siebenbürgen" 1858, das „Urkundenbuch der evangelischen Landeskirche A. B. in Siebenbürgen" I. 1862 und daneben die lehrreiche Abhandlung „Zur Geschichte der Pfarrerswahlen in der evangelischen Landeskirche" 1862, „Die Rechtslage der evangelischen Kirche A. B. in Siebenbürgen" in Dove's kirchenrechtlicher Zeitschrift; endlich der Artikel Siebenbürgen in Herzog's „Realencyclopädie." So sich selber, forschend und gestaltend, vorbereitend trat er zur Theilnahme an den bedeutsamen organisatorischen Arbeiten der neuen Verfassung der evangelischen Kirche A. B. in Siebenbürgen heran. Hier ist in den letzten zwei Jahrzehnten schlechterdings nichts Wesentliches geschehen, woran er nicht mitgearbeitet hätte, auch schon ehe er (seit 1861) dem Landesconsistorium angehörte. Auf die Entstehung der jetzigen Kirchenverfassung, des wohlberechtigten Stolzes der evangelischen Kirche Siebenbürgens, hat er den größten Einfluß genommen. Sie ist einer der ersten Versuche, die Kirche wieder vollständig auf die Gemeinde zu gründen, in dieser jedem selbstständigen Gliede Vollbürgerrecht zu verleihen, jeden überwältigenden Einfluß eines einzelnen Standes ferne zu halten und die gesammte kirchliche Gesetzgebung mit Einschluß selbst der dogmatischen Entwickelung an die aus den Wahlen der Kirchenbezirke erwachsende Gesammtvertretung zu leiten.

Es gehört zu den Lichtseiten der damaligen Staatsregierung, diese freie kirchliche Entwicklung in keiner Weise gehindert, vielmehr sie in wesentlichen Stücken gefördert zu haben. Wo einzelne Organe des politischen Regiments übereifrig der Allgewalt des Staates dienstbar sein wollten, und es demnach galt, ihren Uebergriffen in fremdes Recht zu begegnen, stand Teutsch in den Vorderreihen der Abwehrenden; so als der Bezirksvorsteher Strohmeier in Schäßburg in die Trapolder Pfarrwahl gegen Brauch und Gesetz sich einzumischen versuchte.

Auf politischem Gebiete blieb damals dem Einzelnen wenig zu thun übrig. Der Absolutismus überraschte die Sachsen ebenso wie die übrigen Nationalitäten des Landes; ja sie fühlten die Gewaltthat desselben um so drückender, als sie ihn am wenigsten verdient zu haben glaubten. Für die Idee des constitutionellen einigen Oesterreichs war man bereit gewesen, Opfer auch von der eigenen bisherigen Rechtsstellung im Staatsgebiete zu bringen; für den in den Absolutismus rückfälligen Staat hat die Nation als solche nichts angeboten und nichts hingegeben, sondern einfach — wie andere — der Gewalt sich gefügt. Erschöpft durch die Jahre 1848 und 1849 an Gut und Hoffnung ließ sie einige Jahre lang schweigend geschehen, was geschah. Der Ausgang des Jahres 1859 fand sie unter den ersten im Kampfe für Wiedergewinnung ihres Rechtsbodens. Die Siebenbürger Quartalschrift, am 29. Oktober 1859 zum erstenmal erschienen, liefert zahlreiche Beweise hiefür. Zu ihren Mitarbeitern gehörte selbstverständlich auch Teutsch, wie er denn überhaupt zu den geistigen Führern seines Volkes zählte. Er hat das Bach'sche System ertragen, nicht ihm gedient; an mehr als einem Punkt es bekämpft in Wort und Schrift, allerdings — seiner deutschen Natur und seinem historischen Sinne gemäß — ohne an Personen und Sachen, die daraus hervorgingen, das Gute zu übersehen, nach dem auch heute noch Viele sich sehnen. Er war nicht beliebt bei den Gewaltigen jener Zeit, die Achtung mochte ihm Niemand versagen; und als ihm ein Abschnitt seiner Sachsengeschichte eine Anklage des Staatsanwaltes zuzog, wies das Gericht die Klage zurück.

Dafür wurde ihm so manche andere Ehre zu Theil, die ihm wohlthun mußte: die k. mährisch-schlesische Gesellschaft für Ackerbau- Natur- und Landeskunde ernannte ihn zum Mitglied; das germanische Nationalmuseum berief ihn in seinen Gelehrtenausschuß; die Universität Jena überraschte ihn 1858 mit dem philosophischen Doktordiplom; der Leipziger Schillerverein 1860 mit der Ernennung zum Ehrenmitglied; ebenso der Kronstädter Gewerbeverein. Im Jahre 1861 durfte er als Abgeordneter des Mediascher Hauptvereins der evangelischen Gustav-Adolph-Stiftung der General-Versammlung in Hannover und der Versammlung der evang. Alliance in Genf beiwohnen, zahlreiche alte Bekanntschaften erneuernd, neue anknüpfend.

So fand ihn das Jahr 1861.

Es brachte seinem Volke die Wiederherstellung seiner Verfassung, der gesammten Monarchie nach dem Octoberdiplom das Februarpatent.

Teutsch trat als Regalist in den 1863/4er Landtag ein, damals nicht mehr Rektor des Gymnasiums in Schäßburg, sondern am 20. April 1863 von der Kirchengemeinde Agnethlen so gut wie einstimmig zu ihrem Pfarrer gewählt. Im Landtag stand er naturgemäß zu den Abgeordneten seines Volkes und da unter diesen ein Theil dem Einheitsstaate und der Reichsvertretung mehr, der andere weniger zu überlassen gedachten, zu jenen, welche zwischen dem Rechte der Glieder und dem Rechte des Hauptes ein solches Verhältniß zu begründen wünschten, daß keine lebensfähige, eigenartige Nationalität in ihrem Bestande und ihrer materiellen und geistigen Fortentwicklung unmöglich gemacht werde. 1864/5 befand er sich als Abgeordneter des Landes im Reichstag in Wien.

Verstimmt schon früher durch tiefere Erkenntniß der allmälig wachsenden Unredlichkeit, womit die Regierung unter constitutionellen Formen das Leben der Municipien zu unterbinden versuchte und daher schließlich mit wenigen Sachsen in der Opposition gegen dieses Beginnen sich befindend, kaum von einer lebensgefährlichen Krankheit genesen, in Wien selbst leidend unter den beginnenden Zeichen der Uneinigkeit im Lager der eigenen Nationsgenossen, nachhältige Befestigung des „Reiches" von dieser Regierung immer weniger erwartend, überraschte ihn der Sturz des Ministeriums Schmerling weniger als andere, wohl aber die wiederauflebende Idee der Zweitheilung des Reiches und der nahezu unveränderten Herstellung der von dem 1847/8er ungarländer Landtage gebrachten Gesetze, deren Bestandtheil auch die völlige Vereinigung Siebenbürgens mit Ungarn war. Teutsch hat in der Nations-Universität des Jahres 1865/6, in welcher er den Großschenker Stuhl als dessen gewählter Abgeordneter vertrat, mit allen Deputirten, jene von Kronstadt und Reps ausgenommen, die gesetzlichen und politischen Bedenken gegen eine solche Vereinigung innerhalb der Gränzen constitutioneller Freiheit geltend gemacht. Als aber diese Frage eine Frage des Rechtes und der parlamentarischen Debatte zu sein aufgehört und die Königskrönung in Ofen die neueste Aera Oesterreich-Ungarns inaugurirt hatte, bei der auch Teutsch als Abgeordneter des Wahlkreises Agnetheln zum Pester Reichstage zugegen war, da beschränkte seine politische

Thätigkeit sich nun mehr darauf, innerhalb der neugegebenen Formen die Existenz seines Volkes möglichst zu sichern und zugleich in den maßgebenden Kreisen der in ihm festbegründeten Ueberzeugung Raum zu schaffen, daß diese Existenz dem ungarischen Staatswesen jetzt ebenso wenig Eintrag thue, als dieß vier Jahrhunderte lang vor der Schlacht von Mohacs der Fall gewesen, ja, daß grade die eigenthümlichen Verhältnisse des ungarischen Staates diesen gebieterisch darauf hinwiesen, Gerechtigkeit gegen die nicht magyarischen Nationalitäten zu üben, wolle er in diesen nicht centrifugale Kräfte selbst großziehen.

Im Ganzen ist sein Leben seither stiller geworden. Zunächst beschäftigten ihn Vorbereitungen zum Neubau der Agnethler Schule, zu welcher am 25. August 1867 der Grundstein gelegt ward. Nicht die warme Theilnahme an der Entwicklung der öffentlichen Verhältnisse hatte abgenommen, auch nicht die sittliche Entrüstung, die alles, was ihm als Unrecht oder Untergrabung der öffentlichen Moral erscheint, in ihm erregt; aber seiner Jahre sind mehr, seine Haare grau, seine Erfahrungen reifer geworden, sein Vertrauen auf die Lebensfähigkeit politischer Organismen, die ihm eine Zeitlang kräftiger schienen, geringer; klarer vor Allem, daß die Gegenwart in Leben und Glauben vielfach neue Bahnen sucht und das Meiste, was jetzt besteht, nur Ueberleitung zu neuem Größerem sein werde.

Die neue Verfassung der evangelischen Landeskirche A. B. in Siebenbürgen hat auch die Wahl des geistlichen Oberhauptes derselben, des Bischofs oder Superintendenten, in den nur durch die Mitwirkung der Gemeinden beschränkten Wirkungskreis der Landeskirchenversammlung verlegt und zugleich dem so Gewählten und von der Krone Bestätigten, Hermannstadt als Amtssitz zugewiesen. Teutsch ist der erste gewesen, der in solcher Weise zum schweren, aber schönen Amte gelangte. Am 19. September 1867 wurde er von der Landeskirchenversammlung auf Grund der von den Presbyterien und Bezirkskirchenversammlungen vollzogenen Candidation mit 38 von 53 Stimmen zum Superintendenten gewählt, gesetzlich sofort eingesegnet und in sein Amt eingesetzt, das er den 28. November desselben Jahres antrat und sodann nach der am 6. Januar 1868 erfolgten Allerhöchsten Bestätigung von der abermals versammelten Landeskirchenversammlung am 12. November d. J. feierlich installirt. Mit ihm ist die Superintendentur wieder dorthin zurückgekehrt, wo sie ursprünglich ihren Sitz gehabt und von wo sie nur mehr durch zufällige Verhältnisse nach dem Tode des Superintendenten Mathias Hebler (1571) ausgezogen, nach Hermannstadt.

Seither ist seine Thätigkeit weit überwiegend der Erfüllung seiner immer bedeutsamer werdenden nächsten Berufspflichten gewidmet, deren Schwere durch die gewissermaßen constitutionellen Formen der evangelischen Kirchenverwaltung nicht geringer wird. Sie bewährte sich besonders in der an Akten gesetzgeberischer Arbeit fast überreichen Landeskirchenversammlung des Jahres 1870 und in der geistlichen Synode desselben Jahres, sowie in den 1870, 1871, 1872 und 1873 durchgeführten eingehenden Visitationen der Kirchenbezirke Bistritz, Reps und Hermannstadt.

Es konnte nicht anders kommen, als daß ihn (1871) der Verein für siebenbürgische Landeskunde zu seinem Vorstande und der siebenbürgische Hauptverein der Gustav-Adolf-Stiftung, dessen Sitz in Mediasch, zum Vorstandsmitgliede und wiederholt zum Vorsitzer seiner Hauptversammlungen wählten.

Von Teutsch wurde außer zahlreichen Beiträgen zum Vereinsarchiv und andern Zeitschriften veröffentlicht:

1. Abriß der Geschichte Siebenbürgens. Beigedruckt G. Binders Uebersicht der gesammten Erdkunde für Schule und Haus. Kronstadt 1844 8-vo. Seite 139—178. Dann für sich: „Abriß der Geschichte Siebenbürgens zunächst zum Gebrauch für Studirende. Zweite Auflage von Dr. G. D. Teutsch (Erstes Heft) Kronstadt 1865. Gedruckt und im Verlag bei Johann Gött. In Commission bei C. J. Habersang in Schäßburg 8-vo. II. Heft 84 S. (Reicht bis zum Jahr 1526.)
2. Beiträge zur Geschichte Siebenbürgens unter König Ludwig I. 1342 bis 1382. (Wien 1850) 8-vo. 59 S. (Enthält S. 44—59. vierzehn Urkunden als Belege.)

    (Aus dem 2. Hefte des 2. Bandes des Jahrg. 1850 des von der kaiserlichen Akademie der Wissenschaften herausgegebenen Archivs für Kunde österreichischer Geschichtsquellen besonders abgedruckt).
3. Geschichte der Siebenbürgen Sachsen für das sächsische Volk. Eine vom Vereine für siebenbürgische Landeskunde gekrönte Preisschrift. Kronstadt, Druck und Verlag von Johann Gött 1852. 12-mo. 1. Heft 92 S. 2. Heft S. 93—233, 3. Heft 1853 S. 235—388. 4. Heft 1856 S. 391—528 5. Heft 1858 S. 529—652. 6. Heft 1858 S. 653—807. (Die Geschichte reicht bis zum J. 1699.)
4. Die Reformation im Sachsenland. Der evangelisch-sächsischen Kirche dargebracht zur dritten Säkularfeier ihrer Gründung. Kronstadt, Druck von J. Gött 1852. 12-mo. 38 S.

(Ein Auszug aus dem 3. Hefte der vorhergehenden Geschichte der Sachsen). 2. Auflage, Kronstadt. Im Verlag und gedruckt bei Johann Gött 1859. Kl. 8-vo. 30 S. 3. Auflage Ebend. 1860 8-vo. 32 S.

Die Reformation im siebenbürgischen Sachsenlande der evangelisch sächsischen Landeskirche Siebenbürgens zur 3. Säkularfeier ihrer Gründung von Dr. G. D. Teutsch. 4. Auflage, Kronstadt Druck und Verlag von Johann Gött 1865. 8-vo. 32 S.

5. Zur Geschichte des Schäßburger Gymnasiums. Programm der genannten Lehr-Anstalt zum Schluße des Schul-Jahres 1851/2, Kronstadt, gedruckt bei Joh. Gött 1852. 4-to. II. 38 S.

6. Das zweite Heft 1852/3 Forts. der Geschichte des Schäßburger Gymnasiums bis 1741. Ebendas. 4-to. 51. S. 7.

7. Programm des evangelischen Gymnasiums in Schäßburg und der damit verbundenen Lehr-Anstalten zum Schluß des Schuljahres 1853/4. Herausgegeben von der Gymnasial-Direktion. Inhalt: A. Beiträge zur Witterungskunde Siebenbürgens. Von Prof. Daniel Hain. B. Schulnachrichten vom Direktor. Ebendas. 4-to. 40 S.

8. Das 4. Heft. Programm ebendesselben Gymnasiums ꝛc. 1854/5. Veröffentlicht vom Direktor G. D. Teutsch: Inhalt A. Zur deutschen Thiersage. Vom Prof. Joseph Haltrich S. 1—74. B. Schul-Nachrichten vom Direktor S. 75—89. Kronstadt gedruckt bei Johann Gött 1855, 4-to. 89 S.

9. Programm ebendesselben Gymnasiums 1855/6. Veröffentlicht vom Direktor G. D. Teutsch. Inhalt: A. Geschichte der siebenbürgischen Hospitäler. Vom Prof. Friedrich Müller, S. 1—65. B. Schulnachrichten vom Direktor S. 66—86. Wien aus J. B. Wallishausers k. k. Hoftheater-Druckerei. 1856, 8-to. 86 S.

10. Programm ebendes. Gymnasiums 1856/7. Veröffentlicht vom Direktor G. D. Teutsch. Inhalt: A. Zur Bestimmung des Ganges der Luftwärme in Siebenbürgen. Von Wilhelm Melzer, Gymnasiallehrer, S. 3—18. B. Schulnachrichten vom Direktor S. 19—41. Kronstadt 1857, gedruckt und im Verlage bei J. Gött. 8-vo. 41 S.

11. Programm ebendes. Gymnasium ꝛc. 1857/8. Veröffentlicht vom Direktor G. D. Teutsch. Inhalt: A. Flora von Schäßburg. Ein Beitrag zur Flora von Siebenbürgen. Von Friedrich Fronius. S. 3—85. B. Schulnachrichten vom Direktor. S. 87—121. Kronstadt 1858. Gedruckt und im Verlag bei J. Gött. 8-vo. 121 S.

12. Programm ebendes. Gymnasiums 1858/9. Veröffentlicht von der Gymnasial=Direktion. Inhalt: A. Die letzten Ausläufer des romanischen Baustyles in Siebenbürgen, nachgewiesen an einigen Kirchen des Burzenlandes. Von Johann Orenbi, S. 1—33. B. Schulnachrichten vom Direktor S. 35—61. Kronstadt 1859. Gedruckt und im Verlage bei Johann Gött. 8-vo. 61. S.
13. Programm ebendes. Gymnasiums 1859/60, veröffentlicht von der Gymnasial=Direktion. Inhalt: A. Die siebenbürgisch=sächsische Bauern= Hochzeit. Ein Beitrag zur Sittengeschichte von J. Mätz, S. 1—101. B. Schulnachrichten vom Direktor. S. 103—133. Kronstadt 1860. Gedruckt bei Johann Gött. 8-vo. 133 S.
14. Programm ebendes. Gymnasiums 1860/1. Veröffentlicht von der Gymnasial=Direktion. Inhalt: A. Vier Schul=Reden vom Gymnasial= Direktor. B. Schul=Nachrichten von bems. Kronstadt gedruckt und im Verlag bei Johann Gött 1861. 8-vo. 64 S.
15. Programm ebendes. Gymnasiums 1861/62. Veröffentlicht vom Direktor Dr. G. D. Teutsch. Inhalt: A. Beiträge zur Geschichte der deutschen Ansiedlungen im Nordwesten Siebenbürgens aus der Arpadenzeit von Karl Steiner. B. Schulnachrichten vom Direktor. Kronstadt, gedruckt und im Verlag bei J. Gött 1862. 8-vo. 88 S.
16. Ueber die Schließung der Schäßburger Real=Schule am Anfang des Schuljahres 1855/6. Ein Wort der Aufklärung zunächst an die Schäßburger Gemeindeglieder vom Local=Consistorium der evangelischen Kirche in Schäßburg. Kronstadt 1856, gedruckt bei Johann Gött. 8-vo. 23 S.
17. Urkundenbuch zur Geschichte Siebenbürgens. Erster Theil, ent= haltend Urkunden und Regesten bis zum Ausgang des Arpadischen Mannsstammes (1301). Aus den Sammlungen des Vereines für Siebenbürgische Landeskunde, bearbeitet und herausgegeben von

G. D. Teutsch
Direktor des evang. Gymnasiums in Schäßburg, Ausschußmitglied des Vereins für siebenbürgische Landes= kunde u. s. w.

und

Fr. Firnhaber
k. k. Geheimen Haus= Hof= und Staats=Archivar, corresp. Mitglied der kaiserl. Akademie der Wissen= schaften in Wien, des Vereins für siebenb. Landeskunde u. s. w.

Wien aus der k. k. Hof= und Staats=Druckerei 1857 gr. 8-vo. LXXXIV. (Wovon 72 S. Regesten über die theils aufgenommenen, theils anderwärts gedruckten Siebenbürgen nur nebenbei erwähnenden

Urkunden in chronol. Reihe), dann 224 S. Urkunden und weiter S. 225—243. Index generalis; S. 243—264. Index specialis der Könige, Herzoge, Bischöfe, Domherrn, Päpste, Wolwoden, Szekler-Grafen, Beamten, Adelichen, Grafen von Hermannstadt, Geistlichen, deutschen Ansiedler, siebenbürger Bisthum, Abteien, Capitel, Kirchen, Komitate, Orte.

Dieser Band hat auch folgenden Haupttittel: Fontes rerum Austriacarum. Oesterreichische Geschichtsquellen. Herausgegeben von der historischen Commission der kaiserl. Akademie der Wissenschaften in Wien. 2. Abtheilung. Diplomataria et Acta. XV. Band. Urkundenbuch zur Geschichte Siebenbürgens. I. Theil. Wien aus der k. k. Hof= und Staatsdruckerei 1857.

(Recensirt in den Oesterreichischen Blättern für Literatur und Kunst. Beilage zur österr. kaiserl. Wiener Zeitung vom Jahre 1857, Nr. 40.)

18. Das Zehntrecht der evangelischen Landeskirche A. B. in Siebenbürgen. Eine rechtsgeschichtliche Abhandlung von G. D. Teutsch, Schäßburg in Commission bei C. J. Habersang 1858. 8-vo. V. 298 S.

Zugeeignet „Sr. Hochwürden dem Herrn Georg Paul Binder „hochverdienten Superintendenten der evangelischen Landeskirche A. B. „in Siebenbürgen, Ritter des kaiserl. österr. Leopold=Ordens, zum „festlichen Tag seines 50=jährigen Dienst=Jubiläums in dankbarer „Ehrfurcht (durch) das Kaisder (Schäßburger) Kapitel und das Schäß= „burger Gymnasium."

Enthält: a) Text S. 1—116, Urkundenbuch S. 117—298. Auf der Rückseite des Titelblattes und am Ende des Buchs steht: „Druck von J. B. Wallishaußer in Wien."

19. Rede zur Feier des hundertjährigen Geburtstages Friedrich Schillers an dem evangelischen Gymnasium zu Schäßburg in Siebenbürgen den 10. November 1859, von G. D. Teutsch, Gymnasial=Direktor. Kronstadt, Druck und Verlag von Johann Gött 1860. 8-vo. 17 S.

20. Zur Geschichte der Pfarrerswahlen in der evangelischen Landeskirche in Siebenbürgen. Von Dr. G. D. Teutsch. Hermannstadt 1862. Druck und Verlag von Th. Steinhaußen. Kl. 8-vo. 27 S.

(Ein Separat=Abdruck des unter ebendiesem Titel vorkommenden Artikels in den Nummern 34 bis 42 des im Februar 1862 erschienenen „Siebenbürger Boten.") Wurde auch in die Darmstädter „Allgemeine Kirchen=Zeitung" vom 7. und 11. Februar 1863, Nr. 12 und 13 S. 89—93 und 97—101 aufgenommen.

21. Urkunden-Buch der evangelischen Landeskirche A. B. in Siebenbürgen. 1. Theil. Hermannstadt 1862. Druck und Verlag von Theodor Steinhaußen. 8-vo. XXVIII. 349 S.

Inhalt: Vorwort des Herausgebers S. V—XII. Inhalts-Anzeige S. XIII—XXVIII. und zwar: 1. Beschlüsse und Gesetze der sächsischen Nations-Universität 1544—1883, S. 1—80 2. Landes-Gesetze von 1544—1680. S. 81—152. 3. Fürstenbriefe vom Jahre 1539 bis 1688. S. 153—324. 4. Staats-Verträge vom Jahre 1686 bis 1693. S. 325—349.

Der 2. Theil soll enthalten: Von der geistlichen und weltlichen Universität vereinbarte Artikel, eigene Synodal-Artikel ꝛc. — Kapitular-Statuten — nebst Superintendential- und Dekanats-Umlaufschreiben und Zuschriften und einem Schluß-Register.

Die zweite Haupt-Abtheilung des ganzen Werkes ist für die Zeitperiode von dem Uebergange Siebenbürgens an das Haus Oesterreich bis auf unsere Zeit bestimmt.

22. Die Rechtslage der evangelischen Kirche A. B. in Siebenbürgen. (Tübingen 1863). 8-vo. 29 S.

(Separatabdruck aus dem 1. Heft des 3. (1863-er) Jahrgangs der von Dr. Richard Dove in Tübingen herausgegebenen Zeitschrift für Kirchenrecht. Tübingen, Verlag der H. Laupp'schen Buchhandlung. Auch im Sächsischen Hausfreund. Kalender für 1867. Kronstadt, 8-vo. S. 86—106.

23. Die Bischöfe der evangelischen Landeskirche A. B. in Siebenbürgen. (In dem Statistischen Jahrbuch 1. Jahrgang f. Michael Adolph Schuster.)

24. Drei Predigten. Gehalten in der evangelischen Pfarrkirche A. B. in Agnethlen. Ein Gedenkblatt der genannten Gemeinde. Von Dr. G. D. Teutsch, gewesenen Pfarrer daselbst. Hermannstadt 1868. Druck und Verlag von Joseph Drotleff. 8-vo. 24. S.

25. Die Stimme der evangelischen Stiftung des Gustav-Adolph-Vereins an dieses Geschlecht. Predigt gehalten am 5. August 1868, bei der Versammlung des siebenbürgischen Haupt-Vereins der Gustav-Adolph-Stiftung in Bistritz. Hermannstadt 1868.

Der Ertrag war für den Aufbau der evangelischen Kirche in Jakobsdorf, Bistritzer Kirchenbezirks, bestimmt.

26. Unsere Zuversicht auf die Zukunft unserer Kirche. Festpredigt zu seiner feierlichen Einführung in Amt und Würde, gehalten in der evangel.

Pfarrkirche in Hermannstadt am 12. November 1868. Gedruckt auf den Wunsch der Landeskirchen=Versammlung. Der Erlös ist zum Beitrag für den Ankauf eines Hauses in Hermannstadt für die evangelische Landeskirche A. B. bestimmt. Hermannstadt. Buchdruckerei des Jos. Drotleff 1868. Verlag von Fr. Michaelis. 8-vo. 11 S. Endlich muß mit verdienter Anerkennung hervorgehoben werden, daß Dr. G. D. Teutsch durch seine gediegenen Beiträge zum A r c h i v d e s V e r e i n s f ü r s i e b e n b ü r g i s c h e L a n d e s k u n d e , Ab= handlungen, welche er bei Vereins=Generalversammlungen zum Vortrag brachte und seine Leistungen als Ausschußmitglied die Hebung des Vereins vorzugsweise befördert hat.

27. Die neue Kirchenverfassung der Siebenbürger Sachsen und ihre Ent= stehung. Im 8. und 12. Hefte des Jahrgangs 1869. S. 405—412 und 515—525 der „Allgemeinen kirchlichen Zeitschrift von D. S c h e n k l." Elberfeld 8-vo.

(In dem 3. Hefte vom Jahre 1870 ebenderselben Zeitschrift hat Dr. Wilh. Wattenbach die Zustände der Kirche und Schule der Siebenbürger Sachsen ausführlich geschildert.)

28. Die Stellung unserer Kirche in der großen Entwickelung der Gegen= wart. Predigt zur Eröffnung der 6. Landeskirchen=Versammlung der evangelischen Kirche A. B. in Siebenbürgen gehalten in der evangelischen Pfarrkirche in Hermannstadt am 17. Februar 1870 von Dr. G. D. Teutsch. Gedruckt auf den Wunsch der Landes= kirchenversammlung. Der Erlös ist zum Beitrag für den Ankauf eines Hauses in Hermannstadt für die evangelische Landeskirche be= stimmt. Hermannstadt 1870. Buchdruckerei des Joseph Drotleff, Verlag von F. Michaelis. 8-vo. 10 S.

Tr. **Teutsch Johann,**

geboren in Kronstadt am 1. März 1754, studirte bis zur Syntax, aus welcher er nach einem Jahre in die Bürger (sogenannte deutsche) Klasse übertrat, um sich dem väterlichen Tischler=Gewerbe zu widmen. Dem Drängen seines Vaters, dessen Vorstellungen ihm in einer Nacht zu Herzen gingen, und einem prophetischem Traume folgend entschloß sich Teutsch aber nach einem Jahre von Neuem in die Syntaxistenklasse einzutreten, und wurde nach hier zugebrachten $1^{1}/_{2}$ Jahren am 22. April 1769 als Togat am Gymnasium aufgenommen. Hier vollendete er durch Fleiß unter der Leitung tüchtiger Lehrer seine Gymnasialstudien, so daß er, nach abgelegter öffentlicher Prüfung, im Mai 1774 die Universität in Jena besuchen konnte. Nach zwei daselbst zugebrachten Jahren kehrte Teutsch nach Kronstadt zurück und brachte hier sieben Jahre mit Privatinformationen zu, bis er im Jahre 1783 als Lehrer angestellt, bis zu seiner Ernennung zum Blumenauer Prediger (30. Juli 1789) bald als Gymnasial-Rector, darauf aber vom Juli des Jahres 1791 bis zu seiner Berufung zum Pfarrer in Rosenau (17. August 1800,) als Rector dem öffentlichen Unterrichte und der Leitung der Kronstädter Schulanstalten seine Kräfte widmete. Er feierte am 1. Mai 1794 das 50-jährige Jubiläum des im Jahre 1744 neuerbauten Kronstädter evang. Gymnasiums[1]), ertheilte der ungarischen Gelehrten-Gesellschaft zu Maros-Vásárhely, sowie dem berühmten ungarischen Geschichtsforscher Johann Christian v. Engel bereitwillig geschichtliche und literarische Auskünfte,[2]) und ließ sich auch als Pfarrer eifrig angelegen sein, den Religions- und Volksunterricht in Rosenau zu heben. Eingedenk seiner Verdienste um die Stadtschulen wählte ihn demnach am 17. Februar 1807 die Kronstädter Gemeinde zu ihrem Stadtpfarrer, und diese Würde bekleidete er fortan mit Treue und Gewissenhaftigkeit, bis am 11. Jänner 1835 ein nervöses Fieber seinem Leben ein Ende machte,[3]) nachdem er inzwischen dem Burzenländer Kapitel als Dechant vom 20. Juni 1825 bis 22. Juli 1833 vorgestanden und theils am 21. Dezember 1817 das dritte Säcularfest der durch Dr. Martin Luther gestifteten und in Kronstadt durch Mag. Johann Honterus eingeführten Kirchen-Reformation,[4]) theils sein eigenes 50-jähriges Dienst-Jubiläum, wozu ihm das Kapitel durch Ueberreichung eines mit einer passenden Zuschrift versehenen silbernen Pokals gratulirte, — in Gegenwart des Kapitels, des innern und äußern Stadtrathes und sämmtlicher Kirchen- und Schullehrer, feierlichst abgehalten hatte.

Seine Sammlungen zur vaterländischen Geschichte gingen auf seinen Sohn Samuel Teutsch (gestorben als Zeidner Pfarrer am 20. Juni 1862) über. Im Druck erschien von ihm blos:

---

[1]) Siebenbürgische Quartal-Schrift IV. 299 und Dück's Geschichte des Kronstädter Gymnasiums S. 99.

[2]) Siebenbürgische Quartal-Schrift VI. 232. VII. 54. Engels Geschichte der Walachei und Moldau I. 58.

[3]) Der ältere Sohn, die Gattin und die einzige Tochter Teutschs gingen ihm in die Ewigkeit voraus. S. den Artikel Martin Neustädter. Jener Sohn starb als k. k. Oberlieutenant im Kriege den 22. August 1812.

[4]) S. Glatz Nachrichten über die Feier des dritten Jubelfestes der Reformation ꝛc. Wien 1818. S. 213—245.

Etwas über den Gebrauch der Schminke. Wien bei Kurzbeck·1785. 8-vo. 52 S. (Verfasser des medizinischen Theiles dieses Werkchens S. 5—18) war Dr. Martin Lange (f. b. Art.) und des moralischen Theiles (S. 19—52) unser Teutsch.

Tr. **Teutsch Josef,**

wurde am 28. Oktober 1702 in Kronstadt geboren. Sein gleichnamiger Vater (von den Sachsen Moser genannt) verließ Kronstadt, um die Apothekerkunst, welche ihm daselbst wenig Vortheil brachte, anderwärts auszuüben, und begab sich, mit Zurücklassung der Gattin und des Sohnes, in die Walachei und nach einigen Jahren nach Konstantinopel, endlich aber nach Galatz in der Moldau, wo er als Apotheker des damaligen russischen Konsulates im Jahre 1724 starb. Schon hatte der Sohn inzwischen sich dem Leinweberhandwerk gewidmet, als er durch schriftliche Ermahnungen des Vaters veranlaßt, im 20. Lebensjahre sich zum weitern Schulbesuche entschloß, am 27. Oktober 1722 Gymnasiast ward und es bald dahin brachte, daß er die Anstellung zum Abjunkten der Bürgerschule erhielt. Darauf begab er sich am 20. Juni 1729 auf die Universität in Halle, wo er im August d. Jahres ankam und sich seiner Mittellosigkeit wegen durch Unterricht im Waisenhause forthelfen mußte. Mangel an Unterstützung nöthigte ihn sich 1731 nach Kahren in der Nieder-Lausitz zum Dorfpfarrer Christof Gutschmied, dessen Kinder er zwei Jahre hindurch unterrichtete, dann aber 1733 im Oktober in seiner Vaterstadt zurück zu begeben, wo er sich am 8. September 1734 mit Rosa geb. Hedwig vermählte, die ihm aber schon am 1. November 1736 durch den Tod entrissen wurde. Am 12. November 1735 ward er als Abjunkt bei der Donatistenklasse und am 23. Januar 1738 als Collega an der Deutschen- oder Bürgerklasse angestellt. Am 31. Juli 1737 feierte er sein zweites Hochzeitsfest mit Martha geb. Tartler, verwittweten Georg Gregerin. 1749 den 24. Oktober wurde er zum Adjunctus Ministerii und am 6. Dezemb. 1750 zum wirklichen Ministerialis bei der Kathedralkirche ernannt. Vier Jahre darauf, nemlich 1754 im März, wurde er als Pfarrer nach Nußbach von hier aber schon am 25. März 1755 in derselben Eigenschaft nach Honigberg berufen, wo er bis an das Ende seines Lebens blieb, welches den 13. März 1770 erfolgte. Als im September 1756 die Pest in Honigberg ausbrach, wurde ihm die Leitung der Pestanstalten in diesem Orte anvertraut, die er so glücklich führte, daß nicht mehr als 9 Personen eine Beute dieser Seuche wurden. Im Februar 1765 wurde er nebst dem Petersberger Pfarrer Samuel Croner von dem Burzenländer Kapitel des Zehndprozesses wegen nach Hermannstadt deputirt, von wo er aber schon nach einem achttägigen Aufenthalt, vom Schlagfluß bedroht, nach Hause zurückzukehren genöthigt wurde.

Außer dem „Kurzen Auszug der nöthigsten Stücke in der Rechenkunst, welcher die Species von ganzen und gebrochenen Zahlen, desgleichen die Regulam Detri und Regulam Societatis in sich faßt, zum gemeinen Gebrauch der deutschen Klasse aufgesetzt von Josef Teutsch Kronstadt in der Seulerschen Buchdruckerei. Druckts Georg Klein im Jahre 1739 8-vo 102 S.," wovon die 2. Auflage ebendaselbst gedruckt durch Christian Lehmann 1755 8-vo. III. 102 S. erschien, welches Buch lange Jahre hindurch in den Kronstädter Schulen gebraucht wurde, verfaßte Teutsch folgende in Handschrift gebliebene Schriften:

1. Angezeichtetes Denkmal der k. freien Stadt Kronen in Siebenbürgen d. i. kurzes Verzeichniß derjenigen Schriften, welche entweder in Kronstadt gedruckt, oder auch von Kronern edirt worden, gestellt von Josef Teutsch 1749 m. Mart. (S. Denkbl. I. S. XVI.[1])
2. Richter in Kronstadt in ihrer Gestalt und vorgefallenen Begebenheiten, entworfen von Josef Teutsch 1757 im August mit 9 Porträten. (S. Siebenb. Provinzialblätter II. 23.)

Der Verfasser fängt ihre Reihe mit dem Lukas Hirscher[2]) an, der 1235 Richter war und schließt mit Georg Jeckel, der 1700 die Richterwürde verwaltete. Ihre Anzahl ist 48.

3. Besondere Nachricht von Burzenland 1759. Zum zweitenmal vom Verfasser ausgearbeitet 1770. Mscr.

Einen Auszug aus dem 1. Buch dieses Manuscriptes sammt vielen Berichtigungen, Erweiterungen und eigenen vortrefflichen Zusätzen hat der Weidenbächer Pfarrer, Johann Kleinkauff († 28. Dezember 1811) im 4. Band der siebenb. Quartalschrift, Seite 105 ff. geliefert.

Ferner hat Heinrich Neugeborn die §§ 59—70 99—122, 132—146, 162—171 und 414—417 unter dem Titel: „Kulturgeschichtliche Notizen" mitgetheilt in der „Kronstädter Zeitung" vom Jahre 1868 in 107 Nr. und 109 bis 111.

---

[1]) Von mir fortgesetzt bis auf die Gegenwart.
[2]) Denkblätter II. 102. Tr.

4. Aufgerichtetes Denkmal der verfallenen Burgen oder Schlösser in Burzenland.[1]) 1750 mit 5 Grundrißen und 1 Ansicht von Kronstadt.

5. Kurzgefaßte Jahrgeschichte von Siebenbürgen besonders Burzenland. Mit allem Fleiß aus vielen Autoribus zusammengetragen 1743 Fol. (Von Erschaffung der Welt bis zum Jahre 1700.

Tr. Der Verfasser hat, außer den bekannten gedruckten alten Geschichts= schreibern, vorzüglich die neueren handschriftlichen Tagebücher seiner Kronstädter alten Landsleute benützt und diese Jahrgeschichte in einem zweiten wieder eigenhändig geschriebenen Exemplar theils vermehrt theils vom Jahre 1701—1748 fortgesetzt. Leider scheint dieses 2. Exemplar, welches der ehemaligen philohistorischen Gesellschaft um das Jahr 1798 eingesendet worden sein soll,[2]) weder im Original, noch in einer Abschrift irgendwo noch zu existiren.

6. Nachlese zu den kurzgefaßten Jahrgeschichten von Ungarn und Sieben= bürgen. 1761. Fol. (Die Jahre 1749—1761 enthaltend.)

7. Historische Zugabe, gesammelt von J. T. (Die Jahre 1762 bis 8. Februar 1770 enthaltend.)

In der Nachlese und Zugabe hat der Verfasser Vieles zur Er= gänzung seiner Jahrgeschichten nachgeholt.

8. Die in Kronstadt von 1720 bis ins gegenwärtige 1740. Jahr eingeführten Mißbräuche kürzlich nach dero Ursachen und Erfolg aufgezeichnet von J. T. 1740 den 9. Dezember.

9. Nachricht von den in Kronstadt abgeschafften Gebräuchen, ertheilt von J. T. 1745 in Fol.

Diese Schrift ist in Kronstädtisch=sächsischer Sprache geschrieben und mit Begleitung des deutschen Textes abgedruckt in den Blättern für Geist, Gemüth und Vaterlandskunde vom Jahre 1839 Nr. 10, 11, 12 und 13.

10. Kurze Beschreibung des königlichen freien Dorfs Nußbach. Entworfen von Josepho Teutsch, Past. tt. 1754. Fol. 23 Seiten.

---

[1]) Hier sind die Ruinen und zum Theil die neuere Geschichte der meist von Rittern des deutschen Ordens unter der Regierung des König Andreas II. errichteten Burgen abgebildet und beschrieben. Zur Zeit Teutschs kannte man die Geschichte der deutschen Ritter im Burzenland nicht, bis die Forschung durch Seivert in dem Ungar. Magazin IV. 211—223 angeregt, durch Georg Draudt (Quartat=Schrift III. 194—207). Schlözer (S. 310—334 und besonders Graf Emerich Bethlen, J. Karl Schuller und Friedrich Philippi auf Grund der erst in der neuern Zeit veröffentlichten gleichzeitigen Urkunden fortgesetzt, neue Resultate zur Oeffentlichkeit gebracht hat.

[2]) Siebenb. Quartal=Schrift. VI. 280. VII. 54.

11. Kurze Beschreibung des königlichen freien Dorfs Honigberg. Entworfen von Josepho Teutsch, Past. tt. 1755 Fol. 24 Seiten.
12. Historische Nebenanmerkungen, zusammengetragen von J. T. 1756 Fol. 9 Seiten.
13. Verzeichniß altdacisch-teutscher Wörter, welche unter den Sachsen in Burzenland noch im Gebrauche sind, gesammelt von J. Teutsch 1756, 13 Fol. Seiten. (Ist eigentlich ein Kronstädter Idiotikon)
14. Verzeichniß einiger Schriftsteller, die von Ungarn und Siebenbürgen handeln. 1754 Fol. 14 Seiten.
15. Wunder der Güte Gottes an Josepho Teutsch erwiesen oder kurzer Lebenslauf gestellet 1756 m. Julio. 11 Fol. Seiten (geht bis zum Jahr 1765.)
16. Thränen meines Volks aus den Ursachen derselben gezeigt von Josepho Teutsch tt. Pastoro in Honigberg. 1763, 29 Fol. Seiten. Eintheilung: Thränen meines Volkes S. 1—2. 1. Hauptstück: Von den Thränen christlicher Burzenländer über äußerlich schädliche Zufälle und zwar: a) Abschnitt. Von feindlichen Einfällen 2—5. b) Abschnitt: Von blutigen Schlachten unter den Königen, Herzogen, Waywoden und Fürsten Seite 5—14. C. Abschnitt: Von Verheerungen und Verwüstungen durch mancherlei Völker Seite 14—22. 2. Hauptstück: Von den Thränen christlicher Burzenländer über Religionsbeschwerden und Drangsalen. a) Abschnitt: Vor der Reformation, S. 22—25. b) Abschnitt: Von den Vorfällen in der Religion nach der Reformation, S. 25—59.
17. Honigberger Hattertbeschreibung gestellt von Josepho Teutsch tt. Pastoro 1764, 6 Fol. Seiten.
18. Arbeit in Nebenstunden verfertigt von Josepho Teutsch z. Z. in Honigberg 1766 und 1767. 65 Fol. Seiten. 1. Arbeit: Der Vorzug vernünftiger Heiden vor den unchristlichen Christen. Seite 1—16. 2. Arbeit: Anmerkungen über einige Sprüche der heiligen Schrift. S. 17—25. 3. Arbeit: Schicksal alter Heiligen und Gelehrten. S. 25—33. 4. Arbeit: Das Unbegreifliche an den Geschöpfen. S. 33—41. 5. Arbeit: Höchstweise Einrichtung besonders der irdischen Geschöpfe. S. 42—46. 6. Arbeit: Sonderbare Begebenheiten in Burzenland. S. 47—54[1]). 7. Arbeit: Vorstellung

---

[1]) Die sechste Arbeit wurde nachher gedruckt in dem Kronstädter Kalender "Sächsischer Hausfreund für das Jahr 1855." S. 100—106 und die 7. Arbeit Ebendaselbst S. 107—108.

wohlfeiler und theuerer Zeiten. S. 54—57. 8. Arbeit: Merkwürdige Vorfälle einiger der Burzenländischen Geistlichen von der Reformation an S. 57—65.

19. Besondere Todesfälle in Burzenland, bemerkt von Josepho Teutsch zur 3. Pfarrer in Honigberg 1766 m. Aug. et Sept. 27 Fol. S.
20. Verfallenes Burzenland, vorgestellt 1754 von Josepho Teutsch Past. in Nußbach. 13 Fol. Selten.
21. Fatales Burzenland nach allen Ständen im Jahre 1756 und 1757 beschrieben von Josepho Teutsch, Pfarrer in Honigberg. 18 Fol. S.
22. Alte und neue Bemühungen die siebenb. Sachsen in der Religion und Freiheiten umzustürzen, gezeigt von Josepho Teutsch zur 3. Pfarrer in Honigberg 1760. 31 Fol. S.
23. Versuch zu einer speziellen Historie von Burzenland. (Wird von Josef Teutsch selbst 1754 in seinem Verzeichniß von Schriftstellern oben Nr. 7 und 6 angeführt, ist aber warscheinlich ein und dasselbe Werk mit der besondern Nachricht von Burzenland, welchen Titel der Verfasser 1759 und wieder 1770 dem Werk vorsetzte.)
24. Das listig-gewaltsame Eindringen in den Schafstall 1761.
25. Die erschliche Herrschsucht eines Geistlichen. 1764. Fol.

Sqiv. 26. Der christliche Jahrmarkt. 1770. 8-vo.
27. Christus der andere Adam. 1731. 8-vo.
28. Wohlgemeinte Vorschläge. 1732. 4-to.

Tr. Die letztern drei und noch andere viele Handschriften, sämmtlich geistliche Betrachtungen und Ermahnungen enthaltend, bezeugen das tiefe religiöse Gefühl und das Bestreben des Verfassers zum sittlichen Bestreben aufzumuntern.

Tr. **Teutsch Paul,**

ein Kronstädter, studierte in Wittenberg 1686, wurde nach seiner Rückkehr von der Akademie Lehrer am Gymnasium in Kronstadt, 1695 aber Stadtprediger, weiter im Jahre 1706 zum Pfarrer in Wolkendorf und 1713 zum Pfarrer in Honigberg erwählt, wo er am 30. September 1719 an der Pest sein Leben endete.

1. Diss. de lectione Angelorum praeside Godofredo Arnold Wittenb. 1687 14. Dezember 4-to. 16 S.

2. Diss. theologica de aeterna permissionis lapsus Oeconomia, ex Psalm. 81. 13. praeside Johann Deutschmann. Witeb. 1688, 12. Januar 4-to. 24 Seiten.

Tr. **Teutsch Traugott,**

Sohn des im Jahre 1862 verstorbenen Samuel Teutsch, Pfarrers in Zeiden, geboren in Kronstadt am 12. Okt. 1829, studirte am Gymnasium daselbst und an der Universität zu Berlin im Jahre 1851 und in Tübingen 1851—1853, sowie in Jena 1853—1854. Nach seiner Heimkehr wurde er zuerst Lehrer in Wolkendorf, dann an der Obervorstädter Armenschule, später Lehrer und Direktor der Mädchenschulen in Kronstadt, entsagte aber aus Gesundheitsrücksichten von freien Stücken diesem Berufe im Juli 1870 und zog sich in das Privatleben zurück. Er gab durch mehrere Jahre den bei Römer und Kamner erschienenen Kalender „Der Burzenländer Gevattersmann" und gibt nunmehr seit einer Reihe von Jahren den bei Johann Gött & Sohn Heinrich erscheinenden sogenannten kleinen Kalender heraus.

1. Siebenbürgische Erzählungen. Die Bürger von Kronstadt. Historisches Gemälde aus dem Ende des 17. Jahrhunderts. Erster Band. Kronstadt 1865. Druck und Verlag von Johann Gött. 8-vo. IV. 236 S.

(Rec. vom Galter Pfarrer Friedrich Schmidt in der Kronstädter Zeitung vom 5. Mai 1865 Nr. 70 S. 503—505. Rec. ertheilt der künstlerischen Anordnung dieser Erzählung sein Lob, irrt aber ebenso wie der Verfasser, wenn er die Charaktere richtig historisch geschildert glaubt. Nicht Sympathien für die Oberhoheit des Sultans und Befürchtungen geringeren Schutzes ihrer bürgerlichen Freiheit, sondern der üble Ruf, den die kaiserlichen Milizen und besonders General Caraffa aus Ungarn mitbrachten und die willkührlichen Erpressungen der in Ermangelung von Casernen bei den Bürgern einquartirten Soldaten und Officiere, welche in der That eintraten und lange nicht aufhörten, waren die Ursache, daß eine Anzahl von Bürgern, besonders Schustern, sich den Befehlen des Fürsten Apafi und des Magistrats sowie dem Wunsche aller vernünftigern Mitbürger, der Nothwendigkeit, gegenüber der kaiserlichen Armee, nachzugeben und, wenn auch diese nach den bis dahin vom Fürsten und vom Lande geschlossenen Traktaten zur Besatzung Kronstadts nicht berechtigt war, kaiserl. Besatzung in das Bergschloß aufzunehmen, — tollkühn widersetzte. Es war also keineswegs Feigheit des Stadtrathes und des Stadtrichters, vielweniger Verrath, was diese Letztern bewog zur Nachgiebigkeit zu rathen und den Aufrührern nicht nur durch ihren Stadtpfarrer, sondern auch durch den Dechanten Martin Albrich die eindringlichsten Vorstellungen machen zu lassen.[1]) Als diese Rebellen den gefangenen auf das Schloß geführten Stadtrichter sammt Rathmännern eben hinrichten wollten, ließ Veterani eine Bombe in das Schloß werfen, — und die Maulhelden stoben auf die Schloßmauern und baten — ohne Schwertstreich — um Gnade. — Weil Veterani, der humane General, den kaiserlichen Soldaten die mit dem Bergschloße vermeintlich eroberte Stadt · nicht preisgeben wollte und nur die Plünderung der Altstadt erlaubt wurde, bei welchem Geschäft sich die siebenbürgische Landmiliz und besonders die Szöfler unter dem Landes-Generalen Michael Teleki hervorthaten (und für diese sollten die Kronstädter Sympathien empfunden haben?!) rächten sich die kaiserlichen Soldaten am 21. April 1689, indem sie die Stadt selbst in Asche legten. Die Verwünschungen der Aufrührer und selbst ihrer ersten Nachkommen von Seiten ihrer durch sie in so großes Unglück gebrachten schuldlosen Mitbürger haben lange fortgedauert und mehrere jener Nachkommen zur Veränderung des schuldbefleckten Namens ihrer Familie veranlaßt.

2. Ein sächsischer Pfarrhof vor hundert Jahren. Roman von T. T. Im Feuilleton der „Siebenbürgischen Blätter" vom 18. Oktober 1867 Nr. 158 angefangen bis einschließlich 7. Februar 1868 Nr. 31. Schauplatz ist der Pfarrhof Zeiden.

3) Ein Zwiegespräch zwischen Zinne und Kathedralkirche. Ein im Auditorium des evang. Gymnasiums zum Besten der ev. Mädchen-

---

[1]) Denkblätter I. 29. Vereins-Archiv N. F. I. 121. Kaum sieben Jahre vorher war die deutsche Reichsstadt Straßburg durch die Regierung und Militärmacht Frankreichs ihrer Unabhängigkeit beraubt, dabei Verrath geübt und vom Könige von Frankreich Ludwig XIV. zur Bestechung der einflußreichsten Magistratspersonen 300,000 Thaler verwendet, verrätherischen Bürgern Ehrenketten im Werthe von 3000 Livres geschenkt und die Stadt völkerrechts und traktatwidrig unter französische Herrschaft gebracht worden. Kein Wunder, daß die auch nach Kronstadt gelangte Kunde hievon, den Argwohn des Kronstädter gemeinen Volkes: „als habe ihre Obrigkeit und namentlich der Stadtrichter Filstich ihr Schloß den Teutschen um eine gewisse und große Summe Geldes verkauft!" (Vereins-Archiv N. F. I. 122.), in diesem analogen Fall geweckt und gefördert haben mag!

Uebrigens ist Teutschs Erzählung nachher von dem Schauspieler Georg Franzelius für die Bühne bearbeitet, und unter dem Titel: „Stefan Stenner und die Bürger von Kronstadt, Vaterländisches Volksschauspiel aus Siebenbürgens Vorzeit in 5 Akten" am 11. November 1870 in Kronstadt aufgeführt worden.

Schulen abgehaltener öffentlicher Vortrag. Kronstadt, gedruckt bei Johann Gött und Sohn Heinrich. 1869. 8-vo. 16 S.

Einige evang. Lehrer in Kronstadt vereinigten sich zur Abhaltung populärer Vorträge in dem großen Auditorium des Kronstädter Gymnasiums und bestimmten den Eintrittspreis der Zuhörer zur Begründung eines Baufondes für die einen Neubau bedürfenden evangelischen Mädchenschulen in der Stadt. Das vorangeführte poetische Zwiegespräch bildete den am 3. Dezember 1869 gehaltenen zweiten Vortrag und hatte die Bildung eines, außer T. Teutsch, aus andern dafür begeisterten jungen Männern zusammengesetzten Komités zur Folge, welches gleich darauf in der „Kronstädter Zeitung" vom 6. Dezember 1869 Nr. 194 einen Aufruf zu freiwilligen Beiträgen an die Kronstädter evang. Gemeinde ergehen ließ, dem zufolge zu diesem Zweck, laut den in der nemlichen Zeitung Nr. 197 und folgende veröffentlichten Verzeichnissen in kurzer Zeit namhafte Summen eingingen.

Tr. **Teutschländer Wilibald Stephan,**

geboren in Schäßburg am 17. August 1837, studirte an den Gymnasien zu Schäßburg und Kronstadt, dann 185$^8/_9$ an der Universität in Jena und 1860—1861 in Berlin und wurde nach seiner Rückkehr Lehrer an der Realschule in Kronstadt. Dieses Lehramt bekleidete er bis zum letzten Oktober 1865, wornach er, — nach Ablegung der Lehramts-Prüfung vor dem Landesconsistorium A. B. zu Hermannstadt durch den Superintendential-Vikar Michael Schuller in Schäßburg ordinirt, — mit einem vom Kronstädter evang. Presbyterium auf drei Jahre erhaltenen Urlaub Kronstadt verließ und, einer zweimaligen Wahl der Bukurester evang. Gemeinde A. B. folgend, den Beruf derselben zu ihrem Pfarrer, welchem Amt er auch gegenwärtig vorsteht, annahm.

1) Geschichte des Turnens im Siebenbürger Sachsenlande von W. St. Teutschländer. (Der Reinertrag ist zum Besten einer Turnhalle in Mediasch bestimmt.) Buchdruckerei von Johann Gött in Kronstadt 1865. 8-vo. IV. 47 S.

Erschien zuerst in dem Programm des Kronstädter evangelischen Gymnasium vom Jahre 186$^3/_4$ s. d. Art. Friedrich S c h i e l,

2) Geschichte der evang. Kirchengemeinde A. C. in Bukarest, nebst einer einleitenden Uebersicht über frühere Einwanderungen und

Niederlassungen fremder Volks- und Glaubensgenossen in den Donaufürstenthümern von W. S. Teutschländer Pfarrer. (Der Reinertrag ist zum Besten des hiesigen evang. Schulfondes gewidmet.) Lasset uns Gutes thun und nicht müde werden. Galather 6. 9. Bukarest 1869. Gedruckt bei Johann Weiß, Straße Batistea Nr. 46 8-vo. VIII. 141 S. und 33 Beilagen 76 S. nebst Kirchenbaurechnung, Stiftungs- und Kirchenbesitzthums-Verzeichniß und Statuten der evang. Gemeinde zu Bukarest Seite 77—92 und dem Titelkupfer: Bukarester evangelisch-lutherische Kirche.

Dr. Theil Rudolph und Karl Werner,

Lehrer am evangelischen Gymnasium in Mediasch.

Urkundenbuch zur Geschichte des Mediascher Kapitels bis zur Reformation. Im Auftrage herausgegeben an Dr. R. Theil und Karl Werner. Hermannstadt. Buchdruckerei von Theodor Steinhaußen 1870. 8-vo. XVII. 83. S.

Mit der Zueignung: „Dem Hochwürdigen und Hochverdienten Herrn Joseph Fabini, evang. Stadtpfarrer in Mediasch, zur Feier seines 50-jährigen Dienstjubiläums mit größter Hochachtung gewidmet vom Mediascher Kapitel und Mediascher Lehrkörper."

Tr. ### Theilesius Georg,

der Sohn des Superintendenten gleichen Namens vertheidigte im Jahre 1642 an der Akademie zu Königsberg die Streitschrift:

De necessitate cognitonis Satisfactionis Christi meritoriae Dissertatio I. e. I. Cor. 2. 2. et Gal. 6. 14. quam in Illustri Academia Regiomontana examini subjicit Abraham Calovius SS. Theol. D. et PP. Respondente Georg. Theilesio Trausilv. ad. d. . . . Nov. 1642. Typis. Iv. Reusneri 4-to.

Die fünf Streitschriften des Calovius: „de Satisfactione Christi meritoria" erschienen zusammen auf 17 Bögen gedruckt in 4-to. Sämmtliche Respondenten waren Siebenbürger Sachsen, und zwar: Georg Theilesius, Michael Junk, Samuel Heilmann, Mathias Rhener und Martin Behm. (S. die Art.) Ihre Wahl zu Respondenten geschah nicht aus Zufall, sondern aus dem Grunde, weil sich gerade in Siebenbürgen die heftigsten Gegner dieser Lehre befanden.

Seiv. ### Theiß Michael Gottlieb,

der Arzneikunst Doctor und Orator des äußern Rathes, oder der Hundertmannschaft zu Hermanstadt. Er war ein Sohn des Michael

Theiß, Stadtpfarrers zu Mühlbach, geboren den 18. Dezember 1718. Er studirte an den Universitäten zu Jena 1737, u. s. w. Leipzig 1740 und nahm die höchste Würde in der Arzneikunst im Jahre 1740 zu Halle an. Nachher machte er sich durch glückliche Kuren in Hermanstadt berühmt. Sich aber selbst konnte er kein langes Leben schenken, indem er den 10. Oktober 1766, im achtundvierzigsten Jahre an der Trommelsucht starb, ohne einige Erben zu hinterlassen.

Dissertatio inauguralis Medica, exhibens specimen Pathologico-Thorapevticum, in casu quodam terrificis motibus complicato, praeside D. Joanne Junckero, An. 1740 dieb. April. Halae Magd. in 4-to. 44. S.

Tr. **Thierry v. Menonville Wilhelm Heinrich d. j.** der zweite Sohn des Hermannstädter Buchhändlers gleichen Namens[1]) geboren in Hermannstadt am 20. Mai 1827, hat am Kronstädter evang. Gymnasium studirt und privatisirt nun in Bukarest.
1) Bericht an das hohe kön. siebenb. Gubernium über den Stand des Seidenbaues in Siebenbürgen, nebst Vorschlägen zur Hebung der Seidenzucht. Von W. T. de M. 1864. Hermannstadt, Druck von Th. Steinhaußen. 8-vo. 16 S.
2) Entwurf zur Organisation von Maulbeer- und Obstbaumpflanzungs-Inspectoraten in Siebenbürgen. (Lithographirt zu Hermannstadt im August 1864.) Kleinquart 10 S.

Tr. **Thieß Karl,** geboren in Kronstadt am 21. Jänner 1813, studirte an der Universität zu Berlin vom Jahre 1837—1839, wurde öffentlicher Lehrer am

---

[1]) W. H. Thierry, Vater, aus Mühlhausen in der Schweitz gebürtig, diente in der kaiserlich französischen Armee und kam, mit einem Militär-Ehrenzeichen ausgezeichnet, im Jahre 1816 nach Hermannstadt. Ueber seine hier mit dem Buchhandlungs- und Buchdruckerei-Eigenthümler Martin v. Hochmeister eingegangene Verbindung und bald darnach auf eigene Rechnung neu eingerichtete erste Sortiments-Buchhandlungen in Hermannstadt, Kronstadt und Bukarest, aus denen er auch die Plätze Groß-Enyed, Klausenburg und Maros-Vásárhely häufig mit literarischem Absatz versah, s. den Anhang dieser Denkblätter in dem Titel: B u c h h ä n d l e r. Da jedoch die letzteren Geschäfte sich mit seinem Haupt-Geschäft in Hermannstadt nicht lange vereinigen ließen, vielmehr das letztere durch seine öftere Entfernungen benachtheiligte, so fand er es angemessener, die Kronstädter Buchhandlung im Jahre 1827 an Wilh. Nemeth und jene zu Bukarest im Jahre 1831 an Friedrich Wallbaum, seine früheren Geschäftsführer, zu verkaufen und sich mit ganzer Kraft forthin dem Hermannstädter Geschäfte zu widmen. Allein die Vorsehung hatte es mit ihm anders beschlossen. Ein frühzeitiger Tod entriß diesen gemeinnützigen und beliebten Mann seinen zahlreichen Freunden und seiner Familie am 29. Dezember 1834 in seinem 47. Lebensjahre. Seine Witwe setzte die Handlung in Hermannstadt kaum 8 Jahre fort, bis sie dieselbe an den jetzigen Besitzer Robert Krabs verkaufte.

Kronstädter Unter=Gymnasium den 3. August 1843, ferner 1859 Prediger bei der Stadtkirche und 1862 11. Nov. Prediger bei der Blumenauer evang. sächsischen Kirche.

Geschichtliche Bemerkungen in den Revolutionsjahren 1848 und 1849 mit vorzüglicher Berücksichtigung der Stadt Kronstadt und theilweiser von Siebenbürgen. In chronologischer Reihenfolge aufgezeichnet von Karl Thieß, Gymnasiallehrer in Kronstadt. Die Hälfte des Reinertrags ist für die Radetzky=, Welden=, Jelachich=, Haynau= und Latour=Invalidenfonde, die andere Hälfte ebenfalls für einen wohlthätigen Zweck bestimmt. Kronstadt. Gedruckt bei Johann Gött. 1851. Kl. 8-vo. II. 148 S.

Tr. **Thorwächter Andreas,**
von Hermannstadt gebürtig, studirte am dasigen Gymnasium, dann am ref. Collegium zu Maros=Vásárhely und im Jahre 1784 an der Universität zu Jena. Er diente darauf als Schul=College und Spitalskirchen=Prediger in Hermannstadt, wurde im Jahre 1793 Pfarrer in Klausenburg, im November 1798 in Bolkatsch und zuletzt im März des Jahres 1808 in Großpold, wo er am 17. April 1815 mit Tod abging. Er verstand und sprach gut lateinisch und französisch und sammelte Vieles zum Behuf der vaterländischen Geschichte, was nach seinem Tode größtentheils in Verlust gerathen ist. Er war ein unglücklicher Gatte und Vater. Ihm gebührt das Verdienst der Erhaltung des handschriftlichen Theiles der Sulzerischen Geschichte des transalpinischen Daciens, welchen in der Folgezeit Engel in seiner Geschichte der Walachei und Moldau, Halle 1804 reichlich aus= gebeutet hat. S. Engel a. a. O. I. Theil S. 55.

Thorwächter hat veröffentlicht:
1. Kurze Sammlung von Launen und Ernst. Nec in radem intentione aequaliter retinenda est mens, sed ad jocos reducenda. Seneca. Hermannstadt gedruckt und verlegt bei Johann Gottlieb Mühlsteffen 1789. 8vo. II. 74 S.
2. Zum Andenken des guten und hoffnungsvollen Mädchens Judiha Steller und zum Trost seiner bekümmerten Eltern am Tage seiner Beerdigung, als den 19. August 1794. Gesprochen von A. Thor= wächter, Pf. der Gemeinde in Klausenburg. Klausenburg, gedr. bei Martin Hochmeister k. k. priv. Dikasterial=Buchdrucker und Buch= händler 1794. 8-vo. 18 S.
3. In der Siebenb. Quartalschrift

a) IV, 264—283. Von den alten Buchdruckereien der sozinischen Glaubensverwandten oder sogenannten Unitarier in Siebenbürgen.
b) V. 1—24. Kirchen- und Schul-Etat der Unitarier in Siebenbürgen.
c) V. 145—159. Muthmaßungen über die ersten Beförderer des Christenthums in Siebenbürgen.
d) VII. 81—93. Franz Joseph Sulzer über den wahren Standort der Trajanischen Brücke.[1])

4. In den Siebenb. Provinzialblättern:
a) II. 152—160. Nachgetragene Züge zum Leben des Prof. Josef Pap Fogarassi. (Zur Quartalschrift VI. 310—315.)
b) II. 228—245. Kurze Chronik unitarischer Schulrektoren am Alt-Klausenburger Kollegium im XVI. Jahrhundert.
c) III. 165—187. Uebersetzung einer Rede des Maros-Vásárhelyer Professor Johann Tompa.
d) IV. 192—216. Chronologisches Verzeichniß der sächsischen Pfarrer des dermaligen Volkatscher vormals genannten Kukelburger Kapitels.

5. Dissertatiuncula super Quaestionem: Num S. Rex Stephanus Transsylvaniam solemni armorum expeditione in suam potestatem redegerit, nec ne? Eine Handschrift.

Seiv. **Todt Andreas,**
von Hermannstadt und Fähnrich bei den dasigen Stadtsoldaten im Jahre 1675. Zuerst legte er sich auf die Wissenschaften, wählte aber nachgehends das Soldatenleben. Er muß einige Zeit in Deutschland gelebt haben, denn ich finde bei dem Jahre 1677 angemerkt, daß er seit sieben Jahren Weib und Kinder in Deutschland verlassen habe. An dem Königsrichter Andreas Fleischer hatte er einen großen Beschützer, der auch seinen ordentlichen Gehalt aus seinen eigenen Mitteln vermehrte. Sonst aber machte sich Todt durch sein unruhiges Wesen und giftige Stachelschriften nichts als Feinde. Wegen einer satyrischen Schrift: Dic illis Cechis, darinnen insonderheit die Geistlichen und Schneider leiden mußten und verschiedener andern Ausschweifungen wurde er 1675 nach Pfingsten gefangen gesetzt. Nach ein und vierzig Wochen erhielt er zwar den 20. März 1676 seine Freiheit wieder, wurde aber seines Dienstes entsetzt. Seine übrigen Schicksale

---
[1]) Vorzüglicher ist Joseph Aschbachs Abhandlung „Ueber Trajans steinerne Donaubrücke. Mit 2 Tafeln und 3 Holzschnitten." Separat-Abdruck aus dem Augustheft des 3. Jahrgangs der Mittheilungen der k. k. Central-Commission zur Erforschung und Erhaltung der Baudenkmale. Wien 1858. 4-to. 24 Seiten.

sind mir unbekannt. Auf dem Rathhause befindet sich folgendes handschriftliche Werk, vielleicht, weil es auch unterdrückt worden:

Otium sacrum, seu Imago Politicorum Pristinorum Transylvanorum, potissimum Civium Cib. Lutheranorum, nec non Clericorum Nationis Saxonicae, pro exemplo & cautione posteritatis serissimae, adumbrata ab Andrea Todt.

In der Zuneigungsschrift an eine ungenannte Standesperson, die aber wohl der Königsrichter Fleischer sein mag, zeiget er seine Absicht bei dieser Schrift: Er habe sie nicht den Gelehrten, sondern seines gleichen, einfältigen Leuten zu gut geschrieben, um ihnen vor die Augen zu stellen: wie die Gottseligkeit, ehrliche Thaten und Tugenden allezeit von Gott belohnt, allerlei Ungerechtigkeit aber, Sünde, Schande und Laster, heftig bestraft worden. Und ob er gleich darinnen vom geistlichen, weltlichen und häuslichen Stande handele, sollte sich doch Niemand einbilden, als wenn er solches einiger Obrigkeit zur Verkleinerung, oder aber jemanden zur Bravade oder Despekt geschrieben hätte. — Daniel Nera aus Mähren, k. gekrönter Dichter, hat zum Lobe des Verfassers einige Verse beigefügt. Uebrigens ist dieses Werk deutsch geschrieben und zeuget von einer nicht geringen Belesenheit des Verfassers.

86iv. Töppelt (Toppeltinus) Lorenz,

beider Rechte Doctor. Weil Mediasch seine Vaterstadt war, so nannte er sich Toppeltinus de Medgyes. Ehe er ausländische Schulen besuchte[1]) lebte er einige Zeit auf dem berühmten Bethlenischen Gymnasium zu Weißenburg, jetzt Karlsburg, woselbst er insonderheit den Isaak Basirius, ehemaligen Gewissensrath des unglücklichen Königs von England, Karl des Ersten, hörte. Dieses berichtet uns Zwittinger, S. 387, allein er irret. Denn ich habe sichere Nachricht, daß Basirius 1654, den 30. Dec. von Konstantinopel nach Weißenburg gekommen ist. Töppelt aber befand sich schon 1653 im Februar zu Padua. Dieses erweiset sein Brief an einen Freund, darin er berichtet: er verwalte noch die ihm neulich anvertraute Aufsicht über die juristische Bibliothek der deutschen Nation zu

---

[1]) Töppelt befand sich im Jahre 1655 auf der reformirten Schule zu Klein-Sáros l. f. einer eigenhändigen Bemerkung in einem Exemplar des Honterus'schen Compendium juris civilis. — Im Jahre 1662 und 1663 aber studirte er als Jurist an der Hochschule zu Padua l. Della Universita di Padova. Cenni ed. Istrucioni. Padova 1841. S. 23 und 24.   Tr.

Padua. Indessen ist es mir auch unbekannt, wann er auf hohe Schulen gereist, wie auch, wann er Padua verlassen hat. Genug, 1661 lebte er zu Altdorf; 1663 befand er sich im April und Mai zu Rom, und 1665 kam er in sein Vaterland zurück, woselbst er seine Beförderung in Kronstadt suchte. Doch ließ er sich von dem Grafen der sächsischen Nation und Königsrichter zu Hermannstadt, Andreas Fleischer bewegen seinen Sohn Tobias Fleischer, auf Reisen zu begleiten. Sie besahen Deutschland und Frankreich. Hier gab Töppelt, seine Nation den Franzosen und Spaniern bekannter zu machen, seine Origines, 1667, zu Lyon heraus; vertheidigte im September zu Orleans etliche Sätze vom Heirathen und erhielt die Doktorwürde in beiden Rechten. Das folgende Jahr 1668 kam er mit Fleischern glücklich in sein Vaterland zurück woselbst ihn unvermuthete Schicksale erwarteten. In seiner zuversichtlichen Hoffnung, ein Eidam des Bürgermeisters, Andreas Melzers oder Werders zu werden sah er sich gänzlich betrogen. Tobias Fleischer heirathete sie, und eben dieses war die Quelle des giftigen Hasses, den Töppelt nachgehends gegen den Königsrichter, Andreas Fleischer, bei jeder Gelegenheit aber nur zu seinem Verderben äußerte. Inanis sine viribus ira!

Der Königsrichter veranstaltete eine öffentliche Rede, die Mathias Miles von dem Ursprunge der sächsischen Nation in Siebenbürgen in dem Hörsaale des Gymnasiums in Gegenwart des ganzen Rathes hielt. Töppelt glaubte in derselben beleidigt worden zu sein, so daß er nach ihrem Beschlusse dem Miles zurief: Mane antagonista optime! Miles antwortete: Non recuso objectiones tuas audire et diluere, quamvis legendo fatigatus sim. Hierauf wandte sich Töppelt zu dem gelehrten Bürgermeister, Johann Simonius: Darf ich ein Wort reden? Simonis besprach sich heimlich mit Fleischern, und Töppelt erhielt Erlaubniß. Da sagte er: Oratio tua mi Antagonista optime! duas habebat partes, altera agebat de origine Saxonum in Transylvania, haec erat elegans, docta et commendatione digna; altera vero in se continebat calumnias ac scommata in meam personam sparta, haec erat indocta et doctis auribus indigna. Neque enim meliora a te sperari poterant, qui quondam majoribus criminibus obnoxius notatus es. — Hier winkte M. Jakob Schnitzler, Rektor der Schule, dem musikalischen Chore und der Lärm der Musik nöthigte Töppelten zu schweigen.[1]) Doch las er nachher auf dem Rathause eine

---

[1]) Aus Guneschs Fortsetzung des Chronicon Fuchsio-Lupino-Oltard. ed. J. Trausch II. 144-146, wo namentlich S. 145 die Stellen aus Töppels Orig. et occasu etc. Tr.

Vertheidigungsschrift ab, die zwar Miles wieder beantwortete; allein der Rath unterdrückte weislich beide.

Hierüber voller Rachbegierde, vereinigte sich Töppelt mit Fleischers heimlichen Feinden: dem Georg Reußner, Rathsherrn zu Hermannstadt, Georg Rohbius, Schulrektor zu Schäßburg und Andreas Kehl, der als Arzt zu Schäßburg lebte. Diese erregten 1669 ein viel drohendes Ungewitter über Fleischern, davon dieser gar nichts wußte. Auf fürstlichen Befehl kam er den 16. Oktober nach Weißenburg, da sah er sich wider alles Vermuthen von Soldaten umringt und auf einem Bauernwagen nach Deva auf das Schloß gefänglich abgeführt.[1]) Da sie aber ihre Beschuldigungen nicht erweisen konnten, so ergoß sich dieses Ungewitter endlich nur über sie. Fleischer bezeigte dabei eine edle Großmuth. Unterdessen starb Töppelt den 23. April 1670, zu Kronstadt[2]) so plötzlich, daß man seinen Tod einer eigenhändigen Vergiftung zuschrieb und hinterließ von seiner Gemahlin, die er daselbst geheirathet, nur eine Tochter Anna, die ein nicht weniger trauriges Ende hatte. Nach dem Tode ihres ersten Gemahls, Asarela Weberus, heirathete sie den Markus Draut, Pfarrer zu Marienburg 1691, hatte aber den 8. Februar 1716 das Unglück, auf einer Reise in dem Altflusse zu ertrinken. So kamen Töppelts hinterlassene Schriften an ihre zwei Söhne der letzten Ehe; davon aber der ältere, Michael Draut, gleichfalls eines tragischen Todes starb. Er heiratete zu Jena des Buchdruckers Krebs Tochter, lebte aber nachgehends so mißvergnügt mit ihr, daß er sich aus Verdruß 1731 den 29. November selbst erschoß. Da sich seine Wittwe zur katholischen Kirche wendete und den Provisor in der Seulerischen Apotheke, Martin Schäßburger heiratete, so kamen alle handschriftlichen Werke des Töppelt in die Hände der Jesuiten.[3])

---

[1]) Auch in dem „Ungarischen Magazin III. 408 und 409 schreibt Seivert die Ursache der Verhaftung Fleischers dessen heimlichen Anklägern zu und bezweifelt den Bericht des Zabanius, daß dieselbe auf die Weigerung Fleischers, die fürstlichen Pferde den Winter hindurch auf Kosten der sächsischen Nation zu erhalten, erfolgt sei. Daß aber Zabanius richtig berichtet hat, beweist die Erzählung des fürstlichen Kanzlers Joh. Bethlen selbst in Historia rerum transs. Tom. I 458 ꝛc. zum Jahre 1669. Vgl. Chronicon Fuchs. etc. II. 167—168.

[2]) Chronicon Fuchs. etc. II. 169. Ungar. Magazin III. 409. Siebenb. Quartal-Schrift VII. 184. Töppelt starb in dem Lebensalter von 29 Jahren.

[3]) Wenn diese Nachricht in Bezug auf Töppelts Handschriften gegründet ist, — ganz richtig ist sie aber nicht, denn zwei derselben existiren noch in ihren Urschriften bei uns, — so mögen Töppelts übrige Schriften vertilgt worden sein, denn die Jesuiten forderten von allen Familien, die zur katholischen Religion übergingen, strenge die Ablieferung aller Bücher und Handschriften, die auf irgend eine Weise mit dem früheren Glauben derselben in Verbindung standen, um sie den Flammen zu übergeben. S. Krasinski's Geschichte der Reformation in Polen. Leipzig 1811. S. IV.

(Von Töppelts Leben und Schriften sehe man auch die 258—265 und die 202—207. S. des 3. Bandes des Ungr. Magazins nach.)

Die Schriften Töppelts sind:

1. Differentiae atque convenientiae juris civilis et juris municipalis Saxonum in Transsylvania. Praeside Ernesto Cregel a Laur. Toppeltino Medieso Transsylvano, aut. et resp. ad d. 20. Martii, Altdorphi typis Georgi Hagen Universitatis Typographi. A. Cbr. CIƆIƆCLXI. 4-vo. 36 S.

Tr. (Dem Comes der sächs. Nation Johann Lutsch, Bürgermeister Andr. Meltzer, Kronstädter Richter Michael Hermann, Mediascher Bürgermeister Andr. Seibner (Onkel des Verf.), Peter Gierd Königsrichter und Michael Gotterbarmet Stuhlsrichter in Mediasch nebst dem ganzen Mediascher Rath und dem Hermannstädter Notarius Johann Simonius zugeeignet.)

Zu §. XLV. macht der Verf. folgende handschriftliche Bemerkung: „Haec thesis cum sequentibus fontes Juris Statutarii Saxonum nostrorum in Transsylvania ostendit."

2. Origines et occasus Transylvanorum, seu erutae Nationes Transylvaniae, earumque ultimi temporis revolutiones, historica narratione breviter comprehensae. Autore Laurentio Toppeltino de Megyes. Lugduni, sumtibus Hor. Boissat et Georg. Remens. A. 1667 in 12 mit Kupfern. XXII. 242 S. und Index rerum memorabilium 20 S.

(Den Fürsten Michael Apafi zugeeignet.)

Dieses seltene Werkchen ist durch eine neue Auflage zu Wien 1762 in klein 8-vo.[1]) bekannter gemacht worden. Des berühmten Superintendenten und Consistorialrathes Gottfried Schwarz zu Rinteln: Originum et occasuum Transylvaniae auctore Laurentio Toppeltino Recensio critica cum Appendice Diplomatum aliquot. Omnia maxime ad Natales gentis Saxonicae in M. Principatu Transylvaniae, inque Comitatu Scepusiensi superioris Hungariae asserendos et illustrandos. Rintelii 1766. 4. XXIV. 48 S.[2]) verdient dabei gelesen zu werden. Doch Töppelts historische Unrichtigkeiten sind meistens entlehnte Fehler, indem er in seinem Appendix, den Bonfin von S. 139 bis 160, den Jovius von 106—108 und den Thuam von S. 208 bis 223 getreulich abgeschrieben, auch Taubmanns Noten über den Plautus nicht wenig benützt hat. In Absicht des

---

[1]) Die Schwarzische Recensio etc. ist, ohne die angehängten vier Urkunden, von S. 2—27 auch von Horányi in der Memoria Hungarorum etc. III. 415—412. mit wenigen Weglassungen, aufgenommen worden.

[2]) Die neue Auflage hat XVI. 235 Seiten, dann 19 Seiten Register und 10 Kupfertafeln.

Ursprunges der siebenbürgischen Sachsen, vertheidigt er die Meinung derer, die sie für Ueberbleibsel der alten Gothen halten. Die größte Stütze seines Lehrgebäudes ist das sächsische Nationalprivilegium, vom Könige Andreas von Jerusalem, welches er aber sehr verfälscht der gelehrten Welt bekannt gemacht hat. Doch mußte Töppelt auf hohen Befehl wiederrufen und dieses geschah in einem Schreiben von Medwisch an den Hermannstädter Rath, den 4. Mai 1669.[1])

3. Theses inaugurales de Nuptiis, quas Deo favente in illustri ac ceberrima Academia Aurelianensi, pro summis in utroque Jure honoribus promerendis publice ventillandas proponit. Laur. Toppeltinus de Medgyes. An. 1667. diebus Sept. Die Sätze sind folgende:

I. Nuptiae sunt conjunctio legitima maris et feminae, individuam vitae consuetudinem continens, unde

II. Ante concubitum inter consentientes nuptias esse absurdum non est.

III. Consensus Parentum de substantia matrimonii est, siquidem agitur de conjunctione filii familias.

IV. Benedictio facerdotalis non minus est necessaria.

V. Concubinatus nostra definitione videtur impeditus.

VI. Poligamia prorsus explosa.

Prohibentur Nuptiae.

VII. In linea ascendenti et descendenti in infinitum.

VIII. In linea transversali intra quartum gradum.

IX. Inter illos illasve, qui sunt parentum et liberorum loco.

X. Inter impuberes, non autem pubertati proximos.

4. Turcarum Artes et Arma; quibus universam Transylvaniam et omnem pene Hungariam subegere. E. et E. J. G. W. P. et M. L. T. dd. in 4. ohne Meldung des Jahres und Druckorts.

Daß Töppelt der Verfasser dieses gut geschriebenen Werkchens sei, habe ich in den Wienerischen Anzeigen vom Jahre 1775, S. 277 gezeigt. Die einzelnen Buchstaben sind wohl also zu lesen:

---

[1]) Töppelts Schreiben ist gedruckt in dem: Verfassungszustand 2c. von Dan. Gräser (s. Denkbl. II. 15.) S. 5—6.

In der Original-Handschrift der Originum etc. Töppelts in Fol. steht auch ein Kapitel: „De Religione," welches in den gedruckten Exemplaren fehlt, jedoch nur schon bekannte Nachrichten enthält.

Das sächsische National-Privilegium vom Jahre 1224 mit der Bestätigung K. Karl's vom Jahre 1317 wird in diese Denkblätter, zur Ersparung des Raumes, aus Seiberts Nachrichten 2c. Seite 441--446 nicht aufgenommen, da dasselbe in vielen bereits von Schlözer in seinen kritischen Sammlungen 2c. S. 516—517 verzeichneten und mehreren neueren Büchern sowie nebst kritischem Commentar bei Schlözer selbst S. 535—682 zu finden ist.

Egregio et eximio Juveni, Georgio Werdero, Patricio et Maecenati, Laurentius Toppeltinus dedicat.¹)

5. Apologia contra Musarum Dacicarum Herculem, (Magittrum Davidem Hermannum.²)

6. Revolutiones Transylvaniae ad Hadriani usque tempora.

Diese zwei letztern Werke soll Töppelt in der Handschrift hinterlassen haben, davon ich aber noch keines gesehen. Folgendes befindet sich in der Hanerischen Bibliothek.

7. Historiarum Transylvaniae, anno a Christo nato ad haec usque tempora, Liber primus. Vielleicht ist dieses mit dem Vorhergehenden eines.

8. Articuli ad justam et aequam Pastoris electionem ³) de quibus merito nec Coloni Communitatum, nec ecclesiasticus nec politicus Magistratus conqueri debeant, accomodati et necessarii. Articuli V. latine et germanice a Laur. Töppeltino con- aut descripti. Handschr.

Tr. 9. Lacrymae Saxonicae Tomi XL. Handschr., welche Töppelt in den Origg. et occasus etc. S. 67 anführt.

Seiverts Schlußbemerkung über das von ihm aufgenommene Sächsische National-Privilegium S. 446—447 ⁴) lautet:

Seiv. Dieses ist das berufene Privilegium, das unsere Väter das goldene nannten und von Karl Robert an alle nachfolgende Beherrscher Ungarns und Siebenbürgens bekräftigt haben. ⁵) Der gelehrte Vater Johann Szegabi hat dasselbe mit einer Erläuterung 1751 zu

---

¹) Schmeizel in seinem Collegium privatissimum de rebus ad Transs. pertin. sagt davon: „Orditur Auctor ab ao 1383 et decurrit usque ad tempora Matthiae II. Hung. Regis, utitur eleganti stilo, et exponit, quo pacto Regiones istae, et quibus auctoribus eo miseriarum devenerint, et quomodo a Turcis subjugatae fuerint."

In Hammers Geschichte des Osmanischen Reichs 10. Band, Pest 1835 werden unter dem obenangeführten Titel S. 101 Nr. 525 und S. 173 Nr. 1399 zwei scheinbar verschiedene Werke, ersteres bei den Jahren 1541—1542 und das letztere unter den im Jahr 1600 im Druck erschienenen Werken zur Osmanischen Geschichte — angeführt. Offenbar unrichtig und lange Zeit vor der Geburt des Verfassers Töppelt!

²) Gedruckt in dem Chronicon Fuchs. etc. ed. Trausch II. 146—167. Unter dem Namen Hercules ist nicht David Hermann, wie Seivert glaubt, sondern Matthias Miles gemeint.

³) Seivert führt den Titel nur in den obigen 7 Worten, mit Berufung auf Benkö's Transsilv. II. 436 an, und zweifelt, daß Töppelt der Verfasser dieser Artikel sei, indem er die Frage stellt: „Sollte sich aber Töppelt auch in dieses Feld gemischt haben?"

⁴) S. meine vorhergehende Note Nr. 8.

⁵) Quartal-Schrift V. 37 und Schlözers krit. Samml. S. 515.

Raab in 8-ov. herausgegeben.¹) Es führt die Aufschrift: Andreas II. Adsertor Libertatis Saxonûm in Transylvania. Er macht biese Urkunde nur aus dem Töppeltin bekannt, außer, daß er den Anfang aus dem Frank von Frankenstein verbessert, also auch vocati für donati setzet.²)

Tr.　　　**Trangus Elias,**

aus Hermannstadt studirte an der Universität zu Halle 1728 :c.
Diss. inaug. medica de sanatione divitum difficiti d. 25. September 1731.
Halae 4-to.
(S. Weßpremi's Biogr. Medicos? Hung. IV. 162.)

Seiv.　　　Transsilvanus **Maximilian,**

hat sich durch seine Gedichte und Schifffahrt aus Spanien nach den Molukischen Eiländern in der gelehrten Welt bekannt gemacht. Er muß seines Namens wegen ein Siebenbürger sein; allein König in seiner Bibliothek S. 816 nennt ihn einen Brüßler und dieses wird mir durch seine Lebensumstände, und daß seine Gedichte den Delitiis Belg. Tom. IV. Seite 449 einverleibt worden, sehr wahrscheinlich.
Tr.　Peter Bob in Magyar Athenás S. 76 nennt Maximilian „Erdélyi Miksa," und glaubt er habe zur Familie der Siebenbürger Ungarn „Somkereki" gehört. Nach Benkös Transsilvania (II. 334.) hingegen war derselbe ein Siebenbürger Sachse, der als ein Anhänger Kaiser Karls V. in Spanien lebte und heirathete. Graf Joseph Kemény hält ihn für einen Bistritzer Sachsen aus dem Geschlechte, welches zu Anfang des 16. Jahrhunderts unter dem Namen „Siebenbürger"³) in Wien blühte, über welches Hormeyers Geschichte Wiens 10. Heft, S. 47 und 156 und Denkwürdigkeiten Wiens 1. Band, 2. Heft S. 44 und 45 sowie Urkundenbuch Nr. 179 nachzulesen seien. (S. Erdélyi Miksa Indiai Utuzóuk 1519.

---

¹) Der ganze Titel ist: „Andr. II. dictus Hierosolymitánus Rex Ungariae decimus nonus: Saxonum in Transylvania Libertatis Assertor. Secundum tenores Privilegiorum iisdem clementer elargitorum, addita Praxi et usu moderno ipsorum, Calamo juridico, historico critico adumbratus: ac Eruditis Ungariae et Transylvaniae, vicinarumque Provinciarum praesertim vero D. D. Htis in strenam anni 1751 honorifice oblatus. Jaurini typis Greg. Jo. Strelbig, Typogr. II.8-ov. 78 S. (Erschien mit dem Raaber Kalender für das Jahr 1751 und auch abgesondert.) S. Schlözer S. 522. 697.　　　　　　　　　　　　　　　　　　Tr.
²) Schlözer S. 537.　　　　　　　　　　　　　　　　　　　　　　　Tr.
³) Teubl. I. 209 und 210.

Gr. Kemény Joseftől in Uj-Magyar Muzeum, Pesten 1857. S. 529—530 [1]) Nach der Buchdruckergeschichte Wiens von Denis. Wien 1782. Seite 336 war Max von Seven= oder Zeven=Berghe aus dem vornehmen nieder= ländischen Geschlechte von Berghes und kömmt in Chiflets Insign. Equil. Ordinis aurei velleris als der 147. Ritter vor.

Maximilians Lebensumstände betreffend, war derselbe in den Jahren 1519 und 1521 kaiserlicher Sekretär und unterschrieb in dieser Eigenschaft unter anderm das gegen die Reformation Luthers warnende und die Ver= brennung der Schriften der Reformatoren befehlende Diplom Kaiser Karl's V. an die Wiener Universitäts=Rektoren ddt. Worms 30. Dezember 1521, welches in dem Conspectus Historiae Universitatis von Mittersborfer, Wien 1724. 8-vo. S. 110—111 abgedruckt ist.

Sigmund Freiherr von Herbersteins Selbstbiographie zufolge, war der kaiserl. Sekretär Maximilian in der Audienz jener Wiener Deputation an Kaiser Karl V. in Spanien gegenwärtig, welche Dr. Capinius als Sprecher, im Jahre 1519 anführte, mißbilligte aber, „als dessen Schulgesell," die Rede desselben [2]); und in „Georg Kirchmaiers Denkwürdigkeiten seiner Zeit" heißt Maximilian schon im Jahre 1520. „Obrister Orator in dem teutschen Land Maximilian von Siebenpergen genannt, ein mächtiger, ver= ständiger Mann, der seinem Herrn dem Römischen König den Kauf des würtembergischen Landes erlangt, wiewohl die Schweizer darob ganz keinen Gefallen gehabt." [3])

Kurz nachher machte Maximilian die obenerwähnte Reise nach den Moluckischen Inseln, über welche sein umständlicher Bericht vom Jahre 1522 auch in Druck erschien.

Die Nachricht, daß Maximilian „am Hofe der verwittweten Königin von Ungarn Maria, damals Statthalterin der Niederlande, gelebt habe, und im Jahre 1532, als burgundischer Gesandter nach Hamburg gegangen sei, um den Frieden zwischen den Nordischen Mächten und den Hanse= Städten besonder Lübeck zu vermitteln [4]) läßt sich mit den 50 Distichen nicht vereinigen, welche Joh. Alex. Barsficanus seiner Schrift:

---

[1]) Bestimmte Auskunft über das Herkommen Maximilians dürften die ihm vom Kaiser Ferdinand ertheilten Armales enthalten, welche Niklas von Jankovics in Pest besessen und mit andern literarischen und antiquarischen Schätzen an das k. ungarische National-Museum verkauft hat, wo solche aber im Jahre 1860 nicht haben vorgefunden werden können.
[2]) Denkbl. I. 207. Fontes rerum Austriacarum. 1. Abtheilung. Scriptores. 1. Band, Wien 1855. S. 191. 192. 199. (248.)
[3]) Fontes a. a. O. S. 447.
[4]) Heysers Kirchen-Versassung der .A C. B. in Siebenbürgen. Wien 1836. Seite 22.

„Musae et gratiae per J. A. Brassicanum Jure Consultum Scholiis illustratiae Viennae Austriae 1524. 8-vo. 40 Seiten" auf ben frühen Tob Maximilians von Siebenberg, seines Mäcenaten, beigefügt hat.[1]) Von Schriften Maximilians kann ich anführen:

1. Legatio ad Sacratissimum ac invictum Caesarem divum Carolum semper Agustum et Regem Hispaniarum catholicum ab Rev. et Illust. Principicus S. R. J. Electoribus, qua functus est Illustr. Princeps Federicus Comes Palatinus etc. in Molendino Regio. Die ultima Nov. anni 1519. s. l. 4-to. 15 S. wo bie Vorrebe S. 2 überschrieben ist: Maximilianus Transilvanus Joanni Alemanno Burgundioni a Secretis Caesaris, C o l l e g a e suo Salutem."

2. Maximiliani Trausylvani Epistola de Hispan. in Orientem navigatione. Romae 1523. 4-to.

3. Epistola de Moluccis insulis. Coloniae 1523. 8-vo.

Die Nummern 2 unb 3 scheinen zwei verschiedene Ausgaben eines unb bes nemlichen Buches zu sein, welches auch unter bem Titel: Navigatio Castellanorum ex Hispania ad Moluccas ab Occidente in Orientem per inferius Haemispherium Caroli V. auspiciis instituta. Liber cum aliis novi orbis auctoribus Basileae (laut Johann Simleri Epitom. Bibl. Gesneri p. 497) — ferner in Sim. Grynaei novo orbe Regionum ac Insularum Veteribus incognitarum, cum Tabula cosmographica aliisque 17. Scriptoribus consimilis argumenti (l. Jöcher III. 313 unb II. 1224.) unb in anberen Schriften über bie außereuropäischen Länber aufgenommen, unb auch in beutscher, französischer, englischer, italienischer, spanischer 2c. Sprache in Druck erschienen ist.

Schlüßlich bemerke ich noch, baß Casp. Ursinus Velius in bem Buche: „In divum Caesarem Maximilianum Naenia aniversaria, Viennae apud Singrenium 4-to, (1520) welches ber Verf. bem „Illustri domino Maximiliano de Sevenberg Sacratissimae Rom. et Hisp. Regis Oratori" zueignete, u. a. sagt:

Sunt Maecenates
Inter eos septem, cui dant cognomina Colles
(Sevenberg, Siebenberg)
Flos hominum primas Maximilianus habet [2]).

---

[1]) Denis Nachtrag zu seiner Buchdruckergeschichte Wiens, Wien 1793. S. 51.
[2]) Denis Buchdruckergesch. Wiens, S. 336.

Tr. **Trapolder (Polder) Daniel,**

war Stadtnotär in Mediasch vom Jahre 1599 und gleich darauf Stadt- und Provinzial-Notar zu Hermannstadt.[1]) Er starb in der letzteren Eigenschaft an der Pest im Jahre 1601 und hinterließ in Handschrift:
Paria Privilegiorum aliorumque diversorum Instrumentorum pro tempore emanatorum et exscriptorum industria Dan. Trapoldini, Notarii Reipublicae Modiensis 1596. Intermixta sunt et alia quaedam scitu notatuque necessaria Hungarica et Transilvanica. Fol. 372 Seiten.

Die Originalhandschrift besaß der ehemaligen Comes der sächsischen Nation Samuel v. Baußnern. Vermuthlich ist es eine Abschrift welche Gr. Joseph Kemény besessen hat[2]) und ebenso mag es eine Abschrift dieser Sammlung sein, welche das ungarische National-Museum zu Pest unter dem derselben im Catalogus Manuscriptorum Bibliothecae Széchényiano-Regnicolaris III. 51 gegebenen Titel bewahrt. Da indessen in dem Verzeichnisse von 40 Urkunden, welche der Széchényi'sche Codex (e. Catal. a. a. O. S. 51—55) enthält, auch neuere Urkunden, als vom Jahre 1596 angeführt sind, so ist es klar, daß diese nach des Sammlers Tode von späterer Hände beigefügt wurden.

Tr. **Trausch Joseph,**

Sohn des Kronstädter Senators und Kreis-Inspectors Johann Joseph Trausch, (welcher am 12. August 1831 in Ausübung seiner Berufspflichten zur Verhinderung der Verbreitung der Cholera, von dieser Krankheit selbst befallen, im Dorfe Neustadt, Kronstädter Distrikts, sein thätiges Leben endete,) wurde am 9. Februar 1795 in Kronstadt geboren.[3]) Er

---

[1]) Lukas Trapoldianus, welcher vom Jahr 1531 bis 1546 Provinzial-Notar in Hermannstadt war, dürfte dessen Vater gewesen sein.
[2]) Laut Toldys Uj Magyar Muzeum 1855. IX. 404.
[3]) Die Familie Trausch stammt aus Straßburg in Elsaß, wo im Jahre 1560 Heinrich Trausch, Dreyer, d. i. Einnehmer bei einem Stadtthor — (vermuthlich das nemliche, welches ehemals Trauscher-Thörlein hieß und im Jahre 1560 als in der Befestigung der Stadt Aenderungen geschahen, zugemauert wurde) — dessen Sohn gleichen Namens dagegen (geb. 1572. † 1636) im Jahre 1631 Stadt- und Ammeister (Consul) war, und wo einer der ältern Söhne des Erstern, Jakob Trausch eine Straßburger Chronik in 3 Bänden (1629) schrieb, deren Urschrift die dasige Stadt-Bibliothek aufbewahrt. Dieser war Juris utriusque Licentiatus und als er 1572 mit dem Grafen von Hanau in Paris war, mit Mühe dem Tode entgangen. Nach der Mitte des 17. Jahrhundert verschwindet die Familie in Straßburg. Sie war mit den angesehensten Häusern der Stadt verwandt. — Johann Trausch Wagner oder wie Andere lesen Transbogner Stadthann zu Hermannstadt im Jahre 1449 (Ungar. Mag. II. 289) scheint nicht zu dieser Familie zu zählen, denn nach der Familienüberlieferung ist der Stammvater meiner Familie nur gegen Ende des

ſtudirte bis zum Jahre 1813 am Kronſtädter Gymnaſium, darauf am k.
Lyceum zu Klauſenburg und diente, — nach zurückgelegter Gerichtspraxis
bei der k. Gerichtstafel zu Maros=Váſárhely, — theils bei der k. Landes=
Regierung, theils bei der k. ſiebenbürgiſchen Hofkanzlei bis zum Jahre
1817. Am 19. Juni des letzteren Jahres begann er ſeine ämtliche Lauf=
bahn als Magiſtratsbeamter ſeiner Vaterſtadt und erwarb ſich als Theil=
Amts=Actuar, Magiſtrats=Secretär und ſtädtiſcher Archivar die erforderlichen
Kenntniſſe in der politiſchen Verwaltung und Juſtizpflege. Nachdem er
bereits am 29. Juli 1818 zum Mitglied des äußern Rathes gewählt
worden war und kurze Zeit die Dienſte als Stadt= und Diſtrikts=Fiscal
und Magiſtrats=Vicenotär bekleidet hatte, wurde er im Auguſt 1827
zum Ober=Notär befördert und diente in dieſer Eigenſchaft¹) bis zum
25. Oktober 1841, worauf er zum Polizeidirektor erwählt und
allerhöchſt beſtättigt, in dieſes beſchwerliche Amt eintrat. Mit dieſem
Amte beſchloß er am 3. December 1849 ſeine Laufbahn als Kronſtädter
Stadt= und Diſtriktsbeamter und folgte dem höhern Berufe des königl.
Militär= und Civil=Gouverneurs für Siebenbürgen Freiherrn v. Wohlgemuth
zum Gouvernements=Referenten und Rechts=Conſulenten nach Hermannſtadt.
Darauf am 26. Febr. 1850 zum proviſoriſchen k. k. Kammer=Prokurator
für Siebenbürgen und als ſolcher, nach Unterſtellung der k. k. Kammer=
Prokuratur unter die Finanz=Landesbehörde am 13. Sept. 1853 zum
wirklichen k. Finanzrathe definitiv ernannt, fungirte er in dieſer Eigenſchaft

---

16. Jahrhunderts in Siebenbürgen eingewandert, wo er ſich in Probſtdorf, Großſchenker
Stuhls, niederließ. Sein verwaiſter Nachkömmling Georg Trauſch ſtudirte am
Kronſtädter Gymnaſium 1604—1605, war 1606 bis 1620 Prediger in Probſtdorf
und 1620—1641 Pfarrer in Bülkös (nunmehr Ober=Albenſer=Komitats); er ſtarb im
Jahre 1641 (Archiv des Vereins für ſiebenbürgiſche Landeskunde N. F. I. 205) und
von ſeinen Söhnen überſiedelte einer nach Kronſtadt, der andere nach Schäßburg und
der dritte nach Probſtdorf. Der einzige Sohn des Erſtern, Paul Trauſch
(Verfaſſer der beiden Sendſchreiben in dem Chronicon Fuchsio-Lupino-Oltardinum
II. 296 und 240 geb. 1648, geſt. 12. Juli 1691), ſtudirte vier Jahre lang in
Straßburg und kehrte von da — dem Umgange mit den Nachkommen ſeiner Namens=
oder Bluts=Verwandten ſchwer entſagend — nur auf das ſehnlichſte Verlangen ſeiner
Eltern nach Kronſtadt zurück.

¹) Er wurde zwar am 14. November 1831 zum wirklichen Magiſtrats=Rathe
erwählt, verharrte aber auf Verlangen ſeiner Vorgeſetzten, mit dem Vorbehalt ſeines
Ranges und des freien Eintritts in die Reihe der Magiſtrats=Räthe, in dem Ober=
Notärsdienſte. Während dieſer Zeit war er zugleich Kreis=Inſpektor im Kronſtädter
Diſtrikt und Inſpektor über mehrere Zünfte, wurde von der Stadt=Gemeinde und
dem Magiſtrat mit wiederholten wichtigen Sendungen zur k. Gerichtstafel und zum
k. Landes=Gubernium betraut, vom k. Gubernium im Jahre 1842 zum Kronſtädter
Bücher=Cenſor und 1848 zum königlichen Commiſſär bei der Kronſtädter Griechiſchen
Compagnie ernannt und theils vom Ober=Conſiſtorium der A. C. B. in Sieben=
bürgen (1836 und 1848), theils von der ſächſiſchen Nations=Univerſität mit ver=
ſchiedenen Commiſſionsgeſchäften und ſchriftlichen Ausarbeitungen beauftragt.

bis er nach beinahe 46-jähriger öffentlicher Dienstleistung von Sr. Majestät Franz Joseph I. mittelst allerhöchster Entschließung vom 9. Dezember 1860 auf sein geschehenes Ansuchen in den bleibenden Ruhestand, mit Belaßung seines vollen Aktivitäts-Gehaltes gesetzt und ihm unter Anerkennung seiner vieljährigen pflichtgetreuen Dienste das Ritterkreuz des k. k. Franz-Josefs-Orden allergnädigst verliehen wurde.

Während seiner langjährigen ämtlichen Laufbahn wurde er als Deputirter des Kronstädter Distrikts zu vielen Konfluxen der sächsischen Nations-Universität, und zu den in dem Jahre 1834⁴/₅, 1837⁷/₈ und 1846/₇ gehaltenen siebenbürgischen Landtägen, sowie im Jahre 1834 von den Landesständen an Se. Majestät Kaiser Franz I., ferner von der sächsischen Nation im Jahre 1843 und 1848 an Kaiser Ferdinand I. delegirt und vom k. Landes-Gubernium zum Mitgliede verschiedener gerichtlicher, theils Urbarial- theils Trinational-Commissionen ernannt, sowie von den Landesständen wiederholt zum k. Gubernialrathe candidirt und ohne sein Ansuchen, Sr. k. k. Majestät am 20. September 1847 zur Erhebung in den Adelstand empfohlen; endlich von Sr. Majestät Kaiser Franz Joseph I. im Dezember 1860 zum Mitgliede der aus 40 Vertrauensmännern Siebenbürgens zur Berathung über die Zusammensetzung eines einzuberufenden siebenb. Landtages auf den 11. Februar 1861 nach Karlsburg berufenen Landes-Conferenz,[1]) und darauf zum Regalisten bei den auf den 1. Juli 1863 nach Hermannstadt und auf den 19. Nov. 1865 nach Klausenburg ausgeschriebenen Landtägen ernannt, deren ersterem er ohne Unterbrechung auch beiwohnte.

Zu Trauschs angenehmsten Erlebnissen gehören drei Reisen a) über Galatz, Varna nach Konstantinopel und zurück über Braila und Bukarest (1846. b) über Prag, Dresden, Leipzig, Berlin, nach Hamburg und Helgoland, dann Hannover, Köln, Aachen, Brüssel bis Paris, sowie zurück durch Köln, Mainz, Frankfurt am Main, Nürnberg, Augsburg, München und Regensburg zurück bis Wien (1856) c) in die Schweiz bis Bern und zurück durch Basel, Freiburg, Straßburg, Baden-Baden, Heidelberg, Stuttgart, Ulm, München, Salzburg nach Wien.

Die entschiedene Vorliebe für siebenb. Geschichte und Landeskunde, welche er seit seinen Gymnasialstudien nährte, bewahrte er ununterbrochen bis in sein hohes Alter und war seit dem Jahre 1840, in welchem er sich an der Bildung des Vereins für siebenb. Landeskunde mitbetheiligte,

---

[1]) S. „die Karlsburger Conferenz" in der Transilvania, Beiblatt zum „Siebenbürger Boten" 1861, Nr. 9, 10 und 11.

als gewähltes Ausschußmitglied, und rücksichtlich als gewählter Vorstands-Stellvertreter, seit 1858 aber auch als gewählter lebenslänglicher Vereins-Vorsteher für die Beförderung der Zwecke dieses Vereins nach Kräften thätig. Da er jedoch im Jahre 1869 bei zunehmender Augen- und Gehör-Schwäche sich außer Stande sah, die General-Versammlung des Vereins zu besuchen, so erachtete er es für Pflicht, das Ehrenamt als Vereins-Vorsteher aus eigener Bewegung niederzulegen, umsomehr, als er bei zunehmendem hohem Alter nicht hoffen konnte, fernere, bekanntlich jährlich an einem andern Orte zu halten gewöhnliche Vereins-General-Versammlungen besuchen und ihre Verhandlungen gehörig leiten zu können.

Dagegen bekleidete er bis zu seinem Tode durch die erneuerte freie Wahl der Kronstädter Bezirks-Kirchen-Versammlung A. B. das Ehren-Amt als Bezirks-Curator der A. C. B. seit dem Jänner 1863, war seit 1859 Ehrenmitglied des siebenb. Vereins für Naturwissenschaften und seit 1863 Korrespondent der k. k. geologischen Reichsanstalt in Wien.

Seine literarische Bestrebung und Arbeiten betreffend, stand er in schriftlichem Verkehr mit den bekannten Literaten Dr. Theodor Gaupp[1]), Emil v. Borchgrave,[2]) Septemvir Stephan Nagy, Dr. Franz v. Toldi, Georg Gyurikovics, Dr. Robert Rösler, B. Bedeus v. Scharberg, b. ä., Superintendent Georg Paul Binder, B. Karl v. Geringer, Johann Gottlieb und Joseph Fabini, Gr. Joseph Kemény, Anton Kurz, Dr. August Ötvös,[3]) J. Karl Schuller, Michael Ackner, Dr. G. D. Teutsch, Friedrich Müller, Schuler v. Libloy, Joseph Haltrich u. a. m. deren Bereitwilligkeit er manche Mittheilungen verdankt und bewirkte das Zustandekommen der „Kronstädter Zeitung" u. der „Blätter für Geist, Gemüth und Vaterlandskunde",[4]) zu welch letztere er nicht nur Beiträge lieferte, sondern auch an deren Redaktion bis zu seiner Ernennung zum Censor (1842) sich betheiligte.

[1]) S. Denkblätter I. 362.
[2]) Emil von Borchgrave ist die von der königl. Belgischen Akademie der Wissenschaften zu Brüssel gekrönte Preisschrift: Histoire des Colonies Belges qui s' etablirent en Allemagne pendant le 12. et 13. Siècle. Bruxelles 1865. 4-to. VIII. 375. S. zu verdanken. Ueber die Veranlassung zur diesfälligen Preiswerbung f. die Transilvania redigirt von E. A. Bielz, Jahrg. 1862. S. 233—243 und Archiv des Vereins für siebenbürgische Landeskunde N. F. VI. S. 444—454 und VII. 453—459. Ebenso: Essai historique sur les colonies belges, qui s'établirent en Hongrie et en Transylvanie pendant les onzième, douzième et treizième siécles. Ouvrage couronné par l' Academie royale de Belgique. Bruxelles. C. Muquardt. 1871. 4-to. VIII. 126 S.
[3]) Durch die Kronstädter Zeitung und ihr Beiblatt: „Blätter für Geist &c." wurde der Ehrgeiz und Wetteifer des Verlegers des „Siebenbürger Boten" geweckt, so daß die Zeitung einen neuen Aufschwung erhielt und ihr Werth durch das mit Anfang des Jahres 1840 begonnene Beiblatt: „Transilvania" sehr erhöht wurde.
[4]) Gyula Fejérvári Füzetek von Veßely, Klausenburg 1861. I. 137—144.

Am 16. Nov. 1871 machte ein Schlagfluß seinem „dem Vaterlande, der Wissenschaft und der Familie gewidmeten, bis zum letzten Tage unermüdet thätigen Leben" im 74. Jahre ein Ende. Seine reichhaltige Handschriften und Büchersammlung wurde für die Kronstädter ev. Gymnasial-Bibliothek A. B. angekauft. — Trausch gab heraus:

1. Mosaik für das Jahr 1840. Kronstadt, gedruckt bei Johann Gött ll. 8-vo. 102 S.
   Enthaltend das Gedicht: „Dacia von Joh. Peter Roth," S. 3—50.
2. Vaterländische dramatische Schriften von Christian Heyser. Kronstadt, 1842 ll. 8-vo. 234 S. sammt Vorwort: Heysers Biographie und Schriftenverzeichniß enthaltend auf VIII. Seiten. Ist nicht fortgesetzt worden. S. Denkbl. II. 155.
3. Chronicon Fuchsio-Lupino-Oltardinum, sive Annales Hungarici et Transsylvanici, opera et studio Clarissimorum Doctissimorumque Virorum Simonis Massae et Marci Fuchsii, Pastorum Coronensium, nec non Christiani Lupini et Joannis Oltard, Pastorum Cibiniensium, concinnati, quibus ex lucubrationibus Andreae Gunesch, Pastoris Sabaesiensis, aliisque Manuscriptis fidedignis quaedam adjecit Johannes Ziegler Schenkensis, Pastor in Districtu Bistriciensi Neovillensis. Edidit Jos. Trausch, Coronensis. Pars I. Complectens Annales an. 990—1630. Coronae 1847 Sumtibus Societatis ad penitiorem M. Principatus Transsylvaniae cognitionem promovendam coalitae. Impressum per Johannem Gött Typographum. 4-to. V. 316. Seiten, nebst alphab. Index von S. 317—324. Pars II. Complectens Annales ann. 1630—1699. Ibid. 1848. 4-to. VI. 300 S. nebst alphab. Index von S. 301—307.
   Den ersten Band des Chronicons hat Dr. Gustav Wenzel recensirt in den Wiener Jahrbüchern der Literatur 1848. 124. Bd. S. 106—123.
   (Nach Auskunft des Buchhändlers Wilhelm Németh ist der größere Theil der verkauften Exemplare des Chronicons nach Paris und London versendet worden.)
4. Uebersichtliche Darstellung der ältern Gemeinde-Verfassung der Stadt-Kronstadt, nebst den alten Orts-Constitutionen dieser Stadt. Festgabe für die in Kronstadt versammelten Mitglieder des Vereins für siebenbürgische Landeskunde. Gedr. bei Johann Gött in Kronstadt 1865. 8-vo. VI. 22 S.
   Nach einer Verordnung des siebenbürgischen Guberniums vom 11. November 1774 aus ältern Protokollen zusammengestellt von

G. v. Hermann (f. Denkbl. II. 129,) nebst einem historisch=literarischen Vorworte vom Herausgeber.

Eigene Schriften, welche Trausch durch den Druck veröffentlicht hat:

1. Bemerkungen über die vom siebenbürgischen griechisch=nichtunirten Bischof Herrn Basilius Moga im Jahre 1837 den zu Hermannstadt versammelten Landes=Ständen unterlegte Bittschrift von J. Trausch. Kronstadt 1844. Druck und Verlag von Johann Gött. 8-vo. 61. S.

Laut Schluß bereits am 23. März 1841 vollendet.

Nebst einem Vorwort des Verlegers S. III.—VI., welchem die Mogaische Bittschrift S. 7—17 und darauf des Verfassers Bemerkungen S. 18—61 folgen.

Vgl. den Art. Johann Karl Schuller Nr. 19 Beleuchtungen und Bemerkungen u. s. w. über die Knesiate von Benignu l. (Denkl. II. 100.)

2. Geschichte des Burzenländer Kapitels. Kronstadt, Druck und Verlag von Johann Gött 1852. 8-vo. IV. 97 S.

Als 1. Heft des 3. Bandes des Magazins f. Kurz.)

3. Bericht über den Bestand und die Leistungen des Vereins für siebenb. Landeskunde von der Zeit seiner Entstehung bis zum Jahre 1863. Kronstadt 1864. Gebruckt bei Johann Gött 8-vo. 29 S. (Separat-Abbruck aus dem Archiv des Vereins für siebenb. Landeskunde N. F. VI. 266—290.)

4. Beiträge und Aktenstücke zur Reformationsgeschichte von Kronstadt. Festgabe für die in Kronstadt versammelten Mitglieder des evang. Hauptvereines des Gustav-Adolf-Stiftung für Siebenbürgen. Kronstadt 1865. Gebruckt und im Verlag bei Joh. Gött. 8-vo. VIII. 71. S.

5. Aktenmäßige Darstellung der ungarischen und siebenbürgischen Landtags-Verhandlungen über eine Vereinigung des Großfürstenthums Siebenbürgen mit dem Königreiche Ungarn. Mit 14 Beilagen. Kronstadt 1866. Druck und Verl. von J. Gött. 8-vo. VIII. 117 S.

(Der zweite Theil: „Betrachtungen über die Arten einer Vereinigung Siebenbürgens mit Ungarn" 1843, ist nicht gedruckt worden.)

6. Schriftsteller-Lexikon oder biographisch=literarische Denkblätter der Siebenbürger Deutschen von J. T. Kronstadt. Druck und Verlag von Joh. Gött & Sohn Heinrich. I. Bd. 1868. XX. 393. II. Bd. 1870. 463. III. Bd. 1874.

Handschriften Trausch's.

1. Virorum Coronae eximiorum ac illustrium vita, honores et mors ab anno R. S. 1548—1692. Fata et res patriae congessit Martinus

Cziegler Coron. continuaverunt ab a. 1692—1749. Georgius Matthiae Past. Brenndorf.; — et ab a. 750—1869. Jos. Franc. Trausch. Fol.

Die Fortsetzung vom Jahre 1716—1750 ist größtentheils aus Thomas Tartlers Tagebuch genommen.)

2. Επιγραφων Στεφανοπολιτανων, seu Inscriptionum Coronensium tum intra, tum ac praecipue extra Urbem in turrium, propugnaculorum, pomeriorum, portarumque muris, templis, scholis ac arce repertarum et ab interitu vindicatarum Consignatio, sub titulo: „Inscriptionum passim ad moenia Urbis Coronensis incisarum aut adscriptarum" adornata per Martinum Cziegler Pastorem quondam Bronndorfensem nunc autem aucta et ad novissima usque tempora continuata per J. F. Tr. 4-to.

3. Aufgerichtetes Denkmal oder kurzes Verzeichniß derjenigen Schriften, welche in Kronstadt gedruckt worden sind. Von Joseph Teutsch. Ergänzt und vom Jahre 1748 bis zum Jahre 1869 fortgesetzt durch J. Fr. Tr. Fol.

4. Jahrbücher der Geschichte von Siebenbürgen d. i. kurze Andeutung aller Thatsachen, welche auf die Gesetzgebung, Verfassung, Regierung, Verwaltung, Nationen, Stände, Religionen, Sitten, Wissenschaften, Künste, Handel und Gewerbe in diesem Lande einen Einfluß von geschichtlicher Wichtigkeit gehabt haben. Von den ältesten Zeiten bis zum Jahre 1869. Fol.

5. Widerlegung der Beschwerde der Kronstädter Walachen wegen Nichteinnahme in die Stadt-Communität und den Magistrat, Aufhebung der Zunft-Einrichtungen u. s. w. Fol.

6. Bericht über die von Sr. Majestät dem Kaiser Franz I. am 19. Oktober 1834 dem bürgerlichen Landesdeputirten J. Fr. Tr. ertheilte Privat-Audienz, in wie weit in derselben von sächsischen National-Angelegenheiten die Rede gewesen ist. Fol.

7. Genealogie der angesehensten Familien in Kronstadt ausgearbeitet im Jahre 1803 den 31. Jänner von G. Mich. Gottl. v. Herrmann. (s. Denkbl. II. 148.) Mit den in der Zeitfolge nöthig gewordenen Zusätzen sowie mit vielen Ergänzungen, Berichtigungen und genealogischen Tafeln der vorzüglicheren Familien der Sachsen außerhalb Kronstadt vermehrt durch J. Fr. Tr. Fol. Vgl. Nr. 23.

8. Chronologische Uebersicht aller gedruckten Urkunden, welche die Geschichte der Sachsen in Siebenbürgen bewähren. 4-to.

9. Verzeichniß derjenigen Siebenbürger Sachsen, welche in ältern und neuern Zeiten ansehnliche Landes- und Hofämter sowie Professors-Stellen an außersiebenbürgischen Universitäten bekleidet haben, oder auch von ihrer Nation und den siebenb. Landesständen an die kaiserl. österreichischen und andere auswärtige Regenten deputirt worden sind. 4-to.
10. Nachrichten über sächsische Armalisten, sächsischen Familien entsproßene Grafen und Freiherrn und adelige Güter besitzende Sachsen. 4-to.
11. Verzeichniß aller seit mehr als 120 Jahre bei der k. k. Armee oder in fremden Diensten als Stabs- und Subaltern-Offiziere im Dienst gestandenen, ausgetretenen oder noch dienenden Siebenb. Sachsen. 1868.
12. Lebensläufe der Kronstädter Stadtrichter, wie auch verschiedener anderer Sachsen, besonders Kronstädter und Kronstädterinnen 8-vo.
13. Onomasticon Virorum de utraque republica in Magno Principatu Transsylvaniae et praecipue de L. R. Civitate Coronensi bene meritorum, collectum per J. Tr. 4-to. Zwei Bänder.
14. Entwurf zu den Instruktionen für die im Landtag 184$^1/_3$ gewählten sächsischen Deputirten zur systematischen Deputation in publico-politicis. 1843 (Juni bis August.) Fol. 79 S. Nebst Uebersicht der in diesem Werke verhandelten siebenb. Landtags-Deputations-Elaborate und Artikel vom Jahre 1811 Fol. 3. S.
15. Chronologisches Verzeichniß der zur Erläuterung der sächsischen Statutar-Gesetze und Gerichts-Praxis dienlichen Universitäts-Erlässe und Normal-Verordnungen vom Jahre 1691—1844. Im Auftrag der L. sächs. Nations-Universität verfaßt 1844. Fol. Dazu gehören:

„Vorschriften für die Gerichte in der sächsischen Nation. Gesammelt im Auftrag und zum Gebrauche der L. sächsischen Nations-Universität durch J. Fr. Trausch." In drei Foliobänden. I. Band. Enthaltend die Vorschriften von den Jahren 1698—1800. II. Band. 1801—1846. III. Band. Gedruckte Vorschriften von 1747—1832.

Auf Anordnung und Verlangen des k. k. Justizministeriums demselben von der sächs. Universität im Wege des k. k. Siebenb. Obergerichts zum Amtsgebrauche im März 1853 eingeschickt worden.

Ein Auszug vom Jahre 1795—1847 steht in dem Siebenbürgisch-deutschen Wochenblatt 1869 Nr. 37 S. 603—604.
16. Siebenb. Bibliothek, oder Chronologischer Catalog derjenigen Schriftsteller, deren Schriften über Siebenbürgen und die verschiedenen Theile, Orte und Bewohner dieses Landes bisher in Druck erschienen sind. 1869. Fol. 138. S.

17. Chronologische Beschreibung der in Kronstadt geprägten Münzen, nebst den darauf Bezug habenden Landtags=Artikeln. 4-to.
18. Rubricae sive Synopsis titulorum ac paragraphorum Iurium municipalium seu Statutorum Nationis in Transsylvania Saxonicae, Notis historicis, chronologicis ac juridicis illustratae. 8-vo.
19. Von dem Staats=Hoheits=Rechte (jus majestaiicum circa Sacra) in Bezug auf die A. C. V. in Siebenbürgen. Zum Gebrauche des Ober=Consistoriums verfaßt 1852.
20. Skizzen zur Geschichte der Entwickelung des Kirchen=Rechtes der Siebenbürger Sachsen. 1853. 4-to.
21. Vestigia diplomatica sacri et profani ordinis Saxonum, tam antiquioribus, quam recentioribus temporibus Bona nobilitaria in Transsylvania jura partim perennali, partim inscriptitio possidentium persecuta per J. T. Cum Indice nominum alphabetico. 4-to. 198 Seiten Mspt.

Die Genealogie der angesehensten Sächsischen Familien (s. oben Nr. 7) kann als Fortsetzung angesehen werden.
22. Rubricae sive Synopsis Articulorum in Comitiis Transsylvanicio ab anno 1540 usque ad annum 1669 conditorum, adornatae per J. F. Tr. 1864. Manuscript in 4-to.

In Ermangelung eines Werkes für Siebenbürgen, wie Johann Szegedi's Rubricae etc. für Ungarn, — nach Szegedis Beispiel chronologisch verfaßt, wozu die vom Jahre 1669 bis 1834 zusammengestellten Titel der nach dem Zustandekommen der Constitutionum Compilatorum errichteten siebenbürgischen Landtags=Artikel in ungarischer Sprache in Ladisl. Gál's: Az Erdélyi Diaoták végzéscinek nyomdokai 1. Theil S. 45—266 die Fortsetzung enthalten.
23. Entwurf zur Ergänzung und Fortsetzung der Schlözerischen kritischen Sammlungen zur Geschichte der Deutschen in Siebenbürgen. Verfaßt von J. F. T. Manuscript in 4-to.

(Enthaltend die Hinweisung auf die von mir gesammelten, Schlözern unbekannten, Urkunden und die Resultate der seit Schlözer bekanntgewordenen Untersuchungen über niederländische Colonien und über die Geschichte und Privilegien der Deutschen in Ungarn und Siebenbürgen ic.)
24. Collectanea zur einer Partikulär=Historie von Kronstadt aus unterschiedlichen Documenten zusammengebracht von Thomas Tartler. Anno 1741. Vermehrt von J. F. T. Manuscript in 4-to.

25. Biographisch-literarische Denkblätter der Siebenbürger Ungarn und Széfler, sammt Nachrichten über einige auswärtige Verfasser bemerkenswerther Schriften über Ungarn und Siebenbürgen. 1864 8-to.
26. Haupt-Register über die Normal-Verordnungen und wichtigsten Akten des Kronstädter Magistratual-Archivs vom Jahre 1700—1822. Verfaßt von den ehemaligen Magistratualbeamten Johann Joseph Trausch und Joseph Franz Trausch. Ein starker Foliobaud Manuscript.
27. Diplomatarium Transsylvanicum mixtum. Vol. I. in Folio, Volumen II., in 4-to.
28. Diplomatarium Transsylvanicum. Volumen unum, et Supplementa Volumina duo. 4-to.
29. Diplomatarium Transsylvanico- Siculicum, addita Mantissa Notationum et aliquot Commentationum de Siculis. Fol.
30. Diplomatarium Transsylvanico-Saxonicum. (Volumini I. praemissae sunt Observationes de antiquitatibus diplomaticis Hungarico-Traussylvanicis.) 4-to Vol. VII. item Supplementa Vol. V. 4-to.
31. Diplomatarium Transsylvanico-Valachicum, addita Mantissa Notationum et observationum de Valachis et Transsumto Conventus de Kolosmonostor. 4-to.
32. Diplomatarii supradictorum octodecim Volumnium Judices chronologici. 4-to.
33. Index historicus, diplomaticus, antiquarius, publico-politicus et juridicus ordine alphabetico elucubratus per Jos. C. Kemény, locupletatus per J. F. Trausch. 4-to. Vol. II.
34. Josephi C. Kemény Transsylvania. Notitiae geographico-statistico-diplomaticae, locupletatae per J. Fr. Trausch. 4-to. Vol. III.
35. Adversaria de initiis juribusque et vicissitudinibus Saxonum in Transsylvania. 4-to Vol. V.
36. Onomasticon virorum de utraque republica in M. Principatu Transsylvaniae et praecipue de Lib. Regiaque Civitate Coronensi bene meritorum. 4-to. Vol. II.
37. Analekten zur Geschichte der deutschen Ritter und der Ortschaften in Burzenland. 4-to.
38. Analecta scholastica Transsilvanica, potissimum Coronensia. 4-to.Vol. III.
39. Ordinationes Normales a'i initio Imperii Austriaci in Transsylvania tam ab Aula, quam a Regio Gubernio emanatae, colligi coeptae per Ivannem Jos. Trausch, auctae, in Ordinem chronologicum redactae et consiguatae per Jos. Franc. Trausch. Fol. Tomi V. (ab anno 1668—1825) Item Suplementa et Continuatio. Fol. Tomi IV.

40. Collectio Altissimarum Ordinationum Statum Nationis Saxonicae in Transsylvania attinentium ab a. 1681—1848. Fol. Tomi II.
 Verschieden von der Sammlung der gerichtlichen Vorschriften oben Nr. 15.
41. Adversaria de correlationibus et controversiis Fisci Regi cum Saxonibus in Transsylvania. Fol. Tomi II.
42. Collectio Sententiarum tam Aulicarum, quam Fororum inferiorum in Causis Nationis et Cleri Saxonum praesertim productionalibus latarum cum multis Facti Speciebus et Deductionibus huc spectantibus. Fol. Tomi III.
43. Indices chronologici Tabularii Nationis Saxonicae, et archivo cum cujus vis sedis, Districtus et Civitatis Saxonum, nec non Capitulorum Cibiniensis, Coronensis Bogatiensis etc. Fol.
44. Collectio Ordinationum circa Contributionalia et Perceptoralia emanatarum. Fol. Tomi II.
45. Sammlung vaterländischer theils gedruckter, theils geschriebener, von Siebenbürger Sachsen verfaßter Leichen-, Hochzeits- und anderen Gedichten, Predigten, Leichenreden, Lebensläufen, Pasquillen, Tagebücher, historischer Notizen zu Eberischen Kalendern, Stammbücher, Schulprogramme, philosophischer-, theologischer-, medizinischer- und juridischer Dissertationen, Vereins-Statuten, Handschriften- und Buchhändler-Catalogen u. s. w. in vielen Folio-, Quart- und Octavbänden, zum Theil chronologisch, und zum Theil alphabetisch geordnet, nebst Verzeichniß zu jedem Bande.
46. Entwurf zur Fortsetzung des von Dr. G. D. Teutsch im Jahre 1862 herausgegebenen „Urkundenbuchs der evang. Landeskirche in Siebenbürgen." 1681—1871. Zum eigenen Gebrauche, behufs schneller Uebersicht, mit Hinweisung sowohl auf allgemeine, als auch besondere Quellen, verfaßt. Enthält:
 I. Verträge (Tractatus) und Gesetze.
 II. Beschwerden (Gravamina.)
 III. Resolutionen und Verordnungen der Regierung.
 IV. Synoden der A. C. V. u. ihre Verhandlungen und Statuten, nebst Literatur vom Jahre 1543—1870.
 V. Artikel und Statuten einzelner Kapitel.
 VI. Consistorien der A. C. V. Versammlungen der Landeskirche in Hermannstadt. Verfassung der Landes-Kirchen-Versammlung

und Verordnungen derselben, betreffend Sinecuren, Pensions-Anstalt, Eheordnung, Ehegerichte, Schulordnung, Disciplinar-Ordnung.

VII. Kirchenverluste der Sachsen.
VIII. Zehnt-Verluste der sächsischen Pfarrer.
A) Vor der Reformationszeit.
B) Zur Zeit der Reformation und während der Regierung der einheimischen Fürsten Siebenbürgens.
C) Während der Regierung der Fürsten aus dem Hause Oesterreich bis zur Aufhebung der Zehnten 1848.
IX. Von Mühen, Kosten u. s. w., welche der sächs. Geistlichkeit wegen des Zehntbezugs durch die Angriffe und Vexationen des k. Fiscus verursacht worden:
A) Körperschaften. B) Einzelne Pfarrer und einige Gemeinde-Vorsteher. C) Gebürdung mit dem Kathedralzins.
X. Verluste, welche der sächs. Klerus außer dem Naturalzehnd-Einkommen erlitten hat: A) Vor dem Jahre 1848. B) Nach dem Jahre 1848.
XI. Literatur des allgemeinen, des ungarischen und des siebenb. Zehntwesens.
XII. Erläuterung einiger in den vorhergehenden Abschnitten vorkommenden Gegenstände u. a. m.

47. Beiträge zur Literatur und Geschichte der weltlichen und Kirchenverfassung, sowie der Bildungsanstalten nebst deren Hilfsmitteln und auch des Vereinswesens, der Künste, des Handels und der Gewerbe der Siebenbürger Deutschen. (Erscheint demnächst in Druck).

48. Beitrag zur Geschichte der Reise des schwedischen Königs Karls XII. und seines Gefolges durch Siebenbürgen im Jahre 1714.
(In den Blättern für Geist u. s. w. Beilage zur „Kronstädter Zeitung" Jahrgang 1838. S. 321—323.)

49. Geschichte der Kronstädter Buchdruckerei (im Auszug.)
(In dem Satelliten des „Siebenbürger Wochenblattes" (das ist „Kronstädter Zeitung") vom 14. November 1841. S. 366—367.)
S. Denkbl. II. 198.

50. Wo und wann wurde die erste Buchdruckerei in Siebenbürgen errichtet? (nebst Nachrichten über die erste Papiermühle in Siebenbürgen.)
(In Ant. Kurz's Magazin für Geschichte Siebenbürgens. Kronstadt. 1846. 2. Band. S. 340—355.)

51. Zur Geschichte der Wirksamkeit der sächsischen Nations-Universität in älterer und neuerer Zeit.

(In dem Siebenbürgisch-deutschen Wochenblatt vom Jahre 1871. Nr. 20 bis 23.)

Trausch Joseph Karl,

ein Sohn des vorhergehenden Verfassers dieser Denkblätter Franz Joseph Trausch und dessen Gattin Josephine geb. von Greißing, wurde am 13. Juni 1842 in Kronstadt geboren und zu Ehren des Historikers Joseph Karl Eder (s. Bd. I. S. 268) Joseph Karl getauft. In Folge der durch die Ernennung des Vaters zum prov. k. k. siebenb. Kammerprocurator bedingten Uebersiedlung der Eltern nach Hermannstadt im Jahre 1850 machte er seine Gymnasialstudien am dortigen evangel. Gymnasium A. B., das er 1859 absolvirte. Das erste Jahr der Rechte 1859/60 hörte er an der k. k. Rechtsakademie in Hermannstadt, die folgenden drei Jahre an der k. k. Universität in Wien. In seine Vaterstadt zurückgekehrt trat er am 27. April 1864 bei dem Kronstädter Stadt- und Distrikts-Magistrate in Dienst und wurde bis zur Trennung der Justiz von der Verwaltung durch Aufstellung k. Gerichte (1. Januar 1872) als Magistrats-Sekretär bei dessen gerichtlicher Abtheilung, von diesem Zeitpunkt an aber bis zu seinem im Herbst 1872 erfolgten freiwilligen Austritt aus dem Munizipaldienst bei dem Distriktswaisenstuhl verwendet.

Er veröffentlichte:

1. Verzeichniß der Handschriften im Nachlasse des am 16. November 1871 gestorbenen Joseph Franz Trausch herausgegeben von J. K. Trausch Kronstadt in Siebenbürgen. Druck von Römer & Kamner 1872. 8vo. 21 Seiten.
2. Lebensskizze des Franz Joseph Trausch aus Kronstadt in Siebenbürgen (Oesterreich-Ungarn) geb. 9. Februar 1795, gest. 16. Nov. 1871, herausgegeben von E. J. T. Kronstadt in Siebenbürgen. Druck von Römer & Kamner 1873. 8-vo. 151 S.

Tr. ## Dr. Trauschenfels Eugen von,

wurde am 3. März 1833 als der Sohn des Kronstädter Senators und k. Steuer-Einnehmers Friedrich von Trauschenfels und dessen Gattin Katharina geb. Barbenius in Kronstadt geboren. Wenige Wochen nach seiner Geburt verlor er die Mutter und 1839 auch den Vater. Seine erste Erziehung leitete daher seine Tante, Karoline Salmen v. Kriegsheim und als er in den Jahren vorgerückt einer männlichen Führung bedurfte, der Conrector am Kronstädter evangel. Gymnasium A. B. Joh. Georg Giesel, gegenwärtig Pfarrer in Marienburg. Nachdem er in Kronstadt das Untergymnasium und ein Semester des Obergymnasiums absolvirt hatte, kam er 1846 nach Hermannstadt, anfangs in das Haus des damaligen k. k. Hauptmann-Auditors im 63. Linien-Infanterie Regiment Br. Bianchi, nachmaligen Oberlandesgerichtsrathes Johann Nahlick und im Herbst 1848 unter die Leitung des damaligen Conrectors am evangel. Gymnasium A. B., Joseph Schneider († 3. April 1874 als Pfarrer in Urwegen.) In Hermannstadt beendigte er 1851 die Obergymnasialstudien und besuchte während des nächsten Schuljahres 1851/2 die dortige k. k. Rechtsakademie. Im Herbste 1852 bezog er die Wiener Hochschule, um daselbst sein Quadrienium zu vollenden. Ein dankbares Andenken bewahrt er aus dieser Zeit dem Rechtshistoriker Dr. G. Phillips, dem Statistiker Dr. L. Neumann, dem Criminalisten Dr. E. Wahlberg, insbesondere aber dem Kunsthistoriker Rudolph von Eitelberger, der ihn auch vielfach in sein Haus und zur Mitarbeiterschaft an den damals unter seiner Redaktion erscheinenden „Oesterreichischen Blättern für Literatur und Kunst," Beiblatt der k. k. Wiener Zeitung, heranzog. Nach 1855 vollendeten rechts- und staatswissenschaftlichen Studien trat Trauschenfels am 15. Dezember desselben Jahres bei der Großwardeiner k. k. Statthalterei-Abtheilung in Dienst, wurde am 17. Juli 1856 zum Conzeptspraktikanten, am 20. September desselben Jahres zum prov. und am 25. Januar 1857 zum definitiven Stuhlrichteramtsactuar des Belényeser Stuhlbezirks mit Belassung in seiner Verwendung bei der Statthalterei ernannt. Am 27. Februar 1857 resignirte er auf diesen Dienst und begann bei seinem älteren Bruder Franz in Kronstadt die Advokatenpraxis. In demselben Jahr wurde er zum Doctor der Rechte promovirt. Vom Spätherbst 1860 bis März 1861 war er auch Actuar des Kronstädter evangel. Presbyteriums A. B. und vertrat in den Sitzungen des Ende 1860 abgehaltenen verstärkten Ober-Consistoriums den Kronstädter Kirchenbezirk.

Bei Wiederherstellung der sächsischen Verfassung und Reorganisirung der Munizipalbehörden 1861 zum Magistratssecretär ernannt, wurde er anfangs dem Stadtgericht in Kronstadt zugetheilt. Vom Repser Kreis in den 1863/4 siebenbürgischen Landtag entsendet, wohnte er dessen beiden Sessionen als Schriftführer, sowie auch der Reichstagssession 1864/5 als Abgeordneter seiner Curie und dem 1865-er Klausenburger Landtag als Vertreter des Mühlbächer Stuhles bei. Anfang 1866 zum Communitätsactuar ernannt bekleidete er diese Stelle bis zu seiner am 15. September 1872 erfolgten

Ernennung zum prov. Obernotär des Kronstädter Stadt- und Distrikts-Magistrats. In der Universitätssession 1867/8 vertrat er den Reußmärkter Stuhl.

Er redigirte vom 1. Januar 1863 bis 20. Februar 1867, mit vielfachen durch seine Abwesenheit in den Landtägen und im Reichsrath, sowie durch Krankheit bedingten Unterbrechungen, die „Kronstädter Zeitung." Gelegentlich der Sanctionirung der dualistischen Reichsgestaltung durch Bestellung des ungarischen Ministeriums trat er mit dem in Nr. 20 der „Kronstädter Zeitung" vom 20. Februar 1867 abgedruckten Abschied zurück und besorgt nunmehr nur noch seit 1860 die Herausgabe des bei Johann Gött in Kronstadt jährlich unter dem Titel: „Sächsischer Hausfreund" erscheinenden, im Jahre 1839 unter dem Titel: „Der nützliche Rathgeber" begonnenen, Kalenders in 8-vo.

Trauschenfels hat außer Beiträgen zu Zeitungen, Kalendern ic. ic. veröffentlicht:

1. Magazin für Geschichte, Literatur und alle Denk- und Merkwürdigkeiten Siebenbürgens. Im Verein mit mehreren Vaterlandsfreunden herausgegeben von E. v. Trausch. Neue Folge, 1. Band. Kronstadt. 1859. Druck und Verlag von Johann Gött. 8-vo. I. 259 S. 2. Band. Ebendas. 1860. 8-vo. 256 S. Darin befinden sich Aufsätze von dem Herausgeber I. 3—4. 54—64. 125—128. 180—192. 255—258. Eder J. K. I. 39—53. Fabritius Karl I. 67—111. Fronius Friedrich I. 31—38. Haltrich Joseph I. 215—248. Kemeny Joseph Gr. II. 75 bis 128. 180 bis 256. Müller Friedrich I. 248—254. II. 1—30. Marienburg Friedrich I. 195—214. Obert Franz I. 112—121. Schuler Libloy I. 5—30. 161—179. Seivert Gustav II. 61—75. Teutsch G. D. I. 145—160. Wittstock Heinrich II. 129—179.
2. Deutsche Fundgruben zur Geschichte Siebenbürgens. Neue Folge. Herausgegeben von E. v. Tr. Dr. j. u. Kronstadt 1860. Druck und Verlag von Joh. Gött. 8-vo. V. 414 S. s. den Artikel K u r z.
3. Gutachten, betreffend den Gesetz-Entwurf über die Errichtung und Organisation eines Obersten Gerichtshofes für Siebenbürgen. Druck von Johann Gött in Kronstadt (1863). 8-vo. 15 S.
4. M. Marcus Fronius' Visitations-Büchlein. Ein Beitrag zur Kirchen- und Sitten-Geschichte des Burzenlandes. Herausgegeben von Dr. Eugen v. Tr., Presbyter der evangel. Stadtpfarrgemeinde A. B. in Kronstadt. (Motto: Die Vornahme der Kirchen-Visitation ist eine der vorzüglichsten Obliegenheiten des Superintendenten. Provisorische

Bestimmungen §. 170.) Kronstadt Druck und Verlag von Johann Gött & und Sohn Heinrich 1868. 8-vo. XIV. 60. S.

5. Protokollar-Erklärung der Stadt-Communität von Kronstadt über das provisorische Regulativ für die Wahl der Vertretungskörper, der Stuhls-, Distrikts- und Gemeinde-Beamten auf dem Königs-Boden. Com. Z. 332/1869. Kronstadt, Druck von Johann Gött & Sohn Heinrich 1869. 8-vo. 19 S. (datirt vom 12. Mai 1869.)

6. Zur Geschichte des öffentlichen Lebens in Siebenbürgen von 1791 bis 1848. Aus dem Ungarischen des Freiherrn Sigmund Kemény. Kronstadt, Druck von Johann Gött & Sohn Heinrich. (1871). 8-vo. 75 Seiten.

(Separatabbruck aus der „Kronstädter Zeitung" vom Jahre 1871. Nr. 18—88.)

7. Zur Rechtslage des ehemaligen Törzburger Dominiums. Erläuterungen, veranlaßt durch den Gesetzes-Vorschlag des Klausenburger Advokaten-Vereins über die Regelung der auf dem Königsboden bis 1848 thatsächlich bestandenen Urbarial- und verwandten Verhältnisse. Kronstadt, Buchdruckerei von Johann Gött und Sohn Heinrich 1871. 8-vo. 51 S. und (Urkunden) Anhang 38 S.

Der Text ist unterfertigt: „Kronstadt 12. Juli 1871. Dück, f. Oberrichter. Johann Gött, Orator-Stellvertreter. Friedrich Riemer, Notar."

Auch in ungarischer Uebersetzung von M. Bökessi erschienen.

8. Kronstädter Zustände zur Zeit der Herrschaft Stephan Bathori's in Siebenbürgen (1571—1576). Vortrag, gehalten am 23. Februar 1873 zu Gunsten des Fondes des Kronstädter Frauenvereines für die evangel. Mädchenschule A. B. Kronstadt 1874. Buchdruckerei von J. Gött & Sohn Heinrich. 8-vo. 29 S.

(Separatabbruck aus dem „Sächsischen Hausfreund." Jahrgang 1874. S. 81—107).

Tröster Johann,

Sеiv.

ein geschickter Schulmann von Hermannstadt,[1] woselbst sein Vater Martin Tröster als Gerichtssekretär starb. Im Jahre 1658 scheint er sein Vater-

---

[1] Die Bemerkung, welche Mart. Felmer (?) zu §. X. der Schmeizelischen Notitia Principatus Transilvaniae vom Jahre 1744 in den Worten: „Tröster war von Geburt ein Kronstädter, aus der oberen Vorstadt gebürtig" ꝛc. ist unrichtig und gilt vielleicht von Trösters Vater, Martin Tröster. Auch widerspricht sie Johann Tröster's eigener Angabe auf dem Titelblatt seiner beiden ersten Druckwerke.

land verlassen zu haben;¹) denn er berichtet, daß er sich damals wegen der Tatarn mit etlichen hundert Personen fast ein Monat lang auf dem Schlosse Wetsch aufgehalten habe. Zu Altdorf legte er sich auf die Gotteslehre und Arzneikunst, nachgehends lebte er zu Nürnberg, und seit 1666 gab er verschiedene Schriften daselbst heraus. Doch irret Zwittinger, wenn er Tröstern zu Nürnberg sterben läßt; nein, er kam glücklich in sein Vaterland zurück, ward Schulrektor im Marktflecken Großschenk, starb aber 1670, als er eben mit einer Wiederlegung des Töppelts beschäftigt war. Vielleicht hätte er sich noch selbst wiederlegt, wenn er bei längerm Leben die Geschichte seines Vaterlandes nicht blos aus Griechen und Römern, sondern aus vaterländischen Urkunden hätte studieren können. Wir haben von seinem Fleiße:

1. Das Alt- und Neue-Teutsche Dacia das ist: Neue Beschreibung des Landes Siebenbürgen, darinnen dessen Alter und jetziger Einwohner wahres Herkommen, Religion, Sprachen, Schriften, Kleider, Gesetz und Sitten, nach historischer Warheit von zwei tausend Jahren her erörtert: die berühmteste Städt in Kupfer eigentlich abgebildet: dabei viel gothische und römische Antiquitäten und Anmahnungen entdecket werden. Neben etlichen andern Kupfern und einer geschmeidigen emenbirten Landkarten, das erstemal herausgegeben, von Johanne Tröster, Cibinio Transsylv. S. S. Theolog. et Philosoph. Medicae Studioso. Nürnberg, in Verlegung Johann Kramers, gebr. bei Christoph Gerhard, 1666 in 12.

Schade! daß Tröster von seiner guten Bekanntschaft mit den Alten in diesem Werke einen so übeln Gebrauch machet. Kaum ist ein Volk der Welt, das er nicht nach Siebenbürgen gepflanzt, wenn er einige Aehnlichkeit der Namen findet. Welche seichte Quelle zur wahren Kenntniß der Geschichte! Nur einige Beispiele: Das Dorf Kerz, mit dem benachbarten Kerzer Gebirge, hat ihm seinen Namen von den alten Cheruscis; Hammersdorf bei Hermannstadt von den Hormionibus; Burzenland von den Buriis; Mahrpod, Sächsisch: Marpet, vom Sibinischen König, Marobandus. Woher aber behauptet er dieses? Gewiß! blos aus der Aehnlichkeit der Namen, obgleich auch diese oft sehr geringe ist. In alten Urkunden heißet Kerz: Abbatia B. M. V. de Candelis; Hammersdorf, Villa D. Ruperti und Humberti; Burzenland, noch ehe es 1211 von Deutschen bevölkert worden, Borza; Marped, nennen

---

¹) Er studirte an der Universität zu Jena im Jahre 1663.

die Ungarn, Morpod, die Walachen Mariapod. Daraus erläutert sich der Name dieses sächsischen Dorfs viel besser, als vom Könige Marobandus. — Hätte Tröster auf dieses gemerkt, würde er wohl dergleichen Träume geschrieben haben? Schmeizel in B. H. Sect. II. Cap. IV. §. 6. urtheilt von ihm: Sunt, fateor, nonnulla, quae censuram & limam acuratiorem mereentur, condonanda tamen auctori, qui extra patriam constitutus scripsit, nostrisque glaciem in hoc argumento fregit primus. Ich weiß nicht, ob er uns das Eis gebrochen, oder noch mehr verdicket hat; allein Schmeizel war in Absicht unserer Völkerschaft auch ein Trösterianer. Der berühmte Schurzfleisch sagte einstmals zu unsern Landsleuten: Euer Miles ist ein armer Miles, und euer Tröster ein leidiger Tröster. Ich werde ihm nie wiedersprechen. Trösters Landkarte taugt so wenig, als die Bildnisse unserer Städte. Kein Hermannstädter wird in dessen Abbildung seine Vaterstadt erkennen, und wehe dem, der nach seiner Karte reisen wollte. Wir haben vortreffliche Karten von unserm Vaterlande: vom Oberstwachtmeister, Friedrich Schwarz von Springfels, der sie als Hauptmann vom Helsterischen Regimente verfertigte und 1825 dem Höchstseligen Kaiser Karl VI. zu überreichen die Gnade hatte; vom Obristlieutenant Lutsch von Luxenstein und die vor etlichen Jahren von den k. k. Mappeurs auf Allerhöchsten Befehl der großen Theresia verfertigte Landkarte. Diese sollte die vollkommenste werden, und die darauf verwandten Unkosten verdienten es wohl.

2. Das bedrängte Dacia. Das ist: Siebenbürgische Geschichten, so sich vom Tode des Durchlauchtigsten Fürsten und Herrn, H. Bethlen Gabor, (1629) bis auf den jetzt regierenden Fürsten und Herrn, H. Michael Apafi, &c. &c. (1663) darinnen zugetragen haben. Aus selbst eigner Erfahrung beschrieben, von Joanne Bethlen, Grafen der Spanschaft Weißenburg, des Landes Siebenbürgen geheimen Rath, Kanzler und des Zekelyischen Stuhls Udvarhely Obristen rc. Verdeuscht durch Joannem Tröster, Sax. Cibinio Trausylv. SS. Th. & Philos. Medic. SS. Nürnberg, in Verlegung Johann Kramers, gedruckt bei Christoph Gerhard, 1662. in 12-mo.

Eine Uebersetzung des Werkchens, welches der Kanzler Johann Bethlen, der 1678, im 64-sten Jahre starb, auf Befehl des Fürsten Apafi verfertigte, und welches zu Amsterdam 1664, unter dem Titel: Rerum in Transylvania ab An. 1629—1663, gestarum

Epitomo, sive Libri IV. in 12-mo. gebruckt warb. Seine handschriftliche Fortsetzung endigt sich mit dem Jahre 1673.
3. **Pohlnisches Adler=Nest.** Das ist: kurzgefaßte, doch außführliche Geschichtsbeschreibung des Königsreichs Pohlen, darinnen dessen Städte, Schlösser, Flüsse und Landesbeschaffenheit fleissig beschrieben: der Pohlnischen Nation uhraltes Herkommen historisch erörtert; und aller Pohlnischen Fürsten und Könige von A. C. 550, her, bis auf diese unsere Lebzeit 1666. Lebensläufe und Geschichten, auß allen bewehrten Pohlnischen Scribenten kürzlich, doch treufleißig beschrieben werden. Neben einem Landkärtlein, der Pohlnischen Feldwappen Abbildungen, und entlichen andern Kupfern herausgegeben von — Nürnberg, zu finden bei Johann Hoffmann, Kunsthändlern, 1666 in 12-mo.

Ein par nobile fratrum mit seinem Dacia, in Absicht paradoxer Meinungen. Seine Hauptabsicht ist zu erweisen: die Slaven und Sarmater, von welchen die Polen und alle Slavischen Völker abstammen, seien keines andern Ursprungs, als eines alten Scytisch=Deutschen. Hiemit beschäftigt er sich im 1. Buche, ziemlich weitläufig, und glaubt darin so glücklich gewesen zu sein, daß er S. 73 ganz zuversichtlich schreibt: „Also sind die Polen aus historischer Wahrheit, „und ihrer eigenen Sprache überwiesen, daß sie der alten Teutschen „Scharmützer, Vandalen, Wenden, in denen Landen überbliebene Nach=„kömmlinge, und also im Grund Teutsche sein." Darauf folgt eine geographische und topographische Beschreibung von Polen. Im II. Buche: die Geschichte der Polnischen Fürsten vom Lechus an bis auf den Ziemomislaus 913. Im III. Buche vom ersten Christlichen Fürsten, Mieciolaus, bis auf König Kasimir, den Großen; und im IV. Buche vom Könige Ludwig bis auf seine Zeiten.

4. **Päpstlicher Suetonius,** das ist: Kurzgefaßte, doch gründliche Zeitbeschreibung aller Röm. Bischöfe und Päpste, so von dem ersten bis auf diesen jetzigen Innocentium XI. inclusive, gewesen sind. Darinnen alle derselben denkwürdige Stiftungen, Ordnungen, Thaten, Tugenden, Untugenden und Nachruhm, aus den bewehrtesten Scribenten, Platina, Caranza, Caesare Baronio, und andern treulich und nach historischer Wahrheit beschrieben worden; von Johanne Tröster Hyporanhylaeo. An jetzt zum drittenmal aufgelegt. Im Jahre MDCLXXXIV. in 12-mo. mit Kupfern, ohne Meldung des Ortes *) VI. 267 Seiten und Register 11 Seiten, nebst den Bildnissen der Päpste bis auf Innocenz XI.

*) Wahrscheinlich aber auch zu Nürnberg gedruckt. Die erstern Ausgaben habe ich nicht gesehen, da aber die Vorrede 1667 den 18. (28.) Februar unterschrieben ist; so mag wohl auch die erste Auflage[1]) in diesem Jahre geschehen sein. In der Vorrede verspricht Tröster: Weil die Geschichte der Päpste, besonders die ältere, voller Verwirrungen wäre, so wollte er ein besonderes Werkchen davon herausgeben. Ob er jemals diese Zusage erfüllt habe, ist mir unbekannt. Hyperanhylaeus ist eben so viel als Transylvanus.

Tr. 5. Chronographia luctuosa de tristissima Transsilvaniae vastatione a Turcis, Tartaris, Moldavis et Valachis anno 1658. Handschrift. (S. Catal. Bibl. Sam. C. Teleki III. 91.)

Seiv. **Tutius Georg,**

l. gekrönter Dichter und Pfarrer zu Schaaß im Schäßburger Stuhle. Er war der ältere Sohn des Pfarrers zu Kleinschenk, Georg Tutius, studirte zu Wittenberg, wo er 1677 die Greißingische Streitschrift: de Atheismo, vertheidigte, auch den 31. Dezember des folgenden Jahres vom kaiserl. Pfalzgrafen, Johann Friedrich Scharf, den Dichterkranz erhielt. Tutius starb zu Schaaß im Jahre 1705.

Epigrammata Catonis Christiani, Kéresdini, 1686. in 8-vo. mit einem Anhange: Ritus & observationes de Coronatione Poetarum, cum privilegio Poetico.

Seiv. **Tutius Martin,**

Bruder des vorhergehenden, studirte an den Universitäten in Jena 1681 und Wittenberg 1682, 22. September ꝛc. und widmete sich der Arzneikunst, worin er 1683 zu Wittenberg die höchste Würde erhielt. Nach seiner Zurückkunft lebte er in Hermannstadt, wurde daselbst Stadtphysikus und endlich Rathsverwandter. Als solcher starb er den 7. Dezember 1702.

Diss. Medica, de Arthritide, praeside Jeremia Loos, PP. 1683. M. Mart. Witenb. in 4-to. 32 S.

Seiv. **Uncius Leonhard,**

ein siebenbürgischer Sachs aber von einem mir unbekannten Orte[2]) Wahrscheinlich hieß er Unch, welches ein bekannter sächsischer Name ist.

---

[1]) Die zweite Auflage kam im Jahr 1671 ebenfalls ohne Angabe des Druckortes in 12-mo. auf 354 Seitenzahlen heraus.

[2]) Uncius begann seine akademische Laufbahn in Wittenberg 13. März 1568, und wurde im Universitäts-Album eingeschrieben: „Leonardus Untsch, Tekensis Traussilv. Als Sächsischer Pfarrer in Broos klagte Uncius im

König Stephan Báthori von Polen, der große Mäcen der Gelehrten, unterstützte ihn, daß er zu Padua studiren konnte. Wegen der Pest verließ er nachgehends diesen berühmten Sitz der Musen und begab sich nach Rom. Wann er aber nach Polen und endlich nach Siebenbürgen zurück gekommen, ist mir so wenig, als seine übrigen Schicksale bekannt. Sein Gedächtniß erhalten noch:

Libri VII. Poematum, de Rebus Hungaricis. Cracoviae, 1579 in 12.

Nach der Zueignungsschrift an den König Stephan Báthori, von Anton Riccobini, erstem öffentlichen Lehrer der Beredsamkeit zu Padua, folgen zween Briefe an den Martin Bersewitz und Johann Gálfi. Hierauf: Nomenclatio Episcopatuum Comitatuumque in Hungaria & Transylvania, nec non Sedium Siculicalium. Dann handelt das I. Buch, vom Könige Attila, seinen Söhnen Chaba und Alabarius; von den 7 Siebenbürgischen Herzogen; dem Toxus, Großvater des H. Königs Stephan, wie auch von dessen Vater Geisa. Im II. und folgenden Büchern besingen seine Elegien das Leben des H. Königs Stephan und seiner Nachfolger, bis auf den Tod des Königs Mathias Korvin. Ein apologetisches Gedicht für den König Stephan Báthori beschließet. — Uncius meint, er sei der erste Dichter auf diesem Felde, welches ihm desto leichter zu verzeihen ist, da Sommers Rogos Hungariae damals noch nicht gedruckt waren. Nach dem Beschlusse seiner Könige hatte man eine Fortsetzung zu erwarten, die aber nie erfolgt ist. Denn so schreibet er:

Plura sub Euganeo mihi non cantare licebit

Tegmine, nos alio Dacia nostra vocat,

Hic ubi, nondum calamis absolvimus, ultro

In metam ducet sedula cura suam:

Vos solum ceptum defendite carmen, alumnus

Hic & in Italia dicite, noster erat.

M. sehe auch des Mich. Brutus, Opuscula. S. 521, und Haners Adversaria. S. 209 — Unter den Briefen des Joh. Mich. Brutus, Lib.

Jahre 1581 dem Woiwoden Sigismund Báthori: „Er werde in seinem Amte von einigen Bürgern und Anhängern des Franz Davidis gestört, indem sie ohne sein Wissen die Zehnden von zwei Dörfern nach ihrem Gutdünken Andern zugetheilt und auch einen Schul-Rektor gegen seinen Willen eingesetzt hätten." Hierauf trug Sigismund Báthori dem Hermannstädter Bürgermeister und Königsrichter auf: den Pfarrer Uncius, seinen Poeten, in seinem Amte und seinen Gerechtsamen zu schützen, die Bürger zu zügeln und Alles in den vorigen Zustand zurückzuführen, (Dieser Befehl findet sich noch im Sächsischen Nationalarchiv Nr. 1181 f. Archiv des Vereins für Siebenbürgische Landeskunde 4. Heft S. 61—62.) Tr.

V. S. 521, 522, der Berliner Ausgabe, befindet sich der Gemüthskarakter des Uncius beschrieben. — Brutus schreibt an Paulum Giulanum von Krakau aus, XIIX Kal. Quint. 1579, und empfiehlt ihm den Uncius in folgenden Ausdrücken: Credo, ad Vos esse allata Carmina Leonardi Uncii de Ungaricis rebus; cujus cum his meis, ut spero, ad Vos litterae perferentur. Tibi illum virum bonum, & inprimis eruditum, de meliore nota commendo. Nam ubi etiam a litteris discedas, multa in illo sunt, quare dignum tuo amore censeas, imprimis usus multarum rerum, & his explicandis memoria par, in consuetudine & convictu mira suavitas. Unum maxime Te oratum velim per nostram amicitiam, quae apud me caste & sancte culta, cum grata Tui memoria, ut lubet sperare, consenescet, ut si, qui istic sint, quemadmodum ipse suspicatur, qui illi minus sint aequi, illius causam suscipias, atque eos ipsos illi concilies, ubi parum illius caussae sint parati, apud Regem favere. Id si agas, & mihi gratam rem facies, et Te dignam. — (Ein Beitrag vom oftgebachten gelehrten Freunde.¹)

---

¹) Nemlich von dem gelehrten Mag. Daniel Cornides, mit welchem mehrere sächsische Gelehrte seiner Zeit, besonders Martin Felmer und Seivert in brieflichem Verkehr standen. Da Cornides viele Jahre in Siebenbürgen verlebte und den größten Theil seiner an seltenen literarischen Artikeln, die man in dem von dem gelehrten Piaristen Carl Koppi verfaßten Katalog der Cornidischen Bibliothek verzeichnet findet, überreichen Bücher- und Schriften-Sammlung in Siebenbürgen zusammenbrachte, so scheint es mir nicht überflüssig sein Andenken auch in den gegenwärtigen Denkblättern zu erneuen. Der Stammvater der Familie Cornides, gleichfalls Daniel genannt, „ein geborner Siebenbürger, war Pfarrer in „Eisdurf und wurde in der Geschichte Zipsens, seiner traurigen Schicksale wegen, die „er als Verfechter der protestantischen Lehre erfuhr, sehr bekannt." [Laut Jakob Melzers Biographieen berühmter Zipser, Kaschau und Leipzig 1833 S. 330.] — Sein Sohn Thomas war Senator und darauf Stadtrichter in Käsmark; ebenso sein Enkel Martin, der im Jahre 1722 von Kaiser Karl VI. für seine Verdienste geadelt wurde. Der Sohn des Letztern, ebenfalls Martin genannt war Apotheker in Kremnitz und Vater unseres Daniel Cornides. Dieser aber wurde zu St. Nikolaus in der Liptauer Gespanschaft im Jahre 1732 geboren, studirte zu Kremnitz, Losoncz und Preßburg, wo Joh. Tomka Sząßky und Math. Bel seine Vorliebe zur vaterländischen Geschichte anregten, wurde zu Erlangen, wo er 1754—1767 studirte Dr. der Philosophie, und folgte sofort dem Ruf der Baronin Polyxena Wesselényi zur Erziehung ihrer Söhne nach Siebenbürgen. Hier weilte er 15 Jahre lang als Erzieher und zugleich Lehrer der deutschen Sprache am ref. Collegium zu Klausenburg und sammelte rastlos Beiträge zur vaterländischen Geschichte, wie dieses zum Theil die von ihm an Katona mitgetheilten und vom letztern in der Historia critica Regum Hung., wie auch von Georg Fejér in seinem Codex diplomaticus Hungariae besonders aus den 12 Foliobänden der Cornidesischen Urkunden Abschriften veröffentlichten Urkunden beweisen. Nachmals wurde er Sekretär bei dem Grafen Teleki, Oberstudiendirektor des Fünfkircher Bezirks, welchen er auf seinen Reisen nach Italien, Deutschland und Frankreich begleitete. In den Bibliotheken der besuchten Orte, vorzüglich zu Wien, Göttingen, Gotha ꝛc. sammelte er wichtige Excerpte. Eben vom Grafen Jos. Teleki zum Mentor seiner Söhne Joseph und

Seiv. **Ungenannte.**

I. De Moribus, Religione. Conditionibus & nequitia Turcorum.

Diese Schrift ist so wohl mit des Viktor de Carben: de vita & moribus Judaeorum, und Niccolds, contra Sectam Mahumedicam, bei Heinrich Stephan 1511, zu Paris in 4-to. gedruckt; als auch in Theodor Biblianders, III. Theile, seiner Scriptorum ad Historiam Mahumedanam

Stephan bestimmt, erhielt er 1784 den Beruf zum Bibliotheks-Custos und außerordentlichen Professor der Diplomatik und Heraldik in Pest, jedoch auch die Erlaubniß die 2 jungen Grafen auf ein Jahr nach Göttingen zu begleiten. Hier las er seine Abhandlung de veteri Hungarorum Religione im Jahre 1785 und erhielt den 25. September das Diplom als Correspondent der königl. Sozietät der Wissenschaften. In dem nämlichen Jahr kehrte er nach Pest zurück und trat sein Professors- und Bibliotheks-Custosamt an, starb jedoch schon am 4. Oktober 1787, als er im Begriff war, seine historischen Sammlungen zu sichten und zu verarbeiten.

S. österr. National-Encyclopädie. Wien 1835 I. 601—603. Horányi Nova Memoria Hungarorum 1. Bd. S. 664—685. und Fejér Historia Acad. Pesth. Budae 1835 p. 132. 187. wo mehrere seiner Druckschriften verzeichnet sind und von Fejér beigefügt wird, daß Cornides seine größten gelehrten Schätze in 12 Foliobänden in Handschrift hinterließ, welche Fejér in seinem Codex diplom. Hung. mit vorzüglichem Nutzen gebrauchte. Seine vom Gr. Jos. Teleki gekaufte Bibliothek (s. Quartalschrift III. S. 368), kam an Teleki's des Käufers Sohn, Lad. Gr. Teleki (s. Engels Geschichte des ungar. Reichs. 8-vo. I. 5) und sofort durch dessen Sohn Jos. Teleki an die Ungarische Akademie in Pest. Cornides lieferte Beiträge zum Ungarischen Magazin und stand mit vielen Gelehrten im Briefwechsel, z. B. mit Windisch, Seivert, Joh. Filtsch 2c. Seivert rühmt mehrmals in seinen Nachrichten von Siebenb. Gelehrten die Gefälligkeit des Cornides in Mittheilung wichtiger literarischer und geschichtlicher Daten. Einige Handschriften des Cornides hat Joh. Christian v. Engel nach Cornides Tode veröffentlicht.

Ich beziehe mich auf die österr. National-Encycl. a. a. O. und führe außer dem Titel des Catalogs seiner Bibliothek mit Benützung desselben und auch des Verzeichnisses, welches Horányi a. a. O. daraus gegeben hat, hier nur folgende in Bezug auf Siebenbürgen, meines Erachtens besonderer Beachtung werthe Cornides'sche Schriften an:
1. Bibliotheca Hungarica s. Catalogus Scriptorum de rebus omnis generis Hungariae adnexarum Provinciarum gentiumque finitimarum tam typis publice editorum, quam manu exaratorum Pestini 1792. 8-vo. 281 S Dieser von Karl Koppi verfaßte Katalog, nebst den Katalogen der (Gr. Franz Széchenyi'schen, an das Ungarische National-Museum in Pest übergegangenen und der Stephan Nagy'schen Bücher-Sammlungen (letzterer gedruckt in Leipzig im Jahre 1870. 8-vo. 120 S.) würde zu Supplementen der Adversarien (G. J. Haners (s. Denkbl. II. 62) reichliches Material liefern.
2. Veteres Dacos Fuisse Saxonum hodiernorum tum in Trannia tum in Saxonia habitantium Majores ostendit D. Cornides Mspt. Cat. p. 267.
3. Episcopi Tranniae e Diplomatibus eruti a. D. C. Mspt. Cat. p. 273.
4. Historia Daciae veteris et recentioris auctore D. C. item Duces, Vaivodae et Vice-Voivodae Transs. Mspt. Cat. p. 277.
5. Bruchstücke zur Geschichte der Handwerke und Künste in Siebenbürgen. Veröffentlicht durch Engel in Bredetzkis topogr. Beiträgen 4. Band. Wien 1805. (Katal. S. 278.) S. Engels Geschichte des ungar. Reichs I. 31. Ein guter Auszug steht S. 126—128 in der Recension des 4. Bredetzki'schen Bändchens, welche man in den Oesterr. Annalen der Literatur 1807 Märzheft findet.

pertinentium, S. 7—60 einverleibt worden. Der Verfasser ist ein Siebenbürgischer Sachs und darf ich einer alten Randglosse meines Exemplars von Bibllanders Sammlung glauben, so war er von Ramosch, (Rumes) einem Dorfe im Brooser Stuhle. Im Jahre 1437 begab er sich auf die Mühlbächer Schule, hatte aber das folgende Jahr das Unglück, bei dem schrecklichen Verderben, das Kaiser Murath der II. über Mühlenbach verbreitete, halbtodt gefangen zu werden. Erst nach einer zwanzigjährigen Sklaverei unter den Türken, wobei er seine Muttersprache ganz vergessen, war er so glücklich, wieder in sein Vaterland zu kommen. Hier verfaßte er seine Erfahrungen von dieser wilden Völkerschaft und seine traurigen Schicksale schriftlich. Beide angeführte Sammlungen gehören unter die seltnen Bücher, vielleicht erzeige ich also manchen einen angenehmen Dienst, wenn ich hier die zerstreuten Nachrichten des Verfassers sammle und ihn

6. Gesammelte Nachrichten von verloren gegangenen Chroniken und Jahrbüchern der Ungarn bis ins 16. Jahrhundert. Mspt. Cat. p 278.
7. Von den Buchdruckereien des 15.—17. Jahrhunderts in Ungarn und Siebenbürgen. Mspt. Cat. p. 279.
8. De Trannorum Siculorum origine et de nominis Székely etymo et significatione Fragmenta quaedam. Mspt. Cat. p. 280.
9. Litterae Procerum Tranniae. II. Tomi. Mspt. Cat. p. 254.
10. Lucubrati Duces Tranniae diplomatice, dein Vaivodae diplomatice, tum Siculorum Comites, adjecta sunt Diplomata apographa 26 Nro. Cat. p. 258.
11. (Mart.) Felmerianae Eruditae Correspondentiae, commentationibus plenae eruditione omnis generis patriae ad. D. Cornides. Mspt. Cat. 274 und Litterae Cornidesii ad Felmerum datae 1762—1766 historici argumenti; item ad alios Eruditos. Ebendas. Nach Einsicht der vorgedachten Briefe Felmers, hat J. K. Schuller auf 4 Folio-Seiten eine interessante Abhandlung unter dem Titel: „Aus dem Leben und Leiden eines sächsischen Gelehrten des 18. Jahrhunderts. Nach Martin Felmers Briefen an D. Cornides" in Hermannstadt (o. J.) herausgegeben.
12. Lucubrati Eruditi Transylvaniae ingenti volumine, eorum Biographiae, edita opera, verbo totius Tranniae literaria Historia. 4-to. Cat. p 258.
Diese Handschrift hat kein Titelblatt, ist in steifen Deckel gebunden, 4 Finger dick und führt auf dem Rücken den gedruckten Titel: Eruditi Transilvani, unter den Cornidesischen Handschriften LXXII. Stellage, 5. Reihe. Am Ende der Handschrift steht: „Fautori et amico suo optimo D. Danieli Cornides AA. LL. et Phil. Mgro in gratiam ex Autographo descripsit Sam. Gunda Neosoliensis in Sorostély Trannorum a. 1771 Aug. et Sept. mensibus." Jede 2. Seite ist unbeschrieben. (S. Denkbl. I. Seite 111). Dieses Werk ist nichts anders, als eine Abschrift der Johann Seivert'schen Handschrift in 2 Quartbänden: Specimen Tranniae literatae, welche Seivert noch 1770 als Mittwochsprediger von Hermannstadt in lateinischer Sprache verfaßt und daraus seine Nachrichten von Siebenbürger Gelehrten in deutscher Sprache 1785 veröffentlicht hat. In der Vorrede zu den letzteren Seite XII. sagt Seivert, es müsse Horányi einen Auszug der Seivert'schen Arbeit erhalten und in seiner 1775 gedruckten Memoria Hungarorum etc. benützt haben. Offenbar hat aber Horányi die Gunda- oder Cornides'sche Abschrift des Seivert'schen Specimens ausgebeutet, wie aus Horányi's Nova memoria I. Band, S. 682 hervorgeht.

selbst seine kläglichen Zufälle erzählen lasse. In der Vorrede schreibt er: Ea tempestate (1438) ego juvenis XV. vel XVI. annorum ejusdem provinciae, anno praecedente recesseram de loco nativitatis meae, & veneram in quoddam castellum seu civitatulam, nomine Schebesch, secundum Hungaros, in teutonico vero: Mühlenbach, studendi gratia. Quae quidem civitas tunc erat satis populosa, non multum tamen bene munita. Ad quam cum Turcus venisset, & castris positis expugnare caepisset, Dux Valachorum, qui cum Turco venerat, propter antiquam (quam prius contraxerat cum civibus ipsius civitatis) amicitiam, venit ad murum, & sedata pugna, vocatis civibus persuasit, ut suis consiliis consentirent, & cum Turco non pugnarent; eo, quod nequaquam civitatis munitio esset sufficiens ad resistendum, (hoc enim erat ejus consilium, ut civitatem Turco cum pace darent) & ipse a Turco impetrare vellet, quod majores civitatis usque ad terram suam secum ipse duceret, & postea, quando placeret eis, recedere, vel etiam stare possent: reliquum vero vulgus sine aliquo rerum vel personae detrimento Turcus in terram suam duceret; illicque data ipsis terra ad possidendum, deinde ad placitum recedere, vel habitare in oportunitate temporis, in pace possent. Quae, ut promiserat impleta vidimus. Impetratae igitur sunt cum hoc pacto induciae usque in crastinum, ut unus quisque posset se disponere cum rebus & familia in pace exituri.

Quidam Vir nobilis cum fatre suo, aeque strenuo viro, qui prius fuerat Castellanus, & cum Turcis multum conflixerat, hujusmodi consilio & pacto nequaquam acquiescens, dixit: se prius centies velle mori, quam se & uxorem suam, & filios in manus Turcorum tradere. — Persuasit etiam quam pluribus aliis, & electa una de turribus,[1]) quam introivit, & per totam illam noctem, arma & victualia intulit, & fortiter munivit. Cum his igitur & ego turrim intravi, & exspectabam cum magno desiderio magis mortem, quam vitam. Facto itaque mane, Turcus Magnus in propria persona ad portam civitatis venit, & omnes exeuntes, unumquemque cum familia sua jussit scribi, & deputatis custodibus in terram suam duci, sine aliquo rerum vel personae nocumento. Cives quoque & majores Duci Valachorum, eodem modo ducendos in suam terram concessit. Cum igitur universus exercitus ejus de hac praeda nullam partem habere potuisset, cum maximo impetu & intolerabili furia unanimiter ad turrim, in qua eramus, spe aliquid lucrandi, incurrerunt. Quanta autem & qualis

---

[1]) Man zeiget noch einen viereckigen Thurm der Stadtmauern, der dieser unglückliche gewesen sein soll. Ich zweifle aber sehr daran. Er ist mir zu schwach und zu eng, als daß er einen heftigen Sturm so lange aushalten könnte.

haec fuerit tempestas, lingua nulla sufficeret exprimere. Tanta erat densitas sagittarum & lapidum, quod densitatem pluviae, vel grandinis excedere videretur. Tantus erat clamor pugnantium & fragor armorum, & strepitus currentium, ut coelum & terra concuti viderentur in momento. Et quia turris multum declivis erat, immediate tectum sagittis, & lapidibus contriverunt; propter fortitudinem tamen murorum nequaquam poterant praevalere. Cum igitur tardior esset hora, ut puta sol declinatus post meridiem, & nihil profecissent, inito consilio, aliis pugnantibus, alii ad deferendum ligna cucurrerunt, & struem lignorum quasi ipsi turri aequaverunt. Submisso igitur igne, nos quasi, sicut decoquuntur panes in furno, decoxerunt. Et jam quasi omnibus mortuis, cum vidissent amplius neminem in turri moveri, distrahentes ignem, irruerunt per ostium, ut si forte aliquos semivivos invenissent, refocillatos extraherent. Me quoque eodem modo extrahentes mercatoribus venditum tradiderunt; qui me cum caeteris captivis positum in catena, transito Danubio, usque in Adrianopolim, ubi est sedes Turci Magni, deduxerunt. De anno autem Domini praedicto, usque ad annum Domini MCCCCLVIII. inclusive, illius durissimae captivitatis gravissima onera, & intollerabiles angustias, non sine corporis & animae periculo, sustinui.

Cap. XVI. Cum a primis meis emtoribus ductus fuissem Adrianopolim, me emptum mercatores ultramarini in quadam civitate, quae Burgama vocatur, cuidam villano revendiderunt: cujus mihi crudelitas ad hoc profuit, ut celerius agerem pro libertate consequenda, insuper horrorem illius sectae mihi inducens, & fide Christi me consolidans, & licet longe me abductum conspicerem, nihilominus de Dei adjutorio non desperans, fugam inire non distuli. Cum igitur post primam fugam mihi invento, & ad domum reducto furorem conceptum reprimens, pepercisset, minando, si secundo fugerem, duplicis vindictae me expectare rigorem: me, qui magis mori, quam vivere optabam, non solum non terruit; sed etiam ad secundam fugam citius agendam provocavit. De his autem, quae mihi post fugam secundam fecerit, hoc solum dico: quod non solum ea, quae minatus suerat, perfecit, sed omnia, quae circa mortem fieri possunt, sine aliqua misericordia crudeliter peregit. Nec a vinculis absolvisset me, nisi duae sorores ejus carnales pro me intervenissent, fidemque jussissent, me amplius non fugiturum. Haec omnia continens, nec jam dubius de crudelissima morte, si post tertiam fugam me reperissent, non longe post cuidam de mercatoribus simulatis — me sponte tradidi, qui me de ipso liberatum in spatio quatuor mensium, de loco ad locum tribus

vendidit vicibus, & tandem in locis remotissimis dimisit. Interea quinque
anni in isto medio transierunt.

Seite 54. Per integros viginti annos terribiles tempestatum spiritualium turbines & immensa pericula corporis & animae pertuli. Et ut possem evadere, praecipue periculum animae, & conservare fidem Christi, octo solennes fugas peregi, quarum quaelibet hominem non solum in perturbationem mittere, verum etiam in desperationis foveam dejicere sufficiens materia existere potuisset. Quater quoque post fugam, pretio redemptus; septies pro pecunia venditus, & totidem emptus fui. Praeterea in tantum conversationis eorum consortio adstrictus fui, ut maternam linguam oblitus, eorum barbarici idiomatis loquela ad plenum eruditus, nec non literaturae eorum tam extraneae, & perversae non mediocriter instructus, adeo ut sacerdos eorum unus e majoribus, ad beneficium ecclesiae suae non modicis redditibus dotatum, quod ipse mihi obtulit, me sufficientem, & idoneum aestimaret. Porro religiosorum eorum moribus, & ritui sic me conformavi, & sermonum spiritualium, quibus ipsi in collationibus suis, & propositionibus populi utuntur, tantam haberem experientiam, & copiam, tam in scriptis, quam in mente, ut non solum vicini nostri, qui me frequenter audiebant in congregationibus suis; verum etiam de aliis locis me proponentem audire desiderabant, ipsorum quoque religiosorum plurimi, quos proponerent populo, a me didicere sermones.

Denique Domino meo ita charus eram, ut saepius in collocutione plurium, plus quam filium suum, quem unicum habebant, me diligere assereret, & propter hoc post adoptam libertatem, promissionibus & precibus me omnibus modis retinere attendebat. Sed quia sciebat me valde avidum ad discendum literas, per excusationem, qua me finxi ad studium ire, & reverti, deceptus me dimisit; non tamen sine totius familiae suae desolatione, rogans & per nomen Dei, & Mahometi me adjurans, ut quantotius redirem. Demum in fine, quod valde paucis ductis in eorum captivitatem contingere potest, cum Littera imperiali authoritate confecta, & authenticorum testium solenni vallata testimonio, Deo mihi adjutorium praestante & misericordiam, non solum illius durissimae captivitatis nexibus solutus; verum etiam illius cruentissimae Sectae diabolica infectione solutus, liber exivi.

Tr. Den Namen des Verfassers der vorangeführten Schrift habe ich blos in der Ausgabe derselben, welche zu Berlin im Jahre 1596 erschienen ist, angegeben gefunden. Dieser zufolge hieß er Johann Laßli, und soll ein siebenbürgischer Edelmann gewesen sein, was ich jedoch auf Grund seiner eigenen Erzählung, theils aus anderen Gründen, u. a. deßwegen bezweifle, weil sich diese Angabe blos auf das der Ausgabe vom Jahre 1596 (also nach länger als einem Jahrhundert nach Veröffentlichung der ersten Ausgabe und nicht vom Verfasser selbst dieser deutschen Uebersetzung) vorgesetzte Titelblatt gründet. Glaubwürdiger ist es, daß der Verfasser, nach erlangter Freiheit, ein Mönch geworden sei [1]) und namentlich unter die Mitglieder des Dominikaner-Ordens [2]) gehört habe. Es ist bemerkenswerth, daß er der erste Deutsche war, welcher über Osmanische Geschichte und Sitte Bericht erstattet hat. [3])

Ich komme nun auf die verschiedenen Ausgaben selbst, von welchen ich jene, in welchen das Jahr ihrer Veröffentlich nicht angeführt, und auch nicht beiläufig irgendwo angegeben zu finden ist, den mit Angabe der Jahre erschienenen Ausgaben folgen lassen werde.

1. Tractatus de ritu, moribus, nequitia et multiplicatione Turcorum. Zwar ohne Jahr und Druckort, 36 Blätter in 4-to. jedoch vermuthlich vom Jahr 1460. Näher beschrieben in Denis Merkwürdigkeiten der Garellischen Bibliothek S. 211, vergl. Hammers Geschichte des Osmanischen Reichs X. 377.

2. Tractatus de ritu, moribus, nequitia et multiplicatione Turcorum. In quo, si quispiam aliquid de secta Turcorum magna atque admiranda scire desiderat, pauca, quae hic sub compendio narrantur, memoria revolvat. Ohne Angabe des Jahres und Druckortes 4-to. 6½ Bogen; nach Gr. Keménys Meinung zwischen 1478—1481 gebruckt. [4])

3. Tractatus de moribus etc. Turcorum. Parisiis apud Henr. Stephanum 1511. 4-to. (Ob dieser Traktat, welchen Gotze im 3. Band, S. 456, und Lipenius in Biblioth. Philos. S. 1498 und auch Seibert selbst oben Seite 432 anführen, ein und dasselbe mit dem Werke unseres Ungenannten seien? überläßt indessen Denis in seinen Merkwürdigkeiten der Garellischen Bibliothek, S. 213 den Bibliothekaren zu sagen, die sie mit seiner Diagnostik zusammenhalten könnten.)

---

[1]) Schlözers kritisch-historische Nebenstunden. Göttingen 1797. S. 91.
[2]) Bemerkung des Gr. Joseph Kemény nach den im XVII. Kapitel der Schrift unseres Ungenannten vorkommenden Worten desselben: „Legitur de S. Vincentio Ordinis nostri, quod plures Saracenorum converterit."
[3] Hormayrs Archiv für Geschichte, Statistik rc. Jahrg. 1823. Nr. 152, S. 810 bis 811 und Hammers Geschichte des Osmanischen Reichs X., S. 83, Nr. 317.
[4]) S. „Kolozsvári Közlöny" vom Jahre 1857, Nr. 40 und 41. Uj Magyar Muzeum, herausgegeben von Franz Toldy. Jahrg. 1857. S. 45—53 und Gr. Jos. Keménys Történelmi és irodalmi Kalászatok. Pest 1861 S. 1—9, wo in der Note S. 7—8, außer dem Proömium und Prologus, die Titel aller XXIII. Kapitel dieses seltenen Buches aufgezählt sind.

4. Saracenisch, Türkisch und Mahometisch Glaub=Gesatz, Chronic, Gottesdienst, Ceremonien, alle Gebräuch, Ordnungen, Disciplinen in Kriegs= und Friedenszeiten. Durch einen Siebenbürger umb das 1436. Jahr selbst erfahren und beschrieben. Die zehn Nationen der Christenheit, des gleich, wir mechtig ein jede und worinnen sie Glaubens halb mit übereynkommen. Dieser Zeit schweren spaltungen gar lustig und nützlich zu lesen. Straßburg bei Christian Egenolph. 1530. [1]

5. Chronica und Beschreibung der Türkei mit yhrem begriff, ynnhalt, provincien, völkern, ankunft, kriegen, reysen, glauben, religionen, gesatzen, sytten, geperden, weis, regimenten, frümkeyt vnnd Bosheiten, von einem Sibenbürger XXII. jahr darinn gefangen gelegen in Latein beschrieben, verteutscht mit einer schönen Vorrheb. Zehen oder allf Nation und Secten der Christenheyt. Anno 1530. Gedruckt zu Nürnberg durch Friddericum Peipus. 4-to. [2]

Diese Ausgabe hat ihr Herausgeber unter der Ueberschrift. Martinus Luther dem Gottseligen Leser eine Einleitung, vorausgeschickt, worin er erzählt, daß ihm bleß Büchlein zugebracht worden und die Ursachen und Beweggründe angibt, aus welchen er dasselbe habe in Druck legen lassen.

6. Das lateinische Original gab Eraßmus von Roterdam heraus unter dem Titel: Utilissima Consultatio de bello Turcis inferendo per Erasmum Roterodamum. Basileae 1530. [3]

Gleichzeitig erschien:

7. die 3. Auflage der deutschen Uebersetzung, und zwar nach der (von mir oben unter Nr. 5 angeführten) unvollkommenen Uebersetzung vom Jahre 1530 aber mit dem Zusatze von dem Rathschlag des Erasmus Roterobamus und des Sabelicus unter

---

[1] Hammer X. S. 83, Nr. 316, Graf Joseph Kemény gibt dagegen (wie es scheint, aus eigener Anschauung) folgenden Titel an: „Türkei, Chonica, Glaube, Gesatz, Sitten, Herkommen, Weiß, und alle Geberden der Türken von einem Siebenbürger, so da in Türkei gesentlich bracht, und vil Jar nachmals darinen gewonet. Im 1436. Jar beschrieben. Gar lustig zu lesen. Die Zehen Nationen und Secten der Christenheit. Inhalts=Register am volgenden Blatt." Auf der letzten Seite: „Zu Straßburg bei Christian Egenolph im Jennar des 1530. Jahres". 4-to. ohne Vorrede oder Widmung. — Gr. Kemény glaubt, der Verfasser dieses Buches sei nicht zu verwechseln mit dem Mühlbächer, welcher im Jahre 1438 in türkische Gesangenschaft gerieth, sondern sei ein anderer zwei Jahre früher von den Türken in die Gesangenschaft geführter Siebenbürger gewesen (S. dessen Történeti és irodalmi kalászatok. S. 5 in der Note), was ich meinestheils jedoch bezweifle.

[2] Hormayns Archiv 1823, Nr. 152. Hammers Geschichte X. S. 83, Nr. 316, und besonders Archiv des Vereins für siebenb. Landeskunde III. 63—70, wo auch der Inhalt der dreißig Capitel und des Anhangs und Schlusses ausführlich angeführt ist.

[3] Hammers Geschichte X. S. 84, Nr. 321.

dem Titel: Auß Rathschlage Herren Erasmi von Rotterdam, die Türken zu bekriegen, der vorsprung und alle geschichten derselbigen gegen römische Keyser vnnd gemeyne Christenheit, von Anbeginn des Türkisch ein namen, nach der kürtze neu verteutscht. Kriegsrüstung und behendigkeit der Türken, durch Sabellicum beschriben im IX. Buch Enneadis. Türkisch und Machometisch Glaub, Gesatz, Chronic, Gottesdienst, Ceremonien, alle gebräuch, Ordnungen, Disciplinen, in Kriegs ynnb Friedenszeiten. Die Zehen Nationen und Sekten der Christenheit, des gleich wie mechtig ein jede, vnnd worinnen sie Glaubenshalb nit ueberein kommen.[1]

8. Mit einer trockenen und ungenügenden Chronik gab Sebastian Frank das (von mir oben Nr. 5 angeführte) Werk im Jahre 1531 unter folgendem Titel wieder heraus: Cronica, Abconterfayung und entwerfung der Türkei, mit ihrem Begriff, Inhalt, Provintien, Völkern, ankunft, Kriegen, Siegen, nyderlagen, glauben, Religion, Gesatzen, syten, Regiment, Policey, Reutterey, fromkeit und boßheit, von einem Sibenburger 22 Jahr darinnen gefangen gelegen, in Latein beschrieben, durch Sebastian Frank verteutscht 1531.[2]

9. Libellus de ritu et moribus Turcarum cum praefatione Lutheri. Witteb. 1536. 8-vo. der auch in Böclers Praemio zu seinem Comment. hist. polit. de rebus Turc. pag. 34 steht.[3]

10. Machumetis Alcoranus; ex Arabica lingva in latinam transferri curavit D. Petrus Abbas Cluniacensis. Accedunt: Confutationes Arabum, Graecorum et Latinorum c. M. Lutheri praemonitione. Item Historia Saracenorum, sive de Turcarum origine, moribus, religione etc. Opera et studio Th. Bibliandri in unum volumen redacta. fol. Basileae ad Oporin. 1543. Tomi quinque volumine uno; — und wieder in dem schon von Seivert (oben Seite 432) kurz erwähnten Werke ebendes. Bibliandcrs.

11. Machumetis Saracenorum Principis, ejusque Successorum vitae, doctrina ac ipse Alcoran, quo velut authentico legum divinarum codice Agareni et Turcae aliique Christo adversantes populi reguntur. Adjuncti sunt etiam de Turcarum, sive Saracenorum originie ac rebus

---

[1] Hormayrs Archiv 1824, Nr. 29 und 30, S. 178 und 179 und Hammers Geschichte I. 447. 648.
[2] Hammers Geschichte X. S. 85, Nr. 333.
[3] Dazu macht Lewis a. a. O. ebendieselbe Bemerkung, wie zur lateinischen Pariser Ausgabe vom Jahre 1511. (s. oben Nr. 3 und besonders die Bemerkung zu Nr. 5.)

gestis a DCCCC. annis ad nostra usque tempora Libelli aliquot lectu dignissimi. Haec omnia in unum volumen redacta sunt opera et studio Theodori Bibliandri. Anno Salutis humanae MDL. Mense Martio.

Im III. Band S. 7—59 ist enthalten: De moribus, religione, conditionibus et nequitia Turcorum, Septemcastrensi quodam autore incerto.¹)

12. Mahometische Genealogia b. i. Beschreibung vom Herkommen und Abstreben Machometes, darinen der ganzen Türkey mit ihren Provinzen, Völkern, Ursprung u. s. w. kürzlich erzelt worden u. s. w. durch M. Henricum Enustinum von Hamburg und sonst einem Sibenburgischen Edelmann Johann Laßki genannt, welcher 22. Jahr darin gefangen gelegen, beschrieben. Gedruckt erst zu Berlin im Jahr nach Christi Geburt 1596. 4-to. ²)

Nun folgen die ohne Angabe des Jahres ihrer Veröffentlichung gedruckten Ausgaben, wie dieselben Hammer in 10 Bände seiner Geschichte des Osmanischen Reiches anführt und zwar:

13. S. 63, Nr. 88. Fratris Schebeschensis Transylvani libellus de ritu et moribus Turcarum.

S. 63, Nr. 89. Tractatus de ritu et moribus Turcorum. Ohne Ort und Jahr in 4-to. 51 ungezählte Blätter mit 31 Zeilen mit gothischer Schrift und mit Sign. ohne Custos. (Diese Ausgabe von Müllenbachers Chronik dürfte unter den jetzt bekannten die dritte sein; Panzer führt zwar V. 433 schon drei an, aber die IV. 203. 1238. angezeigte scheint ihrer Ausdehnung wegen, nicht hieher zu gehören.)

S. 175, Nr. 1418. De Turcarum moribus, religione conditionibus etc. Septemcastrensi incerto quodam autore.

S. 175, Nr. 1423. Tractatus de ritu et moribus, nequitia et multiplicatione Turcorum. 4. (Panz. II. pag. 239, Nr. 375. Soviel bei Hammer, welcher indessen das letztere nicht ausdrücklich dem nemlichen Verfasser zuschreibt.

Schlüßlich wird bemerkt, daß einige Bruchstücke aus der Schrift unseres ungenannten Mühlbächers auch Gr. Johann Mailath in seiner Geschichte der Magyaren II. 189—192 mitgetheilt hat.

---

¹) Archiv des Vereins für siebenb. Landeskunde III. 70, dieses Biblianderische Werk befindet sich auch in der Wiener Universitäts-Bibliothek.
²) Transsilvania, Beiblatt zum Siebenbürger Boten 1811. Nr. 18, S. 77—79, wo die auch im Archiv des Vereins ꝛc. III. 64—67 aufgenommene „Vorrede des Lerers und Sibenburgers" (jedoch mit Weglassung dieser 5. Titelworte) in deutscher Sprache gleichfalls aufgenommen ist.

II. Chronica civitatis Schaesburgensis.

Seiv. Diese Zeittafeln fangen mit Erbauung der Stadt an, die 1198 geschehen sein soll. Hierauf herrscht tiefes Stillschweigen bis auf das Jahr 1514, von diesem an aber werden die denkwürdigen Begebenheiten dieser Stadt, oft kläglich genug! bis 1663 erzählt.

Tr. Diese Chronik ist in der Folge in dem 2. Bande der „Deutschen Fundgruben der Geschichte Siebenbürgens herausgegeben vom Gr. Joseph Kemény, Klausenburg 1840. Seite 92—140 im Druck erschienen. Sie heißt auch „Schäßburger Thurm=Chronik" und es kann aus derselben Verschiedenes in dem Memorial des Georg Krauß, welches im Jahr 1780 im Schäßburger Thurmknopf gefunden wurde, sowie umgekehrt, ergänzt werden. S. den Art. Georg Krauß. In Kemény's Fundgruben II. 140 steht auch der von Seivert vermuthlich gekannte Schluß dieser Chronik welche auch die Namen ihrer Verfasser angiebt, nemlich: H. 1663 die 16. Decemb. ist allhier in Schäßburg selig im Herrn gestorben der Herr Georgius Wachsmann senior, der diese Chronik, so Herrn Johannes Göbel hat anfangen zu schreiben, hat continuiret. Vergl. indessen die verdienstliche Abhandlung von Karl F a b r i t i u s. Die Schäßburger Chronisten des 17. Jahrhunderts in dem II. Theil der Siebenbürgischen Chronik von Georg Kraus. Wien 1864. S. LVIII. fg.

III. Eigentliche Beschreibung wie und waffmassen der Báthori Gabor in die Hermannstadt kommen, selbige geplündert; item, was er in der Walachei ausgerichtet, und wie bis in seinen Tod gelebt. Mscr.

Diese Nachrichten fangen mit dem 10. Dezember 1610 an, an welchem der Fürst Gabriel Báthori mit 20,000 Mann seinen Einzug zu Hermannstadt hielt, und sich der Stadt bemächtigte: und schließen mit dem 15. November 1631, auf welchen Tag Fürst Georg Rákotzi, einen Landtag nach Weißenburg ausgeschrieben. Der unbenannte Verfasser, der größtentheils als ein Augenzeuge zu schreiben scheint, sagt uns also mehr, als er uns in der Aufschrift verspricht, wofern nicht die Fortsetzung der Geschichte nach dem Tode des Fürsten Báthori, das Werk eines Andern ist. Das könnte auch sein.

Tr. In den vorangeführten deutschen Fundgruben des Gr. J. Kemény, 1. Band, Seite 255—275 gedruckt.

IV. Jus Ecclesiasticum Gentis Saxo-Transylvaniae, divorum Regum, ac Principum indultu gratioso privilegiatum.

Es scheint 1627 verfertigt worden zu sein. Ich will davon einen kurzen Abriß geben: I. Jus commune. Dieses besteht nach dem National=Privilegium von 1224 darin: Saxones Transylvani sacerdotes suos libere eligant, & electos repraesentent, & ipsis decimas solvant; & de omni Jure Ecclesiastico secundum antiquam consuetudinem eisdem respondeant. II. Sacerdotum gradus. Sie haben einen Bischof, oder General=Superintendenten, Dechanten, Surrogatos. Subsurrogatos, Pfarrer, und Diakonen, oder Prediger. III. Episcopi electio & officium. Vor der Reformation standen alle Nationen in Siebenbürgen unter dem Bischofe zu Weißenburg. Hierinnen irrt der Verfasser; denn die Dekanate Hermannstadt und Burzenland, gehörten unter das Bisthum Milkov in der Moldau, die übrigen aber zu dem Weißenburgischen. Nach der Reformation wurden die Bischöfe oder Superintendenten von den Dechanten und Senioren erwählt und von dem Landesfürsten bestätigt. Das Letztere aber ist nicht allemal geschehen. IV. Articuli electo praescripti. Dieser sind drei: die Bewahrung der Religion; eine volle Gerichtsbarkeit, doch ohne Nachtheil der Freiheiten, Rechte und Ordnungen der Dechanten und eines jeden Kapitals; das Ansehen der Dechanten soll unverletzt bleiben, und keine Klage von dem Superintendenten angenommen werden, die nicht vor dem gehörigen Kapitel, und den Dechanten gewesen ist. V. De Decanatibus. Im Jahre 1499 waren folgende:

Megyes.
Kis-Kosd.
Bistricensis ⎱ integer Decanatus.
Kyralia ⎰
Regen.
Inter Kökölen.
Szent László.
Schelk.
Szaszschebesch. Mühlenbach.
Szazváros. Broos.

Nach der Reformation und dann 1627, ist die Sächsische Universität in 7 Dekanate und ein halbes eingetheilt, in folgender Ordnung: Mediensis, Cibiniensis, Coronensis, Bistriciensis, Sabesiensis, Kiskosdensis, Schelkensis, Dimidius Regnensis. Die Dekanate werden wieder eingetheilt in Capitula, Surrogatias und Adhaerentias.

1. Das Dekanat Kiskosd, hat zwei Kapitel.
a) Das Keisder Kapitel hat 18 Pfarren.

Schegeschvár. Schäßburg.
Schegeschd. Schäß.
Kysd. Keisb.
Trapolt.
Wolkan, im Weißenburger Komitate. Wolkendorf.
Dalia. Denborf.
Hegen. Hendorf.
Nydhus. Neibhausen (Agnethenhausen.)
Klosdorf. Villa S. Nicolai.
Crux. Kreutz. } im Gebiete der 7 Sächsischen Richter.
Meschendorf.
Bodendorf.
Schvischer (Vicus Helvetiorum.)
Radlen.
Mebrig. Mehburg.
Erket. Erkeden.
Daroz. Draas.
Schombor. Sommerburg. } im Repser Stuhle.
b) Das Kosbenser (Repser) Kapitel hat zwei Surogatien:
  a) Reps mit 12 Pfarren.
    Kacza. Katzendorf.
    Stritfordia.
    Hamorodia. Hamaruben.
    Galatha. Galt.
    Rupes. Reps.
    Alba Ecclesia. Weiskirch.
    Villa latina. Walldorf.
    Lapis. Stein.
    Sybrig. Sehbrig.
    Kobor. Kuivern.
    Tykosch. Tekes.
    Löbnik. Liebleng.
  b) Die obere Surrogatie im Schenker Stuhle, von 6 Pfarren.
    Barankut. Brekokten.
    Felix Locus. Seligers (Seligstabt.)
    Rheten. Retersdorf.
    Neapolis. Neuerst (Neustabt)
    Centum colles. Hundertbücheln.

Villa Jacobi. Jokesdorf (Jakobsdorf.)
Villa Praepositi. Probstdorf (Pruisdorf.)
Vallis Rosarum. Roseln.
c) Und eine Subsurrogatie von 7 Pfarren:
Villa Abbatis. Apesdorf.
Magaria. Magrel.
Salathna. Schlat.
Ravasch. Rawasd.
Begonis villa. Begendorf.
Birgesch. Bürk.
Köbisch. Kabesch.
d) Zu dem Kosdenser Kapitel gehören auch die Lasslenses.

Die Hermannstädter hätten vor Zeiten anderthalb Kapitel gehabt, nun aber gehöre auch das Großschenker und Olzner, oder Leschkircher Kapitel dazu. Zum Schelker Kapitel gehören auch die Transfrigidani (Kaltwasserer), die Rener (Roguenses) Pfarren mit den Bogeschdorfern (Bogazienses) und Koklern wären ein halbes Kapitel, das Mühlenbächer und Bröser seien mit einander vereinigt. — Der Verfasser bezeichnet die Pfarren dieser Kapitel nicht. VI. De Decanorum electione. Die Dechanten werden durch schriftliche Stimmen der Kapitularn erwählt, legen ihre Würde nach zwei Jahren nieder, geben jedes Jahr dem Kapitel Rechenschaft von den Einnahmen und Ausgaben und haben das Recht, in den Surrogatien ihren Surrogaten zu wählen und einzusetzen. VII. De Plebanis. Die Gemeinen haben hierinnen eine freie Wahl, die Kandidation aber ist ein Vorrecht des Kapitels und der weltlichen Obrigkeit. Der erwählte Pfarrer hat 15 Tage zu seiner Entschließung Bedenkzeit. Nach Annehmung der Kirchenschlüßel geschieht in 15 Tagen seine feierliche Vorstellung der Gemeine und hierauf auch seine Aufnahme in das Kapitel und die Fürstliche Bestätigung. VIII. De Diaconis. Diese werden auf den Dörfern von dem Pfarrer mit Einstimmung der Gemeine und des Dechanten berufen. IX. De Scholis Saxonum. Diese gehören unter die geistliche Gerichtsbarkeit. Um das Fest des H. Bartholomäus müssen sich die Dorfschulmeister jährlich bei dem Pfarrer und den Aeltesten der Gemeine um die Schuldienste bewerben. X. De Familiis Pastorum. Die Hausgenossen der Pfarrer, ausgenommen die Taglöhner, (diurni operarii) stehen gleichfalls unter der geistlichen Gerichtsbarkeit. Die ihre Sicherheit auf den Pfarrhöfen suchen, können nicht ohne Einwilligung des Pfarrers von dem weltlichen Arm weggenommen werden. XI. Jura cum Fori constitutione ot redditibus. — Da dieses Werk sehr unvollkommen, auch manches seit der Zeit verändert ist: so hat sich der jetzige Stadtpfarrer zu Medwisch, Nathanael Schuller, um seine Nation und die gelehrte Welt sehr verdient gemacht, daß er ihr ein vollständiges Geistliches Recht der Sächsischen Völkerschaft geschenkt hat. Schade! daß es Handschrift bleiben soll. (S. den Art. Nath. Schuller.) Vgl. Quart.-Schrift. IV. 138.

Seiv. V. Anonymi Transylvani, der 22 Jahre in der Türkei gefangen gewesen: Chronica der Türken. 1530. in 4-to.

Uebrigens ist mir dieses Werk ganz unbekannt.[1])

VI. Tractatus de Ecclesiis et Scholis in Transylvania. Manuskript eines Ungenannten, welches der Superintendent Mich. Pancratius „aureum" nennt und dem Kronstädter Stadtpfarrer Johann Honterus d. j. um das Jahr 1684 überschickt hat; erwähnt in G. J. Hauers alphab. Handschr. Katalog Nr. 19.

VII. Freimüthige Gedanken von Gespenstern, Frankfurt und Leipzig 1757 in 8-vo.[2])

Tr. VIII. Exemplar Orationis Civitatis Cibiniensis in Trannia ad Spectabilem et Mgf. D. Sigism. Forgach de Ghymes etc. qua suam miseriam deplorant et praesens auxilium petunt, habitae anno Domini 1611 s. l. in 4-to. 8 S.

IX. Fünf und zwanzig deutsche und lateinische Gedichte von Studenten des Bistritzer Gymnasiums, welche dieselben „bei Gelegenheit des (1760) zu haltenden Examinis" dem hochlöbl. Magistrat von Bistritz widmeten. Bistritz 1760. 8-vo. 24 S. Die Ordnung der Prüfung an zwei Tagen des Mai ist angegeben: Am ersten Tag wurden die oberen Klassen geprüft „in theologicis, geographicis und historicis, poeticis, rhetoricis, anatolicis und philosophicis," und den Beschluß machte eine „Disputation über die Cosmologie," am zweiten Tag die sechs Unter-Klassen „in theologicis, elementaribus, Donato, Gramat. Syntact. Poet. Histor. und Arithmeticis" und wird mit einem „Examine disputatorio" geschlossen.

Ob dieses also betitelte Erste Stück fortgesetzt worden sei, ist mir nicht bekannt. Die beigedruckten Gedichte erwecken einen guten Begriff von dem damaligen Zustand des Bistritzer Gymnasiums.

---

[1]) S. darüber mehr Nr. 4 und 5 zu I. dieses Artikels.
[2]) Johann Seivert selbst (s. d. A.) war der Verfasser dieses Buches, nach dem Zeugnisse des Herausgebers seiner Nachrichten ꝛc. K. G. von Windisch.

X. Trauergedicht auf den Tod Thereſiens, gehalten von einem Knaben in einer Dorfskirche im Hermannſtädter Stuhl. 8-vo. 1780 ohne Druckort. 4 Seiten.

XI. Hermannſtadt im Jahre 1790. Verſuch eines kurzgefaßten Handbuchs zur nähern Kenntniß dieſer Stadt in politiſcher, merkantiliſcher und wiſſenſchaftlicher Rückſicht. Zum Gebrauch für Einheimiſche und Reiſende. Verlegt und gedruckt bei Martin Hochmeiſter. 8-vo. IV. 180 S.

Eine neuere Beſchreibung erſchien, nebſt einem lithographiſchen Grundriß, in Hochmeiſters 8-vo. Kalender für das Jahr 1829 und ein Hermannſtädter Gewerbs-Schematismus in Benignis Siebenb. Volks-kalender auf das Jahr 1844.

XII. Ueber die gegenwärtige Verfaſſung des Türkiſchen Staates. Hermannſtadt bei Hochmeiſter 1790. 8-vo. 276 S. S. Siebenb. Quartal-Schrift I. 232. Daß wenigſtens der Herausgeber ein Siebenbürger Sachſe war, zeigt die am 17. Juni 1789 zu Hermannſtadt unterſchriebene Vorrede.

XIII. Der Siebenbürgiſche Sammler, oder: Oekonomiſches Magazin für Stadt- und Landwirthſchaften zur Verbeſſerung des Nahrungs-Standes, Vervollkommnung mannichfacher Haus- und Landarbeiten, Erhaltung der Geſundheit und Abwendung verſchiedener Krankheiten und Unglücksfällen bei Menſchen und Thieren. Hermannſtadt, im Verlag bei Martin Hochmeiſter 1792. 8-vo. XVI. 230 Seiten.

XIV. Der Siebenbürgiſche Weinbau und die Keller-Wirthſchaft, oder gründliche Anweiſung zur Pflege der Weingärten, dann der zweckmäßigen Behandlung der Weine, ſowie auch der Mittel, verfälſchte Weine zu er-kennen. Hermannſtadt bei Martin v. Hochmeiſter, k. k. priv. Buchdrucker 1833. kl. 8-vo. 72 S.

XV. Lebensbeſchreibungen berühmter Siebenbürger. Hermannſtadt bei Thierry 1834. 8-vo. 64. S. Unvollendet.

(Enthält aus der Zeitſchrift Transſilvania II. 167—197. Michael Weiß, Stadtrichter in Kronſtadt ꝛc. von Benigni S. 1—33, nebſt Weiſſens Porträt, Wappen und der Abbildung der auf ſeinen Tod geprägten Gold-münze; — II. 198—221 Georg Soterius ꝛc. von Schuller S. 34—57; II. 97—103 Denkwürdigkeiten aus dem Leben des Albert Huet ꝛc. von Schaſer, S. 58—64. Thierry's des Verlegers am 29. Dezember 1834 erfolgter Tod unterbrach, ſowie die Fortſetzung der Zeitſchrift Transſilvania ſelbſt, alſo auch jene dieſer Lebensbeſchreibungen.)

XVI. Beſchreibung ſämmtlicher Mineralbäder, Geſundbrunnen und Heilquellen des Großfürſtenthums Siebenbürgen, hinſichtlich ihrer chemiſchen

Bestandtheile und medicinischen Wirkung. Mit einem Anhange, der I. von den Verhältnissen eines die Mineralbäder Benützenden, II. vom Verhalten vor und nach dem Babe, III. von den Zufällen, welche die Badenden befallen können, IV. Von der Diät bei der Benützung der Heilquellen, die bestmöglichste Nachweisung, nebst V. eine Reise-Apotheke enthält. Hermannstadt zu finden in v. Hochmeisters Buchhandlung 8-vo. II. 35 S. (1835).

Enthält auch S. 20—24. Eine Beschreibung merkwürdiger Höhlen in Siebenbürgen; und ist mit dieser Beschreibung, — jedoch ohne Anhang — auch in Hochmeisters (f. d. Art.) „Neuen gemeinnützigen Kalender für Siebenbürgen auf das Jahr 1836." 8-vo. enthalten.

XVII. Turnlieberbuch zunächst für die Siebenbürger Deutschen. Hermannstadt 1842. 12-mo. VIII. 72 S.

XVIII. Abrichtungs- und Exercier-Vorschrift für die Kronstädter Bürgerwehre. Kronstadt 1848. 4-to. 55 S. und 2 Tabellen.

XIX. Grundgesetze und Verhaltungs-Regeln der Hermannstädter Bürgerwehre. Hermannstadt 1848. 8-vo. 30 S.

XX. Exercier- und Dienstes-Vorschriften für die Bürgerwehre in Hermannstadt. Hermannstadt 1848. 12-mo. II. 155 S. zusammt 2 lithogr. Plänen.

XXI. Die Verfassungsfeier in Hermannstadt am 26. Februar 1862. Hermannstadt 1862. Druck und Verlag von Th. Steinhaußen. 8-vo. 31. S.

XXII. Specification deren vortrefflichen neu erfundenen Medikamenten, welche der in der ganzen Welt berühmte Operateur der hochgelehrte Herr Doctor Schweinphrastus Pomphonius allhier in Hermannstadt bei der großen Bauern-Hochzeit zu verkaufen hat. 4-to. S. l. et anno. 2 Blätter.

XXIII. Commentarii actorum Universitatis Saxonum Transilvanorum ab a. 1544 usque 1564. Handschrift.

(Nach Eders Note S. 273 zu Schesaei Ruinae Panonicae. Cibinii 1797 auf dem Hermannstädter Rathhause befindlich.)

XXIV. Historie und Erzählung, wie sich die Ungarische wider die löbl. Sächsische Nation zu Klausenburg empört und sie durch Anschläge, Rath, Praktik und Hülf Michaelis Cziaki Kanzlers und anderer bissiger und gehässiger Unger zu Hoff (d. i. Curia Principis) um ihr altes Freithum der Hauptkirchen und Pfarrer gebracht hat. 1568 Mskt. Nach Gr. Jos. Kemény, welcher diesen Aufsatz in die deutschen Fundgruben der Geschichte Siebenbürgens, Klausenburg 1839, S. 88—149 nebst dem Endurtheil des Fürsten Johann Sigismund vom Jahre 1568, S. 71—87 aufgenommen hat, war der Verfasser ein Klausenburger Sachse.

XXV. Chronik Siebenbürgischer Begebenheiten vom Jahr 1610—1631 und vom Jahr 1605—1629.

(Unter Ebers in dem Pester National-Museum befindlichen Manuscripten laut dessen Katalog Lit. G. Nr. 75. pos. 2 befindlich.)

XXVI. Diarium von 1613—1630 im Auszug. Vielleicht ist dieser in Gabr. Bethlen Principatus Tranniae. Autore G. Pray. Ed. Jac. Ford. Miller. Pestini 1816 II. p. 207—220 abgedruckte Auszug aus der vorhergehenden oder aus der folgenden Handschrift entlehnt:

XXVII. Anonymi cujusdam Saxonis Notata historica ad A. 1599—1637 pertinentia. Mscr.

Unter Ebers in dem Pester National-Museum befindlichen Manuscripten laut dessen Katalog Lit. D. Nr. 31 befindlich. Der Verf. soll besonders die Grausamkeiten wider die zum Judaismus zurückkehrenden Siebenbürger umständlich beschreiben.

XXVIII. Historische Anmerkungen. Mspt. (b. i. Tagebuch eines Kronstädters von 1631—1660. Der Verfasser ist unbekannt, aber sehr wahrscheinlich eine Magistratsperson aus jener Zeit. In der Folge ist dieses Tagebuch gedruckt worden, a) in den Blättern für Geist, Gemüth und Vaterlandskunde 1851. 8-vo. S. 15—88 wo in der Note S. 15 der Stadtrichter Michael Hermann für den Verf. gehalten wird, der doch im Texte immer Herr genannt wird, b) in den deutschen Fundgruben zur Geschichte Siebenbürgens, Neue Folge herausg. von Trauschenfels. Kronstadt 1860, S. 335—347, nebst Vorwort von Anton Kurz) S. 333 bis 334.)

XXIX. Des Grafen Tököli Einfall im Burzenland, dessen Schlacht bei Tohán und Zernest und Abmarsch aus Siebenbürgen. A. 1690 den 13. August bis 1691 den 13. Mai. Gedruckt in Keménys deutschen Fundgruben der Geschichte Siebenbürgens. 2. Band, S. 238—279, nachdem ein Auszug daraus bereits im 1. Band der Siebenbürgischen Provinzialblätter S. 217—240 von Marienburg herausgegeben worden war. Nur soviel hat bis noch erforscht werden können, daß der Verfasser dieses Tagebuches ein Kronstädter war, welcher zur Zeit dieser Ereignisse gelebt hat.

XXX. Deductio de antiqua constitutione et puritate Nationis Saxonicae. Handschrift.

XXXI. Von dem Fundo regio. Handschrift.

XXXII. Julius und Daunhof, ersterer ein Hofrath aus Wien, letzterer ein Siebenbürger Amtmann, zwei gute Freunde. Ein Gespräch über den Zustand der Sächsischen Nation in Siebenbürgen bei dem Antritt der

Regierung Kaiser Leopolds II. und über das einzige Mittel, wodurch das Glück dieser Nation wieder könnte gegründet werden. Handschrift.

XXXIII. Beiträge zur Kenntniß Sächsisch=Reens. Festgabe den Mitgliedern des Vereins für siebenbürgische Landeskunde dargeboten von der Stadt Sächsisch=Reen. August 1870. Druck von Th. Steinhaußen. Hermannstadt. 8-to. 288 Seiten.

XXXIV. Der siebenbürgisch Sächsische Bauer. Eine socialhistorische Skizze. Hermannstadt 1873. Drotleff 8-vo. 36 Seiten.

Seiv. **Ungler (oder Ungleich) Lukas,**
der freien Künste Magister, und Superintendent der Sächsischen Kirchen. Er war von gutem Hause aus Hermannstadt und daselbst Rektor der Schule, als ihn die Sächsische Geistlichkeit 1561, nebst dem Georg Christiani, Pfarrer zu Heltau, wie auch Dechanten des Kapitels, und dem Kronstädter Dechanten, Nikolaus Fuchs, Pfarrer zu Honigberg, nach Deutschland abordnete. Die Absicht dieser Gesandtschaft war, das Glaubensbekenntniß der Sächsischen Geistlichkeit vom heiligen Abendmahle, den Akademien, Leipzig, Wittenberg, Frankfurt und Rostok, zur Prüfung zu übergeben und ihr Gutachten darüber zu erhalten. Nach glücklich verrichteten Geschäften kamen sie das folgende Jahr in ihr Vaterland zurück. Hierauf wurde Ungler Pfarrer zu Kelnek unter dem Walde, wie auch Dechant des dasigen Kapitels. Von hier berief ihn die Gemeine zu Reichesdorf im Medwischer Stuhle, zu ihrem Seelsorger, und 1571, erhielt er die Pfarre Birthälm. In eben diesem Jahre starb der berühmte Superintendent, Mathias Hebler zu Hermannstadt. Man dachte in Absicht seines Nachfolgers sehr auf einen ausländischen Gelehrten. Allein diese unnöthige Sorge verschwand, als der würdige Fürst Stephan Bathori, der Geistlichkeit auf den 2. Mai 1572, eine Versammlung zu Medwisch anbefahl. Hier wurde Ungler zum Superintendenten erwählt und weil er sich dabei weigerte, seine Pfarre zu verlassen und nach Hermannstadt zu kommen: so ist von dieser Zeit an Birthälm bis 1868 der Sitz der Superintendenten verblieben. Seine Amtsführung war mit vielen Unruhen durchflochten doch erwies sich Ungler allezeit seines Amtes würdig. 1582 warnte er seine Kirchspiele sehr ernstlich, daß niemand seine Kinder nach Klausenburg oder auf andere unitarische Schulen schicken sollte, mit der Bedrohung, selbige sollten keine Beförderung in der Kirche und Schule zu erwarten haben. Die Ursache war: weil sich die unitarische Kirche so sehr ausbreitete, daß Fürst Siegmund Bathori im obengemeldeten Jahre

Unglern Befehl gab: auf die Ausbreiter diefer Religion genaue Achtung zu geben, daß ihr Muthwille gezähmt möge werden. 1593 leiftete er feinen Mitbrüdern einen Dienft von großer Wichtigkeit. Fürft Siegmund verlangte nach dem Plane des Kanzlers Kowatschotzi und Balthafar Bathori von der Sächfifchen Geiftlichkeit: 1. die Pfarrer des Hermannftädter und Burzenländer Kapitels follten fo wie die übrigen Pfarrer von dem Fürften beftätigt, 2) der vierte Theil der Zehnden dem Fürften ohne Bezahlung überlaffen und 3) die Sächfifchen Pfarrer von ihm erbeten werden, weil öfters ungelehrte Leute dazu befördert, gelehrte hingegen vernachläffiget würden. Als fich aber Siegmund Bathori einmal zu Großau nicht weit von Hermannftadt befand, war Ungler nebft dem Königsrichter von Hermannftadt Albert Huet und dem Konful Johann Wajda fo glücklich durch Vorftellung der alten Sächfifchen Freiheiten, und daß die Dorfleute ihre Seelforger auf keine andere Art, als durch ihre Zehnden, unterhalten könnten, den Fürften zu bewegen, fie bei ihren bisherigen Freiheiten auch hierinnen zu laffen. Die Rolle des Kanzlers Kowatschotzi, war unter diefen Umftänden fehr luftig. Vergebens wandte fich die Sächfifche Geiftlichkeit an ihn. Er wollte die Urkunden ihrer alten Freiheiten gar nicht annehmen, weil er fie wegen Schwäche der Augen ohnehin nicht lefen könnte. Anfangs verftunden fie diefe Sprache nicht; endlich aber thaten fie einen Verfuch fein Geficht zu verbeffern und opferten ihm ein Gefchenk, 80 Gulden im Werthe. Diefes that eine fo fchnelle und glückliche Wirkung, daß er fagte: Clarissimi Domini, Reverendi Viri, jam bene video, habetis optimas litteras, quas nemo, nec Illustrissimus Princeps infringet.

Da Ungler 1595, fich dem Ende feiner Tage nahe zu fein glaubte: fo überreichte er der geiftlichen Verfammlung zu Medwifch, den 10. April ein feierliches Bekenntniß über alle Glaubenslehren, nach welchem er auch nach feinem Tode beurtheilt werden follte. Indeffen lebte er doch bis 1600, da er denn nach Johann Oltards Zeugniffe, den 27. November im vier und fiebenzigften Jahre, in die Ewigkeit überging. Er verdiente folgende Grabfchrift in der Birthälmer Kirche wohl:

ANNO 1600.

Hic situs est vates, sancti qui semina verbi
  In Birthalbensi sparsit & auxit agro.
Eloquio praestans, praeclarus Episcopus aulae
  Christi, theutonici duxque decusque gregis.
Dignus erat vita, longo dignissimus aevo,
  Nec potuit Lachesis vim superare trucis.

Ungleich war eigentlich sein Geschlechtsname.¹) Er hat in der Handschrift hinterlassen:

1. Formula pii Consensus inter Pastores Ecclesiarum Saxonicarum, inita in publica Synodo Mediensi. Anno 1572, d. 22. Jun.

Dieses höchst seltene Werk enthält 10 Glaubensartikel, welche unter dem Vorsitze des Fürstlichen Hofpredigers, Mag. Dyonisius Alesius von der versammelten Geistlichkeit mit einmüthigem Beifalle angenommen und bekräftiget wurden. Sie handeln:

1. De Doctrina in S. Scriptura & Symbolis comprehensa.
2. De Deo & tribus divinitatis Personis.
3. De Lege & Evangelio.
4. De Peccato.

---

¹) Ueber Ungler s. mehr in dem „Statistischen Jahrbuch der evangelischen Landeskirche A. B. in Siebenbürgen 1. Jahrgang 1863." Seite 7—10. Dieser zuverlässigen Quelle entnehme ich zur Ergänzung der Seivertschen Nachrichten die folgenden Bemerkungen.

Ungler wurde geboren im Jahre 1526 machte die höheren Studien in Wittenberg, wo er den 9. July 1550 immatriculirt wurde. Als Magister der freien Künste heimgekehrt, erhielt er den 16. Februar 1556 die Lectorstelle am Hermannstädter Gymnasium, die ein Jahr früher gegründet worden war, damit neben dem Rector noch ein gelehrter und frommer Mann die Jugend lateinisch und griechisch und die Anfänge der Philosophie lehre. Das festgesetzte Gehalt von 50 Gulden erhöhte ihm der Rath sofort auf 80. Schon ein Jahr später 1557 wurde er Rector. Im Reichesdorfer Kirchenbuch kommt Ungler unter den dasigen Pfarrern nicht vor.

Ueber die Verhandlungen der Synode, welche wegen der Wahl eines Superintendenten an Stelle des am 18. September 1571 verstorbenen Mathias Hebler, theils mit dem Landesfürsten, theils mit der sächsischen Nations-Universität gepflogen wurden, bis Ungler am 6. Mai 1572 durch die Synode erwählt, und durch Stephan Báthori am 4. Juli 1572 „als General-Superintendent" der sächsischen Kirchen in Siebenbürgen bestätigt wurde, — ertheilt Dr. G. D. Teutsch ausführliche Nachricht a. a. O. S. 8 und 9 wo es weiter auch heißt: „Durch die Wahl Ungleichs wurde Birthälm Sitz des evangelischen Bischofs; die späteren Bischöfe sind alle zugleich Pfarrer in Birthälm gewesen. Ein Synodalstatut von 1666 setzte fest, daß der erwählte Birthälmer Pfarrer die Pfarrerswahl nicht annehmen dürfe, bis die Synode nicht den Bischof gewählt. Falle die Wahl der Synode nicht auf ihn, so solle er auch die Berufung nach Birthälm ablehnen. Unter Ungleichs Amtsführung gab die Synode (im Juni 1572 in Mediasch) in der von ihm selbst verfaßten Formula pii Consensus eine ausführliche Darstellung ihres Bekenntnisses, worauf Stephan Báthori die ausschließliche Herrschaft der Augsburgischen Confession im Sachsenland bestätigte, 14. Juli 1572. (Vereins-Archiv N. F. II. 208. III. 370.) Auch die ersten allgemeinen Visitations-Artikel der geistlichen und weltlichen Universität und die damit zusammenhängende erste allgemeine Kirchen-Visitation fällt in diese Zeit (1577.) M. Lukas Ungleich starb den 22. November 1600 (Vereins-Archiv a. a. O.) Bemerkenswerth ist, daß von ihm wiederholt Pfarrer für die evangelischen Gemeinden in Rimnik und Tergovist in der Walachei ordinirt wurden: Marcus Remnicensis für Rimnik 31. August 1574 ebenso Benedikt Belaham 5 Februar 1577 (habui vocationem in Walachiam Transalpin. a Saxonica ecclesia Rebmikusi) und Christian Wollendorfer den 2. July 1570; — Martinus Leo nach Tergovist 25. Juli 1575. Catalogus Ordinatorum im Superintendential-Archiv. Der letzte sächsische Pfarrer in Rimnik starb 1642. Siebenbürgische Quartal-Schrift II. 14.   Tr.

5. De Remissione peccatorum & justificatione.
6. De bonis operibus & eorum neccessitate sive de nova obedientia.
7. De Praedestinatione.
8. De libertate voluntatis humanae sive libero arbitrio.
9. De Sacramentis.
10. De Coena Domini.
  2. Confessio Doctrinae coelestis Ecclesiarum Saxonicarum. An. 1573.

Tr. **Unverricht Karl,**

geboren zu Domanze bei Schweidnitz in Preußisch-Schlesien am 22. Jänner 1809, wurde seines Vaters schon im Jahre 1814 durch den Tod beraubt, jedoch von seinem mütterlichen Oheim J. G. Weiß, evangelischen Kantor, Organisten und Schullehrer zu Conradswaldau bei Landeshut zum Pflegesohn angenommen. Nach erhaltenem Elementar- und Musik-Unterricht kam Unverricht zu Ostern 1826 in die Präparandie-Anstalt des evangelischen Lehrers Scholz zu Straupitz bei Hirschberg, wo er während eines dreijährigen Kurses nicht nur Realien, Musik, Latein und Französisch selbst studirte, sondern auch in der Straupitzer Dorfschule Unterricht ertheilte. Im Frühjahr 1829 wurde er Hülfslehrer zu Dittersbach am Paß ohnweit Schmiedeberg und in ihm durch Pastor Weigel die Neigung für Naturwissenschaften geweckt. Nach Ostern 1830 machte er als Zögling in dem evangelischen königl. Seminar in Breslau einen zweijährigen theoretischen und einen zweijährigen theoretisch-praktischen Kursus durch und vertrat im letzten Semester die Stelle eines Lehrers im Breslauer Blinden-Institut. Nach überstandener Abiturientenprüfung zu Ostern 1833 wurde Unverricht Abjuvant an der evangelischen Schule zu Böhmischdorf bei Brieg und zugleich Hauslehrer bei dem dasigen Pastor, aber schon 1834 vom Brieger königl. Oberberg-Amte als 2. Lehrer an die Knappschaftsschule zu Königshütte in Ober-Schlesien berufen. Der Drang nach weiterer Ausbildung führte ihn aber schon zu Ende 1835 an die Universität zu Breslau, wo er hauptsächlich Naturwissenschaften und Latein studirte und in den Sommermonaten botanische Excursionen machte. Mangel an Subsistenzmitteln nöthigte ihn indessen bereits im September 1836 die Stelle als Lehrer an einer Familienschule in Fürstenstein anzunehmen. In dieser Stellung verbrachte er 5 Jahre und 8 Monate, schrieb in dieser Zeit eine Monographie über die Flora der dasigen Umgebung für die Gesellschaft für vaterländische Kultur zu Breslau und lieferte Beiträge in verschiedene öffentliche Blätter. Darauf begab sich Unverricht nach Schweidnitz, studirte von Fürstenberg unterstützt hauptsächlich Sprachen und besorgte die Herausgabe seiner im Oktober 1842 bei L. Häge auf beiläufig 850 Oktav-Seiten gedruckten und bis zur Raumer'schen Schul-Regulation in den Seminarien zu Breslau, Steinau a. d. Oder und zu Münsterberg als Handbuch beim Unterricht gebrauchten: „Anleitung zur Pflanzenkenntniß." Das Buch wurde in öffentlichen Blättern günstig beurtheilt und der Verf. zum Mitglied der schlesischen Gesellschaft für vaterländische Kultur aufgenommen. Schon im Jahre 1841 hatte Unverricht eine Reise nach Oesterreich gemacht, eine zweite Reise unternahm er im September 1843 nach Holland, lernte dabei Mittel- und West-Deutschland kennen, und machte mit den Botanikern Dr. Ludwig Reichenbach in Dresden, mit Dr. Siebold in Leyden (dessen Geschichte der Handels-Verbindung zwischen Holländern und Japanesen vom Jahre 1640 bis 1840 er in die deutsche Sprache übersetzte), bei Siebold auch mit dem Prof. Dr. Blöm (Blum), sowie (schon früher im Jahre 1836) mit Adalbert von Chamisso Bekanntschaft. Im Dezember 1843 von Kortegarn als Lehrer an der Handelsschule zu Bonn engagirt, besuchte Unverricht bis zum April 1844 die Vorlesungen des Prof. Goldfuß, gründete darauf in Wilhelmine-Zinkhütte bei Mislowitz in Ober-Schlesien eine Familienschule, an welcher er zwei Jahre lang lehrte und schrieb manches als Correspondent einiger öffentlichen Blätter. Nach Ostern 1846 zog Unverricht wieder nach Breslau, hörte die Vorlesungen Dr. Göpperts, Nees von Esenbecks, Purkinje's, Duflos' und Anderer und trat sofort im Mai 1847 eine naturwissenschaftliche Reise an, die ihn über Wien durch Ungarn bis Hermannstadt führte. Hier kam er am 11. Juni 1847 an, übernahm, weil ihm von der Weiterreise abgerathen wurde, am 1. September 1847 eine Lehrerstelle an den evang. Ober-Elementar, Unter-Gymnasial und Realschulen, und brachte bei dem calligraphischen Unterrichte die sogenannte Taktschreibmethode in Aufnahme. Im Sommer und Herbst desselben Jahres lernte er bei botanischen Excursionen in der Ebene und den Gebirgen unweit Hermannstadt viele blos in botanischen Gärten und Herbarien gesehene Pflanzen genauer kennen, gab in der Mädchen-Lehr-Anstalt des Johann Michaelis Unterricht im Französischen und im Klavierspiel und wurde letztlich Mitarbeiter an dem 1847/8 in Verlage Samuel Filtschs herausgekommenen „Siebenbürgischen Volksfreunde."

Nun kamen die Märztage des Jahres 1848 heran, deren Wirkung auf Unverricht eine elektrische war, denn er betheiligte sich sowohl mit Worten, als auch mit kleineren Flugschriften an den damaligen politischen

Bewegungen und zog dadurch die Aufmerksamkeit der anders gesinnten Partei auf sich. Noch im nemlichen Jahre verließ er zwar Siebenbürgen, um sich in seine Heimath zu begeben, kam jedoch von da bald wieder nach Wien.

Im September 1848 aber als er von Wien nach Hermannstadt zurückkehren wollte, wurde er von der magyarischen Partei in Pest verhaftet, weil er für die kaiserl. österreichische Regierung geschriebene Flugblätter zur Vertheilung mit sich führte. Gegen 24 Stunden lang saß er im Hofe des Städtischen Rathhauses, das Urtheil des über ihn gehaltenen Standgerichtes erwartend, welches jedoch dahin ausfiel, daß er dem ordentlichen Strafverfahren übergeben wurde. Nun saß er im sogenannten Neugebäude gefangen, bis er nach Ankunft des kaiserl. Armee-Korps unter Windischgrätz von seiner Haft befreit, in seine Heimat zurückkehren konnte. Unverricht kam zum zweitenmale nach Hermannstadt im Sommer 1851 wo er Privatunterricht ertheilen wollte, wurde aber im Herbst des nemlichen Jahres zum Rektor der evangelischen Schule in Broos berufen.

Aus diesem Dienst trat Unverricht im Jahre 1854 aus, beschäftigte sich weiter mit Privat-Unterricht und verließ Siebenbürgen im Jahre 1861 gänzlich, um sein ferneres Fortkommen in Deutschland zu suchen und lebt nun als Privatlehrer zu Laurahütte in Preußisch-Ober-Schlesien.

Unverricht redigirte eine **Neue Folge** des früher von Benigni (s. Denkblätter I. 98—99) für die Jahre 1842—1849 zu Hermannstadt herausgegebenen Siebenbürgischen Volkskalenders, nachdem er ebendaselbst während den 1848=er Landeswirren verschiedene Flugschriften u. a. m. im Druck veröffentlicht hatte, als:

1. Der Landtag ist vor der Thür! (Hermannstadt 1848.) 8-vo. 8 S. Welche von den ähnlichen damals noch erschienenen ephemeren Blättern aus Unverrichts Feder flossen, kann nicht mehr angegeben werden.
2. Der türkische Waitzen. Beschreibung desselben und Mittheilungen über den Anbau und die Benützung ꝛc. Hermannstadt 1847 bei Krabs. 8-vo. 18 S.
3. Theoretisch=praktischer Lehrgang für den Elementar=Unterricht in der deutschen Sprache von K. Unverricht. Hermannstadt 1853. Druck und Verlag von Georg v. Closius. 8-vo. 176 S.
4. Kinder=Singschule 1. Heft, enthaltend 58 kurze Sätze, 12 Choräle und 27 Lieder in Dur-Tonarten, mit Benützung der besten und neuesten Hülfsmittel, herausgegeben von C. Unverricht, Rektor in Broos. Hermannstadt Verlag von Fr. N. Krabs. 4-to. I. 37. (Lithographirt.)

5. Benignis Volkskalender für das Jahr 1852, welches ein Schaltjahr von 366 Tagen ist:

Neue Folge 1. Jahrgang. Redigirt von Karl Unverricht. Hermannstadt Druck und Verlag von Theodor Steinhaußen. 8-vo. XXXII. 112 Seiten nebst Abbildung der Schlacht bei Hermannstadt am 21. Jänner 1849.

Neue Folge 2. Jahrgang. 1853 Ebendas. XXXII. 160 Seiten mit dem Biltniß des Kaiser Franz-Joseph I. und 7 andern Bildern.[1])

Neue Folge 3. Jahrgang 1854. Ebend. XXXII. 128 S. mit 4 lithographirten Abbildungen.

Neue Folge 4. Jahrgang 1855. Ebend. XXXII. 112 S. mit 4 Porträten und 2 Karten des nördlichen und südlichen Kriegsschauplatzes und der Abbildung der Trauungsfeier des Kaiser Franz Joseph I. 24. April 1854.

Neue Folge 5. Jahrgang 1856. Ebend. XXXVI. 108 S. mit 6 Abbildungen, unter welchen 2 Ansichten der Pfarrkirche der A. C. B. in Hermannstadt und 2 Ansichten der Kirche zu Domsus.

Neue Folge 6. Jahrgang 1857. Ebendas. XL. 88 S. mit 4 Bildern, a) Der große Platz in Hermannstadt. b) Die evangelische Kirche in Mühlbach. c) Innere Ansicht der Kirche in Mühlbach. d) Festzug zur Installation des griech.-kathol. Metropoliten und Erzbischofs zu Blasendorf am 28. Oktober 1856.

Neue Folge 7. Jahrgang 1858. Ebendas. XXXVIII. 90 S. mit 4 Bildern, a) Porträt des Superintendenten Georg Paul Binder. b) Porträt des Pfarrers M. J. Ackner. c) Promenade in Hermannstadt. d) Die evangelische Pfarrkirche in Birthälm.

Neue Folge 8. Jahrgang 1859. Ebendas. XLVIII. 92 S. mit 6 Bildern, a) Porträt des Fürsten Friedrich Lichtenstein, Siebenb. Gouverneur. b) Porträt des Freiherrn Joseph Bedeus. c) Franz Josephs Bürger-Hospital. d) Kaiserl. königl. Militär-Ober-Erziehungs-Haus. e) Ehrenpforte beim feierlichen Einzuge des Fürsten Lichtenstein in Hermannstadt. f) Straßen-Monument bei Schönberg.

Neue Folge 9. Jahrgang 1860. Ebendas. XL. 120 S. mit 5 Abbildungen, unter welchen a) das Porträt des Statthalterei-Vice-Präsidenten Br. Heinrich Lebzeltern. b) Der kleine Platz in Hermannstadt.

---

[1]) Mit diesen und den darauf folgenden Jahrgängen erschien in Steinhaußens Verlage jährlich auch: „Personalstand der siebenbürgischen Landes-Stellen" nachher unter dem Titel: „Landes-Schematismus für das Großfürstenthum Siebenbürgen."

c) Fürst Schwarzenberg auf der Jagd. d) Kockelburg. e) Spitals=
Kirche in Hermannstadt.

Neue Folge 10. Jahrgang 1861. Ebendas. XL. 138 S. mit
4 Abbildungen, a) Porträt des Bischofs Andreas Freiherrn v. Schaguna.
b) Porträt des Karl Maager. c) Baaßen. d) Die Schwefelhöhle am
Büdös. Vom Verleger Steinhaußen unter dem Titel: Siebenbürgischer
Volkskalender" bis auf die Gegenwart, ohne Benennung eines
Redakteurs fortgesetzt.

6. Gespräche der Bauern Hans und Georg über das neue Geld, was
sie davon halten und wie sie damit beim Kaufen und Verkaufen
zurechtkommen wollen. Niedergeschrieben von K. Unverricht. Mit
den Abbildungen aller neuen Münzen. Hermannstadt 1858. Druck
und Verlag v. Steinhaußen. 8-vo. 52 S.

Wurde ebendas. auch in ungarischer und walachischer Uebersetzung
gedruckt, und zwar:

a) Beszélgetés Janosi és Gyuri földmivelők között az uj pénz felett;
mit tartsanak felőle, és hogy érjenek czélt vele á vevés-adásnál.
Leirta U. K. A valamennyi uj pénzek rajzolatával. Nagy-Szeben
1858. Kiadja Steinhaussen Tivadar. 8-vo. 47 S.

b) Konvorviri entre Czeranulu Joanu schi Georgie despre bányi tsei
noi; tse czinu ei despre atseia schi kum voieszku sze jásze ku
átseia lá kále kundu kumpere au kendu vendu tseva. Descrisse
de K. U. Ku Zugreviturele tuturoru baniloru noi. Sibiu 1858.
Ku tipariulu schi Kettuiala lui Th. Steinhaussen. 8-vo. 52 S.

7. Beiträge zu den Verhandlungen und Mittheilungen des Siebenbürgischen
Vereins für Naturwissenschaften zu Hermannstadt. 8. Jahrgang 1857.
S. 114—116 und 124—129 und 9. Jahrgang 1858. Seite 164
bis 165.

Valentinian (Velten) Franz,

Seiv.

aus Medjasch, studirte am Kronstädter Gymnasium im Jahre 1561 ꝛc.,
lebte 1571 auf der hohen Schule zu Wittenberg und bekleidete zuletzt die
Pfarrerswürde in seiner Vaterstadt, Medwisch. Vielleicht wurde er von
Kelnek unter dem Walde, hieher berufen. Den unter den dasigen Pfarrern
finde ich um diese Zeiten einen Franz Valentini. Er starb den 14. Juni
1598. Sein Gedicht von den neuen Vorrechten seiner Vaterstadt,
macht seiner Muse Ehre. Wir haben von ihm:

Carmen Historicum, continens commemorationem mutationis veteris formae Senatus Reipublicae Mediensis in illustriorem, quae facta est auspiciis Ferdinandi, Imp. MDLIII. una cum Descriptione eorum, qui publicis officiis ibidem functi sunt, usque ad tertium Consulatum. Scriptum —

Lucilius.

Est virtus dare, quod re ipsa debetur honori,
Esse hostem & inimicum hominum morumque malorum;
Contra defensorem hominum morumque bonorum.
Claudiopoli, in officina relictae Casparis Helti, A. 1575 in 4-to.

Vorher hatte Medwisch keine Bürgermeister, und die Königsrichter lebten an dem Orte, wo sie zu Hause waren, also bald hier, bald zu Birthälmen, bald zu Markschelken. Kaiser Ferdinand I. ertheilte aber 1553, Medwisch die Vorrechte, einen Bürgermeister zu haben — ganz mit Mauern umschlossen zu werden, und der beständige Sitz des Königsrichters zu sein, dessen Gerichtsbarkeit die beiden Stühle, (Sedes) Medwisch und Schelk, unterworfen sein sollten. Das Stadtwappen von Medwisch beschreibt der Verfasser:

Nobis urbs Medjesch, quam spumifer adluit undis
    Coccalus, in clypeo talia signa gerit:
Nuda manus, flexo gravidam e palmite vitem,
    Cui simul innexae est fulva corona, tenet.
Ergo manus gentis designat nuda labores,
    Et vitis potum fulva corona Ducem.

Unter dem Dux, versteht er Kaiser Karl den Großen, der seiner Meinung nach die Sachsen nach Siebenbürgen soll geführt haben. Weil Medwisch eine Hand zum Wappen führt, ist es ein gemeines Sprüchwort, wenn man jemanden eine Ohrfeige droht, daß man sagt: siehest du das Medwischer Wappen!

S. auch den Artikel Schesäus.

Seiv. **Vette Johann Andreas,**
der einzige Sohn des Dr. Johann Georg Vette erhielt nach Vertheidigung der öffentlichen Streitschrift: „De Noxis ex cohibita suppuratione" Praeside Platner. Lipsiae 4-to. 52 Seiten, den 4. Mai 1740 die Doktorwürde zu Leipzig, nachdem er seine im Oktober 1735 zu Halle begonnene akademische Laufbahn mit gutem Erfolge vollendet hatte. Allein in seinem Vaterlande verfiel er endlich in eine Melancholie, in welcher er in der Einsamkeit sein Leben und das Vette'sche Geschlecht beschloß.

Vette Georg,

ein großer Botaniker von Graudenz in Pohlnisch-Preußen und Mitglied der kaiserl. Akademie der Naturforscher. Er wurde den 30-sten des Weinmonds 1645 geboren, erlernte zu Thorn die Apothekerkunst, welche er nachgehends zu Fraustadt und endlich zu Danzig in der königlichen Apotheke ausübte. Von hier wurde er 1672 von dem Rathe zu Hermannstadt nach diesem Orte berufen und ihm die dasige Stadtapotheke anvertraut. In diesem einträglichen Dienste starb er den 11. des Brachmonds 1704, nachdem er verschiedene Beobachtungen in die Ephemeriden der Naturae Curiosorum hatte einrücken lassen. Als:

1. Observat. 170 de Draconibus Transylvaniae, eorumque dentibus.
2. Observat. 171 de aquis ardentibus Transylvaniae, in der Decur. I. A. IV. und V. wie auch
3. Observat. 239 An. VI. und VII. de Luxuriantibus quibusdam Transylvaniae plantis: Mastago puta fasciato; primula veris fasciata, & Ranunculo fasciato.

Seiv. ## Vette Johann Georg,

ein berühmter Arzt zu Hermannstadt und ein Sohn des vorhergehenden. Er studirte in Jena 1706/7 in Wittenberg 1708 und vollendete seine Universitätsjahre zu Harderwik in Gelbern, nachdem er vorher zu Halle und Wittenberg studirt hatte. Am erstern Orte erhielt er 1711, den Doktorhut, wobei sein Landsmann Auner schreibt:

Ingenii dotes Salam sat, propter & Albim
Spectatas, Anglis jam Batavisque probas.

Er starb als Rathsherr, nachdem er 1746 Stuhlrichter gewesen und hinterließ seinem einzigen Sohne Johann Andreas, ein großes Vermögen und eine prächtige Büchersammlung.

1. Dissertatio anatomica, de cerebro. Witeb. 1709. in 4-to.
2. Disp. Medica inauguralis, de Catameniis, ex auctoritate Magnif. Rectoris, D. Ernesti Wilh. Westenbergii, pro gradu Doctoratus, ad d. 21. Maji, Harderovici, 1711 in 4-to. 32 Seiten. [1])

---

[1]) Ueber eine das Verhältniß des Hermannstädter Raths zum damaligen k. k. Militär-General-Kommando kennzeichnende Quartiersstreitigkeit des k. k. Ober-Kriegs-Commissärs Kitzing mit seinem Hausherrn Dr. Vette, s. die Mittheilung des Karl Fabritius aus dem Hermannstädter Raths-Protokoll vom Jahre 1736 und 1737 in dem Archiv des Vereins für siebenb. Landeskunde Neue Folge VI. 9—16. Tr.

Tr. **Vietoris (Binder) Matthias,**

wurde am 5. Jänner 1622 in Birthälm geboren, kam mit seinen Eltern nach Hermannstadt als diese im Jahre 1624 dahin übersiedelten und genoß theils da, theils in Stolzenburg und nachher in Birthhälm bis 1638 Schulunterricht. Nachdem er hierauf hauptsächlich zur Erlernung der ungarischen Sprache, ein Jahr in Maros-Vásárhely zugebracht und weitere drei Jahre Logik und Musik in Hermannstadt studirt hatte, wollte er eine hohe Schule besuchen, nahm aber eine Kantorsstelle zu Golnow in Pommern an, und brachte hier beinahe zwei Jahre zu. Darauf begab er sich an die Akademie zu Köngsberg 1644 wo er die Professoren Christian Dreyer, Michael Tiflorus, Joachim Krellius, Valentin Thilo u. a. m. anhörte und sich der Unterstützung des Mich. Snellius aus Golnow, sowie des Königsberger Apothekers Albert Wichert, dessen Söhne er anderthalb Jahre lang unterrichtete[1]), zu erfreuen hatte. Endlich folgte er dem Rufe seiner mittlerweile verwittweten Mutter und des Hermannstädter Stadtpfarrers Peter Rihelius und trat im November 1646 die Heimreise an. In Krakau nebst seinem Reisegefährten Martin Laffel aus Kronstadt der Mittel zur Weiterreise entblößt, gewährte ihnen beiden dieselben der zum Waaren-Einkauf dahin gekommene Kronstädter Kaufmann Hans Wolff. So gelangte Vietoris am 2. Februar 1647 nach Hermannstadt zurück, wo er im Mai desselben Jahres als Lehrer der Rehtorik und griechischen Sprache am Gymnasium angestellt wurde. Aus diesem Amte 1649 zum Prediger bei

---

[1]) Sowie vor Alters bestand unter den sächsischen Studirenden, welche die Mittel zur Beziehung auswärtiger Universitäten nicht besaßen, bis in die neuere der Gebrauch, daß sie bevor und zumal nach absolvirten Gymnastalstudien in vermöglichen heimischen Familien und bei ungarischen Edelleuten und Geistlichen Privatlehrer-Stellen bald längere, bald kürzere Zeit hindurch versahen zu großem Gewinn an besserer Ausbildung und Vorbereitung für die Hochschulen und in den letzteren Fällen zugleich zur Erlernung der ungarischen Sprache und gleichzeitigem Besuch ungarischen Collegien Daher sie, Zeuge der zahlreichen Beispiele in diesen Denkblättern, von den gelehrten ausländischen Professoren so häufig zu Vertheidigern ihrer Streitschriften gewählt und beehrt wurden. Aus der neueren Zeit gibt ein rühmliches Zeugniß der gelehrte Philolog Professor Eichstädt in seinem Programm: „Novi Prorectoratus auspicia d. 3. August 1816 rite capta civibus indicit Academia Jenensis. Theologiae Studium academicum sex Semestribus descripsit H. C. A. Eichstadius Theol. D. Eloque ac Poës, Prof. P. O. P. I." Fol. Seite V. wo es heißt: „Loquimur, ne quis erret, de iis, qui academicorum studiorum primordia capiunt, non de his, qui, quum studia illa jam confecerint, Scholis iterum adeundis magis volunt doctrinae paratae incrementum capere Quales multi ex Hungaria imprimis et Transsylvania ad nos veniunt, non tirones, sed annis et eruditione provectiores interdum adeo professoriis jam muneribus in patria sua cum laude functi, in quibus instituendis id maxime cavendum est, ne, quae discenda iis proponuntur, ipsi jam melius docuerint, fortassis etiam dudum dedidicerint."

der Stadtkirche berufen, traf ihn im Jahre 1651 die Wahl zum Pfarrer in Dobring, trotz dem Widerspruch des Unterwälder Dechanten Georg Femger, worüber die Synode am 27. November 1651 ihre Entscheidung fällte. Das Dobringer Pfarramt bekleidete Victoris bis zum Jahre 1660 und wurde nach G. Femgers Tode zu dessen Nachfolger im Mühlbächer Stadtpfarramt gewählt (im September 1660). In diesem Amte endete Victoris sein thätiges Leben im Jahre 1680 ohne Hinterlassung eines männlichen Erben, nachdem er 8 Jahre lang dem Unterwälder Kapitel als Notar, sowie vom Jahr 1661—1663, 1666—1667, 1671, 1675 bis 1677 und 1680 als Dechant nützliche Dienste geleistet hatte.

Victoris hat ein Tagebuch in Handschrift hinterlassen, aus welchem der nachmalige Mühlbächer Stadtpfarrer Andreas Gunesch in die Fortsetzung des Chron. Fuchsio-Lupino-Oltard. (herausgegeben von mir in Kronstadt 1848) 2. Band, S. 55, 68, 70, 98, 123, 125, 126, 129 verschiedene Stellen von den Jahren 1653—1661 aufgenommen hat.

Die Beschreibung dieses Tagebuches, welches als Hausbuch des Stephan Lang aus Reps begonnen auf den Mühlbächer Königs-Richter Georg Warner und dann auf Warners Schwiegersohn Matthias Victor, der dasselbe fortgesetzt und mit seiner Autobiographie — welcher die vorstehenden Nachrichten entnommen wurden — vermehrte, nebst einer deutschen Uebersetzung dieser Autobiographie und einigen Auszügen aus dem Hausbuche selbst, steht in Trauschenfels Magazin für Geschichte ꝛc. Siebenbürgens N. F. II. 61—67, wo jedoch Victor unrichtig Viktor genannt wird.

Vogt Johann,

Professor am evang. Gymnasium in Kronstadt, geboren in Kronstadt am 11. August 1816, war der Sohn eines armen Tuchmachers. Er studirte am Kronstädter Gymnasium, dann im Jahre 1840—1842 an der Universität zu Berlin und besuchte nachmals 1843 diese Universität wieder um Professor Beneke zu hören und insonderheit seine pädagogischen Kenntnisse zu erweitern. Am 2. März 1869 wurde er zum Konrektor des Kronstädter evangel. Gymnasiums gewählt.

Nächst der Herausgabe des kleineren Kalenders von Johann Gött und des Kalenders: Burzenländer Wandersmann bei Römer & Kamner durch mehrere Jahre veröffentlichte er:
1. Einige Bemerkungen betreffend das Fachsystem in seinem Verhältniß zu dem im Organisations-Entwurf für österreichische Gymnasien gestellten höchsten Zweck der Gymnasialbildung: „daß aus derselben

ein edler Charakter hervorgehe." In dem Programm des evangel. Gymnasiums zu Kronstadt 1853/4, S. 3—7, s. Denkbl. I. 334.
2. „Vom Senfkorn." In der Kronstädter Zeitung vom Jahr 1848 (S. Satellit Nr. 104/847. 41/848. 2/849).

Diesem Zeitungs-Artikel folgte von Friedrich Philippi (damals Stadtprediger, nachher Pfarrer in Neustadt und endlich Pfarrer in Tartlau) eine Schilderung des Elendes vieler Kronstädter armen Eltern und Kinder, und darauf freiwillige Beiträge zur Gründung einer Waisen-Erziehungs-Anstalt. Diese Beiträge nahm Allodial-Einnehmer Friedrich Aescht in Besorgung und leitete die Bildung eines Frauen-Vereins zur Beschaffung des erforderlichen Fonds ein, durch dessen Beiträge und dazu gekommene Geschenke eine ziemliche Summe zusammengebracht wurde. Die Vereins-Statuten konnten aber erst nach der 1848/9-er Revolution entworfen werden und erlangten im Jahr 1861 die höhere Genehmigung.

Die hier kurz berührte Geschichte dieser Angelegenheit und der Wirksamkeit und Fonds-Vermehrung des Frauen-Vereines bis zum Februar 1864 enthält die Broschüre:

„Vom Senfkorn." Erinnerungsblätter gesammelt und gewidmet dem Frauen-Verein zur Erziehung evangel. Waisen in Kronstadt von einigen Freunden. Kronstadt, gedruckt bei Römer & Kamner 1864. 12-mo. 34 S.

3. Ein Brillenwischer oder die rechte Seite von den Internaten, besonders von unserm Kronstädter Internat, richtiger Alumnat. Eine Beleuchtung der Anfälle, die auf dasselbe in Nr. 73—89, 90 und 91 der Kronstädter Zeitung gemacht worden sind. Kronstadt, Druck und Verlag von Römer & Kamner 1868. 8-vo. 32 S.

Eine Abhandlung, welche die Polemik anders gesinnter Lehrer in Kronstädter und Hermannstädter Blättern veranlaßten, weil sie Manche unangenehm berührte, doch hatte sie den guten Erfolg, daß man auf zeitgemäße Abstellung der wirklichen Mängel ernstlich bedacht wurde und dazu auch Hand anlegte.

Tr. **Voigt Christoph,**

wurde zur Hebung des Hermannstädter Gymnasiums im Jahre 1711 auf den Vorschlag des Königsrichters Andreas Teutsch und des Bürgermeisters Johann Hoßmann v. Rothenfels durch den Hermannstädter Rath von Halle nach Hermannstadt im März des Jahres 1717 nebst dem Gelehrten Johann Baptist Habermann, welchem sich Voigt auf der Reise in Wien beigesellt

hatte, Ersterer als Conrektor, Letzterer als Professor am hasigen Gymnasium angestellt. Von dem Königsrichter so begünstigt und gelobt, daß sie von den andern Lehrern beneidet und endlich Hallelscher Lehren und des Pietismus beschuldigt wurden, mußten sie, nebst dem Rektor Obel, vor eine, auf vorhergegangene Klage, vom Kommandirenden Generalen Gr. Steinville angeordnete Untersuchungs-Commission auf den 21. September 1713 vorgeladen, sich gegen die Beschuldigungen rechtfertigen:
1. daß sie den Hallensern zu sehr ergeben sein,
2. daß sie mit denselben häufigen literarischen Verkehr hätten,
3. daß sie pietistische in Halle gedruckte Bücher bringen ließen und verkauften,
4. daß sie in ihren öffentlichen Vorträgen die Hallenser und ihnen ähnliche Autoren, mit Beseitigung anderer anzuführen und zu empfehlen pflegten,
5. daß sie in ihren Lehren, besonders der Philosophie, die Langische Methode befolgten,
6. daß die Hermannstädter Studenten nach den, wie es heiße, von ihren Lehrern gehörten Aeußerungen, ehrbare Geistliche und Lehrer verunglimpften,
7. daß einer (oder beide?) dieser Professoren selbst auf kaiserlichen Befehl, des Pietismus wegen, aus Schlesien ausgewiesen worden seien.

Diese Anschuldigungen wurden von den Geklagten mündlich und schriftlich größtentheils geläugnet und von ihnen vor dem unter dem Vorsitz des Nations-Comes abgehaltenen aus dem Superintendenten Lucas Graffius und andern Geistlichen und Weltlichen zusammengesetzten Untersuchungs-Gerichte[1]) der Eid auf das Augsburgische Glaubensbekenntniß abgelegt, worauf sie ermahnt wurden, ihre Vorlesungen fortzusetzen. Damit nicht zufrieden, erneuten aber andere Glaubensgenossen ihrer Confession ihre Vorstellungen bei dem Commandirenden Generalen und dieser erachtete es für nöthig, kurzen Prozeß zu machen und zu befehlen, daß Voigt und Habermann binnen etlichen Stunden Hermannstadt zu verlassen hätten. Diesem Befehl mußten dieselben denn auch gleich Folge leisten und mit der Post von Hermannstadt am 30. Oktober 1713 abreisen.[2]) Wie sie auf

---

[1]) Die Namen der Mitglieder desselben stehen in Kurz Magazin für Geschichte ꝛc., 1. Band, S 169.
[2]) Die vorstehenden Nachrichten sind dem 3. Kapitel der Handschrift des Hermannstädter Bürgermeisters Johann Kinder v. Friedenberg: „Religiosa Nationis Saxonicae etc. vom Jahre 1723 (s. d. Art. Kinder) entnommen und stimmen in der Hauptsache mit dem, mit einer lesenswerthen Einleitung von Anton Kurz in seinem Magazin für Geschichte ꝛc. Siebenbürgens I. 167—171 mitgetheilten diesfälligen Species Facti überein.

ihrer Reise dem ihnen bereiteten Verderben nur durch die menschenfreundliche Hülfe des Klausenburger Militär-Commandanten Wopfer entgingen, hat Seivert bereits in dem Artikel Andreas Teutsch (s. Denkbl. 367) erzählt. Ihre fernern Schicksale aber, ebensowie ihre Lebensumstände vor der Zeit ihrer Berufung nach Hermannstadt, sind unbekannt und selbst in Jöchers Gelehrten Lexikon geschieht ihrer keine Erwähnung. Was dagegen ihren Schicksalsgenossen, dem aus Kronstadt gebürtigen Rektor Martin Obel betrifft, so erhielt derselbe am 12. November 1715, nachdem er zuvor zum Pfarrer nach Dobring berufen worden war, wo er am 11. November 1721 sein Leben beschloß, zu seinem Nachfolger im Rektorat den Daniel Agnethler, nachmaligen Pfarrer zu Gierelsau.

Schlüßlich bemerke ich, daß die sächsische Synode bereits im Jahre 1708 für nöthig fand, die akademischen Theologen ihrer Nation vor dem Besuch der Universität in Halle zu warnen und am 22. Jänner 1711 den Beschluß faßte, daß diejenigen, welche zu Halle studirten, zu erinnern sein, auch andere Akademien zu besuchen, um das Erlernte weiter zu prüfen und ihr Urtheil darnach zu berichtigen. Dieser Beschluß wurde auch in der am 25. März 1726 gehaltenen Synode aufrecht erhalten.

Voigts Andenken hat auch folgende Druckschrift erhalten:

1. Amicum Theologiae et Studiorum Humaniorum Vinculum, nec non adjutorium mutuum sub auspicia Lustrationis solemnis Gymnasii Cibiniensis, exponit simulque ad audiendas Orationes trium Alumnorum,[1]) quorum nomina infra designata sunt Patronos, Fautores et Amicos, quotquot Gymnasio nostro bene cupiunt, ea qua par est humanitate invitat C. V. Gymnasii Professor. P. P. Cibinii 1713. d. 24. April Excud. Mich. Heltzdörffer. Fol. 8 S.

Tr. **Voß Franz A.,**

Sekretär der Kronstädter Handels- und Gewerbekammer, Aktuar des Kronstädter evangelischen Presbyteriums der A. C. B. (1862), und der Füleer Eisen- sowie der Csik-Szent-Domokoscher Kupfer-Berg- und Hütten-Gewerkschaft, starb in Kronstadt am 12. April 1863. Geboren in Liebenwerda in der

---

[1]) Ihre Namen sind: Mathias Haaß aus Hermannstadt, Christian Sixtius aus Zuckmantel und Lukas Figuli aus Seyburg, deren erster über das Thema: „De auguriis ex literarum cultura capiendis,“ — der zweite: „De selectu studiorum consulto, tanquam boni augurii fonte ac causa,“ — und der dritte: „De causis mali augurii, eruditorum vitiis“ einen öffentlichen Vortrag zu halten hatte.

preußischen Provinz Sachsen, im Jahr 1823, erhielt Voß seine Gymnasial= bildung auf der Schulpforte und bezog nach Beendigung des Gymnasial= Kursus im Jahre 1843 die Universität Halle, wo er sich philosophischen und theologischen Studien widmete. Die hier mit siebenbürgischen Studirenden gemachte Bekanntschaft veranlaßte ihn, im Jahre 1846 einem Ruf als Erzieher und Lehrer in das Haus des Gutsbesitzers Karl Zeyk nach Klausenburg, wo er sich die Kenntniß der ungarischen Sprache aneignete, zu folgen. Das Jahr 1848 mit seinen Erschütterungen fand ihn in Klausenburg und ließ ihn, da die Familie Zeyk Klausenburg verlassen hatte, alleinstehend zurück. Die Ideen von Freiheit, welche die damalige Bewegung auf ihr Panier geschrieben hatte und der Geist, der damals in Klausenburg herrschte, ließen Voß nicht unberührt; die Sorge um seine ungewisse Zukunft kam dazu, und so ward er in kurzem Honvédoffizier, in welcher Eigenschaft er theils in Bistritz in Garnison lag, theils an einigen Scharmützeln Antheil nahm. Vorher jedoch war er bei der in Mediasch am 13. August 1848 abgehaltenen Versammlung der sächsischen Jugend anwesend, wo er frühere Universitätsfreundschaften erneuerte und neue Freundschaftsbündnisse knüpfte. Nach der Besiegung des Aufstandes im Jahre 1849 flüchtete er, dem General Bem auf dem Fuße folgend, in die Türkei und wurde in eine Stadt Kleinasiens internirt. Nach ein= jährigem Aufenthalte dort erhielt Voß durch Vermittlung der preußischen Gesandschaft in Konstantinopel einen preußischen Regierungspaß, mit dem er im Herbst 1850 nach Kronstadt kam, wo er an den Turnlehrer Theodor Kühlbrand empfohlen war. Da bei dem Kronstädter Magistrat zu jener Zeit Mangel an Schreibkräften war, so erhielt Voß bei demselben Verwendung als Diurnist und wurde zu Anfang zum Magistrats=Secretär ernannt. Indessen zog seine Betheiligung am 1848=er Aufstande ihm mancherlei Verdrießlichkeiten zu, die ihn veranlaßten, seiner Stelle zu ent= sagen. Die Kronstädter Handels= und Gewerbekammer hatte unterdessen Proben seiner Kenntnisse und Verwendbarkeit erhalten und nahm ihn als Kanzlisten auf. Es war ihm aber nicht leicht, in Kronstadt festen Fuß zu fassen, denn die damalige k. k. Landesbehörde drang auf seine Dienst= enthebung und Entfernung von Kronstadt und nur der kräftigen Verwendung der Kammer verdankte es Voß, daß er in Kronstadt bleiben durfte. Als Voß im Jänner 1853 von der Kammer zu ihrem Secretär an die Stelle des ausgetretenen Johann Hinz ernannt wurde, wiederholte sich das Drängen der k. k. Landesbehörde auf seine Entfernung und es bedurfte wiederholter Verwendungen der Kammer, um sich ihn zu erhalten. Um sich daher in seiner Stellung zu sichern, trachtete Voß nach Erwerbung des österreichischen Staatsbürgerrechtes, daß ihm Anfangs abgeschlagen, später aber in Folge Unterstützung der Kammer von der Bedingung abhängig gemacht wurde, daß er sich zuvor die Entlassung aus dem preußischen Staatsverband verschaffe. Um diese Entlassung zu ermöglichen, mußte Voß vorerst seiner Pflicht als preußischer Landwehrmann genügen. Er reiste deshalb im Jahre 1855 nach Preußen, rückte zum Landwehr-Officier vor, kehrte nach Beendigung der Uebungen nach Kronstadt zurück und erhielt bald darauf seine Entlassung aus dem preußischen und sofort seine Aufnahme in den österreichischen Staatsverband, wornach er sich auch das Kronstädter Stadtbürgerrecht erwirkte. Von da an widmete sich Voß ununterbrochen mit Einsicht und unermüdlichem Fleiß seinem Berufe als Sekretär der Kronstädter Handels- und Gewerbekammer[1]) wie dieß seine von derselben veröffentlichten nachbenannten Arbeiten beweisen:

1. Verhandlungen der Handels- und Gewerbekammer für den Kronstädter Kammerbezirk in Siebenbürgen. I. Jahrgang 1851. Kronstadt, gedruckt bei Johann Gött 1852. 8-vo. XVI. S. Verordnung des Handelsministeriums vom 26. März 1850 wodurch das von Sr. Majestät mit allerhöchster Entschließung vom 18. März 1850 sanctionirte provisorische Gesetz über die Errichtung von Handels- und Gewerbekammern kundgemacht wird. 12 S. Verhandlungen der Kronstädter Handels- und Gewerbekammer 1851. 203 S. und Alphabetisches Verzeichniß. XI. S.

2. Verhandlungen 2c. II. Jahrgang 1853. Ebend. 1853. 8-vo. 145 S. und Alphabetisch. Verzeichnß XI. S.

3. Auszug aus dem Protokoll der 1. bis 6. Sitzung der Handels- und Gewerbekammer in Kronstadt im Jahre 1853. (Ohne Titelblatt Ebend.) 68 S. 8-vo.

Die Protokolle vom 3. Mai 1853 ausschließlich bis 18. Dezember 1855 ausschließlich sind nicht absonderlich gedruckt worden, sondern in den Satelliten vom Jahre 1853 und 1854 und in der Kronstädter Zeitung vom Jahre 1855 aufgenommen.

4. Protokoll der 16. (außerord.) und 1—14. Sitzung der Kronstädter Handels- und Gewerbekammer im Jahre 1856. (Ohne Titelblatt Ebend.) 8-vo. 160 S.

---

[1]) Aus dem Protokoll der 4. Sitzung der Kronstädter Handels- und Gewerbekammer vom 21. April 1863. S. 130 bis 132.

5. Protokoll der 1. bis 16. Sitzung ꝛc. im Jahre 1857. (Ohne Titelblatt. Ebend.) 8-vo. 201 S.
6. Protokoll der 1. bis 12 Sitzung ꝛc. im Jahre 1858. (Ohne Titelblatt. Ebend.) 8-vo. 196 S.
7. Protokoll der 1. bis 13. Sitzung ꝛc. im Jahre 1859. (Ohne Titelblatt. Ebend.) 8-vo. 178 S.
8. Protokoll der 1. bis 16. Sitzung ꝛc. im Jahre 1860. (Ohne Titelblatt. Ebend.) 8-vo. 159 S.
9. Protokoll der 1. bis 12. Sitzung im Jahre 1861. (Ohne Titelblatt. Ebend.) 8-vo. 96 S.
10. Protokoll der 1. bis 12. Sitzung im Jahre 1862. S. 1—102 und der 1. bis 3. Sitzung im Jahre 1863, S. 102—129. (Ohne Titelblatt. Ebend. 8-vo.) zusammen 129 S.

Fortsetzung: Protokoll der 4. und 5. Sitzung im Jahre 1863 vom Sekretärs-Adjunkten G. Schwarz. (Ohne Titelblatt Ebend. 8-vo.) S. 130—171. dann Protokoll der 2. Sitzungen vom 8. und 22. November 1864. von Ebendems. (Ohne Titelblatt. Ebend. 8-vo.) 35 Seiten.

Die Protokolle vom 22. Juli 1863 ausschließlich bis 8. November 1864, sind in der gleichzeitigen Kronstädter Zeitung gedruckt, dagegen in Separatabdruck nicht herausgekommen.

S. die weitere Fortsetzung unter dem Artikel Karl Maager.

11. Bericht der Handels- und Gewerbekammer in Kronstadt an das hohe k. k. Ministerium für Handel, Gewerbe und öffentliche Bauten über den Zustand der Gewerbe, des Handels und der Verkehrs-Verhältnisse des Kammerbezirkes im Jahr 1851. Kronstadt 1853. Gedruckt bei Johann Gött. 8-vo. 44 S. mit 2 Tabellen.
12. Bericht ꝛc. im Jahre 1852. Ebendas. 1853. 8-vo. 163 S.
13. Bericht ꝛc. in den Jahren 1853 bis 1856. Ebendas. 1859. 8-vo. 306 S.

Dazu 100 Tabellen. Gedruckt bei Johann Gött in Kronstadt. 1859. 8-vo.

14. Denkschrift der Kronstädter Handels- und Gewerbekammer über die Führung einer Eisenbahn von Kronstadt in die Walachei bis an die Donau. Kronstadt 1855. Gedruckt bei Johann Gött. 8-vo. 106 S. und 1 Tabelle.
15. Nähere Erörterungen über die östliche Eisenbahnfrage mit besonderer Rücksicht auf das Belgrad-Stambuler Bahn-Projekt. Wien, Druck von Karl Gerolds Sohn 1856. 8-vo. 16 S.

16. Bericht des Apostol E Popp Mitgliedes und Franz A. Voß, Sekretärs der Kronstädter Handels- und Gewerbekammer, über die im Auftrage derselben nach den Donaufürstenthümern Walachei und Moldau und nach Bulgarien unternommene Reise. Gedruckt bei Johann Gött in Kronstadt (1859.) 8-vo. 22 S.

Tr. **Wachsmann Andreas,**

aus Hermannstadt, studirte an der Universität zu Leipzig 1716 und Halle 1720 ꝛc.

Dissertatio inaug. medica de genuinis sanitatis conservandae fundamentis. Praeside Michaele Alberti 1722 m. April. Halae Magd. Typis Joan. Christ. Hendolii in 4-to. (pag. 27. et Fol. 7.) 38 S.

Tr. **Wachsmann Georg,**

aus Schäßburg, starb am 16. Dezember 1663. Er hat Johann Göbels Chronik der Stadt Schäßburg bis zum Jahr 1663 fortgesetzt.

S. Denkbl. II. 6.

Tr. **Wächter Joseph,**

geboren in Hermannstadt den 16. Juni 1792 studirte auf den Gymnasien in Schäßburg und Hermannstadt, begab sich 1811 nach Wien, wo er nach vollbrachtem medizinischen Lehrkursus zum Doctor der Medizin 1817 graduirt, im folgenden Jahre aber als Physikus nach Mühlenbach berufen wurde. Er bekleidete dieses Physikat bis 1834 und begab sich dann mit seiner Familie nach Wien, um dort zu leben. Doch änderte er 1835 seinen Entschluß, übersiedelte nach Hermannstadt und praktizirte daselbst bis zum Jahre 1846. Im Jahre 1838 wurde er von der seit dem 24. März 1838 bestehenden k. k. medizinischen Gesellschaft in Wien zum correspondirenden Mitglied aufgenommen.

Für sein Verhalten während der Revolution in den Jahren 1848 und 1849 erhielt Wächter vermöge allerhöchster Entschließung vom 21. August 1850 das goldene Verdienstkreuz mit der Krone.

Seit Anfang des Jahres 1859 Gemeinde-Kurator und Vice-Präses des Presbyteriums der evangelischen Kirchengemeinde in Hermannstadt bis zu Ende des Jahres 1863 entfaltete W. viele Thätigkeit zum Besten dieser Gemeinde, besonders zur Hebung ihrer Waisen-Anstalt, deren Fond und Zahl der Zöglinge hauptsächlich durch seine Bemühungen bedeutend vermehrt wurde-

1. Gedicht auf den kaiserlich Russischen Generalen Ostermann (als derselbe verwundet aus dem Krieg zurückkehrte 1813. (Wien bei Gerold.) 8-vo. 4 Seiten.
2. Aufruf an die Sachsen in Siebenbürgen bei ihrem Durchmarsch durch die österreichischen Staaten. Ein Gedicht von J. W., Candidaten der Medizin im 3. Jahre, einem Siebenbürger Sachsen. Nebst einer gedrängten Skizze der Geschichte dieser Nation. Wien bei Karl Gerold 1813. 8-vo. 16 Seiten.
3. Abhandlung über den Gebrauch der vorzüglichsten Bäder und Trinkwässer; nebst einem Berichte über (den medizinischen Werth der Schwefelräucherungen in verschiedenen Krankheitsformen des menschlichen Organismus), [ist der veränderte Titel der 2. Auflage.] Die merkwürdigen Schwefelräucherungen des Herrn Doctor Galés in Paris. Mit 1 Kupfertafel. Wien 1817. 8-vo. XII. 184 Seiten. 2. Auflage. Mit 1 Kupfertafel. Wien, bei Karl Gerold 1818. 8-vo. 184 S.

   Die 2. Auflage ist recensirt in der Chronik der österr. Literatur vom September 1818, Nro. 72. Beiblatt der Erneuerten Vaterländischen Blätter für den österreichischen Kaiserstaat vom Jahr 1818. Die 1. aber ist recensirt in der Jenaer Allgemeinen Literatur-Zeitung Juli 1818. Jahrbücher der Literatur. Wien 1818, II. 49. Haller Literatur-Zeitung. Jahrgang 1819. S. 621—624.
4. Praktische Beobachtungen über die Schwefelräucherungen. Aus dem Französischen des Herrn Dr. Jean de Carro übersetzt. Wien bei Karl Gerold 1818. 8-vo. 218 S.

   Kurz recensirt in der den Vaterländischen Blättern für den österr. Kaiserstaat beigefügten Chronik der österreichischen Literatur 1819, Nr. 26, S. 101—103 und in den Jahrbüchern der Literatur. Wien, 1818. III. 22.)
5. Drei Gedichte in den Abendunterhaltungen für den Winter 1816/7 zum Vortheil der Haus-Armen Wiens. Wien bei Gerold 8-vo. und zwar S. 31—33. Feierlicher Einzug Ihro Majestät der Kaiserin Kön. Karoline Auguste in der Residenzstadt Wien. S. 160. Das holde Blümchen. In Musik gesetzt von Anton Diabelli, S. 190—191. Schön Röschen. Nebst einem Kupfer von Papin.
6. Das evangelische Waisenhaus A. C. zu Hermannstadt, seine Gründer und Wohlthäter. Eine geschichtliche Skizze zusammengetragen durch

Dr. J. Wächter, Gemeinde-Curator und Besitzer des goldenen Franz Joseph-Kreutzes mit der Krone. Preis 1 fl. österr. Währ. ohne der Wohlthätigkeit Schranken zu setzen. Der Reinertrag ist dem evang. Waisenfonde gewidmet. Hermannstadt gedruckt bei Joseph Drotleff 1859. Zu haben in den hierortigen Buchhandlungen. 8-vo. 44 S.

Dieser Publikation folgte am 15. Juli 1860 „Rechenschaftsbericht über den Reinertrag der Denkschrift:" „Das evangel. Waisenhaus ꝛc." Buchdruckerei S. Filtsch in Hermannstadt 1860, kl. 8-vo. 16 S. sowie nachher zu Ende jedes Jahres ein gedruckter „Bericht über das Walten und Gedeihen des evangelischen Waisenhauses zu Hermannstadt."

Möchte dieses Beispiel in allen sächsischen Städten Siebenbürgens Nachahmung finden und für das Heil so vieler verkümmernden evangelischer Waisen mehr gesorgt werden.

Tr. **Wagner Lucas,**

Sohn eines bürgerlichen Riemermeisters in Kronstadt, wo er am 22. August 1739 geboren und im Jahre 1755 auf das Obergymnasium aufgenommen wurde. Er erlangte an einer auswärtigen Akademie den medizinischen Doktorgrad, praktizirte mit Glück in seiner Vaterstadt und starb daselbst am 20. November 1789.

Dissertatio inauguralis medico-chemica de aquis medicatis Magni Principatus Transylvaniae. Viennae, typis Josephi Kurzböck, 1773, 8-vo. XVI. 95 S.

Dem damaligen Siebenbürgischen Provinzial-Kanzler Baron Samuel Bruckenthal zugeeignet. Soviel bekannt, ist dieß die erste Abhandlung über die mineralischen Wasser in Siebenbürgen[1], deren Mängel umsomehr Nachsicht verdienen, da der Verfasser seine Versuche noch als Jüngling in dem weit entfernten Wien anstellte, wohin ihm das Wasser in Flaschen zugeschickt wurde.

(Siebenbürgische Quartalschrift II. S. 206.)

Tr. **Wagner N.,**

dessen Taufname und Lebensumstände mir unbekannt sind, hat als vierter Lector am Hermannstädter Gymnasium, herausgegeben:

---

[1] Jene von H. J. Crantz erschien in dem Buche: „Gesundbrunnen der österr. Monarchie" zu Wien im Jahre 1777. S. 202—232.

Praecepta de conscribendis carminibus germanicis. Cibinii 1714. 8-vo. 8 Seiten in deutscher Sprache.

(Laut Programm des Schäßburger Gymnasiums vom Jahre 1852/3. Seite 26).

Seiv.   **Wagner Valentin,**

Doktor der Weltweisheit und der freien Künste Magister. Einer der größten Geister, deren sich Kronstadt, ich könnte hinzusetzen, die Sächsische Nation rühmen kann. Haben jemals die Wissenschaften in Siebenbürgen geblüht: so muß man unsern Wagner und Honterus für die Wiederhersteller derselben erkennen. Sie waren es mit so glücklichem Erfolge, daß die letzte Hälfte des sechzehnten Jahrhunderts, als der schönste Frühlingstag, nach einer dunkeln Nacht der Trägheit und Unwissenheit anzusehen ist. Wie bedauere ich aber mein Schicksal, daß ich auch von Wagners Geschichte der gelehrten Welt nichts als Fragmente mittheilen kann! Wie Weniges kann ich von ihm sagen! — Zu Wittenberg erhielt er die höchste Würde in der Weltweisheit und den freien Künsten, aber dieses erst in seinen späteren Jahren. 1544 verwaltete er das Schulrektorat zu Kronstadt, und nachgehends ward er ein Mitglied des dasigen Raths. Nach Honters Tode erwählten ihn die dankbaren Bürger 1549, den 29. Jänner zum Stadtpfarrer.[1]) In diesem Amte starb Wagner schon am 2. September 1557[2]) nachdem er sich vor seinem Tode selbst folgende Grabschrift gesetzt hatte:

Exiguum vixi, sed fido pectore vixi,
   Cura fui patriae quantulacunque meae.[3])

---

[1]) „1549 den 29. Jänner wird erwählt zum Pfarrherr zu Chronen Mag. Val. Wagner, nobis sangvine junctus." So berichtet auch Andreas Ottard in seinem Album in den deutschen Fundgruben N. F. S. 18.

[2]) Matricula civium Gymn. Coron. pag. 18 Chronicon Fuchs. etc. I., 60.

[3]) Elegiae in obitum trium illustrium virorum etc. von Schesäus, wo dieser Grabschrift ein von Seibert S. 474—476 aufgenommenes Lobgedicht des Schesäus auf Wagner vorausgeht. Bod Hungarus Tymbaules S. 16.

Zu Wagners Biographie bemerke ich: daß derselbe von bürgerlichen Eltern in Kronstadt geboren, bei den dasigen Dominikanern im Kloster Sct. Petri studirte, und sich dann auf die hohe Schule zu Krakau, wo er sich der Gunst K. Sigmunds erfreute, und nach seiner Heimkehr auf den Rath des Reformators Honterus, bald nach dem Anfang des Jahres 1542 auf die Universität zu Wittenberg begab. (S. meine Beiträge und Aktenstücke zur Reformationsgeschichte von Kronstadt S. 8—9 und 19.) Sonach unter Luthers und Melanchtons Leitung mit gründlicher Kenntniß in den Wissenschaften und Sprachen, besonders der griechischen, ausgerüstet, erschien Wagner wieder in Kronstadt, richtete als der erste Rektor während dem Jahr 1544 die dasige höhere Schule nach den im vorhergegangenen Jahre von Honterus entworfenen und vom Magistrat gutgeheißenen neuen Gesetzen ein (Filck's

1556 schrieb ihm Mart. Rakotzi, ein Turoczer seine lateinische Uebersetzung des Proclus: de Sphaera Witeb. in 4-to. zu. Die vorangesetzte Elegie des Dr. Peucer hat die Aufschrift: „Clariss. viro, doctrina et virtute praestanti D. Val. Wagnero Rectori Scholae", wiewohl Wagner im Jahre 1556 längst nicht mehr Rektor, sondern Stadtpfarrer und Schul=Inspektor war. Wagners Name lebt noch in folgenden Schriften:

1. Quaestiones de duobus Dictis, quae in speciem pugnare videntur, altero Syracidis: fides in aeternum stabit; altero Pauli: dilectio non excidit. 1. Cor. XIII. Witeb.

   Tr. Richtiger: „Quaestio proposita a Val. Wagnero Coronensi de duobus dictis, quae in speciem pugnare videntur, altero Syracidis, altero Pauli." In Melanchtonis per. Joan Richardium Argentorati 1570 in 8-vo. editis in Acad. Witeberg. recitatis Declamationibus Tom. III. pag. 524—528 exstant quaestiones illae, quibus in splendidissima omnium Professorum panegyri propositis hocce Exordium praemisit: „Ego ut ostenderem conjunctionem et mei animi et „nostrae Ecclesiae cum vestra Ecclesia tam longum iter feci inde „a veteri Sede Jazygum, quas fuisse Jonum coloniam existimo. Et „quia Studia hujus Academiae amo, libenter etiam hos scholasticos „ritus observo. Quare cum jussus sim, hoc loco dicere, non volui „meum officium desiderari. Ut igitur usitatum est, quaestionem „proponam: de duobus Dictis, quae in speciem pugnare videntur, „altero Syracidis: fides in aeternum stabit; altero Pauli: „Cognitio cessabit; de qua et ego et caeteri erudiamur." S. auch Bretschneiders Corpus Reformatorum X. Band, Halis Saxonum 1842. 4-to. S. 898 bis 900 nebst Responsio ebendas. S. 900—901.

Seiv. 2. Compendium Grammatices graecae. Coronae 1535. 12-mo. 4 Bögen; wieder 1562 ebend. 8-vo.

   Tr. Neue Auflage. Comp. Gramm. gr. Libri tres Val. Wagner Coron. MDL. XIX. Hinten steht: Inpressum in Incl. Transylvaniae Corona. K. 8-vo. 124. S. und Τρηφονισ Grammatici περι παθων λιξιων 4 Seiten.

Geschichte des Kronstädter Gymnasiums S. 32, 43, 44 und 123—130), war schon in diesem Berufe nach Honterus und Glatz das thätigste Werkzeug der Reformation, und stand selbst mit dem Patriarchen von Constantinopel, dem er auch seinen griechischen Katechismus übersandte, in unmittelbarem brieflichen Schriften-Verkehr.

Tr.

Unter dem letzteren Titel auch im Jahre 1630. Coronae per Mart. Wolfgangum. 8-vo.
3. Amnon incestuosus, Tragaedia. Coronae 1549. 8-vo. 2 Bögen.
4. Κατηχησισ, Ουαλεντινου τε ουογνερα κορωνεοσ. Ebendaselbst 1550. 8-vo.

Tr. X. 207 S. die 1. Ausgabe soll schon im Jahr 1544 in Kronstadt gedruckt worden sein, wie Dav. Hermann in Annal. eccl. Hauer in Hist. Eccl. Trans. S. 205 und Schmeizel in Diss. epist. S. 209 melden.

Die Einleitung auf X. Seiten ist lateinisch und schließt mit den Worten: Deus Pater domini ac Salvatoris nostri Jesu Christi misereatur Transylvaniae adflictissimae et desolatissimae. Ac a nobis horribilem ruinam, quam jam proximae imminere video, clementer avertat, propter somen suum sanctum, quod in his partibus voce Evangelii collegit. Nosque in puritate sui verbi virtute spiritus sancti conservet, confirmet et adversus omnem vim potenter protegat atque tueatur. Amen. Datum inter medios hostes et arma. Pridie Calendas Novemb. Anno Jubilaeo 1550.

Ebendaselbst sagt Wagner: Postquam vero me Deus speculatorem svi gregis esse voluit, inter ecclesiastica certamina et scholasticas molestias hanc compendiariam institutionem de praecipius christianae religionis capitibus, qua potui brevitate et simplicitate, composui. Etsi autem praecipue hic vicinos nostros, reliquias miserrimae Graeciae respexi, spero tamen hanc operam et aliis christianis scholis aliquid profuturam esse. Animi ac studii mei scio me Deum authorem pariter atque testem habere. Quod ad dictionem et compositionem attinet, quamvis pleraque aliunde transsumpserim, tamen quia non pauca de meo quoque admiscui, totum hunc laborem judicio doctorum submitto. Non horresco, sed desidero limam. Caeterum nomina authorum, quorum Sententiis atque testimoniis usus sum, prudens praeterii. Nolo quemquo fraudatum esse suo honore. Non memet hic alieno (ut cornicula illa Aesopica) ornatu vestivi, neque ostento, sed Christum meum cujus sunt omnia, celebro. Quaecunque sunt pia, quaecunque (ut studui esse omnia) salutoria Christo adscribantur. Si quid peccatum, meae vel incuriae, vel tenuitati tribuatur. Equidem ita scripsi, congessi, edidi, ut nihil me clam in angulo agere, sed omnia in conspectu hominum, praecipue doctorum, tractare semper cogitaverim.

Die Schulbibliothek zu Hermannstadt bewahrt ein merkwürdiges Exemplar dieses Werks, welches ehemals Johann Georg, Pfalzgraf beim Rhein, Herzog von Zweibrücken und Ritter des H. Kreutzes, bei seiner Zurückkunft aus seiner zehnjährigen Gefangenschaft unter den Türken, dem Franz Grasius, Pfarrer zu Großkopisch 1608 zu seinem Andenken mit folgender Inschrift verehret hat:

 Possideam quamvis totus quod continet orbis,
  Cunctaque deliciis lauticiisque fluant.
 Nil tamen inde mihi sapit, aut conducit anhelo,
  Si condas vultus, o Pater alme! tuos.
 Si des nulla tui misero mihi signa favoris
  Pectoris in tacito percipienda sinu.
 Haec absint; aberunt simul omnia, sint ea praesto,
  En! mox laetitiae flumina plena fluent;
 Laetitiae sanctae & licitae: nam gaudia mundi
  Foribus in mediis anxietate scatent.
 Care Pater! placidos iterum quaeso, exsere vultus,
  Ut gustus patriae me bonitatis alat.
 Vivificet, recreet, mediaque in morte beatum
  Exhilaret, voti compos ubi hujus ero.
 Omnio ceu nactus, nihil optabo amplius, uni
  Quando bona huic insunt omnia. Terra vale!

Dono dabat pro sui memoria perenni, & in aeternum duraturae amicitiae christianae signum, amico optimo, & integerrimo D. Francisco Graphio, Capusiensis Ecclesiae in Transilv. Pastori meritiss. & Almi Capituli Mediensis Decano dignissimo, Joan. Georg. Comes Palatinus Rheni, Dux Biponti &c. Eques Crucis Hierosolymitanae &c. exul ex Paganorum decennali captivitate reversus. In die Circumcisionis Dominica An. 1608. Ut felix, faustum, & beatum omnibus piis, & orthodoxis Christianis sit auspicium hujus novi anni, precamur.

5. Praecepta vitae Christianae, Valent. Wagueri, Coron. Coronae MDLIIII. 8-vo. 39 Seiten. [1])

Zu Ende stehet: Impressum in Inclyta Transylvaniae Corona, Anno MDXLIIII. Ob dieses ein Druckfehler ist oder ob 1554, ein neues Titelblatt gedruckt worden, weiß ich nicht. Es sind 16 Elegische

---

[1]) Mag. Dan. Cornides. (l. desf. Bibliotheca Hung. p. 253.) besaß eine neuere Ausgabe unter dem Titel: „Praecepta vitae christianae, Versibus elegiacis conscripta a Valent. Wagner. Coronae 1581. 8-vo.

Gedichte, nebst einigen Epigrammen. Der Schluß des ganzen Werkchens ist:

Magnificus D. Stephanus Maylad, Comes Transylvaniae, perfide sub induciarum pactionibus captus a duobus Wayvodis, altero Moldaviae, altero Bulgariae, & a Turcis in perpetuam captivitatem abductus. Anno MDXLI.

Bisthoniis quondam, qui formidabile nomen
Gentibus, & patriae gloria spesque fui.
Nunc ego foedifrago nimium male credulus hosti,
Incurri Gethicas, praeda petita manus.
Quique armis potui decus immortale mereri,
Perfidia captus vincula dura gero.
Exemplo monitus, fuge Turcica foedera, nescit
Barbara gens regnis praepossuisse fidem.

6. Insignes ac elegantissimae Sententiae ex L. Annaei Senecae ad Lucilium Epistolis, caeterisque ejusdem autoris scriptis selectae et in usum studiosae juventutis editae. Coronae 1555. 12-mo. 190 S.
Tr. Diesen Sententiis ist auf acht Seiten vorgedruckt. Valent. Wagn. Coron. amplissimae spei puero Joanni Bengnero, filio clarissimi viri Joannis Bengneri Judicis Coron. S. P. D., worin Wagner vom Nutzen dieser Sprüche für Jung und Alt spricht und damit schließt: „Volui autem, mi Joannes, hunc libellum sub tui nominis auspicio edere, ut sit publicum et perpetuum pignus mei erga vestras familias pectoris ac amoris. Et spero, ex hac literaria strena tum alios multos, tum te aliquando uberrimam frugem percepturum esse." Hinten steht: Coronae ex officina typographica Valent. Wagneri 1555.

7. Sententiae insigniores ex L. Annaei Senecae Libris de Ira. Coronae, s. a. 12-mo. 35 S.

8. Elegantiores Sententiae ex L.. Annei Senecae Libris de beneficiis, selectae in usum studiosae juventutis, Coronae 1555. 12-mo. 34 S.

9. Novum Testamentum graecae & latine, juxta postremam D. Erasmi Rot. Translationem. Accesssrunt in hac editione praeter concordantias marginales, succincta quaedam scholia, & communium locorum Index. Industria, & impensis M. Valent. Wagneri, Coronen. Coronae, An. MDLVII. Cum gratia et Privilegio Regiae Majestatis. 4-to. VII. 662 Seiten.

10. Imagines Mortis selectiores,¹) cum decastichis Val. Wagneri Coron. Ebend. 1557 in 8-vo.

Hievon schreibt Teutsch im aufgerichteten Denkmal S. 23. §. 125: das Werkchen bestehet aus 16 Bildern, welche von Holzschnitten abgedruckt sind, in welchen allen der Tod aufgeführet wird, wie er mit allerhand Leuten zu thun hat. Ueber jedem Bilde sind fünf Disticha vom seligen Herrn Wagner verfertigt, welche die angeführten Sprüche der heil. Schrift artig in sich fassen. Z. E. Bei einem geizigen Reichen stand Luc. XII. 20. Psalm. XXXIX. 7, — und darunter:

> Qui tibi sollicitus in longos prospicis annos,
> Augurio falso pectora caeca foves.
> Hac te nocte vocant (dum spe meliore tumescis)
> Et repetunt animam fata suprema tuam.
> Quas jam per fraudes, per fas nefasque reponis,
> Quis tunc magnificas haeres habebit opes?
> Non tunc descendit tecum tua gloria, vermes
> Serpentesque inter putre cadaver eris.
> Nascitur, ut nudus tumida genitricis ab alvo,
> Sic terram nudus mox subit omnis homo.

11. Medicina animae ²) et mortis imago. Ob dieses ein Original, oder nur ein Nachdruck einer gleichen Schrift, die, wo ich nicht irre, zu

---

¹) Der vollständige Titel lautet: Imagines mortis selectiores cum Decastichis Valent. Wagneri Coronen. Item Praecepta vitae christianae et alia quaedam Epigrammata, Carmine elegiaco. Eodem authore. Coronae Industria ac sumptibus Valent. Wagneri Coron. Kl. 8-vo. Ersteres 39 S. und das letztere mit dem besonderen Titel: Praecepta vitae christianae Valent. Wagneri Coron.
„Vulgus nec caelum, nec famae nomina curat,
Verus in excelso pectore regnat honor."
Coronae 1554. Kl. 8-vo. 39 S. Am Ende steht: Impressum in Inclyta Transylvaniae Corona. Anno MDXLIIII.

Auf der Rückseite des ersten oder Haupttitelblattes steht Wagners Zueignung: „Valent. Wagnerus Coron. Reverendo Viro domino Francisco Salicaeo Pastori Ecclesiae Christi, quae est in Birthalben. S. D. wo es heißt: — „volui hunc nostrum laborem sub tui nominis auspicio in publ. edere, ut sit perpetuus pignus mutuae nostrae arctissimae amicitiae etc. und am Schluß der Zueignung: Coronae in Transylvania pridie Idus Maji anno 1557.

²) Hat richtiger folgenden Titel: Medicina animae, tam iis qui firma, quam qui adversa corporis valetudine praediti sunt, in mortis agone et extremis his periculosissimis temporibus maxime necessaria. Coronae s. a. ll. 8-vo. S. 1—67. Item: Ratio et methodus consolandi periculose decumbentes. Ibid s. a. S. 68 bis 88. Auf der letzten Seite sieht man das Kronstädter Wappen mit der Wurzel unter einem quergewundenen Blumenstrauß, beide von zwei Männern gehalten.

Der von Seivert angeführte Titel: „Medicina animae et mortis imago" mag also unrichtig, und unter Mortis imago das Büchelchen Nr. 10. zu verstehen sein.

Wittenberg herausgekommen, ist mir unbekannt. Auch zu Köln, ist 1567, eine ähnliche gedruckt worden.
12. Silva Anamalorum in lingua Graeca. in 8-vo. Davon ich die Auflage von 1564 gesehen habe.
13. Odium Calvinianorum. Ohne Meldung des Orts und Jahres, in 8-vo.
Tr. 14. Prima Rudimenta christianae Religionis. In usum pueritiae Coronensis. Joannis VIII. Qui es Deo est, verba Dei audit. Coronae 1554. kl. 8-vo. 31 Seiten.

Fremde Werke, die Wagner zu Kronstadt herausgegeben:
1. ΘΕΟΓΝΙΔΟΣ ΜΕΓΑΡΕΩΣ ΓΝΟΜΑΙ ΕΛΕΓΙΑΚΑΙ. MDXLV. in 8-vo. welchem beigefügt ist: ΦΩΚΥΛΙΔΟΥ ΠΟΙΜΑ ΝΟΥΘΕΤΙΚΟΝ, und ΧΡΥΣΑ ΕΠΗ ΤΟΥ ΠΥΘΑΓΟΡΟΥ. Zu Ende liest man: ΕΤΥΠΩΘΚ ΕΝ ΚΟΡΩΝΗ ΤΗΣ ΤΡΑΝΣΥΛΟΥΑΝΙΑΣ.
2. Sententiae Veterum de Coena Domini: ut Cyrilli, Chrysostomi, Vulgarii, Hilarii, & aliorum, collectae a Philippo Melanthone. Matthiae XXVIII. Ecce ego vobiscum sum omnibus diebus usque ad consumationem saeculi. (Kronstädter Wappen mit der Wurzel) Anno MDLVI. 4-to. 32 S. Hinten steht: Impressum in Inclyta Transylvaniae Corona. Vergl. Denkbl. II. 80.
3. Definitiones multarum adpellationum, quarum in Ecclesia usus est. Authore Melanthone. Accessit D. Augustini Liber de Essentia divinitatis 1555. 8-vo. 60 Seiten.
4. Melanthonis Epistolae responsoriae¹).
5. Philonis Judaei eloquentissimi Libellus de mercede meretricis non accipienda iu Sacrarium, Graeco-lat. 1555. 8-vo. 23 S.
6. P. Fausti Andrelini Foroliviensis Poetae laureati atque Oratoris clarissimi Epistolae proverbiales et morales. Coronae 1555. 8-vo. 45 S. Auf die Vorrede des Beatus Rhenanus au Hieronymus Gebuilerus folgt ein Brief des Faustus au Ganay und ein Epigramm an Guido Rupeforte, Kanzler von Frankreich, dann P. Fausti 9 Briefe im Auszug; endlich auf den vier letzten Seiten: Angeli

---

¹) Dieser Titel soll ohne Zweifel richtiger also heißen: Responsio Phil. Melanthonis de Controversiis Stancari. Scripta 1553. Coronae 1554. 8-vo. 40 Seiten enthaltend, und (wie Seivert S. 62 schreibt) auch zu Klausenburg 1554. 8-vo. gedruckt. Daß auch Honterus diese Schrift 1543 herausgegeben habe, wie Seivert S. 180, Nr. 21 berichtet, ist unrichtig, s. Honterus in den Denkbl. II Diese Responsio ist auch im 3. Band der Melanthonischen Declamationum, welche Joh. Richard zu Straßburg 1570 in 8-vo. herausgegeben hat, S. 537—554 abgedruckt. — Ueber Franz Stankarus s. Kleine Nachrichten von evangel. Predigern in Ungarn II. 112.

Politiani ad viros illustres Epistolae; zum Beschluß: Libellus Sententiarum sämmtlich Seite 45—102. Diese als fortgesetzte Seitenzahlen des folgenden Buchs:
7. Magni Turci Epistolae per Laudinum Equitem Hierosolymitanum latinitati donatae, item aliae quaedam variorum auctorum Epistolae lectu dignissimae, Libellus Sententiarum et verborum gravitate refertissimus. Coronae 1555 8-vo. 48 Seiten.
    Tr. Ueber dieses Buch finde ich in Hammers Geschichte des Osmanischen Reichs X. 377 und 67 folgende Auskunft und Titel: „Epistolarum Turci Magni[1]) per Landinum Libellus Sententiarum gravitate refertissimus: additis nonnullis lectu dignis Epistolis ex Laertio, Gellio et nostrae tempestatis Callentio, prajuncto unicuique titulo, qui frugem habeat totius Lectionis. Adolescentibus studiosis commodissime compactus. Am Ende steht Viennae Pannoniae ab Hieronymo Philovalle et Joanne Singrenio Kalendis Martii Anno 1511 et 1512. Diesen zwei Wiener Ausgaben, die ich (Kaltenbäck) besitze, gingen indessen sehr viele voraus, mehrere erschienen ohne Druckort und Jahr, gewiß schon um 1470—1480; die andern Neapoli per Arn. de Bruxell 1473 4-to; Lipsiae 1488 4-to; Daventriae 1490 4-to; Lipsiae 1498 4-to; Cracoviae 1513 4-to. u. s. w.

Seiv. 8. Ciceronis Epistolae elegantiores.
9. Aristotelis Libellus de virtutibus et vitiis Sententiae diversorum autorum de eadem materia. Coronae 1555. 8-vo. 23 S. (Das zweite hat auch den besonderen Titel: Illustres Sententiae in usum puerorum selectae, und faßt in sich S. 15—23.)
10. Brentii Catechesis.[2])
Tr. 11. Der kleine Katechismus für die Pfarrherrn und Hausväter. Martin Luther 1555 kl. 8-vo. 46 S.
12. Αριϛτοτελυς περι 'αρετων βιβλ. — Δημητριυ Φαλερεως των 'επτα Σοφων αποφϑεγματα. — Σοζιαδου των 'επτα σοφων υποϑηκαι. Coronae 1555. in 8-vo. 31 Seiten.
13. Geistliche Lieder und Psalmen, durch Dr. M. Luther und andere gelehrte Leut gemacht.[3]) Zu Kron, mit Privilegien auf fünf Jahr,

---

[1]) Unter dem Namen Magnus Turcus ist hier der türkische Kaiser Mahomet verstanden, der sich diesen lateinischen Beinamen durch die Eroberung Constantinopels und andere große Thaten erwarb.
[2]) S. Jöcher I. 1866.
[3]) S. m. Beiträge und Aktenstücke zur Reform. Geschichte von Kronstadt S. 19 und das Verzeichniß der in diesem ältesten Siebenbürgischen Kirchen-Gesangbuch enthaltenen Lieder ebendaselbst S. 65—67.

in 8-vo. Dieses höchst seltene Gesangbuch enthält 95 Lieder, wovon ich 30, in keinen mir bekannten Gesangbüchern finde. Schade! daß keine Jahrzahl beigefügt worden. Zu Ende liest man: Gedruckt zu Cron, in Siebenbürgen, bei M. Valent. Wagner. Da es mir unwahrscheinlich ist, daß Wagner eine eigene Buchdruckerei errichtet hätte; so glaubte ich, er habe die Honterische nach dessen Tode übernommen. Diesem Gesangbuche sind, in einem Exemplare verschiedene andere Lieder beigebunden, deren Aufschriften ich wegen ihrer Seltenheit hier anmerken will. 1. Drei Lieder deren Titelblatt aber fehlet zu Ende stehet: gedruckt zu Cron in Siebenbürgen. Die Lieder sind: a) Danket dem Herrn heut und allezeit, denn groß ist seine Güte und Mildigkeit. b) Ich weis mir ein Blümlein hübsch und fein, es thut mir wohlgefallen. c) Lobet den Herrn, denn er ist sehr freundlich — 2. Gebet eines Kranken: aus den Psalmen Davids zusammengezogen und in Gesangweise verfasset: Im Ton: Wenn mein Stündlein vorhanden ist. Sirach. 37. Wenn du krank bist, so verachte daß nicht — von aller Missethat. Gedruckt in der Hermannstadt, durch Merten Heusler und Greger Frautliger im Jahr 1576 in 8-vo. 12 Seiten. 3. Ein schön Geistlich Lied, Allein nach dir Herr, gemehrt mit zwei Gesetzen. Gedruckt zu Wien in Oesterreich durch Kaspar Stainhofer 1569, 8 Seiten in 8-vo. 4. Zehn schöne Geistliche Lieder — 1 Bogen, in 8-vo. zu Ende: gedruckt zu Wien in Oesterreich, durch Caspar Stainhofer 1569. Das erste Lied: Herr Jesu Christ war Mensch und Gott, ist unterschrieben: Paulus Eberus Filiolis faciebat. Das zehnte: Danket dem Herrn, denn er ist sehr freundlich — im Ton: Vitamque faciunt beatiorem.

Tr. 14. Aphtorii Progymnasmata. Coronae 1556 [1])
15. Farrago Epigrammatum Philippi Melanthonis. Coronae 1556. [2])
16. Cebetis Tabula. Graece et latine. Coronae s. a. [3])
17. Historia Reformationis (Eine von Joseph Teutsch in seinem Verzeichniß einiger Schriftsteller, die von Ungarn und Siebenbürgen handeln, angeführte, mir aber nie vorgekommene Handschrift.)

---

[1]) und [2]) Ungar. Magazin IV. 452.
[3]) Nach Thom. Tartlers Bericht und Hermanns a. u. n. Kronstadt I. 995.
[4]) Valentin Wagnern gebührt das Verdienst, die älteste Gymnasial-Matrikel unter den Siebenbürger Sachsen angelegt zu haben, welcher er den Titel gab: „Catalogus Studiosorum, qui in Schola Coronensi liberaliori doctrinae dant operam."

18. Catalogus Studiosorum, qui in Schola Coronensi liberaliori doctrinae dant operam. Anno a nato Christo 1544.⁴) Handschrift.

Seiv. **Valentin Wagners Bruder Andreas Wagner** wurde gleichfalls durch seine Talente glücklich. Lazius schreibt von ihm in Republ. Rom. S. 529: In ejus (Coronae) vicinia, quoque natus est longe optimus vir, singularis Musarum earumdemque alumnorum patronus, Dnus Andreas Wagnerus, Sereniss. Romanorum Regis Ferdinandi a Consiliis, & primis Secretis, Provinciaeque Austriae Inferioris Scriniorum Praefectus, noster & de nobis bene meritus Mecaenas.

Tr. Auch hat W. Lazius demselben seine Ausgabe des nachbenannten Buches zugeeignet: „De imagine mundi Libri V. authore Honorio Gotto etc. Viennae 1549. 4-to." Die Widmung lautet: „Ad nobilem et praeclari nominis virum D. Andream Wagner, Sacrae Rom. Regiae Majestatis a Consiliis et penitioribus Secretis, Dominum et Patronum."

Als einen Grund der Zueignung gibt Lazius an: „quod patriam tuam, hoc est Daciam, is autor adfabre describit, et eo quidem tempore, quo a Gothis Germanis hic erat cultus terrae tractus. Tametsi enim Saxones (teutonica et ipsa gens) posterioribus annis eam in provinciam a Carolo Magno, praesidii gratia, contra Avaros et Hunnos fuerint translati, tamen Gothorum isthic semper reliquiae quaedam ceu et Hunnorum manserunt. Id quod ex Jornando partim, Hungaricisque Annalibus, partim vero ex ritu ejus gentis, consvetudineque colligitur, quae Gothicum adhuc, nescio quid sapit. Jam vero Transylvaniensis Tu (ubi olim Dacia) ex Gothorum vel Saxonum posteritate oriundus, Honorium hunc Episcopum, ut ego reor, Gothicum sub signis Tuis in aciem descendere non permittes? Non enim video, cui rectius Dacum Scriptorem, quam Daco, — dedicare debeam. Fuisti Tu nobis instigator laboris quam permolesti,

---

Klein Folio. Vom Jahre ihrer Anlegung 1544 bis auf die gegenwärtige Zeit fortgeführt enthält diese Matrikel viele zur politischen und literarischen Geschichte interessante Angaben. S. Dücks Geschichte des Kronstädter Gymnasiums S. 25 und 44, vgl. mit Benkö Trannia II. 307—317 und diese Denkblätter im Artikel Friedrich Schiel.

Die Schulmatrikel des Hermannstädter Gymnasiums hat erst der Rektor Leonhard Hermann im Jahr 1598 angelegt (Seivert 165). Die Mediascher Schul-Matrikel zählt die Namen der Rektoren vom Jahr 1604 und die Bistritzer jene vom Jahr 1538 herwärts auf. — Die älteste Schäßburger Schul-Matrikel ist im Jahre 1666 (in klein Folio 111. Blätter) angelegt worden l. Teutsch Geschichte des Schäßburger Gymnasiums S. 2.

sed tamen non inutilis, cum ad Bibliothecarum Styriae, Carinthiaeque latissime excurrentium provinciarum perlustrationem hortareris, atque ut Rex sua nos authoritate sumtuque adjuvaret, causa fueris. Quapropter ut aliquis merito ad ejus authorem consilii fructus redundet, hunc suscipies interea, Andrea observandissime! Honorium, donec aliud Te magis dignum munus adornavero." [1])

Tr. **Walser Jakob,**

Weltpriester der Szathmarer Diöcese, geboren in Feldkirch in Vorarlberg am 20. Oktober 1842, absolvirte das Staatsgymnasium in Feldkirch (1854—1861), bezog im Jahr 1861 die Innsbrucker Universität, sich auf das Studium der Philologie verlegend. Nachdem er im März 1865 die Lehramtsprüfung über sein Fachstudium mit Erfolg bestanden hatte, wurde er als Supplent am k. k. Gymnasium zu Innsbruck mittelst Dekret der k. siebenb. Hofkanzlei vom 28. August 1865 als Lehrer am kath. k. k. Staatsgymnasium in Hermannstadt angestellt und mit Dekret vom 2. September 1868 zum ordentlichen Lehrer der Philologie an diesem Gymnasium ernannt, erhielt aber schon im folgenden Winter eine andere Anstellung am Gymnasium in Stockerau bei Wien, und wurde im Herbst 1869 zum Professor in Linz ernannt.

Während seinem Aufenthalte in Hermannstadt veröffentlichte er die physiologisch-philologische Abhandlung:

Schritte zur Aufhellung des Sprachräthsels, betreffend Indo=europäische Sprachwurzeln. Entwickelt nach physiologischen Principien von J. W. Hermannstadt, gebr. bei Sam. Filtsch 1868. 8-vo. 76 S.

Dieser Abhandlung war vorhergegangen:

Platons Euthyphron oder die Erörterung über die Frömmigkeit. In dem Programm des k. k kathol. Staatsgymnasiums in Hermannstadt. 1865/6. S. 3—32.

Tr. **Weber Simon Peter,**

Sohn eines Bürgers in Hermannstadt und daselbst geboren, fand sein Glück zu Preßburg, wo er noch im Jahre 1821 als Communitätsorator und als Kirchensenator der dasigen A. C. B. lebte, und von seinem Correspondenten, dem Hermannstädter Stadtpfarrer Johann Filtsch besucht

---

[1]) Denis Buchdruckergeschichte Wiens S. 440—441. Uj-Magyar Muzeum, kiadja Toldy Ferencz 1858, 4. Heft, und Gr. Jos. Kemeny's történelmi és irodalmi Kalászatok. Pest 1861, S. 140—143.

wurde. Er besaß in Preßburg eine Buchdruckerei, deren Eigenthum auf seinen Sohn Simon Ludwig Weber übergegangen ist.

In der Barthischen Buchdruckerei zu Hermannstadt, welcher der Bruder unseres Weber als Verschleißer vorstand, hatte sowohl S. Peter, als auch S. Ludwig Weber die Buchdruckerkunst erlernt, und Weber, der Vater, durch seine eheliche Verbindung auf seiner nach Preßburg unternommenen Wanderschaft mit einer dasigen Buchdruckerswittwe die Mittel zu einer eigenen Buchdruckerei und später errichteten Buchhandlung erworben.

Ihm und dem Bürgermeister Windisch ist vorzüglich die Herausgabe von Seiverts Nachrichten von Siebenbürgischen Gelehrten im Jahre 1785, zu einer Zeit, in welcher Siebenbürgische literarische Unternehmungen gewagt waren und fast keine Unterstützung fanden, zu verdanken:

1. Die Hunyadische Familie, oder: Auch Unschuld schützt nicht immer vor Kabale. Eine wahre Geschichte, welche sich im Jahre 1457, den 16. März, in Ofen zugetragen. In Gestalt eines Trauerspiels von fünf Aufzügen bearbeitet. Preßburg 1792. 8-vo. 115 S.

2. Der edle Eifer, oder wir alle ziehn in Krieg. Ein komisches Singspiel in drei Aufzügen. In Musik gesetzt von Franz Tost. Preßburg 1796. 8-vo. 74 S.

3. Aufruf an Ungarns edle Söhne. Eine Kantate, in Musik gesetzt von Franz Tost. — Serkentés á Nemes Magyarokhoz á mostani Országgyüléskor, kantáta, mellyet Magyarul á Musikához készitett Csokonai Mihály. Ebendas. 1796. 8-vo. 12 S.

4. An den Tod, der uns M. Theresia raubte. Wien, bei Rud. Gräffer, 1780. 8-vo. 8 S. Auch ebendas. bei M. A. Schmidt. 1780. 8-vo. 8 S.

5. Lied der Schützen-Compagnie, gesungen als Leopold II. zum König von Ungarn gekrönt wurde, 15. November 1790. 8-vo. 8 S.

Seiv. ## Weidenfelder Lorenz,

Pfarrer zu Michaelsberg, woselbst auch sein Vater, gleichen Namens, als Pfarrer gestorben ist. Ein Mann, dessen Gaben und großer Fleiß wohl ein besseres Glück verdienet hätten. Allein seine Lebensart verdarb es. Er war den 13. Jänner 1693 geboren, studirte in seinen jüngern Jahren auf deutschen und holländischen hohen Schulen, zu Jena, Wittenberg, Utrecht und Leyden. In seinem Vaterlande suchte er sein Glück zu Mühlbach, wurde daselbst Diakonus, erhielt dazu 1723 das

Schulrektorat, da er denn der Schule eine neue Gestalt gab. Nachgehends erhielt er den Beruf nach Donnersmark, einer elenden Pfarre. Hier mußte er zehn Jahre darben, allein in dem glücklich, daß er in dasigen Gegenden verschiedene Römische Alterthümer, Urnen, Kriegeszeichen u. d. g. entdeckte. 1734 wurde er nach Großprobstdorf berufen, und von hier 1793 nach Michaelsberg, einem Orte, dessen Einwohner größtentheils nur vom Weinbaue, Kirschen und andern Baumfrüchten leben. Weil er ein großer Liebhaber der vaterländischen Geschichte war, so wurde er 1753 zum Historiographen des Hermannstädter Kapitels erklärt. Er starb aber den 28. August 1755, in einem Alter von 62 Jahren, 7 Monden und 15 Tagen. Alle seine Handschriften, die vier starke Bände in Folio betragen, sind an die Kapitular-Bibliothek gekommen. Sie enthalten: 1) Verschiedene alte Urkunden, Staatsschriften und Briefe. 2) Allerlei Auszüge aus gedruckten und ungedruckten Büchern. 3) Ganze Werke andrer Schriftsteller, denen er nicht selten neue Titel giebt, allezeit aber eine Vorrede. Er verbrämt sie, wo er nur kann, mit seinen Anmerkungen, die selten wichtig, und oft so angebracht sind, daß man nicht weiß, ob sie ihm, oder dem Verfasser zugehören. 4) Eigene Schriften aber sehr wenige. Er redet hin und her von verschiedenen Werken, die er herausgeben will; in diesen Sammlungen aber finde ich gar keine Spur davon. Freunden der Gelehrtengeschichte wird folgendes Verzeichniß vielleicht nicht unangenehm sein:

1. Problema Historico-Criticum in Daciae veteris & Romanae Inscriptionem lapidariam M. Ulp. Nerv. Trajani, olim nostrae Provinciae domitoris fere primi. 1744.[1)]
2. Imago Scholae Novae Müllenbachianae.
3. Particula historica in urbem Sabesum. Eigentlich des Georg So-

---

[1)] Diese Römische Steinschrift ist die berüchtigte:
JOVI INVENTORI.
DITI PATRI. TERRAE MATRI.
DETECTIS DACIAE THESAURIS.
DIVUS NERVA TRAIANUS
CAES. AUG.
VOTUM SOLVIT.

Welche die meisten von den entdeckten Decebalischen Schätzen erklären; Weidenfelder aber mit dem Kölescheri, von den Dacischen Goldbergwerken. Das 4te Hauptstück handelt ganz von Römischen in Siebenbürgen gefundenen Münzen. Ihre Beschreibung machte der numismatischen Kenntniß des Verfassers wenig Ehre, ob er sie gleich nur aus Andr. Teutsch's Handschrift ausgeschrieben hat. Diese Handschrift überschickte er 1744 dem Agnethler nach Halle, um sie drucken zu lassen. Derselbe aber that es nicht.

terius Arbeit, dazu er Anmerkungen gemacht hat. Unter andern merkt er an, daß 1720 noch der besondere Gebrauch zu Mühlenbach gewesen, jährlich die zwei Wochen vor Pfingsten, Morgens um acht Uhr, wegen der Raupen Gottesdienst zu halten, welcher die Raupenkirche genannt wurde.

4. Noctes Michaelis Montanae, feu specimen Soterianum Historiae, & antiquitatis ΑΠΛΩΣ Romano-Dacicae, ab Imperatore Trajano usque ad Aurelianum Imp. Caes. ab interitu, instar tabularum e naufragio, vindicatum, & adnotamentis adauctum, siudio Laur. Weidenfelderi, 1744. Außer seinen Anmerkungen, die er meistens dem Originale eingeflochten, hat er das IV. Kap. beigefügt: de moribus & ritibus, immo & superstitione Coloniarum Romano-Dacico-Valachicarum in Transylvania.

5. Otia Canicularia, seu Epitaphia omnino bina Armamentarii Cibiniensis Praefecti, Josephi Taeubel, armato milite mense Junio stipati, ac extra portam Heltanam laqueo bombycino gula fracta, vitam finientis. Frequentiss. populo comite, & spectatore. Julio & Augusto mensibus tumultuarie condita, 1747, auctore anonymo. Daß Weidenfelder der Verfasser dieser sehr weitläufigen lateinischen und deutschen Grabschrift sey, erhellt aus den Veränderungen und Verbesserungen, die er darinnen macht. Nach einigen aber soll der gelehrte Graf Lázár, der Verfasser der lateinischen seyn.

6. Litterae Amici ad Amicum panegyrico gratulabundae Königsbergam Borussorum tendentes, in abitum honoris & auctoritatis plenissimum, — Domini Jacobi Schunn, Pastoris hactenus Eccl. Heltensis, nunc Superintendis Generalis Ecclesiarum Saxon. electi, An. 1741. d. 10. Mart. 4 Bog. in Fol.

7. Copia curatior Instrumentorum variorum membranaceorum — Statum Transylvaniae pristinum mire illustrantium. — An. 1754. Die Urkunden sind folgende: I. Diploma Regis Ladislai, de exaedificando Castello ad confluentiam Budrug & Tysciae, hodie Tokay, An. 1283. II. Litterae privilegiales Caroli Regis, Abbati conventus de Kerz in Transylv. indultae, An. 1329. III. Conventus Monasterii B. Mariae Virg. de Colos-Monostor Transumptionales Litterarum privilegialium antiquorum Regum super Abbatiam de Kerz, indultarum, An. 1794 Civitati Cibiniensi datae. IV. Matthiae Regis Donationales, quibus Abbatiam de Kerz, propter enormitates Raymundi Episcopi titularis commissas, Ecclesiae Cathedrali Cibin.

An. 1477. contulit. V. Uladislai Regis conflrmationales donationis & collationis Abbatiae de Kerz, quam Matthias Rex fecit, anno 1494 M. Sept. VI. Sigismundi Báthori Prirc. Trans. Donationales, quibus mediantibus Abbatiam de Kerz, Saxonum Nationi, ac Universitati eripere, & cum possessionibus suis, patrueli Balthasaro Báthori conferre nitebatur An. 1589. VII. Rubricae Privilegiorum quorundam antiquorum Nationis Saxonicae. VIII. Privilegia quaedam Civit. Coronensis. IX. Nicolai Bassarabae, Principis Valachae, Privilegium donationis Joanni Heher, Germanio factae, Mabrit ben 17. Nov. 1569. — Da sich alle diese Urkunden in Schmeitzels Anecdotis ad Hungariae ac Trans. Statum interiorem spectant. befinden; Index. Bibl. Hung. — S. 33. so mag sie wohl Weidenfelder ihm überschickt haben. Denn barin war er sehr bienstfertig, und schickte seine gelehrten Sachen an allerhand ausländische Gelehrte.

8. Labyrinthus Eruditorum, seu errores nullo habito selectu aetatum linguae latinae, omnia mirum in modum confundentes.
9. Crisis, seu Censura Styli latini Transylvanorum, inprimis Saxonum & Hungarorum, a pristino illo & genuino omnino abhorrentis. —
10. Horti Alcinoi, seu Imago S. Michaelis montis veteris & novi. Diese drei letztern verspricht der Verfasser bald herauszugeben; unter seinen Handschriften finde ich aber davon nichts. Es sollen auch einige Briefe von ihm in einer gewissen Sammlung gedruckt sein.

Tr. Zwei Briefe Weidefelders vom Jahre 1754 an den Hermannstädter Stadtpfarrer Christian Roth, worinnen von großen (vermuthlich Elephanten- oder Mammuth-) Knochen und anderen Merkwürdigkeiten, als: Urnen, einer Isis, dem Signum der prätorianischen Cohorte, einem Fechter aus Bronce, einem Reiter u. s. w. Nachricht gegeben wird, welche theils bei Donnersmark an der großen Kockel im Jahre 1726, theils bei Kleinschelken gefunden wurden, zwei Briefe sind auszugsweise, in die ungarische Sprache übersetzt, aufgenommen worden in der 1796 zu Hermannstadt gedruckten Sammlung: „A Magyar Nyelvmivelö Társaság Munkáimak elsö Darabja." S. 134—136. Vom Deeromium, welches nach Weidenfelders Bericht (a. a. O. S. 136) bei dem alten Rathhause in Mühlbach noch im Jahre 1754 zu sehen war, weiß daselbst jetzt Niemand etwas. Hingegen findet man von denjenigen Merkwürdigkeiten, welche Weidenfelder an Kölcséri schickte, Nachrichten in des Letzteren Briefen, aus deren einem Seivert S. 246 ein Bruchstück angeführt hat.

Weiß Michael,

Seiv.

lateinisch Albinus, von den Ungarn Fejér genannt, ein berühmter Richter zu Kronstadt und großer Staatsmann. Im Jahre 1569, den 13. Jänner, wurde er zu Medwisch geboren, woselbst sein Vater Johann Weiß, von Eger in Böhmen gebürtig, die Bürgermeisterwürde bekleidete, seine Mutter Gertrud aber eine Tochter des dasigen Stadtschreibers, Lorenz Wolf, war. Er genoß einer sehr glücklichen Auferziehung, also, daß er schon in seinem fünfzehnten Jahre schöne lateinische Gedichte schrieb; verlor aber seine Eltern sehr frühzeitig, in dem sie 1586 an der Pest sturben. Das marmorne Grabmal, welches er seinem Vater weihte, bezeichnete seine Muse mit folgender Aufschrift:

Pandite, quis pario recubet sub marmore, Manes!
 Illustrem patriam dicite, stemma, genus?
Illi fori columen decus & sublime, Joannes
 Veissius, albiacis sanguine natus avis.
Urbs hunc Egra tulit, quam terra Boemica tangit,
 Tellus Hercyneis undique cincta jugis.
Hic ubi vitales fuerat productus in auras,
 Aonidum cepit mox pia castra sequi.
Sed tenerae postquam tetigit lanuginis annos,
 Vidit longinqui plurima regna soli.
Scilicet ut mores hominum prudentis Ulyssi
 Exemplo, posset factaque nosse Ducis.
Unde procul patria charisque penatibus actus
 In fines venit Dacica terra! tuos.
Cumque peregrinis vitam sic degit, ut illic
 Factus sit Medjes civis, & urbis honos.
Si pietas Superis, probitas mortalibus ullum
 Principibus charum fecit, & alma fides:
Hic certe virtute, pio cultuque Deorum
 Alter Aristides, Regulus alter erat,
Nullius ingentes aeris respexit acervos,
 Jura ministravit civibus aequa suis.
Quaeque Magistratus est maxima cura fidelis,
 Virtus, oppressis dulce levamen erat.
Consulis officium Medicosque togebat habenas,
 Cum tulit insignem pestis acerba virum.

QVae sata Laeta, peCVs, stIrpes eVertIt & Ipsas,
QVaM Late IaCyges beLLIgerI arVa CoLVnt.

Er selbst sah sich bei diesem allgemeinen Verderben in seinem väterlichen Garten so hoffnungslos, daß er nichts als seinen Tod bachte, und sich schon die Grabschrift setzte:

Ut mea vitalis dum spiritus ossa regebat,
Vivebam soli, spes mea, Christe! tibi.
Sic mihi, quae dederas, dum viscera morte reposcis,
Emorior soli, spes mea, Christe! tibi.
Ac precor ut vivi, sic tu velis esse Zachaei
Defuncti requies, portus & aura tui.

Doch die göttliche Vorsehung erhielt ihn zum Dienste des Vaterlandes, obgleich zu einem sehr traurigen Tode. Sein erster Auftritt in die große Welt war ein Sekretairsdienst bei dem berüchtigten Grafen in der ungarischen Geschichte, Ferdinand von Harbek, als dieser Befehlshaber in Szathmár war. Nachgehends begab er sich nach Prag, erhielt einen Dienst bei der ungarischen Kanzlei, und erwarb sich dabei solche Verdienste, daß ihn K. Rudolph 1589, den 21. März, nebst seinen drei Brüdern und zwei Schwestern, auch allen seinen Nachkommen in den Adelstand erhob und ihm die Gerechtigkeit zum Wappen ertheilte. Schönes Wappen! Das folgende Jahr 1590 kehrte er in sein Vaterland zurück und heirathete zu Kronstadt Agnetha, eine Tochter des dasigen Stadthans, Andreas Kemeli. 1600 wurde er Rathsherr, 1608 Stadthan (Villicus) und in dem tragischen Jahre für ihn, 1612, Richter — die höchste Würde in Kronstadt. An den Staatsangelegenheiten seines Vaterlandes hatte er allezeit großen Antheil. Die Fürsten: Siegmund Báthori, Stephan Botschkai, Siegmund Rákoßi und Gabriel Báthori bedienten sich seiner zu verschiedenen Gesandtschaften. Keine aber war ihm empfindlicher, als die er 1609 an den Moldauischen Hospodar Konstantin Mogila thun mußte, um demselben im Namen des Fürsten Gabriel Báthori den geschlossenen Friedens- und Freundschaftsvertrag aufzukündigen und die Urkunden zurück zu fordern. Er schreibt an einen seiner Freunde:

Aulae sed nostrae me vexat cura superbae,
  Dum Moldavorum tecta subire jubet;
Mandat & ipsorum referam diplomata sancti
  Nobiscum jacti foederis, alta sapit!
Serio & ut repetam nostra, est indicere bellum hoc,
  Hinc perdunt animum cura dolorque meum.

Weiß gehorchte seinem Fürsten, da nur sein eigenes Wohl in Gefahr gesetzt wurde; allein da er sein Vaterland, das Glück Kronstadts in Gefahr setzen sollte, gehorchte er gar nicht. Klug durch das Verderben, darein sich Hermannstadt durch die Aufnahme des Fürsten gestürzt hatte, war er durch nichts zu bewegen, Denselben mit seinem Heere in Kronstadt einzulassen. Dieses verursachte einen Krieg, für dem sich aber Weiß so wenig fürchtete, daß er dem Richter zu Marienburg schreiben ließ: — „daß der Stuhlrichter oder Königsrichter von Reps saget, wie vieles Volk in ihrem Stuhle lieget, so mit dem Fürsten und grossem Geschos auf uns kommen soll, irret uns nicht; wir sind in den Sachen resolvirt vom größten bis auf den kleinsten, und werden davon nicht abweichen. Wenn das ganze Land auf uns kommen sollte: so haben wir sie zu speisen, die Herbergen um die Stadt, und das fürstliche Kochhaus ist gemacht, der Pfeffer liegt in Mörseln und den Stücken, komme nur, wer da kommen will, es soll an uns nicht mangeln; denn das ist gewiß, daß wir entweder ehrlich in unsern Freythumen leben, oder ja ehrlich sterben wollen." Erreichte nun gleich Báthori seine giftigen Absichten nicht, so wurde doch dieser Krieg Weiß' Verderben. Er verlor durch die Untreue der walachischen Soldvölker die Schlacht, die er den 16. Oktober 1612 den Báthorischen Kriegsvölkern auf dem Altflusse lieferte. Auf seiner späten Flucht setzte er über den kleinen Fluß Burzen so unglücklich, daß er aus dem Sattel gehoben wurde, da ihn denn die Feinde ereilten und niederhauten. Sein Kopf ward als das größte Siegeszeichen auf einer Lanze nach Hermannstadt gebracht, auf fürstlichen Befehl auf den Pranger ausgesetzt, doch aber nach drei Tagen heimlich weggenommen und endlich in die Klosterkirche begraben. So starb Weiß im vierundvierzigsten Jahre seines würdigen Lebens. Auf diesen seinen Tod für das Vaterland ließen seine dankbaren Bürger eine goldene Münze prägen mit dem schönen Lobspruche: Praestitit, quae debuit, Patriae.

Eine Abbildung dieser seltenen Gedächtnißmünze befindet sich im 6. Jahrgang der „Wiener privil. Anzeigen" S. 57--62, in deren Erläuterung Seivert die letzten Schicksale des Mich. Weiß umständlicher erzählt hat.

Tr. Abbildungen dieser Münze und des Wappens des Weiß, sowie seines in Lebensgröße dargestellten Porträts sind in Benigni's historischer Skizze, welche in dessen „Transsilvania" 2. Bd., S. 167—197 u. 291—292, unter dem Titel: „Michael Weiß, Stadtrichter in Kronstadt und die Fehte Kronstadts gegen den Fürsten Gabriel Báthori" aufgenommen, auf 2 lithographirten Blättern beigefügt.

Da es außerhalb der Grenzen dieser Denkblätter liegt, von den politischen Ereignissen, mit welchen Weiß' Leben in innigem Zusammenhange steht, umständlich zu handeln, so möge es genügen, an diesem Orte auf den schon erwähnten Artikel Seiverts in den privilegirten Anzeigen, — auf G. J. Haners handschriftliche Monographie: „Der siebenb. Fürst Gab. Báthori" (Denkbl. II. 65), welche in dem zweiten Theil der Fürsten Siebenbürgens von Librecht ausgebeutet zu finden ist, — ferner auf Dr. G. D. Teutsch's Geschichte der Siebenbürger Sachsen, 4. Heft, — Gerando's La Transylvanie et ses Habitants, II. 73—75 und besonders auf die Abhandlung von W. (Carl Woff?) in dem Feuilleton der „Neuen Freien Presse" vom 3. December 1869, Nr. 1891, hinzuweisen; hier aber über Weiß' Familie zu berichten.

Von seiner Gattin Agnetha Kemmel (gest. 29. März 1612) hinterließ Weiß zwei unmündige Kinder: Michael (geb. 8. August 1603) und Margaretha (geb. 10. Februar 1601). Diese Letztere überlebte nicht nur ihren kinderlos verstorbenen Bruder, sondern auch ihren Sohn erster Ehe, Valentin Schäser (gest. 18. December 1643, alt 26 Jahre), und die einzige Tochter dieses Sohnes, Margaretha (gest. 11. December 1648)[1]), sowie ihre eigene einzige, als Gattin des Paul Chrestels am 15. Mai 1639 im 17. Lebensjahre kinderlos verstorbene Tochter Margaretha.

Als sonach Margaretha geb. Weiß am 10. Juni 1658 in Kronstadt mit Tod abging und von ihren drei Ehegatten, Paul Schäser (gest. beil. 1620), Stadtrichter Christian Hirscher (gest. 26. September 1641) und Kolomann Gotzmeister, ehemaligen Senator in Hermannstadt (dessen merkwürdige Geschichte uns Seivert in dem dritten Bande des Ungarischen Magazins S. 394 fg. erzählt hat), keine Nachkommen hinterließ[2]),

---

[1]) Margaretha geb. Schäser wurde in der Kronstädter Stadtpfarrkirche am 12. December 1648, mit vielem Schmuck bekleidet, begraben, von Georg Meesen aber ihre Leiche allen Schmuckes beraubt und Meesen nach entdecktem Raube verbrannt. S. die Geschichte dieses Leichenraubes in den „historischen Anmerkungen eines (gleichzeitigen) Kronstädters" in den deutschen Fundgruben zur Geschichte Siebenbürgens N. F. S. 399—311. Diese Begebenheit gab in neuerer Zeit das Thema zu einem Schauspiel Christian Heyser's: „Hans Bentner oder die Lebendigbegrabene" (Denkbl. II. 155). Heyser kannte, als er dieses Drama schrieb, die „historischen Anmerkungen" nicht, sondern bloß die in Scene gesetzte Volkssage, und verwechselte die Margaretha mit der Appollonia Hirscher geb. Karcher, der Stifterin des Kronstädter Bazars. (Denkbl. II. 163 u. Marienburg's Geographie von Siebenb. II. 311.)

[2]) Noch im Jahre 1650 ließ Margaretha geb. Weiß, als Wittwe nach ihrem zweiten Ehegatten, dem Kronstädter Stadtrichter und fürstlichen Geheimenrath Christian Hirscher ein durch den Verfertiger des Apafischen Denkmals in Malmkrog (s. Quartalschrift IV. 291) in Stein ausgehauenes Monument in die Hofmauer ihres, dem B. Sam. Bruckenthal'schen großen Hause gegenüber gelegenen, dermalen Br. Rosenfels'schen Hauses zu Hermannstadt einsetzen, auf welchem

machten nach ihrem am 10. Juni 1658 erfolgten Ableben ihre väterlichen Geschwisterkinder ihre Erbansprüche auf Margarethens großes Vermögen an ihren Wittwer Gotzmeister, der sich in den Besitz des Nachlasses gesetzt hatte, und als dieser am 20. März 1660 in Kronstadt starb, wider Gotzmeisters Söhne erster Ehe, Christoph, Senator in Hermannstadt und Kolomann Gotzmeister, Akademicus in Kronstadt, geltend. Da im weiteren Verlaufe Christoph Gotzmeister sich der Eigenmacht schuldig machte, mehrere Gegenstände des sequestrirten Nachlasses nach Hermannstadt zu schicken, so entstand darüber ein heftiger Prozeß, der schließlich nach der Entscheidung der gewählten Schiedsrichter, Andr. Fleischer, Königsrichter in Hermannstadt und David Czacko, Altrichter in Kronstadt, am 16. Jänner 1667 damit endigte, daß sich die Margarethe Weiß'schen Erben mit einem Pauschquantum von 3500 Gulden als dem dritten Theil des bestrittenen verletzten Sequesters zufrieden stellen ließen.

Von großem Werth für die gleichzeitige Geschichte Siebenbürgens und besonders Kronstadts[1]) sind die Mich. Weiß'schen nachbenannten Schriften:

1. Liber Annalium raptim scriptus per Mich. Weyss Mediensem, Senatorem Reipublicae Coronensis in quo conscribendo, etsi non eam (chare haeres), quam merito debuissem, adhibere potui diligentiam, nihilominus tamen charum tibi cum speravi futurum, ob studium et voluntatem singularem in te meam, quam praesento, dum commemorando qualitericunque tandem Annales hosce non me, sed te

das Hirscher'sche Wappen (in der rechten und in der linken Hand) das Weiß'sche Wappen
von einem Manne gehalten,
und nach der Jahreszahl
1650
folgende Verse zu lesen sind:
Christiani Hirscheri defecit mascula proles
Michaelis Weissi mox quoque deficiet
Illius ergo domus fuero, cui jure perenni
Me Deus et Weissi stirps generosa dabit.
Fecit Elias Nicolai.

Die Herrschaft Pojana moruli, Fogarascher Distrikts, welche Margaretha geb. Weiß für 2000 Gulden im Pfandbesitze gehabt hatte, ging vermöge Inscriptionsurkunden des Fürsten Joh. Kemeny vom 6. und 10. April 1661 auf ihren Stiefsohn Christoph Gotzmeister über; dagegen war die von ihrem Vater Michael Weiß besessene Herrschaft Ohaba, ebendesselben Distrikts, noch vor dem Tode dieses ihres Besitzers unter dem Titel Hochverrath (per notam) vom Fürsten Gab. Bathori eingezogen und mittelst Schenkung des Letzteren vom 2. Juni 1612 dem Obergespann des Dobokaer Comitats, Blasius Kamuthy von Szent Laszlo verliehen worden.

[1]) Das Urtheil des k. Raths v. Herrmann s. in den Deutschen Fundgruben, N. F. S. 123.

de iis docere cupio. Ein schwarzer Lederband in Kl.-Fol. Handschrift. Die Urschrift besaß zuletzt der pens. k. k. Major Karl Schobeln von Schobelnhausen in Kronstadt (gest. 4. Juli 1828). Ob und wo sie noch existirt? ist mir nicht bekannt.

Dieses sogenannte „Weißische Diarium" blieb lange nur in Handschrift, bis dasselbe endlich, mit Vergleichung mehrerer zum Theil aus dem Original genommener Abschriften in den Deutschen Fundgruben zur Geschichte Siebenbürgens, N. F., herausgegeben von Trauschenfels, mit einem Vorworte von Anton Kurz und einer der Chronik Johann Benkner (Denkblätter I. 105) entnommenen Fortsetzung, S. 125—242 abgedruckt worden ist, mit welcher es die Jahre 1590—1615 in sich begreift.

Seiv. 2. Brevis Consignatio tumultuum bellicorum ab anno Chr. 1610 usque ad completum annum 1613 ambitione et inquietudine Gabrielis Báthori Principis Trausylv. motorum. Diese Beschreibung verdient den Vorzug vor allen Sächsischen Annalen, die ich von dieser traurigen Periode gelesen habe. Sie ist zusammenhängend und enthält manches, das man in anderen vergebens sucht. Der Zusatz bis zu Ende des Jahres 1613 ist von fremder Hand.

Die laut Siebenbürgischen Provinzialblättern II. 289 vom Senator Paul Plecker und dessen Sohne Dr. Paul Friedr. Plecker[1]) an die Kronstädter Schulbibliothek geschenkten und in derselben aufbewahrten Weißischen Familienurkunden sind folgende:

a) Stammbuch des Mich. Weiß, in rothen Sammt gebunden, aus welchem erhellt, daß Weiß 1589 zu Heidelberg und 1590 zu Prag und Wien war.

b) Armales für Weiß vom K. Rudolph; datirt Prag, 21. März 1589.

c) K. Rudolphs Paß für Weiß zur Reise nach Deutschland; datirt Prag, 1. Februar 1590.

d) Ebendesselben Paß für Weiß zur Reise nach Siebenbürgen; datirt Prag, 20. Februar 1595.

e) Zeugniß vom Rath der Stadt Eger über die eheliche Geburt des Joh. Weiß (Vaters des Mich. Weiß), datirt 1555. Vgl. Quartalsschrift VII. 106.

Das Andenken an Mich. Weiß ist am Kronstädter Gymnasium durch Reden, welche von einem der älteren Studenten am Gallustage bis

---

[1]) Nebst einem seiner Zeit für ominös gehaltenen kleinen Vogel, über dessen Bedeutung die Weißischen Annales zum 25. Juli 1610 in der N. F. der Deutschen Fundgruben, S. 215, nachgelesen werden können.

in die neuere Zeit gehalten zu werden pflegten, gefeiert worden¹); und wird auch unter Lesern von poetischen Schriften und Romanen durch Hehsers Heldengedicht: „Báthori und Weiß" (Denkbl. II. 155) und weiteren Kreisen durch B. Niklas Josika's beliebten Roman in ungarischer Sprache sowohl, als auch in deutscher Uebersetzung unter dem Titel: „Der letzte Báthori"²) erhalten. Schade, daß Josika in den Besitz einer Abschrift der Weiß'schen Annalen erst nach der Veröffentlichung seines Romanes gelangte.

Tr. **Weißkircher Karl,**
geboren in Schäßburg, am 12. December 1821. Sohn des dasigen Senators gleichen Namens, studirte am Gymnasium seiner Vaterstadt. In den Jahren 1841 und 1842 besuchte er die rechtswissenschaftlichen Vorlesungen des Prof. Jos. Tunyogi am reformirten Collegium zu Klausenburg, praktizirte darauf bei der k. Gerichtstafel zu Marosch-Vásárhely und kam endlich nach Pest, wo er nach beendigter Revolution als Actuar des vaterländischen Industrievereins und darauf als Zeitungs-redaktionsgehülfe die von ihm gewünschte Beschäftigung fand.

Seit Anfang des Jahres 1854 ist er verantwortlicher Redakteur des politischen Tageblattes „Pester Lloyd"³), welches als Morgen- und Abendblatt im Verlage der Pester Lloydgesellschaft in Groß-Follo, Schnellpressendruck von Emil Müller, täglich zweimal, mit Ausnahme der Sonn- und Feiertage, auf 1¹⁄₂ Bogen im Druck erscheint.

Karl Weißkircher wird in den Beiblättern des Ungarischen Lloyd, welche im Jahre 1869 auch als Beiblätter der Schäßburger Zeitung „Sächsisches Volksblatt" ausgeschickt werden, nämlich:

a) „Der Landwirth" von Nr. 1, den 5. Jänner 1869, herwärts als verantwortlicher Redakteur,

b) „Gewerbe-Zeitung" von Nr. 1, den 9. Jänner 1869, herwärts als Eigenthümer mit S. Rothfeld genannt.

Außerdem redigirte Weißkircher Pester Lloydkalender in ungarischer und deutscher Sprache, von welcher ich jedoch nach eigener Anschauung nur folgende anführe:

---

¹) Wie z. B. durch Mich. Traugott Fronius (s. Denkblätter I. 389) u. A. m.
²) Aus dem Ungarischen übersetzt von B. Schwarz. Pest, 1839. Kl.-8-vo. 1. Bd. VIII. 226 S. 2. Bd. 223 S. 3. Bd. 239 S. (Druck von B. G. Teubner in Leipzig.)
³) L. Satellit zur Kronstädter Zeitung vom 17. December 1853, Nr. 101, S. 423.

1. A Pesti Lloyd Évkönyve 1856-ra. Szerkesztő Weisskircher Károly titkár. Pest 1857. Müller Emil, Könyvnyomdája. 16-mo. 87 S.

2. Pester Lloydkalender für das Jahr 1861 in Verbindung mit einem Handels- und Gewerbeadressenbuch und einem nach den neuesten Aufnahmen verfaßten Häuserschematismus von Pest, Ofen und Altofen. Herausgegeben von der Pester Lloydgesellschaft. Pest 1861. Buchdruckerei von Emil Müller (Dorotheergasse 12). 4-to. CCXXVIII. 16 S., dann 108, weiter 118 und 44 S.

Tr. ### Weiskircher Paul Christian,

geboren in Kronstadt den 6. Februar 1745, war der Sohn des dasigen Apothekers Mich. Christian Fernolend Weißkircher, studirte am Kronstädter Gymnasium und an der Universität zu Halle 1763. Praktizirte als Arzt in der Walachei und starb kinderlos in diesem Lande zu Plojest im Juni 1795.

Dissertatio inauguralis medica de Similitudine, que plurimas inter Haemorrhagias naturales, verasque inflammationes intercedit, harumque natura et sede. Quam indultu gratiosi Medicorum ordinis in Regia Fridericiana pro Gradu Doctoris et summis in Medicina honoribus impetrandis die 30. Aprilis 1771. Speciminis loco exhibuit Auctor P. C. Weiskircher. Halae, Magdeburgicae, Litteris Joannis Christiani Hendel. 4-to. paginae 20.

Tr. ### Wellmann Andreas,

geboren in Hammersdorf bei Hermannstadt am 17. November 1808. Seine armen Eltern waren nicht im Stande, ihn studiren zu lassen und wollten ihn zum Landmanne erziehen. Unter vielen Entbehrungen begann er daher seine Lernbegierde in den Hermannstädter evangelischen unteren Schulen zu befriedigen, und nur der Ueberredung seines Vaters durch den Rektor des Gymnasiums, J. G. Buchinger, der dem strebsamen Jünglinge wohlwollte, gelang es, daß Wellmann im 15. Lebensjahre auch die oberen Klassen des Hermannstädter Gymnasiums besuchen durfte. Nach einem Jahre verschaffte ihm Buchinger eine Privatlehrerstelle und eine Stelle am Freitisch der Studirenden, und nun war Wellmann in Stand gesetzt, seine armen Eltern selbst zu unterstützen. Er absolvirte hierauf das Gymnasium im Jahre 1830, machte in Gesellschaft etlicher junger Freunde eine Fußreise durch Siebenbürgen und bezog in dem darauf folgenden Jahre die protestantisch-theologische Fakultät in Wien. Hier machte er u. A. die persönliche Bekanntschaft mit den beiden Litrow, Vater und Sohn, und unterhielt mit dem Letzteren eine Correspondenz bis an sein Lebensende. Nachdem Wellmann auch von Wien aus während den Fakultätsferien in Oesterreich, Mähren, Schlesien und nach dem Salzbergwerke Wieliczka Fußreisen gemacht und sein Wissen bereichert hatte, kehrte er im Jahre 1832 in das Vaterland zurück, wurde Schulrektor in Heltau, im Jahre 1836 Gymnasiallehrer in Hermannstadt, und von hier im Jahre 1839 zum evangelischen Pfarrer nach Fogarasch berufen.

Wellmann besaß astronomische Kenntnisse, sprach außer den vaterländischen noch die englische und französische Sprache, und interessirte sich für römische Alterthümer, für die Mäßigkeits- und Landeskunde-Vereine, Pomologie, Musik und Turnkunst in lebhafter Weise. Seinem Kaiser und seiner Nation bis zu seinem Lebensende treu, war er stets duldsam gegen andere Nationsgenossen, ohne irgendwie zu intriguiren oder sogar zu conspiriren. Dennoch gerieth er nebst Anderen während der Revolution in Lebensgefahr, aus welcher er mit denselben nur durch einen rechtzeitigen Befehl des Insurgenten-Generals Bem glücklich gerettet wurde. Allein diese Gefahr hinterließ einen solchen Eindruck, daß er, ob in Folge vorausgegangener körperlicher und geistiger Anstrengung und Leiden, oder einer Ansteckung bei Typhuskranken in Fogarasch, oder aber einer Erkältung bei einer Heimreise von Großschenk(?), ist ungewiß[1]), schon im 40. Lebensjahre am 30. December 1849 sein thätiges und gemeinnütziges Leben endete.

Wellmann hatte nicht Gelegenheit, Vermögen zu sammeln, und hinterließ seine Wittwe mit zwei unmündigen Kindern in Hülfe bedürftigen Umständen. Diese Umstände und die treue Hingebung Wellmanns gelangten zur allerhöchsten Kenntniß und es erfolgte folgende Kundmachung, Nr. 19834/850. C. M. G.: „Seine k. k. Majestät haben der Wittwe des durch seine besondere Treue und Hingebung ausgezeichneten, unterm 30. December v. J. verstorbenen evangelischen Pfarrers zu Fogarasch, Andreas Wellmann, eine Pension mit jährlichen 200 fl. Conv.-Münze Allergnädigst zu verleihen geruht. Kalliány, FZM." [2])

Wellmann's Bemühungen gelang es binnen elf Jahren seines Pfarramtes die Fogarascher evangelische Kirche gleichsam neu zu gründen.

---

[1]) Siebenb. Bote vom Jahre 1849, Nr. 112 und Satellit, Beiblatt zur Kronstädter Zeitung. Nr. 4, vom 16. Jänner 1850.
[2]) Siebenb. Bote vom 13. September 1850, Nr. 145.

„Durch seine Verwendung und unausgesetzte Bemühung," (so lautete der Bericht des ungenannten Verf. seines Nekrologs a. a. O. des Satelliten) „freilich unter großartiger Mitwirkung und Unterstützung Eines um die Fogarascher evangelische Gemeinde überhaupt unsterblich verdienten Karl Freiherrn von Bruckenthal[1]) erhielt dieselbe eine neue schöne Kirche[2]), deren Kosten sich wohl an die 30,000 fl. W. W. belaufen würden, wenn Alles zu Geld gerechnet würde; er hat sein Pfarrhaus wohnlicher hergestellt, die Schule neu organisirt, für Mäßigkeit gearbeitet, einen Lese=, Bürger= und Frauen=Verein gestiftet, das deutsche Element zum Bewußtsein seiner selbst gebracht, und Bildung und Sittigung unter demselben so gehoben, daß die Fogarascher Sachsen unter der dasigen gemischten Bevölkerung ihren Platz mit Auszeichnung behaupten. Nehmen wir dazu, daß Wellmann außer seinen Amtsgeschäften noch, um leben zu können, täglich mehrere Stunden Privatunterricht ertheilte, schriftstellerte, einen ausgebreiteten Briefwechsel unterhielt, viel im Vaterlande herum= reiste, so müssen wir über seine Rührigkeit staunen."

Andreas Wellmanns Druckschriften:

1. Rationis cum Schola civica constituenda conjungendi Seminarium Ludimagistrorum paganorum, extrema lineamenta duxit A. W. Cibinii 1837. 8-vo. 20 S.

2. Rede über den heilsamen Einfluß einer weisen und kräftigen Re= gierung auf ihr Volk durch Vereitelung und Abwehr des Bösen, am 19. April 1842, als dem Geburtsfeste Sr. Majestät des Kaisers Ferdinand I. gehalten vor der evangelischen Gemeinde A. C. zu Fogarasch von Andreas Wellmann, Pfarrer dieser Gemeinde. Nebst einem Anhange von (fünf) Gedichten. Der Ertrag war zum Besten der Herstellung des Schulgebäudes und der Pfarrerwohnung bestimmt. Kronstadt 1842. Gedruckt in Joh. Götts Buchdruckerei. 8-vo. 21 S., dann der Anhang S. 23—38.

3. Reisebriefe aus dem Lande der Sachsen in Siebenbürgen. (Der Er= trag nach geschlossener Pränumeration ist zur Herstellung der ecclesiastischen Gebäude der evangelischen Kirchengemeinde A. C. zu Fogarasch bestimmt.) Kronstadt 1843. Gedruckt in Joh. Götts Buchdruckerei. 8-vo. XII. 127 S.

---

[1]) S. Denkblätter I. 183.
[2]) Ueber die früheren Schicksale der evangelischen Kirche A. B. zu Fogarasch s. Transsilvania Jahrg. 1843, Nr. 99 u. 100.

Tr. **Wellmann Johann,**

geboren in Hermannstadt den 26. November 1790, starb als Hermannstädter Prediger am 30. Juni 1829 im 39. Lebensjahre zu Hahnebach.

De Fulgure et Tonitru Phaenomenis electricis Dissertatio. Cibinii Hochmeister. 1819. 8-vo. 20 S.

Seiv. **Wellmann Christian Michael,**

von Mediasch, studirte in Jena und Wittenberg. An dem letzteren Orte vertheidigte er 1733, unter dem Vorsitze des M. Friedr. Christian Baumeister, drei öffentliche Streitschriften: de statu servitutis moralis praecipuo felicitatis humanae impedimento. Baumeister legt darin von Wellmanns Einsichten in die theologischen und philosophischen Wissenschaften und von seiner Kenntniß der gelehrten Sprachen sowohl, als der französischen ein sehr rühmliches Zeugniß ab. Er starb vor etlichen Jahren als Pfarrer zu Frauendorf im Mediascher Stuhle. Von seinem Fleiße haben wir in der Handschrift:

Lexicon Synodale Saxo-Transylvanicum.[1]

Tr. **von Welthern Johann Michael,**

Doctor der Arzneikunst, ein Sohn des mit seinen Nachkommen am 24. Mai 1780 von der Kaiserin Maria Theresia in den Adelstand erhobenen Mühlbächer Königsrichters Andreas von Welthern, war in den Jahren 1786 bis 1789 Physikus des damaligen Hermannstädter Comitats und Mitglied des Siebenbürgischen medicinischen Consesses.[2] Er veröffentlichte:

Dissertatio inauguralis medico-practica de Prognosi in morbis acutis. Viennae 1785. 8-vo. 59 Seiten.

---

[1] „Wellmann war kinderlos, aber bemittelt. Daher unterhielt er für sechs Studenten auf dem Mediascher Gymnasium einen Gnadentisch, wofür dieselben sich durch Predigen in Frauendorf ihren Fleiß üben mußten.
Er starb im Jahre 1765."
Dies berichtet der Draaser Pfarrer Johann Ballmann in einer handschriftlichen Anmerkung zu Seiverts Nachrichte.
Im Jahre 1852 bestand Wellmanns Stiftung zum Besten der Mediascher evangelischen Studirenden in 416 fl. 40 kr. W. W. (laut Andr. Gräsers Geschichtl. Nachrichten über das Mediascher Gymnasium. S. 127).

[2] In den siebenbürgischen Landesschematismen von den nachfolgenden Jahren habe ich seinen Namen nicht gefunden, und auch nicht erfahren, wann und wo er gestorben ist.

Tr. ## Wendel Martin,

geb. in Bolkatsch im Jahre 1781, studirte am Hermanstädter evangelischen Gymnasium und an der Universtät zu Jena und Halle, diente sofort als Lehrer, und vom Jahre 1816 bis 1818 als Rektor des Hermannstädter Gymnasiums. Er erhielt im Jahre 1818 den Beruf zum Pfarrer in Bolkatsch und endlich im Jahre 1833 zum Pfarrer in Reußmarkt. Hier entging er nur durch die Bitten seiner ungarischen Schwiegertochter dem Schicksal von den ungarischen Insurgenten im Jahre 1849, 26. Juli, gleich dem Reußmärkter Königsrichter Michael Filtsch deßhalb ermordet zu werden, weil er etliche bei Reußmarkt einige Tage vorher durch russische Truppen zusammengehauene ungarische Insurgenten feierlich zu beerdigen unterlassen hatte, — und starb am 15. September 1855, alt 74 Jahr.

Philosophemata Veterum Philosophorum A. C. de λόγω. Cibinii Barth 1812. 8-vo. 22 S.

Tr. ## Wenrich Johann Georg,[1]

Professor der Exegese und orientalischen Sprachen an der k. k. protestantisch-theologischen Lehranstalt in Wien, wurde am 13. Oktober 1787 in Schäßburg geboren. An dem dasigen Gymnasium, wo er seine erste Bildung erhielt, beschäftigte er sich bereits mit Vorliebe mit griechischer und lateinischer Sprache, studirte weiter 1805—1807 die philosophischen und theologischen Wissenschaften am evangelischen Gymnasium zu Hermannstadt und übernahm, nach abgelegter strenger Oberconsistorialprüfung, die Stelle eines öffentlichen Lehrers der Elemente der lateinischen Sprache daselbst. Diese Stelle gab er nach einem Jahre auf und begab sich im Jahre 1809 nach Wien, und da er seinen Wunsch, eine deutsche ausländische Universität zu besuchen, der damaligen Kriegsunruhen wegen nicht befriedigen konnte, so blieb er in Wien und verlegte sich unter Anleitung Aryba's, eines geborenen Syrers, mit allem Eifer auf das Studium der semitischen Sprachen. Nach dritthalbjährigem Aufenthalte in Wien folgte er 1812 dem Rufe zur Professur der hebräischen, griechischen und lateinischen Sprache und Literatur am Hermannstädter Gymnasium, rückte 1812 zum Conrector, und, nachdem er in dieser Stellung den Vor-

---

[1] Gräffer und Czikann, Oesterreichische National-Encyklopädie IV. 71—73. — Schmidels Oesterreichische Blätter für Literatur, Kunst rc. vom Jahre 1847, Nr. 138, S. 545—546. — Pester Tageblatt, herausgegeben von Ed. Glatz, 1847, Nr. 453. — Kronstädter Blätter für Geist rc. 1847, Nr. 26, S. 212—216.

trag über Philologie mit dem über Philosophie und Mathematik vertauscht hatte, zum Rektor des Gymnasiums vor, als welcher er mit seinen Vorlesungen über Philosophie auch jene über Theologie und politische Geschichte verband. Besonders lag ihm die Betreibung des vaterländischen Geschichtsstudiums am Herzen. Da erhielt er unterm 4. Jänner des Jahres 1821 den Ruf zur Professur der biblischen Literatur für die Theologen A. C. an der neu errichteten protestantisch-theologischen Lehranstalt in Wien.[1]) Schon hatte Wenerich sich mit anderen heimischen Gelehrten zu eindringender vaterländischer Geschichtsforschung verbunden, Vieles vorgearbeitet und Manches zum Drucke bereitet, als er seinem neuen Berufe folgen mußte und diese Arbeiten ins Stocken geriethen. Ja noch mehr, ein unseliges Verhängniß vernichtete seine vieljährigen diesfälligen Bemühungen, indem die Kiste, welche diese Schriften enthielt, bei Gelegenheit, als sie ihm nach Wien nachgeführt wurde, in Verlust gerieth. — Sehr anstrengend war für Wenrich die neue Stellung, da er die ersten Jahre hindurch, außer den ihm zustehenden Vorlesungen, in Ermangelung der genügenden Zahl von Professoren, auch verschiedene andere Theile der Theologie vortragen mußte. Dennoch erfüllte er auch diese schwierige Aufgabe fast mit Aufopferung aller nöthigen Erholungsstunden. Als endlich durch Berufung mehrer Professoren Wenrichs Lasten erleichtert wurden, konnte er auch seine ruhmvoll gewordene schriftstellerische Thätigkeit entwickeln, und außer seinen Fachstudien sich mit der Sanscritsprache und Literatur, über welche er zuerst in Wien außerordentliche Vorlesungen hielt, beschäftigen. Der Ruf seiner Schriften erwarb ihm die Freundschaft der vorzüglichsten Orientalisten, von welchen mehrere, wie Reinaud, de Sacy u. A. in ununterbrochenem Briefwechsel mit ihm standen; und es hatte dieser Ruf zur Folge, daß die Herausgabe der im Jahre 1846 auf Veranstaltung der Londoner Bibelgesellschaft zu Stande gebrachten, zur Vertheilung unter bedürftige Juden bestimmten **hebräischen Bibel** unter Wenrichs Aufsicht gestellt wurde. Die ehrendste Anerkennung aber wurde ihm zu Theil, als er von der kaum ins Leben getretenen k. k. Akademie der Wissenschaften in Wien in die Zahl ihrer vierzig Mitglieder

---

[1]) Die Geschichte ihrer Entstehung von Wenrich findet man in seiner Biographie Johann Wächters, Wien 1831. S. 113—133. Vgl. Friedrichs vertraute Briefe über die äußere Lage der evangelischen Kirche in Ungarn. Leipzig 1825. S. 191—203. Laut dem „Verzeichniß der immatrikulirten Studierenden an der k. k. evangelisch-theologischen Fakultät in Wien von Ostern 1821 bis Ende 1859, herausgegeben von Mich. Tauprath, Wien 1859" studirten während der eben angeführten Zeit an dieser Anstalt zusammen 235 Siebenbürger Deutsche.

aufgenommen wurde, nachdem ihm bereits früher das Wohlwollen und die Zufriedenheit der hohen Regierung durch mehrere Schreiben — unter denen mehrere von Kaiser Franz I. eigenhändig unterzeichnete Billete — zu erkennen gegeben worden waren. Jedoch schon hatte es die Vorsehung anders über ihn beschlossen. Er wurde am 15. Mai 1847 in Wien unverhofft vom Tode hingerafft, bevor noch die „Wiener Zeitung" — welche am 17. Mai 1847 die Statuten der neu errichteten k. k. Akademie veröffentlichte — die Nachricht von seiner am 14. desselben Monats Allergnädigst bestätigten Ernennung zum Mitgliede jenes erlauchten Institutes brachte.

Wie tief der Verlust dieses berühmten Gelehrten u. A. von der Akademie selbst empfunden wurde[1]), beweist der Beschluß der historisch-philosophischen Klasse derselben in dem ersten Bande ihrer Sitzungsberichte (vom 23. Februar 1848, Seite 80) in den Worten: „Der Sekretär legt mehrere Druckwerke von dem verstorben Mitgliede Professor Wenrich vor, welche dessen Wittwe der Akademie zum Geschenke übersendet, sowie dessen **handschriftlichen** Nachlaß, begleitet von der Bitte, die Akademie möge daraus das zur Veröffentlichung Taugliche auswählen und herausgeben. Die Klasse ersucht den Herrn Präsidenten und den Herrn Dr. Pfizmaier, den Nachlaß dieses ausgezeichneten, nicht nur seiner Familie, sondern auch der Akademie der Wissenschaften viel zu früh entrissenen Gelehrten zu prüfen und Alles, wodurch dessen **Andenken, das die Akademie sehr hoch hält, geehrt werden könne, zur Herausgabe**[2]) **durch dieselbe auszuwählen."**

Wenrich war bis an sein Lebensende Mitarbeiter an den im In- und Auslande sehr geschätzten, 1818—1849 bei Gerold in Wien gedruckten „Jahrbüchern der Literatur" und besorgte die Durchsicht und Begutachtung der zur hebräischen Literatur für die bereits erwähnten „Schmidl'schen Oesterreichischen Blätter" eingegangenen Artikel. Sonst hat man noch von ihm:

---

[1]) In der „Augsburger allgem. Zeitung" vom Jahre 1847, Nr. 144, S. 1151, wurde über Wenrich gesagt: „Die Akademie verliert eine ihrer Zierden, die Gesellschaft einen liebenswürdigen Gelehrten und Lehrer."

[2]) Ob und welchen Erfolg das angeführte Ersuchen gehabt habe? ist mir unbekannt. Dagegen wird in den „Blättern für Geist ꝛc. a. a. O. S. 215 gemeldet: „Es habe Wenrich im Jahre 1846 auf's Neue eine preiswerbende Abhandlung — doch sei es unbekannt, an welche Akademie — eingeschickt, und seit dem März 1847 an einer Lebensbeschreibung des Confucius in deutscher Sprache gearbeitet, an deren Vollendung ihn jedoch der Tod gehindert habe.

1. Francisci I. Imp. Augusti, Patriae Parentis Festum Natalitium in Instituto Theologico Aug. et Helv. Confessioni addictorum Vindobonensi A. MDCCCXXII piis devotisque animis celebrandum indicunt ejusdem Instituti Director et Professores. Inest Commentatio historica, qua, quantum lingvarum orientalium studia Austriae debeant, exponitur. Pars I. 4-to. Vindobonae, typis Ant. Schmid. 20 Seiten. (1822.) Pars II. Ibid. 1823. Heubner 19 Seite.
   (Recensirt im Wiener literarischen Anzeiger 1822. Nr. 77 u. 78.)
2. Commentatio historico-critica de Rhapsodiis. Vindobonae 1824.

    Dieses Programm über die Rhapsodien der Griechen in lateinischer Sprache wurde am 12. Februar 1824, als dem Geburtsfeste des Kaisers, vertheilt und ist vermuthlich die (vielleicht umgearbeitete) Hermannstädter Schuldissertation Wenrichs, welche, da er bei dem Antritt seines Amtes als Hermannstädter Gymnasiallehrer keine Dissertation im Drucke veröffentlichte, unter dem Titel in Handschrift ausgegeben wurde:

    „ΚΥΝΑΙΘΟΣ sive de Rhapsodis Dissertatio, quam pro „loco inter Professores Gymnasii Cibiniensis solenniter obtinendo „publice defendet J. G. W." mit folgendem Motto:

    — — Vos exempla in Graeca
    Nocturna versate manu, versate diurna.
                    Horat. Epist. ad Pis.

    und mit der Zueignung: „Divis Manibus Tiberii Hemsterhusii, omnium, quotquot Literarum studiis praeclarum inclaruere facile principem." 4-to. 24 Seiten in 24 §§, nebst 6 angehängten Thesen aus der christlichen Dogmatik.

    (Die Urschrift besaß der Hamersdorfer Pfarrer Ackner.)
3. De adfinitate priscae Indorum lingvae, quam Sanscritam dicunt, cum Persarum, Graecorum, Romanorum atque Germanorum sermone. Pars I. Vindob. 1827.
4. Johann Wächter als Mensch, als Diener des Staates und der Kirche, dargestellt von J. G. W. (Das Gedächtniß des Gerechten bleibt im Segen. Salom. X. 7.) Wien 1831. Bei J. G. Heubner. II. 8-vo. Vorrede XVI. Pränumerantenverzeichniß XVII—XLIV und Text 269 S. Dem Hofrath und Präses beider evang. k. k. Consistorien Baron Karl Werner zugeeignet. Mit Wächters Porträt.

5. Jakob Glatz. Eine biographische Skizze. Mit dem Bildnisse des
Verewigten. Wien, bei Heubner, 1834. gr. 12. VIII. 328 Seiten.
(S. 237—328 enthält Bruchstücke aus Glatz's Briefwechsel.)
6. De Auctorum graecorum versionibus et Commentariis Syriacis,
Arabicis, Armeniacis, Persicisque Commentatio, quam proposita per
Regiam Scientiarum Societatem, quae Göttingae floret, quaestione
scripsit J. G. Wenrich Literaturae biblicae in Instituto theologico
August. et Helvet. Conf. addictor. Vindobonensi Professor C. R.
Praemioque ornavit laudata Regia Scientiarum Societas. Lipsiae
1842. sumtibus Fr. Chr. Guil. Vogelii. 8-vo. XXXVI. 306 S.

Für diese Abhandlung war Wenrich von der Göttinger So=
cietät der Preis von 50 Dukaten im September 1832 zuer=
kannt worden.

7. J. G. Wenrich litt. biblicae in Instituto theologico A. et H. C.
add. Vindob. Prof. Caes. Reg. de poëseos hebraicae atque arabicae
origine, indole, mutuoque consensu atque discrimine. Commentatio
a Regia Inscript. lit. eleg. Academia, quae Lutetiae P a r i s i o r u m
floret, praemio ornata. Lipsiae 1843. sumtibus Fr. Chr. Guil. Vogelii.
Mit dem Motto: Quum Vos fatigat interpretatio versiculi e libro
Dei, quaerite eam in carminibus; haec enim sunt pandectae Arabum.
Mohammed. VIII. 276 S. 8-vo.

Recensirt in den österreichischen Blättern für Literatur und
Kunst. 1845. Nr. 74. S. 577—580, womit verglichen werden
muß die Nachschrift (oder Entgegnung) Wenrichs ebendaselbst
Nr. 80. S. 624.

Der Preis war Wenrich von der Pariser Akademie im Juli
1834 mit 1500 Francen zuerkannt worden.

8. Rerum ab Arabibus in Italia, Insulisque adjacentibus, Sicilia maxime,
Sardinia atque Corsica gestarum Commentarii. Lipsiae apud Guil.
Vogel 1845. gr. 8-vo. 22 Bogen.

9. Grundlinien der Diplomatik mit besonderer Rücksicht auf die
Urkundenschätze der Deutschen in Siebenbürgen. Handschrift. Blieb
unvollendet in 18 §§. (Vgl. den Art. Joseph Leonhard in den
Denkbl. II. 349.)

Tr. **Werner Matthias**

von Meschen, studirte zu Dorpat in Liefland, wo er am 24. Mai 1636
eine theologische Streitschrift vertheidigte. Er wurde am 29. März 1644

Rektor des Kronstädter Gymnasiums und feierte am 1. December des nämlichen Jahres das Jubiläum der Errichtung desselben. Er erhob das Gymnasium zu neuem Glanze, indem er, unterstützt vom Stadtpfarrer und Schulinspektor Simon Albelius, eine freiere geistige Regsamkeit unter Lehrern und Schülern, und eine heilsame Vermeidung des häufigen Lehrerwechsels zu bewirken bemüht war. Durch seinen Ruf angezogen ließen sich im Jahre 1645 am Kronstädter Gymnasium 41 neue Schüler aufnehmen, — die größte Zahl vor und nach dem angeführten Jahre. Auch brachte er es dahin, daß in das Convikt, der Kasten genannt, woher vorher nur 33 Studenten die Kost erhielten, deren 55 aufgenommen und die seit 20 Jahren abgekommenen öffentlichen Prüfungen wieder eingeführt wurden. Dies geschah im Jahre 1645. Nach solch' verdienstlicher, kaum britthalbjähriger Thätigkeit starb Wermer schon in seinem 36sten Lebensjahre als Rektor in Kronstadt am 18 August 1646.[1])

In der Kronstädter Gymnasialbibliothek befinden sich von Werner:

1. Disputatio publica de authore et causa peccati. Praeside M. Hermanno Samsonio. Theol. Prof. Respondente Mathia Wermero, Saxo Gotho [2]) Musna Transylv. d. 7. Aug. in Collegio Rigensi hora 8. Rigae typis Schroederiaenis Anno 1634. 4-to. 12 S.

2. Disputatio theologica de augusto Salvatoris nostri testamento, sive Sacratissima Domini nostri Jesu Christi Coenc. Assistente ac favente Sb. et individua Triade in Academia regia Dorpatensi ad Embeceam Livonorum sub praesidio Andreae Virginii Nobilis Pomerani S. S. D. Profess. Prim. et Proto Synedrii Adsess. Pulchrae ac placidae inquisitioni nobiliss. ac florentiss. Studiosorum Choro in Auditorio maj. 24. Augusti horis a 7. matut. submissa a Respond. Matthia Wermero Musna Transylvano SS. Theol. Stud. Dorpati Livonorum Litter. Acad. anno 1636. 4-to. 68 S.

Vom Verf. Wermer dem sächsischen Superintendenten, Mediascher Kapitel, Sim. Albelius und etlichen anderen Geistlichen zugeeignet. S. die gedruckte Kronstädter Gymn.-Matrikel S. 56—57.

3. Orthodoxa Articulorum fidei consideratio. In gratiam SS. Theo-

---

[1]) S. Dücks Gesch. des Kronstädter Gymnasiums S. 57—59 und die den Kronstädter Gymnasialprogrammen von den Jahren 1862/3 und 1863/4 beigedruckte: „Matricula Civium Gymnasii Coronensis." S. 5, 48, 55, 56.
[2]) Seltsamerweise hat sonach auch Werner noch vor Tröster, Töppelt, Kelp, Miles, Haner und Schmitzel an die Abstammung der Siebenbürger Sachsen von den Gothen geglaubt. S. Seiverts Nachr. S. 439, 103, 215, 283. Neues ungar. Magazin I. 338 fg.

logiae Tyronum methodico conscripta a M. W. Gymn. Coron. Prof.
1642. d. 23. Mai. item 1645. Handschrift.
4. Annotationes in Theologiam Michaelis Schaefferi traditae a M. W.
Theologiae Candidato. Manuscript.

Tr. **Widmann Johann,**

von Schäßburg gebürtig, studirte in Wittenberg 1684.
1. Mysterium SS. Trinitatis a primis N. T. fidelibus ante publicum
Christi praeconium, cognitum et creditum, ex Simeonis descriptione
Lucae II.
   In Deutschmanns Theosophia (1685) Seite 97—112.
2. Q. D. B. V. De Numismate Census ad Matth. cap. XXII. vers. 19.
disputabit Praeses M. Johannes Nicolaus Schülinus, Feuchtvango-
Francus, Respondente Johanne Widmanno, Schaesb. Transylvano.
d. IV. Febr. A. MDCLXXXV. Wittebergae, typis Christiani Schrödteri,
Acad. Typogr. II. 14 S. 4-to.

Tr. **Widmann Karl,**

geboren in Broos am 25. Oktober 1814, wurde in Wien zum Doktor
der Medizin graduirt (6. August 1841) und bereiste einen großen Theil
Deutschlands, sowie Frankreichs und Englands, und die beiden Hauptstädte
beider letzteren, in deren ersterer, nämlich zu Paris, er zwei Jahre zu=
brachte. Mittelst allerhöchster Entschließung vom 23. Mai 1843 erhielt
Widmann die Erlaubniß zur Annahme der Diplome der Societé medicale
de Paris, der Societé academique des sciences phisiques et médicales de
Seine et Marne, sowie der Societé medicale de la Rochelle (l. Siebenbürger
Bote vom Jahre 1843, Nr. 48 und Siebenbürger Wochenblatt 1843,
Nr. 51). Widmann lebt als praktizirender Arzt zu Bukarest in der
Walachei.
   De Hydrocephalo acuto Infantum. Diss. inaug. medica.
Viennae 1841. (6. Aug. disp.) 8-vo. 23 S.

Tr. **Wieland Johann Andreas,**

der älteste Sohn des am 9. Juni 1759 verstorbenen Hermannstädter
Kommunitätsorators Wolfgang Andreas Wieland, welchem die Kaiserin
Maria Theresia den seiner Familie vom Kaiser Ferdinand II. verliehenen
Abel am 4. August 1742 bestätigte, wurde in Hermannstadt geboren. Die

ersten öffentlichen Proben seiner Dichtkunst, zu welcher er von Jugend auf große Neigung hegte, legte er während seines Aufenthaltes in Wien im Jahre 1771 ab, wurde gleichfalls Orator der Hermannstädter Kommunität, und starb kinderlos am 28. Februar 1801.

Von ihm sind, soviel ich erfahren habe, im Druck erschienen:
1. Der Schuhmacher[1]) von London. Wien 1771. 8-vo. (Deutsche Uebersetzung aus dem Französischen des Falbaire.)
2. Die indianische Wittwe. Wien 1771. 8-vo.
3. Ode an den Gr. Wallis, enthalten in: „Pietas Exc. dno. Comiti a Wallis Generali Commendanti sub auspicatissimum in Transilvania adventum anno 1752. ineunte testata a Gymnasio Cibiniensi in Typographia publica, excudit Sam. Sárdi." 4-to von Seite 19—27.
4. Der dankbare Protestant gegen seinen Kaiser. Wien 1782. gr. 8-vo.

Tr. **Wittstock Heinrich,**

Ausschußmitglied des Vereines für siebenbürgische Landeskunde, geboren in Bistritz am 20. März 1826, studirte an der protestantisch-theologischen Fakultät in Wien 1844, diente hierauf als Lehrer am Gymnasium seiner Vaterstadt und wurde zum Rektor dieses Gymnasiums gewählt am 11. December 1862.

Er setzte das von seinem Bruder Karl Wittstock begonnene „Bistritzer Wochenblatt" seit 22. Jänner 1867 fort bis zum 29. Februar 1868, wo dasselbe mit dem 6. Jahrgange aufhörte.

Am 25. April 1869 wurde Wittstock aus dem Bistritzer Schulrektorate zum Pfarrer nach Heltau berufen.

1. Kurzer Abriß der Geschichte des Bistritzer Gymnasiums. In dem ersten Programm desselben Gymnasiums vom Schuljahr 1851/2. S. 1—34. S. Steph. Kelp.

Einen Nachtrag dazu bilden die: Leges Scholae Bistricianae circa docentes notandae. Anno salutis 1596. Clariss. viro D. Andreae Schulero oblatae et a Ven. Capitulo approbatae. In dem Programm des evangelischen Gymnasiums in Bistritz vom Jahre 1852/3. S. 9—14. S. Steph. Kelp.

---

[1]) Laut Horányis Mem. Hung. III. 566. Ob dieser oder der in Kaisers Bücherlexicon, Leipzig 1836, Romane, S. 40, angeführte Titel: „Der Tuchmacher in London" der richtige oder ob es zwei verschiedene Druckschriften sind? kann ich nicht entscheiden.

2. Ueber die Eintheilung der epischen Poesie. In dem dritten Programm des evangelischen Gymnasiums zu Bistritz. S. 3—14. S. Denkblätter I. 200.

3. Beiträge zur Reformationsgeschichte des Nösner Gaues. Wien, Druck von Karl Gerolds Sohn, 1858. 8-vo. 60 S.

Festgabe des Lehrkörpers des evangelischen Gymnasiums in Bistritz für den Superint. Georg Paul Binder, zu dessen 50jährigem Jubiläum als Schul- und Kirchendiener.

Angezeigt von Karl Schuller in der Transsylvania, Jahrgang 1858, Nr. 46, S. 188.

4. Sagen und Lieder aus dem Nösner Gelände, gesammelt von H. W. Bistritz 1860. Druck von Johann Emanuel Filtsch. 8-vo. 49 S.

Eine Festgabe der Stadt Bistritz an die im August 1860 daselbst versammelten Mitglieder des Vereines für siebenbürgische Landeskunde.

5. Die Stellung von Bistritz im Thronstreite zwischen Ferdinand I. und Johann Zapolya. S. 3—40 nebst Anhang urkundlicher Beilagen S. 41—45, in dem Programm des evangelischen Gymnasiums zu Bistritz, vom Jahre 1859/60. S. Denkblätter I. 201.

6. Programm des evangelischen Gymnasiums zu Bistritz in Siebenbürgen. Herausgegeben am Schlusse des Schuljahres 1863. Inhalt: 1. Uebersetzung der Chorlieder aus Sophokles' Antigone von Dr. Joh. Im. Schneider; 2. Schulnachrichten vom Director. Bistritz 1863. Druck von Johann Em. Filtsch. 8-vo. 52 S.

7. Programm ebendesselben Obergymnasiums vom Jahre 1863/4. Veröffentlicht vom Director Heinrich Wittstock. Inhalt: 1. Aelteres Zunftwesen in Bistritz bis in's 16. Jahrhundert (S. 1—44). 2. Schulnachrichten. Beides vom Director. Hermannstadt, Buchdruckerei des Jos. Drotleff, 1864. 8-vo. 75 S.

8. Programm ebendesselben Obergymnasiums vom Jahre 1864/5. Veröffentlicht vom Direktor Heinrich Wittstock. Inhalt: 1. Der Nösner Gau. Eine Studie von Dan. Csallner (S. 1—66). 2. Schulnachrichten vom Direktor. Hermannstadt, Buchdruckerei des Jos. Drotleff, 1865. 8-vo. 100 S.

9. Einige Bemerkungen über die ursprünglichen Verhältnisse der Norddeutschen Ansiedlung. Handschrift.

(Citirt im Schäßburger Gymnasialprogramm 1862. S. 46.)

10. Programm des evangelischen Obergymnasiums in Bistritz am Schlusse des Schuljahres 1865/6. Veröffentlicht vom Direktor Heinrich Wittstock. Inhalt: 1. Beitrag zur Meteorologie und Klimatologie Siebenbürgens von G. D. Kisch (S. 1—38). 2. Schulnachrichten vom Direktor (S. 41—68). Hermannstadt, Buchdruckerei des Josef Drotleff, 1866. 8-vo. 68 S.

11. Programm ebendesselben Obergymnasiums vom Jahre 1866/7, veröffentlicht vom Direktor Heinrich Wittstock. Inhalt: 1. Beiträge zur Kenntniß der Nösner Volkssprache, vom Gymnasiallehrer Georg Bertleff (S. 3—46). 2. Schulnachrichten vom Direktor (S. 49—79). Hermannstadt, Buchdruckerei des Joseph Drotleff, 1867. 8-vo. 79 S.

12. Programm 2c. 1867/8 veröffentlicht vom Direktor Heinrich Wittstock. Inhalt: 1. Beiträge zur Kenntniß der Nösner Volkssprache vom Gymnasiallehrer Georg Bertloff (S. 1—23). 2. Schulnachrichten vom Direktor (S. 27—54). Hermannstadt, Buchdruckerei des Joseph Drotleff, 1868. 8-vo. I. 54 S.

13. Gutachten der Bistritzer Lehrerconferenz über die Umgestaltung der Volksschullehrer-Seminare der deutsch-evangelischen Kirche Siebenbürgens. (Separatabdruck aus dem Schul- und Kirchenboten 1867.) Hermannstadt, Buchdruckerei des S. Filtsch, 1867. 8-vo. 20 S.

Tr. **Wolf Andreas,**[1])

geboren zu Großau am 13. Oktober 1741, studirte am Gymnasium in Hermannstadt, wo er es zugleich in Musik, besonders im Klavierspiel zu einer besonderen Fertigkeit brachte, und sich gleichzeitig die Erlernung der walachischen Sprache sehr angelegen sein ließ. Vom Jahre 1767 weiter brachte er sieben Jahre als Rektor der Trivialschule in Heltau zu und verfaßte in Nebenstunden mehrere Compositionen zu Singstücken mit dem meistens selbst verfertigten Texte. Um Medizin zu studiren, bezog Wolf im Frühling des Jahres 1774 die Universität zu Wien und nach drei Jahren jene zu Tyrnau, worauf er von der Akademie zu Erlangen das Diplom eines Doctors der Medizin erwarb. Gegen Ende des Jahres 1777 nach Hermannstadt zurückgekehrt, übte er daselbst ärztliche Praxis, bis er nach Jassy, der Hauptstadt der Moldau, berufen, dort in den Jahren 1780 bis zu Ende des Jahres 1782 und wieder während des

---

[1]) Siebenb. Provinzialbl. IV. 246—251.

Türkenkrieges 1788 zwei Jahre und 1794 zehn Monate, sowie endlich von 1795—1797 zwei Jahre hindurch in den vornehmsten Familien in Jassy und den meisten Hauptörtern der Moldau durch seinen den Kranken geleisteten Beistand einen großen Ruf und ein ansehnliches Vermögen einerntete. Während der anderen Jahre setzte er seine ärztliche Praxis in Hermannstadt fort, bis er von rheumatischen Zufällen selbst befallen, den Kranken mehr nur noch durch schriftlichen und mündlichen Rath nützen, und sich auf wissenschaftliche Lektüre und sein Werk über die Moldau beschränken mußte. Darauf trat ein anhaltender Kopfschmerz und Schwäche des Gedächtnisses ein, was ihn bewog, sich geselligem Umgange mehr und mehr zu entziehen. Bei zugenommener Entkräftung starb Wolf in Hermannstadt am 17. August 1812, nachdem er noch unterm 23. November 1799 von der königlichen Großbritannischen Societät der Wissenschaften in Göttingen zu ihrem Correspondenten aufgenommen worden war.[1]

Gedruckte Schriften des Dr. Wolf:
1. De Vecte Roonhuyziano Dissertatio inauguralis. Tyrnaviae 1777. 8-vo. 24 S.
2. Schreiben an Franz Joseph Sulzer, datirt Jassy, 27. December 1781, über die Metropoliten der Moldau, nebst einer Namensliste derselben von 1401—1781. In Sulzers Geschichte des transalpinischen Daciens. Wien 1782. III. 503—507.)
3. Siebenbürgisch-sächsische Hochzeitverse. Hermannstadt 1792. 8-vo. 13 S.
4. In der siebenbürgischen Quartals-Schrift:
   a) Ueber einige erhebliche Hindernisse der Gesundheit in Siebenbürgen und besonders im Hermannstädter Bezirke. III. 208—240.
   b) Ein Wort über Faschingskrankheiten. IV. 59—88.
   c) Was ist von der Oeleinreibung, als einem neuentdeckten Heilmittel gegen die Pest zu halten? und wie muß dieses gebraucht werden? VI. 85—148 und 193—218. Auch im Separatabdruck. Hermannstadt 1798. 8-vo. 79 S.
   d) Ueber den bei Lebelang neuentdeckten Wasserbrunnen, nebst einer chemischen Analyse desselben. VI. 265—279. Auch separat gedruckt. Hermannstadt 1798. 8-vo. 15 S.
5. Beiträge zu einer statistisch-historischen Beschreibung des Fürstenthums Moldau. Hermannstadt, bei Mart. Hochmeister, k. k. priv. Dikasterial-Buchdrucker und Buchhändler, 1805. 1. Theil. XVI.

---

[1] Siebenb. Quartals-Schrift. VII. 176.

286 S. mit 2 Kupfern. 2. Theil. XVI. 220 S. nebst Autoren=
register S. 227—235 und alphabetisches Sachregister S. 236—260.
(S. X—XVI. und 214—226 enthalten zwei verschiedene chrono=
logische Verzeichnisse der Moldauer Woiwoden.)

Recensirt in den Göttinger gelehrten Anzeigen vom Jahre
1805 und angezeigt in den Siebenbürgischen Provinzialblättern
II. 90—94.

Das schmeichelhafte Schreiben des königlichen Palatins von
Ungarn, Erzherzog Joseph, welchem der Verf. dieses Werk zugeeignet
hatte, an diesen Letzteren s. in den Siebenb. Provinzialbl. II. 100.

(Engels Geschichte der Walachei und Moldau — in der
Fortsetzung der Allgem. Welthistorie, Halle 1804 — gelangte erst
im Mai 1805 in die Hände Wolfs, als dessen Werk größtentheils
schon gedruckt war.)

Tr. **Wolff Daniel,**
gebürtig aus Fületelke (Filendorf) im Kockelburger Komitat, studirte in
Wittenberg 1684, ward als Akademicus Prediger in Nádas 1687—1689,
dann Pfarrer in Magyaros bis 1702, endlich im letzteren Jahre Pfarrer
in Nádas, wo er 1729 starb.

Von ihm hat man in Handschrift:

1. Das bedrängte Dacia, d. i. das nunmehr unter der Türkischen
Tyranney hochseufzende Siebenbürgen sammt seinen ersten Einwohnern,
Fruchtbarkeiten, Gelegenheiten, aller Fürsten auf einander ergangene
Succession, sein ordentlich dem geneigten Leser zu schauen vorgestellt.
A. 1685.
2. Hydra Trannica, d. i. die durch den Rákozischen Aufstand in
Siebenbürgen entstandene und von dem Teutschen Hercules (d. i.
Ihro k. k. Majestät) gedämpfte vielköpfige Landverderbliche Religions=
schlange. 1708.

Tr. **Wolff Johann,**
von Kronstadt gebürtig, studirte am Kronstädter Gymnasium 1695, dann
aber zu Thorn im Jahre 1701. Seine ferneren Lebensumstände sind
nicht bekannt.

Examen Svecici Lapidis, qui anno superiori miris superbire
figuris dicebatur, praes. M. Georgio Wendio propositum a Joh.

Ant. Rachlitz, Thorun. Opponendi Provinciam sustinentibus Christophoro Eisswagen, Thorum. Godofredo Eitner, Raviconsi Polono, Johanne Wolf, Corona-Tranuo. d. Maji A. O. R. 1701. Thorimii, typis Ampl. Senatus Thoruniensis. 4-to. 16 S.

Tr. **Wolff Joseph,**

Sohn des Schäßburger Senators Joh. Wolff, widmete sich, nachdem er zu Schäßburg die Gymnasialstudien absolvirt hatte, dem Studium der Arzneiwissenschaften an der Universität in Wien. Er wurde im Jahre 1831 nebst anderen jungen Medizinern der Cholera wegen zur Behandlung der von dieser Krankheit befallenen Menschen in das Vaterland entlassen, 1833 aber von der nämlichen Universität zum Doctor der Medizin befördert und übt seither die Heilkunst in seiner Vaterstadt aus.

Dissertatio inaug. medico pharmacologica de Moscho. Vindobonae 1833. d. 22. Junii. 8-vo. 22 S.

Tr. **Wolf Peter,**

geboren in der Kockelburger Gespannschaft zu Fellborf im Jahre 1819, besuchte die Volksschulen in Fellborf und Zuckmantel, darauf 1835 das Schäßburger und 1838 das Bistritzer Gymnasium. An dem letzteren legte er 1842 die Maturitätsprüfung ab, trat den dreijährigen Lehrkurs an der Wiener evangelisch-theologischen Lehranstalt an, und studirte, nach Beendigung desselben, vom Jahre 1845 bis 1847 an der Universität zu Tübingen. Zu Anfang des Jahres 1848 nach Siebenbürgen zurückgekehrt wurde Wolf im Mai 1848 Pfarrer in Reußdorf, und erfuhr im darauf folgenden Jahre das herbe Schicksal, wegen angeblicher Theilnahme an Steph. Ludw. Roths Unternehmungen in ungarische Gefangenschaft und nach Befreiung aus derselben, in Cholera und Typhus, dadurch aber in ein mehrjähriges Siechthum zu verfallen, wodurch er in drückende Noth gerieth. Im Herbst des Jahres 1864 wurde er zum Pfarrer in Selben gewählt.

Wolf hat im Drucke veröffentlicht:

1. Siebenbürgen und die Auswanderung dahin. Nebst den Ursachen, warum die Württemberger für jetzt dahin und nicht nach Amerika auswandern sollen. Heilbronn, bei Aug. Ferd. Ruoff, 1847. 8-vo.
2. Der Führer und Rathgeber auf der Reise nach Ungarn und

Siebenbürgen. Mit 2 Karten. Reutlingen, Druck und Verlag der B. G. Kurtz'schen Buchhandlung. 1847. kl. 8-vo. 57 S.

In der Anzeige wird gesagt: „In dem diesem Führer beigegebenen 40 Seiten starken Anhange, der auch besonders abgedruckt in allen Buchhandlungen für 9 kr. zu haben ist, findet man über Land, Volk, Geschichte und Verfassungen Siebenbürgens in anschaulicher Kürze das Hauptsächlichste", unter nachfolgendem Titel:

3. Siebenbürgen nach Land, Volk, Geschichte und Verfassungen. Reutlingen, Druck und Verlag der B. G. Kurtz'schen Buchhandlung. 1847. kl. 8-vo. VI. 40 S.

Enthält: I. Land und Volk. S. 1—9. II. Geschichtliche Rückblicke. S. 10—15. III. Die Verfassungsverhältnisse. S. 16—24. Sämmtlich aus der Augsburger Allgemeinen Zeitung vom Jahre 1844. Nr. 299. 300 und 301, vom Schäßburger Lehrer Georg Binder, wozu Wolf blos einige Bemerkungen beigefügt hat. — Weiter, Anhang: Die Sachsen in Siebenbürgen. 1. Bürgerliche Verfassung. S. 25—27. II. Die Kirchenverfassung der Sachsen. S. 28—31. III. Das Schulwesen. S. 31—33. IV. Volkszustände, Leben, Sitte. S. 33—37. V. Einige Volksbräuche. S. 37—40.

Tr. **Wolff Samuel,**

geboren in Hermannstadt am 31. Juli 1775, studirte an der Universität zu Leipzig 1796 und Jena 1797, war Prediger in Hermannstadt, sodann Pfarrer in Kirchberg 21. April 1808 und starb nach 14 Monaten im August 1809.

De Vestigiis Ruthenorum in Transylvania Diss. Cibinii, Hochmeist. 1802. 8-vo. 19 S. (S. Siebenbürg. Provinzialblätter II. 174.)

Tr. **Wolff Simon,**

aus Hermannstadt, studirte in den Jahren 1688 und 1689 an der Universität zu Wittenberg und vertheidigte daselbst die Streitschrift:

Disp. Theologica de aeterna Confirmationis Oeconomia ex Psalm. XXXVII. 17. praeside Jo. Deutschmann. Witeb. d. 21. Jun. 1689. 4-to.

Solv. **Wolfhard Adrian,**

der freien Künste und Weltweisheit Magister. Er nennt sich selbst einen Siebenbürger und da im 16. Jahrhunderte ein Wolfhard'sches Geschlecht in dem Bistritzer Distrikte blühte; sollte ich wohl irren, wenn ich ihn für den Doktor Adrian Wolfharb halte, der als Pleban zu Treppen, nach der dasigen Kirchenmatrikel, im Jahre 1545 in die Ewigkeit überging? — Auf der hohen Schule zu Wien weihte er sich den Wissenschaften und schon in seinem 21. Jahre erwarben ihm seine Muse und andere gelehrte Beschäftigungen Ehre und Freunde. Man hat von ihm ein Lobgedicht auf den Kaiser Maximilian I. und verschiedene Ausgaben von Schriften anderer Gelehrten:

> Adriani Wolfhardi, Transylvani, Panegyris. Ad Invictissimum Caesarem Maximilianum, semper Augustum. Viennae Pannoniae, per Hieronymum Victorem, Philovallem, & Joannem Singrenium de Oeting, Calcographos diligentissimos. Tertio Idus Aug. An. Dni. M. D. XII. in 4.

Herr C***[1]) schreibt mir: „Daß Wolfharb auf seine Poesie sich etwas möge eingebildet haben, erhellet aus seinem auf der ersten Seite angebrachten Octostichon, welches so anfängt:

> Caesareas laudes doctaeque verenda Viennae
> Gymnasia, & cultus Austria bella tuos,
> Emuncto cecinit non vilis carmine vates
> Wolfhardus: vati pulchra Vienna fave.

Die Zueignungsschrift: Eminentissimo D. Martio Capinio, Transylvano, Utriusque Juris & Philosophiae Professori, ac Reipubl. Viennensis Supremo Censori[2]) Adrianus Wolfhardus S. D. Aus derselben läßt sich Wolfharbs Geburtsjahr 1491 schließen. Denn er schreibt darin: „Panegyrin juvenili animo, vix enim primum et vicesimum annum, ut nosti, attigi, de divo Caesare Maximiliano audaculus scribere institui — cujus civitate copiosissima et studiorum omnium patrona — Judicis partibus fungeris.

Tr. Das Octostichon ist von Joachimus Vadianus. In der Zueignungsschrift verspricht Wolfharb auch Idyllen. Sein Gedicht ist ziemlich gerathen und voll mythologischer Gelehrsamkeit. Am Ende:

---

[1]) D. i. Daniel Cornides, Professor der Diplomatie in Pest, über welchen weitere Nachrichten in diesen Denkblättern in dem Artikel: Uncius zu finden sind.
[2]) Ueber Dr. Martin Capinius s. Denkblätter I. 205—212.

Sinceriter Citra pompam. Dann folgen: Carmen Christophori Crassi ad Autorem, — sieben Disticha Thomae Roth Colosvarini¹) in laudem Calcographorum und diese zwei Disticha:

  Ctesiphon est quondam laudatus in aede Dianae
  Aereque Lysippus, marmore Praxiteles,
  Calcographos cunctis praeferre quis ambigit, illis
  Vindicibus perpes nempe paratur honos.

Auf der letzten Seite das kaiserliche Wappen und darüber Aquila loquitur:

  Alituum victrix nominor, me tela tonantis
  Haud feriunt, Aquilae mundus et ipse subest.
  Caesar habet terras, et Olympica numina summus
  Jupiter, hic coelos continet, ille solum.

S. Denis' Buchdruckergeschichte Wiens S. 67—68 und Uj Magyar Muzeum 1857. S. 417—418.

  In der Klausenburger ungarischen Zeitung „Kolozsvári Közlöny" vom 1. bis 4. August 1856 Nr. 1 und 2. theilt Jos. Vaß einen handschriftlichen Aufsatz des G. Jos. Kemény mit: „Erdélyi Költök Emléke 1511—1520, in welchem Kemény die Seivert'schen Nachrichten über Wolfharb weiter ausführt. Daraus bemerke ich, daß sich Wolfharb in der Elegie de humanae vitae aerumnis (s. unten Nr. 5) auch Jazik nenne, — daß Camers in seinem Commentariolus zu Dionysii Afri de situxorbis sive Geographia Prisciano aut Fannio Rhenio interprete Libro unico (s. unten) und zwar in der Zueignung schreibe: „Magister Adrianus Wolfhard Transsylvanus mihi ob ingenuos mores, ac non vulgarem eruditionem charitate arctissimus"; ferner daß Wolfharb auch gelobt werde in Georgii Logi Silesii ad Ferdinandem R. Hendecasyllabis et Epigrammatibus, Viennae m. Majo 1529. 4-to. — und daß sich Wolfharb im Dialogus mythologicus (s. unten Nr. 3) „Artium et Philosophiae Professor" nenne, und daß Hieronym. Victor und Johann Singrenius, nicht aber Wolfharb, die Herausgeber der Guarna'schen Grammatik (s. unten Nr. 1) gewesen seien.

---

¹) Thomas Roth's, eines Klausenburger Sachsen, geschieht Erwähnung in: Joachimi Vadiani Minusculae poeticae. Tubingae apud Thomam Anshelmum Budensem anno 1512. 4-to. Mit folgender Zuschrift: „Ad Amplissimum virum d. Thomam Rufum Colosvarinum Consolatoria:

  Mitte curas, non jam nunc est tibi causa doloris
  Hungara quae denegat, laeta Vienna dedit.

(Kolozsvári Közlöny 1856. 4. Oct. Nr. 2 und Magyar Muzeum 1857. S. 418.)

Daß ferner im Jahre 1581 ein **Stephan Wolpharb** Stabtrichter in Klausenburg war,¹) sagt uns folgende an der Stadtmauer vom Monostorthor weiterhin, nahe an der Pulverbastei befindliche Steininschrift:
„D. O. M. Et Posteritati Sacr. Pegnante Illustrino Principe Duo. Chrtophore Bathori de Somlyo Voivoda Tranniae et Sicul. Com. Stephano Wolphard Prim. et Antonio Ferenczi Regio Judicibus Publicis Civittis Expensis fiebat Anno MDLXXXI." (Nemzeti Társalkodo b. i. Beilage zur Klausenburger ungarischen Zeitung vom 7. August 1840, S. 42.)²)
Soiv. Abr. Wolfhard hat neue Auflagen von verschiedenen Büchern besorgt, als:

1. Des Anbr. Guarna bekanntes bellum Grammaticale, unter dem Titel: Grammaticae opus novum, mira quadam arte, & compendio excussum, quo Regum Nominis, & verbi ingens bellum ex contentione Principatus in oratione descriptur. Viennae 1512. 4-to. Auf der ersten Seite befindet sich ein Jambus des Herausgebers, zur Empfehlung.
2. Q. Horatii Flacci, de de divina Poetarum Arte, non minus elegans, quam omni eruditione refertum Opus ad Pisones, cunctis adprime necessarium. Ejusdem, Carmen saeculare perquam jucundum. Viennae 1522. 4-to. Adrian. Wolfardus, Transylv. ad Lectorem. Folgen sieben Disticha zur Empfehlung.
3. Dialogus Mythologicus Bartholomaei Coloniensis, dulcibns jocis & salibus, concinnisque sententiis refertus, atque diligenter nuper elaboratus. Viennae 1512. 4-to. S. 2 widmet Wolfharb dieses Stück seinem jüngern Bruder, **Hilarius**, nennt sich Artium & Philosophiae Professor, und schärft ihm die kindliche Pflicht gegen ihren Vater, Abrian, ein. Diesem Dialogus hat Wolfharb acht Disticha zur Empfehlung des Dialogs beigesetzt.
4. Fratris Baptistae Mantuani Carmelitae, Theologi Poetaeque clarissimi, contra Poetas impudice loquentes Carmen elegantissimum. Adr.

---

¹) Vermuthlich ebenderselbe, welcher im Jahre 1560 an der Wittenberger Universität studirte und sich in der Matrikel als ein geborener Klausenburger einschrieb. S. Archiv des Vereins für Landeskunde N. F. II. 141.
²) Ueber Paul Wolfart und seine (vor Aussterben des Mannesstammes) die adeligen Güter Bibersburg und Altenburg, sowie Jahndorf in Ungarn besitzende Familie, welche mit der siebenbürgischen seit ihrer Einwanderung aus Schlesien in verwandtschaftlichen Verhältnissen gestanden haben soll, s. Lehotzky's Stemmntogr. Regni Hung. II. 67. 433. I. 171. und Wagner, Collect. geneal. I. 60. 608. 611. II. 533. In einer Urkunde vom Jahre 1386 in Fejér's Codex dipl. T. X. v. 1. p. 317—319. erscheint der Name Wolfard de Nagy Höfling. S. besonders Hormayrs Taschenbuch für die vaterländische Geschichte. Wien 1829. S. 383—384.

Wolfhardi, Transylv. Hendecasyllabi ad Juvenes. Ohne Jahr und Druckort.

Tr. Am Ende wird Zoilus von einem Simon Pilades mit zwei und von einem Th. Wall[1]) mit einem Distichon abgefertigt. Ein T. F. setzt noch ein Paar zum Lobe der Elegie hinzu. Das Exemplar (in der Hofbibliothek) hat viele geschriebene Randerklärungen, daher sich schließen läßt, daß Wolfhard ein Collegium über die Elegie las. Seine moralische Absicht dabei ist lobenswerth, indem es zu keiner Zeit an Unbesonnenen mangelte, die die ehrwürdige Dichtkunst in dem Prunke einer frechen Metze der Jugend entgegenführten. (Denis a. a. O. S. 311.)

Seiv. Sonst kommen auch vom Wolfharb verschiedene kleine Gedichte in Werken anderer Gelehrten vor. Z. B.: In Joh. Camers Ausgabe des Dyonisius Afer. Viennae 1512. In Pauli Crosnensis Ausgabe des Fünfkirchner Bischofs Joh. Pannonius, Panegyricus in laudem Baptistae Guarini, Veronensis, praeceptoris sui. Viennae 1512. In Arbogasti Stsub (Strub.) Glaronesii, Orationes duae, quas, dum in humanis fuit, habuit: deinde nonnulla mortuo ab doctis viris eulogia, epitaphiaque pie posita. Wien 1511. Ein Leichengedicht auf den Arbogast und eine Elegie: de humanae vitae aerumnis. — Auch sein Bruder, Hilarius Wolfhard, mag den Musen geopfert haben; denn in der Ofner Ausgabe der Gedichte des Janus Pannonius, 1551 befindet sich ein Hexastichon desselben auf den Verfasser.

Tr. In der vorangeführten Ausgabe des Pannonius'schen Panegyricus befinden sich von Wolfharb:
1. Eine sapphische Ode im Namen des Werkchens, ein phaläcisches Protreptichon ad libellum.
2. Sechs Disticha sub Auctoris persona.
3. Carmen de arbore foecunda ab Adriano Vuolfhardo et Hieronymo Victore repostum.

---

[1]) Ueber Thomas Vall (richtiger Wall) aus Hermannstadt, welcher am 14. April 1521 zum Procurator Nationis Hungaricae an der Wiener Universität gewählt wurde (Lochers Speculum academicum Viennense und daraus Kurz' Nachlese S. 40) s. Dentbl. I. Seite XIV. Nach dem Verzeichniß der Pfarrer des Hermannstädter Kapitels (in den Siebenb. Provinzialbl. III. 4) war Thomas Wall der Nachfolger des im Jahre 1522 zum Pfarrer nach Großau berufenen Peter Thonhäuser im Schellenberger Pfarramte, welches er sodann bis zum Jahre 1559 verwaltet zu haben scheint.

4. Exusticlion in Zoilum et Ardelionem.¹) Dazu kommt noch zu bemerken, daß (laut Hormayrs Taschenbuch für die vaterländische Geschichte, 17. Jahrg. Wien 1820. S. 124): „Die übriggebliebenen Werke des Janus Pannonius zuerst der Siebenbürger Hadrian Wolfart, sodann Sambucus und mehrere andere zu verschiedenen Zeiten, obwohl meistens unvollständig, von vielen Fehlern verunstaltet, und mit Beifügung fremder, dem Janus fälschlich zugeschriebener Gedichte herausgegeben haben."

Tr. **Wonner Valentin,**
geboren in Hermannstadt 9. Februar 1775, studirte an der Universität zu Jena 1800 u. flg., war Stadtprediger in Hermannstadt, wurde Pfarrer in Girelsau am 27. März 1814, dann in Burgberg im Januar 1824 und starb am 20. Sept. 1836 in Hermannstadt im 62. Jahre seines Lebensalters.

Historiae, Algebrae et calculi infinitesimalis ad Leibnitii usque tempora Delineatio. Cibinii, Hochmeist. 1805. 8-vo. 33 S.

Seiv. **Zabanius Sachs,**
des heiligen Römischen Reichs Ritter von Harteneck Johann,
wirklicher geheimer Regierungsrath im Fürstenthume Siebenbürgen, Graf der sächsischen Nation und Königsrichter zu Hermannstadt²). Ein großer Geist, aber ein Sklave seiner Leidenschaften. Seine Talente erwarben ihm schnelles Glück, vorzügliche Gnade bei dem Kaiser Leopold I. und allgemeine Hochachtung bei seiner Nation; allein sein Herz stürzte ihn in einen tragischen Tod. Er war der älteste Sohn des Hermannstädter Stadtpfarrers Isaak Zabanius³), geboren zu Eperies im Jahre 1664. Anfangs bereitete er sich zu einem Stande, den er nachgehends so sehr verachtete und haßte. Er wollte der Kirche dienen, studirte zu Tübingen und nahm daselbst im Januar 1688 die höchste Würde in der Weltweis-

---

¹) Denis a. a. O. S. 75—76 und Uj Magyar Muzeum 1857. S. 360.
²) S. Joh. Seivert „Von den Grafen der sächsischen Nation und Hermannstädtischen Königsrichtern" in dem Ungar. Magazin III. 421—424. — Johann Zabanius Sachs von Harteneck. Politischer Roman von Dr. Daniel Roth (f. d. Art.) Hermannstadt 1847. — Harteneck, Graf der sächsischen Nation und die siebenbürgischen Parteikämpfe seiner Zeit, 1691—1703, von Ferd. v. Zieglauer sammt „Ergänzungsheft". Hermannstadt 1872. (f. d. Art.) Hermannstadt 1869 — und „Zwei Sachsengrafen" in dem „Siebenbürgisch deutschen Wochenblatt" vom Jahre 1870, Nr. 8 und 9.
³) Zur Geschichte der Familie Zabanius Sachs von Harteneck. Sylvestergabe von J. Karl Schuller. Hermannstadt 1864.

heit an, hielt auch einige Vorlesungen über seine eigenen Entwürfe. Allein den 22. April des folgenden Jahres trat er seine Rückreise in sein Vaterland an, woselbst er in Staatsdiensten sein Glück fand. 1690, den 26. April, vermählte er sich mit Elisabeth, gebornen Haupt, und erhielt darauf den 1. August das Provinzialnotariat. Seine Nation setzte ein solches Vertrauen in ihn, daß sie ihn den 21. April 1691 in den wichtigsten Angelegenheiten an den Kaiserlichen Hof nach Wien abordnete. 1695 erhielt er die Stuhlrichterswürde und nach wenigen Wochen, den 6. April das Konsulat, 1698 erklärte ihn die Gnade des großen Kaisers Leopold zum wirklichen geheimen Regierungsrathe in Siebenbürgen, wie auch zu einem Ritter des heiligen Römischen Reichs, mit dem Beinamen Sachs von Harteneck[1]). Nach zwei Jahren erlangte er gar die höchste Würde in der sächsischen Nation. Im Jahre 1700 wurde er zum Königsrichter erwählt, darin er 1702 den 4. Jänner die allerhöchste Bestätigung erhielt[2]). Wie sein Glück eilte, eilte auch sein Verderben. Ganz unvermuthet ließ ihn der kommandirende General Graf Rabutin den 28. Oktober 1703[3]) bei Nacht um 10 Uhr aufheben und nach

---

[1]) Zieglauer a. a. O. I. 133—138. Das Harteneck'sche Adelsdiplom vom 1. März des Jahres 1698 (abgedruckt im Ergänzungsheft S. 75—80) ist von einem der Nachkommen des Impetranten, dem pensionirten k. k. Cameralrechnungsrathe Adolph Chinetti im Jahre 1869 in das sächsische Nationalarchiv zur Aufbewahrung abgegeben worden. — Zur Annahme des Namens Sachs für sich und seine Brüder sah sich Johann Zabanius durch den Vorwurf ihm nicht geneigter Personen, daß die Familie slavischer und nicht sächsischer Herkunft sei (Schmeizels Entwurf zc. zum Jahre 1804), veranlaßt. Bevor er, nach beendigter Wiener Deputation, seine Heimreise antrat, erhielt er vom Kaiser Leopold I. durch den Kardinal Kollonitsch am 20. Juni 1693 eine kaiserliche Gnadenkette mit der Versicherung des kaiserlichen Wohlwollens für die sächsische Nation. (Gr. Keménys deutsche Fundgruben I. 382 und Zieglauer a. a. O. I. 132.) Diese Kette kam in den Besitz der Enkelin des Beschenkten, Josepha geborne Harteneck, Gattin des Schäßburger Bürgermeisters Schell von Ehrenschild, vererbte nach ihrem kinderlosen Ableben auf ihren Schwager, den pensionirten k. k. Oberstlieutenant Joh. Barth. Schell von Ehrenschild (gest. 1820) und wurde nach seinem Tode von seiner Wirthschafterin Eleonore Kosch an Juden verkauft.

[2]) Nicht erst im Jahre 1700, sondern am 12. Oktober 1697 wurde Zabanius zum Hermannstädter Königsrichter erwählt. Die gesetzlich damit verbundene landesherrliche Confirmation des Königsrichters zum Comes der sächsischen Nation erfolgte jedoch erst am 5. September 1699 und 3. August 1701, und zwar, dem Herkommen ganz entgegen, beidemale nur auf ein Jahr, definitiv dagegen, d. i. auf Lebensdauer, erst mittelst Rescript vom 13. Februar 1702. — Wie sich dies zutrug, erzählt Zieglauer a. a. O. I. 137—141.

[3]) Die Verhaftung geschah vor dem 28. Oktober 1703. Denn die Kundmachung des k. Guberniums über die geschehene Verhaftung Hartenecks und ihre Ursachen, mit der Aufforderung an alle Kreise, Städte, Dörfer und Privatpersonen, zur Einreichung ihrer Beschwerden wider Hartenecks Person und Amtsführung, ist aus Hermannstadt vom 26. Oktober 1703 datirt. Hiernach (und laut S. 120 der Mémoires du Comte de Bussy-Rabutin etc. A Dresde 1795) war das

dem Schlosse Fogarasch abführen. Das Geheimniß entwickelte sich bald. Sachs wurde den 19. November Abends nach Hermannstadt zurückgebracht, der straffälligsten Verbrechen angeklagt, aller Würden entsetzt und den 5. December auf dem großen Marktplatze in seinem vierzigsten Jahre ¹), auf einem Teppich kniend, öffentlich enthauptet. Er ging seinem Tode mit Heldenmuth, aber auch mit großer Reue über die Ausschweifungen, zu denen ihn seine heftigen Leidenschaften verleitet hatten, entgegen und sang selbst die Lieder mit, die seine Muse zu dieser blutigen Scene gedichtet hatte. Johann Kinder, nachmaliger Bürgermeister, sollte mit ihm sterben: allein auf dem Richtplatze erhielt er Gnade. Viele sehen seinen Tod blos als eine Rache seiner mächtigen Feinde unter dem Adel an, nicht ohne alle Ursache, da die kaiserliche Gnade zu Neußmarkt so lange aufgehalten wurde, bis sie zu seiner Rettung zu spät kam. Doch wird die Wahrheit Sachsen nie von ahndungswürdigen Verbrechen unschuldig erklären. Geheime Nachrichten will ich nicht aufdecken. ²)

Gubernium auch der Ankläger Hartenecks und hatte, um seine Anklagen zu begründen, auch die Geistlichkeit zur Einsendung ihrer Beschwerden aufgefordert. Diese stellte ihre Beschwerden in ihrer Synode vom 9. December 1709 zusammen. Allein schon zwei Tage darauf, bevor dieselben noch eingereicht wurden, ging die Hinrichtung Hartenecks vor sich.

¹) So gibt das Magistratsurtheil Hartenecks Alter an.
²) Ob Gr. Kemény diese geheime Nachrichten gemeint hat, wenn er (in dem 1. Bande der deutschen Fundgruben S. 313) sagt: „Er wolle den Schleier dieser tragischen Begebenheiten, über welche Vieles zu schreiben wäre, nicht lüften", kann ich nicht entscheiden. Möglich, daß dieselben die geheimen Umtriebe der Feinde Hartenecks beleuchten, aber auch möglich, daß sie eigends dessen eheberecherische Handlungen betreffen. Für den ersteren Fall haben uns dann Roth und Zieglauer in ihren angeführten ausführlichen Druckschriften reichliche Nachrichten ertheilt. Was den zweiten Fall anbelangt, dürften etwaige Familienrücksichten der Veröffentlichung der Sünden Hartenecks wider das sechste Gebot, 166 Jahre nach dessen Tode, wohl nicht mehr im Wege stehen. Ich nehme daher keinen Anstand, hier zu bemerken, daß (laut einer etwa 60 Jahre nach Hartenecks Tod von einem Urenkel seiner Schwester Rosina [zuerst verehl. an Joh. Fleischer, dann an Mich. Abifeld] selbst geschriebenen Nachricht) Harteneck, nachdem er eines Tages in zahlreicher Gesellschaft durch den Generalkommando-Abjutanten Alton als ein Hahnrei verspottet worden war (s. Dan. Roth a. a. O. S. 425), in einem mit seiner Gattin angestellten scharfen Verhör über ihre durch Alton geschehene Verführung das eigene Geständniß derselben erhielt, und daß durch jenen Spott Hartenecks Gattin mehr noch als er selbst gereizt, nicht nur bei Bestechung des Alton'schen Kammerdieners Adam, um seinen Herrn zu vergiften, sondern auch mit Hülfe Kinders von Friedenberg (s. Dentbl. II. 257) bei der Veranstaltung der Ermordung Adams die thätigste Triebfeder war. Um so auffallender wäre der Umstand, daß Hartenecks Gattin weder dem Verhör unterzogen, noch ein Urtheil über sie gefällt wurde, wenn wir nicht aus des Gr. Nik. Bethlen's Autobiographie II. 320 und 322 erführen, daß das auf Rabutins Befehl geschah. Auf ebendesselben und Altons Verlangen wurde die Verbrecherin am 20. Februar 1701 ungestraft auch der über sie vom Magistrat verhängten Haft enthoben. — Sie wurde katholisch, schloß ihr zweites Ehebündniß mit Joh. Mich. v. Möringer (starb als Freiherr und k. k. Generalfeldwachtmeister in Hermannstadt am 23. Januar 1752) und starb als dessen Wittwe in hohem

Es ist jedoch offenbar, daß er Clausenburgern (s. Denkbl. I. 215 und 216) wohl hätte retten können, wenn er seinen Tod nicht gewollt hätte; daß er den Bürgermeister zu Schäßburg, Johann Schuler von Rosenthal, durch seine zwanzigjährige Gefangenschaft unter den Türken merkwürdig[1]), wegen falscher Münzen 1703 enthaupten ließ, obgleich die kaiserliche Gnade vor dem geschlossenen Thore war, daß er den Bedienten des Generaladjutanten Akton heimlich ermorden ließ. Dieser Unglückliche ließ sich erkaufen, seinen Herrn zu vergiften, wie er sich aber dabei entdeckt sah, suchte er seine Sicherheit in Sachsens Hause. Hier wurde er lange Zeit verborgen, endlich aber im Keller erstochen und begraben, nach einem Jahre wieder ausgegraben und in einem leeren Weinfasse in den Altfluß geworfen. Vier Jahre blieb dies ein Geheim-

---

Alter zu Hermannstadt am 15. Mai 1757. Daß unterdessen Harteneck selbst Mitwisser der Ermordung Adams war und sofort die Fortschaffung des Adam'schen Leichnams aus dem Hause vorkehrte, ist jedoch ebenso unzweifelhaft, wie sein ehebrecherischer Lebenswandel. Das Gerücht bezeichnete ihn als einen zweiten Don Juan, der nicht nur von der Gattin Aktons, sondern auch von Gr. Rabutins Gemahlin selbst beglünstigt worden sei (s. Schmeizels Entwurf zu 1704). Indessen benahm er sich in seinem Verhör vor dem Hermannstädter Rath, obwohl er selbst mit der Tortur bedroht wurde, unerschrocken und ehrenhaft, denn es heißt da: „Dum de puncto adulterii interrogatur, respondet: non esse moris, in hoc crimine cum rigore inquirere, et quasi tacendo se reum profitetur." Daß Hartenecks Todfeind Akton, der dem Verhör beiwohnte, auf die Inquisitoren und bezüglich des Urtheils auf die Mitglieder des Magistrats, gestützt auf die Autorität des damals so mächtigen commandirenden Generals Gr. Rabutin, terrorisirend wirkte, geht aus den Verhandlungen deutlich hervor.

[1]) Johann Schuller von Rosenthal, von den Ungarn Hadnagy genannt, Bürgermeister zu Schäßburg, hatte vielerlei Schicksale erfahren. Als Jüngling zog er auf fürstlichen Befehl mit anderen Siebenbürgern in den Krieg, ward von den Feinden gefangen genommen, in die Tartarei, namentlich in die Krimm geführt, daselbst an die Türken verkauft, sofort nach Constantinopel, Assyrien und Halep gebracht und erhielt dadurch Gelegenheit, auch Damascus nebst dem gelobten Lande, Kanaan und das rothe Meer zu sehen, ferner die vor Alters von den Israeliten bewohnte Wüste zu durchziehen, außerdem aber auch die am Nil gelegene Stadt Altair, sowie Jericho in Juda, nebst dem Felde von Jericho am Euphrat zu bereisen, und wurde nach Assyrien zurückgebracht, daselbst durch die Engländer losgekauft, über das Mittelländische Meer nach England, von da nach Holland geschifft und reiste von da nach Rom. In Rom versahen ihn die Klostergeistlichen vom Berge Carmel mit Briefen an Papst Alexander VII., dem er solche einhändigte und zum Handkusse zugelassen wurde. Endlich kehrte er, nach Bekleidung verschiedener Dienste außerhalb des Vaterlandes, über Venedig und Wien in sein Vaterland zurück, erhielt Anstellung in Schäßburg und wurde letztlich daselbst zum Bürgermeister erwählt. Kaiser Leopold I. erneuerte den ihm vom Fürsten Apasi ertheilten Adel, und verlieh ihm und seinen Söhnen Johann und Martin am 31. Jänner 1702 das Prädikat: „von Rosenthal".

Im Jahre 1701 wurde in Schäßburg wegen Münzverfälschung inquirirt und Schuller in diese Sache verwickelt, worüber das k. Gubernium am 23. Juli 1701 an den allerhöchsten Hof berichtete. Dem Einflusse des Comes der sächsischen Nation, Joh. Zabanius von Harteneck, wird es zugeschrieben daß Schuller durch den

niß¹). »Diese Ursachen werden in dem kaiserlichen Halsurtheil²) und auch in jenem des Hermannstädter Raths (letzteres vollinhaltlich in Daniel Roth's o. a. Roman S. 370—372 enthalten) angegeben. Auf Sachsens Tod schrieb Mich. Bluber, Pfarrer zu Großprobstdorf: Die V. Decembr. An. 1703, capite plectitur Dnus Joannes Sachs ab Harteneck, S. R. I.

Schäßburger Magistrat zum Tode verurtheilt ward, ja noch mehr, daß Schuller am 28. Juli 1703 gegen den Befehl des k. Guberniums auch wirklich enthauptet wurde, obgleich die kaiserliche Gnade vor dem geschlossenen Thore (in Hermannstadt?) war. (Seiv. Nachr. S. 608. Theils in dem Gubernialcirkular vom 26. August 1703 über Hartenecks Gefangennehmung, theils in dem Halsurtheil, welches wider Harteneck gefällt wurde, wird die Verfolgung und Hinrichtung Schullers zu Hartenecks schwerstem Verbrechen gezählt.) Es hatte nämlich der durch Harteneck eines Vergehens wegen bestrafte Schuller darüber persönlich in Wien geklagt, und daselbst den 27. Januar 1702 Gnade, das k. Gubernium aber Befehl erhalten, ihm Gerechtigkeit widerfahren zu lassen. Darüber klagte Harteneck als über eine erfahrene Beleidigung oder Schmähung, nachdem Schuller, nach seiner Rückkehr, dem Gubernium den diesfälligen Hofbefehl unterlegt und sich unter k. k. Schutze sicher glaubend sich nach Hause begeben hatte.
Eine umständliche Erzählung des Prozesses und der Hinrichtung Schullers findet man in Dr. Daniel Roths politischem Roman: Johann Zabanius, Sachs von Harteneck. Hermannstadt 1847. S. 246—259.
Einen Theil der Geschichte Schullers enthalten die „Blätter für Geist, Gemüth und Vaterlandskunde." 1852. S. 141—145 und 160—163 und daraus die Transsilvania vom Jahre 1852. Nr. 7. Der Verf. Karl Fabritius, Professor am Gymnasium in Schäßburg, hat das Ganze unter dem Titel veröffentlicht: „Der Prozeß des Schäßburger Bürgermeisters Johann Schuller von Rosenthal." Eingereiht dem IX. Bande des von der kaiserlichen Akademie der Wissenschaften herausgegebenen Archivs für Kunde österreichischer Geschichtsquellen, Wien 1852. 8-vo. und daraus besonders abgedruckt auf 80 S. (S. Denkbl. I. 290.)
¹) Nachdem Adams Leichnam Anfangs im Keller, dann aber im Garten Hartenecks verscharrt gewesen war, und der Gärtner abergläubische Furcht über Erscheinungen des Geistes des Ermordeten äußerte, beschloß Harteneck die Fortschaffung des Todten. Kurz vorher hatte er einem zum Tode verurtheilten walachischen Verbrecher das Leben geschenkt. Diesen ließ er (so erzählt der erwähnte Urenkel der Schwester Hartenecks), „nachdem der Leichnam in ein Faß eingebunden war, das mit Wein angefüllt worden, zu sich kommen und trug ihm auf, dieses Faß aufzuladen und nach Voitza in sein Schenkhaus zu führen, — befahl ihm aber, das ganze Faß, wenn er über die Alt ginge, in das Wasser zu werfen. Dem Walachen kam dieser Auftrag verdächtig vor. Er schlug die Reifen vom Faß ab und entdeckte das Geheimniß, warf aber den todten Körper in das Wasser. Nach der Zeit kam er mit einer Rotte von Räubern, zu der er sich wieder geschlagen hatte, zum Pfarrer Grau (f. Denkbl. II. 26) nach Reußen, wo sie gewohnt waren, Wein zu trinken. Nachdem er übermäßig Wein zu sich genommen hatte, erzählte er in seiner Trunkenheit den ganzen Vorgang vom vermoderten Körper Adams. Dies hörte der Pfarrer, und als er nach der Zeit von Sachs als ein Bewirther der Räuber abgesetzt worden war, so ging er, um sich an Sachs zu rächen, und entdeckte dem General Rabutin Alles, was der Dieb in seinem Hause erzählt hatte. Diese Nachricht war Alton, seinem Gegner, eine willkommene Gelegenheit. Sachs wurde allsogleich zum General gerufen, bei dem Ausgang gegen die Wiese aus dem Hause hinausgeführt und in einer Kutsche nach Fogarasch in das Schloß gebracht."
²) Dieses keineswegs kaiserliche, sondern Gubernial- und landesständische Urtheil (von Seivert kaiserlich genannt, weil es in dem gewöhnlichen Styl im Namen des Kaisers ausgefertigt ist) datirt Hermannstadt, 3. December 1703 (zwei Tage vor Hartenecks Hinrichtung) hat der gelehrte Geschichtsforscher Stephan Szilágyi in

Eques, Saxonum Comes, Iudex Regius Cibiniensis, Excelsi Regii Gubernii Assessor, Vir dum viveret, magni & admirabilis ingenii, sed curator sui, pauperum rosor, pastorum osor. Male vixit, bene mortuus est. Vixit ut leo, mortuus est ut agnus, inter devotissima suspiria, spiritu plane intrepido & heroico; sera, tamen vera, poenitentia.

Ich gedenke nun Sachsen's als eines Schriftstellers. Unter dem Vorsitze des Joh. Adam Osianders vertheidigte er zu Tübingen 1687 eine Streitschrift: de Ritibus Ecclesiasticis, die er in einigen Exemplaren, etlichen württembergischen Konsistorialräthen, in einigen aber seinem Vater Zabanius zuschrieb. Als Verfasser aber das folgende Jahr:

1. Diss. Academia, de Ideis, quam sub praesidio Joh. Wolfgang Jägeri — placido ἀκειβολογύντων examini, summorum in Philosophia honorum rite capessendorum gratia, submittit author, & defendens — Anno quo, GratIoso ProCerVM aDVentVI TUbInga tota In Ipso IauVarIo appLaVsIt. (1688.) in 4-to.

2. Die, denen schmerzlich leidtragenden Wittwen Chpressen, entgegen= gestellt, auch ewig grün= und blühende Rosenau, in welcher unter einer geharnischten Riesengestalt — Valentinus Frank von Franken-

---

dem Uj Magyar Muzeum, Pest 1855, Jännerheft S. 21—29, nach seinem ganzen Wortlaut veröffentlicht und demselben sowohl die gleichzeitige Geschichte des Prozesses: Substantia Processus contra J. S. ab H. per Fiscalem Directorem Greg. Gálfalvi agitati. per SS. et OO. trium Nationum Transsilvaniae decisi, sive Causae mortis ipsius Johannis Sachs. dat. Cibinii 3. Dec. 1703 vorausgeschickt, ebendas. S. 19—21, als auch die Certificatoria Sententiae dat. Cibinii 13. Dec. 1703 beigefügt, ebendas. S. 29—31. Die öffentliche Meinung hat den Gr. Nik. Bethlen als die Haupttriebfeder des durch ihn abgefaßten landesständischen Urtheils bezeichnet, und wenn man u. a. seine Mißverhältnisse mit Harteneck und seine unverhohlenen Aeußerungen (s. Zieglauer a. a. O. S. 183 und Dan. Roth S. 476) erwägt, wohl nicht mit Unrecht. Gleichwohl sucht Bethlen selbst in dem unter dem Titel: „Szász János Tragoediája" S. 316—334 seiner Autobiographie (Graf Bethlen Miklós önéletirása, Kiadta Szalay László. Pest 1860. II. Band) enthaltenen eigenen Abschnitt die Schuld von sich ab und (S. 322—327) auf den Thesaurarius Gr. Stephan Apor, sowie auf den kommandirenden General Rabutin selbst und dessen Adjutanten Alten zu schieben. Es mag nun wirklich Apor oder wahrscheinlicher Apor und Bethlen das Meiste zu jenem, hintennach von Bethlen selbst a. a. O. als ungerecht bezeichneten Urtheil beigetragen haben, so erscheint uns heutzutage, nach unbefangener Prüfung der Verhandlungsurkunden ganz richtig, was Stephan Szilágyi (a. a. O. S. 28) darüber sagt: „Sachs mußte sterben! wie aus dem Urtheil ersichtlich, und darum setzte man gerne den wahren Gründen auch Scheingründe bei, was der ganze Verlauf des Prozesses deutlich beweist. Die Appellation wurde Zabanius nicht zugestanden, weil dadurch die sächsischen Rechte verletzt würden, und es wurde ihm zum Verbrechen gerechnet, daß Er dieselbe dem Clausenburger und dem Schuller nicht zugestanden hatte: „Ipse sibi legem fecit". „Welche Würde für ein Gericht!" — „So endete (sagt Szilágyi ebendas. S. 31) dieser merkwürdige Prozeß. Einen ähnlichen, dem Gegenstande nach, hat Siebenbürgen vor, wie nach, nicht gesehen!" —

stein — seine auserwählte Rose, — Frau Anna Maria Rosenauerin, verwittwete Johann Waybin, zum ehelich vergnügenden Genuß, seinem hochadeligen Rosenheim, den 11. November 1693, aufgestecket. Hermannstadt. 4-to.

Solche Titel ermüden uns im Abschreiben. Welcher Geschmack! Man kennt unsere alten Gelehrten nicht mehr, so bald sie deutsch schreiben. Doch war unseres Verfassers Glückwunsch so schön, daß er nebst anderen Glückwünschen 1695 wieder in 12. gedruckt wurde. Von Sachsens poetischem Genie findet man auch verschiedene Proben im Roseto Frankiano.

3. Himmlische Jesus-Gedanken einer der falschen Welt ab- und dem theuren Herrn Jesu zugefallenen Seele. J. S. V. H. E. 1703, den 5. December. längl. 12.

Es sind sechs Lieder, die Sachs in seiner Gefangenschaft verfertigte und die bei seiner Ausführung aus dem Rathhause zu dem Gerichtsplatze abgesungen wurden. Sie sind rührend. Ich will ihren Anfang hersetzen:

1. Seufzer, Elend, Weh und Klagen,
 War mein allererstes Wort —   5 Strophen.

2. Lebt jemand so wie ich;
 So lebt er wunderlich —   12 Strophen.

3. Lebt jemand so wie ich;
 So lebt er jämmerlich —   10 Strophen.

Noch Vieles ließe sich über den Harteneckischen Prozeß sagen, wenn nicht das schon Gesagte in den Augen mancher Leser die Aufgabe der gegenwärtigen Denkblätter bereits überschritten hätte, und wenn nicht andererseits der Verfasser dieser Mühe durch Zieglauers vortreffliches Werk: „Harteneck und die siebenbürgischen Parteikämpfe seiner Zeit" sich überhoben sähe. Hier möge nur noch bemerkt werden, daß es an diesem Orte zu genügen schien, statt einer umständlicheren Biographie Hartenecks, den Seivert'schen Nachrichten selbst blos die vorangeführten Bemerkungen, deren Aufnahme sich von selbst rechtfertigen dürfte, mit der Schlußbemerkung beizufügen: a) Daß Hartenecks (nach Bethlens eigenem Geständniß a. a. O. S. 330 widerrechtlich) confiscirtes Vermögen (laut Kemenys Fundgruben I. 313) sich auf 71,000 Gulden belief, und sein Haus in Hermannstadt (s. Dan. Roth S. 55) im Jahre 1703 für das kaiserliche Münzamt, nachher aber zur Kanzlei der k. Kameralbuchhaltung verwendet, und endlich im Jahre 1866 an den Hermannstädter Gewerbeverein verkauft, vom letzteren aber von Grund auf neu gebaut wurde. b) Daß hingegen den Harteneck'schen Erben, welche an die Stadt Hermannstadt eine Forderung von 10,000 Gulden stellten, nachher aber, weil der Prozeß darüber seit dem Jahre 1710 dauerte, dieselbe auf 18,000 Gulden steigerte, im Februar 1731 vom Rath und der Kommunität von Hermannstadt 12,000 Gulden bewilligt wurden. (J. K. Schuller in der „Hermannstädter Zeitung" den 18. März 1864, Nr. 67 und dessen o. a. Sylvestergabe S. 12.)

4. Lebt jemand so wie ich;
   So lebt er kümmerlich —   13 Strophen.
5. Lebt jemand so wie ich;
   So lebt er seliglich —   10 Strophen.
6. Meinen Jesum laß ich nicht,
   Obgleich das Gesetze würget — 12 Strophen.

In Schurzfleischens Epistol. Arcan. ist der 126. vom 15. Oktober 1697 und der 232. vom 1. Oktober 1701, an diesen Zabanius geschrieben.

Tr. Handschriften von Zabanius Sachs von Harteneck:

1. Memoriale quod Magister Joh. Zabanius Notarius provincialis nomine totius theutonicae Nationis ad Suae Sacrae Caesareae Regiaeque Majestatis domini nostri clementissimi gratiosissimi pedes anno 1693 ut Ablegatus Viennae humillima submissione deposuit. Deutsch in Zieglauers Harteneck, Graf der sächsischen Nation. Hermannstadt 1869. 1 Bd. S. 110—123.

Sein Bericht darüber führt den Titel:

2. Referat, was bei meiner M. Joh. Zabanii Expedition Merkwürdiges passirt und vorgegangen. 1692—1693.

Diesen vom Juli 1693 datirten Bericht an die sächsische Nationsuniversität über die Verrichtungen unseres Zabanius in der Wiener Deputation, wohin er mit Peter Alvinczy von den siebenbürgischen Ständen deputirt und von der siebenbürgischen Universität ebenfalls mit einer Instuktion versehen wurde, hat Gr. Jos. Kemény in seinen „Deutschen Fundgruben zur Geschichte Siebenbürgens, Klausenburg 1839. S. 344—382. im Druck herausgegeben und ebend. S. 339—341 die Punkte jener Instruktion, sowie S. 341 bis S. 343 die kaiserliche Resolution auf die durch Zabanius eingereichte Bittschrift der Sachsen, datirt Wien, 28. April 1693, bekannt gemacht. Letztere findet man auch in Száß Sylloge S. 451—453. Ueberdies führte aber Zabanius über seine Deputation ein

3. Lateinisches Diarium, welches den 25. August 1692 beginnt und den 11. Juni 1693 endet, in streng chronologischer Ordnung. Es enthält viele Umstände, die im Referat nicht vorkommen und doch äußerst interessant sind. Der in 4-to geschriebene, im Besitz der B. Bruckenthal'schen Bibliothek zu Hermannstadt befindlichen Urschrift hat der Bürgermeister Friedr. v. Rosenfeld den Titel vorgesetzt:

„Diarium Dni Johannis Sachs de Harteneck, quod sub Deputatione sua Viennensi a. 1692—1693. conscripsit"; und seiner eigenhändigen Abschrift ein eigenes Tagebuch über seine, Sachsenhelms und Tartlers Sendung nach Wien vom Jahre 1792 beigefügt. S. den Artikel Rosenfeld.

4. Genuina Deductio Nationis Saxonicae super jurisdictione dominorum Supremorum Officialium [1]); und Protestationen wegen der angegriffenen Gerichtsbarkeit der sächsischen sieben Richter in ihren Ortschaften Sorostély, Holdvilág, Bolkács, Seiden, Szépmező, Csanád, Bollya und Szent-Jánoshegye.

(In dem sächsischen Nationalarchiv erstere unter Z. 2138 vom Jahre 1698 und letztere unter Z. 2204 vom Jahre 1696 l. Schuler-Libloys siebenbürgische Rechtsgeschichte. III. 170.)

Vgl. die Abhandlung: „Die adeligen Güter der Sachsen sind von der Komitatsgerichtsbarkeit ausgenommen" in der Transsilvania, Beiblatt zum Siebenbürger Boten, Nr. 13, vom 15. Februar 1847. — Wegen dieser durch die vom Kaiser Leopold I. mittelst Diplom vom 7. April 1693 bestätigte feierliche Accorda der sächsischen mit den ungarischen und Szekler-Nationen vom 23. April 1692 garantirte Gerichtsbarkeit [2]) mußte die sächsische Nation noch im Jahre 1811 harte Kämpfe bestehen [3]). Seit den siebenbürgischen Landesgesetzen vom Jahre 1848 hat jedoch mit dem Urbarialverband der ehemaligen adeligen Unterthanen und ihrer Grundherrn auch diese Gerichtsbarkeit aufgehört.

5. Constitutiones et Statuta Reipublicae Cibiniensis, wie solche von unsern Urahnen hergebracht, aus den Archiven ausgezogen und dann nach abermaliger glücklicher Vereinigung unseres lieben Vaterlandes der glorwürdigen königlichen Krone, kaiserlich und königlichen Regiment und allergnädigsten Diplomate confirmirt; sodann aus einmüthigem Rathschlusse des gesammten L. Stadtmagistrats und Hundertmannschaft vor dem solennen actu Electionis jedesmal abzulesen geordnet und beschlossen, sub auspiciis Illustr. D. Dni. Joannis Sachs ab Harteneck S. R. J. Equitis et t. t. Consulis Provincialis et substituti Regii Judicis Cibiniensis.

---

[1]) Laut Zieglauers „Harteneck ꝛc." a. a. O. I. 187.
[2]) Siebenb. Landtagsprotokoll vom Jahre 1792. S. 472—475. und Szász Sylloge. S. 280—297 und 892—897.
[3]) Siebenb. Landtagsprotokoll vom Jahre 1811. S. 81, 512, 831, 864. 868, 885, 910.

S. Ungar. Magazin II. 267, wo S. 267—271. das vierte Kapitel dieser Statuten abgedruckt ist, nicht minder Siebenb. Quartalschrift VI. 52. wo verschiedene andere Punkte davon vorkommen. Ferner theilweise a. Schuler=Libloys Statuta jurium municipalium ꝛc. Hermannstadt 1853. S. 22—37; dann in dessen Materialien zur siebenbürgischen Rechtsgeschichte. Hermannstadt 1862. S. 106—132 und ebendesselben Siebenbürgische Rechtsgeschichte, 2. Aufl. II. 325—340.

6. Dialogus inter Atrocium & Aequalium de Justitia et Agone Tranniae, praecipue Nationis Saxonicae. 1700. (welches sich im Nationalarchiv Nr. 2344 befindet.)

7. Atrophia sive Remonstratio Causarum ruinae Nationis Saxonicae.

8. D. T. O. M. duce et auspice Sacra Rom. Imp. nec non Hungariae Regia Majestate, Dno Dno naturaliter Clementissimo, per Ill. Comitem ac Dnum Joannem Frid. S. R. J. Comitem ac dnum a Seeau ad universos Status ac ordines trium Regni Tranniae Nationum delegatum Commissarium Regium Clementissime imperante, jubente ac moderante, Excelso similiter Gubernio patriae Regio imponente „Systematis de sincerae proportionis ad normam justitiae distributivae, in charissima nostra patria introductione ac stabilimento, Projectum per Universitatis Nationis Saxonicae Officiales ac Delegatos in currenti Diaeta pro anni 1702. die 7. Januarii Albam Juliam indicta, praesentes, suis, nec non universorum Magistratuum ac Communitatum ejusdem Nationis nominibus et in personis, in sequentium positionum ac demonstrationum fundamentis, humillima cum submissione ac respectu Altissimis indaginibus repraesentatum Albae Juliae a. 1702. 23. Martii." (In teutschem Auszug bei Zieglauer a. a. O. S. 225—255.)

Ein lateinischer Auszug dieses Werkes hat folgenden Titel: Contributionum Nationis Saxonicae publicarum oeconomia: Quid Universitas Nationis Teutonicae Ultratransylvanae, diversis multorum retro annorum Periodis, in puncto repartitionis onerum publicorum secundum Portarum titulum et statum egerit, quaeve Sedes ac quomodo, ac per quas sublevata fuerit, ad oculum ostendit.

Die in dem Steuerwesen und dem Verhältniß der Posten im Laufe der Zeit geschehenen Veränderungen werden dargestellt in fünf Zeiträumen, deren erster bis zum Jahre 1598, der zweite bis 1661, der dritte bis 1667, der vierte bis 1693 und der fünfte bis 1701 reicht. Das Verhältniß der Besteuerung der sächsischen Kreise unter sich, und das Mißverhältniß im Vergleich zu den ungarischen Komitaten und Distrikten ist so gründlich auseinandergesetzt, daß dieses opus postumum des Zabanius eine Hauptveranlassung zu dem Unwillen und Hasse ward, welchen sich Zabanius unter den ungarischen Großen zuzog. — Daß übrigens das erwähnte Mißverhältniß, obschon in anderer Weise, auch in der Folge der Zeit nicht aufgehört hat, darüber belehren uns unter anderen B. Sam. Bruckenthals „Denkwürdigkeiten zur Geschichte der Sachsen in Siebenbürgen" im 5. Bde. der Siebenb. Provinzialblätter, und Joachim Bedeus „Kurze Uebersicht, wie die Sächsische Nation im Mißverhältniß der zwei übrigen Nationen zu den gemeinen Landesnothdürften auf der einen Seite zuviel beiträgt und auf der anderen von den Beigetragenen zu wenig genießt" Handschrift vom 22. August 1793.

9. Responsum ad Declarationem hungaricae et siculicae Nationum ad Saxonicam Nationem die 19. Maji 1702. exaratam[1]).
10. Scriptum Anti-Bethlenianum[2]).

8civ. **Zabanius Isaak,**[3])

der freien Künste Magister und Stadtpfarrer zu Hermannstadt. Ein fruchtbarer Schriftsteller. Johann Zabanius, ein Geistlicher von Adel und Pastor zu Breßna (Zabanius nennet sich Breszna-Lyptoviensis) und Sophia geborne Nieholcz waren die Eltern unseres Zabanius, von welchen er 1632 den 5. Juli geboren wurde. Unterstützt von der liebreichen Milde des Stephan Wittneby, Herrn auf und von Muzay, ging er den 19. Juni 1657 auf die hohe Schule zu Wittenberg. Hier erwarb er sich unter dem Dekanate des Georg Kasp. Kirchmayer die Magisterwürde mit vielem Ruhme, und kehrte 1659 in Gesellschaft des Mag. Mathias Stürner durch Böhmen und Oesterreich glücklich in sein Vaterland zurück.

---

[1]) Beide Handschriften in deutschem Auszug bei Zieglauer a. a. O. I. S. 265—273. und 274—277.
[2]) In dem Sächsischen Nationalarchiv unter Z. VI. vom Jahre 1702 befindliche Handschrift. Im Auszug bei Zieglauer a. a. O. I. S. 277—285. Eine mit großer Erbitterung geschriebene Charakterschilderung des siebenbürgischen Kanzlers Gr. Nikolaus Bethlen.
[3]) Ueber Isaak Zabanius' Leben und Schriften s. auch Kleins Nachrichten von den Lebensumständen evangelischer Prediger in Ungarn. I. 145—150. Note 137. und II. 349. Wie auch Wallaszky, Conspectus Reipubl. litt. in Hung. S. 239. 252.
Tr.

Er kam nach Preßburg, als eben Reichstag gehalten wurde. Hier machte er sich den Breznobányaischen Abgeordneten von einer so guten Seite bekannt, daß sie ihn erstlich mündlich und hernach den 27. November 1659 schriftlich zum Rektor ihrer Schule beriefen. Von hier erhielt er den 16. Mai 1661 das Schulkonrektorat zu Eperies, und wegen seiner Verdienste 1667, den 16. Mai, das öffentliche Lehramt in der Streittheologie und theoretischen Weltweisheit. Diesen Dienst verwaltete Zabanius mit großem Ruhme, allein bei den erfolgten großen Veränderungen in der Kirche verlor er seinen Dienst und sah sich 1670 im Elende. Ja 1673, den 13. März, wurde auf Befehl des Grafen von Wolkra, Vorstehers der Zipser Kammer, dieses evangelische Gymnasium gänzlich eingezogen.

Zabanius nahm hierauf seine Zuflucht nach Danzig, ohne zu wissen, wo die göttliche Vorsehung ihm und seinem Hause Aufenthalt und Ruhe zubereiten würde. Gerührt von diesem traurigen Schicksale seines Freundes und Lehrers that Georg Femger, Pfarrer zu Mühlbach, alles für ihn und erlangte es bei dem Grafen der sächsischen Nation und Königsrichter zu Hermannstadt, Andreas Fleischer, daß Zabanius den 11. Januar 1676 zum öffentlichen Lehrer der Theologie und Weltweisheit an dem dasigen Gymnasium berufen wurde. Zabanius nahm den Ruf an und kam auf öffentliche Unkosten den 25. August glücklich nach Hermannstadt. Indessen war Fleischer gestorben, aber nicht mit ihm Zabanius' Freunde. Der neue Königsrichter Mathias Semriger und der gelehrte Bürgermeister Georg Armbruster waren nicht weniger seine Gönner, die seinen Zustand auf alle Weise erträglich zu machen suchten. Zu seiner Professur erhielt er 1681, den 29. Mai, auch das Rektorat. Dieses Amt verwaltete er zum großen Vortheile der studirenden Jugend bis 1687, da er denn nach einer siebenundzwanzigjährigen Last von Schuldiensten die Pfarre Urwegen unter dem Walde erhielt. Er hatte hiebei das Vergnügen, von seinem alten Freunde und Kollegen zu Eperies, Michael Pankratius, Superintendenten der sächsischen Kirchen, zu Medwisch ordinirt zu werden. Im Jahre 1691 ward er Stadtpfarrer zu Mühlbach und das folgende Jahr, nach dem Tode Johann Leonhards, den 17. November zu Hermannstadt.

Endlich in Allem glücklich, war er der unglücklichste Vater. Was muß nicht sein väterliches Herz empfunden haben, da sein Sohn, Johann Zabanius, des heiligen römischen Reichs Ritter Sachs von Harteneck, geheimer Gubernialrath, Graf der sächsischen Nation und Königsrichter zu Hermannstadt, den 5. December 1703 öffentlich auf dem Marktplatz enthauptet wurde. Da er ihn selbst zu seinem blutigen Tode zubereitete, da er zum letzten Male seine priesterlichen Hände auf sein Haupt legte; was muß sein Herz nicht empfunden haben! Außer diesem unglücklichen Sohne hatte er von seiner Gemahlin, einer gebornen Stierwitz, noch drei Söhne und eine Tochter, davon der glücklichste, Jakob, als Stuhlrichter zu Hermannstadt starb. Nach so merkwürdigen Abwechselungen guter und böser Tage beschloß Zabanius sein mühsames Leben den 19. Mai 1707 im 75. Jahre seines Alters, nachdem er auch etlichemale Dechant des Kapitels gewesen.

Zu gelehrten Streitigkeiten hatte Zabanius eine ganz besondere Neigung. Die Streittheologie war seinem eigenen Geständnisse nach seine Lieblingswissenschaft. Eine Leidenschaft, die uns nicht allezeit glücklich macht. Seine unnützen Streitigkeiten mit Pabiwer, Rektor zu Schäßburg, über die Atomen wurden endlich so ärgerlich, daß die Synode zu Medwisch 1677 für nöthig erkannte, ihnen beiden Stillschweigen aufzulegen [1]). Unter Zabanius rühmwürdigen Handlungen ist es wohl eine der ersten Größe, daß die evangelischen Bürger zu Klausenburg, irrende Schafe ohne Hirten, besonders seiner Fürsorge und seinem unermüdetem Eifer das Glück einen Seelsorger zu erhalten, zu danken haben. Auf hohe Vergünstigung ward 1695 der evangelische Gottesdienst in einem Privathause eingerichtet und Martin Klein, nachmaliger Pfarrer zu Neudorf, war der erste Prediger bei dieser kleinen Gemeinde.

Zabanius hat sehr viel geschrieben und ich selbst habe mehrere Schriften von ihm gesehen, welche ich hier anführen werde. Zu Wittenberg vertheidigte er als Verfasser verschiedene Streitschriften: Unter dem Adjunkt Johann Bayer 1658 de Gnomo Sciaterico; unter Sperlingen de intellectu, und als er die Magisterwürde 1662 erhielt: de attributis entis ex Philosophia prima. Nach Zwittinger S. 405 hat er auch eine Diss. de quaestione: An Ludimagister, vel Professor, praecipue externa vi exauctoratus, salva conscientia mercaturam facere possit? herausgegeben.

Ich komme auf seine Schriften, die ich selbst gesehen habe:
1. Existentia Atomorum, ab injuria quatuor & viginti argumentorum, privata opera M. Isaaci Zabanii, col. Lycei Eperiensis Conrectoris, vindicata. Witeb. 1667. 8-vo.

---

[1]) Ueber seine Differenzen: a) mit dem Königsrichter Frankenstein, im August 1696 s. Gunnesch's Fortsetzung des Chronicon Fuchsio-Lupino Oltard. II. 270—271. b) mit dem kommandirenden General Gr. Rabutin im April 1705. s. das Archiv des Vereins für siebenb. Landeskunde N. F. VI. S. 1—4. c) Von seinem Verdienste um das „Wiederaufleben der evangelisch-lutherischen Kirche zu Klausenburg" handelt J. G. Schaser in dem Archiv des Vereins für siebenb. Landeskunde II. S. 53 sq.

2. Disputatio Theol. Synopsi Controversae primae Christophori Mejer, Theol. D. & Profess. in Universitate Viennensi, in qua de Salute & Justificatione nostra agitur, opposita. Praes. M. Isaac. Zabanius. Theol. Polem. secund. & Philos. Theor. in Athenaeo Eperiensi P. P. Ordinarius, Resp. Joh. Laurenti, die 24. Jan. 1668. Cassoviae. 4-to.

3. Theses Theologicae, de Fide, Spe, & Charitate divina. Resp. Georgio Horváth, Transdanub. de Szent Miklos, die 11. Apr. 1668. Cassoviae. 4-to.

4. Theses Catholicae, de Conciliis Oecumenicis Ecclesiae Catholicae, & eorum authoritate. — Resp. Joanne Laurenti, die 12. Sept. 1668. Leutschoviae. 4-to.

5. Disp. I. Theologica, Thesibus controversiarum Fidei prooemalibus Matthiae Sambar, e Soc. Jesu, Controvers. Fidei in Collegio Cassoviensi Jesuitar. Profess. Ordinarii, opposita, eidemque Collegio a Joanne Braxatoris, Alumn. Seniore, & Melchiore Smrtnik, Brisnob. praeside — ad discutiendum proposita. 1669. die 30. Sept. 4-to.

6. Disp. II. Thesibus Controversarium — Resp. Nicol. Pusoczi, Transdanub. & Samuele Schnizler, Cibin. Trans. d. 27. Nov. 1669. 4-to.

7. a) Disp. Metaphysica, de Existentia rei intelligibilis, ac praecipue quidem, Naturae communis, objective spectatae in intellectu. Resp. Jona Rubenkio. M. Oct. 1670. Cassov. 4-to.

b) Diss. Philosophica, in qua de quaestione sequenti: An Essentia rei creatae, in, vel extra Deum, sit ab aeterno realiter? Contra Franciscum D. Abra de Racouis, aliosve ejusdem farinae Philosophos, accurate disputatur, a M. Isaaco Zabanio, hactenus III. Athenaei Statuum Evangelicorum Eperiensis, Theologiae Polemicae Secundario, & Theoreticae Philosophiae Profess. Publ. Ordinario; nunc autem in Schola crucis, & exilii, &c. tirone. A. 1670. 4-to. ohne Melbung des Druckorts, mit einer Zueignungsschrift an den Graf von Thorn.

8. Theses, Antitheses Philosophicae, Aphilosophicae, orthodoxae, heterodoxae, ceu compendium praelectionum publicarum. — M. Aug. 1672. Tubingae. 4-to.

9. Disp. Scholastico-Theologica, sua ipsius brevitate prolixa, in qua ratio habitus practici solidiore studio Theologiae revelatae vindicatur, praes. M. Isaac. Zabanio, Th. & Philos. P. P. celebr. Gymnasii Cibiniensis, ejusdemque Moderatore: Resp. Andrea Körnero,

Bistric. Valentino Klein, Olassiensi-Hung. 1676. Cibinii, typis Steph. Jüngling. 4-to.
10. Disp. II. Theologica, de motivo formali infallibili cognoscendae revelationis divinae, Paganorum, Judaeorum, Mahumetanorum, & Christianorum respectu. Respp. Georg. Reutter, Georg. Conradi, Caspar. Cramero, & Jo. Bakoss, Cibiniensibus. 1677. Ebend. 4-to.
11. Disp. Theologica de quaestione: An dogma de Sacramentis sit Articulus Fidei fundamentalis? Resp. Joh. Krempes. 1678. M. Febr. Ebend. 4-to.
12. Disp. Theol. de Gratia Dei. Resp. Mart. Kelpio, Holdvilagiensi. 1678. die 12. Mart. Ebend. 4-to.
13. Disp. Theol. de Fide distinctive, quidditative, effective, & attributive spectata. Resp. Stephano Barcio, Markschelkensi, die 9. Jul. 1678. Ebend. 4-to.
14. Disp. Theol. de Processione Spiritus S. a Patre & Filio. — Resp. Joh. Krempes, Cibin. Rev. P. Jeremia Kakavela, Monacho graeco, aliisque. die 17. Dec. 1678. Ebend. 4-to.
15. Disp. Theol. de meritis bonorum operum quoad justificationem & vitam aeternam. Resp. Matthaeo Barth, die 18. Mart. 1679. Ebend. 4-to.
16. Diss. Theol. de verbo in Divinis: an scilicet praeter verbum ὑποςατικὸν possit, imo debeat, praeeunte S. Scriptura & Orthodoxia, aliud etiam verbum in Divinis concedi? Resp. Marco Fronio, Coron. 1679. die 22. Apr. Ebend. 4-to.
17. Defensio Disputationis de Processione Spiritus S. a Patre & Filio, in qua ea, quae Reverendissimus Dominus Isrrius Zygala, Archiepiscopus Cypri, modeste satis & erudite regessit, pari modestia ad exactiorem veritatis limam revocantur. — Resp. Krempesio 1679, die 1. Jul. Ebend. 4-to.
18. Disp. semestris, de Ecclessia. Resp. Simone Suidricio. 1681. die 2. Oct. Ebend. 4-to.
19. Diss. I. de Academia. Resp. Daniele Femger, 1685. d. 12. Dec. Ebend. 4-to.
20. Armatura inermis, qua Michael, coelestis ille Promachus & Agonotheta, bello, sed incruento, Hydram septicipitem, stygiae paludis incolam, adortus, non modo victoriose debellavit, verum etiam gloriose triumphavit, in Apocalypsi Johannaea C. XII. 7, seq. ad vivum expressa. — Resp. Georg. Leprichio, & dicata: Principi

Mich. Apafi patri, Michaeli Apafi filio, & Comiti Michaeli Teleki, Generali exercituum regni, 1686. d. 28. Aug. Ebend. 4-to.

21. Vale Gymnasticum, in quo, quis fuerit Melchisedech Abrahamo obvius? disquiret praeses M. Isaac. Zabanius, P. P. & Collegii Rector, jam vero Ecclesiae Orbacensis vocatus Pastor. Resp. Joh. Salmen, Nagy-Schenkensi, 1686, die 20. Dec. Ebend. 4-to.

22. Oratio Panegyrica in solenni pompa exequali, Celsiss. quondam ac Dni, Michaelis Apafi Trans. Princ. — dum Almakerekinum sepeliendus veheretur. — Fogarasini instituta, 1691. die 16. Febr. Cibinii, imprimebat Joannes Hermelius. 4-to.

23. M. Isaaci Zabani Past. Sabesiensis & Vener. Capituli Antesilvani Senioris, ad filium M. Joh. Zabanium, Nationis Saxonicae ac Civit. Cibiniensis Juratum Notarium, p. t. deputatum dictae Nation. Saxon. ad Augustissimam Aulam Caesareo-Regiam Ablegatum Epistola, qua ipsum de obitu generosae multisque virtutibus maxime conspicuae Dnae conjugis Frankianae, reddit certiorem. Data Cibinii, 1692. die 27. Aug.

S. Rosetum Frankianum, S. 142. Eine Elegie.

24. J. N. J. Christliches Ehrengedächtniß des weiland Wohledlen, Ehrenvesten, Namhaften, Fürsichtigen Hoch- und Wohlweisen Herrn, Herrn Christiani Reicharts, hochverdienten zwölfjährigen Herrn Bürgermeisters der königlichen freien Hauptstadt Hermannstadt, auch geheimen Raths des Hochansehnlichen königlichen Guberuii in Siebenbürgen, der dem unsträflich geführten Wandel nach ein wohlgesitteter Christ, dem rühmlichst bedienten Amte nach ein edelmüthiger Beschirmer der Nation, der Wohlgeneigenheit nach ein Förderer der Nothleidenden, der Freigebigkeit nach ein hülfreicher Wohlthäter der Kirchen und Schulen gewesen. Aus herzbrünstiger Gewogenheit und schuldigster Pflicht erwecket von M. J. Z. Past. Cibin. Gymnasii Inspectore und der Zeit Ven. Capit. Decano anno 1695. die 24. April. Typis Reichardianis. Zu Hermannstadt druckts Casparus Polumsti. 1695. 4-to. 32 S.

25. Unverhoft, doch aber seliger Taubenflug. — 1696 den 22. Mai. Ebend. 4-to.

Eine Trauerrede über Marc. X. 14. bei dem Leichenbegängnisse eines Sohnes des Provinzialnotarius Georg von Frankenstein.

26. Trauer- und Freudenschmuck. — Den 16. Juni 1696. Ebend. 4-to.

Eine Leichenrede über 1. Petri III. 1—4, auf die Gemahlin

des Königsrichters Valentin Frank von Frankenstein, Anna Marie geborne Rosenauer.

27. Pharus refulgens, quae fluctuanti fidelis animas navigio, in procelloso variorum Schismatum Oceano, securam ad optatum coeli portum, viam ostendit, luce verbi divini, opera & studio M. Isaaci Zabanii, Eccles. Metropolitanae Cibin. in Transylv. Pastoris, Gymnasii Inspectoris, & Vener. Capituli Pro-Decani, accensa & ceu Propempticon Jacobo Zabanio, filio cariss. in almam Universi-Universitatem Lipsiensem profecturo, exhibita, 1697. Dresdae. 4-to. Mit einer Zueignungsschrift an den Kurfürsten Friedrich August. Etwas besonderes, da dieser den 23. Mai 1697 sich zur römischen Kirche bekannte.

28. Davids Schleuder, dadurch Bönings Schlinge ganz zurissen. Das ist: kurze, doch aber verläßliche und gründliche Widerlegung dessen, was Justus Paulus Böning, gewesener lutherischer Pfarrer, wider das wahrhaftige und schriftgemäße Predigtamt — unbillig vorgebracht. — 1697. 8-vo. Die Zueignungsschrift ist der Kurfürstin von Sachsen heilig.

29. Majestätischer Ehrenthron des Glorwürdigsten Kaisers Leopoldi Magni, am Tage Leopoldi. Hermannstadt, 1699, den 25. Nov. 4-to.

30. Consideratio Problematis paradoxi de Spiritu S. an non per illum Sanctorum Angelorum genus intelligi possit? Ubi non modo authoris anonymi argumenta sufficienter diluuntur, sed etiam Catholicae Ecclesiae e S. Scriptoris & SS. Patribus Ante-Nicaenis solide asseritur — Cibinii, excud. Joan. Barth. 1700. 8-vo.

Dieses hier widerlegte Werkchen ist eine Geburt des bekannten Sandius, der es unter dem Titel: Problema paradoxum de Spiritu Sancto, annon per illum Sanctorum Angelorum genus intelligi possit? una cum refutatione Socinianorum, Spiritum S. personam esse negantium, zu Köln, oder eigentlich zu Amsterdam, 1678 herausgab. Wittichius in Caussa Spiritus S. — und Schomerus in Assertione eudoxa de Spiritu S. — haben ihn widerlegt. Zabanius kennt den Verfasser nicht, rühmt aber doch seine große Belesenheit.

31. Brevis & succincta dialysis Dubiorum Theologicorum, quae Joannes Becius, Apostata, pastor olim reformatus in Brabantia, iis, qui SS. dogma de Trinitate, cum Scriptura ex Apostolica Ecclesia mascule tuentur, catholicam de eo sententiam asserturi, ante annos tredecim movit, adornata. — Cibinii 1705, excud. Joan. Barth. 8-vo.

32. Irenicum Eristicum, seu Reconciliatoris cujusdam Christianorum hodiernorum, Norma enormis, qui novo plane ausu S. Scripturae sufficienti SS. Theologiae principio, sanam hominis rationem anteponit, Traditiones humanas subjungit, asserens interim: Orbem Catholicum sana procul dubio ratione praeditum foede circumventum, ut sana ei ratio nihil profuerit, & potissimis suis traditionibus extreme errantem, ut ostenderet: Normam se unicam reconciliationis amisisse, dum heterogenias quaereret. 8-vo. Ohne Melbung des Ortes und Jahres, doch zu Hermannstabt gebrudt; so auch Folgendes:

33. Begnügliche Vertheidigung derselbigen Sprüche der H. Göttlichen Schrift, mit denen die Gottergebene Catholische Kirche, und wahre Christliche Gemeine, die wesentliche Gottheit unseres Herrn und Heilandes Christi Jesu unfehlbarlich bezeuget, welche zu vernichten und in einen fremden Sinn zu verkehren Johann Ludwig von Wolzogen, ein Socinist, sich muthwillig und vergeblich bemühete. 8-vo.

Die Zueignungsschrift ist an den damals in Siebenbürgen kommandirenden General Ludwig Johann Rabutin, Grafen zu Bussi.

34. Fasciculus Controversiarum de Natura et constitutione Theologiae occurrentium in Gymn. Brisnensi, Praes. Isaaco Zabanio, Lycei Eperj. Conrectore, Respondente Mathia Veredario Nicopoliensi Hungaro, solvendus 1660. s. l. Trenchinii. 4-to. 8 S.

35. Synopsis Controversiarum Metaphysicarum, et quidem: Disp. Metaphys. I. de ratione Entis objectiva, quam in Illustriss. Status Evang. Athenaeo Eperj. Respondente. Joanne Braxatoris ventilabat 1668. Cassoviae. 4-to. 6 S.

36. Disp. Metaphys. II. De subalternatione Disciplinarum et nominalibus Entis dispositionibus Resp. Martino Leps, Bisztricio-Transylvano 1668. Cassoviae, Typis Viduae Türsch. 4-to. 6 S.

37. Disp. Metaph. III. de Latitudine et Ordine Intelligibilium, deque Conceptus Entis objectivi ac Formulis Praecisione et illius Transscendentia, Resp. Matthaeo Ballasi, 1668, Leutschoviae, Typis Breverianis. 4-to. 8 S.

38. Disp. Metaph. IV. de Existentia, Distinctione et ordine Affectionum Entis in genere deque unitarum numero. Resp. Jacobo Grynaeo Cibiniensi 1668. Cassoviae. 4-to. 8 S.

39. Disp. Metaph. V. de Perfectione, deque Unitate formali et uni-

versali. Resp. Jacobo Neschutt. 1669. Cassoviae, Typis Viduae Türsch. 4-to. 6 S.

40. Disp. Metaph. VI. de Unitate, Unione, Veritate et Bonitate. Resp. Georgio Femgero. Cibin. 1669. 4-to. 10 S.
41. Disp. Metaph. VII. de Duratione, Ubietate, Necessario et Contingente. Resp. Joanne Agnero Briznob. 1669. Cassoviae, typis viduae Türsch. 4-to. 6 S.
42. Disp. Metaph. VIII. de Dependente et Independente, Creato et Increato, Actu et Potentia, Principio et Principiato. Resp. Dan. Frankovits. 1669. Cassoviae, typis iisdem. 4-to. 8 S.
43. Disp. Metaph. IX. de Causa et Causato cum in genere, tum in specie. Resp. Joanne Laurenti. 1669. Cassoviae, typis iisdem. 4-to. 10 S.
44. Disp. Metaph. X. de Affectionibus Entis disjunctis, mediatis. Resp. Petro Schulero, Cibiniensi Transylv. 1669. Typis Samuelis Brewer (Leutschoviae). 4-to. 6 S.
45. Disp. Metaph. XI. de minori Entis abstractione. Resp. Joanne Braxatoris. 1669. Cassoviae, typis Erici Erich. 4-to. 8 S.
46. Disp. Metaph. XII. et ultima de Classibus Rerum. Resp. Georgio Spetkio. 1669. Leutschoviae Literis Samuelis Brewer. 4-to. 8 S.
47. Bucolica Sacra in usum Juventutis Fragariae, cumprimis vero Poëtarum, Mantuano illorum coryphaeo praeferente facem, adornata. Anno quo Maro poeseos DeCUs In paLaestra fragarIa proponebatVr. Witebergae 1662. 8-vo.
48. Disputatio cum Juul. Cassoviae 1666. die 26. Junii habita.[1])
49. Dissertatio de objectione entis objectiva ventilata Eperiesini die 11. Julii, respondente Joanne Braxatoris. Cassoviae 1668. 4-to.
50. Amica Consideratio Eorum, quae Fratres Unitarii, in Apologia sua, contra Reformatos, paucis abhinc annis, publicae luci exposuerunt, criminationibus, invectivis, contradictionibus et aliis a christiana Pace et Tranquillitate alienis, profundo silentio involutis, ut omnibus veritatem amantibus pateat, An ea, quae sibi

---

[1]) In Ribini's Memorabil. Aug. Conf. in Hung. P. II. 156 heißt es: „Zabanius jam anno 1666. die 25. et 26. Junii quum Correctoris munere in Schola Eperiensi fungeretur, Cassoviae cum Gabriele Jvul Siculo, Theologiae ac Philosophiae Professore publice, praesente Paulo Pálfi Episcopo Agriensi disserebat". Ribini gedenkt des Zabanius in ebendenf. Memorabil. auch S. 151 und 157—158.

objecta a Reformatis queruntur, vim aliquam veritatis obtineant, instituta — Cibinii Anno 1705. excudebat Johannes Barth. 8-vo. 16 S.

Von handschriftlichen Werken habe ich gefunden:

1. Epistola ad Romanos polemice tractata, in Collegio Eperiensi.
2. Scholia in Compendium Theologicum Joannis Meisneri — quod is brevibus Thesibus adornavit, absolvitur Dispututionibus XXII. An. 1652. Witebergae concinnata, studio M. Isaaci Zabanii P. P. in Collegio Eperiensi, & publice praelecta.
3. Schola potissimum Polemica in idem Compendium Jo. Meisneri, discipulis privatis proposita Eperiessini.
4. Breviarum Historiae Ecclesiasticae ab AEgidio Strauchio, quondam Witebergiae traditum, nunc vero Eperiessini in gratiam studiosae Juventutis, auctius propositum & explicatum. 1664.
5. Historia Hungarica ad annum usque 1664. Ein Werk zu Vorlesungen bestimmt. Der I. Abschnitt enthält die ungarische Geschichte vor Einführung der christlichen Glaubenslehre; der II. aber die Geschichte unter den christlichen Königen.
6. Apodixeos Jurisdictionis Ecclesiasticae.

Von den Triebfedern zu dieser Abhandlung gibt uns Lucas Grafius in seinen Annal. Ecclesiasticis beim Jahre 1700 eine merkwürdige Nachricht: Gravis controversia hoc anno orta est inter Comitem Sachsium, ejusque patrem, M. Isaacum Zabanium & Capitulum Cibiniense, de Jurisdictione Ecclesiasticorum, quam ob causam ad instantiam Capituli Cibiniensis aliquot Capitulorum officiales a Superintendente convocantur Birthalbinum ad consultandum inter se, de modo tuendi Jurisdictionem suam contra impetitiones Comitis. Illis Clariss. Zabanius offert, Tractatum de Jurisdictione Ecclesiastica a se conscriptum sub titulo: Apodixeos Jurisdictionis Ecclesiasticae. Qui vero, nec publice perlectus, nec copia ejus cuiquam facta est, nisi Clar. Dno Superintendenti & delegato Capituli Barcensis, Clar. M. Greissingio, idque singulari Dei providentia. Brevi enim elapso tempore, Dnus Comes gratioso Spiritus S. ductu, ultro primo privatim, deinde sacram Domini Coenam accessurus, publice coram toto communicantium coetu patrem suum ad latus altaris, ex more ejus Ecclesiae, stantem, accessit, eique offensas illatas iterato deprecatus est.

Tr. **Bickeli Lucas Friedrich,**

geboren zu Schäßburg am 13. Jänner 1823. Studirte an der Universität zu Halle 1841 und darauf am k. k. Polytechnikum zu Wien, war vom Jahre 1845 bis 1850 Gymnasiallehrer in Schäßburg und verließ die Vaterstadt als basiger Burgprediger. Er nahm seinen Aufenthalt in Wien, diente im k. k. Handelsministerium, war Privatdocent an der Universität[1]) und wurde Lehrer an der evangelischen Schule zu Oberschützen, im December 1857 aber Professor an der neuen Wiener Handelsakademie (l. „Kronstädter Zeitung" vom 22. December 1857, S. 969) und lebt nun als Gymnasialprofessor in Berlin.

Die Gastropoden der Gosaugebilde in den nordöstlichen Alpen, von Dr. L. Fr. Z. Wien, herausgegeben von der k. k. Geologischen Reichsanstalt. 4-to. 1852.

(Laut Verhandl. des Natur=historischen Vereins zu Hermannstadt 1852. S. 176.)

Tr. **Zieglauer Edler von Blumenthal Ferdinand,**

ordentlicher öffentlicher Professor der österreichischen Reichsgeschichte an der königl. Rechtsakademie in Hermannstadt, wurde in der Kreisstadt Bruneck in Tyrol am 28. Februar 1829 geboren, begann seine Gymnasialstudien zu Innsbruck 1840, absolvirte nach deren Vollendung die beiden philosophischen Jahrgänge an der k. k. Universität zu Innsbruck, hörte die Rechtswissenschaften theils an dieser, theils an der Hochschule zu Wien, trat im Jahre 1852 in das von den Professoren Aschbach und Bonitz geleitete Seminar für allgemeine Geschichte, blieb drei Jahre Mitglied desselben und wurde im Jahre 1855 bei Errichtung des Seminars für österreichische Geschichte in die Reihe der sechs Zöglinge aufgenommen. Mit allerhöchster Entschließung vom 28. September 1856 wurde Zieglauer zum außerordentlichen Professor der Geschichte an der Rechtsakademie in Hermannstadt ernannt und trat drei Wochen später sein Lehramt daselbst

---

[1]) In der „Wiener Zeitung" vom 6. August 1857. Nr. 228. S. 2805. las man folgende Ankündigung: „Professor Dr. Czikeli beginnt für diesen Winter seine öffentlichen Vorlesungen an der hiesigen Universität über Geologie und Paläontologie den 15. d. M. von 5—6 Uhr Abends in dem Hörsaale Nr. 8 der philosophischen Fakultät." — Bickeli's Sohn Fridolin trat zu Ostern 1870 als Freiwilliger in das 1. Bataillon des 2. k. preußischen Garderegiments und wurde am 18. August 1870 im französisch-preußischen Kriege bei Metz schwer verwundet. (S. das Siebenbürgisch=deutsche Wochenblatt vom 7. September 1870. Nr. 36. S. 566—568.)

an. Seine Ernennung zum ordentlichen Professor an der genannten Lehranstalt erfolgte mittelst a. h. Entschließung vom 2. November 1862.

1. Harteneck, Graf der sächsischen Nation, und die siebenbürgischen Parteikämpfe seiner Zeit. 1691—1703. Nach den Quellen des Archivs der bestandenen siebenbürgischen Hofkanzlei und des sächsischen Nationalarchivs in Hermannstadt. Hermannstadt 1869. Druck und Verlag von Th. Steinhaußen. 8-vo. II. 472 S. und Beilagen. Hermannstadt 1872, ebendaselbst. 80 S.
2. Zur Geschichte der Kreuzkappelle in der Elisabethvorstadt von Herrmannstadt. Hermannstadt, S. Filtsch's Buchdruckerei, 1875. 16. S. Dasselbe auch ungarisch.

In Zeitschriften hat Zieglauer veröffentlicht:

a) Abhandlung über die Zeit der Entstehung des sogenannten ältesten österreichischen Landrechtes. (In dem Sitzungsberichte der k. k. Akademie der Wissenschaften 1856, Jännerheft.)
b) Drei Jahre aus der Rákoczy'schen Revolution in Siebenbürgen. Vom Ausbruche der Bewegung bis zur Schlacht von Sibó. Größtentheils nach handschriftlichen Quellen des kaiserlichen Kriegsarchives. (In dem Archiv des Vereins für siebenbürgische Landeskunde. N. F. VIII. 163—283.)

In Vorbereitung sind von dem Verfasser:
Geschichte der Hermannstädter Freimaurerloge.
Geschichte des Siebenbürgischen Landtages 1790/91.

Seiv. **Ziegler Andreas,**
von Kronstadt, welcher sich der Arzneikunst widmete, in welcher er nebst dem Ambrosius Rhobus und Joh. Palemonius den 10. August 1610 zu Wittenberg die Doctorwürde erhielt.

Tr. Durch besondere Vergünstigung der Superintendentur erhielt Ziegler als Doctor Medicinae den Beruf zum Pfarrer in Tartlau den 13. Februar 1628, in die Stelle des Matthaeus Zytopaeus und starb in seinem geistlichen Berufe am 7. März 1632.

Er vertheidigte an der Wittenberger Universität, welche er im Jahre 1603 bezog, drei Streitschriften, nämlich:

1. Disp. de corpore humano Exercitatio X. quae agit de sensuum externorum et vocis atque sermonis instrumentis propriis. Cal. Nov. 1606. Praes. Gregorio Horstio. Wittebergae. 4-to. 16 S. Dem

Dan. Relpchius, Pfarrer in Weltenbach, Peter Fronius, Pfarrer in Tartlau und Barth. Sigerus, Pfarrer in Zeiden, zugeeignet.

2. Disputationum medicarum XV. do signis prognosticis. 14. März 1607. Praes. Gregorio Horstio. Wittebergae. 4-to. 8 Seiten. Dem Andr. Hermelius, Archidiakon in Kronstadt, und Johann Scharkanyer, Rektor ebendaselbst, zugeeignet.

3. Disp. med. IVa. de Sanitate Corporis humani. Praes. Gregorio Horstio. D. 17. December. Wittebergae, typis Meisnerianis. A. 1606. 4-to. 8 S. Den Kronstädter Senatoren Marc. Schancke-bank und Michael Weiß, dann Georg Ziegler, Bruder und Johann Benckner, Schwager des Resp., zugeeignet.

Bei Gelegenheit, als Ziegler die Doctorwürde erhielt, gab er heraus:

4. Theses Medicae de Cordis ventriculi mordente dolore, & Colica passione, de quibus — praesido Ernesto Hettenbachio M. D. — disputabunt, testimonium profectus sui in arte Hippocratica accep-turi, M. Ambros. Rhodius, Mathem. P. P. Joannes Palemonius, Andr. Zieglerus, Corona Trans. d. X. Aug. 1610. Witeb. 4-to. Der erstere disputirte de Cardialgia, ejusque curatione; der zweite de Colica passione und Ziegler de Curatione.

Seiv. **Ziegler Christian,**

Stadtpfarrer zu Hermannstadt und Dechant des Hermannstädter Kapitels, geboren in Hermannstadt am 1. Jänner 1709. Er verlor seinen Vater Johann Ziegler, Pfarrer zu Heltau, sehr frühzeitig (1714). Doch sorgte die göttliche Vorsehung so wohl für ihn, daß er nebst seinen zwei Brüdern, Johann und Daniel, desselben Fußtapfen glücklich folgen konnte. Von Jena, woselbst er sich zum Dienste der Kirche vorbereitete, kam er 1733 nach Hermannstadt zurück und erhielt das folgende Jahr Schuldienste. 1736 kam er in das basige Ministerium, wurde aber den 16. Mai 1737 von der Spitalkirche wieder an das Gymnasium und zum Rektorate be-rufen, welchen Dienst er mit vielem Segen bis 1746 verwaltete, da ihn denn die Gemeinde zu Schellenberg den 11. September zum Pfarrer be-rief. Nach dem Tode des Stadtpfarrers Andr. Schunn erwählte ihn das Kapitel 1766 zum Dechanten und nach Martin Felmers Absterben ward er den 22. April 1767 dessen Nachfolger in der Stadtpfarrerswürde. Allein, seine Jahre ließen nicht mehr eine lange Amtsführung von ihm erwarten, wie er denn auch den 2. Juni 1771 die Bahn seines Lebens in einem Alter von 62 Jahren 6 Monaten und 1 Tag vollendete.[1]

1. Gratulatio ad Ill. Dominum, Duum Simonem de Baussnern — cum R. L. Civitatis Cibiniens. Judex Regius electus, Almae Nat. Saxon. Comes confirmaretur, Excelsique Regii Gubernii Consiliarius Actualis Intimus introduceretur. — Jenae. Fol. 8 S.

Dieses geschah den 12. December 1732. Ein heroisches Gedicht von 250 Versen, das Zieglers Muse Ehre macht.

2. Verschiedene heilige Reden, welche der Hamburger Sammlung von Kanzelreden mit eingedruckt sind. Auszüge davon findet man in der Predigerbibliothek.[2]

3. Oratio inauguralis, qua Max. Ven. Clar. atque Doctiss. Dnus, D. Andreas Schunn, Past. Eccles. Cibiniens, Veuer. Capitulo Cibin. sistebatur, & commendabatur, An. 1762, d. 16. Sept. habita. — Mscr. Der Verfasser handelt darin von den Stadtpfarrern zu Hermannstadt, fängt aber nur von der Glaubensänderung an.

4. Epigrammata. Welche den Druck wohl verdienten.

5. Martini Schmeizel Collegium de rebus Trannicis historicum. — Ab auctore absolutum A. C. 1727. nunc in Compendium missum a C. Z. Pastore. Schellenbergensi 1756. Mscpt.

(S. Wolffs Beschreibung der Moldau II. Theil. S. 233.)

6. Memoria Principum Transylvaniae. Mscpt.

---

[1] Zieglers erste Ehegattin Anna geb. Hintzel und ebenso seine zweite Gattin Rebecca, Tochter des Reichesdorfer Pfarrers Johann Fleischer, starben frühzeitig. Von der dritten Gattin Susanna, Tochter des Mediascher Bürgermeisters Michael Schüller von Sonnenberg, hinterließ Ziegler einen Sohn, Samuel Ziegler, welcher als pensionirter siebenbürgischer Generalperceptor am 9. November 1833 im 88. Lebensjahre zu Hermannstadt starb und der Stiefvater des sächsischen Nationscomes Johann Wachsmann war.

[2] Von der Hamburger Sammlung sind unter dem Titel: Sammlung auserlesener Kanzelreden über wichtige Stellen der heiligen Schrift; an das Licht gestellt von Joh. Melchior Gözen, Magdeburg bei Seidel und Scheidhauer 1754 bis 1765. 12 Theile. 8-vo. sowie von der „Neuen Predigerbibliothek" vom Jahre 1762—1775. zu Danzig 24 Theile. ebenfalls 8-vo. im Druck erschienen. Der dritte Theil der Sammlung auserlesener Kanzelreden von J. M. Gözen, Magdeb. 1756. enthält S. 347—380. „Die neunte Predigt. Die eigentliche Beschaffenheit solcher Werke, die in Gott gethan sind aus Joh. 3, 21. an dem anderen h. Pfingstfeiertage in der großen Pfarrkirche zu Hermannstadt in Siebenbürgen, vorgetragen von Chr. Ziegler, damaligen Rectore des Gymnasii daselbst, nunmehrigen Pfarrer der christlichen Gemeinde zu Schellenberg bei Hermannstadt." Da ich nur den 3. und 4. Theil der angeführten Sammlung besitze, so kann ich nicht angeben, in welchen anderen Theilen die übrigen Reden Christian und seines Bruders (des nachfolgenden) Daniel Zieglers, und in welchen Theilen der mir unbekannten Predigerbibliothek Auszüge aus denselben stehen.

Tr.

(Ist im Jahre 1824 nebst einem Gratulationsgedicht an den
Gr. Joh. Lázár vom Jahre 1762 in dem 5. Bande der Siebenb.
Provinzialblätter S. 201—211. unter dem Titel: Chr. Z. Otia
Poëtica aufgenommen worden.
7. Anmerkungen und Fortsetzung des Schmeizel'schen Entwurfes der
vornehmsten Begebenheiten 2c. vom Jahre 1747—1754.
8. Tractatus epistolaris de origine Saxonum in Trannia. 1755. Mscpt.
(Ein Pendant zu Mart. Zieglers Brief an Mart. Kelp über
den nämlichen Gegenstand.)

Christian Zieglers sämmtliche Originalhandschriften und Autobio=
graphie kamen in neuerer Zeit in den Besitz des Gr. Josef Kemeny, laut
Fundgruben der Geschichte Siebenbürgens. 2. Bd. S. 145, namentlich:

a) Oratio de tempore, habita in exordio anni 1738.
b) Oratio brevis de origine circumcisionis judaicae. Cibinii 1743.
c) Rede zum Eingang des Jahres 1746 (ohne Titel).
d) Oratio valedictoria sub finem Retoratus Cibiniensis 1746.
e) Oratio de Seivert, als dessen Wohlthäter er den Martin Leonhardt
nennt.

Seiv.   **Ziegler Daniel.**

Ein leiblicher Bruder des Vorhergehenden und Stadpfarrer zu
Bistritz, studirte an der Universität zu Wittenberg 1722 am 12. Oktober u. f. f.
Er diente Anfangs zu Hermannstadt, als er aber Vesperprediger war,
wurde er 1735, den 4. April, zum Archidiakonate nach Bistritz berufen.
Nach dem Tode des dasigen Stadtpfarrers Andreas Schaller 1742 erhielt
er dessen Würde, welche er 1753 mit seinem Leben niederlegte.

1. Etliche Predigten in obengedachter Hamburgischen Sammlung von
   Kanzelreden.
2. Biblischer Katechismus zur Erbauung derjenigen, welche eine
   sonderbare Liebe zu dem seligmachenden Worte Gottes tragen; aber
   aus Mangel sich das hochheilige Bibelbuch nicht ganz anschaffen
   können. Hermannstadt. Längl. 12. Sehr oft gedruckt.
3. Dissertatio Epistolica, de Vocatione Ministrorum Ecclesiae. Ad
   dnum. Jacobum Schunnium Eccl. Birthalb. Autistitem et Ecclesiarum Saxo-evangelicarum Superintendentem qua viro summo honores
   episcopales eidem anno 1741, d. 10 Febr. ab Alma Synodo collatos
   congratulatur meritissime. Handschrift.

4. Invitatio ad Societatem Anazopyricam. Handschrift.

Tr. 5. Merkwürdigkeiten des Bistritzer Capitels. Aus Urkunden entworfen. Handschrift. (Soll eine Fortsetzung der Handschrift des Neudorfer Pfarrers Johann Ziegler [s. b. Art.] „Annotanda ex monumentis. — Cap. Bistri." sein.)

Seiv. **Ziegler Johann,**

Pfarrer zu Heltau, einem Flecken, dessen Bürger sein Vater, Petrus Ziegler war und wo er 1666 geboren wurde. Nachdem er sich auf der väterlichen Schule und in Hermannstadt zu höheren Wissenschaften zubereitet hatte, begab er sich 1688 nach Wittenberg. Von hier kehrte er nach drei Jahren zurück und erhielt nach den anderen gewöhnlichen Schuldiensten den 8. November 1693 das Rektorat, einen Dienst, welchen er unter der Last schwerer Zeiten und dem verfolgenden Haß des Königsrichters Zabanius Sachs von Harteneck neun Jahre verwaltete. Doch auch in der Folgezeit erwarteten ihn wenig günstigere Schicksale. 1702 wurde er Pfarrer zu Kreutz, woselbst er unter den Rákoczy'schen Unruhen zweimal ausgeplündert wurde. Nach dem Tode des Superintendenten Luk. Hermann erhielt er zwar 1707 den Beruf nach Birthälm; allein er entschuldigte sich ihn anzunehmen. Hermann hatte auch keine besseren Schicksale gehabt; das folgende Jahr aber nahm er im Oktober den Beruf nach Heltau an, da er denn erst nach drei Jahren wegen der kriegerischen Unruhen das Glück hatte, einige Zehnten zu erhalten. 1711 konnte er zwar Stadtpfarrer zu Mediasch werden, allein er wollte nicht, und so starb er als Syndikus 1714 im 48. Jahre seines Alters. Er ist der Vater der beiden vorhergehenden Ziegler. In seinen Universitätsjahren vertheidigte er, am 15. März 1689, unter Joh. Deutschmann eine Streitschrift: De aeterna Conversionis Oeconomia, ex Ezech. XXXIII. 11. An der Schule zu Hermannstadt hielt er verschiedene Dissertationen, davon mir aber nur eine bekannt geworden:

Diss. de Fidei temporariae, et justificantis differentia, praes. Jo. Zieglero h. t. Lectore II. Gymn. Cibin. Respond. Andrea Hermann. d. 3. Sept. 1693. Cibinii, typis Joan. Barth. in 4.

Tr. **Ziegler Johann,**

aus dem Großschenker Stuhl gebürtig, war Prediger zu Heydendorf, darauf dreizehn Jahre hindurch Pfarrer zu Neudorf im Bistritzer Distrikt und starb am letzteren Orte im Jahre 1743.

Er hinterließ in Handschrift:

1. Annotanda ex monumentis veteribus et recentioribus Jurium ac Privilegiorum Capituli Bistriciensis excerpta. (L. Haners Handschriften-Catalog.)
2. Chronica sive Annales Hungarico-Transsylvanici Fuchsio-Lupino-Ottardiani, quibus ex lucrubationibus Guneschianis et aliis fide non indignis Manuscriptis adjecit quaedam Joh. Ziegler. Ist im Jahre 1848 durch mich herausgegeben worden; s. den Artikel T r a u s ch.
3. Emerici Amicini Historia diplomatica Capituli Bistriciensis de A. 1599. per Johannem Ziegler A. 1727.

S. A Magyar Nyelvmibelő Társaság Munkáinak 1. Darabja. Szebenben 1796. S. 193.

Tr. Ziegler Johann,

Doktor der Medizin, geboren in Kronstadt am 26. Februar 1741. War der Sohn des Senators Christoph Ziegler und Enkel des am 6. Februar 1716 verstorbenen Pfarrers zu Brenndorf, Martin Ziegler; bezog, nachdem er auf dem Kronstädter Gymnasium seine Studien absolvirt hatte, die Universität in Jena (wo er laut Sam. Friedr. von Drauth's medizinischer Dissertation de ortu effectuum etc. S. 47 diesem Landsmann im Jahre 1763 bei dessen Dissertation opponirte) und hat sofort in Erfurt gradirt. Nach seiner Rückkehr ins Vaterland praktizirte er als Physicus in Fogara sbis zum Jahre 1787, privatisirte dann noch allda etwa sieben Jahre und übersiedelte sofort nach Botuschán in der Moldau, wo er eine Apotheke errichtete, die nach seinem im Jahre 1811 erfolgten Tode sein Erbe, der Kronstädter Gorglas erbte und besorgte.

De Nervis corporis humani, eorum fluido et actionibus. Praes. Joh. Wilh. Baumer. Die 21. Maii 1764. Erfordiae, typis Nonnianis Acad. Typogr. 4°. 50 S.

Vom Verfasser seinem Vater zugeeignet.

Tr. Ziegler Johann Gottl.,

Sohn des Bollátscher Pfarres Joh. Gottl. Ziegler. Studirte in Jena 1803, wurde Rector am Hermannstädter Gymnasium, dann Prediger in Hermannstadt und endlich im August 1814 Pfarrer in Talmáts, wo er am 9. März 1817 sein Leben beschloß.

De Re sylvestri, habita imprimis ad M. Transsylvaniae Principatum Reflexione, Dissertatio. Cibinii Hochmeist. 1806. 8-o. 31 S.

Enthält S. 23—30 ein Verzeichniß der in Siebenbürgen einheimischen Bäume und Sträucher von Lerchenfeld.

Tr. **Ziegler Karl,**

geboren in Bistritz am 4. Mai 1801, wurde am 25. Mai 1841 zum Doktor der Medizin in Wien promovirt, nachdem er vorher an der protestantisch-theologischen Lehranstalt zu Wien (März 1821) Theologie studirte und bereits auch die Stelle eines öffentlichen Lehrers am Bistritzer Gymnasium, nachher aber eines Privatlehrers bei der Familie des Grafen Franz Teleki in Sárómberke bekleidet, sich mit dem Sohne dieses Letzteren nach Wien begeben und an dasiger Universität die Arzneiwissenschaften studirt hatte. Nach seiner Rückkehr in das Vaterland hielt er sich abwechselnd zu Sárómberke und Maros-Vásárhely auf, bis er am letzteren Orte als praktizirender Arzt im Jahre 1849 am 23. Oktober in der Blüthe seiner Jahre mit Tod abging.

Diss. inaug. medico physiologica de digestione, quam etc. in Univ. Vindobonensi disquisitioni submittit C. Z. Saxo Transsylvanus Bistriczensis 15. Maji 1841. Vindobonae typis Caroli Ueberreuter. 8-vo. 43 S.

Tr. **Ziegler Martin,**

von Kronstadt, wo sich sein aus Oberungarn bei Kaschau gebürtiger Vater als Weißbäcker niedergelassen hatte. Er studirte am Kronstädter Gymnasium um 1675 und an der Universität zu Wittenberg 1679, den 8. September, und kehrte nach einer beinahe zwölfjährigen Wanderschaft in die Heimath zurück. Hier wurde er am 21. Juli 1691 Lektor und 12. November 1694 Rektor des Kronstädter Gymnasiums, und am 31. Jänner Pfarrer in Tartlau. Der Uebertretung des sechsten Gebotes verdächtigt, wurde er vom Burzenländer Capitel, zur Vermeidung öffentlichen Aergernisses, vom Tartlauer Pfarramte beseitigt, jedoch in seines Dienstnachfolgers Stelle candidirt und sonach zum Pfarrer in Brenndorf im Jahre 1713 gewählt, welchem Berufe er denn auch folgte und darauf am 6. Februar 1716 im 56. Jahre seines Alters sein Leben beschloß.

— 541 —

Seine Gattin, Margaretha, Tochter des Senators Johann Ziegler, starb nach 47jährigem Witwenstande am 28. Oktober 1763 in einem Alter von 91 Jahren. Mit ihrem Bruder Christoph Ziegler, der als kaiserlich russischer Obrist in Moskau, und ihrem Enkel Johann, der als Doktor der Medizin 1811 starb (s. b. Art.), ist die männliche Linie dieser beiden Ziegler'schen Familien ausgestorben.

Martin Zieglers Streitigkeiten mit seinen Vorgesetzten, besonders dem gelehrten Stadtpfarrer M. Markus Fronius [1]), dem er sonst an geistigen Eigenschaften am nächsten kam [2]), wirkten nachtheilig auf das Schulwesen und die Disciplin während seiner Rektorats-Amtswaltung, wo sich sonst von einem harmonischen Wirken mit Fronius sehr viel Gutes hätte erreichen lassen. [3])

Der Rakotzi'schen Unruhen wegen mußte Ziegler im Jänner 1706 in der Kronstädter Stadpfarrkirche ordinirt und confirmirt werden, und konnte erst nach längerer Zeit seine vom Rebellenkapitän Göbri bewohnte Pfarrerswohnung in Tartlau beziehen. Sonst hat sich Ziegler durch die Genauigkeit, mit welcher er die Kronstädter Gymnasialmatrikel herstellte und neu ausstattete, wie auch durch seine, obschon nur in Handschrift gebliebenen historischen Aufzeichnungen zu einer Zeit, wo ältere, leider nachher versiechte Quellen von ihm sorgfältig benützt wurden, um seine Vaterstadt sehr verdient gemacht.

Seine Schriften:

1. Σύν δεῶ Civium Gymnasii Coronensis Matricula etc. Reparata opera studioque Martini Ziegleri Cor. Gymnasii ejusdem Rectore anno 1699. mense Quintili s. b. Artikel Friedrich Schiel.
2. Inscriptiones passim ad moenia urbis Coronensis incisae aut adscriptae. Von mir ergänzt und fortgesetzt.
3. Catalogus Familiarum hung. gentis maxime illustrium quae Saeculo XV. et XVI. per Hungariam et Transylvaniam floruerunt. Ist aus Istbánffi's Hist. de rebus hungaricis zusammengesetzt worden, wie

---

[1]) Dück's Geschichte des Kronstädter Gymnasiums, S. 67. Die erwähnten fortgesetzten persönlichen Zerwürfnisse sollen von großem Einfluß auf die Entscheidung gegen den Tartlauer Pfarrer Ziegler gewesen sein.

[2]) Thomas Tartler in seinem Elenchus Pastorum Barcensium nennt Ziegler: „Virum doctum, Musicum et Historicum egregium, beati M. Marci Fronii aemulum."

[3]) Dennoch ist nicht zu läugnen, daß gerade in dieser Zeit mehrere Männer aus dem Kronstädter Gymnasium hervorgingen, welche sich im geistlichen und politischen Stande rühmlich hervorthaten. Dück a. a. O. S. 68.

der Verfasser selbst in seinen Noten zur Kronstädter Wandchronik bei dem Jahr 1571 sagt.
4. Virorum Coronae eximiorum ac Illustrium Vita, Honores et Mors ab A. R. S. 1548. usque ad annum 1692. Fortgesetzt vom Brenndörfer Pfarrer Georg Matthiä bis 1749; dann von mir mit Nachträgen bereichert und fortgesetzt bis auf die gegenwärtige Zeit.
5. Historia Transsylvaniae (über 796 Seiten stark).

Seiv. 6 De origine Saxonum Epistola ad M. Martinum Kelpium. Dresda anno 1684. exarata. Enthält nichts Neues, meistens aus Töppeltin Entlehntes. Horányi in Memoria Hung. T. III. S. 588 eignet Ziegler auch das Werk zu: „Antiquitates Transylvaniae ex Lapidum Inscriptionibus et numis antiquis, variis observationibus historico — criticis explicatae." Allein Schmeizel ist der Verfasser desselben.

Tr. 7. Excerptae Relationes. In den Noten zur Wandchronik bei dem Jahr 1652 angeführt.
8. Adversaria. In den Noten zur Wandchronik, Vorrede beim 2. § angeführt, sowie beim 3. März im Calendarium historicum.
9. Collectanea historica, ordine non prosus accurato res Trannicas praecipue Coronenses moderno et superiori Seculo his finibus gestas, tradentia; (cum insertione brevis Chronici Daciae parietibus Basilicae Coronensis inscripti, m. Aprili 1691. descripti ac Notis collustrati, denique Chronici hujus Coronensis Continuatione (ab A. 1572—1592) ex Nic. Istvánffio et aliis excerpta) prout in papyrum ea conjecit opera tumultuaria Mart. Ziegler S. S. Th. Stud. Gymn. Cor. Lect. II. d. 11 Apr. 1692. 4-to. 27 S.
10. Calendarium historicam. Mscrpt. Fol. 732 S.
11. In historicam Marci Fuchsii Past. et Roson. et Coron. Notationem Observationes et Supplementa, ex Historicis, Istvánffio praecipue, concinnata. 4-to.

Die Nummern 5, 7 und 8 bezeichneten und mehrere andere unbekannt gebliebene Handschriften Zieglers sind unter den Händen unwissender Nachkommen verloren gegangen.

Tr. **Böhrer C. Franz,**
geboren in Hermannstadt am 19. November 1826.

Lehrbuch der Handelswissenschaft von C. Fr. Böhrer, Mitglied und Secretär des Hermannstädter Handels-Gremiums. Hermannstadt, Buchdruckerei des Josef Drotleff 1863. 8-vo. 256 S.

Enthält in Fragen und Antworten:

1.—35. Frage: Der Handel und seine Arten, sowie sein Einfluß auf die Cultur der Völker. S. 3—13.
36.— 49. Frage: Die Waaren= und Usancenkunde. S. 13—58.
50.—197. Frage: Geld= und Wechselkunde, dann über Staatspapiere, Aktien und Börsengeschäfte. S. 59—98.
198.—214. Frage: Maß= und Gewichtskunde. S. 99—105.
215.—280. Frage: Handelsgeographie. S. 105—134.
281.—313. Frage: Die Beförderungsmittel des Handels- und Verkehrs. S. 135—146.
314.—332. Frage: Terminologie. S. 146—151.
333.—373. Frage: Rechnen; Decimalbrüche, Praktik, Perzentrechnung, Coursrechnung. S. 152—182.
374.—420. Frage: Contorwissenschaft. S. 183—204.
421.—428. Frage: Handelspolitik. S. 204—206.

Anhang I.: Formulare zur Buchhaltung. S. 208—230.

II.: Formulare zu Briefen und anderen Aufsätzen. Seite 232—254.

Tr. **Bultner Jakob,**

ein Kronstädter, studirte 1684 an der Universität zu Wittenberg, wurde 1688 Gymnasiallehrer, 1694 zum Pfarrer nach Weidenbach berufen, wo er am 21. Mai 1713 sein Leben beschloß.

Er hinterließ drei Söhne, von welchen der ältere Georg B.[1]) am 22. Jänner 1765 als Pfarrer in Heldsdorf, dessen gleichnamiger Sohn aber als Jurist ohne Anstellung und kinderlos im Jahre 1774 als der Letzte seines Geschlechtes in Kronstadt starb. Der zweite Sohn Jakob B. zeichnete sich frühzeitig in der Mathematik und im Zeichnen aus, trat in den Militärstand, wurde k. k. Ingenieur-Hauptmann im Jänner 1735, sofort aber Festungsdirektor in Karlsburg den 18. Oktober 1747, und starb daselbst am 14. Jänner 1755. Er war vom Jahre 1713 bis 1726 unter der Direktion des k. k. Ingenieur-Hauptmanns Friedr. Schwarz von Springfels[2]) in Wien gestanden, worauf er als k. k. Lieute-

---

[1]) Derselbe hinterließ ein Tagebuch vom Jahre 1689—1759.
[2]) Ungar. Mag. III. 179. u. Weszpremi Biogr. Medicorum H. et Tr. Cent. II. P. II. p. 273—274.

nant nach Karlsburg gekommen war. — Ihm schreibt **Weidenfelder**
(s. b. Art.) einen Hauptantheil an dem Plan und der Ausführung der
über den Rothenthurm-Paß in die kleine (früher österreichische) Walachei
führenden Carolinenstraße und der Aufnahme beider Karten von
Siebenbürgen und der kleinen Walachei zu, deren erstere im Jahre 1735
und 1740 unter dem Namen des k. k. Oberstlieutenants Joh. Conr.
Weiß, obschon nur in handschriftlicher Zeichnung[1]), die zweite dagegen,
von F. Asner in Kupfer gestochen, mit der zweiten Ausgabe der
Köleschen Auraria Romano-dacica im Jahre 1780 auch im Druck
veröffentlicht worden ist.[2])

Außerdem hat sich Jakob Zultner ein Andenken unter seinen
Kronstädter Landsleuten durch seinen im Jahre 1735 verfaßten „Plan
oder Grundriß der Stadt Kronstadt und ihrer Vorstädte" (dessen Werth
im Jahre 1796 der k. k. Oberstlieutenant Franz v. Seethal durch
Beifügung der Häusernummern und Angabe der Berghöhen nach baro-
metrischen Messungen vermehrt hat) — und in der Gemeinde Heldsdorf, wo
sein Bruder Georg Zultner Pfarrer war, durch Einzeichnung einer schönen
Abbildung des Heldsdörfer Kirchenkastells in ein Kirchenbuch — gestiftet.
Diesen seinen Verdiensten hat Hauptmann Jakob Zultner — obschon
ohne welche Anerkennung, wie Schwarz von Springfels — durch nachfolgende Amtshandlung die Krone aufgesetzt. Er bestimmte nämlich im
Jahre 1741 als kaiserlicher Commissär die Grenze Siebenbürgens gegen
die Walachei, in Gemeinschaft mit dem türkischen Regierungscommissär
Men Kufetdschi Mechmet Effendi (vgl. Hammers osmanische
Geschichte, 2. Ausg. IV. 5.; Kronstädter Unterhaltungsblatt 1837. S. 198,
sowie Hammers osmanische Geschichte [das große Werk] VIII. 16—18.
vgl. mit VII. S. 7)[3]) und erstattete darüber Bericht an die k. k. Kriegs-
kanzlei, nach vorher durch beide Commissarien, zufolge des Belgrader
Friedensschlusses vom Jahre 1739, angestellter Grenzambulation
(vgl. Siebenb. Quartalschrift. III. 315. IV. 4. 31.), bei welcher ihnen

---

[1]) Benkö, Transsilvania. II. 550. — Windisch's Geographie von Siebenbürgen. S. 8. — Marienburg's Geographie von Siebenbürgen. I. 9. 10. Sehr
anziehend sind die Nachrichten von den Mitarbeitern an der sogenannten Oberstlieutenant Weiß'schen Landkarte, welche Schmeizel in seiner Handschrift: „De
Scriptoribus ad res Hungariae pertinentibus" Sect. II. aus einem Briefe, welchen
ein wohlunterrichteter Freund im Juli 1734 an Schmeizel aus Siebenbürgen
geschrieben hatte, mittheilt.

[2]) Unter dem Titel: „Valachia Cis-Alutana in suos quinque Districtus divisa".

[3]) Der geometrische Rath des Effendi hieß **Muderis**, und hat die Geschichte dieser Abgrenzung in türkischer Sprache beschrieben. Hammer a. a. O.

die vom k. k. Architekten Schwarz im Jahre 1734 verfaßte geographische Karte zur Richtschnur diente, und die Nachbarbewohner Siebenbürgens und der Walachei die Commissarien begleiteten. Hierüber zeichnete Zultner im Jahre 1743 im Einvernehmen mit dem türkischen Commissär eine neue Karte, nach welcher im Jahre 1769 eine neue Grenzbestimmung und Berichtigung ausgeführt und die k. k. Grenzabler ohne allen Widerspruch aufgestellt wurden.

Jakob Zultners, des Weidenbächer Pfarrers, dritter Sohn Johann Zultner, trat ebenfalls in Militärdienste, wurde im December 1744 von den Franzosen gefangen und nach Straßburg geführt, und starb, nach seiner Befreiung, in Csik-Taplotza am 7. December 1750 als Rittmeister bei den Gr. Kálnoky-Hußaren, nachdem er im Mai desselben Jahres durch Heldsdorf — wo er sich einige Tage bei seinem Bruder aufgehalten hatte — dahin gereist war.

Am Schlusse dieses Artikels habe ich noch anzuführen, daß sich der am Eingang genannte Vater der vorerwähnten drei wackeren Söhne, dessen Name auch den Reigen unserer Siebenbürger deutschen Schriftsteller schließt, schon während seiner akademischen Laufbahn zu Wittenberg durch die Vertheidigung einer Streitschrift bemerkbar gemacht hat, welche den Titel führt:

> Dissertatio de Mysterio SS. Trinitatis a primis Novi Testamenti Fidelibus ante publicum Christi praeconium cognito et credito, ex Joannis Baptistae praedicatione. Praeside Jo. Deutschmann. Witeb. 1685. 4. 26 Seiten.

Auch in Deutschmanns Theosophia, Seite 113—144, enthalten.

Nachträge und Berichtigungen.

I. Bd., S. XIX.

Bertlef Martin aus Muschen gebürtig, Professor und Rektor des Gymnasiums in Thorn, gest. circa 1701.

Hill Georg aus Rosenau bei Kronstadt, Professor am Kollegium S. Sava in Bukarest, starb 1868.

Hager Michael aus Hermannstadt, Doktor der Medizin, o. ö. Professor der praktischen Chirurgie und Operationen, dann der chirurgischen Klinik an der k. k. medizinisch-chirurgischen Josefs-Akademie zu Wien, starb 1866.

Tr. ### Adelphus (Adlef?) Michael,

ein Siebenbürger, auch Weißkircher genannt (oder aus Weißkirch gebürtig [1]) studirte 1593 am Gymnasium zu Kronstadt und 1595 an der Universität zu Frankfurt und starb als Pfarrer in Bogeschdorf (laut der Kronstädter Schulmatrikel pag. 34. [2])

1. Disp. de Fine Demonstrationis, praes. M. Leonh. Herrmanno Transilv. siehe den Artikel Herrmann Leonh.
2. De Sacramentorum numero. Praeside Christoph. Pelargo. Francofurti. Siehe des Letzteren Locorum Theologicorum ΕΞΕΤΑΣΙΣ. 1595. Decad. 7. Disp. 2.

Albert Michael,

geboren den 21. Oktober 1836 in Trappold bei Schäßburg, Sohn des Michael Albert, Landmann daselbst, studirte von 1847—1857 am evang. Gymnasium in Schäßburg. Hierauf legte derselbe die für das Lehramt

---

[1] Vermuthlich ein Sohn des aus Jakobsdorf gebürtigen Weißkircher Pfarrers Johannes Adolphus.
[2] Ebendaselbst Seite 25 erscheint in der Reihe der im Jahre 1572 immatrikulirten Studenten: „Michael Adolphus Agnetlens."

und die Theologie vorgeschriebene Studienzeit an den Universitäten Jena (1857—1858), Berlin (1858—1859) und Wien (1859—1860) zurück, erhielt im November 1860 die erste Anstellung als Gymnasiallehrer in Bistritz und wurde im Dezember 1861 als Lehrer am ev. Gymnasium in Schäßburg angestellt, in welcher Berufsstellung derselbe noch gegenwärtig thätig ist.

Außer einer Anzahl in verschiedenen inländischen Tagesblättern und dem in Kronstadt von Dr. Eugen v. Trauschenfels herausgegebenen „Sächsischen Hausfreund" erschienener Gedichte, Aufsätze und Novellen („Herr Lukas Seiler", Hausfreund 1861, „Das Haus eines Bürgers", Hausfreund 1868) erschienen von Michael Albert als besondere Arbeiten im Drucke:

1. **Die Dorfschule.** Ein Stück Dorfleben aus dem sächsischen Volke (Novelle). Hermannstadt, Verlag von Franz Michaelis, 1866. 8-o, 80 Seiten.
2. **Die Kandidaten.** Ein Bild aus dem Leben des siebenbürgisch-sächsischen Volkes (Novelle). Hermannstadt, Verlag von Franz Michaelis, 1872. 8-o, 121 Seiten.
3. **Die „Ruinae Pannonicae" des Christian Schesäus**, Abhandlung und Uebersetzungen im Schäßburger Gymnasialprogramm. Hermannstadt, gedruckt bei S. Filtsch (W. Krafft) 1873. 8-o, 75 Seiten.
4. **Traugott.** (Novelle). Hermannstadt, Verlag von Franz Michaelis, 1874. Duodez, 102 Seiten.

Albrich Karl,

(Ergänzung der Denkblätter I. Band, Seite 27.[1])

wurde 1836 geboren, studirte am Hermannstädter Gymnasium bis 1853, dann besonders Mathematik in Schemnitz und Wien, war kurze Zeit Supplent der Mathematik an der Schemnitzer Bergakademie und wurde am 8. Januar 1858 an den Hermannstädter Schulanstalten angestellt. Seit 4. September 1872 ist er auch Direktor der Gewerbeschule in Hermannstadt.

Er hat ferner veröffentlicht:
2. Sammlung von geometrischen Aufgaben für die obern Klassen der Mittelschulen. Hermannstadt, Michaelis. 8-o, 36 Seiten.

---

[1]) In der letzten Zeile soll es statt „Bücher" heißen „Fächer".

3. Logarithmisch-trigonometrische Rechentafeln. Sammt Lineal und Anleitung. Enthält 1 Lineal, 3 Tafeln und 10 Seiten der Anleitung. Hermannstadt, Michaelis, 1873.
4. Erster Jahresbericht der Gewerbeschule in Hermannstadt, veröffentlicht von K. Albrich am Schlusse des Schuljahres 1872/3. Hermannstadt, 1873. S. Filtsch. Inhalt: Geschichte der Errichtung der Hermannstädter Gewerbeschule. S. 3—24. Schulnachrichten. S. 25—34.
5. Zweiter Jahresbericht der Gewerbeschule ꝛc. 1873/4. Hermannstadt, 1874. S. Filtsch. Inhalt: Mittheilungen über den gewerblichen Unterricht in Süddeutschland. S. 3—36. Schulnachrichten S. 36—48.

Tr. **Andreae Stephanus,**
(Ergänzung der Denkblätter I. 33).

nach Seiverts Specimen aus Hermannstadt, richtiger aber aus Großschenk, wurde Student am Gymnasium zu Kronstadt (laut der Kronstädter Schulmatrikel pag. 66).

Arz Gustav,

wurde am 25. November 1838 in Hermannstadt geboren, wo sein Vater damals Spitalsprediger war. Als dieser im Januar 1841 zur Bolkatscher Pfarre berufen worden, erhielt er hier den ersten Unterricht von den damaligen Volksschullehrern Martin Malmer, jetzt Pfarrer in Großau, und Joseph Herberth, jetzt Pfarrer in Stolzenburg, sowie von seinem Vater. Nach dessen im Herbst 1849 erfolgter Wahl zum Pfarrer in Urwegen setzte er seine Studien am Hermannstädter Gymnasium fort, das er 1856 absolvirte. Zur fachlichen Ausbildung bezog er dann die Universitäten Tübingen 1856/7, Erlangen 1857/8 und Wien 1858/9. Vom Herbst 1859 bis 1861 widmete er sich, in's Vaterhaus nach Urwegen zurückgekehrt, der Vorbereitung für seine 1860 abgelegte Berufsprüfung und der Unterstützung seines erkrankten Vaters in den pfarramtlichen Geschäften. Nach dessen Tode 1861 nach Hermannstadt übersiedelnd supplirte er am dortigen Gymnasium erledigte Lehrkanzeln, bis er im Jahre 1862 als ordentlicher Lehrer an das Untergymnasium in Mühlbach berufen wurde. Am 9. Januar 1870 zu dessen Direktor gewählt bekleidete er diesen Posten bis zu seiner am 14. Juli 1874 erfolgten Präsentation als Pfarrer von Urwegen.

Gustav Arz gab heraus:
1. Programm des evang. Unter-Gymnasiums und der damit verbundenen Lehranstalten in Mühlbach am Schlusse des Schuljahres 1869/70 veröffentlicht vom Direktor G A. Inhalt: 1. Beiträge zum Fro-Mythus, aus Märe und Sitte der Deutschen in Siebenbürgen. Von A. Heitz, Mädchenschuldirektor. (S. 3—37). 2. Schulnachrichten vom Direktor (S. 41—59). Hermannstadt, Buchdruckerei des Josef Drotleff. 4-o, 59 Seiten.
2. Programm ebendesselben Unter=Gymnasiums 1870/1. Inhalt: 1. Ueber den Geschichtsunterricht auf Gymnasien und die Zweckmäßigkeit der Verbindung der Geographie und Geschichte beim Unterrichte. Vom Gymnasiallehrer Friedrich Fronius. (S. 3—21). — 2. Schulnachrichten vom Direktor. (S. 25—40). Hermannstadt, Buchdruckerei des Josef Drotleff. 1871. 4-o, 40 Seiten.
3. Programm ebendesselben Unter=Gymnasiums 1871/2. Inhalt: 1. Einige meteorologische Gesetze, erläutert an den Ergebnissen einer 6-jährigen Beobachtungsperiode in Mühlbach. (S. 3—30.) 2. Schulnachrichten S. 33—48. Beide vom Direktor. Hermannstadt, 1872. Josef Drotleff.
4. Programm ebendesselben Unter=Gymnasiums 1872/3. Inhalt: 1. Der Konsonantismus des Siebenbürgisch=Sächsischen mit Rücksicht auf die Lautverhältnisse verwandter Mundarten. Ein Beitrag zur siebenbürgisch=sächsischen Grammatik vom Gymnasiallehrer J. Wolff[1]). (S. 5—71.) — 2. Schulnachrichten vom Direktor. (Seite 75—90). Hermannstadt, 1873. S. Filtsch.
5. Programm ebendesselben Unter=Gymnasiums 1873/4. Inhalt: 1. Geschichte der Terra Siculorum terrae Sebus des Andreanischen Freibriefes oder des adeligen Gutes Gießhübel bei Mühlbach, vom Conrektor Ferdinand Baumann. (S. 1—28). Urkundenbuch. (Seite 29—50). — 2. Schulnachrichten vom Direktor. (S. 52—65). Hermannstadt, 1874. S. Filtsch.

Badewitz Karl.
(Ergänzung der Denkblätter I., 41—43).

In der „Hermannstädter Zeitung" Nr. 7 vom 9. Januar 1871 liest man folgenden Artikel:

---

[1]) Günstig recensirt in Zarncke's „Literarischem Centralblatt" Jahrgang 1873. Nr. 45 von W. Braune.

Zur Abwehr.

Es ist mir heute von befreundeter Seite Nr. 300 der „Hermannstädter Zeitung" zugekommen, deren meine Person betreffender Inhalt mich zu einigen Bemerkungen verpflichtet.

1. Meine 1866, gleich nach dem Kriege erschienene Schrift führt den Titel: „Dakoromanien (Rumänien) und seine Beziehungen zum Deutschthum".
2. In dieser Schrift heißt es Seite 12: „Wenn Rumänien jemals einen Länderzuwachs erfahren soll, welcher zugleich einer Stärkung seiner Stellung entspräche, so dürfte solcher zunächst mit der Bukowina, mit der rumänisch-banater Militärgrenze und mit Bulgarien bis an den Fuß des kleinen Balkan wünschenswerth sein. Zwar bestand von jeher auch ein inniger materieller und geistiger Verkehr der Rumänen Siebenbürgens, bekanntlich der Ueberzahl der Bewohner dieses Landes, mit denen der Donaufürstenthümer; allein der Gedanke, beide zu einem gemeinsamen dako-romanischen Staatskörper zu vereinigen, verbietet sich schon deshalb, weil er alsbald die feindselige Stimmung nicht nur der Siebenbürger Ungarn, sondern aller Ungarn überhaupt wecken, und der zu erstrebenden unerläßlich nothwendigen Freundschaft zwischen Ungarn und Dakoromanien von vornherein den tödtlichsten Streich versetzen müßte. Der deutschen Bevölkerung in Siebenbürgen, den Sachsen, könnte es schließlich, wenn sie von dem Schicksal der österreichischen Erbprovinzen getrennt, auf eine Abhängigkeit von einer nichtdeutschen Krone hingewiesen würden, gleichgiltig sein, ob diese dann von einem ungarischen oder rumänischen Fürstengeschlechte getragen wird; aber selbst sie, so viele Zuneigung ihnen auch das deutsche Fürstenhaus Hohenzollern einflößen müßte, hätten das 700jährige Band, welches sie mit der ungarischen Krone, und nicht immer zu ihrem Schaden verbunden, zu bedenken.
3. Ich wohne seit beinahe 4 Jahren in Dresden u. zw. Johannisplatz 3.
4. Ueber meine Liebe zu Oesterreich und speziell zu meinen siebenbürgisch-sächsischen Brüdern geben alle meine Schriften Aufschluß, namentlich die 1859 in Berlin erschienene Schrift: „Die drei Friedriche des deutschen Volkes."
5. Im Jahre 1849 hatten der verstorbene Professor Heinrich Schmidt und ich in sehr vereinzelter Stellung Einsprache gegen die Russenhülfe erhoben. Furcht kannten wir nicht.

6. Ein zweiter Bismark zu heißen, kann eine anzufeindende, aber auch eine anerkannt große Ehre sein.

Mehr in der Sache zu schreiben, fühle ich mich nicht bemüßigt; vielleicht nimmt sich einer meiner Freunde die Mühe, die erwähnte Schrift noch nachträglich zu lesen und dann zu beurtheilen.

Dresden, am 15. Dezember 1870.

Karl Badewitz.

Baußnern Joseph v.

(Ergänzung der Denkblätter I. Bd., Seite 76).

Er nennt sich Landes- und Wechsel-Advokat, sowie Eigenthümer und verantwortlicher Redakteur des „Allgemeinen Anzeigers," Intelligenz- und Kundmachungs-Blatt für die Länder der ungarischen Krone. (Die ungarische Ausgabe dieses Blattes erscheint unter dem Titel „Közörtesitö"). Enthält alle ämtlichen Kundmachungen der ungarischen Regierungszeitung „Buda-Pesti-Közlöny" d. i. die Gesetze, Regierungs-Verordnungen, die gerichtlichen und behördlichen Publikationen, ferner alle staatlichen, sozialen und nationalökonomischen Ereignisse der Woche u. s. w." Erschien durch einige Zeit jeden Sonntag seit 1868 in 4 Groß-Folio-Blättern in der kön. ungarischen Universitäts-Buchdruckerei zu Ofen.

Baußnern Guido v.

(Ergänzung der Denkblätter I., 75—76.)

1. Der ungarisch-österreichische Dualismus und die Aufgabe der modernen Demokratie. Politische und sozial-demokratisch-pädagogische Studie von Guido v. Baußnern. Hermannstadt, 1868. Druck von Sam. Filtsch. 8-o.

2. Mahnruf an Ungarn. (Motto: Deutsche und Magharen! Schließt die Reihen!) Hermannstadt am 26. Juli 1870.

Bei Errichtung der Honvéd trat Baußnern als k. ung. Oberlieutenant wieder in Militärdienste und veröffentlichte im Jahre 1870 nach Ausbruch des Krieges zwischen Frankreich und Preußen seinen vorangeführten Mahnruf zu Gunsten der Deutschen, welchem er aber bald darauf in dem „Siebenbürger Boten" folgende

Erklärung folgen ließ:

Nachdem in der Nummer vom 15. August l. J. des „Magyar Polgár", sowie in der Nummer vom 18. August l. J. der „Hermannstädter Zeitung" vereinigt mit dem „Siebenbürger Boten" die gleichlautende Mittheilung zu lesen war, daß ich mein Quittirungsgesuch eingereicht habe, erlaube ich mir, diese Nachricht mit dem Bemerken zu bestätigen, daß dieser Schritt ausschleßlich aus meiner ureigenen Initiative hervorgegangen und eine Konsequenz meiner in meinem „Mahnruf an Ungarn" vom 28. Juli l. J. öffentlich ausgesprochenen politischen Ueberzeugung ist. Die ministerielle Erledigung auf mein erwähntes Demissionsgesuch, welches ich am 9. August l. J. eingereicht habe, ist mir bis jetzt nicht zugekommen. Dieses zur Steuer der Wahrheit!

Hermannstadt, am 20. August 1870.

Guido v. Baußnern,

kön. ungarischer Honvéd-Officier.

Baußnerns „Mahnruf" veranlaßte den ung. Ministerial-Erlaß vom 1. August Z. 1843/praes. „Energische Verfügungen zu treffen, daß ähnliche Aufrufe verhindert werden." Siebenbürgisch-deutsches Wochenblatt vom Jahre 1870, S. 530.

Am 12. Februar 1872 wurde Baußnern zum Reichstagsdeputirten von Reps gewählt, im Jahre 1874 und neuerlich 1875 wählte ihn Mediasch.

Er schrieb noch:

3. Das Erwürgen der deutschen Nationalität in Ungarn. Denkschrift aus Siebenbürgen, mit Vorwort von Franz von Löher. München 1874. Adolf Ackermann. 8-o. XI. 59 S.

Baußnern Johann Georg v.,

(Ergänzung der Denkblätter I., 71.)

Sohn des siebenbürgischen Hof-Raths und nachmaligen Komes der sächsischen Nation Simon v. Baußnern[1]), geboren in Wien, studirte Anfangs in Wien, sodann 4 Jahre hindurch im königlichen Pädagogium zu Halle, und widmete sich dann dem Studium der Philosophie und Mathematik an der Universität zu Leipzig, nachdem er zuvor eine Reise nach Siebenbürgen, das er noch nicht gesehen hatte, gemacht, der daselbst grassirenden Pest entgangen und einen beschwerlichen Weg durch Polen bis Leipzig glücklich zurückgelegt hatte. Hier ward er von einem tödtlichen Fieber befallen, welchem er im Jahre 1740 in der Blüthe seiner Jahre erlag. Zu seinem Gedächtnisse erschien:

---

[1]) Siehe Denkblätter I. 71. II. 263.

Trauerrede, welche bei der Beerdigung des Hochwohlgeborenen Herrn Herrn Johann George von Baußnern aus Siebenbürgen, als derselbe den 1. März 1740 selig verstarb und den 4. desselben Monats Abends in der Pauliner Kirche beigesetzt wurde, gehalten worden von George Friedrich Bärmannen A. M. der deutschen Gesellschaft in Leipzig Mitgliede. Leipzig, gedruckt bei Johann Christian Langenheim. Fol. 36 S.

Enthält Seite 3—12 Leichenrede, und S. 13—36 Letztes Ehren-Gedächtniß des Hochwohlgeborenen Herrn Herrn Johann George von Baußnern aus Siebenbürgen, aufgerichtet durch innenbenannte Freunde und Diener. Und zwar die Gedichte Seite 15—17 von des Wohlseligen Tischgesellschaft.

S. 17—30 von Joseph Traug. Schobel J. U. C. Coron.
Daniel Martin Haner, SS. Theol. C. Mediens.
Georg Ackner, SS. Theol. C. Szénaver.
Joh. Gottl. Schenker, SS. Theol. C. Schaessburg.
Petrus Mojesch, SS. Theol. C. Cibin.
Simon König, SS. Theol. C. Bistr.
Michael Sauber, SS. Theol. C. Mediens.
(In Jena studirende Landsleute).

S. 21—22 von Stephan Closius, Med. Cand.
Michael Gottlieb Theis, Med. Cand.
Christoph Neidel, Jur. Utr. Cult.
Michael von Hoffnungswald, Med. Cult.
(In Halle studirende Landsleute).

S. 22—24 von Dr. Christian Gottlieb Ludwig.
S. 24—27 Ode von D. Michael Morgenbesser.
S. 27—30 von D. Johann Andreas Vette.
S. 30—32 von Martin Gottfr. Closius von Kronstadt J. U. C.
S. 32—34 von J. F. S. K. von R.
S. 34—36 von Johann Andr. Richter und Joh. Wilhelm Richter.

Baußnern Bartholomäus.

(Ergänzung der Denkblätter I. 74. Einzuschalten nach Nr. 23).

24. Jakob Aurelius Müller, Pfarrer zu Hammersdorf, zum Superintendenten erwählt 1. August 1792, starb 7. Oktober 1806.

25. Dan. G. Neugeboren. Hier ist die Numerirung bis Nr. 29 zu berichtigen.

Tr. **Bertleff Michael,**
(Ergänzung der Denkblätter I., 131).

Senator in Bistritz, wurde geboren in Klausenburg im Jahre 1788 und starb als Senator in Bistritz am 9. Januar 1860.

Bedeus Joseph Freiherr von Scharberg d. ä.

Seite 83, Zeile 11: „und wurde sofort bei dem Oberlandeskommissariate zu Hermannstadt angestellt." Dieß ist unrichtig, indem B., 1802 zum Gubernium eingetreten, erst mit Gubernialdekret vom 2. Juli 1810, Z. 5545, die erbetene Uebersetzung in gleicher Eigenschaft zum O.-L.-Kommissariate erhielt.

Ibidem Z. 15: „im Jahre 1819 aber zum Gubernialpräsidialsekretär befördert." Dieß ist ebenfalls unrichtig; seine Ernennung auf diese Stelle erfolgte mit Hofdekret vom 4. Juli 1823, Hofzahl 2354.

Seite 85, Z. 21: wo Bedeus als Mitglied der Kommission für Einverleibung der partium reapplicatarum „abseitens des Großfürstenthums Siebenbürgen" bezeichnet und ein paar Zeilen weiter oben Thesaurarius Rhédey als Präses der Kommission im Allgemeinen genannt wird. Dies ist nicht ganz richtig. Von Seiten Siebenbürgens waren mit a. h. Reskript vom 11. Februar 1839 Thesaurarius Graf Rhédey und Ober-Landes-Commissär Bedeus ernannt und zugleich zur Wahrung der Kameral-Interessen denselben der Fiskaldirektor Franz Horváth beigegeben worden. Ungarischer Seits waren damals gleichzeitig ernannt worden: der Kronhüter Graf Josef Teleki zum Präses der Kommission, Emerich Lányi, Stefan Kállay, Albert Graf Sztáray, Ignaz Noßlopy und zur Vertretung der Kameral-Interessen der Hofkammerrath Luby. Nur zur Wahrung der Gleichstellung beider Länder wurde bei den gemeinschaftlichen Versammlungen Graf Rhédey als Präsident der siebenbürgischen Kommission betrachtet und führte dabei mit dem Grafen Teleki gemeinsam das Präsidium.

Seite 85, Z. 22, 23: kommt die übrigens geringfügige Ungenauigkeit vor, daß die Regnicolar-Deputation, deren Vorstand B. geworden, nicht nur für Urbarial- und Steuersachen, sondern auch für die nicht weniger wichtigen Militär- und Kommissariatsangelegenheiten bestellt war: „in Urbarialibus, Contributionalibus et Commissariatico-militaribus". Sie war auch die einzige Deputation, die alle durch das

Gesetz und die Stände ihr zugewiesenen Gegenstände, nämlich 1. das Urbarium, 2. die Kontribution, 3. die Militärverpflegung und 4. die Rekrutirung in einem erschöpfenden Gutachten erledigte.

Seite 85, Z. 28: „im Februar 1852 zum Kommandeur des ö. k. k. Leopold-Ordens zu ernennen" ist unrichtig: die Ordensverleihung erfolgte mit a. h. Entschließung vom 21. August 1850 und B. erhielt noch vor seiner Anfang September erfolgten Rückreise von Wien die Intimation mit den Ordens-Insignien.

Seite 89, Z. 3: wird unter B.'s selbstständigen Druckschriften das Gutachten ꝛc. betreff der juridischen Fakultät Hermannstadt 1839 aufgezählt. Dies ist ungenau. Wenn auch ohne Zweifel Bedeus an den Anträgen der unter seinem Vorsitze tagenden Kommission seinen guten Antheil hatte, so ist doch die stilistische Ausführung — wie das noch vorhandene Original-Concept ausweist — das geistige Eigenthum des in dieser Dreier-Kommission aktuirenden damaligen Professors J. Carl Schuller.

Seite 92, Z. 4 u. ff. werden unter der Ueberschrift: „Eigene Ausarbeitungen im Archive des Vereines für siebenb. Landeskunde" einige Aufsätze angeführt. Diese Anführung ist unvollständig und kann jetzt auch nicht mehr vervollständigt werden. B. hatte nämlich die Gewohnheit, wenn zur Druckfertigmachung eines Archivsheftes das Material, das oft sehr spärlich floß, nicht ganz ausreichte, aus seinen reichen Notizen und Vormerken rasch irgend einen Aufsatz zu entwerfen, eine Urkunde mit ein paar erläuternden Bemerkungen u. dgl. m. So ist die im Vereins-Archiv II. Band, 2. Heft, S. 189 ff. enthaltene Beschreibung des im Jahre 1781 in Siebenbürgen abgehaltenen Landtages in dieser Weise entstanden und auch der im 3. Heft dieses Bandes S. 483 ff. vorkommende Bericht Albert Huets an Sigmund Báthori, der sich auf den Hattertprozeß zwischen Felmer und Solna bezieht, dürfte von B. herrühren. Gewiß ist, daß B. im Jahre 1807 mit dem Gubernialrath Straussenburg zum Lokalaugenschein in diesem Prozesse exmittirt worden war und die dießfälligen Urkunden studirt und kopirt hat. So fände sich gewiß noch manches, da aber die Autorschaft diesbezüglich zur Evidenz unmöglich nachgewiesen werden kann, weil gewöhnlich die so entstandenen Artikel ohne Conzept gleich ins Reine gearbeitet und das Manuscript zum Drucke gegeben wurde, zur Nachweisung des wohlthätigen Wirlens B's im Vereinsleben auch die Erutrung einzelner kleinerer, mehr oder minder bedeutender Arbeiten weder nothwendig noch besonders förderlich erscheint, muß auf die Vollständigkeit der Aufzählung seiner Beiträge verzichtet werden.

Tr. **Bedeus Joseph Freiherr von Scharberg d. j.**

(Ergänzung der Denkblätter I., 94).

wurde 1869 und bei der Restauration 1874 neuerlich von der Hermannstädter Kommunität zum Orator gewählt.

1. Das sächsische National-Vermögen. Eine rechtsgeschichtliche Studie. (Separatabdruck der in der „Hermannstädter Zeitung vereinigt mit dem Siebenbürger Boten" erschienenen Artikelreihe). Hermannstadt 1871. Druck von Theodor Steinhaußen. 8-o, 41 S.

Diese Schrift enthält eine gründliche Widerlegung der falschen Meinungen, welche der Klausenburger Advokat Alexius Simon, Rechtsanwalt der Gemeinden der Sieben-Richter-Herrschaft Szelistje, — zur Unterstützung des wider die sächsische Grundherrschaft dem k. ungarischen Ministerium gemachten Vorschlags im Namen des Klausenburger Advokaten-Vereins, dessen Präses Simon war, — (der den Verf. Jakab für dieses und das Werk über die Geschichte von Klausenburg im Voraus ansehnlich belohnt hatte), — geltend zu machen bemüht gewesen war. Eine gleichzeitige kürzere Diatribe brachte das „Siebenbürgisch-deutsche Wochenblatt" unter dem Titel: „Gesetz-Vorschlag auf Plünderung" in den Nummern 5, 6, 17 und 18 vom Jahre 1871.

Der „Gesetz-Entwurf des Klausenburger Advokaten-Vereins über die Regelung der auf dem Königsboden thatsächlich bestandenen Urbarialund mit diesem verwandten Besitzverhältnisse" steht in deutscher Uebersetzung in dem „Siebenbürgisch-deutschen Wochenblatt" Nr. 6, S. 89 vom Jahre 1871.

Die Jakab'sche Tendenzschrift führt den Titel: „Királyföldi viszonyok ismertetése", und ist im Jahre 1871 (8-o VIII. 187 Seiten) bei Gustav Heckenast in Pest herausgekommen.

Die „Vorstellung der sächsischen Nations-Universität an das ungarische Abgeordnetenhaus, betreffend den Nobilitarbesitz der sächs. Nation und der Stadt Kronstadt, ddto. Hermannstadt, 22. Mai 1871" steht ebenfalls im „Siebenbürgisch-deutschen Wochenblatt" vom 28. Juni und 5. Juli 1871, Nr. 26 und 27.

Benkner Paul d. j.

(Ergänzung der Denkblätter I., 108).

Er starb als fürstlicher Sekretär zu Bukarest am 28. März 1752.

Bielz Eduard ¹) Albert.

(Ergänzung der Denkblätter I., 133).

Wurde im Jahre 1873 zum k. ung. Volksschul-Inspektor für den Königsboden mit Ausnahme des Bistritzer Distriktes und später zum Mitglied der Kommission zur Grenzberichtigung zwischen Siebenbürgen und Rumänien ernannt.

1. Beitrag zur Geschichte merkwürdiger Naturbegebenheiten in Siebenbürgen. (Aus den Verhandlungen und Mittheilungen des siebenbürgischen Vereins für Naturwissenschaften 1862, Nr. 4). Hermannstadt, Buchdruckerei der v. Closius'schen Erbin. 1862. 8-o, 74 S.

Tr. Bielz Michael ²)

geboren in Birthälm am 10. Mai 1787, studirte in seinem Geburtsorte und an den Gymnasien zu Mediasch und Hermannstadt, wie auch am reformirten Kollegium zu Klausenburg. Seinen Wunsch, eine deutsche Universität zu besuchen, konnten seine unbemittelten Eltern nicht erfüllen, desto eifriger war er bemüht, durch Privatstudium sich zum Theologen auszubilden, während er mehrere Jahre hindurch in Klausenburg und Hermannstadt Privatunterricht ertheilte und sofort die Stelle eines Schullehrers in Birthälm, bald darauf aber (1811) die Stelle eines Predigers und Superintendential-Sekretärs ebendaselbst übernahm. Unter der Leitung seines gelehrten Gönners, des Superintendenten Daniel Georg Neugeboren, setzte er seine Studien besonders der Naturwissenschaften, unermüdet fort und übte immer mehr die Zeichenkunst, zu der ihn Neigung und Talente befähigten und sein Gönner wirksamst aufmunterte. Der gute Ruf, den sich Bielz in Birthälm erwarb, bewog die evang. Gemeinde zu Neudorf in der Ober-Albenser Gespanschaft, ihn am 2. Oktober 1814 zu ihrem Pfarrer zu erwählen, als welcher er dieser Gemeinde sieben

---

¹) Unrichtig Ernst in den Denkblättern genannt.
²) Nach dem Nekrolog in den Verhandlungen und Mittheilungen des siebenbürgischen Vereins für Naturwissenschaften vom Oktober 1866 Nr. 10 S. 209 bis 216 [von Daniel Czekelius].

Jahre lang sich nützlich und beliebt machte. Da indessen seine Familie sich vermehrte, fand sich Bielz veran'aßt, zur Verbesserung der Existenz derselben, von seinem Talente im Zeichnen einen einträglicheren Gebrauch zu machen, indem er sich entschloß, Sennefelders Erfindung des Steindruckes im siebenbürgischen Vaterlande in Anwendung zu bringen. In dieser Absicht sagte er im Herbst des Jahres 1821 seiner Kirchengemeinde Lebewohl und übersiedelte zuerst nach Zood (bei Heltau, Hermannstädter Stuhl), wo ihm Advokat Karl Albrich, damaliger Besitzer der Zooder Spinnfabrik, ein Lokal zur Ausübung der neuen Kunst verschaffte, dann im Jahre 1822 nach Hermannstadt, wo er, C. Albrich und Franz Neuhauser[1]), nach eingeholter hoher Bewilligung (Gub.-Z. 7784/1822) die erste lithographische Anstalt gründete. Als Leiter derselben sorgte Bielz zuvörderst für Abhülfe des lange gefühlten Bedürfnisses großer beweglicher Buchstaben zum ersten Lese-Unterricht in den siebenbürgischen Volksschulen, sowie linirter Schreibhefte und Vorschriften zum Schönschreiben[2]) und brauchbarer Zeichen-Vorlagen und Landkarten mit solchem Erfolge, daß selbst das k. Gubernium (Z. 10400/1822, 26. Oktober) sich sehr anerkennend über die demselben zur Vertheilung an die siebenb. Schulanstalten überschickten lithographischen Kunsterzeugnisse aussprach. Die Schwierigkeiten, welche sich gegen die Aufsuchung und Herbeischaffung der nöthigen Steinplatten in Siebenbürgen[3]) und ihre Herrichtung, wie nicht minder wider den Bezug aller übrigen Materialien, des Papiers und der Farbstoffe ergaben, wurden durch Bielz mit Ausdauer und Geschick glücklich überwunden, und die auf Bielz allein übergegangene Unternehmung dreißig Jahre lang fortgeführt, bis dieselbe, nachdem Bielz im Jahre 1849 erblindet war, an Robert Krabs in Hermannstadt im Jahre 1854 überging. Inzwischen aber waren, während der umsichtigen Leitung des rastlos thätigen M. Bielz, aus seiner Anstalt, nebst der ersten brauchbaren Landkarte Siebenbürgens für Schulen im kleineren Maßstabe die erste Wandkarte dieses Landes, dann die Karte des Bergwerks-Distrikts, mit der Angabe der wichtigsten Fundstätten edler Metalle und die erste geognostische Karte des Landes, sowie die Karte der Umgebung Hermannstadts nach der Aufnahme des General-Quartiermeister-Stabes,

---

[1]) Siehe Denkblätter I. 18. und III. 15.

[2]) Ebendaselbst II. 11. ꝛc.

[3]) Hilfsmittel für sein Geschäft fand Bielz in den Fucoiden-Schiefern von Szalabat und Kornezel für die lithographischen Platten und in dem seinen weißen Trachyttuffe von Girelsau, ein Surrogat für den in Siebenbürgen fehlenden Bimstein.

und noch viele andere Landkarten, Abbildungen von Natur- und Kunst-Gegenständen[1]) hervorgegargen, — und hatte diese Anstalt größtentheils auch den Bedarf an Drucksorten für die meisten Aemter und Behörden in und außerhalb Hermannstadt in Siebenbürgen beigestellt. — Indem Bielz längere Zeit hindurch nebstbei Zeichen-Unterricht am Hermannstädter evang. Gymnasium ertheilte, schrieb er zu diesem Behufe einen „methodischen Unterricht in der Anschauungslehre", betheiligte sich an der Gründung der (Benigni- und Neugeboren'schen) „Transsilvania" 1833 und des Vereins für siebenb. Landeskunde, — und lieferte zu Leonhards Jahrbuch für Mineralogie: 1. Brief gegen „Boué's Gemälde von Deutschland und den angrenzenden Ländern mit Einschluß Siebenbürgens" am 13. Januar 1832; — und einen zweiten Brief „über das Vorkommen des Karpathen-Sandsteines in Siebenbürgen" in den Jahrgang 1834 — endlich den „Versuch einer Naturbeschreibung von Siebenbürgen" und mehrere Aufsätze in siebenbürgischen Zeitschriften, meist geognostischen Inhalts. Vom Jahre 1832 bis 1834 korrespondirte Bielz mit P. Partsch und von 1831—1840 mit J. Grimm, später mit Peténhi, Roßmäßler, F. Schmidt und andern Naturforschern, über geognostische Verhältnisse Siebenbürgens, begründete mit seinem Sohne Albert Bielz[2]) Sammlungen der Land- und Süßwasser-Mollusken Siebenbürgens. Mit Pfarrer J. Mich. Ackner lebte Bielz bis zum Tode Ackners in ununterbrochenem wissenschaftlichem Verkehr. Zur Herbeischaffung naturwissenschaftlicher Hülfsmittel regte Bielz mit J. L. Neugeboren[3]) einen naturwissenschaftlichen Lese-Verein im Jahre 1847 in Hermannstadt an, welcher durch vielseitige Theilnahme schon im Jahre 1849 zu dem jetzt bestehenden „Siebenbürgischen Verein für Naturwissenschaften in Hermannstadt" erweitert wurde und selbst während der Occupation Hermannstadts durch die Insurgenten (1849) seine, von diesen geschützten, Versammlungen fortsetzte. Als Beispiel der Theilnahme des M. Bielz auch an anderen gemeinnützigen Unternehmungen in technischen, gewerblichen und landwirthschaftlichen Dingen, führt sein Biograph noch an: dessen mit außerordentlicher Ausdauer vollführten: „Bohrversuch zur Erzielung artesischer Brunnen in Hermannstadt; dessen Mitwirkung bei der Grün-

---

[1]) Z. B. die Kunstbeilagen zu Benigni und Neugeborens „Transsilvania" 1833 und 1834. — Archiv des Vereins für siebenb. Landeskunde I. Band, 1. und 3. Heft 1843 und 1845 u. a. m.

[2]) Denkblätter I. 133.

[3]) Ebendaselbst III.

bung von „Runkelrüben-Zuckerfabriken in Csáki-Gorbo und Hermannstadt und der Babe-Anstalt in Baaßen". — Der erwähnte naturwissenschaftliche Verein aber gab der Anerkennung der Verdienste dieses Mannes den Beide gleich ehrenden Ausdruck dadurch, daß die Generalversammlung vom 8. Mai 1858 ihn — den periodisch wiedergewählten Vereinsvorstand zu ihrem lebenslänglichen Präsidenten ernannte, dem sie einen Vorstands-Stellvertreter zur Seite gab. — Doch auch außerhalb Siebenbürgen fand Bielz's verdienstliches Wirken Würdigung; noch im Jahre 1836 wurde er korrespondirendes Mitglied der Gesellschaft für Aerzte und Naturforscher zu Jassy in der Moldau; — 1845 Mitglied der Gesellschaft der ungarischen Aerzte und Naturforscher; — 1852 Mitglied der Frauendorfer Gartenbau-Gesellschaft; — 1859 Korrespondent der k. k. geologischen Reichsanstalt in Wien; — und 1861 Mitglied der Gesellschaft Isis für Naturgeschichte in Dresden. Er erfreute sich der allgemeinen Achtung bis zu seinem Tode, der am 27. Oktober 1866 erfolgte.

Michael Bielz war der Verfasser der

„Elementar-Formenlehre. Beiträge zur Begründung des Unterrichtes im Schreiben und Lesen von M. B." Hermannstadt bei S. Filtsch. 1840. 8-o VI., 33 Seiten.

Binder Friedrich,

studirte am Kronstädter Gymnasium bis 1844, wurde nach vollendeten Universitätsstudien im Repser Kirchenbezirk angestellt.

1. Satzlehre der deutschen Sprache. Wort und Bilder von F. B., evang. Prediger in Reps. Schäßburg, 1869. Buchdruckerei Friedrich Karner. 8-o, 19 Seiten.
2. Das Rechnen mit Decimalbrüchen. Ein Büchlein für die Volksschule von F. B., Obermädchenlehrer in Reps. Kronstadt, gedruckt bei Römer & Kamner. Eigenthum des Verfassers. 8-o, 40 S.

Bömches Friedrich,

geboren in Kronstadt am 3. April 1829. Friedrich Leopold Bömches, Handelsmann, und Friederike geb. Steege waren seine Eltern. Nach abgelegter Maturitätsprüfung im Jahre 1848 studirte er vier Jahre hindurch am k. k. polytechnischen Institute zu Wien und darauf drei Jahre als Schüler der École des ponts et chaussées in Paris, worauf er als Ingenieur der k. k. priv. österreichischen Südbahn-Gesellschaft angestellt wurde. —

1. **Materiale und Verfahrungsweisen für öffentliche Bauten und architektonische Arbeiten** von Fr. B., ehemaligen Schüler der École des ponts et chaussées zu Paris, Ingenieur der k. k. priv. österr. Südbahngesellschaft in Wien. Separatabdruck aus dem officiellen Berichte über die Pariser Weltausstellung. Herausgegeben durch das k. k. österr. Central=Comité. Wien, Druck der k. k. Hof= und Staatsdruckerei 1868. (Mit vielen Abbildungen). Groß = Oktav, Seite 309—395.

2. **Die Arbeiter=Häuser auf der Pariser Weltausstellung von 1867.** Gewidmet dem österreichischen Arbeiter von Fr. B., Ingenieur der k. k. priv. Südbahn=Gesellschaft, Berichterstatter der österr. Regierung bei der Pariser Ausstellung von 1867 und Comité=Mitglied des Central=Vereines für genossenschaftliche Selbsthülfe. Wien 1868. Herausgabe und Verlag der „Allgemeinen Bau=Zeitung". Druck von R. v. Waldheim. (Das Recht der Uebersetzung und Vervielfältigung vorbehalten). 4-o I. 24 Seiten. Mit 13 Abbildungen.

Brecht v. Brechtenberg Joseph Clemens.

(Ergänzung der Denkblätter I. 176).

1. Der ganze Titel lautet: „α και ω Invitatio solennis ad studium historicum, quod tanquam catena aurea historica nunquam hactenus visa Articulorum nullo interrupto quasi catena magnetica Articulo Articulum trahente a condito mundo ad nostra usque tempora Spectatoribus ceu in Speculo uno intuitu repraesentatur. Coronae typis Seulerianis. Klein=Oktav, 15 Seiten. Am Ende der letzten Seite steht: „Dabam ex Musaeolo meo Stephanopoli ad Brassovum die 26. Martii S. N. J. Immanueli Sacro, Anno unici nostri Salvatoris nati 1709 et resurgentis 1675."

(Zugeeignet: Deo et Caesari. — Tetradi Capitulorum Birthalmensi, Cibiniensi. Coronensi. Bistriciensi. — Decanis — Capitularibus universis. — Civitatum Triadi Cibiniensi. Coronensi. Bistriciensium. Amplissimisque Senatuum Ordinibus spectatissimis, dominisque Centumviratuum Centumviris Circumspectis Dominis Patronis et respective Affinibus Compp. Fautoribus honoratissimis observandissimis amoris ergo et observantiae cum omnigenae felicitatis apprecatione ovi paschalis loco d. d. d. J. C. Brechtius, Doct. et Prof.

Bruckenthal Michael Freiherr v.

(Ergänzung der Denkblätter I. 188).

3. Anzeige derjenigen Gegenstände, welche Seiner Majestät eigener Allerhöchster Person sowohl, als der ganzen österreichischen Monarchie und besonders Sr. Majestät treuesten siebenbürgisch-sächsischen Nation, theils gegenwärtige, theils künftige wesentliche Nachtheile und Schaden unwidersprechlich zuziehen.

(Auf die Aufforderung des in die Mitte der sächsischen Nation entsendeten kön. Kommissärs Michael v. Benyovßky erstattete B. Bruckenthal diese, gegen die Hofräthe Kronenthal und Somlyai gerichtete, freimüthige und umständliche Aeußerung an Benyovßky zu Klausenburg am 15. Mai 1789. Sie ist in der Folge wörtlich abgedruckt worden in dem „Siebenbürgisch-deutschen Wochenblatt" 1870, Nr. 14 bis 19 und dient zur Beleuchtung der gewaltsamen Hof-Verordnungen, welche den oktroyirten Regulativ-Punkten für die sächsische Nation vom Jahre 1795 bis 1799 vorhergingen und nachfolgten, bis durch die Berichte des, an Stelle des von vorgefaßten Meinungen erfüllten Benyovßky, der vorurtheilsfreie und geschäftskundige Hofrath Stephan v. Ghyrky als kön. Kommissär in die sächsische Nation entsendet, und auf sein, nach Anhörung der freimüthigen Aeußerungen sowohl der sächsischen Kommunitäten,[1]) als auch der Nations-Universität, — Seiner Majestät dem Kaiser Franz gemachten Vorschlage, die beiden Regulations-Rescripte vom 10. November 1803 und 11. Oktober 1804 erflossen.)

Bruckner Wilhelm,

(Ergänzung der Denkblätter I., 198).

wurde 1875 zum Präsidenten der Hermannstädter Advokatenkammer gewählt.

2. Beleuchtung der dem hohen Abgeordnetenhause in Pest überreichten Denkschrift der angeblich zum Königsboden gehörigen Gemeinden der sogenannten Filialstühle Szelistje und Talmatsch wegen Regelung ihrer staatsrechtlichen Verhältnisse von W. B., Advokaten in Hermannstadt. Hermannstadt, S. Filtsch's Buchdruckerei (W. Krafft). 1869. 8-o, 123 Seiten.

---

[1]) Siehe „Freimüthige Aeußerungen der Kronstädter Centumviral-Kommunität in Betreff der Allerhöchst vorgeschriebenen Regulativ-Punkte, nebst den ferneren Wünschen und Bitten gedachter Kommunität, von derselben in Folge h. Verordnung des Herrn Hof-Rathes und k. Kommissärs v. Ghyrky entworfen und eingereicht 1801." Im „Siebenbürgisch-deutschen Wochenblatt" 1869, Nr. 40 bis 43.

Budacker Gottlieb.
(Ergänzung der Denkblätter I., 200—201).

1. Festrede, gehalten bei der Jahres-Versammlung des Bistritzer Zweig-vereins der Gustav-Adolf-Stiftung zu Dürrbach in Siebenbürgen, den 4. Juni 1870. (Preis 10 kr. öst. W.) Der Ertrag ist dem Schulfond der evang. Gemeinde A. B. zu Jakobsdorf bestimmt. Hermannstadt, 1871. Druck von Josef Drotleff. 8-o, 9 Seiten.

Capesius Gottfried.
(Ergänzung der Denkblätter I., 204).

1. Programm des Gymnasiums A. C. zu Hermannstadt und der mit demselben verbundenen Lehr-Anstalten für das Schuljahr 1867/8, womit zur öffentlichen Prüfung der Schüler aller Klassen von Montag den 6. bis Freitag den 10. Juli 1868 ergebenst einladet G. C. Direktor. Inhalt: 1. Entwickelung der Gerhardt'schen Theorie der chemischen Typen von Julius Conrad. Seite III—XLV. — 2. Schulnachrichten vom Direktor. (S. 1—34). Hermannstadt, 1868. Druck der gr. or. Archidiöcesan-Druckerei. 4-o.

2. Programm 2c. (wie das Vorhergehende) von Donnerstag den 1. bis Dienstag den 6. Juli 1869 ergebenst einladet G. C., Direktor. Inhalt: 1. Zur Höhenkunde von Siebenbürgen von L. Reissenberger (S. III—XXII) — 2. Schulnachrichten vom Direktor (34 Seiten). Hermannstadt, 1869. Druck der gr.-or. Archidiöcesan-Druckerei. 4-o.

3. Programm 2c. (wie das Vorhergehende) von Mittwoch den 6. bis Dienstag den 12. Juli 1870 ergebenst einladet G. C. Inhalt: 1. Zur Berechnung der Ergebnisse von Temperaturbeobachtungen, welche in kleinen Zeit-Intervallen angestellt wurden von Moritz Guist (III—XXXVIII). — 2. Schulnachrichten vom Direktor. (S. 1—34). Ebendaselbst 1870. 4-o.

4. Programm 2c. (wie das Vorhergehende) von Mittwoch den 5. bis Dienstag den 11. Juli 1871 ergebenst einladet G. C., Direktor. Inhalt: 1. Beitrag zu einem Kalender der Flora der nächsten Umgegend von Hermannstadt, zusammengestellt von J. A. Lutsch. (S. I—XXXV). — 2. Schulnachrichten vom Direktor. (S. 1—33).

5. Programm 2c. (wie das Vorhergehende) von Mittwoch den 3. bis Dienstag den 9. Juli 1872. Inhalt: 1. Ein Beitrag zur Sta-

tiftif des evang. Gymnasiums A. C. in Hermannstadt und der mit demselben verbundenen Lehranstalten in den zwanzig Jahren von 1850/1 bis 1869/70 von Martin Schuster (Seite I—XLIV). — 2. Schulnachrichten vom Direktor. (Seite 1—36). Ebendaf. 1872. 4-o.

6. Programm ꝛc. (wie das Vorhergehende) von Mittwoch den 2. bis Montag den 7. Juli 1873. Inhalt: 1. Fortsetzung der im vorhergehenden Programme angefangenen Arbeit. (S. I—LXXXI). — 2. Schulnachrichten vom Direktor. (S. 1—21). Ebendaselbst, 1873. 4-o.

7. Programm ꝛc. (wie das Vorhergehende) von Montag den 6. bis Freitag den 10. Juli 1874. Inhalt: 1. Fortsetzung der im Programm 1871/2 angefangenen Arbeit (S. I—XLVII). — 2. Schulnachrichten (S. 1—32). Ebendaselbst 1874. 4-o.

Capesius Wilhelm.

(Ergänzung der Denkblätter I., 204—205).

Dr. W. Capesius starb als k. k. pensionirter Kreis-Arzt in Hermannstadt im 62. Lebensjahre am 15. Juli 1870.

Csallner Daniel,

wurde am 18. Jänner 1873 zum evang. Pfarrer in Wallendorf (Bistritzer Distriktes) gewählt.

1. Programm des evang. Gymnasiums und der mit ihm verbundenen Lehranstalten in Bistritz am Schlusse des Schuljahres 1868/9 veröffentlicht vom Direktor D. Cs. Inhalt: A. Die Höhenverhältnisse des Flußgebietes der Bistritz, von ihrer Mündung in die Sajo aufwärts bis Wallendorf. (S. 3—14). — B. Drei Beobachtungen über Hagelbildung. (S. 15—21). — 2. Schulnachrichten (S. 25—51). Hermannstadt, Buchdruckerei des Josef Drotleff 1869. 8-o, 51 S.
2. Programm ꝛc. 1869/70. Inhalt: 1. Die Höhenverhältnisse des Bistritzer Distrikts oder Nösnerlandes (Fortsetzung der im Programm 1869 veröffentlichten Mittheilungen: Die Höhen-Verhältnisse des Bistritzflußgebietes) (S. III—XIII). — 2. Schulnachrichten (Seite 1—30). Bistritz 1870. Buchdruckerei der J. E. Filtsch'schen Erben. 8-o.
3. Programm ꝛc. 1870/71. Inhalt: 1. Geschichte der Deutschen in Nord-Siebenbürgen von Jos. Traug. Klein mit einer biographischen Skizze des Verfassers, herausgegeben von M. Kramer. 62 S.

2. Schulnachrichten vom Direktor. S. 63—88. Hermannstadt, Drotleff. 1871.

4. Programm ıc. 1871/2. Inhalt: 1. Die höhere Bildung unserer Zeit und das Gymnasium von Gustav Decani, 42 Seiten. — 2. Schulnachrichten vom Direktor. (S. 43—68). Hermannstadt, 1872, 8.

Dietrich von Hermannsthal Friedrich.

I. Band Seite 257. Friedrich Dietrich ist in Bistritz am 24. Juli 1827 geboren. Seinen „Feldzug in Siebenbürgen 1848 und 1849" im VI. Jahrgang (1853) der Zeitschrift „Oesterreichischer Soldatenfreund" für militärische Interessen hat er zum Theil nur nach solchen Aufzeichnungen des Generalstabs-Chefs, Major Karl Teutsch geschrieben, die ihm sein Bruder, derzeit k. k. Landwehr-Oberst Gustav Dietrich von Hermannsthal von dem genannten Major, als seinem Kommandanten im 23. Jägerbataillon verschaffen konnte, zur ergänzenden Beschreibung haben ihm die Angaben dieses seines Bruders, der die ganze siebenbürgische Kampagne mitmachte — sowie die Mittheilungen stimmfähiger Zeitgenossen sowohl österreichischerseits, als feindlicherseits gedient. Das Erscheinen der Arbeit in den ersten Jahres-Nummern der obbenannten Zeitschrift erregte in den militärischen Kreisen nicht geringes Aufsehen, man war anfänglich um so geneigter sie für eine Nachlaßschrift des kurz vorher zu Wien am 28. Dezember 1852 verstorbenen Generals der Kavalerie Baron Puchner, der während des Winterfeldzuges kommandirender General von Siebenbürgen war, zu halten, als dessen Nekrolog in derselben Nummer erschien, worin mit der Feldzugsgeschichte begonnen wurde. Später, als die Urheberschaft trotz zugesicherter Anonymität doch bekannt geworden sein mag, erhöhte eine sich theils in demselben Jahrgang der besagten Zeitschrift, theils in der preußischen Wehrzeitung entsponnene Polemik das Interesse daran. Als Wortführer in dieser Polemik trat im Aufsatz „Der Monat März 1849 in Siebenbürgen" der jetzige Kommandirende in Wien, Feldzeugmeister Freiherr Maroicic — im Aufsatz „Beitrag zur Geschichte des Krieges in Siebenbürgen 1848 und 1849" der pensionirte Feldmarschall-Lieutenant Karl Freiherr Urban — und im Aufsatz „Begleitende Notizen zum siebenbürgischen Feldzug 1848 und 1849" der k. k. Major Ignaz von Leitner auf. Diese Aufsätze mit noch anderen, worunter besonders „Die Vertheidigung von Karlsburg im Jahre 1849" (wahrscheinlich vom Genie-Major Julian von Domaßewtli) hervorgehoben zu werden verdient, erschienen im oben erwähnten Jahrgang des „Oesterreichischen Soldatenfreund" und bieten dem Freunde für siebenbürgische Geschichte ein sehr reiches Material.

Die Schlacht bei Magenta wurde nicht am 5., sondern am 4. Juni geschlagen.

Felmer Joseph Michael,
(Ergänzung der Denkblätter I. Bd., S. 301)

starb in Pension zu Hermannstadt am 15. Jänner 1869, alt 69 Jahre.

Filtsch Josef.
(Ergänzung der Denkblätter I. Bd., S. 326.)

Note 1, Zeile 2: „Violin-Virtuose" soll „Klavier-Virtuose" heißen.

Flechtenmacher Adolph,

Sohn des Christian Flechtenmacher (s. Denkblätter II., 327—330).
Von ihm sind u. a. Kompositionen im Druck erschienen:

1. Adio Moldovei, Romantia nationale cuvinte de V. Alexandri, musica pentru cantare si Pianoforte compuse de A. Fl.
2. Collectie de cantece nationale, compuse pentru Pianoforte de A. F.
3. Quadrilulu unirei, compuse pentru Pianoforte de A. F.
4. Uverture nationale pentru Pianoforte de A. F.
5. Baba Chirka, Operete nationale de A. F.
6. Csetatea Neamczului. Melodie nationale de A. F.
7. Chora unirei de A. F.
8. Uverture nationale de A. F.

(Laut Catalogen von George Joanid vom März 1859 und Jänner 1860 gedruckt in Bukarest, und Catalogu generalu von Haberl und Hedwig vom Juni 1864 gedruckt in Kronstadt, S. 19.)

Friedenfels Eugen von,

k. k. Hofrath, geboren den 3. Dezember 1819. Sein Vater Friedrich, älterer Sohn des 1838 verstorbenen Martin Drotleff von Friedenfels, Stadt- und Stuhlrichters von Hermannstadt, war mit Louise, Tochter des k. k. Obersten und Grenzkommandanten in Rothenthurm, Ludwig von Schwind, vermält. Nach des ersten Gatten im Jahre 1822 eingetretenem Tode verheirathete sich die Witwe im Jahre 1825 zum zweiten Male mit dem damaligen Gubernialsekretär, späteren Oberlandeskommissär

Joseph Bedeus von Scharberg, ein Schritt, der entscheidend auf die Laufbahn ihrer Söhne erster Ehe einwirkte. Mit der Familie des Stiefvaters 1826 nach Klausenburg, 1827 nach Wien übersiedelnd studirte Eugen dort am akademischen Gymnasium und später an der Universität. Hierauf widmete er sich den vaterländischen Rechtsstudien am k. Lyceum in Klausenburg und trat am 5. August 1839 als Kanzlist des k. siebenbürgischen Guberniums in den Staatsdienst. Hier reifte er nun unter seines Stief- und Pflegevaters Lehren, Umgang und Beispiel heran, und trat, nachdem er ein Jahr bei der k. Tafel Gerichtspraxis genommen und die Censur abgelegt und auch beim Hermannstädter Stadt- und Stuhls-Magistrat einige Zeit praktizirt hatte, im August 1844 bei der k. siebenbürgischen Hofkanzlei in den Konzeptsdienst ein. Hatte er während seines Aufenthaltes in Klausenburg durch eifriges Studium des reichhaltigen Gubernialarchives an der Hand des vielerfahrenen Vizeregistrators Alexander Mike seiner Ausbildung in rechtshistorischer Richtung fleißig obgelegen und durch den an der Seite seines Vaters miterlebten denkwürdigen Landtag 1841/43 tiefere Einsicht in die staatlichen Verhältnisse und das politische Intriguenleben gewonnen: so eröffnete sich ihm in Wien ein weites Feld staatsmännischer Ausbildung, nicht nur indem der nähere Umgang im Hause befreundeter Staatsmänner (Staatsräthe B. Purkhardt und B. Hietzinger) und der fast täglische Verkehr in der Familie des hochgebildeten Hofraths Ludwig von Rosenfeld hebend und belehrend auf ihn einwirkte, sondern auch dadurch, daß der im November 1844 an die Stelle des pensionirten Hofkanzlers von Nopksa getretene Vizepräsident B. Samuel Josika den jungen Mann in sein Präsidialbureau aufnahm, wo er die Arbeiten und Intriguen, welche dem Landtage 1846/7 vorangingen (die wesentlich zur Entwickelung der Krise im Jahre 1848 beitrugen), handelnd und seltend mitmachte. Hier erhielt er auch 1846 seine erste wesentliche Beförderung: die Ernennung zum Honorär-Hofkonzipisten. — Daß während der Zeit der rege Wechselverkehr mit seinem Pflegevater Bedeus, sowie mit den hervorragendsten Männern des Sachsenvolkes (St. L. Roth, J. Karl Schuller, Benigni, Heinrich Schmidt, Friedrich Hann u. A. m.) nicht aufhörte, sondern in erhöhtem Maße gepflegt wurde, verstand sich in jener Periode lebhaften nationalen Aufschwunges von selbst.

Als im Jahre 1848 die Auflösung der siebenbürgischen Hofkanzlei bevorstand, verfügte er sich mit seinem Freunde Joseph von Rosenfeld Ende April in seine Heimath, um die Kämpfe, denen, wie er wohl wußte, sein liebes Sachsenvolk entgegen ging, mit dessen treuen Söhnen — und nicht unter den Letzten, mit durch zu streiten. Er wirkte zuerst in Hermannstadt, bereiste dann mehrere Gegenden des Sachsenlandes, nahm am publizistischen wie am Volksleben regen Antheil und wurde vom Leschkircher Stuhl, woher seine Familie stammt, zuerst in den Konflux, die sogenannte verstärkte Vertrauensuniversität, später mit Michael Bransch in das Pester Repräsentantenhaus als Deputirter entsendet. Als im Herbst 1848 das Repräsentantenhaus eine Richtung einschlug, die er nicht nur an sich als verhängnißvoll, sondern auch den Ueberzeugungen seiner Sender zuwiderlaufend erkennen mußte, trat er am 19. September mit noch anderen Gesinnungsgenossen aus dem Landtage aus, und wagte trotz des herrschenden Terrorismus die Reise quer durch's Land in seine Heimath, wobei ihm sein Genosse Michael Bransch treu und mannhaft zur Seite stand.

Glücklich in Hermannstadt angekommen, trat er seinen Dienst in der delegirten Nationsuniversität und dem sogenannten Nationalkomite an, dem er thätig angehörte, bis am 3. Dezember anläßlich überraschender Zwischenfälle die Absendung eines Deputirten an das allerhöchste Hoflager beschlossen und Friedenfels mit dieser Funktion betraut wurde. Er folgte nun diesem Rufe und eilte auf weitem Umwege über Lemberg und Krakau nach Wien, wo er nicht nur die dort anwesenden sächsischen Nationaldeputirten, sondern auch die höchsten Würdenträger über die wirkliche Sachlage in Siebenbürgen aufzuklären Gelegenheit fand. Er reiste mit dem inzwischen vom Ministerium einberufenen Ministerialrath B. Geringer nach Olmütz und Kremsier und war dort bei dem Erlasse des allerhöchsten Manifestes vom 21. Dezember 1848 und den damit im Zusammenhang stehenden Verfügungen thätig.

Mittlerweile war Bem in Siebenbürgen eingedrungen und weder eine Rückkehr in das entfernte Land thunlich, noch dort eine erfolgreiche Thätigkeit zu gewärtigen und so blieb er, um die denen des Gesammtstaates analogen Interessen seiner Sender wahrzunehmen, in Wien. Bald darauf, als die gänzliche Besetzung des Landes durch die Insurgenten seine Rückkehr dahin vollends unmöglich machte, trat er, der Aufforderung Stadion's folgend, in's Ministerium des Innern als Ministerialkonzipist ein, wo er auch nach der bald erfolgten staatlichen Umgestaltung verblieb, und im Jahre 1850 außer der Tour und unter Bezeugung der allerhöchsten Anerkennung zum Ministerialsekretär ernannt wurde.

Im Jänner 1853 als Statthaltereirath nach Ungarn, das er im Jahre 1852 im Gefolge der allerhöchsten Rundreise fast ganz durchstreift hatte, entsendet, 1859 zum Hofrath ernannt und im Mai 1860 dem FZM. Ritter von Benedek zugetheilt, blieb er in Ofen, bis nach dem Oktoberdiplom der Umschwung eintrat, welcher ihn endlich dem Wirken in jenem Lande, wo er in Ofen, Oedenburg, Großwardein längere Zeit auf einflußreichem Posten thätig gewesen war, entrückte. Seinem langgehegten Wunsche, der Rückkehr in die Heimath, stellte sich aber wieder eine neue Berufung entgegen, indem ihm Ende Dezember 1860 trotz wiederholter Einsprache das schwierige und verantwortliche Amt als Ministerialrath und Preßleiter allerhöchst übertragen wurde, welches er zuerst unter den Auspizien des Polizeiministers B. Mecsery, vom Juni 1861 an aber im Staatsministerium unter Schmerling eifrig versah, bis über Verlangen des Ministers Grafen Nádasdy am 31. Dezember 1862 seine Versetzung als Referent zur siebenbürgischen Hofkanzlei erfolgte, wohin er sogleich eintrat, obwohl er erst am 21. März 1863 die Preßleitung seinem Nachfolger übergeben konnte. In seiner neuen Stellung ehrte ihn (ohne alle Bewerbung) sein alter Wahlkreis Leschkirch durch erneute Berufung als Deputirter zum Hermannstädter Landtage 1863/65, von wo er in den österreichischen Reichsrath entsendet wurde, welchem er bis zu dessen durch die Esterházy-Belcredische Intrigue erfolgten Sprengung — Juli 1865 — angehörte.

Auch diesmal vermochte ihn das Anbringen seiner siebenbürgischen Mitdeputirten (und zwar nicht der sächsischen allein) seinen Wunsch, unter dem geänderten Systeme auszuscheiden, zu unterdrücken und noch am grünen Tische zu streiten für die Rechte des Gesammtstaates, seines Vaterlandes Siebenbürgen und der sächsischen Nation.

Als am 9. März 1867 die siebenbürgische Hofkanzlei abermals aufgelöst wurde, fiel er in den Stand der Verfügbarkeit und wurde am 11. Oktober 1868 vom Minister Dr. Giskra, welchem wahrscheinlich Charaktere wie Friedenfels nicht wohl anstehen mochten, in den Ruhestand versetzt. Seither lebt er theils in Wien, theils in seiner Heimath in stiller Zurückgezogenheit von allem politischen Leben.

Die Wendung, welche seine Laufbahn mit 1844 nahm, entfremdete ihn bald der früheren Richtung theoretischer Forschung, indem sie ihn mehr auf das praktische rechtshistorische und staatsrechtliche Feld drängte, bis endlich der aufreibende Dienst als Administrativbeamter, die fortwährenden Organisationen und Reorganisationen, bei denen er thätig sein mußte, ihn solchen Spezialstudien gänzlich entrückten, die er erst vom Jahre 1863 an allmälig wieder aufzunehmen vermochte.

Von seinen Arbeiten lassen sich die publizistischen, die in den wichtigsten Perioden seines staatsmännischen Wirkens: 1844—1847, 1848—1849, 1861—1863, in reicher Fülle eintraten, natürlich nicht aufzählen, sondern nur erwähnen. Vom Jahre 1845 in der „Transsilvania" (zuerst unter Schuller's, dann unter Hann's Redaktion), im Jahre 1848 in Zang's „Presse", Benigni's „Siebenbürger Boten" und Heinrich Schmidt's „Unterhaltungen aus der Gegenwart", welche Friedenfels nach Schmidt's im Frühsommer 1848 erfolgten Abreise bis zum Dezember 1848 auch redigirte, finden sich viele Aufsätze von ihm. In den Jahren 1849—1851 arbeitete er eifrig für die „Presse", die „Augsburger allgemeine Zeitung", „Preßburger Zeitung", Kuranda's „Ostdeutsche Post" und vereinzelt für die „Pester Zeitung". Ebenso war er als Preßleiter nicht nur im Allgemeinen durch Einfluß auf Zeitungen und Broschüren, sondern auch durch häufige eigene Artikel in den verschiedensten Journalen im publizistischen Fache thätig, worüber natürlich ein Ausweis weder möglich, noch am Platze wäre.

Im Druck erschienen sind von ihm folgende Aufsätze:

1. Die Archive Siebenbürgens, als Quellen vaterländischer Geschichte. (Archiv des Vereins für siebenbürgische Landeskunde, II. Bd. 1846, S. 3—29.)
2. Uebersicht der Josephinischen Grundausmessungen in den Jahren 1786—1790. (Archiv des Vereins f. siebenb. Landeskunde II. Bd. S. 130—145.)
3. Beiträge zur Geschichte der Grafen von Burchperg in Siebenbürgen. Wien 1852.
4. Zum Leben des Bürgermeisters von Hermannstadt, Georg Hecht. Wien 1853.
   (Beide aus den Sylvestergaben eines Kreises von Freunden vaterländischer Geschichtsforschung.)
5. Nekrolog des Oberlandeskommissärs Joseph Bedeus von Scharberg. („Wiener Zeitung" vom 25. Juni 1858, Nr. 143, und „Transsilvania" vom 13. Juli 1858, Nr. 28.)
6. Nekrolog des Sektionschefs Ludwig Freiherrn von Rosenfeld. („Hermannstädter Zeitung" vom 19. Juni 1869, Nr. 144.)
7. Freimaurer in Siebenbürgen. Von einem Profanen. (Als Manuscript gedruckt im „Zirkel", Nr. 22, 23, 24. 1874. Eigentlich ein Separatabdruck des betreffenden Exkurses Nr. II. aus dem weiter unten erwähnten größeren biographischen und zeitgeschichtlichen Werke.)

Noch nicht im Druck erschienen:
1. Joseph Bedeus von Scharberg.
2. Joseph Benigni von Mildenberg.
   (Gearbeitet für die allgemeine deutsche Biographie.)
3. Heinrich Schmidt. Eine biographische Skizze. Eine für ein größeres deutsches Journal bestimmt gewesene Umarbeitung des betreffenden Exkurses aus dem größeren biographischen Werke.
4. Briefe aus dem Orient, 1872. Dreißig Reisebriefe über eine Tour in Egypten, Syrien und der Türkei.
5. Joseph Bedeus von Scharberg. Beiträge zur Zeitgeschichte Siebenbürgens im 19. Jahrhundert. Zwei Bände in 163 Bogen Manuskript mit 41 Exkursen.

Dieses bis nun größte Werk des Verfassers gibt neben der Biographie des bekannten, viele Jahre hindurch in siebenbürgischen Angelegenheiten eingeweihten und einflußreichen Staatsmannes einen reichen Vorrath von bis nun unbekannten Daten und Nachweisungen für die Pragmatik der siebenbürgisch-ungarischen Zeitgeschichte der ersten Hälfte des Jahrhunderts, an welcher Jener so häufig mitbetheiligt war und wird durch 41 mehr oder minder umfangreiche Exkurse über Verschiedenes, was der jetzigen Generation kaum mehr noch bekannt sein dürfte und was hieburch der Vergessenheit entrissen werden sollte, ergänzt.

Es zerfällt in folgende Theile:

I. Band: Vorwort. — Einleitung. — I. Abschnitt: Bedeus' Abstammung und Jugend. — II. Abschnitt: Bedeus' erste Dienstjahre, 1802—1827. — III. Abschnitt: Zehn Jahre bei der siebenbürgischen Hofkanzlei, 1827—1837. — IV. Abschnitt: Zehn Jahre im Vaterlande, 1838—1847.

II. Band: V. Abschnitt: Die Zeit der Wirren, 1848/49. — VI. Abschnitt: Zur Zeit der Reaktion, 1849—1858. — VII. Abschnitt: Bedeus' Person und Charakter, Wirken, Lebensweise. — Schlußwort.

Dem erzählenden Texte parallel laufen 41 Exkurse, wovon 17 biographische, 12 staatsrechtliche und rechtshistorische und 12 historische Episoden in monographischen Skizzen behandeln.

Verzeichniß der Exkurse zu
„Joseph Bedeus von Scharberg, Beiträge zur Zeitgeschichte ꝛc."
(wie sie dermalen bestehen):
Zum I. Bande: Anhangs-Nummer: I. Grundzüge der Verfassung und

Verwaltung Siebenbürgens. — II. Freimaurer in Siebenbürgen. — III. Regulation. — IV. Insurrektion. — V. Oberlandeskommissariat. — VI. Komeswahlrecht. — VII. Die orientalische Pest in Siebenbürgen. — VIII. Forum productionale. — IX. Alexander Ypsilanti. — X. Graf Adam Reviczky. — XI. Partes reapplicatae. — XII. Franz Freiherr von Blasits. — XIII. Ludwig Freiherr von Rosenfeld. — XIV. Sprachkampf. — XV. Straßenwesen in Siebenbürgen. — XVI. Aerarien und Fonde in Siebenbürgen. — XVII. Staatsrath und Konferenz. — XVIII. Törzburg, Kalibaschen. — XIX. Kontumazwesen. — XX. Graf Franz Nábasdy. — XXI. Militärgrenze. — XXII. Landtag: Geschichte, Gliederung, Geschäftsbehandlung. — XXIII. Altschifffahrt. — XXIV. Die Schwabeneinwanderung. — XXV. Die kirchlichen Wirren in Blasendorf. — XXVI. Die Bauernbewegung im Bergwerksdistrikte. Katharina Varga. Zum II. Bande. Anhangs-Nummer: XXVII. Kommandirende Generäle in Siebenbürgen. — XXVIII. Abram Janku. — XXIX. Andreas Freiherr von Schaguna. — XXX. Landesbuchhaltung. — XXXI. Stefan Ludwig Roth. — XXXII. Franz Freiherr von Reichenstein. — XXXIII. Karl Freiherr von Geringer. — XXXIV. Heinrich Schmidt. — XXXV. Verein für siebenbürgische Landeskunde. — XXXVI. Friedrich Hann. — XXXVII. Dr. Georg Paul Binder. — XXXVIII. Karl Gooß. — XXXIX. Joseph Benigni von Mildenberg. — XL. Karl Freiherr von Bletzinger. — XLI. Samuel L. von Mederus.

Friedenfels Rudolph von,

k. k. Ministerialrath, geboren in Hermannstadt am 19. Mai 1817. Sohn Friedrichs von Friedenfels aus seiner Ehe mit Louise von Schwind. Nach ihrer Vermählung mit Joseph Bedeus von Scharberg dem Stiefvater 1825 nach Klausenburg folgend, 1827 mit ihm nach Wien übersiedelnd, studirte er dort am akademischen Gymnasium, vollendete die Vorbereitungsschule am evangelischen Gymnasium in Hermannstadt und die Rechtsstudien am k. Lyceum in Klausenburg. 1837, während des Landtages, beim k. Gubernium eingetreten wählte er später die Kameralaufbahn, indem er beim siebenbürgischen Thesaurariate in Hermannstadt zu dienen begann. Nach einigen amtlichen Exkursionen im Vaterlande verfügte er sich 1840 nach Wien, wo er bei der k. k. allgemeinen Hofkammer eintrat, bei welcher Stelle und dem aus ihr sich entwickelnden

Finanzministerium er bis zu seinem Ausscheiden aus dem Staatsdienste verblieb. Er wurde 1847 zum Honorar-Hofkonzipisten, 1855 zum Ministerialsekretär, 1864 zum Sektionsrath befördert und 1869 zum k. k. Ministerialrath ernannt, in welcher Eigenschaft er 1874 unter Bezeugung der allerhöchsten Zufriedenheit in den bleibenden Ruhestand versetzt wurde.

Schon als Hofkonzipist im Referate verwendet, später als selbstständiger Referent den wichtigsten Departements zugetheilt, endlich mit der Leitung ausgedehnter Departements betraut, wußte er sich den Ruf eines rastlos thätigen, einsichtsvollen, über das gewöhnliche Niveau fiskalischer Anschauung erhabenen Beamten, in größeren, namentlich Organisirungsarbeiten wiederholt erprobt, unerschütterlich, human, freimüthig und gerecht als Referent und Stimmführer, zu erwerben und zu bewahren.

Von treuer Anhänglichkeit an sein Volk erfüllt, versäumte er nie, bei gewissenhafter Pflichterfüllung, gleichwohl in den verschiedensten Fällen, wo er über Wünsche und Anforderungen der sächsischen Nation zu erkennen hatte, dem billigen Begehren derselben Rechnung zu tragen, was namentlich bei den Fragen der Kriegsentschädigung, den verschiedenen aus den Jahren 1849 herrührenden Nationaldarlehen und Vorschüssen, der Zehententschädigung und des Martinszinses der Fall war, sowie er in Angelegenheiten der konfiszirten Güter seine Pflicht als Finanzbeamter mit den Geboten der Menschlichkeit und Billigkeit auch den Privaten gegenüber in Einklang zu bringen wußte.

Von ihm erschien im Druck ein Nekrolog:

Karl Bernhardt Freiherr von Hletzinger, k. k. wirklicher Geheimer- und Reichsrath 2c. In der „Wiener Zeitung", Nr. 95, 1864 (auch in Separatabdrücken verbreitet).

Ferner verfaßte er 1843 eine Reisebeschreibung über eine in Gesellschaft mit drei Freunden: Hofrath Marcher, Regierungsrath August Rengelrod und Eduard Plecker, unternommene längere Reise in Deutschland, Belgien, England, Frankreich und der Schweiz, die im Manuskript, 1 Band 4-o, noch existirt.

Fronius Franz Friedrich.

(Ergänzung der Denkblätter, I. Bd., S. 348—349.)

4. Festrede, gehalten bei der Jahresversammlung des siebenbürgischen Hauptvereins der evangelischen Gustav-Adolf-Stiftung in Hermannstadt, am 13. August 1871. (Preis 10 kr. ö. W.) Der Reinertrag

ist zur Anschaffung von Lehrmitteln für die Aguethler Volksschule bestimmt. Kronstadt, Buchdruckerei von J. Gött und Sohn H. 1871. 8-o. 12 S.

Frühbeck Franz.

(Ergänzung der Denkblätter, I. Bd., S. 385.
Er starb in Hermannstadt am 9. April 1870.

Füger von Rechtborn Maximilian.

(Ergänzung der Denkblätter, I. Bd., S. 387—389.)

Mit allerhöchster Entschließung vom 15. September 1868 wurde Füger die angesuchte Versetzung in den bleibenden Ruhestand bewilligt und ihm „in Anerkennung seiner vieljährigen treuen und vorzüglichen Dienstleistung" das Komthurkreuz des Franz-Josephs-Ordens verliehen. („Kronstädter Zeitung" Nr. 152 1868, 25. September.)

Zu Seite 89:

6. Systematische Darstellung ꝛc. Wien 1865. Verlag von Rudolf Lechner's Universitäts-Buchhandlung. 8-o. XII. 257 S.

Fuß Carl.

(Ergänzung der Denkblätter, I. Bd., S. 390.)

Starb in Folge eines Schlagflusses am 1. Juli 1874.

5. Zweiter Jahresbericht der evangelischen Gemeinde A. B. zu Hermannstadt über das Jahr 1867. Im Namen des Presbyteriums veröffentlicht vom Stadtpfarrer der Gemeinde. Hermannstadt, Buchdruckerei des Joseph Drotleff. 1868. 8-o. 16 S.

6. Dritter Jahresbericht ꝛc. über die Jahre 1868 und 1869. Hermannstadt, S. Filtsch's Buchdruckerei (W. Krafft). 1870. 8-o. 23 S.

7. Vierter Jahresbericht ꝛc. über das Jahr 1870. Ebendas. 1871. 8-o. 23 S.

Fuß Michael.

(Ergänzung der Denkblätter, I. Bd., S. 391—393.)

Der Lebensodem des Protestantismus. Festpredigt bei der Jahresversammlung des Hermannstädter Zweigvereins der evangelischen Gustav-Adolf-Stiftung am 25. Juni 1868 in Großscheuern. Hermannstadt, Buchdruckerei des Josef Drotleff. 1868. 8-o. 8 S.

Gaudi Wilhelm Karl,

(Ergänzung der Denkblätter, II. Bd., S. 1)

geboren in Kronstadt am 30. November 1816. Widmete sich der Apotheker­kunst, nachdem er seine Gymnasialstudien in Kronstadt zurückgelegt hatte. Er erhielt im Jahre 1843 als diplomirter Apotheker die Spitalsapotheke in Pantilimon, wurde im Jahre 1860 Intendant derselben und vier Jahre später durch das Vertrauen der fürstlichen Regierung Direktor der Koltzaer Centralapotheke in Bukarest; erlag aber mitten in seiner Wirk­samkeit einem tödtlichen Schlagflusse schon am 26. Jänner 1866.

Tr. Gräf (Geréb) Michael,

(Ergänzung der Denkblätter, II. Bd., S. 13)

ein Siebenbürger Sachse aus Schäßburg. Von seinen Lebensumständen ist mir nichts anderes bekannt, als daß derselbe im Jahre 1595 bei dem Hermannstädter Stadtgerichte Dienste leistete, im Mai des Jahres 1596 aber, als ihm eine besoldete Amtsstelle daselbst angeboten wurde, dieselbe ausschlug und sich nach der kaiserlichen Residenz Wien begab, wo er bei Kaiser Rudolph II. um die Erlaubniß, Sr. Majestät seine deutsche Ueber­setzung des Justus Lipsius'schen Werkes über Politik zueignen zu dürfen, und zugleich um eine Empfehlung an den Papst sammt einem Reisegelde nach Rom bat, um unter dem Schutze Sr. Heiligkeit der Literatur zum Dienste Sr. Majestät obzuliegen.[1]

---

[1] Das erfahren wir aus dem Memoriale Gräf's und dessen Beilage, deren Urschriften das Archiv der k. k. allgemeinen Hofkammer aufbewahrt. Sie lauten vollinhaltlich, wie folgt: „Sacratissima Caesarea ac Regia Majestas, Imperator gloriosissime! Fidelitatis ac fidelium servitiorum meorum in gratiam Sacra­tissimae Vestrae Majestatis oblationem humillimam!
Fertur Dinocrates Architectus sese Alexandro habitu herculeo jusdicenti obtullsse: cumque cogitationes illo Rege dignas se adferre, videlicet Atho montem statuae virilis effigie figurandum docuisset, regiam adeptus esse com­mendationem. Ego pari modo, Sacratissime Caesar, commendationem Vestrae Majestatis promereri studens ad adepta (? ?) illa, quibus pro Christiani orbis pace ad salute S. V. Majestas sine intervallo destinetur, aliquid contemplationis adferre cogito. Cujus quidem beneficio, ut semel dicam, effici posset, ut S. V. Majestatis nomen sydoreum claritate floridum, per omne aevi tempus plenis gloria velis, plenis a posteritate ferretur buccis.
Rem sed detegam ipsam:
Summi Viri Justi Lipsii Opus Politicum, igneum, ingens, arduum, quo Imperatorem format, qualiter togam, sagumque cum gloriosa evi prorogatione administret ex latino in germanicum idioma trans­ferre, et Sacratissimae Vestrae Majestati dedicare mihi animus Inestimabilis momenti Opus, necessariumque cumprimis Sacratissimae Vestrae Majestati in modernorum malorum pelago. Hoc autem molior, non quod arbitrer, Sacra-

Laut ben unten angeführten zwei Schriftstücken verfaßte Mich. Gräf
beutsche Ueberſetzungen ber nachbenannten zwei Werke:

1. Des Werbötzischen „Decretum opus tripartitum Juris consuetudinarii

---

tissimam Vestram Majestatem stylum istius operis sublimissimum non satis
capere ex Latino etiam textu. Non! sed quod sciam, viros Principes multos,
ad quod etiam spectat, non usque adeo esse (pace illorum dixerim) literatos,
ut eum capiant. Neque propterea hoc aggredi cogito, quod putem ullam
mentis aut moris virtutem a genesi Sacratissimae Vestrae Majestatis abhorrere,
sed quod perbelle sciam, igneis ejusmodi dictis, quibus opus istud pullulat,
Smae. Vae. Majestatis animum, quamvis divino munere ad optima et maxima
quaeque compaginatum, surrigi nihilominus posse ad sublimiores contemplationes,
ad profundam intelligentiam, militarem agendi vim, et practicam, ad maturi-
tatem consilii, zelum justitiae regalitatam, imperterritumque et constans robur,
animositatis ardorem et fortitudinem, usque adeo, ut timori sui oblivionem
imperans, nil acerbum, horridum ant triste veritus, more herculeo, omnem
foeliciter discit debellare Hydram. Haec inquam talia, ego, homo non
eruditus, sed nomini Sac. Vae. Mtis. deditissimus, quasi Deo donum, religiosa
mentis atque animi pietate consecrare gestio, rem ipsam aggressurus, si sic
visum Sae. Vae. Mti. Si vero benemerendi hoc meum studium prudenti Suadele (?)
Sae. Vae. Mtis. supervacaneum esse videbitur, ex tunc, ut vindaculae meae
affectioni ignoscat, humillime oro. Quin imo, ut pro innata sibi gratuita
clementia, fortunas meas promovere, Summoque Pontifici, uno aut
altero verbo, me commendare (addito clementer quantulocunque viatico)
dignetur, quo sub Suae Sanctitatis patrocinio, tandem militare contingat rei
literariae Majestati. Illam ipsam enim tanti estimo, ut deposita sponte
honorifica functione flagranti desiderio anhelans doctrinam, in Italiam susceperim
iter, ceu ex commendatitijs meis Sa. Va. Mas. edocebitur. Adjungendum
enim supplici libello putavi, ne quid scurra fluxisse crederer.
Faxit Deus optimus maximus, ut pro in me conferendis, nulla unquam
inimica vis, fraus, dolus practica, Virtutibus S. V. Mis. obsint, verum tam
possit sub porticu Dei stare in palestra sua foelix, fortis, et alta ut omnis
altitudo ejus miretur altitudine. Annuat is, qui hoc mihi suggerit Deus!
Sacratissimae Caesareae Reglaeque Vestrae Majestatis
  cliens humillimus, ab animo pio prorsus et devoto
      Michael Géreb
    Ségesvarius Transsylvanus, Saxo m. p.

Die Beilage lautet:

Nos Magister Civium, Regius et Sedis judices, caeterique jurati Senatores
civitatis Cibiniensis: Universis et singulis Illustribus, Reverendissimis, Spectabilibus, Magnificis, Generosis, Egregiis, Nobilibus Principibus, Prelatis, Baroni-
bus, Ducibus, Comitibus, Capitaneis, Praefectis, Provisoribus: item Prudentibus
et Circumspectis Magistris civium, Judicibus primariis, Villicis, caeterisque
juratis civibus quarumcunque civitatum, oppidorum, villarum et possesionum,
cunctis et aliis cujuscunque officiolatus praefectura fungentibus, ubivis
degentibus et commorantibus, praesentes visuris Salutem et officiorum nostrorum
oblationem paratissimam! Hic praesentium Exhibitor Egregius Michael Gereb
de Seghesvar, postquam Anno praeterito per occasionem Urbem nostram
ingressus Decretum Opus tripartitum Juris Consuetudinarii
Regni Hungariae, ex latino et Hungarico sermone, pro publico usu, in
idioma nostrum Germanicum transtulisset, alias quoque suam nobis operam in
expediendis publicis negotiis locasset, rogatus tandem a nobis extitit, ut et in
posterum id muneris continuando, pro destinando salario nobiscum maneret.

Regni Hungariae, ex latino et hungarico sermone pro publico usu in idioma nostrum germanicum translatum.[1]

2. Justii Lipsii opus politicum, quo Imperatorem format. etc. ex latino in germanicum idioma translatum.[2]

Von beiden Arbeiten Gräf's ist keine im Druck erschienen.

Gräser Andreas.

(Ergänzung der Denkblätter II. Bd., S. 14.)

Andreas Gräser war Mitglied des evangelischen Landeskonsistoriums und Ausschußmitglied des Vereins für siebenbürgische Landeskunde. Er starb in Mediasch am 11. Jänner 1869. Seine Verdienste um das Mediascher Gymnasium und die Wurmlocher evangelische Gemeinde werden in der „Kronstädter Zeitung" Nr. 11 vom 20. Jänner 1869 gelobt und daselbst berichtet, eine Monographie des Mediascher Stuhls von ihm sei zum Drucke bereit. Endlich lieferte Gräser Beiträge zu dem „Archiv des Vereins für siebenbürgische Landeskunde" und zu den (Kronstädter) „Blättern für Geist, Gemüth &c.". Er war ein Wohlthäter der Armen.

Ipso vero animi sui plura expetiendi aviditatem pretendens, missione flagitata, honeste valedixerit, in exterasque suscepit iter Regiones. Idcirco cum praefatum Michalem Gereb concomitentur eruditio rerum experientia, industria et morum integritas, praefatis his nominibus eundem Illustribus, Reverendissimis, Magnificentiis Vestris commendandum, et easdem orandas duximus, ut catenus, qnatenus et ibi virtuti studebit, fortunas ejus sibi commendatissimas habere dignentur.

Erit hoc factum ejusmodi quod ei de posteritate benemereri cogitanti, stimulum addet acerrimum. Id, quod et nos, occasione sic dante, de Illustribus, Reverendissimis et Spectabilibus Magnificentiis Vestris, omni cura, studio, et industria promereri conabimur.

Easdem in clientelam Omnipotentis Dei commendantes. Datum Cibinii Metropoli Transsylvanorum, die decima sexta Mensis Maji Anno dni Millesimo Quingentesimo Nonagesimo Sexto.

        Georgius Theyll, Secretarius Judicatus
            Civitatis Cibiniensis.

[1] Schon früher erschien eine deutsche Uebersetzung zu Wien im Jahre 1555 von August Wagner f. Haner Adversaria I, 101 und von derselben laut Cat. Bibl. Szechény I. P. 2. S. 558. wieder in Wien eine zweite Ausgabe im Jahre 1599. — Ueber Köleschéri's ungarische Uebersetzung f. Denkbl. II. 114.

[2] Eine deutsche Ausgabe des Lipsius'schen Werkchens hat den Titel: „Justi Lipsi Monita et exempla politica. Libri II. qui virtutes et vitia Principum spectant. Vesuliae Clivorum ex officina Andreae ab Hoogenhuysen. 1671. 16-o. XVI. 412 S.

Graffius Andreas.

(Ergänzung der Denkblätter II. Bd., S. 17.)

Ein deutscher Auszug aus der Handschrift: „Pastor Saxo Transsilvanus" mit Anmerkungen kommt in dem „Sächsischen Volksblatt" (Schäßburger Zeitung) vom Jahre 1869, Nr. 1—7, 10—12, 15, 16, 18—23 und 27 vor.

Haltrich Joseph.

(Ergänzung der Denkblätter II. Bd., S. 51—54.)

Wurde am 6. Juni 1872 von der Gemeinde Schaas (Schäßburger Stuhls) zum Pfarrer gewählt.

1. Programm des evangelischen Gymnasiums und der damit verbundenen Lehranstalten. Zum Schlusse des Schuljahres 1869/70, veröffentlicht vom Direktor Joseph Haltrich. Inhalt: A. Zum Unterricht in der Sittenlehre an evangelischen Mittelschulen mit Bezug auf Dr. Richard Rothe's theologische Ethik, vom Gymnasiallehrer Gottfried Orenbi. (S. 3—89.) B. Schulnachrichten vom Direktor. (S. 91—112.) Hermannstadt, S. Filtsch's Buchdruckerei (W. Krafft). 1870. 8-o. 112 S.

2. Programm ꝛc. 1870/71. Inhalt: A. Geschichte des Schäßburger Gymnasiums, fortgesetzt vom Reallehrer Josef Hoch. (S. 3—46.) B. Schulnachrichten vom Direktor. (S. 47—55.) Hermannstadt, S. Filtsch's Buchdruckerei (W. Krafft). 1871. 4-o.

3. Programm ꝛc. 1871/72. Inhalt: A. Geschichte des Schäßburger Gymnasiums (Fortsetzung), von Josef Hoch. (44 S.) B. Schulnachrichten vom Direktor. (16 S.) Hermannstadt 1872.

(Zweite Ergänzung der Denkblätter II. Bd., S. 51—54).

4. Die Macht und Herrschaft des Aberglaubens in seinen vielfachen Erscheinungen. Mit einigen Beispielen von Aberglauben aus dem Siebenbürger Sachsenlande, und einem Anhange, enthaltend: 1. Einen Bericht über die Feier des hundertjährigen Geburtstages von Alexander von Humboldt in Schäßburg und über die Begründung einer Humboldt-Stiftung für das Schäßburger Gymnasium. 2. Das Statut dieser Stiftung. (Der Reinertrag ist der Schäßburger Humboldt-Stiftung gewidmet. Preis 10 kr. ö. W. Etwaige Mehrzahlungen, wie klein sie auch seien, werden mit Dank angenommen und im Gedenkbuch der genannten Stiftung als Spenden nach § 3 des

Statuts besonders eingetragen.) Im Selbstverlage des Verfassers. 1871. 8-o. 46 S. S. Filtsch's Buchdruckerei (W. Krafft) in Hermannstadt.

Heinrich Fr. Carl,

Professor am evangelischen Gymnasium in Mediasch, Sohn des am 20. Mai 1869 verstorbenen Leschkircher Pfarrers gleichen Namens. Wurde am 8. April 1841 zu Hermannstadt geboren, absolvirte das Mediascher Gymnasium 1858, studirte darauf an den Universitäten Jena, Berlin und Wien, wurde 1861 als ordentlicher Lehrer am Mediascher Gymnasium angestellt, 1874 zum Conrector und im Herbst desselben Jahres auch zum Rector daselbst gewählt.

1. Achter Jahresbericht des evangelischen Hauptvereins der Gustav-Adolf-Stiftung für Siebenbürgen über das Verwaltungsjahr 1868/69. Im Auftrage des Hauptvereins-Vorstandes zusammengestellt von Fr. C. Heinrich, Schriftführer des Hauptvereins. Hermannstadt, S. Filtsch's Buchdruckerei (W. Krafft). 8-o. 23 S.
2. Neunter Jahresbericht ꝛc. über das Verwaltungsjahr 1869/70. Im Auftrage des Hauptvereins-Vorstandes zusammengestellt von Fr. C. Heinrich, Schriftführer. Hermannstadt, Buchdruckerei von Th. Steinhaußen. 8-o. 23 S. und: Statuten des evangelischen Vereines[1]) der Gustav-Adolf-Stiftung in Siebenbürgen. S. 24—28.

(Siehe auch den Artikel: Oberth Johann.)

Hellwig Wilhelm.

(Ergänzung der Denkblätter II. Bd., S. 98—99.)

1. Programm der evangelischen Unter-Realschule und der damit verbundenen Lehranstalten in Sächsisch-Regen am Schlusse des Schuljahres 1868/69, veröffentlicht vom Direktor W. Hellwig. Inhalt: A. Einige Bemerkungen über den geographischen Unterricht in der Volksschule, von Friedrich Ernst Czekelius. (S. 5—31.) B. Schulnachrichten vom Direktor. (S. 35—56.) Hermannstadt, S. Filtsch's Buchdruckerei (W. Krafft). 1869. 8-o. 56 S.
2. Programm des evangelischen Unter-Realgymnasiums A. B. ꝛc. (ebenso) 1869/70. Inhalt: A. Beiträge zur Geographie und Geschichte Siebenbürgens, als eines Theiles der römischen Provinz

---

[1]) D. i.: a) des Hauptvereins; b) der Zweigvereine und c) der Ortsvereine.

Dacia; vom Professor Christian Friedrich Maurer. (S. 3—46.)
B. Schulnachrichten vom Direktor. (S. 47—72.) Hermannstadt,
S. Filtsch's Buchdruckerei (W. Krafft). 1870. 8-o. 72 S.

3. Programm (ebenso) 1870/71. Inhalt: A. Sächsische Ortschaften
aus der Arpadenzeit von Carl Haltrich. (S. 3—55.) B. Schul=
nachrichten vom Direktor. (S. 57—78.) Hermannstadt, S. Filtsch's
Buchdruckerei (W. Krafft). 1871. 8-o. 78 S.

4. Programm ꝛc. 1871/2. Inhalt: A. Die Elektricität als Quelle
des Lichtes, der Wärme und des Magnetismus, von J. Fr. Rosler.
(52 S.) B. Schulnachrichten vom Direktor. (S. 53—76.) Hermann=
stadt, W. Krafft 1872. 8-o.

5. Programm ꝛc. 1872/73. Inhalt: A. Ueber Dualismus und
Monismus des menschlichen Seins, von Karl Capesius. (16 S.)
B. Schulnachrichten vom Direktor. (S. 17—44.) Ebendas. 1873. 8-o.

6. Programm ꝛc. 1873/74. Inhalt: A. Einfluß des Volkstribunates
auf die Gestaltung der Verfassung während der Republik, von David
Böhm. (41 S.) B. Schulnachrichten vom Direktor. (S. 43—63.)
Ebendaselbst 1874. 8-o.

Helth Kaspar.

(Ergänzung der Denkblätter II. Bd., S. 11.)

Gab heraus:

Aelii Donati, viri clarissimi, de octo partibus orationis Methodus.
Nunc denuo revisa et diligenter recognita. Claudiopoli excudebat
Caspar Heltus. s. a. ll. 8-o. 104 S.

Heyser Christian.

(Ergänzung der Denkblätter II. Bd., S. 151—156.)

Zu Seite 155:

1. „Herrmann und Plecker". Erschien in dem Feuilleton der „Kron=
städter Zeitung" vom 6., 7. u. 9. August 1869, Nr. 124, 125 u. 126.

Zu Seite 156 kommt hinzu:

15. Bela. Ein Trauerspiel in fünf Aufzügen. Handschrift.

Hill Georg.

(Ergänzung der Denkblätter II. Bd., S. 156—159.)

Mit der Erziehung der Prinzen und der Prinzessin Bibesco betraut,
leistete Hill in der Sturmperiode 1848—1849 dem Fürsten selbst die

treuesten Dienste als Rathgeber und Kassier, und noch am Tage der
Entthronung und der Flucht Bibesco's gelang es Hill, aus der Staats-
kasse eine Geldsumme für den Fürsten flüssig zu machen und ihm auf
sicherem Wege zur Disposition zu bringen, wobei er durch die Türken
und die Umsturzpartei in Lebensgefahr gerieth, da er treu und muthig
mit einem einzigen Diener im fürstlichen Palais aushielt. In Folge einiger
von dem Fürsten von Kronstadt aus an ihn und an den Metropoliten
gerichtete Schreiben wurde Hill, als politisch verdächtig, verhaftet und
unter Eskorte vor das zu Bukarest errichte Tribunal geführt, jedoch durch
Intervention des Metropoliten freigesprochen. Seither verwaltete Hill
das ganze Vermögen des in Paris sich aufhaltenden Fürsten. Gegen
Ende seiner 27-jährigen Dienstzeit unterzog sich Hill, wenn auch nicht
ohne Widerstreben, dem ihm aufgetragenen Lehramte für Geographie und
Geschichte an der neuerrichteten Militärschule zu Bukarest. Die ihm im
Jahre 1863 angewiesene Pension bestand in 41 Dukaten monatlich, nach
Abzug von 10 Percent für die Emeritenkasse. Nicht nur als 20-jähriger
Präsident, sondern auch als 24-jähriger Vorsteher der Bukarester evangelischen Gemeinde erwarb sich Hill auch das Verdienst der Gründung
eines Sterbekassen-Vereins im Jahre 1852, zur Ermöglichung einer
anständigen und billigen Leichenbestattung zu Bukarest verstorbener armer
Deutschen, ohne Unterschied ihrer Confession. Zur Sicherung dieses Ver-
eines bewirkte Hill im Jahre 1863 von der Landesregierung die Bestätigung
der revidirten Vereinsstatuten. Dabei war Hill ein Wohlthäter vieler
Witwen und Waisen. Im Jahre 1868 entschloß sich Hill, zur Heilung
eines mehrjährigen Brustleidens, zu einer Reise nach Ischl, von wo er
den Fürsten Bibesco in Paris besuchte, starb aber schon bald nach seiner
Rückkehr in Bukarest nach viertägigem Krankenlager in Folge einer
Erkühlung, am 19. Oktober 1868, ausgezeichnet mit einem türkischen
Orden und dem königlich preußischen rothen Adlerorden IV. Klasse[1]).

Hintz Johann.
(Ergänzung der Denkblätter II. Bd., Seite 160).

Ich heiße Johann Andreas Hintz. Ich studirte nach dem Absolviren
des Gymnasiums in Schäßburg die Rechte am k. Lyceum zu Klausenburg
bis 1837 und diente darnach als Konzeptspraktikant beim k. Thesauriat

---

[1]) Im Jahre 1853 s. W. Teutschländers Geschichte der Bukarester evangelischen
Gemeinde, S. 124.

in Hermannstadt bis Frühjahr 1840, ging für das übrige Jahr 1840 nach Wien, wo ich kunstliterarischen Studien oblag und Reisen in der Umgegend machte. Nach der Heimkehr ward ich Accessist beim Komitiate unter Komes Johann Wachsmann, im Jahre 1843 Accessist und 1847 Ingrossist bei der Komitialbuchhaltung, im Jahre 1849 Universitäts-archivar. Ich besuchte bereits im Jahre 1847 während zweier Semester als freiwilliger Hörer die Vorlesungen an der neu errichteten sächsischen Rechtsakademie zu Hermannstadt und ebenso im Jahre 1850 wieder durch zwei Semester an derselben Rechtsakademie die ausgezeichneten Vorlesungen des Professors Dr. Harum über österreichisches bürgerliches und Straf-Recht, Prozeßverfahren und Wechselrecht. Ich legte im März 1851 die Advokatenprüfung vor der sächsischen Universität ab und ging als Advokat und zugleich als Sekretär der neu errichteten Handels- und Gewerbekammer nach Kronstadt. Das Kammersekretariat legte ich im Jahre 1853 nieder, übernahm es jedoch wieder im Jahre 1872.

Literarisch war ich thätig:

Im Jahre 1838 und 1839 schrieb ich „Kritiken über das Theater in Hermannstadt", die im „Satellit" (Beiblatt zur Kronstädter Zeitung) erschienen. Auch kleine Erzählungen, wie: „Die Gräfin aus dem Stegreif, eine wahre Begebenheit aus Hermannstadt", im „Satellit" vom Jahre 1840, Nr. 4.

Im Jahre 1840 veröffentlichte ich in Wien in „Bäuerle's Theaterzeitung" und „Saphir's Humorist" Aufsätze über das Theater und sonstige Kunsterscheinungen.

Vom Jahre 1841 an war und bin ich Mitarbeiter an der „Kronstädter Zeitung" für politische und volkswirthschaftliche Fragen.

Hervorzuheben sind die Aufsätze, die ich in der Kronstädter Zeitung öfter über siebenbürgische Verhältnisse, der Union mit Ungarn entgegenkommend und mehr das Einvernehmen mit der magyarischen Führernation suchend, geschrieben habe. So auch brach ich in der Kronstädter Zeitung öfter die Lanze für den Eisenbahnbau nach Kronstadt und hierortige Verbindung mit den Donauländern. Die Kronstädter Zeitung brachte von mir, sowie der Siebenbürger Bote in Hermannstadt zahlreiche kleinere Reise-, Gebirgsparthie- und Ortsbeschreibungen, die ich bei den verschiedensten Gelegenheiten zu Papier brachte. In der Kronstädter Zeitung ist meine Ausarbeitung über die Ackerordnung auf Kronstädter Gebiet enthalten.

Statistische und historische kleinere Ausarbeitungen von mir fanden in den „Blättern für Geist, Gemüth und Vaterlandskunde" und in der „Transsilvania" (Beiblatt des Siebenbürger Boten) Aufnahme. Aus den „Blättern für Geist, Gemüth und Vaterlandskunde" ist hervorzuheben im Jahrgang 1841: „Apologie gerne deutsch sprechender Sachsen".

An den Veröffentlichungen im Volksfreund von Johann Michaelis in Hermannstadt aus dem Jahre 1846 ff. betheiligte ich mich mit populären Darstellungen aus dem Siebenbürger Volksleben.

Im Archiv des Vereines für Landeskunde erschienen von mir die größeren statistischen und sonstigen Ausarbeitungen, welche auf S. 160 des Schriftsteller-Lexikons aufgezählt werden.

Im Jahre 1845 trug ich, als Schriftführer des landwirthschaftlichen Bezirksvereines in Hermannstadt und als Bibliothekar des Gewerbevereines daselbst, zu dem Druckwerkchen „Aufklärung über die deutsche Auswanderung nach Siebenbürgen", herausgegeben von der Oberverwaltung des siebenbürgisch-sächsischen Vereines zur Hebung der Landwirthschaft, Tübingen, in Kommission bei Franz Fues — im zweiten Theil: Anhang, von Seite 28 an, die Abschnitte bei: 1. Kurze Beschreibung Siebenbürgens; 2. Landessteuer und Gemeindelasten; 3. Geldwesen; 4. Maße und Gewichte.

Während der Occupation Hermannstadts durch die Ungarn unter Bem im Jahre 1849 redigirte ich den „Siebenbürger Boten" fünf Monate lang. Vom Jahre 1862 an blieb ich Mitarbeiter dieses Blattes und lieferte unter anderen die Artikel über Seidenbau in Siebenbürgen, Jahrgang 1862, Nr. 262 und 263, dann Jahrgang 1864, Nr. 282 bis Nr. 285; „Nationale und politische Existenzfragen", Jahrgang 1862, Nr. 94; „Aus der siebenbürgischen Gerichtswelt", Jahrgang 1864, Nr. 78, dann Nr. 228 und 260; „Nation oder Nationen in Siebenbürgen", daselbst Nr. 140—147; „Adel und Mittelstand in Siebenbürgen", daselbst Nr. 242—244; „Freiheit des Eigenthums an den Aeckern in Siebenbürgen", daselbst Nr. 287—289; die Novelle: „Erste Liebe oder Herz und Verstand", im Jahrgang 1864, Nr. 229 bis Nr. 235; „Der Wald in Siebenbürgen, sozial-politisch betrachtet", Jahrgang 1865, Nr. 130; „Das soziale Krankheitssymptom der Eheprozesse unter den Sachsen", daselbst Nr. 146; „Das soziale Krankheitssymptom der Viehdiebstähle in Siebenbürgen", daselbst Nr. 152; „Die siebenbürgische Unionsfrage im Jahre 1848 und 1865", daselbst Nr. 276 bis Nr. 283; „Landwirthschaftliche Briefe", Jahrgang 1867, Nr. 16,

22, 25, 27, 29, 32, 45, 58; „Advokatenwesen in Siebenbürgen", daselbst Nr. 88, 99, 105, 112, 113 und 123.

In der sogenannten Bach'schen Zeit erschien vom Jahre 1855 an in Preßburg Petruska's „Zeitschrift für Gesetzeskunde und Rechtspflege", in welcher von mir 21 Aufsätze juridischen Inhalts veröffentlicht wurden. Hervorzuheben ist hier der in Nr. 46, 47 und 48 des Jahres 1856 enthaltene Aufsatz „über den Artikel IX. in der Einführungsverordnung vom 18. Juli 1853 zur Konkursordnung für Ungarn und Siebenbürgen, die Folgen der sächsischen ehelichen Gütergemeinschaft in Konkursfällen betreffend, und der in Nr. 27, 28 und 29 des Jahres 1859 mitgetheilte, vor dem Kreisgerichte in Kronstadt verhandelte Straffall, in welchem ich als Vertheidiger fungirte. Die „Allgemeine Gerichtszeitung" in Wien brachte in jener Zeit von mir vier und die gleichfalls in Wien erscheinende „Gerichtshalle" fünf Aufsätze.

Vom Juni 1865 an erschien in Hermannstadt J. P. Frank's „Siebenbürgische Zeitschrift für Handel, Gewerbe und Landwirthschaft", und da ich durch einen Landgutbesitz in Háromßék mehr noch, als bisher, in die praktische Landwirthschaft eingeführt worden, so betheiligte ich mich an dieser Zeitschrift als Mitarbeiter. Ich lieferte unter Anderem die im Jahrgang 1865 von Seite 90 an erschienenen „Zehn Gebote der Vernunft und Erfahrung für den Landwirthen". Nachdem diese Zeitschrift vom Juni 1868 an in das „Siebenbürgisch deutsche Wochenblatt" und dieses im Jahre 1874 in das „Siebenbürgisch deutsche Tageblatt" übergegangen war, betheiligte ich mich an dem Wochenblatt mit der Veröffentlichung meines, auf dem Verein für siebenbürgische Landeskunde den 11. August 1871 zu Hermannstadt vorgelesenen „Gemälde Siebenbürgens", in der Nr. 34 bis Nr. 36, Jahrgang 1871. (Erschien auch in Separatabdrücken.) Das Tageblatt brachte von mir mehrere Aufsätze, namentlich im Jahre 1874, Nr. 77: „Deutsche Einwanderung nach Ungarn"; in Nr. 172: „Hilfe für die Kleingewerbe"; von Nr. 199 an: „Neustadt, das Musterdorf", vorgetragen in der zu Kronstadt den 22. August 1874 abgehaltenen Versammlung des siebenbürgisch-sächsischen Landwirthschafts-Vereins; wovon 1200 Exemplare eines Separatabdruckes von der Oberverwaltung genannten Vereines vertheilt wurden; und in Nr. 205, 209, 210, 213, 214 und 215 die Berichte über die 1874er landwirthschaftliche Vereinsversammlung in Kronstadt.

Es sind von mir noch bei J. Gött & Sohn in Kronstadt erschienen: im Jahre 1871 „Festrede bei der Friedensfeier zu Kronstadt am 22. April

1871, vorgetragen von J. Hintz, Advokat", und im Jahre 1873 ein Heft zu Gunsten des Mädchenschul=Baufondes in Kronstadt: „Natur= und Kulturbilder aus dem Burzenlande".

Was jenes Büchlein betrifft, das auf Seite 161 unter 1 erwähnt wird, d. i. „Vorschlag zu einem zweckentsprechneden System des Feldbaues auf Hermannstädter Gebiet 2c.", so muß auch mit Bezug auf die Artikel Josef Czekelius und Fr. Hann im Trausch'schen Schriftsteller= Lexikon die widerspruchsvolle, unwahre Darstellung berichtigt werden; denn das Thatsächliche verhält sich wie folgt:

"Im Jahre 1847 schrieb der landwirthschaftliche Bezirksverein in Hermannstadt, dessen Schriftführer ich von Anfang an war, auf meinen Antrag einen Preis von 100 fl. C.=M. für die beste, nach einem von mir entworfenen Plane auszuarbeitende Verbesserung des Wirthschafts= systemes auf dem Gebiete von Hermannstadt aus. Es ging keine Be= werbung ein. Indessen, der Vorstand des Vereines, Daniel Czekelius sen., theilte mir vertraulich mit und brachte es nachher in der Sitzung vor, daß seine beiden Söhne Daniel und Josef Czekelius wohl einige Daten über Lage und faktische Verhältnisse auf dem Hermannstädter Hattert zusammen= gestellt und ihm eingehändigt hätten, doch damit wollten sie sich nicht um den Preis bewerben, sondern sie seien der Meinung, und er, Daniel Czekelius sen., theile diese Meinung, daß ich, der Sekretär des Vereines, dazu berufen sei, nach meinem Plane das Büchlein auszuarbeiten; doch sie — Vater und Söhne Czekelius — wollten mir mit ihren Daten und Kenntnissen in der Sache behilflich sein. In diesen Gedanken ging ich ein; der Aus= schuß des Bezirksvereines gleichfalls, von dem ich nach vollendeter und gut befundener Arbeit die Preiszahlung empfing. Nach Andeutung der Czekeliuse — Vater und Söhne — hatte ich aus dem Hermannstädter Stadtarchiv die Urkunden über die Geschichte der Hattertordnung und über die alten und neueren agrarischen Streitigkeiten in Hermannstadt erhoben. Auf Grund der alten Hattertkarte im Archiv daselbst ging ich mit dem alten Herrn Czekelius alle Theile des Ackergebietes durch und empfing von ihm einige Aufklärung über Bodenbeschaffenheit, frühere und gegenwärtige Bauordnung und eigenthümliche Besitzverhältnisse. Ich stellte darnach das Ganze, besonders was die Verbesserungen betrifft, nach meiner Einsicht zusammen, und das Werkchen erschien auf Kosten des Vereines im Druck, ohne daß bevor weder die Herren Daniel Czekelius jun. und Josef Czekelius oder Friedrich Hann in meine Aus= arbeitung einen Blick gethan hätten. — Friedrich Hann war zu jener Zeit

Sekretär an der Oberverwaltung des in Kreisvereine untergetheilten siebenbürgisch-sächsischen Landwirthschaftsvereines, und stand persönlich außer allem Einfluß auf den in statutenmäßig selbstständigem Wirkungskreis vorgehenden Kreis- oder Bezirksverein in Hermannstadt.

Ich erwähne noch, daß ich nach meiner Uebersiedlung nach Kronstadt für das Zustandekommen eines Bezirksvereines der Landwirthe im Burzenlande mit Erfolg thätig gewesen bin und heute noch auf diesem Gebiete als Mitglied des Ausschusses hier und an der Oberverwaltung in Hermannstadt, besonders was landwirthschaftliche Statistik, Regelungen und Verbesserungen betrifft, nach Kräften mithelfe. Am Zustandekommen der Ackerbauschule im Kronstädter Distrikt habe ich einiges Verdienst, besonders durch das Verfassen der im Druck erschienen Satzungen für Schule und Wirthschaft, und durch die Führung der Schulkommissionsgeschäfte vom Beginn im Frühjahr 1871 bis Sommer 1872. Diese Verdienste veranlaßten die Kronstädter Kreisvertretung, mir dafür den Dank zu Protokoll auszusprechen und eine Entlohnung von 400 fl. ö. W. aus der Schulkasse zukommen zu lassen.

Ich erlaube mir, mit einer Bemerkung zu schließen.

Ueber Alles, was von mir gedruckt worden, wohin noch vereinzelte größere und kleinere Mittheilungen an den „Pester Lloyd", an „Pesti hirlap" unter Csengeri Antal („Erdélyi levelek"), an „das Ausland" in Augsburg („die Almáser Höhle"), an die „Augsburger Allgemeine Zeitung" („Zustände an der unteren Donau"), an die „Leipziger Illustrirte Zeitung" („Trachten und Sitten in Siebenbürgen") zu zählen sind, legte ich ein Verzeichniß an, mit Angabe der Spalten und Druckseiten. Daraus berechne ich, das Ganze könnte heute wohl 4 bis 5 mittelgroße Bände füllen.

Inzwischen sind erschienen:

5. Festrede, bei der Friedensfeier zu Kronstadt am 22. April 1871 vorgetragen. Kronstadt, Druck und Verlag von J. Gött & Sohn Heinrich. 1871. 18 S. 8.
6. Natur- und Kulturbilder aus dem Burzenlande (Siebenbürgen). Vortrag, gehalten am 29. Jänner 1873 zu Kronstadt. Kronstadt, Druck von J. Gött & Sohn Heinrich. 1873. 26 S. 8.

Keßler Eduard,

geboren in Kronstadt am 14. Oktober 1837, studirte am Kronstädter Gymnasium und an der Universität zu Jena (Oktober 1858) und Berlin

(1860), diente als Lehrer an der gewerblichen Fortbildungsschule und am evangelischen Gymnasium seiner Vaterstadt, wo er zugleich die Stelle eines Gymnasialbibliothekars bekleidete, bis zu seinem am 24. Mai 1874 nach langem Siechthum erfolgten Tode.

> Geometrie von E. Keßler. I. Heft. Mit 40 lithographirten Figuren. Kronstadt, Druck und Verlag von Römer & Kamner. 1868. 8-o. 16 S.

Erschien vermehrt in dem Programm des Kronstädter evangelischen Gymnasiums vom Jahre 1868/69 wieder unter dem verändertem Titel: „Versuch eines Leitfadens der Geometrie für Untergymnasien, von E. Keßler, Gymnasiallehrer". S. 1—30, mit dem Versprechen der Fortsetzung. (S. den Artikel Franz Lassel b. J.)

Keßler Stephan.

(Ergänzung der Denkblätter II. Bd., S. 255.)

Keßler studirte, bis er die Universität zu Wittenberg bezog, vom Jahre 1695 angefangen, am Kronstädter Gymnasium (l. Kronstädter Gymnasial=Matrikel, S. 82.)

Kinder von Friedenberg Johann.

(Ergänzung der Denkblätter II. Bd., S. 260—265.)

Zum Verzeichniß der Grafen der sächsischen Nation, außer den in der Note 1, S. 265, bemerkten Quellen, noch insbesondere:

S. 262: Johann Lulai f. die Relatio Commissariorum Ferdinandi in Engels Geschichte von Serbien und Bosnien, S. 27.

S. 262: Marcus Pemfflinger, f. den Artikel Reichersdorffer.

S. 262—263: Mathias und Georg Armbruster, f. Siebenbürgische Provinzial=Blätter III., 148—151.

S. 262: Peter Haller v. Hallerstein, f. die Familie der Herren und Grafen Haller von Bedeus, in dem Vereins=Archiv N. F. III., 163—207 und Wiener „Neue Freie Presse" vom 4. November 1869, Nr. 1863, im Feuilleton.

S. 262: Albert Huet, f. Denkbl. II. 223—229 und Wiener „Neue Freie Presse" a. a. O.

S. 262: Val. Seraphin, f. dessen Selbstbiographie in Schuller's Archiv für die Kenntniß von Siebenbürgen, I. 147—158.

S. 262: Johann Lutsch, s. Denkbl. II. 376—377.
S. 263: Valentin Frank v. Frankenstein, s. Denkbl. I. 339—346.
S. 263: Johann Zabanius, s. dessen Artikel in den Denkblättern.
S. 263: Andreas Teutsch, s. dessen Artikel in den Denkblättern.
S. 264: Mich. Freiherr v. Bruckenthal, s. Denkbl. I. 183—188.
S. 264: Johann Tartler, s. dessen Artikel in den Denkblättern.

Kirchner Johann Karl.
(Ergänzung der Denkblätter II. Bd., S. 267.)

Die Herausgabe seiner Gedichte regte der k. k. Landwehroberst Gustav Dietrich von Hermannsthal an. Das Vorwort zu denselben schrieb der emeritirte Senator Friedrich von Sternheim, das denselben beigegebene Bild zeichnete der k. Gerichtsrath Karl von Hannenheim, beide Kirchners ehemalige Genossen im sächsischen Jägerbataillon.

Kisch Johann Daniel.
(Ergänzung der Denkblätter II. Bd., S. 268.)

Er starb in Hermannstadt am 12. Juni 1870.

Klingsor (Clynsor) Nicolaus.
(Ergänzung der Denkblätter II., S. 272—279.)

Siehe auch das Brockhausische Conversations-Lexikon, 11. Auflage, Leipzig 1868, S. 301—302, wo Klingsor der „völlig sagenhafte siebenbürgische Zauberer und Sterndeuter" genannt und weiter gesagt wird: „auf Grund geschichtlich sagenhafter Ueberlieferung und unter dem formellen Einflusse der beliebten Streitgedichte, Räthselstreite und geistlicher Schauspiele entstand nun 1300 der ‚Krieg von Wartburg', ein wunderliches, dunkles, unharmonisches, in zwei Theile zerfallendes Gedicht. Gegen übertriebene Herabsetzung seines dichterischen Werthes haben Wackernagel und Simrock ihre Stimmen erhoben. Wer es gedichtet, ist unbekannt. Die Entscheidung darüber fällt um so schwieriger, als eine kritische Untersuchung und Ausgabe des Textes zur Zeit noch mangelt. Aus der Ungleichmäßigkeit der Sprache darf man schließen, daß mehrere Hände an dem Gedicht thätig gewesen sind, und andere Gründe machen es wahrscheinlich, daß der größere und ältere Theil desselben am Rhein, etwa in Mainz, vielleicht in der Mainzer Singschule entstanden ist. Gedruckt ist das Gedicht in der

Einzelausgabe Ettmüllers, Ilmenau 1830; in Bockners und von der Hagens Sammlungen der Minnesänger, und bei Simrock: „Der Wartburgkrieg", herausgegeben, geordnet, übersetzt und erläutert, Stuttgart 1858". Vgl. Koberstein: „Ueber das wahrscheinliche Alter und die Bedeutung des Gedichtes vom Wartburger Kriege, Naumburg 1823". Lukas: „Ueber den Krieg von Wartburg, Königsberg 1838" und von Plötz: „Ueber den Sängerkrieg auf Wartburg, Weimar 1851".

Krasser David.
(Ergänzung der Denkblätter II. Bd., S. 303—304.)

3. Geschichte des sächsischen Dorfes Großpold in Siebenbürgen. Aus urkundlichen Quellen, verfaßt von D. K. Hermannstadt 1870. Druck von Josef Drotleff. 8-o. X. 93 S.

(Rec. in dem Siebenb.-deutschen Wochenblatt vom 25. Jänner 1871. Nr. 4, S. 54—56.)

Krasser Friedrich.
(Ergänzung der Denkblätter II. Bd., S. 304.)

Zu Anfang des Winters des Jahres 1869 begab sich Dr. Krasser, aufgemuntert und unterstützt durch einige gleichgesinnte Freunde, nach Neapel, wo er sich an dem am 12. Dezember 1869 gefaßten und proklamirten Beschlusse der deutschen, österreichischen, ungarischen, nordamerikanischen und südamerikanischen Abgeordneten zum Freidenker-Kongresse in Neapel betheiligte. Die, in der Folge auch von romänischen, venetianischen und süditalienischen Freidenkern acceptirten Grundsätze dieses, gegen das gleichzeitige Concil zu Rom gerichteten Kongresses, zu deren Verwirklichung die Theilnehmer zu wirken sich vereinigt haben, hat in Kürze die Kronstädter Zeitung vom 14. Jänner 1870 Nr. 7 angegeben. Krasser selbst veröffentlichte nach glücklicher Heimkehr in den „Siebenbürgischen Blättern" Nr. 13, vom 12. Februar 1870 und dann im Separatabdruck aus denselben:

Der Freidenker-Kongreß in Neapel, von F. Krasser, Doktor der Medizin. Hermannstadt, S. Filtsch's Buchdruckerei (W. Krafft). 1870. 8-o. 11 S.

Lassel Franz d. J.
(Ergänzung der Denkblätter II. Bd., S. 337.)

2. Programm des evangelischen Gymnasiums A. B. zu Kronstadt für das Schuljahr 1869/70. Inhalt: A. Versuch eines Leitfadens der Geometrie für Unter-Gymnasien, von Eduard Keß'er, Gymnasiallehrer. (Schluß, 47 S.) B. Schulnachrichten vom Rector (36 S.). Kronstadt, gedruckt bei Johann Gött & Sohn Heinrich. 1870. 8-o. Zusammen 84 S.

3. Programm ꝛc. 1870/71. Inhalt: A. Die Verfassung der evangelischen Landeskirche A. B. in Siebenbürgen. Umrisse zu einem Leitfaden für die oberste Klasse unserer Gymnasien und Seminarien, von Fr. Lassel, Rektor der evang. Schulanstalten in Kronstadt. (55 S.) B. Schulnachrichten von demselben. (35 S.) Kronstadt, gebr. bei Joh. Gött & Sohn H. 1871. 8-o. 90 S.

4. Programm ꝛc. 1871/72. Inhalt: A. Berechnung des Pensions-Einheitenwerthes für alle Altersklassen der Kronstädter allgemeinen Pensionsanstalt, von F. Eduard Lurtz. (40 S.) B. Schulnachrichten vom Direktor. 38 S. Kronstadt 1872.

5. Programm ꝛc. 1872/73. Inhalt: A. Zur Vergleichung der Iliade und des Nibelungenliedes, von Mich. Türk. (37 S.) B. Schulnachrichten vom Rektor. (38 S.) Kronstadt 1873.

6. Programm ꝛc. 1873/74. Inhalt: A. Die Lektüre aus der Muttersprache von Joh. Vogt. (S. 1—11.) B. Rede zur Eröffnung des neu hergestellten Gymnasialgebäudes in Kronstadt, am 16. Sept. 1873, vom Rector. (S. 12—17.) C. Schulnachrichten von demselben. (S. 20—89.) Kronstadt 1874. 8-o. 89 S.

7. Programm ꝛc. 1874/75. Inhalt: A. Handbuch der Formenlehre für die IV. Elementar-Klasse, von Jos. Teutsch. (S. 1—49.) B. Schulnachrichten vom Rektor. (S. 51—84.) Kronstadt 1875. 8-o. 84 S.

Johann May,
Notär und Gemeindekurator in Wurmloch.

Wünsche und Vorschläge, betreffend die bessere Besoldung der Volksschullehrer. Von J. May. (Preis 10 kr. ö. W.) Der Reinertrag ist der allgemeinen Pensionsanstalt der evangelischen Landeskirche A. B. in Siebenbürgen, Abtheilung „Wittwenkasse", gewidmet. Hermannstadt, S. Filtsch's Buchdruckerei (W. Krafft). 1870. 8-o. 23 S.

(Separatabbruck aus dem Schul- und Kirchenboten für das Sachsenland.)

Melas Michael.

(Ergänzung der Denkblätter II. Bd, S. 412, Note 1.)

Das unterm 20. Juni 1800 aus Mailand von Bonaparte an den General Melas gerichtete Begleitungsschreiben steht in dem vierten Hefte von Sybel's historischer Zeitschrift vom Jahre 1869 und in Wolf's Geschichte der k. k. Archive in Wien. Wien 1871. S. 172.

Melzl von Lomnitz Samuel,

geboren in Sächsisch Regen im Jahre 1815, studirte am evangelischen Gymnasium zu Hermannstadt, und hörte die Rechtswissenschaften am Klausenburger reformirten Kollegium an (1836—1838). Er diente bei dem Sächsisch Regener Magistrat, und wurde durch den großen Brand seiner Vaterstadt im Jahre 1848 eines großen Theiles seines von seinen frühzeitig verstorbenen Eltern ererbten Vermögens verlustig. Nach Bewältigung der Revolution diente er eine Zeit lang als k. k. Kataster-Schätzungskommissär, trat aber aus diesem Geschäfte aus und betrieb in Thorda Oekonomie, besonders Obstbaumzucht, hauptsächlich aber in Kompagnie mit zwei Freunden ein großartiges Spiritus- und Bierbräu-Fabriksgeschäft. Er starb in Thorda am 18. December 1868 an einem Herzschlag, nachdem er viele Jahre lang an Schwerhörigkeit gelitten hatte.

Von ihm hat man:

Anleitung zur Obstbaumzucht. Eine populäre Darstellung mit besonderer Berücksichtigung der siebenbürgischen Verhältnisse. Hermannstadt 1871. Druck und Verlag von Josef Drotleff. 8-o. VIII. 87 S.

(Eine in Folge einer wiederholten Preisausschreibung des Klausenburger landwirthschaftlichen Vereins verfaßte und vom Verein einstimmig gekrönte Preisschrift [1]), deren Veröffentlichung jedoch nicht erfolgte, weil dieselbe durch den Verein von einer Aenderung in formeller Beziehung abhängig gemacht wurde, welche der Verfasser nicht vornehmen wollte. Sonach wurde das Werkchen acht Jahre

---

[1]) Den Preis hatte der aus Mühlbach gebürtigte Klausenburger Handelskammer-Präsident S a m u e l D i e t r i c h in patriotischer Absicht gewidmet.

nach des Verfassers Tod in seiner ursprünglichen unveränderten Gestalt durch einen Sächsisch Regner Freund desselben herausgegeben, und durch den Herausgeber des siebenbürgisch-deutschen Wochenblattes, in dieser Zeitschrift Nr. 1, vom 4. Juni 1871, S. 11—12, mit dem verdienten Lobe angezeigt.)

Meyndt J. Ch.,

Sohn des Nimescher Pfarrers Peter Meyndt.

Beiträge zur Geschichte der älteren Beziehungen zwischen Deutschland und Ungarn, nebst einem Anhang: Züge aus dem ungarischen Kulturleben im elften Jahrhundert. Leipzig, Ernst Fleischer. 1870. gr. 8-o. 88 S.

(Diese, von der Regierungsperiode des Kaisers Heinrich III. und des Königs Andreas I. handelnde Dissertation hat der Verfasser bei Erwerbung des philosophischen Doktorgrades an der Universität zu Leipzig veröffentlicht.)

Michaelis Johann.

(Ergänzung der Denkblätter II. Bd., S. 420.)

Von demselben sind bei Franz Michaelis in Hermannstadt in neuerer Zeit erschienen:

A. In neuen Auflagen:

1. Die christliche Religion für Kinder. 3. Aufl. 1874. a) Ausgabe für Schüler. 12. 90 S. b) Ausgabe für Lehrer. 124 S.
2. Das kleinere Konfirmandenbüchlein. 6. Aufl. 1871. 12. 103 S.
3. Handbuch für Volksschulen. 1. Sprachlehre. 2. Aufl. 1874. 8-o. 54 S.
4. Fibel. 7. im Auftrage des evangelischen Landeskonsistoriums A. B. in Siebenbürgen umgearbeitete Auflage. 1874. 8-o. 96 S.

B. Ganz neu sind:

1. Von dem Handbuche für Volksschulen: 2. Naturlehre. 1869. 31 S. 3. Naturgeschichte. 1869. 84 S. 4. u. 5. Geographie und Geschichte von Ungarn mit besonderer Rücksicht auf Siebenbürgen. 1874. 162 S. 6. Landwirthschaftslehre für Fortbildungsschulen. 1872. 48 S.

C. Für den Druck bereit liegt:

Das größere Konfirmandenbüchlein. 6., völlig umgearbeitete Auflage.

Mieß Johann Christian,

geboren am 3. März 1810 in Kronstadt in Siebenbürgen, Sohn des Webermeisters Christian Mieß und der Agnes gebornen Schwarz, widmete sich dem Handelsstande und trat im Jahre 1824 in die Tuch-, Schnitt- und Modewaarenhandlung der Firma M. P. Weiß u. Comp. in die Lehre.

Im September 1832 reiste er nach Pest, wo er im Handelshause Raics u. Fabricius durch vier Jahre conditionirte.

Nach Ablauf dieser Zeit wünschten seine Eltern, daß er nach seiner Vaterstadt Kronstadt zurückkehre und dort eine Tuch-, Schnitt- und Modewaarenhandlung errichte, was auch im Jahre 1836 erfolgte.

Nach wenigen Monaten schon kam der Hauptagent der k. k. priv. Azienda Assicuratrice in Triest Kaufmann J. Franz Zöhrer in Hermannstadt, welchem ganz Siebenbürgen als Wirkungskreis überlassen wurde, nach Kronstadt und gewann Mieß für die Vertretung der k. k. priv. Azienda Assicuratrice in Triest im Kronstädter Distrikte.

Zwanzig Jahre vertrat er hierauf die Gesellschaft und hätte diese Geschäftsverbindung noch länger fortgedauert, wenn die Azienda nicht selner Zeit fast alle landwirthschaftlichen Versicherungen ausgeschlossen hätte, was seitens anderer Affekuranzgesellschaften nicht geschah. — Wohl hatten selner Zeit auf dem Lande viele Brände stattgefunden, aber alle Landleute ohne Ansehen der Person mit ihrem Versicherungsbegehren zurückzuweisen, dieses stand mit seinen Ansichten nicht in Einklang. Andere Gesellschaften erhöhten blos die Prämiensätze und da die Azienda auf diesen Vorschlag nicht eingehen wollte, so legte er diese Vertretung zurück.

Im Jahre 1844 trat die Kronstädter allgemeine Pensionsanstalt ins Leben und wurde Mieß, welcher, nachdem er sich damals bereits acht Jahre hindurch im Versicherungswesen versucht, in demselben Routine gesammelt und Beweise von Leistungsfähigkeit gegeben hatte, der Antrag gemacht, in der Eigenschaft eines Direktors beizutreten und fand dieser Antrag auch seine Annahme. Es geschah dies unter Verhältnissen, wie sie bescheidener nicht gedacht werden können, denn bei dem Inslebentreten dieses Instituts gab es noch keinen einzigen Pensionswerber, auch besaß dasselbe keinen Kreuzer Vermögen. Dieses Institut aber schritt von Jahr zu Jahr in einer gedeihlichen Entwickelung vor, so daß sich an demselben bis gegenwärtig 8728 Mitglieder betheiligten und das allen Theilnehmern gehörende Vermögen zu Ende der ersten Hälfte des Jahres 1874 die ansehnliche Summe von einer Million erreichte.

Im Jahre 1852 wurde er zum Kommissär und im Jahre 1855 zum Kontrolor der Kronstädter allgemeinen Sparkassa erwählt, wo er bis zum Jahre 1869 bedienstet blieb. Bei dem stetigen Wachsthum der Kronstädter allgemeinen Pensionsanstalt konnte er jedoch nicht mehr beiden Posten entsprechen und so kam es, daß er im letztgenannten Jahre aus dem Sparkassabeamtenverbande schied und diese Kontrolorstelle zurücklegte.

Im Jahre 1870 wurde er von seinen Direktionskollegen zu dem Zwecke auf Reisen entsendet, um die auswärtigen Agenturen zu vermehren und das auswärtige Publikum zu einer regeren Betheiligung an diesem Pensionsverbande anzueifern. Da diese Bereisung, welche sich zu der Zeit blos auf einen Theil des siebenbürgischen Sachsenlandes beschränkte, von namhaftem Erfolge begleitet war, so wurde dieselbe im Jahre 1871 in einer anderen Richtung des Sachsenlandes fortgesetzt und wurden ebenfalls befriedigende Resultate erzielt. Im Jahre 1872 kamen Broos, Pest, Oedenburg und Wien an die Reihe und es gelang dem genannten Direktor auch in den genannten Städten der Kronstädter allgemeinen Pensionsanstalt zahlreiche Anerkennung und Benützung zu verschaffen.

Im Jahre 1873, wo der Wiener Börsensturz bekanntlich viel Elend, Verarmung, Verzweiflung und Mißtrauen hervorgerufen hatte, so daß die Menschheit sogar gegen die solidesten Einrichtungen von Zweifeln befangen war, weil diese Katastrophe auch vielen Versicherungsschwindel von der Erde wegfegte, unterblieben diese Bereisungen und wurden dieselben bis auf bessere Zeiten aufgeschoben.

Was nun die literarischen Leistungen des Vorgenannten betrifft, beschränkten sich diese bis zum Jahre 1870 blos auf Zeitungsfeuilleton-Arbeiten. Im Jahre 1871 in seinem 61. Lebensjahre trat er zum ersten Male mit zwei größeren literarischen Werken, welche unter folgenden Titeln, sämmtlich bei Gött & Sohn in Kronstadt im Druck erschienen, vor die Oeffentlichkeit, nämlich:

1. Geschichtliche Fragmente über die Kronstädter allgemeine Pensionsanstalt. Ein populärer Wegweiser zur Beherzigung für Alle, die ihre Glücksverhältnisse verbessern wollen.
2. Die festere Begründung der Glücksverhältnisse und der Wohlfahrt durch die Betheiligung an der Kronstädter allgemeinen Pensions=anstalt. Allen sorgsamen Familienvätern, Vormündern, Menschenfreunden und Denkern gewidmet.

Im Jahre 1872 erschienen ferner:
3. 1872er Supplementblätter zu den im Jahre 1871 im Druck

erschienen Werkchen unter dem Titel: „Geschichtliche Fragmente der Kronstädter allgemeinen Pensionsanstalt" und

4. Die festere Begründung der Glücksverhältnisse und der Wohlfahrt durch die Betheiligung an der Kronstädter allgemeinen Pensions=anstalt. (Fortsetzung vom ersten Werkchen.)
5. Saaten und Früchte. Populäre Versicherungsgeschichten und Novellen. Gehörtes und Erlebtes.
6. Die Zeit der Sorgen und die wichtige Bedeutung des „Janus", dessen segensreiches Wirken und unerschütterlicher Fortbestand.

Unter der Feder sind folgende Werke und dürften im Jahre 1875 im Druck erscheinen:
1. Die Kronstädter allgemeine Pensionsanstalt vor einem Schaumeister. Episode aus dem Leben eines Versicherungsbeamten während seiner Anwesenheit in Wien im Jänner 1873.
2. Von Haus zu Haus. Geschichten über das Steigen und Fallen der Glücks= und Vermögensverhältnisse im menschlich=gesellschaftlichen Verbande, aus der Vergangenheit und Gegenwart;

und dürften sich diesen Arbeiten noch andere anreihen.

Moltke Leopold.

(Ergänzung der Denkblätter II. Bd., S. 440—441.)

Unter dem Titel: „Max Moltke's literarische Thätigkeit" befinden sich in dem Feuilleton der Kronstädter Zeitung vom 17. und 19. Juni 1871, Nr. 95 und 96, Nachrichten über Moltke's fernere Lebensumstände und Schriften in Deutschland.

Neugeboren Joh. Ludwig.

Mein Aufenthalt in Wien umfaßte vier und ein halb Jahr; das vierte Jahr benützte ich zu naturwissenschaftlichen Studien. Ich hörte Physik an der Universität bei Professor Baumgarten, dem nachmaligen Präsidenten der k. Akademie der Wissenschaften, Chemie am Polytechnikum bei Professor Meißner, Mineralogie (speciell Krystallographie) bei Professor Wieos im k. k. Hof-Mineralienkabinet und im letzten halben Jahre griechische und römische Philologie bei Professor Ficker an der Universität.

Die Anstellung am Gymnasium zu Hermannstadt vertauschte ich noch im Jahre 1835 völlig mit dem Bibliothekariat am Bruckenthal'schen Museum, übernahm aber über Ansuchen des Hermannstädter Lokal=

Konsistoriums bereits im Jahre 1836 den Vortrag der Geschichte des Alterthums am Gymnasium. Diesen Vortrag behielt ich bis zu meinem Eintritt in das Predigeramt im Monate November 1840, wo ich nicht Spitals- sondern Klosterprediger wurde.

Unter dem 1. Jänner 1855 zeigte mir die Direktion der k. k. geologischen Reichsanstalt in Wien an, daß mein Name in das Verzeichniß der Korrespondenten der k. k. geologischen Reichsanstalt eingetragen worden sei. Unter dem 2. Jänner 1857 und nicht 1858 wurde ich zum Ehrenmitglied der k. belgischen Akademie für Archäologie ernannt. Im Jahre 1857 beehrte mich die Generalversammlung des siebenbürgischen Vereins für Naturwissenschaften in Hermannstadt mit ihrem Vertrauen, indem sie mich dem an einem chronischen Augenleiden andauernd erkrankten lebenslänglichen Vereinsvorstand Michael Bielz als Vorstandsstellvertreter an die Sei'e gab.

Die ungenügende Aufstellung, in der ich die Mineraliensammlung des Baron v. Bruckenthal'schen Museums fand, veranlaßte mich, eine Aufstellung nach einem neueren Mineralsystem zu versuchen, welche dann auch die Anlage eines neuen Verzeichnisses erheischte und dies um so mehr, als die Sammlung durch Ankauf der v. Rosenfeld'schen Mineraliensammlung eine namhafte Vermehrung erhalten hatte. Dieser Katalog, an welchem ich drei volle Jahre zu arbeiten hatte, füllt drei starke Foliobände und liegt zum etwaigen Gebrauche bei Besichtigung der Sammlung im Mineralienzimmer auf.

In den 1840er Jahren wandte ich mich den Petrefakten zu und legte durch wiederholte Besuche des Fundortes Portseśd eine ziemlich beträchtliche Sammlung von Eocen-(Mitteltertiär-)Versteinerungen für das Baron v. Bruckenthal'sche Museum an. Die bei Portseśd aufgefundenen vorweltlichen Haifischzähne boten mir Stoff zu einer monographischen Arbeit, welche schon 1848 ausgeführt und dem Ausschuß des Vereins für siebenbürgische Landeskunde unterbreitet unter dem Titel: „Die vorweltlichen Squalidenzähne aus dem Grobkalk von Portseśd, unweit Talmatsch" in dem 4. Bde. des Archivs dieses genannten Vereines in den Jahren 1850 und 1851 erschien. Bei dieser Arbeit unterstützte mich wesentlich durch Fachbehelfe Wilhelm Haidinger, der damals Direktor des k. k. montanistischen Museums in Wien war.

Bei dem Umstande, daß Portseśd fast nur Steinkerne von Schnecken und Bivalven darbot, was die verläßliche Bestimmung der Objecte wesentlich erschwerte, ja zum Theil ganz unmöglich machte, wandte ich mich, in der Hoffnung auf bessern Erfolg, den wohlerhaltenen Schnecken und Bivalven von Bujtur und Ober=Lapugh zu. Unter dem Titel „**Beiträge zur Kenntniß der Tertiär=Mollusken aus dem Tegel=Gebilde von Ober=Lapugh**" erschien von mir seit 1853 durch etliche Jahrgänge in den Verhandlungen und Mittheilungen des neuentstandenen siebenb. Vereins für Naturwissenschaften zu Hermannstadt ein beschreibendes Verzeichniß der daselbst vorkommenden Gasteropaden; die Aufzählung und Beschreibung der Lapugyer Bivalven folgte nach in dem Archiv des Vereins für siebenb. Landeskunde unter dem Titel „**die Conchiferen des Tegelgebildes bei Ober=Lapugy**" (V.=Arch. N. Folge, 9. Bd.) Eine weniger umfangreiche Arbeit ist das 1830 in den Verhandlungen und Mittheilungen des siebenb. Vereins für Naturwissenschaft erschienene „**systematische Verzeichniß der in den Straten von Bujtur auf Unter=Pesteser Dorfgebiet unweit B.=Hunyad vorkommenden fossilen Tertiär=Molluskengehäuse**."

Unter dessen waren von mir in dem Archiv für siebenb. Landeskunde auch drei geschichtliche Aufsätze erschienen: **Geschichtliches über die siebenbürgische Paläontologie und die Literatur derselben** (N. F. B. 3, Heft 3); **Geschichtliches über die Forschungen auf dem Gebiete der siebenbürgischen Mineralogie und Geognosie und die Literatur derselben** (N. F. B. 5, Heft 3) und **Notizen über Sammlungen siebenbürgischer Mineralien** (N. F. B. 7, (Heft 3).

An meine früheren Arbeiten über die Foraminiferen von Ober=Lapugh (Verhandl. und Mittheil. des siebenb. Vereins für Naturwissenschaften in Hermannstadt Jahrgang 1, 2 und 3; — Denkschriften der k. Akademie der Wissenschaft in Wien, Bd. 12 der mathematisch naturwissenschaftlichen Klasse) reihete sich ein monographischer Versuch über die **Cristellarien und Robulinen** an, welcher im J. 1872 in dem Archiv des Vereins für siebenb. Landeskunde (N. F. B. 10, Heft 2,) erschienen ist.

Selbstverständlich brachten mich meine wissenschaftlichen Strebungen mit mehreren Fachgelehrten außer Siebenbürgen in Contact. Ich zählte zu meinen naturwissenschaftlichen Gönnern in Wien, außer **Paul Partsch**, Director des k. k. Hof=Mineralienkabinets und **Wilhelm Haidinger**, zuletzt Direktor der k. k. geologischen Reichsanstalt, Se. Excellenz **Josef Ritter v. Hauer**, Vicepräsidenten der k. k. allgemeinen Hof=

kammer und den allzufrühe vom Tode ereilten liebenswürdigen Dr. Moritz Hörnes, Direktor des k. k. Hof-Mineralienkabinets nach dem Ableben des vorgenannten P. Partsch. Die vorweltlichen Conchilien von Lapugy vermittelten einen lebhaften Briefwechsel zwischen Dr. Hörnes und mir. Die daselbst vorkommenden Foraminiferen veranlaßten mich den Akademiker und Professor Dr. Aug. E. Reuß, als renomirten Fachgelehrten um wissenschaftlichen Beistand anzugehen, welcher mir auch zu Theil geworden. Von den jetzt lebenden Wiener Paläontologen darf ich die Herren Fr. Ritter v. Hauer, Direktor der k. k. geolog. Reichsanstalt und Theodor Fuchs und Felix Karrer am k. k. Hof-Mineralienkabinet zu meinen wissenschaftlichen Freunden zählen. Im Auslande sind es die Herren Dr. Koenen zu Marburg, Wiechmann zu Goldberg in Mecklenburg und Theophile Lecomte zu Lessines und Ernst van der Broeck zu Brüssel im Königreich Belgien, welche mich zeitweilig mit Briefen beehren.

Eine Aufzählung meiner bis zum Jahr 1859 gedruckt erschienenen Aufsätze und Notizen naturwissenschaftlichen Inhaltes befindet sich in Franz v. Hauer's Geologie Siebenbürgens, Abschnitt: Literatur, und in den Literatur-Anhängen der ersten beiden meiner früher erwähnten geschichtlichen Aufsätze über die Entwickelung und die Fortschritte der Mineralogie, Geognosie und Paläontologie Siebenbürgens.

Neugeboren Heinrich.
(Ergänzung der Denkblätter, III. Bd., S. 13.)

4. Haus und Schule, zwei Hauptmittel zur Erreichung des Zweckes der Sendung Jesu in die Welt. Predigt, gehalten am 2. Christtag 1870 in der ev. Stadtpfarrkirche zu Kronstadt. (Preis 10 kr. ö. W.) Der ganze Reinertrag ist dem Mädchenschulbaufonde in Kronstadt gewidmet. Hermannstadt S. Filtsch's Buchdruckerei (W. Krafft) 1871. 8° 8. S.

Oberth Johann,
(Ergänzung der Denkblätter III. Bd. 24—26)

wurde im J. 1874 an Stelle des emeritirten Josef Fabini zu dessen Substituten im Mediascher Stadtpfarramte gewählt.

8. Programm des evang. Gymnasiums A. B. in Mediasch und der damit verbundenen Lehranstalten für das Schuljahr 1870/1.

Veröffentlicht vom Direktor des Gymnasiums Johann Oberth, Hermannstadt 1871. Druck von Th. Steinhausen 8-o 68 S. Inhalt 1, Aufgaben aus der sphärischen Trigonometrie, nebst Lösungen derselben. Vom Gymnasiallehrer Sam. Theil, S. 5—44, mit 2 trigonom. Tafeln. — 2. Schulnachrichten vom Direktor. S. 45—68. —

9. Programm 2c. 2c. 1871/2. Inhalt 1. Die evangelische Pfarrkirche in Mediasch von Karl Werner S. 1—36. 2. Schulnachrichten S. 37—62. Hermannstadt 1872.

10. Programm 2c. 2c. 1872/3. Inhalt 1. Die Gesetze der Tragödie nachgewiesen an Shakespeare's Macbeth von Johann Jekeli S. 1—48. 2. Schulnachrichten S. 49—64. Hermannstadt 1873.

11. Programm 2c. 1873/4 Inhalt: 1. Friedrich Fröbel und sein Kindergarten S. 1—26. Schulnachrichten S. 27—46. Hermannstadt 1874.

Schuler Libloy Friedrich v.

Derselbe hat bei verschiedenen Organisationen und Auftheilungen der Lehrfächer — theilweise der Auflassung früherer Disziplinen — die Vortragsgegenstände zu wechseln sich genöthigt gesehen. Anfänglich für Diplomatik, Siebenbürgische Rechtsgeschichte nebst Siebenbürgischen Landesrechten, dann deutsche Rechtsgeschichte im Quadriennium berufen, erfolgte später der Wechsel, indem derselbe Nationalökonomie — zeitweilig ungarisches Staatsrecht — dann europäische Staats- und Rechtsgeschichte, sowie protestantisches Kirchenrecht vorzutragen hatte. Statt der Rechtsgeschichte seit 1874 endlich Finanzwissenschaft nebst Finanzgesetzkunde.

Schuler wurde im J. 1875 als ordentlicher Professor der deutschen Rechtsgeschichte an die neu errichtete k. k. Universität in Czernowitz berufen.

Seine „Diplomatik" erschien 1852 nicht 1854, inzwischen ist ferner erschienen:

Der Sozialismus und die Internationale nach ihren hervorragendsten Erscheinungen in Literatur und Leben. Leipzig. E. Koschey 1875 8. 69 S.

Im Manuskript ist vollendet:

Handbuch der (ungarischen) Finanzlehre.

Stause-Simiginowicz Ludwig Adolf.

Professor am Kronstädter röm.-kath. Obergymnasium ist bloß ein naturalisirter Siebenbürger und gehört insofern den heimischen deutschen Literaturbestrebungen an, als er während seines 17jährigen Aufenthaltes Kronstadt den thätigsten Antheil an denselben nahm.

Stause wurde am 28. Mai 1832 zu Suczawa in der Bukowina geboren. Väterlicherseits russinischer, mütterlicherseits deutscher Abkunft genoß er eine ausschließlich deutsche Erziehung und Bildung. Er machte seine Studien in Czernowitz und setzte selbe während eines vierjährigen Aufenthaltes in Wien fort. Sechzehn Jahre alt nahm er in der bamaligen **galizischen Kreisstabt** Czernowitz an den Bewegungen des Jahres 1848 sympathisch Antheil und ließ sein erstes Gedicht, das die März= tage pries, schon am 15. März unter dem Namen Adolf Sand drucken. Sein Wiener Aufenthalt brachte ihn mit einigen hervorragenden Persön= lichkeiten der Kunst und Wissenschaft in freundschaftliche Beziehungen, so mit J. G. Seidl, J. N. Vogl, Friedrich Halm (Frhr. Münch=Bellings= hausen,) Friedrich Steinebach, Gräfin Julie Oldofredi = Hager, Theodor Vernaleken, Friedrich Simonl ꝛc. ꝛc. Auch warf ihn derselbe zum Nach= theil seiner Studien der Journalistik gänzlich in die Arme und warb diese balb seine einzige Quelle der Erhaltung. Als Journalist betheiligte er sich an einigen namhafteren Blätteren der Residenz, so an der öster= reichischen Illustrirten Zeitung (redigirt vom englischen Seekapitän Rei= hongs,) deren Theaterreferent er längere Zeit war, an der „Wiener Theaterzeitung" Bäuerle's, an der „Donau," bie vom Minister Schwarzer gegründet warb und andern Blättern. Tagesberichte, Besprechungen lite= rarischer Novitäten, Theaterrezensionen, Novellen, Erzählungen, Mährchen, Gedichte und wissenschaftliche Abhandlungen kennzeichnen seine bamalige und spätere literarische Thätigkeit.

Stause ist der erste deutsche Dichter unseres Nachbarlandes Bukowina und als solcher vorzugsweise Lyriker. Sein Vorgang hat ein reges litera= risches Bestreben daselbst veranlaßt und wird sein Name dort vielfach gefeiert. Im ersten Jahrgang von Karl Emil Franzos' Buchenblättern, Jahrbuch für deutsche Literaturbestrebungen in der Bukowina wird seine dichterische Bedeutung hauptsächlich als Lyriker folgendermaßen gekenn= zeichnet:

„In einem halbverschollenen Liebe eines deutschen Dramatikers findet sich ein schönes und sinniges Gleichniß vom Lichterherzen. Da ist der gefeierte Dichterfürst ein mächtiger, befruchtender, weithin gekannter und gesegneter Strom, der breit und unvergänglich durch die Lande flutet; da ist der vielprobuktive Reimer ein breites, schlammiges, seichtes Gewässer der Ebene; der glühende Weltschmerzpoet ein unbändiger Gebirgsbach, den tausend Klippen zerreißen müssen, baß man sich an der wilden Schön= heit des Charakters erfreue. Aber nicht jeder kann dem Strome, oder dem

Wildbach oder dem Schlamme gleichen. Und da führt dann der Dichter in lieber und schöner Weise aus, wie es auch Poeten gebe, die man dem bescheidenen, kleinen Bache vergleichen könne, den nur die Blumen kennen, die er bespült und der Hirtenknabe, den er erquickt, in dessen klaren Wellen aber sich der blaue Himmel ungetrübt wiederspiegelt, die gold'ne Sonne und die ewigen Sterne . . . . Zu den Poeten letzterer Art möchten wir Staufe zählen, dessen Namen wir über diese ausführlichen biografischen Zeilen gesetzt und mit dessen Bildnisse wir den ersten Jahrgang unseres Jahrbuches geschmückt haben."

Staufes Publikationen sind:

Hymnen. Czernowitz bei Eckhardt 1851.
Album neuester Dichtungen. Wien 1852. Karl Gerold.
Heimathsgrüße aus Niederösterreich. Gedichte. Wien, 1855. Verlag von E. Hügel.
Familienblätter. Czernowitz, Eckhardt 1856, 1857, 1858, 1859.
Romanische Poeten. Wien, 1864, Verlag von Pichlers Witwe und Sohn.
L. A. Staufe's Illustrierter Siebenbürgischer Volkskalender, Kronstadt 1868, Haberl's Verlag.
Der Klosterbau. Erzählung. Kronstadt 1870, Frank und Dreßnandt.
Die Bodenplastik der Bukowina. Kronstadt, 1873 Frank und Dreßnandt.
Poetisches Gedenkbuch. Czernowitz, Eckhardt 1875.
Zwei Geschichtsstudien. Festschrift zu Ehren der Eröffnung der k. k. Franz-Josefs-Universität in Czernowitz. Cernowitz 1875. Pardini.

Dr. Theil Rudolf.

geb. zu Bogeschdorf am 20. März 1844, absolvirte das Mediascher Gymnasium 1861, studirte Theologie und Geschichte an den Universitäten Wien, Berlin, Jena, in welch' letzterer Stadt er 1865 promovirte. Seit 1865 ist er Lehrer an den Mediascher Schulanstalten. Er schrieb:

Die Erbgrafen der zwei Stühle im Mediascher Gym. Programm 1870, deren Fortsetzung noch auf sich warten läßt.

Urkundenbuch zur Geschichte des Mediascher Kapitels bis zur Reformation. Hermannstadt 1870, im Verein mit Karl Werner.

Zur Geschichte der zwei Stühle in der zweiten Hälfte des 15. Jahrh.
Vorgelesen am Landeskundeverein in Mediasch 1872, abgedruckt im V.=A. 10. Band.

Gehörten die zwei Stühle seit dem J. 1224 zur Hermannstädter Provinz? V.=A. N. F. 12. Bd. S. 257—269.

Werner Karl,

geb. zu Birthelm am 28/1 1845, absolvirte das Mediascher Gymnasium 1863, studirte in Wien, Leipzig, Berlin, Theologie und Geschichte und wurde zuerst 1867 in Sächsisch=Reen angestellt. Seit 1869 dient er am Mediascher Gymnasium. Er schrieb:

Urkundenbuch zur Gesch. des Mediascher Kapitels bis zur Reformation. Hermannstadt 1870, im Verein mit Dr. Rudolf Theil.

Die evang. Pfarrkirche in Mediasch, im Med. Gym. Prog. 1872 und daraus Festgabe für den in demselben Jahre in Mediasch tagenden Landeskundeverein.

Geschichte der zwei Stühle unter Vladislaus II. und Ludwig II. Vorgelesen im Landeskundeverein in Kronstadt 1874. Vereins-Archiv N. F. XII. Bd. S. 270—311.

Schlußwort.*)

Ueber Veranlassung und Zweck der Herausgabe der hiemit geschlossenen Denkblätter, einer vieljährigen mühsamen Arbeit habe ich mich bereits im Vorworte ausgesprochen. Möge mein dort (S. VIII und IX) ausgedrückter Wunsch in Erfüllung gehen, und diese Blätter zu gerechter Anerkennung und Würdigung des Strebens und der Leistungen unserer Vorfahren auf dem Gebiete geistiger Thätigkeit beitragen und dadurch der bei vielen unserer durch fremden Schimmer und Schein geblendeten und irregeführten Volksgenossen dieser Zeit erschlaffte Bewußtsein ihres deutschen Volksthums aufs Neue beleben und kräftigen. Es werden aus diesen literärischen Denkblättern, die ja auch ein Theil unserer Volksgeschichte sind, alle Unbefangenen die Ueberzeugung schöpfen, daß unsere Beamten in Staat und Kirche nicht nur die Träger der Bildung und des Fortschrittes, sondern jederzeit auch die treuesten Kämpfer und Verfechter der Rechte und der Selbstständigkeit des sächsischen Volkes waren, mit welchem sie in guten und bösen Tagen alle Leiden und Lasten gemeinsam trugen und für dessen Wohlfahrt und Freiheit sie an Leib und Gut freudig und willig oft die schwersten Opfer brachten. Einzelne Ausnahmen wie überall, mag es wohl gegeben haben, aber nur Leichtsinn und Verblendung kann sich von denen, die nie unseres Volkes Freunde waren, überreden lassen, die sächsischen Beamten, Pfarrer und Lehrer seien von bureaukratischen oder hierarchischen Strebungen geleitet worden

---

*) Während der Drucklegung dieses Bandes starb der gelehrte Verfasser am 16. Nov. 1871. Durch P. 2 seines Testamentes hatte er die Vollendung der Herausgabe seines druckfertigen Werkes mir übertragen.

Angesichts der abgeschlossenen Arbeit beschränkte sich meine Aufgabe mit Rücksicht auf die Originalität des Ganzen, außer der Correctur, vom Artikel: „Rosenfeld Carl Ludwig Freiherr" an, auf die Nachtragung inzwischen eingetretener Veränderungen in den Lebensverhältnissen der Autoren und die Aufzählung ihrer später erschienenen Arbeiten, insoweit mir dieselben bekannt geworden sind. Ein Aufruf den ich in den deutsch-siebenbürgischen Zeitungen zur Einsendung von Berichtigungen und Nachträgen erließ, hatte leider beinahe keinen Erfolg.

Als Pendant zu den „biographisch-literärischen Denkblättern" erscheint demnächst noch ein ebenfalls von Joseph Trausch druckfertig hinterlassener Band: „Beiträge zur Kulturgeschichte der Siebenbürger Sachsen."

Dr. Eugen Trauschenfels.

oder würden heute durch derartige Neigungen bestimmt. — Möge die gütige Vorsehung unsere Nachkommen dafür bewahren, daß sie erst durch die „gemeine Noth" und durch die traurigen Zeiten eines A. Huet, M. Pempflinger, Mich. Weiß u. A. zur Erkenntniß und Würdigung dessen gelangen, was unser Volk dem Wissen und der Thatkraft der mit seinem Vertrauen ausgerüsteten Beamten, Pfarrer und Lehrer zu verdanken hat, und möge die richtige Erkenntniß dessen, was mehr als jemals früher jetzt in dieser Zeit der Bewegung und Umwandlung uns Noth thut, unsere Volksgenossen dahin führen, daß sie Alle weß' Standes und Berufes immer als „ein Volk," in Eintracht fest zusammenhalten, damit durch die wie ehedem so heute wieder von unsern Gegnern angefachte und genährte Zwietracht und Uneinigkeit es der List und Tücke nicht gelinge, die im Laufe der Jahrhunderte schwer erkämpften und behaupteten, besten Güter unseres deutschen Volksthums, unsere nationale Selbstständigkeit und Einheit zu vernichten.

So übergebe ich denn diese bescheidenen in frohen und trüben Zeiten mit gleicher Liebe und warmem Eifer gesammelten Blätter am Abend meines Lebens als mein bestes Vermächtniß dem Sachsenvolke, welchem anzugehören ich mich stets glücklich gepriesen habe und für welches ich seit meinen Jünglingsjahren bis zum Greisenalter durch mehr als ein halbes Jahrhundert, soweit meine Kräfte reichten, zu wirken bemüht war.

Mögen sie freundlicher Aufnahme und liebreicher Pflege gewürdigt nicht bald verwelken und nach späteren Zeiten mit Zeugniß geben, daß das vor Jahrhunderte aus dem fernen Mutterlande hieher verpflanzte Reis, trotz allen Stürmen und Wettern, noch nicht abgestorben ist, noch immer grünt und blüht und wie es seiner Art Aufgabe und Bestimmung ist, reiche Früchte deutschen Kulturlebens hervorbringt. Möge es so bleiben und dauern bis in die fernsten Zeiten!

Joseph Trausch.